에듀윌과 함께 시작하면,
당신도 합격할 수 있습니다!

자소서와 면접, NCS와 직무적성검사의 차이점이 궁금한
취준을 처음 접하는 취린이

대학 졸업을 앞두고 취업을 위해 바쁜 시간을 쪼개며
채용시험을 준비하는 취준생

내가 하고 싶은 일을 다시 찾기 위해
회사생활과 병행하며 재취업을 준비하는 이직러

누구나 합격할 수 있습니다.
이루겠다는 '목표' 하나면 충분합니다.

마지막 페이지를 덮으면,

에듀윌과 함께
취업 합격이 시작됩니다.

누적 판매량 217만 부 돌파
베스트셀러 1위 2,420회 달성

공기업 NCS | 100% 찐기출 수록!

NCS 통합 기본서/실전모의고사
피듈형 | 행과연형 | 휴노형 봉투모의고사
PSAT형 NCS 수문끝

매1N
매1N Ver.2

한국철도공사 | 부산교통공사
서울교통공사 | 국민건강보험공단
한국전력공사 | 한국가스공사

한국수력원자력+5대 발전회사
한국수자원공사 | 한국수력원자력
한국토지주택공사 | 한국도로공사

NCS 6대 출제사
공기업 NCS 기출 600제

대기업 인적성 | 온라인 시험도 완벽 대비!

20대기업 인적성 통합 기본서

GSAT 삼성직무적성검사
통합 기본서 | 실전모의고사 | 봉투모의고사

LG그룹 온라인 인적성검사

SKCT SK그룹 종합역량검사
포스코 | 현대자동차/기아

농협은행
지역농협

영역별 & 전공

이해황 독해력 강화의 기술
석치수/박준범/이나우 기본서

공기업 사무직 통합전공 800제
전기끝장 시리즈 ❶, ❷

취업상식 1위!

다통하는 일반상식

공기업기출 일반상식

기출 금융경제 상식

* 에듀윌 취업 교재 누적 판매량 합산 기준(2012.05.14~2023.10.31)
* 온라인 4대 서점(YES24, 교보문고, 알라딘, 인터파크) 일간/주간/월간 13개 베스트셀러 합산 기준(2016.01.01~2023.11.07 공기업 NCS/직무적성/일반상식/시사상식 교재, e-book 포함)
* YES24 각 카테고리별 일간/주간/월간 베스트셀러 기록

더 많은
에듀윌 취업 교재

취업 대세 에듀윌!
Why 에듀윌 취업 교재

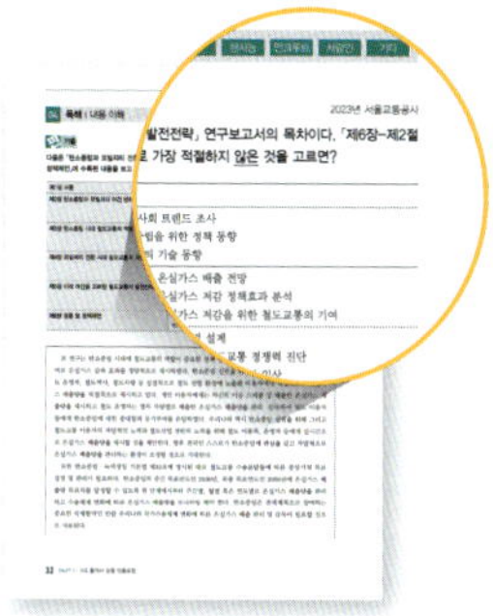

기출맛집 에듀윌!
100% 찐기출복원 수록

주요 공·대기업 기출복원 문제 수록
과목별 최신 기출부터 기출변형 문제 연습으로 단기 취업 성공!

공·대기업 온라인모의고사
+ 성적분석 서비스

실제 온라인 시험과 동일한 환경 구성
대기업 교재 기준 전 회차 온라인 시험 제공으로 실전 완벽 대비

합격을 위한
부가 자료

교재 연계 무료 특강
+ 교재 맞춤형 부가학습자료 특별 제공!

eduwill

취업 교육 1위
에듀윌 취업 무료 혜택

교재 연계 부가학습자료

다운로드 방법

STEP 1 에듀윌 도서몰 (book.eduwill.net) 로그인 ▸ STEP 2 도서자료실 → 부가학습자료 클릭 ▸ STEP 3 [PSAT형 NCS 기출예상 문제집] 검색

- PSAT 기출변형 NCS 모의고사(PDF)
- 모듈형 이론+모의고사(PDF)

취업 교재 무료강의

※ 무료 특강 이벤트는 예고 없이 변동 또는 종료될 수 있습니다.

무료강의 바로가기

1:1 학습관리 교재 연계 온라인스터디

참여 방법

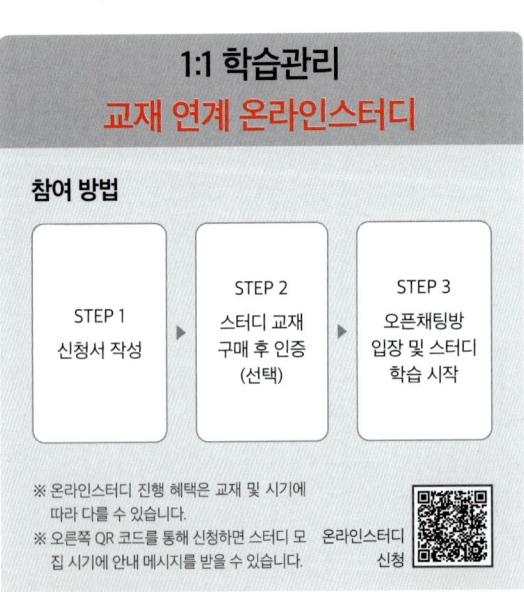

STEP 1 신청서 작성 ▸ STEP 2 스터디 교재 구매 후 인증 (선택) ▸ STEP 3 오픈채팅방 입장 및 스터디 학습 시작

※ 온라인스터디 진행 혜택은 교재 및 시기에 따라 다를 수 있습니다.
※ 오른쪽 QR 코드를 통해 신청하면 스터디 모집 시기에 안내 메시지를 받을 수 있습니다.

온라인스터디 신청

모바일 OMR 자동채점 & 성적분석 서비스

실시간 성적분석 방법

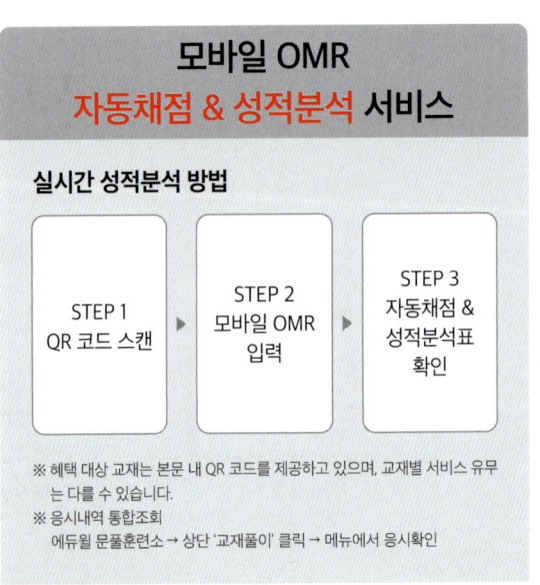

STEP 1 QR 코드 스캔 ▸ STEP 2 모바일 OMR 입력 ▸ STEP 3 자동채점 & 성적분석표 확인

※ 혜택 대상 교재는 본문 내 QR 코드를 제공하고 있으며, 교재별 서비스 유무는 다를 수 있습니다.
※ 응시내역 통합조회
에듀윌 문풀훈련소 → 상단 '교재풀이' 클릭 → 메뉴에서 응시확인

• 2023, 2022, 2021 대한민국 브랜드만족도 취업 교육 1위 (한경비즈니스)/2020, 2019 한국브랜드만족지수 취업 교육 1위 (주간동아, G밸리뉴스)

시작하라.

그 자체가 천재성이고,
힘이며, 마력이다.

– 요한 볼프강 폰 괴테(Johann Wolfgang von Goethe)

에듀윌 공기업 PSAT형 NCS 기출예상문제집

의사소통능력

eduwill

공기업 채용의 모든 것!

합격을 위한! 알짜! 정보만 모았다

NCS, PSAT로 학습하는 이유는?

NCS와 유사한 PSAT

P. 6

실질적으로 PSAT와 PSAT형 NCS 문항이 유사한 형태로 출제되고 있어 PSAT를 통해 NCS를 대비하면 실전에서 고난도 문제도 넘기지 않고 풀 수 있습니다.

장점과 유의점

P. 6

난도가 높은 문제로 꾸준하게 학습하는 것은 긍정적인 부분이 분명 있습니다. 다만 NCS 학습을 위해 PSAT 문제를 활용하고자 한다면 올바른 방향설정이 필요합니다.

PSAT와 NCS, 출제유형의 차이는?

NCS 출제/미출제 유형의 이해

P. 7

NCS에는 PSAT 언어논리와 자료해석, 상황판단을 기준으로, 출제되지 않는 유형이 있습니다. 그렇기 때문에 문항에 대한 분석 없이 무분별하게 PSAT로 학습할 경우 NCS에 도움이 되지 않는 경우가 있어 출제 및 미출제 유형에 대한 이해가 필요합니다.

NCS 맞춤용 PSAT 난도별 학습법은?

PSAT별 난이도 및 단계적 학습

P. 8

5급 공채>7급 공채>민경채 순의 난도를 보입니다. 7급 공채가 가장 NCS와 유사한 난도와 유형의 문항들로 구성되어 있다고 알려져 있으나 지원자의 학습 정도에 따라 추가 학습용 PSAT 종류를 선택할 수 있습니다.

PSAT 기출 변형 문항 학습의 이유는?

유사성 & 세팅된 시간의 차이

P. 9

가장 큰 차이점은 1문항을 푸는 데 주어진 시간이 다르다는 점입니다. 예를 들어 5급 PSAT로 학습할 경우 1문항을 푸는 데 2분 내외의 시간이 소요되는데, NCS에는 적합하지 않으므로 NCS에 맞게 변형된 문항으로 대비해야 합니다.

NCS, PSAT로 학습하는 이유는?

01 수험생들은 왜 PSAT로 NCS의 추가 학습을 시작했을까?

NCS 시험을 앞두고 대부분의 수험생들은 특정 기업의 기본서, 봉투 또는 실전모의고사를 풀면서 자신의 실력을 점검한다. 그 외의 기간에는 추후에 있을 시험을 대비하기 위해서 다양한 기업을 대비할 수 있는 서적을 학습하거나, 대표출제(대행)사별 · 주요 공기업별 기출문항을 다루는 기본서 등을 풀면서 감을 잃지 않도록 한다. 더 나아가서는 PSAT 기출문제를 풀어 고난도 문제를 대비한다. 즉 PSAT 기출 문제를 학습하는 이유는 추가 학습을 위해서라고 말할 수 있다. 실질적으로 PSAT와 NCS의 문항 구성이 유사한 측면이 많고, 최신의 PSAT일수록 PSAT형 NCS와 유사한 형태의 문항이 출제되고 있다. 실전에서 고난도 문제를 넘기지 않고 풀겠다는 것이다. 즉 경쟁자들 대비 우위에 서기 위함이다.

02 PSAT 문제 풀이 학습의 장점과 유의점

난도가 높은 문제로의 꾸준한 학습은 실전에서 체감 난도를 확 낮춰 줄 수 있기에 긍정적이다. 또한 PSAT의 경우 국가에서 출제 및 평가 등 일련의 과정을 모두 담당하고 있기 때문에 절대 오류가 있어서는 안 되는 시험 중 하나이다. 즉 문제가 어려울 수는 있지만 정답 논란이 없는 양질의 문제이기 때문에 해당 문제 풀이를 통해 실력 향상을 기대할 수 있다. PSAT 기출문제로만 학습할 경우에는 고난도의 문제를 풀어 정답률을 높이는 연습용으로 문제를 활용하겠다고 방향을 설정해 놓은 다음 학습하는 것이 중요하다.

PSAT와 NCS, 출제유형의 차이는?

PSAT 문항 중 NCS를 기준으로 출제/미출제되는 유형

제시된 표는 PSAT에서 출제되는 문항을 NCS를 기준으로 출제되는 유형인지 미출제되는 유형인지를 구분하여 정리해 둔 표이다. 이 중 영역별로 출제되는 유형은 유형의 명칭만 보아도 NCS를 학습해 본 수험생이라면 이미 익숙한 것들도 많을 것이다. 다만 PSAT 언어논리에서 출제되는 유형은 NCS 의사소통능력에만 국한된 것이 아니라 문제해결능력에도 일부 출제될 수 있으므로 PSAT의 어떤 문제가 NCS에서는 어떤 유형으로 출제되는지 출제되지 않는지에 대한 선행학습이 필요하다.

영역명	PSAT 문항 중 NCS를 기준으로 출제/미출제되는 유형	
PSAT 언어논리 NCS 의사소통능력	출제	핵심 내용 파악, 세부 내용 파악, 주어진 내용 추론, 글의 구조 파악, 생략된 내용 추론, 특정 내용 이해
	미출제	진술 추론(약화하는 진술 찾기), 논증(명제/참 · 거짓), 논리추론(조건추론) 등 ※ 미출제 문항 중 일부 유형은 NCS 문제해결능력에서 유사 출제
PSAT 자료해석 NCS 수리능력	출제	자료이해(기본연산, 일치 · 불일치), 자료계산, 자료변환(도표작성)
	미출제	자료해석 영역은 상당 부분 일치하여 미출제 유형 없음
PSAT 상황판단 NCS 문제해결능력 · 자원관리능력	출제	지문 이해, 조건추리, 순서/자리배치, 명제, 자원관리 등
	미출제	근거 판단(세부 내용 파악) 등 ※ 미출제 문항 중 일부 유형은 NCS 의사소통능력에서 유사 출제

NCS 맞춤용 PSAT 난도별 학습법은?

01 5급 공채 > 7급 공채 = NCS > 민경채

- **시험 유형에 따라 PSAT의 난이도가 다르다**
  5급 공채>7급 공채>민경채 순이다. 5급 공채 PSAT는 제시되는 자료의 양이 많거나 더 복잡하여 다각도로 사고를 해야지 풀 수 있는 경우가 많다. 민경채 PSAT의 경우에도 해마다 난도가 높아지고 있는 추세이고, 몇몇 문항은 5급 공채 PSAT의 고난도 문항과 유사한 수준으로 출제되기도 한다.
- **문항의 생김새로는 5급, 7급, 민경채 구분이 어렵다**
  민경채 PSAT 문항은 5급 공채 PSAT와 유사한 경우도 있어 외형만 보고는 풀이 시간을 예상하기 어려운 경우도 있다. 하지만 문항을 푸는 데 있어 민경채 PSAT의 경우 난도 자체는 NCS 시험보다 다소 쉽다고 느껴질 수 있다. 문항 자체가 깔끔하게 답을 찾을 수 있도록 설계되었기 때문인데, PSAT로 NCS를 학습하는 데 있어 입문 과정에 속한다.
- **7급 PSAT가 NCS와 난이도 및 유형이 가장 비슷하다**
  7급 PSAT가 학습생들이 가장 기본적으로 풀어야 하는 문항에 속하는 이유가 바로 NCS와의 유사성 때문이다. 이후에는 고난도 문항 학습을 위해 5급의 문항을 풀면서 확실하게 개념을 다지는 작업이 필요하다.

02 5급, 7급, 민경채를 다 풀어야 할까?

- **단계별 NCS 학습에 적합하다**
  - 민경채: PSAT 문항의 특징들은 모든 문항들이 명쾌하고 깔끔하게 답을 찾을 수 있다는 것인데, PSAT형 NCS의 긴 지문과 자료의 형태를 그대로 유지하면서 NCS보다 살짝 난도가 낮은 민경채는 NCS 시험을 처음 준비하면서 기본기를 탄탄하게 하고 싶은 사람들에게 권한다.
  - 7급: NCS 시험과 가장 난도가 유사하기 때문에 7급 PSAT가 시행된다고 할 때부터 많은 NCS 수험생들의 기대가 컸다. 기존 기업의 기출문항과 더미 문제로만 학습하던 사람들에게 추가 학습할 수 있는 자료가 되기 때문이다. 또한 NCS와 유사한 문항들이 많이 출제된다는 것은 결과적으로 추후 NCS 시험에 영향을 줄 가능성도 높다는 뜻이므로 반드시 학습해야 하는 문항에 속한다.

PSAT 기출 변형 문항 학습의 이유는?

01 기출문제 풀이의 필요성

- **7급 PSAT 기출문제 풀이의 필요성**
  가장 NCS와 유사한 유형의 문항들을 접할 수 있기 때문에 권하고 있다. 실제 NCS에서 출제되었던 소재나 형태와 유사한 문제들을 7급 PSAT에서 찾아볼 수 있기 때문이다.
- **5급/7급/민경채 PSAT 기출문제 풀이의 필요성**
  NCS와 유사한 형태 또는 비슷한 나도로 출제되었던 문항들이 일부 있기 때문에 함께 학습을 권하는 편이다. 다만 5급, 7급, 민경채 PSAT별로 난이도가 달라지기 때문에 본인의 학습 성취도에 따라 접근할 수 있어야 한다. 또한 하지만 NCS에 딱! 맞는 문항으로 학습하기 위해서는 PSAT의 기출변형 문항을 풀어보는 것이 더욱 전략적인 학습 방법이 된다. 본 책에서는 PSAT 기출/기출변형 문항을 접할 수 있다.

02 1문항당 문제풀이에 세팅된 시간이 PSAT와 NCS가 다르다

- **문항을 푸는 데 주어진 시간이 다르다**
  - 5급, 7급, 민경채 PSAT에 따라 다르겠으나 5급 PSAT의 경우 90분 동안 40문항을 풀어야 한다.
  - PSAT는 한 문항을 풀기 위해 2분을 소요하지만, NCS의 경우 1분 내외의 시간만 허락된다.
  - 가장 난이도와 유형이 비슷하다고 알려져 있는 7급 PSAT조차도 영역별 25문항을 1시간(60분) 동안 풀어야 되기 때문에 NCS의 문제 풀이 시간과는 차이가 크다. → 단순히 기출문제로 학습할 경우 시험별 문항에 허용된 시간에 차이가 있기 때문에 시간관리까지 고려한 학습을 하기 어려운 측면이 있다.
  - 고난도 문제로 구성된 5급 PSAT, NCS와 유형과 난이도가 가장 비슷한 7급 PSAT, 기초를 다지기 위해 푸는 민경채 PSAT 기출 문제를 푸는 것과는 별개로 PSAT를 바탕으로 한 NCS를 위한 기출 변형 문항을 함께 풀어야 하는 이유이다.
  - 실제 시험에서의 시간 관리도 중요하고, 실제 PSAT에서 출제되는 유형 중 NCS에 출제되지 않는 문항의 유형도 있기 때문에 불필요한 부분의 학습을 제외하여 효율적으로 학습해야 한다.

이 책의 구성

STRUCTURE

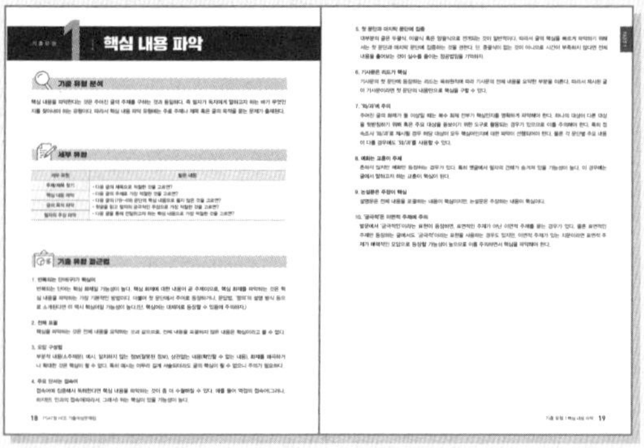

7개의 주요 기출 유형

NCS 기출 유형별 분석

NCS의 주요 과목인 '의사소통능력'에서 출제 비중이 높은 기출 유형을 7개로 구분하고 세부 유형별 접근법을 분석하여 주요 기출 유형별 핵심 내용을 한눈에 파악할 수 있도록 하였다.

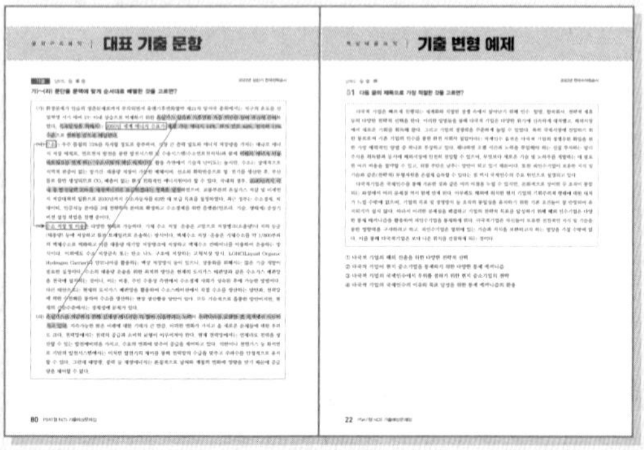

NCS 대표 공기업 기출

대표문항 첨삭해설+기출변형 예제 학습

기출 유형별 대표문항 선별 및 첨삭해설을 통해 효율적인 문제 풀이 전략을 익힌 후 기출변형 예제를 통해 문제 풀이 훈련으로 실전을 대비할 수 있도록 하였다.

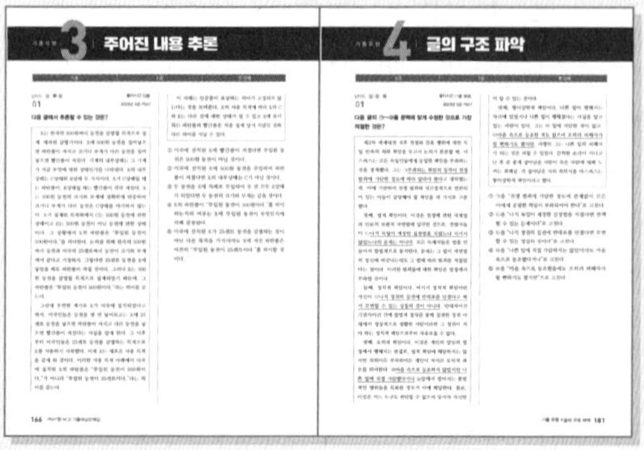

NCS 출제유형별

5급 · 7급 · 민경채 PSAT 기출 엄선

5급·7급·민경채 PSAT 기출 문항 중 NCS에 적합한 문항만을 주요 기출 유형별로 엄선하여 수록함으로써 PSAT형 NCS 학습을 통해 실력을 향상시키고 실제 시험을 대비할 수 있도록 하였다.

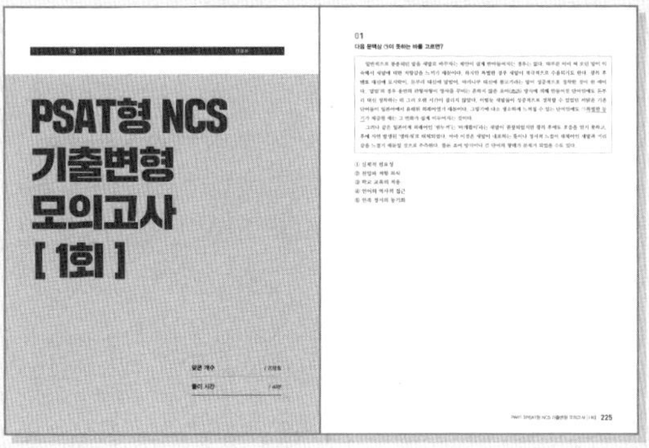

NCS에 최적화된 문제로 점검하는

PSAT형 NCS 기출변형 문항 구성의 모의고사 3회 제공

NCS 유형 및 출제 경향에 부합하는 기출문제만을 엄선하여 변형한 기출변형 문제를 20문항씩 총 3회분의 모의고사로 구성하여 실력 향상을 위한 충분한 학습이 가능하도록 하였다.

회차별로 실제 시험과 유사한 난도부터 고난도 문제까지 철저히 대비 및 연습할 수 있도록 하였다.

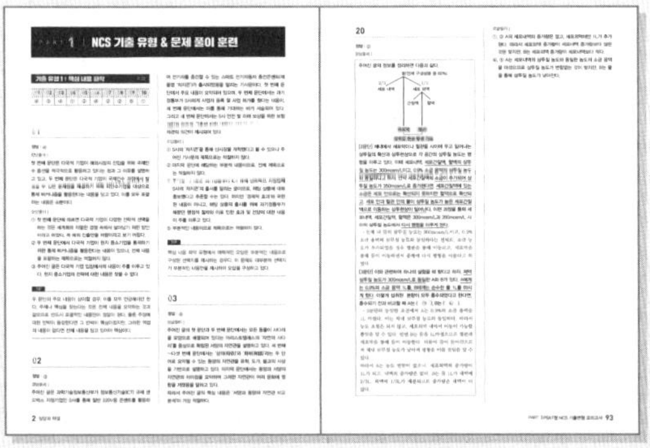

시간 단축 & 실전 적용 가능한

문제 풀이 전략 제공

문제당 정답과 오답에 대한 풀이를 빠짐없이 자세하게 제공하여 보다 쉽고 빠르게 내용을 이해할 수 있도록 하였다.

실전에서 적용하기 좋은 시간 단축용 풀이 전략을 '문제 풀이 TIP'으로 제공함으로써 학습의 효율성을 높였다.

이 책의 차례

CONTENTS

PART 1 | NCS 기출 유형 & 문제 풀이 훈련

PART 2 | PSAT 기출을 통한 NCS 출제유형 연습

PART 3 | PSAT형 NCS 기출변형 모의고사

머리말

INTRO

현장에서 가장 많이 접하는 질문 중 하나가 '의사소통능력을 어떻게 공부해야 하나요?'와 '의사소통능력을 보강하기 위한 교재가 따로 있나요?'였습니다. 본 교재는 그러한 질문에 대한 저의 답변이며, 여러분들의 답답함을 해소할 수 있는 해결책이 될 것입니다.

모든 학습에 커리큘럼이 존재하는 이유는, 단계별 학습이 실력을 키우는 데 효과적이기 때문입니다. 본 교재는 단계별 학습에 의거하여 내용을 구성하고, 문제를 배치하였습니다. 특히 문제 선별에 심혈을 기울였습니다. NCS의 최신 경향은 피듈형과 피셋형의 문항들이 대거 출제되고 있다는 것입니다. 여기서 유의해야 할 점은 PSAT '언어논리'의 모든 유형이 NCS '의사소통능력'에 출제되고 있는 것이 아니라, 'NCS 유형에 맞춘 PSAT 변형'이 출제된다는 점입니다. 하여 본 교재는 다년간의 NCS 기출 문제를 분석한 결과를 토대로 '의사소통능력'만이 가진 특성을 정리하고, 최신 경향인 피듈형과 피셋형을 대비하실 수 있도록 기획 · 구성하였습니다. 그렇기에 문제를 푸시는 것만으로도 유형별 학습은 물론, 약점 보완에도 도움을 받으실 수 있을 겁니다.

아무쪼록 본 교재가 여러분의 실력 향상에 도움이 되어, 합격의 기쁨에 한 자락을 차지할 수 있기를 진심으로 바랍니다.

이 교재 속에는 지금까지 저와 함께했던 수많은 수험생들의 고민과 경험이 고스란히 녹아있습니다. 지금 각자의 자리에서 멋지게 삶을 영위하고 있을 그분들에게 우선 감사의 인사를 전합니다.

한 권의 교재가 완성되기까지는 저자의 노력도 있지만, 그에 못지않은 편집자들의 노고가 숨겨져 있습니다. 그렇기에 좋은 편집자를 만나는 것은 저자에게 크나큰 행운과 같습니다. 이 교재가 완성되기까지 물심양면으로 지원해주셨던 에듀윌 출판개발실에 감사함을 전합니다.

마지막으로 늘 저를 응원해 주는 가족들과 원고와 씨름하느라 소홀했을 저에게 늘 버팀목이 되어주었던 우리 남편과 천사 아인이에게 고마움과 미안함을 전합니다.

길자은

에듀윌 언어논리, 의사소통능력 대표 강사
에듀윌 NCS 문항개발위원
중앙대, 숙명여대 등 언어논리, 의사소통능력 특강

NCS 기출 유형 & 문제 풀이 훈련

기출 유형 1 핵심 내용 파악

기출 유형 2 세부 내용 파악

기출 유형 3 주어진 내용 추론

기출 유형 4 글의 구조 파악

기출 유형 5 생략된 내용 추론

기출 유형 6 기타 유형

기출 유형 7 실무 영역 지문의 활용

PART 1

기출유형 1

핵심 내용 파악

기출 유형 분석

핵심 내용을 파악한다는 것은 주어진 글의 주제를 구하는 것과 동일하다. 즉 필자가 독자에게 말하고자 하는 바가 무엇인지를 찾아내야 하는 유형이다. 따라서 핵심 내용 파악 유형에는 주로 주제나 제목 혹은 글의 목적을 묻는 문제가 출제된다.

세부 유형

세부 유형	발문 내용
주제/제목 찾기	• 다음 글의 제목으로 적절한 것을 고르면? • 다음 글의 주제로 가장 적절한 것을 고르면? • 다음 글의 (가)~(마) 문단의 핵심 내용으로 옳지 않은 것을 고르면? • 윗글을 읽고 필자의 궁극적인 주장으로 가장 적절한 것을 고르면? • 다음 글을 통해 전달하고자 하는 핵심 내용으로 가장 적절한 것을 고르면?
핵심 내용 파악	
글의 목적 파악	
필자의 주장 파악	

기출 유형 접근법

1. 반복되는 단어(구)가 핵심어

반복되는 단어는 핵심 화제일 가능성이 높다. 핵심 화제에 대한 내용이 곧 주제이므로, 핵심 화제를 파악하는 것은 핵심 내용을 파악하는 가장 기본적인 방법이다. 더불어 첫 문단에서 주어로 등장하거나, 문답법, '정의'의 설명 방식 등으로 소개된다면 이 역시 핵심어일 가능성이 높다.(단, 핵심어는 대체어로 등장할 수 있음에 주의하자.)

2. 전체 포괄

핵심을 파악하는 것은 전체 내용을 요약하는 것과 같으므로, 전체 내용을 포괄하지 않은 내용은 핵심이라고 볼 수 없다.

3. 오답 구성법

부분적 내용(소주제문), 예시, 일치하지 않는 정보(잘못된 정보), 상관없는 내용(확인할 수 없는 내용), 화제를 왜곡하거나 확대한 것은 핵심이 될 수 없다. 특히 예시는 아무리 길게 서술되더라도 글의 핵심이 될 수 없으니 주의가 필요하다.

4. 주요 단서는 접속어

접속어에 집중해서 독해한다면 핵심 내용을 파악하는 것이 좀 더 수월해질 수 있다. 예를 들어 역접의 접속어(그러나, 하지만), 인과의 접속어(따라서, 그래서) 뒤는 핵심이 있을 가능성이 높다.

PART 1

5. 첫 문단과 마지막 문단에 집중

대부분의 글은 두괄식, 미괄식 혹은 양괄식으로 전개되는 것이 일반적이다. 따라서 글의 핵심을 빠르게 파악하기 위해서는 첫 문단과 마지막 문단에 집중하는 것을 권한다. 단, 중괄식이 없는 것이 아니므로 시간이 부족하지 않다면 전체 내용을 훑어보는 것이 실수를 줄이는 정공법임을 기억하자.

6. 기사문은 리드가 핵심

기사문의 첫 문단에 등장하는 리드는 육하원칙에 따라 기사문의 전체 내용을 요약한 부분을 이른다. 따라서 제시된 글이 기사문이라면 첫 문단의 내용만으로 핵심을 구할 수 있다.

7. '와/과'에 주의

주어진 글의 화제가 둘 이상일 때는 복수 화제 전부가 핵심인지를 명확하게 파악해야 한다. 하나의 대상이 다른 대상을 뒷받침하기 위해 혹은 주요 대상을 돋보이기 위한 도구로 활용되는 경우가 있으므로 이를 주의해야 한다. 특히 접속조사 '와/과'로 제시될 경우 해당 대상이 모두 핵심어인지에 대한 파악이 선행되어야 한다. 물론 각 문단별 주요 내용이 다를 경우에도 '와/과'를 사용할 수 있다.

8. 예화는 교훈이 주제

흔하지 않지만 예화만 등장하는 경우가 있다. 특히 옛글에서 필자의 견해가 숨겨져 있을 가능성이 높다. 이 경우에는 글에서 말하고자 하는 교훈이 핵심이 된다.

9. 논설문은 주장이 핵심

설명문은 전체 내용을 포괄하는 내용이 핵심이지만, 논설문은 주장하는 내용이 핵심이다.

10. '궁극적'은 이면적 주제에 주의

발문에서 '궁극적인'이라는 표현이 등장하면, 표면적인 주제가 아닌 이면적 주제를 묻는 경우가 있다. 물론 표면적인 주제만 등장하는 글에서도 '궁극적'이라는 표현을 사용하는 경우도 있지만, 이면적 주제가 있는 지문이라면 표면적 주제가 매력적인 오답으로 등장할 가능성이 높으므로 이를 주의하면서 핵심을 파악해야 한다.

기출 난이도 상 중 하 2020년 하반기 한국전력공사

다음 글의 핵심 내용으로 가장 적절한 것을 고르면?

> 에너지컨설팅업체 우드맥킨지에 따르면 앞으로 30년간 구리 수요가 250% 늘어날 것으로 예상된다. 왜냐하면 전기차 보급에 따라 전기차 충전소를 확충하는 데 많은 구리가 필요하기 때문이다. 우드맥킨지는 최근 발표한 보고서에서 오는 2030년까지 2,000만여 개의 전기차 충전소 시설이 구축돼 구리를 2019년에 비해 250% 이상 소비할 것으로 전망했다.
>
> 휘발유 엔진 차량과 버스와 견주어 전기 승용차와 전기 버스의 구리 사용량은 훨씬 많다. 휘발유 엔진 차량은 주로 전선 등에 약 20kg의 구리를 사용하는데 하이브리드 차량은 약 40kg, 전기승용차는 약 80kg을 소비한다. 다시 말해 전기 승용차의 구리 소비량은 휘발유 엔진 차량의 4배다. 대형 전기 버스는 이보다 더 많은 구리를 사용하며, 차량 크기와 배터리 크기에 따라 구리 소비량이 11~18배에 이른다. 이에 따라 올해 1%에 불과한 세계 전기차 보급률이 오는 2030년에는 11%로 상승하면서 구리 수요가 폭발적으로 증가할 것이다. 전문가들은 앞으로 10년간 세계 구리 수요가 300만 t~500만 t 늘어날 것이며, 전기차가 대중화된다면 전기차만으로도 구리 신규 수요가 110만 t에 이를 것이라고 예상한다.
>
> 그러나 우드맥킨지는 구리 수요 증가를 견인하는 것은 전기차가 아니라 전기차 충전시설과 관련 인프라가 될 것이라고 예상했다. 휘발유 주유소는 도처에 있고 주유가 빨라 휘발유를 다 쓰기 전에 어디서 멈춰 주유할지 계획을 세울 필요가 없다. 그러나 전기차 충전소는 드물고 충전하는 데 시간이 많이 걸린다. 충전기와 배터리 기술이 발전했다고 하더라도 이런 문제를 해결하기 위해서는 충전소를 많이 설치해야만 한다. 이처럼 충전소를 많이 설치하기 위해서는 공공과 민간 부문의 적극적인 투자가 필요하다. 전기차 충전시스템은 매우 복잡하며 프로젝트 대부분이 민관 참여자들 간의 강력한 파트너십을 필요로 한다. 전기회사는 물론, 장비업체, 소프트웨어와 네트워크 업체, 정부와 비정부 조직이 힘을 합쳐야 하는 것이다.
>
> 우드맥킨지는 북미지역에서만 전기차 인프라 시장 규모가 2021년 27억 달러, 2030년 186억 달러에 이를 것으로 예상했다. 헨리 솔즈버리 우드맥킨지 조사 분석가는 "오는 2040년에는 전기 승용차가 해마다 370여 만 t의 구리를 소비하는 반면 휘발유 승용차의 구리 소비량은 100만 t을 조금 웃돌 것"으로 내다봤다. 솔즈버리는 "올해부터 2040년까지 누적 구리 수요량은 3,540만 t으로 현재의 내연기관 수요를 충족하는 것보다 500만 t 이상 더 많을 것"이라고 전망했다.

① 구리의 수요 증가에 대한 대책

② 전기차 대중화에 따른 구리 신규 수요 확대

③ 우드맥킨지의 구리 수요 증가에 대한 분석

✓④ 전기 자동차 충전소 인프라 확충에 따른 구리 수요 증가

⑤ 전기 자동차 충전소 인프라 확충을 위한 투자의 필요성

에너지컨설팅업체 우드맥킨지에 따르면 앞으로 30년간 구리 수요가 250% 늘어날 것으로 예상된다. **왜냐하면** 전기차 보급에 따라 전기차 충전소를 확충하는 데 많은 구리가 필요하기 때문이다. 우드맥킨지는 최근 발표한 보고서에서 오는 2030년까지 2,000만여 개의 전기차 충전소 시설이 구축돼 구리를 2019년에 비해 250% 이상 소비할 것으로 전망했다.

휘발유 엔진 차량과 버스와 견주어 전기 승용차와 전기 버스의 구리 사용량은 훨씬 많다. 휘발유 엔진 차량은 주로 전선 등에 약 20kg의 구리를 사용하는데 하이브리드 차량은 약 40kg, 전기승용차는 약 80kg을 소비한다. **다시 말해** 전기 승용차의 구리 소비량은 휘발유 엔진 차량의 4배다. 대형 전기 버스는 이보다 더 많은 구리를 사용하며,

…중략…

풀이법 1 반복되는 단어(구)가 핵심어 **풀이법 4 중요 단서는 접속어**

첫 문단의 첫 문장과 두 번째 문장의 주어로 등장하는 단어는 '구리'이다. 두 문장은 접속어 '**왜냐하면**'으로 연결되므로 인과관계에 해당하고 결론은 '전기차 보급에 따라 충전소를 확충하기 위한 구리 수요가 늘어날 것으로 예상된다'로 정리할 수 있다. 두 번째 문단에서도 '전기차의 구리 사용량'이 많다는 내용이 반복되고 있다. 특히 '**다시 말해**'는 강조의 접속 어구이다.

그러나 우드맥킨지는 구리 수요 증가를 견인하는 것은 A 전기차가 아니라 B 전기차 충전시설과 관련 인프라가 될 것이라고 예상했다. 휘발유 주유소는 도처에 있고 주유가 빨라 휘발유를 다 쓰기 전에 어디서 멈춰 주유할지 계획을 세울 필요가 없다. 그러나 전기차 충전소는 드물고 충전하는 데 시간이 많이 걸린다. 충전기와 배터리 기술이 발전했다고 하더라도 이런 문제를 해결하기 위해서는 충전소를 많이 설치해야만 한다. 이처럼 충전소를 많이 설치하기 위해서는 공공과 민간 부문의 적극적인 투자가 필요하다. 전기차 충전시스템은 매우 복잡하며 프로젝트 대부분이 민관 참여자들 간의 강력한 파트너십을 필요로 한다. 전기회사는 물론, 장비업체, 소프트웨어와 네트워크 업체, 정부와 비정부 조직이 힘을 합쳐야 하는 것이다.

우드맥킨지는 북미지역에서만 전기차 인프라 시장 규모가 2021년 27억 달러, 2030년 186억 달러에 이를 것으로 예상했다. 헨리 솔즈버리 우드맥킨지 조사 분석가는 "오는 2040년에는 전기 승용차가 해마다 370여 만 t의 구리를 소비하는 반면 휘발유 승용차의 구리 소비량은 100만 t을 조금 웃돌 것"으로 내다봤다. …후략…

① 구리의 수요 증가에 대한 대책
② 전기차 대중화에 따른 구리 신규 수요 확대
③ 우드맥킨지의 구리 수요 증가에 대한 분석
④ 전기 자동차 충전소 인프라 확충에 따른 구리 수요 증가
⑤ 전기 자동차 충전소 인프라 확충을 위한 투자의 필요성

풀이법 2 전체 포괄 **풀이법 3 오답 구성법**

세 번째 문단과 마지막 문단에서 반복되는 내용은 '구리 수요 증가를 견인하는 것은 전기차 시설과 관련된 인프라', '앞으로 전기차 충전소를 많이 설치해야 하므로 그 시장 규모가 늘 것'이다. 따라서 인과 관계성까지 모두 파악하여 전체 내용을 포괄한 ④가 정답이 된다.

이에 비해 핵심어 중 일부인 '구리'에 대해서만 논한 ①~③과 ⑤은 부분적인 내용만을 담고 있으므로 정답이 될 수 없다. ③은 핵심어인 '전기 자동차 충전소 인프라 확충'이라는 내용을 담고 있지 않으므로 가장 적절한 선택지라고 볼 수 없다. 주어진 글의 핵심은 인과관계를 띠고 있으므로 그에 대한 내용을 담고 있는 것이 가장 적절하다.

※ 'A 아니라 B'의 구문은 늘 주요한 출제 요소가 된다.

기출 변형 예제

난이도 상 중 하 2022년 한국수자원공사

01 다음 글의 제목으로 가장 적절한 것을 고르면?

다국적 기업은 빠르게 진행되는 세계화와 치열한 경쟁 속에서 살아남기 위해 인수·합병, 합작회사, 전략적 제휴 등의 다양한 전략적 선택을 한다. 이러한 방법들을 통해 다국적 기업은 다양한 위기에 신속하게 대처했고, 해외시장에서 새로운 기회를 획득해 왔다. 그리고 기업의 경쟁력을 꾸준하게 높일 수 있었다. 특히 국제시장에 진입하기 위한 통로로써 기존 기업의 인수를 통한 완전 자회사 설립이라는 국제인수 옵션은 다국적 기업의 경쟁우위 확립을 위한 가장 매력적인 방법 중 하나로 부상하고 있다. 왜냐하면 오랜 시간과 노력을 투입해야 하는 신설 투자와는 달리 주식을 취득함과 동시에 해외시장에 안전히 진입할 수 있으며, 무엇보다 새로운 기술 및 노하우를 개발하는 데 필요한 여러 비용을 절약할 수 있고, 위험 부담은 낮추는 방안이 되고 있기 때문이다. 또한 피인수기업이 보유한 지식 및 기술과 같은(전략적) 무형자원을 손쉽게 습득할 수 있다는 점 역시 국제인수의 주요 원인으로 설명되고 있다.

다국적기업은 국제인수를 통해 거론한 것과 같은 여러 이점을 누릴 수 있지만, 문화적으로 상이한 두 조직이 통합되는 과정에서 여러 문제점 역시 함께 안게 된다. 아무래도 해외에 위치한 현지 기업의 기회주의적 행태에 대한 대처가 느릴 수밖에 없으며, 기업의 목표 및 경영방식 등 조직의 통일성을 유지하기 위한 기본 조건들이 잘 반영되어 유지되기가 쉽지 않다. 따라서 이러한 문제점을 해결하고 기업의 전략적 목표를 달성하기 위해 해외 인수기업은 다양한 통제 메커니즘을 활용하여 피인수기업을 통제하게 된다. 다국적기업은 자신들이 보유한 선진적인 지식 및 기술을 통한 영향력을 구사하려고 하고, 피인수기업은 열위에 있는 기술과 지식을 보완하고자 하는 열망을 가질 수밖에 없다. 이를 통해 다국적기업은 보다 나은 위치를 선점하게 되는 것이다.

① 다국적 기업의 해외 진출을 위한 다양한 전략적 선택
② 다국적 기업이 현지 중소기업을 통제하기 위한 다양한 통제 메커니즘
③ 다국적 기업의 국제인수에서 우위를 점하기 위한 현지 중소기업의 전략
④ 다국적 기업의 국제인수의 이유와 목표 달성을 위한 통제 메커니즘의 활용

02 다음 보도자료의 제목으로 가장 적절한 것을 고르면?

과학기술정보통신부(이하 과기정통부)는 정보통신기술(ICT) 규제 샌드박스 지정기업인 S사가 2월 19일부터 일반 220V용 콘센트를 활용하여 전기차를 충전할 수 있는 스마트 전기자동차 충전콘센트(제품명 '차지콘')를 본격 출시하였다고 밝혔다.

현행 전기사업법은 플러그 형태의 전기차 충전설비를 갖춘 경우에만 전기차 충전사업자로 등록할 수 있어, 일반 콘센트를 활용한 전기차 충전 서비스를 할 수 없었다. 이에 과기정통부는 제2차 ICT 규제 샌드박스 심의위원회('19. 3. 6.)에서 1) 전기차 충전콘센트 사업을 하는 S사를 전기차 충전사업자로 등록할 수 있도록 하고, 2) S사의 '전기차 충전용 과금형 콘센트' 제품을 시장에 출시할 수 있도록 임시 허가를 부여하였다.

이번에 출시된 제품들은 기존 전기차 충전시설 설치비용을 획기적으로 줄여 저비용으로 시설을 확대해 나갈 수 있어 점차 증가하는 전기차 충전 수요에 대응해 나갈 것으로 기대되고 있다. 이로 인해 전기차 이용자가 집이나 직장 등에서 보다 편리하게 충전시설을 이용할 수 있을 것으로 전망된다. 아울러 과기정통부는 규제 샌드박스 성과가 빠른 시일 내 확대되도록 주무부처인 산업부, 국가기술표준원과 협의하여 '전기차 충전용 과금형 콘센트' 기술기준을 마련하고, '전기차 충전사업자로 허용'하는 규제 개선(전기사업법 시행령 개정)도 적극 추진하기로 하였다.

한편, S사는 스마트 전기자동차 충전콘센트 이용자의 안전과 피해 보상을 위해 책임보험에 가입했으며, 앞으로 △△구청, 한국전력 등과 협력하여 생활밀착형 전기차 충전 인프라 구축을 추진할 예정이다.

이날 행사에서 장 차관은 "과기정통부는 ICT 규제 샌드박스 주관부처로서 과제의 승인에 그치지 않고 지정과제의 신속한 시장출시와 정착을 적극 지원할 계획이며, 관련 규제가 조기에 개선될 수 있도록 관계부처와 협력해 나가겠다."라고 밝혔다.

① 과기정통부, 220V 콘센트로 전기차 충전할 수 있는 신시장 개척
② 과기정통부, '전기차 충전콘센트 사업'의 시장 진출과 정착을 위한 규제 완화
③ 과기정통부, ICT 규제 샌드박스를 통해 '스마트 전기자동차 충전콘센트' 출시
④ 과기정통부, ICT 규제 샌드박스 지정업체 S사의 '차지콘'의 경제적 효과 홍보
⑤ 과기정통부, S사와 협력하여 '전기차 충전사업자' 독려 및 관련 규제 개선코자 노력중

03 다음 글의 핵심 내용으로 가장 적절한 것을 고르면?

고대 그리스의 철학자 아리스토텔레스는 '자연의 사다리'라는 것을 주장했다. 그는 모든 동물을 12가지로 분류했다. 아리스토텔레스는 자연계에서 동물들은 보다 나은 것부터 모자라는 것의 순서에 따라 사다리꼴 모양으로 배열되어 있다고 생각했다. 이를 '자연의 사다리'라 불렀다. 사다리의 가장 높은 곳에는 인간이 차지하고 있고, 인간과 비슷한 것들이 그다음에 위치하고 있다는 것이다. 이를 순서대로 나열해 보면 인간 다음에 짐승, 즉 새, 물고기, 벌레, 눈에 보이지 않는 것 등의 순이었다.

아리스토텔레스는 사다리 속에서 가장 낮은 수준의 동물인 뱀부터 사고를 하는 사람까지 존재한다고 제안하였다. 여기에서 구조와 기능이 복잡하고 생존력과 움직이는 능력이 클수록 '고등'한 것이라 간주하였다. 플라톤과 아리스토텔레스의 사상은 로마 제국 시대, 중세, 르네상스를 거쳐 19세기 초에 이르는 1,400년 이상을 서구 사회를 지배하는 생물관으로 군림하여 왔다.

한편 동양적 자연관의 기본 정신은 '상의'(相依)와 '화해'(和諧)라는 두 단어로 요약할 수 있다. 상의는 개개의 사물이 서로 의존해서 존재한다는 뜻이고, 화해는 개개의 존재가 서로 간의 균형과 협동을 통해서 커다란 조화를 이룬다는 의미이다.

유학의 '천인합일설', 도가의 '무위자연설', 그리고 불교의 '연기설'은 인간과 자연의 관계를 '상의'와 '화해'의 관점에서 바라본다는 점에서 공통적이다. 특히, 불교에서는 이러한 상호 의존적인 세계의 모습을 '인타라망'이라는 그물에 비유한다. 인타라망이란 제석천이 사용하는 무한히 큰 그물로 코에 달린 보석들은 서로의 빛을 받아 다시 서로에게 반사한다. 개개의 보석은 각기 혼자의 빛으로 세상을 밝히는 것이 아니라, 서로의 빛을 주고받아 반사함으로써 무궁무진한 상호 의존의 세계를 이루는 것이다.

이처럼 동양적 자연관은 만물 간의 관계를 상호 의존적인 것으로 파악하기 때문에, 경쟁과 다툼 대신 협력과 화해를 중시한다. '화해'의 세계관은 개별적인 사물이 다른 사물들과 경쟁을 통해서만 발전할 수 있다는 투쟁의 역사관을 거부한다.

동양 사상에서 만물은 자연(自然) 그대로, 또는 무(無)라고 하고, 세계는 비어 있다고 하는 데 비해 서양 사상에서 만물은 창조주가 창조한 것이고, 세계는 꽉 차 있으며 자연은 인간을 예속하는 존재가 아니라 인간에게 주어진 선물이라는 것이다. 이러한 사상은 문학, 예술, 그림에도 영향을 끼쳤다.

① 자연을 바라보는 관점의 차이
② 위계적 자연관과 조화의 자연관
③ 서양과 동양의 자연관 변천 과정
④ 서양과 동양의 자연관 비교 분석
⑤ 문화에 반영된 동양과 서양의 자연관

04 다음 글의 제목으로 가장 적절한 것을 고르면?

수면은 우리 삶의 큰 비중을 차지하는 건강의 중요한 영역이다. 불면증은 잠들기가 어려운 입면장애와 잠은 들지만 자는 도중 자주 깨거나 너무 일찍 잠에서 깨어나는 수면유지장애를 뜻한다. 밤에 충분히 잠을 자지 못하면 수면부족 상태가 되어 낮 동안 졸음, 피로감, 의욕 상실 등을 초래하여 일상생활에 지장을 주고, 삶의 질을 떨어뜨린다. 잠을 하루 이틀 잘 이루지 못했다고 해서 다 불면증인 것은 아니며, 상당기간 불면으로 불편을 느끼면서 일상생활에 심각한 문제가 생겼을 때 불면증이라고 한다. 그리고 이러한 불면의 상태가 3개월 이상 지속되면 만성 불면증, 이런저런 원인으로 인해 잠을 못 자는 경우를 이차성 불면증, 불면증이 최소한 한 달 이상 계속되는데 원인을 알 수 없는 경우를 일차성 불면증이라고 한다.

불면증은 가족 내 갈등이 있는 주부, 업무에서의 스트레스 받는 직장인, 시험을 앞둔 학생처럼 명백한 스트레스가 있을 때 생기는 경우가 많다. 하지만 종종 이러한 문제가 해결된 이후에도 불면증상이 지속되기도 한다. 불면증을 일으키는 가장 흔한 약물은 카페인으로, 카페인 복용 시 잠이 들 때까지 시간이 오래 걸리고, 잠에서 자주 깨게 된다. 커피 3~5잔만 마셔도 불면증을 일으킬 수 있으니 이런 증상이 있다면 카페인 섭취를 중단하는 것이 좋다. 잠이 안 올 때 술을 먹는 사람이 있는데, 알코올은 당장 졸리게 하는 데는 효과가 있지만 수면 후반기에 자주 깨게 되므로 불면증 환자에게는 그다지 좋은 방법이 아니다. 또한 기관지 천식, 류마티스 관절염, 갑상선 항진증 등 만성적인 신체 질환이 있는 경우 증상이 불면증과 동반될 수 있다. 코골이(수면 무호흡증), 하지불안 증후군, 주기적 사지운동증 등도 불면증이 동반될 수 있다. 기분이 우울하거나 불안한 심리적인 문제도 불면증에 영향을 준다. 정신과 환자의 80% 정도가 불면증을 호소하는데 우울증 환자의 경우 잠이 드는 게 어렵고, 잠이 들었다 해도 금방 깨게 되며 조증이나 불안장애, 강박 신경증이 있을 때도 불면증이 찾아온다. 수면제 복용 기간이 너무 오래 되어도 수면 단계의 변화로 불면증이 심해질 수 있고 각성제, 스테로이드제, 항우울제, 교감신경 차단제 등의 약물도 불면증의 원인이 된다.

다른 질병으로 인해 불면증이 온 경우 그 질환을 치료하면 불면증이 개선될 수 있다. 원인을 모르는 일차성 불면증인 경우에도 수면위생을 개선하는 등의 비약물적 방법이 약물치료보다 우선시되어야 한다. 수면제를 쓰면 내성과 의존성이 생길뿐더러 약을 끊은 경우 금단증상이 나타날 수 있으므로 가급적이면 짧게 쓰는 게 좋다. 비약물적 방법에는 여러 종류의 행동치료가 나와 있는데, 대표적인 것이 '침대에서는 잠만 잔다'라는 전략이다. 아침에는 매일 같은 시각에 잠을 깨는 습관을 들이고, 낮잠은 피하는 게 좋다. 다소 역설적인 전략도 있는데, '잠을 안 자려고 노력하기'이다. 불면증 환자들은 잠이 안 올까 봐 불안해하며, 잠을 자야 한다는 강박에 시달리는데, 그런 고통 없이 잠에 들게 하기 위해 이 전략을 활용한다.

① 불면증의 종류와 원인별 치료법
② 불면증으로 인해 발생하는 질병
③ 불면증의 약물적 치료 방법의 필요성
④ 불면증의 주요 원인인 스트레스의 개선법
⑤ 불면증 해소 전략과 최적 수면의 조건

05 다음 글을 읽고 필자의 궁극적인 주장으로 가장 적절한 것을 고르면?

우리가 어떤 것을 비경제적이라고 말할 때, 그것이 의미하는 바는 무엇인가? 여기서 문제 삼고자 하는 것은 경제학 방법이 실제로 어떠한 종류의 의미를 산출하는가 하는 점이다. 이 의문에 대한 해답은 명확하다. 그것은 바로 어떤 것이 화폐 기준으로 적절한 이익을 올리는 데 실패했을 경우에 비경제적인 것이 되며, 경제학 방법에서는 이와 다른 의미가 산출되지도 않고 그럴 수도 없다는 것이다. 사회 또는 그 속의 개인이나 집단은 계속해서 비경제적인 이유(사회적, 예술적, 도덕적, 정치적 이유 등)를 위해 행위하거나 재산을 보유하기로 결정할 수 있지만, 이것이 결코 그것의 비경제적 성격을 변화시키는 것은 아니다. 다시 말해서 경제학의 판단은 대단히 부분적인 판단이며, 실제 생활에서는 좀 더 다양한 측면을 함께 고려해 판단한 후에 결정하지만, 경제학은 어떤 것이든 그것을 담당한 사람에게 화폐 이익을 제공하는가라는 오직 하나의 측면만을 제공할 뿐이다.

'그것을 담당한 사람에게'라는 구절에 주의하라. 예를 들어 특정 사회 집단의 행동이 사회 전체에 이익을 가져오는가를 판가름하는 데 통상적으로 경제학의 방법이 사용된다고 본다면 이는 커다란 오산이다. 국영 기업조차 이러한 포괄적인 측면을 고려하지 않는다. 모든 국영 기업은 금전적 목표를 부여받는데, 다른 경제 부분에 어떠한 피해를 입힐지도 모른다는 점에 대해 조금도 고려하지 않은 채 이 목표를 추구한다. 사실상 모든 정당이 똑같이 열렬히 지지하는 교리가 있는데, 그것은 바로 모든 사람, 모든 산업, 모든 업체가 투자된 자본에 걸맞은 '수익'을 올리고자 노력한다면 사회 전체의 이익이 필연적으로 극대화될 것이라는 점이다.

어찌되었든 경제학의 판단이 부분적인 성격을 띠고 있음은 의문의 여지가 없다. 경제적 계산이라는 좁은 영역에서조차 이 판단은 필연적으로 부분적인 것이며, 방법론적으로도 그러하다. 첫째로, 이 판단은 장기보다 단기를 훨씬 중시하는데, 그 이유는 케인스가 단순하게 지적했듯이, 장기적으로 보면 인간은 모두 죽기 때문이다. 둘째로, 이 판단은 모든 '자유재', 즉 신으로부터 부여받은 환경(그중에서 사적으로 소유되고 있는 것은 예외지만)을 배제하는 비용 개념에 기대고 있다. 이는 어떤 행위가 환경을 파괴하더라도 경제적인 것일 수 있지만, 또 다른 행위가 어느 정도 비용을 들여 환경을 보호하고 보존한다면 비경제적인 것이 됨을 의미한다.

게다가 경제학은 그것의 시장 가치에 따라 평가하지, 그것의 실제 모습에 따라 평가하지 않는다. 그것은 인간이 자연에서 획득해야 하는 1차 재화와 이 재화의 존재를 전제하고 이를 가공한 2차 재화에 대해 똑같은 규칙과 기준을 적용한다. 여기서는 관점이 기본적으로 사적 이윤의 형성에 있기 때문에 모든 재화가 동일하게 취급되는데, 이는 경제학의 방법론에 자연 세계에 대한 인간의 의존성을 무시하는 관점이 깔려 있음을 의미한다.

그러므로 시장은 사회의 껍데기일 뿐이며, 그것의 의미는 장소에 따라 존재하는 순간적인 상황과 연결된다. 거기에는 사물 내부로 들어가서 그 배후에 놓인 자연적·사회적 사실을 탐구하지 않는다. 어떤 의미에서 시장은 개인주의와 무책임성의 제도화이다. 구매자나 판매자 모두 자신 이외의 것에 대해서는 결코 책임지지 않는다.

① 비경제학이라는 말의 의미를 정확히 알고 사용해야 한다.
② 경제학적 판단은 부분적인 판단이므로 경계해야 할 필요가 있다.
③ 경제학적 판단은 오직 이익 추구라는 평가 기준을 바탕으로 한다.
④ 지금까지의 경제학을 버리고 새로운 경제학을 정립해야 한다.

06 다음 글의 (가)와 (나)에서 주장하는 내용으로 옳은 것을 고르면?

(가) 인천 지역 내 통행량이 많은 대로변에는 횡단보도 없이 육교나 지하보도만 설치되어 있는 경우가 있다. 횡단보도를 찾아 먼 길을 돌아가지 않는 이상 이 시설물을 이용해야 하는데, 장애인이나 노약자 등 교통약자에 대한 배려는 찾아볼 수 없는 실정이다. 인천 중구 장애인복지관에서 만난 A씨는 지팡이와 같은 도구 없이는 제대로 걷기 힘든 뇌병변 2급 장애인이다. A씨가 복지관에서 일과를 보내고 집으로 향할 시간, A씨의 발걸음이 무겁다. 장애인 셔틀버스를 타기 위해서는 넘어야 할 장애물이 많기 때문이다. 처음에 만난 장애물은 육교이다. 경사가 60~70도 정도 되어 보이는 이 육교를 오르내리는 시간은 3분. 비장애인의 걸음으로는 1분이면 충분한 거리이지만, A씨의 절뚝거리는 걸음으로 지나가기엔 위태롭기 짝이 없다. A씨는 "우리 같은 장애인들에게 육교 계단은 물론 경사로도 너무 힘들고 날씨가 좋지 않으면 더 심하다. 인천 지역 대부분이 다 이러한 것 같다"라고 말한다. 이를 해결하기 위한 현실적인 방안은 사실 간단하다. 횡단보도를 설치하는 것이다. 장애인이나 노약자, 임산부 등 교통약자들이 육교 계단을 오르내리는 불편을 없애고, 걷는 사람이 편안한 도로를 위해 육교 철거와 횡단보도 복원을 추진하면 된다. 다만 철저한 교통 흐름 조사와 더불어 인근 주민들의 의견 청취가 중요할 것이다. 선진 교통문화 정착을 위해 교통약자를 배려하는 기준 마련과 행정적 뒷받침이 필요한 시점이다.

(나) 최근 보행자 중심의 교통환경을 만든다는 명목하에 노량진 육교와 남대문 육교 등 유서 깊은 육교들이 역사 속으로 사라졌다. 그러나 이 같은 육교 철거에 모든 시민이 찬성하는 것은 아니다. 최근 서울 종로구에서는 육교 철거와 재건설을 두고 시민들 간의 갑론을박이 벌어지고 있다. 현재 종로구에 남은 3개의 육교 중 하나인 신영동 세검보도육교가 논란의 주인공이다. 지어진 지 40년이 지나 안전등급 D등급 판정을 받은 세검보도육교의 존폐 여부를 묻는 주민 투표를 거쳐 노약자용 엘리베이터를 포함한 육교의 재건설 공사가 추진되었다. 그런데 지난해 12월 말 완공을 목표로 진행되던 육교 재설치 공사가 갑자기 중단이 됐다. 주민들은 육교 인근에 횡단보도가 없는 데다 마을 방향의 좌회전 신호가 없어서 매번 수백 미터를 돌아서 마을에 들어오는 불편이 있기 때문이다. 반면 육교 인근 초등학교 학부모들은 안전을 이유로 육교 재설치를 주장하고 있다. 교통량이 많은 왕복 4차선 도로에서 횡단보도를 건너면 사고의 위험이 크다는 이유에서다. 육교를 둘러싼 갈등이 커질수록 사회적 비용이 소모되며 피로감만 늘 뿐이다. 관할 행정기관과 주민들의 치열한 토론이 필요할 때이다.

① (가)에서는 교통약자를 위한 육교 엘리베이터 설치에 대해 건의하고 있다.
② (나)에서는 역사 속으로 사라진 육교 재건설의 필요성을 주장하고 있다.
③ (가)와 (나)에서는 모두 육교 재설치를 위해서는 사회적 합의 도출이 우선되어야 한다고 주장한다.
④ (가)는 교통약자를 위한 사회적 배려를, (나)에서는 사회 갈등에 따른 사회적 비용을 고려해야 한다고 보고 있다.
⑤ (가)는 교통 약자를 위한 횡단보도 설치를 주장하고, (나)는 초등학생의 안전을 위한 육교 재설치를 주장하고 있다.

07 다음 글의 주제로 가장 적절한 것을 고르면?

에티오피아 수도 아디스아바바에 있는 최대 시장 마르카토에서 여자들에게 가장 인기 있는 상품은 우리나라 돈으로 약 4,500원 정도 하는 플라스틱 물통이다. 여자들이 플라스틱 물통을 갖고 싶어 하는 이유는 무엇일까? 에티오피아에서는 물동이를 지고 마실 물을 구하기 위해 길을 나선 여자들의 모습을 흔히 볼 수 있다. 하루 최대 7~8시간을 걸어 몇 번씩 강이나 공동 수도를 찾아 물을 길어 온다. 물통은 단순한 도구가 아니라 식수를 구하기 위해 매일 반복되는 에티오피아 주민의 고달픈 삶을 대변한다.

물은 지구상에 있는 가장 흔한 천연자원으로 언뜻 보기에는 풍부해 보이지만, 현재 전 세계에는 에티오피아처럼 심각한 물 부족으로 고통을 겪는 나라가 많다.

과연 지구에는 전 인류가 사용할 수 없을 만큼 물이 부족한가? 문제는 물의 전체적인 양이 부족한 것이 아니라 사람들이 필요로 하는 곳에서 사용할 수 없을 정도로 고갈되고 있는 곳이 많다는 데 있다. 즉, 지역에 따라 물 부족량의 편차가 크다. 캐나다, 러시아, 브라질, 미국 등은 물이 풍부한 데 반해, 강수량이 적은 튀니지·수단·파키스탄을 연결하는 서남아시아와 아프리카 일부 국가는 심각한 물 부족 문제를 겪고 있다.

무엇보다 물 부족 현상의 가장 큰 원인은 지속적인 인구 증가에 있다. 또 산업 발달로 물 자원에 대한 수요가 늘어남과 더불어 이상 기후 현상으로 가뭄이 지속되는 것도 큰 요인이다.

현재 세계 인구의 약 40%가 인접국의 물에 의존하고, 국제 하천은 214개에 달한다. 그러니 인접국으로부터 물 공급이 원활하지 못하면 물이 국가 간 갈등을 불러일으키는 요인이 될 수도 있다. 가까운 장래에 전 세계적인 물 부족 현상이 예상되는 가운데 이미 서남아시아와 아프리카 등 지구촌 곳곳에서 물 분쟁이 발생하고 있다. 앞으로 이러한 물 부족 사태가 더욱 심각해져 국가 간의 물 분쟁은 더욱 빈번해질 전망이다.

① 물 부족 현상은 특정 국가에 국한되지 않고 전 세계적으로 확산될 가능성이 높다.
② 국가 간 물 부족 편차는 앞으로 국제 분쟁 발생의 주요 원인이 될 수 있다.
③ 지구는 전 인류가 사용할 수 없을 만큼 물 부족이 심각한 상황에 놓여 있다.
④ 세계의 물 부족 현상의 원인은 지속적인 인구 증가와 산업 발달로 인한 이상 기후 현상이다.

08 다음 (가)와 (나) 문단의 주장을 순서대로 바르게 정리한 것을 고르면?

(가) 현재 우리나라에는 개인 정보 보호법과 정보 통신망법이 있어 사생활 침해나 명예 훼손 등 개인의 권리가 침해된 경우에 인터넷 검색 서비스 사업자에게 해당 정보의 삭제를 요청할 수 있는 권리를 보장하고 있다. 그런데 문제는 그 정보 때문에 사생활이 침해되었거나 명예가 훼손되었다는 사실을 증명해야만 삭제를 요청할 수 있다는 점이다. 즉, 해당 정보를 삭제하고 싶어도 그 정보 때문에 사생활 침해나 명예 훼손이 발생하였다는 사실을 증명하지 못한다면 삭제할 수 없는 것이다. 개인에 관한 정보가 다른 사람에게 노출되기 쉬운 상황에서 현재 시행하고 있는 법만으로 개인 정보 자기 결정권을 보장하기에는 한계가 있다. 따라서 잊힐 권리를 법제화해 사생활 침해를 막고 개인 정보 자기 결정권을 보장해야 한다. 잊힐 권리의 법제화가 하루빨리 이루어지기를 바란다.

(나) 잊힐 권리를 법제화하면 그 법의 적용 범위가 논란이 될 수 있다. 같은 정보에 관해 어떤 사람은 공적인 영역에 속하는 정보로 보고 해당 정보를 함부로 삭제하는 것에 반대할 수 있다. 한편 다른 사람은 해당 정보를 순수한 사적 영역에 속하는 정보로 보아 잊힐 권리의 적용 대상이라고 판단할 수 있다. 공무원과 같은 공인이 누군가와 식사를 하였다는 정보는 공적 정보일까, 사적 정보일까? 판단하기 어려운 문제이다. 이렇듯 잊힐 권리를 법제화하면 어디까지를 개인 정보로 볼 것인지에 관한 논란이 커질 것이다. 따라서 잊힐 권리를 법제화하면 여러 가지 문제가 생길 수 있다. 그러므로 잊힐 권리를 성급하게 법제화하려 하지 말고, 인터넷 검색 서비스 분야의 기업들이 사회 통념을 고려하여 정보를 삭제할 수 있는 기준과 절차를 마련해 시행하는 것이 바람직하다. 잊힐 권리의 법제화, 신중하게 접근해야 한다.

① (가): 잊힐 권리의 법제화를 해야 한다.
(나): 잊힐 권리의 법제화를 하지 말아야 한다.
② (가): 잊힐 권리의 법제화가 시급하다.
(나): 잊힐 권리의 법제화는 신중히 진행되어야 한다.
③ (가): 잊힐 권리의 적용 범위에 대한 논의가 필요하다.
(나): 잊힐 권리의 법제화를 통해 사생활 침해를 방지해야 한다.
④ (가): 잊힐 권리의 법제화는 신중히 진행되어야 한다.
(나): 잊힐 권리의 법제화를 하지 말아야 한다.
⑤ (가): 개인 정보 보호법은 개인 정보 자기 결정권을 보장하기에 충분하다.
(나): 잊힐 권리의 법제화를 빠르게 진행해야 한다.

09 다음 글의 제목으로 적절한 것을 고르면?

과학자가 갖추어야 할 태도와 심성은 실험실, 과학자 사회, 시민 사회의 3개 층을 관통해서 중층적으로 존재한다. 실험실에서는 연구와 관련된 윤리와 실험실 운영에 대한 윤리가 특히 문제가 된다. 정확한 통계의 사용, 문헌의 엄정한 인용, 위조와 변조가 없는 데이터의 정직한 사용, 인간과 동물 피실험자에 대한 생명 윤리, 윤리적인 논문 작성 등이 실험실 내의 연구 윤리에 속한다. 뿐만 아니라 과학자는 실험실 위계 구조의 정점에 있는 사람으로 실험실을 민주적이고 투명하게 운영해야 할 책임이 있으며, 학생들이나 연구원들에게 정직한 과학 연구의 모범을 보이고 연구하기에 편안한 환경을 만들어 주어야 한다.

과학자의 사회적 책임이 문제가 된 것은 원자탄과 환경 문제가 사회적 이슈로 대두된 20세기 후반 이후의 현상이다. 지금도 과학자들은 군사 연구나 환경 파괴를 가져올 수 있는 연구, 줄기세포와 같이 윤리적으로 민감한 의학 연구, 나노 입자와 같은 새로운 물질 연구, 유전자 재조합 생명체 연구 등 사회적으로 논쟁적인 연구들을 수행하고 있다. 이러한 연구들은 우리 사회에 미치는 영향의 강도가 크고 범위가 광범위하기 때문에, 과학자는 자신의 연구가 가져올 수도 있는 사회적, 환경적 결과를 예의 주시해야 한다. 과학자는 자신의 연구가 나쁜 영향을 낳을 가능성이 있을 때는 그 판단을 과학자 사회와 세상에 공개하고, 시민 사회 전체의 위험을 감소하기 위해 자신의 호기심을 억누를 수도 있어야 한다.

과학자들에게는 자신의 연구와 관련된 사회적 책임이 따르기 때문에, 자신의 연구를 비밀로 하지 않고 공개적으로 수행할 필요가 있을 뿐만 아니라 연구의 결과가 미칠 수 있는 영향에 대해 반드시 생각해야 하는 의무가 있다. 필요한 경우에는 다른 연구 주제를 선택하는 결정을 내릴 수 있어야 하며, 위험한 연구나 연구의 오용에 대해서는 이를 사회 문제화하는 데에도 참여해야 한다.

모든 사람은 자신의 행동에 책임을 져야 하지만, 과학자들의 경우는 이 책임이 더 막중하다. 20세기 가장 위대한 수학자 중 하나로 꼽히는 마이클 아티야(Michael Atiyah)는 과학자가 자신의 연구에 대해서 사회적 책임을 져야 하는 이유를 다음과 같이 들고 있다. 첫째, 부모가 자신들이 낳은 아이에 대해 도덕적 책임을 지듯이, 과학자들도 자신이 만들어 낸 과학적 발견에 대해 도덕적 책임이 있다. 둘째, 과학자들은 일반 시민이나 정치가에 비해 전문적인 문제들을 더 잘 이해하는데, 이러한 전문 지식을 지닌 전문가로서 책임이 있다. 셋째, 과학자들은 기술적 조언을 하고 갑작스러운 사고를 해결하는 데 도움을 줄 능력을 가지고 있다. 넷째, 이들은 현재의 발견들로부터 발생할 수 있는 미래의 위험에 대해 경고할 능력이 있다. 다섯째, 과학자들은 국경을 초월한 인류애를 가지고 있기 때문에 인류 전체의 이익을 바라보는 더 넓은 시각을 가질 수 있는 좋은 위치에 있다. 여섯째, 과학자들이 공공의 논의에 적극 참여하는 것은 반과학주의로부터 과학의 가치를 보호함으로써 과학의 건강성을 유지하는 데 도움이 된다.

① 과학의 사회적 책임
② 정직한 과학 연구의 필요성
③ 과학자의 태도와 사회적 영향력
④ 과학자의 사회적 권리와 의무
⑤ 과학자가 갖추어야 할 윤리적 태도

10 다음 글에서 말하고자 하는 필자의 주장으로 가장 적절한 것을 고르면?

과학이 무신론이고 윤리와는 거리가 멀다는 견해는 스페인의 철학자 오르테가 이 가세트가 말하는 '문화인'들 사이에서 과학에 대한 반감을 더욱 부채질하곤 하였다. 이 두 가지 반감의 원인이 타당한 것인지는 좀 더 살펴볼 필요가 있다. 사실 과학자도 신의 존재를 믿을 수 있고, 더 나아가 신의 존재에 대한 과학적 증거를 찾으려 할 수도 있다. 무신론자들에게는 이것이 지루한 과학과 극단적 기독교의 만남 정도로 보일지도 모른다. 그러나 누구도 제임스 클러크 맥스웰 같이 저명한 과학자가 분자 구조를 이용해서 신의 존재를 증명하려 했던 것을 비웃을 수는 없다.

물론 과학자 중에는 무신론자도 많이 있다. 동물학자인 도킨스는, 모든 종교는 무한히 복제되는 정신적 바이러스일지도 모른다는 의심을 품고 있었다. 그러나 확고한 유신론자들의 관점에서는 이 모든 과학적 발견 역시 신에 의해 계획된 것을 발견한 것이므로 종교적 지식이라고 할 수도 있다. 따라서 과학의 본질을 무조건 비종교적이라고 간주할 수는 없을 것이다.

오히려 과학자나 종교학자가 모두 진리를 찾으려고 한다는 점에서 과학과 신학은 동일한 목적을 추구한다고도 할 수 있다. 과학이 물리적 우주에 관한 진리를 찾는 것이라면, 신학은 신에 관한 진리를 찾는 것이다. 그러나 신학자들이나 혹은 어느 정도 신학적인 관점을 가진 사람들은 신이 우주를 창조했다고 믿고, 우주를 통해 신과 만날 수 있다고 믿기 때문에 신과 우주가 근본적으로는 뚜렷이 구분되는 대상이 절대 아니라고 생각한다.

사실 많은 과학자가 과학과 종교는 서로 대립되는 개념이라고 주장하기도 한다. 신경심리학자인 리처드 그레고리는 '과학이 전통적인 믿음을 받아들이기보다는 모든 것에 질문을 던지기 때문에 과학과 종교는 근본적으로 다른 반대의 자세를 가지고 있다'라고 주장한 바 있다. 그러나 이것은 종교가 가지고 있는 변화의 능력을 과소평가한 것이다. 유럽에서 일어난 모든 종교 개혁 운동은 전통적 믿음을 받아들이지 않으려는 시도였다.

과학은 증거에 의존하는 반면 종교는 계시된 사실에 의존한다는 점에서 이들 간에 극복할 수 없는 차이점이 존재한다는 반론을 제기할 수도 있다. 그러나 종교인들에게는 계시된 사실이 바로 증거이다. 지속해서 신에 관한 증거들에 대해 회의하고 재해석하려고 한다는 점에서 신학을 과학이라고 간주하더라도 결코 모순은 아니다. 사실 그것을 신학이라고 부르기 때문에 신의 존재를 전제로 하는 것처럼 보인다. 그러나 우리가 본 바와 같이 과학적 연구가 몇몇 과학자를 신에게 인도했던 것처럼, 신학 연구가 그 신학자를 무신론자로 만들지 않을 이유는 없다.

① 과학과 종교는 대립적 관계가 아니다.
② 과학은 진리를 추구하는 학문이다.
③ 과학은 회의적 질문을 하는 학문이다.
④ 신학은 증거를 의심하고 재해석한다.
⑤ 신학은 문제를 입증하기 위해 다양한 방법을 사용한다.

정답과 해설 P.2

기출유형

2 세부 내용 파악

기출 유형 분석

세부 내용을 파악한다는 것은 주어진 글의 내용을 세세하게 확인하고 이해해야 한다는 것을 의미한다. 따라서 해당 유형에는 주어진 글의 내용과 일치하는지 혹은 일치하지 않는지를 묻는 문제가 속한다. 난도가 높은 편은 아니지만, 주어진 글의 내용을 세세하게 확인해야 하므로 문제 풀이 시간이 다소 걸릴 수 있다. 그러므로 주어진 시간 안에 문제를 풀 수 있는 효율적인 풀이 전략이 필요하다.

세부 유형

<table>
<tr><th>세부 유형</th><th>발문 내용</th></tr>
<tr><td>내용 일치</td><td rowspan="2">• 다음 글의 내용과 일치하는 것을 고르면?
• 다음 글의 내용과 일치하지 않는 것을 고르면?
• 다음 자료에 대한 설명으로 옳지 않은 것을 고르면?
• 다음 글을 통해 알 수 있는 내용으로 적절하지 않은 것을 고르면?
• 다음 글을 읽고 이해한 내용으로 적절하지 않은 것을 고르면?</td></tr>
<tr><td>내용 불일치</td></tr>
</table>

기출 유형 접근법

1. 효율적 읽기

가. 첫 번째 문단(~두 번째 문단)부터 읽기

일반적으로 글의 첫 번째 문단은 앞으로 이어질 글의 방향성을 알려주는 역할을 담당한다. 즉 핵심을 소개하는 문단이다. 물론 첫 문단에서 예화가 등장한다면 두 번째 문단에서 핵심어가 나올 가능성도 있다. 따라서 첫 번째 문단에서 핵심어 및 방향성을 우선 확인하여 독해의 기준을 세우는 것이 바람직하다.

나. 선택지의 키워드화

주어진 글의 모든 내용은 '강'하게 읽어야 할 주요 내용이 아니다. 우리가 주어진 글을 읽는 이유는 문제를 풀기 위함이므로 문제화된, 즉 선택지화 된 내용만을 '강'하게 읽으면 된다. 따라서 주어진 글에서 주요하게 읽어야 할 요소들을 선택지에서 미리 체크하여 그를 중점으로 읽어내려가는 것이 내용일치 유형의 효율적 접근법이 된다.

※키워드 체크 방법: 1) 주어와 서술어 위주로 체크 2) 다른 선택지와의 차이점 위주로 체크 3) 출제자의 패턴에 맞추어 체크

다. 끊어읽기를 통한 소거법

주어진 글이 두~세 문단 이내의 짧은 글이라면 끊어 읽지 않아도 전체 내용을 빠르게 이해하고, 정답을 체크할 수 있다. 하지만 그 이상으로 길어질 경우 한 번에 모든 내용을 이해하기 어려울 수 있다. 따라서 긴 글의 경우 문단별로 끊어 키워드에 집중하여 ('강'하게) 읽는 것이 글에 대한 이해를 높이고, 정확도도 높일 수 있는 방법이 된다.

※ '효율적 읽기'는 반드시 활용해야 할 접근법은 아니다. 긴 글을 수월하게 읽을 수 있고, 풀이에 막힘이 없다면 기존 풀이법을 유지하면 된다. 다만, 한 지문을 여러 번 읽는 경험이 많다거나, 꼼꼼하지 못해 주요한 부분을 놓치는 경우가 많다면 '효율적 읽기'는 훌륭한 대안이 될 수 있다.

2. 분석적 풀이(선택지의 표현만으로 주요도를 파악하는 방법)

가. 주요 내용: 출제자의 패턴

(1) 추가와 삭제 그리고 대체

오답을 구성하는 가장 기본적인 형태로, 주어진 글의 내용에 새로운 내용을 '추가' 또는 기존 내용을 '삭제'하는 방식이다. 핵심 내용에 반하는 내용을 추가하거나 핵심 내용을 삭제한다면 틀린 내용이 되겠지만 그렇지 않다면 무시해도 된다.

그에 반해 '대체'는 아주 유사한 단어나 구로 바꿔 제시하는 것인데 대부분의 선택지에서 활용하는 방법이므로 이를 꼼꼼하게 살펴보아야 한다. 대체된 단어나 구가 기존의 내용과 유사한지 아닌지만 적절히 판단할 수 있어도 선택지의 구분법 기초는 완성된다고 볼 수 있다. 물론 가장 기본적 형태는 주어진 글의 내용을 그대로 가져오는 '복사'이다.

(2) 긍정과 부정의 치환

출제자들은 긍정을 부정으로 만들거나, 부정을 긍정으로 만드는 것을 선호한다. 따라서 주어진 글이나 선택지에서 '아니다/못하다/않다/어긋나다/A 아니라 B' 등의 부정 표현이 나온다면 주요 체크 사항이다.

(3) 범위의 왜곡

출제자들은 주어진 글의 내용의 범위를 왜곡시켜 오답을 구성하는 것을 선호한다. 특히 특수 의미를 더하는 부사나 보조사를 통해 기존 내용의 범위를 확대하거나 축소한다. 따라서 선택지에 부사인 '반드시/절대로/모두/전부' 등이나, '도/만' 등의 보조사가 나온다면 주요 체크 사항이다. 더불어 '와/과' 등과 같이 대등하게 연결되는 내용 중 일부만 제시하거나 전체 중 일부 혹은 일부를 전체인 양 제시하여 헷갈림을 유도하기도 한다.

(4) 비교급의 활용

출제자들은 두 대상 이상이 제시되는 경우 이를 활용하여 비교하는 것을 선호한다. 예를 들어 'A 비해/반해/보다 B' 등의 표현을 통해 두 대상의 정보를 정확하게 이해하고 있는지 묻는 경우가 많다. 따라서 주어진 글에서 두 대상 이상이 제시될 경우 공통점과 차이점을 중심으로 구분하여 체크할 필요가 있다.

(5) 연결고리의 왜곡

출제자들은 앞뒤 단어 혹은 문장의 관계성을 비트는 것을 선호한다. 인과관계가 아닌데 인과관계의 형태를 띠는 경우, 원인과 결과의 순서를 바꾸는 것, 선후가 명확한 과정에서 그 관계성을 바꾸는 등의 형태를 자주 활용한다. 따라서 연결을 시킬 수 있는, 관계성이 명확히 드러나는 내용이 있다면 주요 체크 사항이다.

(6) 숫자/수치의 변경

출제자들은 숫자나 수치와 관련된 표현들을 선호한다. 대표적으로 연도나 단순 숫자를 변경하여 제시한다. 특히 제재가 과학이나 기술 분야일 경우 '~ 할수록 높다/낮다/크다/작다' 등의 표현을 사용하여 비례 또는 반비례 관계 등을 활용하여 선택지화하는 경우가 많다. 그리고 '이상/이하/미만/초과' 등의 표현도 자주 활용한다. 따라서 주어진 글에서 숫자나 수치와 관련된 표현이 나오면 주요 체크 사항이 된다.

(7) 확대 해석

세부 내용 파악 유형보다는 주어진 내용의 추론 유형에서 자주 활용되는 패턴이다. 주어진 글의 내용을 근거로 하지 않거나, 근거로 하였더라도 한 차례 더 나아간 즉 확대 추론한 것은 적절한 추론이라고 보기 어렵다.

(8) 배경지식의 활용

흔히 상식상 적절하다고 생각하는 내용들이 있다. 예를 들어 '도덕적인 사람은 선한 사람이다.'라든가, '주장은 비판적으로 분석해야 한다.'라든가 하는 표현 등이다. 하지만 우리는 주어진 글을 바탕으로 옳고 그름을 판단해야 하므로, 주어진 글과 상관없는 내용이 상식상 옳다고 하더라도 그 내용이 '옳다'라고 판단해서는 안된다. 출제자들은 이점을 파고들어 오답을 만드는 것을 선호한다.

나. 발문에 맞춰 접근

(1) 부정 발문

부정 발문은 주어진 내용을 바탕으로 할 때 틀린 내용 하나를 찾는 것으로, 나머지 선택지들은 모두 맞는 내용으로 구성되는 것이 일반적이다. 즉, 모든 선택지 내용을 주어진 글에서 '○/×' 할 수 있다. 간혹 '알 수 없는 내용'이 틀린 것으로 나오기도 한다. 따라서 선택지의 키워드화한 후, 끊어 읽기를 통해 키워드를 확인해 나가면 자연스럽게 정답에 접근할 수 있다.

(2) 긍정 발문

긍정 발문은 주어진 내용과 비교하여 맞는 내용 하나를 찾는 것으로, 나머지 선택지들은 주어진 글을 바탕으로 할 때 틀리거나 혹은 알 수 없는 내용으로 구성된다. 따라서 부정 발문처럼 하나씩 대응하며 찾는 식으로 접근해서는 안 된다. 자칫 잘못하면 알 수 없는 내용을 확인하기 위해 주어진 글을 여러 번 읽게 되는 불상사가 일어날 수 있기 때문이다. '애매한 내용'이 등장했다면 이는 가장 '적절하다'고 보기 어려우므로 반드시 근거를 바탕으로 가장 적절한 것을 찾는 연습을 해야 한다.

다. 선택지 구성법 이해

문제를 풀 때, 출제자들이 많이 활용하는 선택지 구성법을 염두에 둔다면 좀 더 효율적인 풀이가 가능하다. 세부 내용 파악 유형과 주어진 내용 추론 유형에서 주로 사용되는 선택지 구성법은 아래와 같이 구분할 수 있다.

일치형	지문의 핵심 키워드를 그대로 선택지화하여 제시하는 구성법
대체형	지문의 핵심 키워드를 동일하거나 유사한 의미를 지닌 단어로 대체하여 제시하는 구성법
융합형	지문의 내용을 바탕으로 새로운 내용을 구성하거나, 이론이 적용되는 사례 등을 제시하는 구성법 (단순 비교에서 벗어나 좀 더 고차원적인 분석이 필요한 선택지를 구성할 때 사용된다.)

기출 난이도 상 중 하

2021년 하반기 한국전력공사

다음 글의 내용과 일치하는 것을 고르면?

진화론은 모든 생물이 진화의 과정을 통해 현재의 모습에 이르렀다고 설명하는 이론이다. 인간이 복합적인 언어를 사용한 것 역시 진화론으로 설명할 수 있다. 우선 인간이 언어를 구사하기 위해서는 해부학적으로 한 가지 조건이 반드시 충족되어야 하는데 그것은 목의 후강이 내려앉아야 한다는 것이다. 학계에서는 약 30만 년 전에 인간의 해부학적 목의 구조가 이처럼 진화하였다고 보고 있다. 그렇다면 동물들은 의사소통을 하기 위해 어떻게 진화했을까?

2007년까지 살았던 아프리카 회색앵무새 '알렉스'는 1에서 8까지 숫자를 셀 수 있었고 50개에 달하는 물건의 이름을 구별할 줄 알았다. 또한 150개의 단어를 조합해 짤막한 문장을 만들기도 했다. 한편, 1971년생 고릴라 '코코'는 사람이 발음하는 단어 중 2,000개를 알아듣고 1,000개의 단어를 수화로 표현할 줄 알았다. 오스트리아의 생물학자 카를 폰 프리슈는 꿀벌의 춤에 담긴 의미를 알아내 1973년 노벨 생리의학상을 받기도 했다. 프리슈는 40년 동안의 연구 끝에 꿀벌이 원을 그리거나 8자 모양으로 분주하게 움직이는 이유가 꿀이 가득한 꽃의 위치를 알려 주기 위해서라는 사실을 밝혀냈다. 2013년 3월에는 돌고래의 언어도 발견됐다. 큰돌고래는 특히 여러 사물을 접할 때마다 다른 소리를 냄으로써 "이것은 사과", "저것은 포도" 하는 식으로 각각의 이름을 붙이고 있었다.

동물들의 의사소통은 인간처럼 정식 언어를 이용하는 것이 아니라 그저 본능에 따라 정해진 소리를 내는 것은 아닐까? 그렇다면 고양이는 전 세계 어디서든 "야옹" 하고 울어야 하고 새들은 종에 따라 고유의 울음소리를 내야만 한다. 하지만 미국과 캐나다 동부 해안의 국경지대에 위치한 켄트 섬의 새들을 연구하면서 새로운 사실이 드러났다. 1980년부터 2011년까지 30년 동안 초원멧새들의 울음소리를 녹음해 비교한 결과, 시간의 흐름에 따라 소리의 구성이 조금씩 바뀌어 왔던 것이다. 켄트 섬의 초원멧새들은 도입(intro), 중앙(middle), 버즈(buzz), 트릴(trill) 단락으로 이루어진 한 가지 울음소리만 낸다. 그러나 30년이라는 긴 세월이 흐르면서 중앙 부분에 짧고 강한 스타카토가 삽입됐고 마지막 트릴 부분은 낮고 짧은 소리로 바뀌었다. 시대에 따라 사람들의 말투가 달라지고 억양이 바뀌는 것처럼 새들의 소리도 문화적인 진화가 이루어진 것이다.

〈보기〉

㉠ 꿀벌은 다양한 춤을 구사하여 동료에게 꿀이 담긴 꽃의 특성과 위치를 알린다.
㉡ 인간은 해부학적으로 목의 구조가 진화하면서 복합적인 언어를 구사할 수 있게 되었을 것이다.
㉢ 회색앵무새는 물건의 이름을 구별할 수 있을 뿐더러 스스로 단어를 조합해 문장을 만들 수도 있다.
㉣ 켄트 섬의 초원멧새들의 의사소통은 기존 네 단락으로 이루어진 울음소리를 여러 토막으로 나누는 것으로 변화시켜 문화적 진화를 이루었다고 볼 수 있다.

① ㉠, ㉡　② ㉠, ㉣　✓③ ㉡, ㉢　④ ㉠, ㉡, ㉢　⑤ ㉡, ㉢, ㉣

다음 글의 내용과 일치하는 것을 고르면?

진화론은 모든 생물이 진화의 과정을 통해 현재의 모습에 이르렀다고 설명하는 이론이다. 인간이 복합적인 언어를 사용한 것 역시 진화론으로 설명할 수 있다. 우선 인간이 언어를 구사하기 위해서는 해부학적으로 한 가지 조건이 반드시 충족되어야 하는데 그것은 목의 후강이 내려앉아야 한다는 것이다. 학계에서는 약 30만 년 전에 인간의 해부학적 목의 구조가 이처럼 진화하였다고 보고 있다. 그렇다면 동물들은 의사소통을 하기 위해 어떻게 진화했을까?

〈보기〉

㉠ 꿀벌은 다양한 춤을 구사하여 동료에게 꿀이 담긴 꽃의 특성과 위치를 알린다.
㉡ 인간은 해부학적으로 / 목의 구조가 진화하면서 복합적인 언어를 구사할 수 있게 되었을 것이다. (○)
㉢ 회색앵무새는 물건의 이름을 구별할 수 있을 뿐더러 스스로 단어를 조합해 문장을 만들 수도 있다.
㉣ 켄트 섬의 초원멧새들의 의사소통은 기존 네 단락으로 이루어진 울음소리를 여러 토막으로 나누는 것으로 변화시켜 문화적 진화를 이루었다고 볼 수 있다.

풀이법 2 **분석적 풀이_나. 발문에 맞춰 접근**

주어진 문제는 '일치'하는 내용을 고르는 긍정 발문이다. 부정 발문은 모든 선택지의 근거가 주어진 글에 있지만, 긍정 발문은 주어진 글을 통해 알 수 없는 내용으로 구성되는 선택지도 있을 수 있으므로, 각 문단의 내용을 끊어서 읽으며 〈보기〉를 확인하는 식으로 접근하는 것이 좀 더 효율적이다.

첫 문단을 읽을 때는 핵심어를 파악한 후, 그에 대한 일반적인 내용보다는 구체적인 내용에 집중하는 것이 좋다. 예컨대, 해당 문제와 같이 '진화론'에 대한 정의가 있다면 '진화론'에 일단 체크 후, 진화론을 통해 '인간의 복합적 언어'를 설명하고 있으므로 그에 집중해야 한다. 더불어 출제자의 패턴과 관련된 내용이 있다면 그 역시 체크 대상이 되는데, 해당 문제에서는 '반드시 충족'이라든가, 마지막 부분의 문답법 등을 체크하면 된다.

참고로 첫 문단에서 제시되는 문답법은 앞으로 제시될 내용을 미리 세시하는 표지이므로, 주요 체크 대상이 된다.

풀이법 1 **효율적 읽기_나. 선택지의 키워드화**

〈보기〉가 제시되는 문제는 〈보기〉부터 확인하는 것이 효율적인 접근법이다. 주어진 문제와 같이 〈보기〉의 내용이 선택지를 대신하기도 하고, 그렇지 않더라도 주어진 글에서 집중해서 봐야 할 내용의 기준을 마련해준다는 점에서 선택지와 그 기능이 유사하다고 볼 수 있다.

풀이법 **다. 선택지의 구성법**

㉡ 주어진 내용을 단어와 구의 내용을 그대로 가져와 선택지화하고 있어, 옳고 그름의 판단이 쉽다.

2007년까지 살았던 아프리카 회색앵무새 알렉스는 1에서 8까지 숫자를 셀 수 있었고 50개에 달하는 물건의 이름을 구별할 줄 알았다. 또한 150개의 단어를 조합해 짤막한 문장을 만들기도 했다. 한편, 1971년생 고릴라 '코코'는 사람이 발음하는 단어 중 2,000개를 알아듣고 1,000개의 단어를 수화로 표현할 줄 알았다. 오스트리아의 생물학자 카를 폰 프리슈는 꿀벌의 춤에 담긴 의미를 알아내 1973년 노벨 생리의학상을 받기도 했다. 프리슈는 40년 동안의 연구 끝에 꿀벌이 원을 그리거나 8자 모양으로 분주하게 움직이는 이유가 꿀이 가득한 꽃의 위치를 알려 주기 위해서라는 사실을 밝혀냈다. 2013년 3월에는 돌고래의 언어도 발견됐다. 큰돌고래는 특히 여러 사물을 접할 때마다 다른 소리를 냄으로써 "이것은 사과", "저것은 포도" 하는 식으로 각각의 이름을 붙이고 있었다.

〈보기〉

㉠ 꿀벌은 다양한 춤을 구사하여 동료에게 꿀이 담긴 꽃의 특성과 위치를 알린다.
㉡ 인간은 해부학적으로 목의 구조가 진화하면서 복합적인 언어를 구사할 수 있게 되었을 것이다. (○)
㉢ 회색앵무새는 물건의 이름을 구별할 수 있을 뿐더러 스스로 단어를 조합해 문장을 만들 수도 있다. (○)
㉣ 켄트 섬의 초원멧새들의 의사소통은 기존 네 단락으로 이루어진 울음소리를 여러 토막으로 나누는 것으로 변화시켜 문화적 진화를 이루었다고 볼 수 있다.

풀이법 1 효율적 읽기_다. 끊어읽기를 통한 소거법

각 문단별로 나눠 읽으며 확인할 수 있는 내용들을 바로바로 확인하면 정확하고도 빠르게 문제 풀이가 가능하다.

풀이법 2 분석적 풀이_가. 주요 내용: 출제자의 패턴

㉠ [추가/삭제] 꿀벌이 움직임을 통해 전달하는 정보는 '꽃의 위치'뿐이다. '꽃의 특성'은 꿀벌의 움직임과 관련성이 없다.
㉢ [범위의 왜곡+연결고리의 왜곡] 옳고 그름을 판단할 때 그 '주체(대상)'을 명확히 하는 것이 대단히 중요하다. '물건의 이름을 구별할 줄 알'고, '단어를 조합해 짤막한 문장을 만들' 수 있는 것은 '회색앵무새'가 아닌 '알렉스'라는 회색앵무새이다. 상위어를 하위어로 대체하는 것은 적절하지만, 하위어가 상위어를 대체할 수는 없다. 따라서 ㉢의 '도'라는 보조사가 없다면 해당 내용은 옳지 않은 내용이 될 수 있다.

동물들의 의사소통은 인간처럼 정식 언어를 이용하는 것이 아니라 그저 본능에 따라 정해진 소리를 내는 것은 아닐까? 그렇다면 고양이는 전 세계 어디서든 "야옹" 하고 울어야 하고 새들은 종에 따라 고유의 울음소리를 내야만 한다. 하지만 미국과 캐나다 동부 해안의 국경지대에 위치한 켄트 섬의 새들을 연구하면서 새로운 사실이 드러났다. 1980년부터 2011년까지 30년 동안 초원멧새들의 울음소리를 녹음해 비교한 결과, 시간의 흐름에 따라 소리의 구성이 조금씩 바뀌어 왔던 것이다. 켄트 섬의 초원멧새들은 도입(intro), 중앙(middle), 버즈(buzz), 트릴(trill) 단락으로 이루어진 한 가지 울음소리만 낸다. 그러나 30년이라는 긴 세월이 흐르면서 중앙 부분에 짧고 강한 스타카토가 삽입됐고 마지막 트릴 부분은 낮고 짧은 소리로 바뀌었다. 시대에 따라 사람들의 말투가 달라지고 억양이 바뀌는 것처럼 새들의 소리도 문화적인 진화가 이루어진 것이다.

〈보기〉

ㄹ 켄트 섬의 초원멧새들의 의사소통은 기존 네 단락으로 이루어진 울음소리를 여러 토막으로 나누는 것으로 변화시켜 문화적 진화를 이루었다고 볼 수 있다.

① ㄱ, ㄴ　② ㄱ, ㄹ　③ ㄴ, ㄷ　④ ㄱ, ㄴ, ㄷ　⑤ ㄴ, ㄷ, ㄹ

풀이법 1 효율적 읽기_다. 끊어읽기를 통한 소거법

마지막 문단에서 ㄹ의 대상인 '초원멧새'들에 대한 정보가 나오므로 집중해서 확인해야 한다. 초원멧새들은 '도입-중앙-버즈-트릴' 네 단락으로 이루어진 한 가지 울음소리만 내는데, 긴 세월이 흐르면서 중앙과 트릴 부분에 소리가 바뀌었다고 하였다. 즉 나누는 단락은 같고 해당 단락의 소리만 바뀌었다는 내용이다. 따라서 ㄹ은 일치하지 않는 내용이다.

기출 변형 예제

난이도 상 중 하

2022년 상반기 국민건강보험공단

01 다음 글의 내용과 일치하지 않는 것을 고르면?

대사증후군(Metabolic Syndrome)은 복부비만, 고혈압, 공복혈당장애, 고중성지방, 낮은 HDL콜레스테롤이라는 5가지 중 3가지를 동시에 지닌 상태를 말한다. 서구화된 식생활과 외식 및 신체 활동 감소로 인해 우리나라에서도 환자 수가 증가하고 있으며, 대사증후군이 있을 경우 심뇌혈관의 질환 발생 가능성이 높아지고, 다른 만성질환에 이환될 가능성이 높아 위험하다.

최근에 국민건강보험공단에서 발표한 자료에 따르면 건강검진 수검자 1,478만 5,545명 중 26%가 대사증후군으로 나타났으며, 73.2%는 위험 요인을 1개 이상 보유한 것으로 나타났다. 대사증후군 위험 요인 5개 항목 진단기준별로는 각각 복부비만 23.9%, 고혈압 43.6%, 고혈당 38.3%, 고중성지방 32.2%, 낮은 HDL콜레스테롤 22.1%로 나타났다.

대사증후군의 원인은 명확히 알려져 있지 않지만, 일반적으로 인슐린 저항성을 그 원인으로 보고 있다. 인슐린 저항성이란 혈당을 낮추는 호르몬인 인슐린에 대한 몸의 반응이 감소하여 근육 및 지방세포가 포도당을 잘 저장하지 못하게 되어 고혈당이 유지되고, 이를 극복하고자 더욱 많은 인슐린이 분비되는 상태를 말한다. 이로 인해 고혈당뿐만 아니라, 이상지질혈증 및 동맥경화와 같은 여러 가지 문제를 일으킬 수 있다. 이 외에도, 스트레스를 받으면 분비되는 코르티솔도 인슐린과 혈당을 증가시켜 대사증후군의 원인이 되기도 한다.

또한 수면 부족 역시 대사증후군의 높은 유병률과 관련이 있는데, 한 연구에 따르면 수면시간이 8시간 이상인 경우 대사증후군의 환자가 15%인 것에 비해, 6시간 이하인 경우 24.4%로, 발생위험이 1.6배 높게 나타났다. 한 국내 연구에서는 칫솔질을 하루 3번 이상 하는 실험군에 비해 2번 이하로 하는 군에서 대사증후군의 위험이 23% 더 높게 나타나 좋은 생활습관을 지니는 것이 중요하다는 것을 알 수 있다.

대사증후군은 복부비만 외에 특징적인 불편함이 없어 검사를 하지 않으면 유병 여부를 알 수 없다. 혈압이나 혈당, 그리고 중성지방 및 HDL 콜레스테롤은 측정하지 않으면 알기 어렵다. 중요한 것은 대사증후군이 위험인자들의 단순한 합이 아니라는 것이다. 각각의 인자들은 상호작용하며 서로 연관성을 가지고 발생에 영향을 주기 때문에 총체적인 접근이 필요하다.

다음의 기준 중 세 가지 이상에 해당되면 대사증후군으로 정의할 수 있다.

- 허리둘레 – 남자 90cm, 여자 85cm 이상
- 중성지방 – 150mg/dL 이상 혹은 이상지질혈증 약물 복용
- 고밀도지방 – 남자 40mg/dL 미만, 여자 50mg/dL 미만 혹은 이상지질혈증 약물 복용
- 혈압 – 130/85mmHg 이상 또는 고혈압약 복용
- 공복혈당 – 100mg/L 이상 또는 혈당조절약 복용

보통, 초기에는 복부비만을 시작으로 다른 위험인자들이 나타나기 시작한다. 대사증후군을 적극적으로 치료하지 않고 방치하는 경우에 2형 당뇨병이 발생하기도 하며, 심근경색이나 뇌졸중과 같은 심뇌혈관질환이 발생하는 경우도 있기 때문에 절대 가볍게 봐서는 안 된다.

대사증후군의 치료 중 가장 우선시되는 것은 체지방, 그중에서도 특히 내장지방을 줄이는 것이다. 내장지방을 감량하기 위해서는 탄수화물을 줄이고 걷기와 같은 바로 실천이 가능한 유산소 운동을 해야 한다. 이를 통해 인슐린 저항성이 개선되어 대사증후군으로 인한 이상 소견들을 호전시킬 수 있다. 일부 고혈압이나 당뇨병, 이상지질혈증을 가지고 있는 대사증후군 환자에서는 꾸준한 약물 치료 및 목표 수준으로의 조절이 필요하지만, 대사증후군만을 위한 약물 치료가 없기 때문에 생활습관 교정이 필수적이다. 또한 각 요소별로 생활습관 교정이 필요할 수 있다. 한국인들은 대체적으로 음식을 짜게 먹는 습관을 가지고 있고, 나트륨을 과도하게 섭취하면 대사증후군 발생 위험이 2배 가까이 높아진다는 연구 결과도 있으므로 혈압이 높은 대사증후군 환자의 경우 이 부분 역시 신경을 써서 식단을 꾸려야 한다.

① 대사증후군은 대체로 증상이 없지만, 방치하면 뇌혈관질환이 발병할 수 있다.
② 대사증후군을 치료하기 위해서는 특정 약물보다는 생활습관을 개선하는 것이 더 중요하다.
③ 대사증후군의 원인은 인슐린 저항증과 스트레스, 수면 부족 등으로 알려져 있다.
④ 우리나라 국민들 중 대사증후군의 위험 요인을 1개 이상 보유한 사람의 비율이 70%가 넘는 것으로 조사되었다.
⑤ 대사증후군의 유병 여부를 확인하기 위해서는 허리둘레, 혈압, 공복 혈당, 중성지방, HDL 콜레스테롤 중 적어도 3가지 이상은 측정해야 한다.

난이도 상 중 하 2022년 하반기 서울교통공사

02 다음 글을 읽고 일치하는 것을 고르면?

서울교통공사가 서울 지하철 내 미세먼지 저감 사업 추진에 박차를 가하고 있다. 서울교통공사는 터널 내 양방향 선기집진기 설치를 위한 업체 계약을 지난 5월 7일 체결했으며, 약 128억 원의 예산을 투입해 6호선 구간 터널 내 45개소에 전기집진기를 설치할 예정이다.

미세먼지 업무를 전문적으로 다루는 부서도 신설했다. 이전까지는 여러 부서 실무자들이 나눠 맡아온 '미세먼지 저감TF' 구조로 진행했으나, 처장급 정규 조직인 '대기환경처'와 관련 설비를 다루는 '환경설비센터'를 신설하고, 5월 10일자로 시행한 직제개편에 반영했다.

미세먼지 저감 사업이 시민 건강권과 직결된 서울시의 중요 사업인 만큼, 서울교통공사는 2024년까지 역사 내 미세먼지(PM 10)는 50㎍/㎥ 이하, 초미세먼지(PM 2.5) 30㎍/㎥ 이하, 전동차 내 초미세먼지는 35㎍/㎥ 이하로 유지하는 등 실내공기질관리법보다 더욱 엄격한 기준을 수립할 계획을 밝히며 서울시와 함께 향후 4년간 4,000억 원을 투입해 터널 본선의 환기설비 집진효율 개선 등을 추진할 예정이다.

① 서울교통공사는 여러 부서에서 전문가를 차출하여 미세먼지 전문팀을 신설하였다.
② 서울교통공사의 미세먼지 저감 노력은 이전부터 이어져 현재 성과를 나타내고 있다.
③ 서울교통공사는 초미세먼지를 30mg/m이하로 유지하여 관련법보다 엄격하게 관리할 예정이다.
④ 서울교통공사는 향후 4년간 매해 약 1천억 원의 예산을 미세먼지 저감에 투자할 계획이다.
⑤ 서울교통공사는 6호선 터널 내 전기집진기 1개소당 약 2.8억 원의 예산을 투입할 예정이다.

03 다음 글의 내용과 일치하는 것을 〈보기〉에서 모두 고르면?

전 세계적으로 이상기후 문제가 심상치 않다. 올해 파키스탄에서는 유례없는 홍수가 발생했고 중국과 유럽은 극심한 폭염과 가뭄으로 고통을 겪고 있다. 폭염은 단순히 습하고 더운 날씨에서 그치지 않고, 필연적으로 냉방 시설의 전력 사용량 증가로 이어진다. 한국도 예외는 아니어서, 전력수요가 예상보다 급증하면서 전력 수요관리에 큰 문제를 야기하고 있다.

재화로서 '전기'는 한 가지 특징이 있다. 한번 생산하면 바로 소비해야 한다는 것이다. 여타의 상품처럼 시장이 있고 공급자와 수요자가 거래를 하지만, 재고처리가 되지 않기 때문에 전력 생산자(발전소)와 소비자(기업 혹은 일반 시민)들의 즉각적인 만남을 조율하는 전력망의 역할이 매우 중요하다.

최근 기후변화 대응 차원에서 다양한 에너지원을 활용한 재생에너지 사용이 확대되고 있다. 재생에너지는 자연조건에 의존하여 발전하기 때문에 어느 정도의 변동성이 존재한다. 최근에는 여러 자연재해가 잇달아 발생하며 과거에 비해 전력망의 변동성과 불확실성은 더욱 커지고 있다. 게다가 과거에는 중앙에서 전력을 공급하는 방식이었다면 재생에너지는 각 지역을 기반으로 한 분산형 에너지원이기 때문에 전체적인 전력공급은 더욱 복잡해질 수밖에 없다. 전력을 언제 어디서 더 많이 소비할지 예측하기가 어려워진 것이다. 그래서 나온 기술이 바로, 수요와 공급을 보다 정교하게 관리할 수 있는 스마트 그리드 기술이다.

스마트 그리드란 태양광·풍력 등 재생에너지와 에너지 저장장치가 융합된 형태로 기존의 전력망에 정보통신기술을 활용하여 전력망을 고도화함으로써 에너지를 최적화하는 차세대 전력망을 의미한다. 다시 말해, 기존에는 전력을 공급자가 수요자에게 일방적으로 보냈다면 스마트 그리드는 IT 통신망을 통해서 공급자와 수요자가 쌍방향으로 전력 정보를 교환함으로써 보다 효율적으로 에너지를 사용할 수 있는 것이다. 이러한 기술은 발전에서 송전, 배전 등 전력시스템 전 분야에 걸쳐 적용된다. 전력망을 효율적으로 관리하는 ICT 기반의 광역 모니터링 및 제어 기술로 광범위한 지역에서도 실시간으로 모니터링하고 제어가 가능하다.

다만, 기존 전력망과 달리 전력망이 분산되면 한눈에 전체 전력 수요를 파악하기 어려워진다는 문제가 발생한다. 이에 따라 ICT와 자동제어기술을 이용해 다양한 분산에너지원을 연결·제어해 하나의 발전소처럼 운영하는 가상발전소(VPP, Virtual Power Plant)의 역할이 중요해질 전망이다. 실제로 전 세계적으로 VPP 구축이 활발히 진행되는 등 관련 수요가 늘어나고 있다.

또 하나의 핵심 기술로는 전력 저장 기술인 ESS(Energy Storage System)와 스마트 계량기(AMI, Advanced Metering Infrastructure)가 있다. ESS는 쉽게 말해, 큰 용량의 배터리를 의미한다. 건전지나 소형 배터리 같은 소규모 전력저장장치가 아닌 수백 kWh 이상의 전력을 저장하는 시스템을 이른다. 기존에는 생산한 뒤 사용하지 못한 전기는 그대로 버려졌지만, ESS를 이용하면 여분의 전력을 저장할 수 있다. 이를 통해 저장하기 어려운 재화라는 전기의 단점을 보완할 수 있게 된 것이다. 스마트 계량기는 기존 계량기의 단점을 보완한 것으로 소비자의 전력 소비패턴을 보다 정밀하게 분석하는 기술이다. 각 가정에서 사용하는 전력 사용량을 자동으로 검침하고, 수요에 대한 정교한 정보 전달을 목표로 한다.

〈보기〉

㉠ 전기는 생산 후 즉시 소진해야 한다.
㉡ 중앙 전력 공급에 비해 소규모 분산형은 소비전력 예측이 어렵다.
㉢ 스마트 그리드는 수요자 위주의 전력망으로 효율적인 에너지 사용이 가능해진다.
㉣ 전력망이 분산되면 전체 전력 수요를 파악하기 어려워 VPP 역할이 중요해질 전망이다.
㉤ ESS는 소비자의 전력 소비패턴을 보다 정밀하게 분석하는 기술이다.

① ㉠, ㉢
② ㉡, ㉢, ㉤
③ ㉠, ㉡, ㉣
④ ㉠, ㉡, ㉢, ㉣
⑤ ㉡, ㉢, ㉣, ㉤

04 다음 글의 내용과 일치하는 것을 고르면?

조선시대 재산상속법은 성문법인 『경국대전』의 재산상속에 관한 규정으로 대표할 수 있다. 조선시대 재산상속을 규율하는 대전제는 조업사상(祖業思想)이다. 즉, 상속 재산인 가산을 승계하여 자손에게 전계하여야 한다는 사고가 상속 재산의 기본 관념인 것이다. 이와 같이 상속 재산을 조업으로 보는 관념에서 다음과 같은 재산상속상의 원리가 도출된다.

첫째는 혈족주의이다. 즉 조업을 승계할 수 있는 자격이 인정되는 자는 선조와 자연적인 혈연관계에 있는 자에 한한다. 상속인의 범위는 사촌을 한도로 하고 있다. 또 조업은 혈연과 마찬가지로 자손에게까지 계속하여 승계되어야 하며 혈연관계가 없는 자에게 증여해서는 안 되고 아내가 다른 경우에도 우선 근친자를 고려하여야 한다는 요청도 이러한 관념의 소산이다.

둘째는 균분주의이다. 이는 고려시대부터 내려오는 관습인데 고려 사회는 장자손을 특히 우대하여야 할 이유를 찾기 어려운 가족 형태를 유지하였다. 이 점은 조선시대로 들어와서도 변하지 않았다. 다만 고려말부터 본격적으로 계승된 종법제는 조선의 제사를 승계하는 자를 우대해야 할 필요를 낳았고, 이는 재산상속을 할 때에도 그대로 반영되었다. 『경국대전』은 상속 결정의 근원을 혈족주의에서 찾았기 때문에 첩자녀를 적자녀와 동 순위의 상속인으로 규정하나 상속분에 있어서는 심한 차별을 하고 있다. 그러나 차별적 요소가 없는 자 사이에서는 균분주의가 지켜졌다.

셋째는 분할주의이다. 『경국대전』에는 이에 대한 규정이 없으나, 형법의 보통법으로 적용되었던 대명률(大明律)의 별적이재금지조(別籍異財禁止條)에 의하여 지속되었다. 이 규정은 자녀가 부모의 의사를 무시하고 분재 청구를 할 수 없게 하는 데 그 목적이 있었기 때문에 부모는 생전에 가산을 분할하여 실질적인 재산상속을 행하거나 분할을 지정할 수 있었다.

넷째는 유언 자유의 제한이다. "遺書雖一家之法, 不可不從"이라는 말과 같이 부모는 유언을 통하여 재산상속에 관한 사항에 대하여 어떤 처분을 해도 유효하다. 즉 상속분에 대해서 부모가 유언을 하면 적자보다 서자가 더 많은 양의 상속분을 받을 수 있었다. 그러나 이 같은 유언의 자유는 어디까지나 그 전체인 조업의 법리 안에서만 허용된 것이었다.

상속 순위에서 제1순위는 자녀의 공동 상속이다. 여자가 상속하는 경우에도 여자의 재가 여부를 불문한다. 자녀가 피상속인보다 먼저 사망한 경우에는 사망한 자녀의 직계 비속이 대습 상속하며 대를 한정치 않는다. 제2순위는 아내로, 자녀가 없는 남편의 재산을 아내가 상속하는 것은 어디까지나 남편에게 사후 양자가 들어오는 것을 예정하는 개념이다. 즉, 아내가 사후 양자를 위하여 잠정적으로 상속하였다가 양자를 계후하게 되면 그에게 상속시킨다. 그러나 사후 양자를 계후하지 않으면 아내가 생존 중에 한하여 상속하고 그가 사망할 때 그 상속의 재산은 망부의 본족에게 반환한다. 반대로 자녀가 없는 채로 아내가 죽었을 경우 아내의 재산은 남편이 상속하지 못하고 죽은 아내의 본족에게 반환한다.

제3순위는 피상속인의 본족으로 피상속인에게 자녀가 없을 뿐만 아니라 아내가 없을 때에는 제3순위로 피상속인의 본족이 상속하게 된다. 즉 상속 재산은 피상속인이 아버지의 조상으로부터 전계받은 것이므로 피상속인에게 가장 가까운 본족인 형제자매가 상속인이 되고, 사망한 때에는 그들의 직계비속이 대습하여 제1차적으로 공동상속한다. 피상속인에게 형제자매가 없을 때에는 상속재산은 피상속인의 할아버지까지 환계하여 할아버지의 직계비속인 피상속인의 백숙부, 고모, 또는 그들을 대습하는 종형제자매등이 공동상속한다. 제4순위는 국가에 귀속하게 되는데 상속인이 없는 상속 재산은 국가에 귀속한다.

① 『경국대전』에 의하면 사망한 사람의 적자녀라면 여자라 하더라도 남자와 동일하게 재산을 물려받을 권리가 있었다.

② 상속에서 가장 중요한 것은 고인의 유언으로 적장자를 상속에서 제외하거나 재산을 국가에 귀속시키는 것이 가능했다.

③ 사망한 사람의 직계비속이라도 서얼이라면 상속 순위에서 적자에게 밀리므로 상속에서 차별을 받았다.

④ 가문의 적장자가 미혼으로 사망할 경우, 재산 상속 1순위는 아버지의 형제자매가 되고, 그 형제자매가 사망했을 때는 그 직계비속이 공동상속자가 된다.

⑤ 후계가 없이 사망한 경우 아내는 남편의 재산을 상속받을 수 있으나, 아내가 먼저 사망한 경우 남편은 모든 재산을 처가에 반환해야 했다.

05 다음 글의 내용과 일치하는 것을 고르면?

인간이 말하고 듣는 의사소통의 과정을 통하여 자신이 전달하고자 하는 바를 표현하고 상대방의 말을 잘 이해하며, 서로 좋은 관계를 형성하고 지속해 나가기 위해서 지켜야 할 기본적인 규칙을 음성 언어 의사소통의 원리라고 한다. 원활한 음성 언어 의사소통을 위해 필요한 기본 원리로 공손성, 적절성, 순환성, 관련성 등이 있다.

공손성의 원리는 음성 언어 의사소통에서 상대방에게 부담을 적게 주고, 상대방을 존중해 주는 표현과 태도를 지키는 것을 말한다. 공손성의 원리는 언어가 정보를 전달하는 기능 이외에 의사소통 참여자 사이의 사회적 관계 형성에도 기여한다는 것에 근거하여 설정된 것이다. 예를 들어 '책 좀 빌려 주시면 좋겠어요'라는 표현은 '책 좀 빌려줘'라는 표현보다 상대에게 부담을 적게 주어 공손성의 원리를 준수하게 된다.

이처럼 공손성의 원리는 인간의 내적 욕구를 충족시켜 주는 행위이므로 효과적인 인간관계 형성과 유지라는 사회적 기능뿐만 아니라 언어 표현의 효과성도 만족시킨다. 그러나 의사소통 참여자 사이에 어울리지 않는 지나친 공손함은 오히려 상대를 향한 빈정거림의 표현이 되므로 의사소통의 걸림돌이 된다.

적절성의 원리는 음성 언어 의사소통의 상황, 목적, 유형에 맞는 담화 텍스트의 형식과 내용으로 표현되어야 한다는 것이다. 음성 언어 의사소통에서 발화되는 담화 텍스트가 적절성의 원리를 만족한다는 것은 발화된 담화 텍스트가 상황과 표현 의도에 맞게 상대에게 받아들여질 수 있는 형태로 표현된 것을 의미한다.

순환성의 원리는 음성 언어 의사소통의 상황에 맞게 참여자의 역할이 원활하게 교대되고 정보가 순환되어 의사소통의 목적이 달성되는 것을 말한다. 말하기와 듣기의 연속적 과정인 음성 언어 의사소통에서 참여자의 역할이 적절히 분배되고 교환되지 않으면 일방적인 의사 표현과 수용에 그치게 되므로 효과적인 의사소통을 기대하기 어렵다.

관련성의 원리는 의사소통 참여자가 상대방이 발화한 담화 텍스트의 의미를 상대방의 의도에 따라 재구성하여 이해하는 것을 말한다. 음성 언어 의사소통에서 듣기는 상대방이 전달하려는 의미를 재구성하는 적극적인 과정이다. 발화문의 의미와 의도된 의미가 일치하지 않는 경우, 참여자는 담화 맥락을 이해하고 추론을 통해 대화의 함축을 찾으려는 적극적인 자세를 지녀야 한다.

① 청자가 화자의 발화 의도를 정확하게 받아들였다면 관련성의 원리를 충족한 것이다.
② 음성언어 의사소통의 원리는 단순 이해보다 사회적 관계 형성에 대한 기여도를 더 중시한다.
③ 청자에게 부담을 적게 주고, 존중해 주는 표현을 사용했다면 적절성의 원리에 충족한 것이다.
④ 화자가 바뀌지 않고 일방적으로 말한다면 순환성의 원리에 어긋난 것이다.
⑤ 화자가 발화한 말의 의미와 의도된 의미가 일치하지 않는다면 관련성의 원리에 어긋난 것이다.

06 다음 글에 대한 설명으로 옳지 않은 것을 고르면?

정치 철학자로 알려진 한나 아렌트는 우리가 보통 '일'이라고 부르는 활동을 '작업(Work)'과 '고역(Labor)'으로 구분한다. 이 두 가지는 모두 인간의 노력, 땀과 인내를 수반하는 활동이며, 같은 관계를 갖고 있다. 일은 노력과 아픔을 필요로 하고, 생존을 위한 수단이며 물질적 또는 정신적으로 풍요로운 생활을 영위할 수 있게 하는 도구적 기능을 담당한다. 그러나 일은 도구성, 목적성을 떠나서 인간의 본질을 구성한다. 동물의 세계에서는 일이 존재하지 않는다. 오직 인간의 세계에서만 일이 존재하고, 오직 인간만이 일의 범주에서 벗어나 가족으로 들어온다. 한 인간이 일을 할 줄 모를 때에 그는 인간의 테두리에서 추방되어 동물의 세계로 돌아간다. 즉 '일'이라고 명칭된 활동은 '인간'이라는 명패와 다름없다.

'일'은 인간이 자신의 계획과 계산과 의지에 준해 주어진 자연을 변형하는 과정이자 절차이다. 동물도 생존과정에서 주어진 자연을 어느 정도 변형하기 마련이다. 그러나 동물의 변형은 계획적이거나 의지적인 것이 아니다. 동물과 자연의 관계는 적응적 반응의 차원을 넘어서지 못한다. 그래서 그런 반응 자체는 자연의 일부로 보인다. 인간과 자연의 관계는 이와는 전혀 다르다. 인간은 자연에 단순히 적응하고 반응하지만은 않는다. 인간은 주체로서 자연을 자신의 의지에 굴복시킨다. 인간은 자연의 질서를 이용해서 자신의 유일하고 독특한 새로운 질서, 자연에 환원될 수 없는 정신적 질서를 창조한다. 그런 것을 창조하는 이유가 단지 물질적, 즉 동물적 필요성을 보다 만족스럽게 충족하기 위해서라고 볼 수는 없다. 원시 사회를 연구한 구조주의 인류학자 레비 스트로스는 이러한 결론을 맺으면서 근친상간과 같은 금기는 인간 사회에서 볼 수 있는 가장 보편적이지만 특수한 현상이라고 주장한다. 그에 의하면 금기와 같은 반자연적인 규범은 인간이 다른 동물과는 근본적으로 다르다는 것을 스스로에게 확인하는 것이다.

이와 마찬가지인 '일'이라는 창조적 작업도 인간이 단순한 동물이 아님을 나타내는 증명서와 같다. 우리는 일이라는 창조적 작업을 통해서만 우리가 인간임을 확인할 수 있다. 그러기에 땀을 흘리고 적지 않은 고통을 치러야만 하는 정말 일로서의 일, 즉 '작업'은 그것이 어떤 것이든 간에 언제나 엄숙하고 거룩하고 귀해 보인다. 땀을 흘리며 대리석을 깎는 조각가에게, 밤늦게까지 책상 앞에 앉아 문학 창작에 열중하는 작가에게, 무더운 공장에서 쇠를 깎는 선반공에게, 땡볕에 지게질도 하며 쟁기로 밭을 가는 농부들에게 다 똑같이 흐뭇함과 거룩함을 발견하고 저절로 머리가 숙여진다. 그러나 앞에서 언급했듯이 모든 일이 작업으로서의 일은 아니다. 어떤 일은 부정적인 뜻으로서의 '고역'이기도 하다. 회초리를 맞고 피와 땀을 흘리며 노예선을 젓는 노예들의 활동은 인간의 존엄성을 높이기는커녕 그들을 짓밟는 고역이다. 이와 마찬가지로 위생적으로나 육체적으로 견디기 어려운 조건하에 타당하지 않은 보수를 받고 무리한 노동을 팔아야만 하는 일은 마땅히 없어져야 할 고역이다. 작업으로서의 일과 고역으로서의 일의 구별은 단순히 지적 노고와 육체적 노고의 차이에 의해서 결정되지 않는다. 어떤 학자가 하는 지적인 일도 경우에 따라 고역의 예가 될 수 있다. 작업으로서의 일과 고역으로서의 일을 구별하는 근본적 기준은 그것이 인간의 존엄성을 높이는 것이냐, 아니면 타락시키는 것이냐에 있다. 인간의 존엄성은 인간의 자율성에 있는 것이다.

① 금기는 인간이 동물과 다르다는 것을 스스로 증명하고자 하는 것이다.
② 인간은 동물과 다르게 자신의 의지에 따라 자연을 변형한다.
③ '작업'과 '고역'은 모두 인간의 노력, 땀과 인내를 수반한다.
④ 인간이 동물과 다르게 존엄한 이유는 자유의지에 따라 일하기 때문이다.
⑤ '작업'은 지적 노동을 일컫고, '고역'은 육체노동을 일컫는다.

07 다음 글의 내용과 일치하지 않는 것을 고르면?

진공관은 진공의 공간에서 전자의 운동을 조종하여 신호를 증폭하거나 변경하는 데 사용하는 장치이다. 지금은 더 작고 값싼 트랜지스터나 반도체, 집적회로 등이 쓰이지만 진공관은 전류의 흐름을 파장 단위의 재조합 없이 그대로 증폭한다는 데서 기술의 발전에 빠질 수 없다. 그러면 진공관의 발명 과정은 어떠했을까?

당시 미국의 발명왕 에디슨은 전구를 발명했다. 필라멘트는 공기가 없어야만 타버리지 않기 때문에 전구는 진공 상태로 봉해졌고, 백열광은 유리구를 통해 빛을 내보냈다. 전깃불 발명이 거의 막바지에 이르렀을 때 에디슨은 유리구가 자꾸 검게 변해 버린다는 것을 알게 되었다. 이것이 해결해야 할 문제였고, 에디슨의 과학 고문인 프랜시스 업톤은 금속접시를 전구 내부에 넣을 것을 제안했다. 이것이 문제를 해결하지는 못했지만 이 실패한 아이디어는 놀랍게도 전류가 금속접시 안에서 흐른다는 것을 발견했다. 전류는 당연히 필라멘트를 따라 흘렀다. 하지만 필라멘트와 접시 사이에는 전혀 아무런 연결도 없었다. 그렇다면 도대체 이 전류는 어디서 오는 것일까? 당시 과학은 진공 상태에서는 전류가 흐를 수 없다는 이론을 분명하게 확립해 놓았으나 이 실험으로 인해 그 이론이 잘못된 것임을 입증해 낸 것이다. 그리고 이를 통해 고온의 물체에서 전자가 방출된다는 '에디슨 효과'가 등장하게 된다.

한편, 존 플레밍(John Fleming)은 1884년 미국으로 건너가 에디슨을 만났고 신기한 에디슨 효과를 구경할 수 있었다. 그리고 그는 초당 120회 정도 방향을 계속해서 바꾸는 교류 전류를 발생시키는 발전기를 전구 필라멘트에 연결했다. 그런데 이 뜻하지 않은 실험은 그에게 놀라운 발견을 가져다 주었다. 앞뒤로 교차하며 필라멘트를 통해 흐르던 교류도 금속접시를 흐를 때는 여전히 방향을 바꾸지 않고 한쪽 방향으로만, 즉 직류로 흘렀다. 에디슨 전구가 교류를 직류로 전환시킨 것이었다. 그리고 아무도 그 이유를 설명할 수 없었다. 하지만 플레밍은 이 연구에 대한 끈을 놓지 않았다.

1899년부터 플레밍은 영국 마르코니사(Marconi Company)의 과학 자문을 맡게 됐다. 맨 먼저 요청받은 일은 영국 폴두에서 대서양 너머 캐나다 뉴펀들랜드주의 주도 세인트 존스시까지 4,800km 거리에 전파를 보낼 스파크 불꽃 방전 송신기를 설계하는 것이었다. 당시 엔지니어들은 무선 송신기로 전파를 발생시킬 때 콘덴서에 축적된 고압 전류로 방전봉에 불꽃을 일으켜 전파를 만들어냈다. 이것은 천둥처럼 '딱', '딱' 하는 굉음과 함께 불꽃 방전을 하면서 전신 신호를 보내도록 돼 있었다. 그런데 이 불꽃 방식에서 발생시킨 전류는 급속히 줄어드는 현상을 보였다. 따라서 모스신호는 보낼 수 있었지만 음성신호는 보낼 수 없었다. 1901년 세계 최초로 대서양 양쪽을 연결하는 역사적인 무선 통신에 성공한 굴리엘모 마르코니(Guglielmo Marconi)는 플레밍에게 무선 통신용 송수신기의 성능을 개선해 달라는 부탁을 했다. 당시 무선 통신 업계에서는 불꽃 방전 송신기와 함께 코히러(Coherer)로 불리던 수신기, 마르코니가 개발한 매기 수신기(Maggies) 등이 무선 통신용 전파수신기로 사용되고 있었다. 플레밍은 이들 기기의 전송 시간과 수신 시간이 오래 걸리고 배 위에서처럼 흔들리는 장소에서 수신이 잘 되지 않는다는 사실을 알았다.

플레밍이 효율적인 전파수신기를 만들기 위해 연구 중이던 1904년 10월, 그에게 갑자기 행복한 생각이 떠올랐다. 그것은 에디슨 효과 전구였다. 그는 에디슨 전구를 응용해 기존 무선수신기의 불편함을 해소할 새로운 부품을 만들 수 있을 것이라고 생각했다. 에디슨 유리전구는 뜨거운 필라멘트와 분리된 금속이 진공 유리 안에 있을 때 한 방향으로만 흐르지 않았던가? 그렇다면 전자수신기에 이 진공관을 사용해도 마찬가지로 교류전파를 직류전파로 바꿔 수신할 수 있게 해 줄 것이었다.

그는 두 개의 전극을 포함하고 있는 유리관을 준비했다. 높은 진공 상태의 유리관 속에는 필라멘트와 이를 둘러싸는 원통형 금속이 있었다. 내부의 실린더플레이트와 필라멘트는 2번째 전류회로에 붙였다. 그리고 배터리를 연결시키도록 돼 있었다. 플레밍은 이 장치가 전극 두 개, 곧 원통과 필라멘트를 갖고 있으므로 2극 진공관, 즉 다이오드(diode)라고 불렀다. 그의 예상대로라면 한쪽 금속 필라멘트(캐소드)는 전류에 의해 가열돼 전자를 방출하고 또 다른 전극(아노드)은 이에 따른 전자를 받아들이게 될 것이었다. 놀랍게도 플레밍이 진공관과 갈바노미터를 전기회로에 접속시키자 매우 민감한 고주파 신호 전류가 교류에서 직류로 바뀌지는 모습(정류)을 보여 주었다. 2개의 전극을 가지며 정류 기능을 하는 이 진공관은 멀리서 보내오는 무선주파수를 당시의 코히러나 자기수신기 방식보다 더 간단하고 정확히 수신할 수 있는 새로운 부품이었고, 이것이 바로 2극 진공관의 탄생이다.

① 진공관은 에디슨 효과를 이용하여 만들어진 발명품이다.
② 플레밍은 자신의 실험에서 생긴 문제점을 해결하기 위해 금속접시를 활용하였다.
③ 에디슨은 자신의 전구가 교류를 직류로 전환시킨 까닭을 증명하지 못했다.
④ 플레밍의 진공관 내부에서는 전류가 교류에서 직류로 바뀌는 정류가 일어난다.
⑤ 플레밍의 진공관이 발명된 이후에 무선 통신용 송수신기의 성능은 개선되었다.

난이도 상 중 하 2021년 하반기 코레일 한국철도공사

08 다음 글의 밑줄 친 ㉠의 장점으로 볼 수 없는 것을 고르면?

㉠ PRT는 경량 전철보다 규모가 작고 공사비가 상대적으로 저렴하며, 독자적인 궤도시스템을 가지고 자동으로 운행되는 교통시스템이다. 경량 전철과 PRT의 경제성을 비교한다면, 건설비 측면에서 PRT가 경전철의 1/6정도로 월등히 낮고, 중간 정차를 하지 않기 때문에 경량 전철보다 에너지 운영 효율이 뛰어나 유지 비용 감소 효과를 기대할 수 있다. 또한 부지 소요 면적이 적어 용지 보상비 면에서도 기존의 시스템과는 달리 적은 예산이 소요된다.

PRT는 고가로 건설되기 때문에 시스템의 도입으로 인한 도로 잠식률이 가장 적은 시스템으로 도로 용량 저하에 대한 우려도 해소할 수 있다. PRT는 시스템이 확장성이 용이하여 지하 건설 시 네트워크의 변경이 불가능한 경량 전철보다 향후 수요에 기민하게 대처할 수 있어 효율적인 교통시스템으로 매연과 소음, 진동이 없는 미래 지향적이고 친환경적인 교통수단이라고 할 수 있다.

이처럼 PRT는 도로 여건과 지리·환경적인 요인을 극복할 수 있는 대중교통 시스템으로 극심한 도로 정체와 대중교통 수단의 혜택이 열악한 지역에 특히 효과적이다. 지금까지 교통수단은 주로 광역 간의 이동수단 및 개인교통 수단의 기술 개발에 치중되어 왔다. 또한, 대중교통 정책은 교통수단의 추가적인 도입보다는 도로 기반 시설의 확장에만 주력하여 도로의 혼잡을 감소시킬 만한 현실적인 대안이 되지 못하고 있다. 따라서 PRT는 대중교통 수단의 다변화에 기여할 것으로 보이며, PRT의 특성상 경량 전철과 버스의 중간 규모로, 대규모 교통시설 간 효율적인 연계, 지선 교통체계와 간선 교통체계의 연결, 중심업무지구 내 일정 범위 안에서의 지역적 연계 및 위락 시설 간 연계 교통수단으로 활용이 가능할 것으로 전망된다.

일반적인 승용차 이용자의 평균 통행 거리를 고려한다면, PRT 운행 시의 공간적인 범위는 반경 약 510km 미만일 것으로 판단된다. 또한 도보로 지하철을 이용할 수 있는 거리를 역을 중심으로 400~500m의 반경으로 설정하였을 때 역 간 거리가 200m인 지역 순환 노선으로 설정한다면 이용객의 편의를 크게 증진시킬 것으로 판단된다. PRT는 차로 이동하기에는 적절한 거리이지만 주차 여건이 좋지 않은 교통의 사각지대에 설치되는 것이 적정하다.

① 경량 전철보다 규모가 작아 공사비와 용지 보상비 면에서 경제적이다.
② 주차 여건이 좋지 않은 교통 사각지대에 설치되면 이용객의 편의를 증진시킬 수 있다.
③ 대규모 교통시설과의 연계와 기존 교통체계와의 연결을 통해 도로 여건을 개선한다.
④ 매연과 소음, 진동이 없는 미래 지향적이고 친환경적인 교통수단이다.
⑤ 네트워크 확장이 용이하여 교통 수요의 변화에 맞춰 빠르게 대처할 수 있다.

09 다음 글을 읽고 이해한 내용으로 적절하지 않은 것을 고르면?

평소 쥐를 무서워하는 사람의 눈앞에 쥐가 나타난 상황을 가정해 보자. 아마도 그는 이성적인 판단을 내리기도 전에 본능적으로 비명을 지르며 도망갈 것이다. 왜 그럴까? 쥐를 본 시각 정보는 가장 먼저 뇌에 있는 시상으로 전송되고, 시상에 전송된 정보는 편도체와 시각 피질로 각각 전달된다. 그런데 생존 본능으로 즉각적인 신체 반응을 유도하는 편도체는 이성적인 사고 과정의 한 축을 담당하는 시각 피질에 비해 처리 속도가 빠르기 때문에 그는 비명부터 먼저 지르게 된다. 이처럼 편도체는 공포 상황에 신속하게 반응할 수 있도록 해 준다.

사람이 일반적으로 공포 상황에 직면했을 때 편도체는 교감신경을 활성화한다. 교감신경이 활성화되면 부신에서 아드레날린 호르몬을 분비하기 시작한다. 혈류로 유입된 아드레날린으로 인해 혈관이 확장되고 심장 박동 수가 높아지며 심장이 한 번 박동할 때 내보내는 혈액량인 박출량도 증가한다. 또한 호흡 속도가 빨라져 평소보다 많은 산소가 체내로 유입된다. 이러한 생리적 변화로 인해 근육에 평소보다 많은 양의 산소와 열량이 공급됨으로써 우리 몸은 공포 상황에 더욱 신속하게 대처할 수 있게 된다.

그런데 실신할 정도로 매우 강한 강도의 공포 상황에 직면하게 되면 교감신경이 지나치게 활성화되어 심장 박동 수와 박출량을 무리하게 늘린다. 이처럼 심장이 과도한 자극을 받게 되면 부교감신경이 활성화되어 우리 몸을 안정시키려고 한다. 이로 인해 심장 박동 수와 혈압이 낮아지고, 맥박 수가 떨어진다. 정상적인 성인의 1분간 맥박 수는 보통 60~80회 정도인데, 그 이하로 떨어지게 되면 결국 뇌로 가는 혈류량이 부족해지거나 순간적으로 혈류가 중단되기도 한다. 심한 공포감을 느꼈을 때 실신하기도 하는 까닭은 바로 이 때문이다.

한편, 공포는 학습되기도 한다. 우리 몸의 편도체는 공포 학습과도 관련이 있는데, 공포 조건화 실험을 통해 이를 확인할 수 있다. 특별한 반응을 유발하지 않는 중성적인 조건자극을 불쾌하거나 고통스러운 반응을 유발하는 무조건 자극과 연합하는 과정이 바로 공포 조건화인데, 버몬트 대학의 교수 카프는 토끼에게 불쾌하거나 고통스러운 반응을 유발하는 전기 자극을 제시했을 경우 토끼가 즉각적인 공포 반응을 보인다는 점에 착안하여 다음과 같은 실험을 진행했다. 특정 소리를 들려줄 때마다 토끼의 발에 약한 전기 자극을 가하고, 다른 소리를 들려줄 때는 아무런 자극을 가하지 않았다. 이렇게 조건화된 토끼는 전기 자극을 단독으로 제시했을 때처럼, 그 특정 소리만 들어도 공포 반응을 보이기 시작했다. 토끼가 공포 반응을 보였다는 것은 특정 소리를 들려주었을 때 심장 박동 수가 증가했다는 사실과 편도체가 반응했다는 사실을 통해 확인할 수 있었다.

그런데 편도체가 손상된 토끼의 경우에는 공포 반응이 사라지거나 약화되는 현상이 나타난다. 사람의 경우도 마찬가지이다. '우르바흐-비테 증후군'이라는 희귀한 질병에 걸릴 경우 편도체가 포함된 양쪽 측두엽 부위가 칼슘 침착에 의해 그 기능이 상실된다. 이 질병의 환자들은 공포라는 감정을 잘 인식하지 못하는 것으로 알려져 있다.

① 공포 반응은 학습되고 조작될 수 있다.
② 공포 상황에서 신체 내의 산소량은 증가하게 된다.
③ 편도체의 정보 처리 속도는 시각 피질보다 빠르다.
④ 혈액의 박출량이 급격히 늘어나면 실신하기도 한다.
⑤ 편도체에 문제가 생기면 동물은 사람과 달리 공포 반응이 약화된다.

10 다음 글의 내용과 일치하는 것을 고르면?

최근 5년(2014년 1월~2018년 12월) 동안 기상관측 자료와 교통사고 자료를 분석한 결과, 겨울철 최저기온이 0℃ 이하이면서 일교차가 9℃를 초과하는 일수와 결빙 교통사고의 빈도수는 상관관계가 높은 것으로 나타났다. 최근 5년 동안 이 조건에 맞는 날은 평균 51.5일이었으며, 해당 관측일이 1일 증가할 때마다 결빙 교통사고가 하루 평균 약 59건 증가한 것으로 조사되었다. 또한 치사율(전체 사고 대비 결빙사고 사망률)도 전체 교통사고 평균보다 1.6배 높게 나타났다.

'최저기온 0℃ 이하이며 일교차 9℃ 초과' 관측일을 기준으로 최근 5년간 발생한 결빙 교통사고율은 전체 교통사고의 2.4%였다. 지역별로는 통과 교통량이 많고, 통행속도가 높은 충남(3.9%), 충북(3.8%), 강원(3.7%)의 결빙 교통사고율이 다른 지자체 평균보다 2.6배나 높았으며, 특별·광역시의 경우에는 인천광역시(3.1%)가 전국 평균보다 높은 것으로 나타났다.

경찰에 신고된 도로 결빙·서리로 발생한 교통사고 건수 및 사망자 수는 최근 5년간 각각 6,548건(연평균 1,310건) 및 199명(연평균 40명)이며, 사고 100건당 사망자 수는 3.0명으로 전체 교통사고 평균 1.9명보다 1.6배 높아 큰 사고가 많은 것으로 나타났다. 또한 연도별 사고 건수는 2014년 1,826건, 2015년 859건, 2018년 1,358건으로 해에 따라 최대 2배 이상 차이가 나는 것으로 분석되었다.

사고 심도를 나타내는 치사율은 '최저기온 0℃ 이하이며 일교차 9℃ 초과' 관측일에서 평균 3.2%로 나타났다. 특히 치사율이 매년 감소하고 있는 가운데(2014년 3.9% → 2016년 2.9% → 2018년 2.2%), 충북(7.0%), 강원(5.3%), 전북(3.8%)은 전국 평균보다 1.4~2.2배 높게 나타나면서 해당 지역을 운전할 때 더욱 각별히 안전운전을 해야 할 것으로 보인다.

결빙 교통사고는 노면 상태를 운전자가 육안으로 확인하지 못하거나 과속하는 경우에 발생하기 때문에 결빙 교통사고 위험 구간 지정 확대 및 도로순찰 강화 등의 대책 요구 및 결빙 구간을 조기에 발견하여 운전자에게 정보를 제공해 줄 수 있는 시스템(내비게이션, 도로전광판)의 확대도 시급한 상황이다.

△△교통안전문화연구소 이○○ 수석연구원은 "겨울철 급격한 일교차 변화에 따른 노면 결빙(블랙아이스)은 도로환경, 지역 및 입지 여건 등에 따라 대형사고로 이어질 위험성이 크다"라며 "지역별로 사고 위험이 높은 지역에 적극적인 제설 활동, 자동 염수분사 장치 및 도로 열선 설치 확대, 가변속도 표지 설치, 구간 속도 단속 등의 조치가 필요하다"라고 강조하는 한편, "운전자들도 블랙아이스 사고가 많은 겨울철 새벽에는 노면 결빙에 주의하여 안전운전해야 한다"라고 덧붙였다. 시설 정비와 시스템 강화도 중요하지만 개개인 운전자들의 주의도 사고 예방에 큰 도움이 되니 이번 기회에 운전 습관을 점검해 볼 필요성이 있다.

① 결빙 교통사고로 인한 인천광역시의 사망자 수는 전국 평균보다 많다.
② 겨울철 새벽에는 노면 결빙 때문에 위험하므로 가급적 운전을 피해야 한다.
③ 통과 교통량이 가장 많고 통행속도도 가장 높은 지역은 충남이다.
④ 결빙 교통사고 100건당 사망자 수는 평균 1.9명이다.
⑤ 결빙 교통사고의 발생에는 기온이 중요한 영향을 미친다.

정답과 해설 P.6

기출유형 3 | 주어진 내용 추론

기출 유형 분석

추론 유형은 세부 내용 파악 유형과 유사하지만, 주어진 글을 바탕으로 선택지 내용의 옳고 그름을 파악하고 비교하는 것은 물론, 그로부터 파생될 수 있는 내용까지 확인해야 하므로 세부 내용 파악 유형에서 보다 심화된 독해 능력을 필요로 한다. 그래서 난도가 높게 출제될 가능성이 높다.

세부 유형

세부 유형	발문 내용
내용 추론	• 다음 글을 읽고 추론한 내용으로 가장 적절한 것을 고르면? • 다음 글을 읽고 추론한 내용으로 적절하지 않은 것을 고르면? • 다음 글을 읽고 난 후의 반응으로 적절하지 않은 것을 고르면? • 다음 글을 통해 유추할 수 있는 내용으로 적절하지 않은 것을 고르면?
내용의 옳고 그름 파악	
내용 비교	

기출 유형 접근법

1. 효율적 읽기

가. 첫 번째 문단(~두 번째 문단)부터 읽기

일반적으로 글의 첫 번째 문단은 앞으로 이어질 글의 방향성을 알려주는 역할을 담당한다. 즉 핵심을 소개하는 문단이다. 물론 첫 문단에서 예화가 등장한다면 두 번째 문단에서 핵심어가 나올 가능성도 있다. 따라서 첫 번째 문단에서 핵심어 및 방향성을 우선 확인하여 독해의 기준을 세우는 것이 바람직하다.

나. 선택지의 키워드화

주어진 글의 모든 내용은 '강'하게 읽어야 할 주요 내용이 아니다. 우리가 주어진 글을 읽는 이유는 문제를 풀기 위함이므로 문제화된, 즉 선택지화 된 내용만을 '강'하게 읽으면 된다. 따라서 주어진 글에서 주요하게 읽어야 할 요소들을 선택지에서 미리 체크하여 그를 중점으로 읽어내려가는 것이 내용일치 유형의 효율적 접근법이 된다.

※키워드 체크 방법: 1) 주어와 서술어 위주로 체크 2) 다른 선택지와의 차이점 위주로 체크 3) 출제자의 패턴에 맞추어 체크

다. 끊어읽기를 통한 소거법

주어진 글이 두~세 문단 이내의 짧은 글이라면 끊어 읽지 않아도 전체 내용을 빠르게 이해하고, 정답을 체크할 수 있다. 하지만 그 이상으로 길어질 경우 한 번에 모든 내용을 이해하기 어려울 수 있다. 따라서 긴 글의 경우 문단별로 끊어 키워드에 집중하여 ('강'하게) 읽는 것이 글에 대한 이해를 높이고, 정확도도 높일 수 있는 방법이 된다.

※ '효율적 읽기'는 반드시 활용해야 할 접근법은 아니다. 긴글을 수월하게 읽을 수 있고, 풀이에 막힘이 없다면 기존 풀이법을 유지하면 된다. 다만, 한 지문을 여러 번 읽는 경험이 많다거나, 꼼꼼하지 못해 주요한 부분을 놓치는 경우가 많다면 '효율적 읽기'는 훌륭한 대안이 될 수 있다.

2. 분석적 풀이(선택지의 표현만으로 주요도를 파악하는 방법)

가. 주요 내용: 출제자의 패턴

(1) 추가와 삭제 그리고 대체

오답을 구성하는 가장 기본적인 형태로, 주어진 글의 내용에 새로운 내용을 '추가' 또는 기존 내용을 '삭제'하는 방식이다. 핵심 내용에 반하는 내용을 추가하거나 핵심 내용을 삭제한다면 틀린 내용이 되겠지만 그렇지 않다면 무시해도 된다.

그에 반해 '대체'는 아주 유사한 단어나 구로 바꿔 제시하는 것인데 대부분의 선택지에서 활용하는 방법이므로 이를 꼼꼼하게 살펴보아야 한다. 대체된 단어나 구가 기존의 내용과 유사한지 아닌지만 적절히 판단할 수 있어도 선택지의 구분법 기초는 완성된다고 볼 수 있다. 물론 가장 기본적 형태는 주어진 글의 내용을 그대로 가져오는 '복사'이다.

(2) 긍정과 부정의 치환

출제자들은 긍정을 부정으로 만들거나, 부정을 긍정으로 만드는 것을 선호한다. 따라서 주어진 글이나 선택지에서 '아니다/못하다/않다/어긋나다/A 아니라 B' 등의 부정 표현이 나온다면 주요 체크 사항이다.

(3) 범위의 왜곡

출제자들은 주어진 글의 내용의 범위를 왜곡시켜 오답을 구성하는 것을 선호한다. 특히 특수 의미를 더하는 부사나 보조사를 통해 기존 내용의 범위를 확대하거나 축소한다. 따라서 선택지에 부사인 '반드시/절대로/모두/전부' 등이나, '도/만' 등의 보조사가 나온다면 주요 체크 사항이다. 더불어 '와/과' 등과 같이 대등하게 연결되는 내용 중 일부만 제시하거나 전체 중 일부 혹은 일부를 전체인 양 제시하여 헷갈림을 유도하기도 한다.

(4) 비교급의 활용

출제자들은 두 대상 이상이 제시되는 경우 이를 활용하여 비교하는 것을 선호한다. 예를 들어 'A 비해/반해/보다 B' 등의 표현을 통해 두 대상의 정보를 정확하게 이해하고 있는지 묻는 경우가 많다. 따라서 주어진 글에서 두 대상 이상이 제시될 경우 공통점과 차이점을 중심으로 구분하여 체크할 필요가 있다.

(5) 연결고리의 왜곡

출제자들은 앞뒤 단어 혹은 문장의 관계성을 비트는 것을 선호한다. 인과관계가 아닌데 인과관계의 형태를 띠는 경우, 원인과 결과의 순서를 바꾸는 것, 선후가 명확한 과정에서 그 관계성을 바꾸는 등의 형태를 자주 활용한다. 따라서 연결을 시킬 수 있는, 관계성이 명확히 드러나는 내용이 있다면 주요 체크 사항이다.

(6) 숫자/수치의 변경

출제자들은 숫자나 수치와 관련된 표현들을 선호한다. 대표적으로 연도나 단순 숫자를 변경하여 제시한다. 특히 제재가 과학이나 기술 분야일 경우 '~ 할수록 높다/낮다/크다/작다' 등의 표현을 사용하여 비례 또는 반비례 관계 등을 활용하여 선택지화하는 경우가 많다. 그리고 '이상/이하/미만/초과' 등의 표현도 자주 활용한다. 따라서 주어진 글에서 숫자나 수치와 관련된 표현이 나오면 주요 체크 사항이 된다.

(7) 확대 해석

세부 내용 파악 유형보다는 주어진 내용의 추론 유형에서 자주 활용되는 패턴이다. 주어진 글의 내용을 근거로 하지 않거나, 근거로 하였더라도 한 차례 더 나아간 즉 확대 추론한 것은 적절한 추론이라고 보기 어렵다.

(8) 배경지식의 활용

흔히 상식상 적절하다고 생각하는 내용들이 있다. 예를 들어 '도덕적인 사람은 선한 사람이다.'라든가, '주장은 비판적으로 분석해야 한다.'라든가 하는 표현 등이다. 하지만 우리는 주어진 글을 바탕으로 옳고 그름을 판단해야 하므로, 주어진 글과 상관없는 내용이 상식상 옳다고 하더라도 그 내용이 '옳다'라고 판단해서는 안된다. 출제자들은 이점을 파고들어 오답을 만드는 것을 선호한다.

나. 발문에 맞춰 접근

(1) 부정 발문

부정 발문은 주어진 내용을 바탕으로 할 때 틀린 내용 하나를 찾는 것으로, 나머지 선택지들은 모두 맞는 내용으로 구성되는 것이 일반적이다. 즉, 모든 선택지 내용을 주어진 글에서 'ㅇ/×' 할 수 있다. 간혹 '알 수 없는 내용'이 틀린 것으로 나오기도 한다. 따라서 선택지의 키워드화한 후, 끊어 읽기를 통해 키워드를 확인해 나가면 자연스럽게 정답에 접근할 수 있다.

(2) 긍정 발문

긍정 발문은 주어진 내용과 비교하여 맞는 내용 하나를 찾는 것으로, 나머지 선택지들은 주어진 글을 바탕으로 할 때 틀리거나 혹은 알 수 없는 내용으로 구성된다. 따라서 부정 발문처럼 하나씩 대응하며 찾는 식으로 접근해서는 안 된다. 자칫 잘못하면 알 수 없는 내용을 확인하기 위해 주어진 글을 여러 번 읽게 되는 불상사가 일어날 수 있기 때문이다. '애매한 내용'이 등장했다면 이는 가장 '적절하다'고 보기 어려우므로 반드시 근거를 바탕으로 가장 적절한 것을 찾는 연습을 해야 한다.

다. 선택지 구성법 이해

문제를 풀 때, 출제자들이 많이 활용하는 선택지 구성법을 염두에 둔다면 좀 더 효율적인 풀이가 가능하다. 세부 내용 파악 유형과 주어진 내용 추론 유형에서 주로 사용되는 선택지 구성법은 아래와 같이 구분할 수 있다.

일치형	지문의 핵심 키워드를 그대로 선택지화하여 제시하는 구성법
대체형	지문의 핵심 키워드를 동일하거나 유사한 의미를 지닌 단어로 대체하여 제시하는 구성법
융합형	지문의 내용을 바탕으로 새로운 내용을 구성하거나, 이론이 적용되는 사례 등을 제시하는 구성법 (단순 비교에서 벗어나 좀 더 고차원적인 분석이 필요한 선택지를 구성할 때 사용된다.)

기출 난이도 상 중 하 2022년 상반기 한국전력공사

다음 글을 읽고, 〈보기〉에서 옳은 것만으로 묶인 것을 고르면?

가벼우면서도 튼튼한 플라스틱은 생활용품에서 산업용품까지 다양한 분야에서 활용된다. 하지만 플라스틱은 재활용은 물론 폐기처분도 어렵다. 플라스틱에는 가공을 가능하게 하고, 강도 및 내구성을 위해 다양한 첨가제가 들어 있어서 성능이나 미관의 손실 없이 재활용할 수 있는 플라스틱은 거의 없다. 재활용이 쉬운 플라스틱으로 분류되는 페트병도 20~30%만이 재활용되고, 나머지는 소각장이나 매립지에 보내진다. 그곳에서 탄소가 풍부한 플라스틱이 분해되려면 수세기가 걸린다. 최근에는 바다 오염의 주범으로도 각인되며, 국제적인 경각심을 불러일으키고 있다.

모든 플라스틱은 중합체(polymer)라고 불리는 큰 분자로 이루어져 있다. 그런데 중합체는 단량체(monomer)라고 불리는 짧은 탄소 함유 화합물의 반복 단위로 구성되어 있다. 문제의 해결책은 플라스틱의 화학첨가물에서 찾아야 한다. 플라스틱을 단단하게 만드는 충전제나 플라스틱을 유연하게 만드는 가소제와 같이, 화학첨가물은 단량체에 단단히 묶여 있다. 이들은 재활용 공정에서 처리된 후에도 플라스틱에 그대로 남아 있다. 재활용 공장에서는 다양한 플라스틱 제품을 함께 섞어 조각낸다. 그래서 플라스틱 조각을 녹여 새 재료를 만들 때, 원래 플라스틱에서 어떤 성질을 물려받을지 예측하기 어렵다. 이렇게 원재료를 알 수 없는 플라스틱은 재활용을 어렵게 만든다.

플라스틱의 재활용 방안은 크게 두 가지로 나뉜다. 원재료를 다시 사용하는 순환(circular) 재활용과 더욱 좋은 재질로 향상시키는 업사이클(upcycle) 재활용이다. 단량체를 오랫동안 재사용하는 것은 순환 재활용에 해당한다. 그러나 현재와 같은 재활용 시스템에서는 이러한 '순환'이나 '업사이클링'이 현실적으로 어렵기 때문에, 재활용 플라스틱으로 만든 제품이 닳거나 찢어지면 또다시 소각되거나 쓰레기 매립지에 들어갈 수밖에 없는 상황이다.

그런데 미국 로렌스 버클리 국립연구소에서 플라스틱을 레고 조각처럼 분자 수준으로 분해한 후 다시 사용할 수 있는 재활용 플라스틱을 개발했다고 발표했다. 폴리(Poly) 또는 단순히 PDK(Poly Dike Toenamine)라고 하는 이 새물질에 대한 연구결과는 네이처 케미스트리(Nature Cemistry)저널을 통해 전했다. 그들은 PDK 플라스틱을 높은 산성 용액에 담그면, 어떤 화학첨가물도 분리할 수 있다고 하였다. 산이 단량체 사이의 결합을 끊고 플라스틱을 화학첨가물에서 분리하도록 도움을 주기 때문이다. 이 경우 지금까지는 전혀 재활용이 되지 않았던 여러 제품들이 재활용이 가능하다. 연구팀은 산이 PDK 중합체를 단량체로 분해할 뿐만 아니라, 이 과정을 통해 단량체를 화학 첨가물로부터 분리할 수 있다는 것을 확인했다. 이어 회수된 PDK 단량체를 플라스틱 중합체로 다시 만들 수 있다는 것을 증명했다. 이렇게 재활용된 중합체는 원래 재료의 색깔이나 특징을 물려받지 않고도 완전히 새로운 플라스틱 재료를 형성할 수 있다.

〈보기〉

㉠ 페트병의 재활용률은 플라스틱 중에서 가장 높다.
㉡ 플라스틱의 화학첨가물은 플라스틱의 단량체에 연결되어 있다.
㉢ PDK 플라스틱을 재활용하는 것은 업사이클 재활용에 해당한다.
㉣ 기존 플라스틱을 PDK 플라스틱으로 교체한다면 재활용 비율은 크게 증가할 것이다.
㉤ 재활용되지 못한 미세플라스틱은 바다 생태계 파괴의 주요 원인으로 주목받고 있다.

① ㉠, ㉡
② ㉠, ㉢
✓③ ㉡, ㉣
④ ㉠, ㉡, ㉣
⑤ ㉡, ㉢, ㉤

다음 글을 읽고, 〈보기〉에서 옳은 것만을 모두 고르면?

〈보기〉

㉠ 페트병의 재활용률은 플라스틱 중에서 가장 높다.
㉡ 플라스틱의 화학첨가물은 플라스틱의 단량체에 연결되어 있다.
㉢ PDK 플라스틱을 재활용하는 것은 업사이클 재활용에 해당한다.
㉣ 기존 플라스틱을 PDK 플라스틱으로 교체한다면 재활용 비율은 크게 증가할 것이다.
(원인) ⟶ (결과)
㉤ 재활용되지 못한 미세플라스틱은 바다 생태계 파괴의 주요 원인으로 주목받고 있다.

풀이법 1 효율적 읽기_가. 첫 번째 문단부터 읽기 + 나. 선택지의 키워드화

'옳은 것'을 모두 고르는 긍정 발문이므로, 주어진 글의 첫 문단을 통해 전체 흐름을 파악한 후 선택지의 키워드화를 활용하는 것이 효과적이다. 더불어 〈보기〉는 선택지와 그 기능이 동일함을 기억하자.

가벼우면서도 튼튼한 플라스틱은 생활용품에서 산업용품까지 다양한 분야에서 활용된다. 하지만 플라스틱은 재활용은 물론 폐기처분도 어렵다. 플라스틱에는 가공을 가능하게 하고, 강도 및 내구성을 위해 다양한 첨가제가 들어 있어서 성능이나 미관의 손실 없이 재활용할 수 있는 플라스틱은 거의 없다. 재활용이 쉬운 플라스틱으로 분류되는 페트병도 20~30%만이 재활용되고, 나머지는 소각장이나 매립지에 보내진다. 그곳에서 탄소가 풍부한 플라스틱이 분해되려면 수세기가 걸린다. 최근에는 바다 오염의 주범으로 ⓓ 각인되며, 국제적인 경각심을 불러일으키고 있다.

〈보기〉

㉠ 페트병의 재활용률은 플라스틱 중에서 가장 높다. (△)
㉡ 플라스틱의 화학첨가물은 플라스틱의 단량체에 연결되어 있다.
㉢ PDK 플라스틱을 재활용하는 것은 업사이클 재활용에 해당한다.
㉣ 기존 플라스틱을 PDK 플라스틱으로 교체한다면 재활용 비율은 크게 증가할 것이다.
㉤ 재활용되지 못한 미세플라스틱은 바다 생태계 파괴의 주요 원인으로 주목받고 있다. (×)

모든 플라스틱은 중합체(polymer)라고 불리는 큰 분자로 이루어져 있다. 그런데 중합체는 단량체(monomer)라고 불리는 짧은 탄소 함유 화합물의 반복 단위로 구성되어 있다. 문제의 해결책은 플라스틱의 화학첨가물에서 찾아야 한다. 플라스틱을 단단하게 만드는 충전제나 플라스틱을 유연하게 만드는 가소제와 같이, 화학첨가제는 단량체에 단단히 묶여 있다. 이들은 재활용 공정에서 처리된 후에도 플라스틱에 그대로 남아 있다. 재활용 공장에서는 다양한 플라스틱 제품을 함께 섞어 조각낸다. 그래서 플라스틱 조각을 녹여 새 재료를 만들 때, 원래 플라스틱에서 어떤 성질을 물려받을지 예측하기 어렵다. 이렇게 원재료를 알 수 없는 플라스틱은 재활용을 어렵게 만든다.

〈보기〉

㉡ 플라스틱의 화학첨가물은 플라스틱의 단량체에 연결되어 있다. (○)
㉢ PDK 플라스틱을 재활용하는 것은 업사이클 재활용에 해당한다.
㉣ 기존 플라스틱을 PDK 플라스틱으로 교체한다면 재활용 비율은 크게 증가할 것이다.

플라스틱의 재활용 방안은 크게 두 가지로 나뉜다. 원재료를 다시 사용하는 순환(circular) 재활용과 더욱 좋은 재질로 향상시키는 업사이클(upcycle) 재활용이다. 단량체를 오랫동안 재사용하는 것은 순환 재활용에 해당한다. 그러나 현재와 같은 재활용 시스템에서는 이러한 '순환'이나 '업사이클링'이 현실적으로 어렵기 때문에, 재활용 플라스틱으로 만든 제품이 닳거나 찢어지면 또다시 소각되거나 쓰레기 매립지에 들어갈 수밖에 없는 상황이다.

그런데 미국 로렌스 버클리 국립연구소에서 플라스틱을 레고 조각처럼 분자 수준으로 분해한 후 다시 사용할 수 있는 재활용 플라스틱을 개발했다고 발표했다. 폴리(Poly) 또는 단순히 PDK(Poly Dike Toenamine)라고 하는 이 새물질에 대한 연구결과는 네이처 케미스트리(Nature Cemistry)저널을 통해 전했다. 그들은 PDK 플라스틱을 높은 산성 용액에 담그면, 어떤 화학첨가물도 분리할 수 있다고 하였다. 산이 단량체 사이의 결합을 끊고 플라스틱을 화학첨가물에서 분리하도록 도움을 주기 때문이다. 이 경우 지금까지는 전혀 재활용이 되지 않았던 여러 제품들이 재활용이 가능하다. 연구팀은 산이 PDK 중합체를 단량체로 분해할 뿐만 아니라, 이 과정을 통해 단량체를 화학 첨가물로부터 분리할 수 있다는 것을 확인했다. 이어 회수된 PDK 단량체를 플라스틱 중합체로 다시 만들 수 있다는 것을 증명했다. 이렇게 재활용된 중합체는 원래 재료의 색깔이나 특징을 물려받지 않고도 완전히 새로운 플라스틱 재료를 형성할 수 있다.

〈보기〉

ⓒ PDK 플라스틱을 통해 재활용하는 것은 업사이클 재활용에 해당한다. (×)
'순환 재활용'

ⓓ 기존 플라스틱을 PDK 플라스틱으로 교체한다면 재활용 비율은 크게 증가할 것이다. (○)

풀이법 1 효율적 읽기_다. 끊어읽기를 통한 소거법

〈보기〉에서 키워드한 내용들은 각 문단별로 끊어 읽으며 확인해야 한다. 긍정 발문이므로 적절한 것을 확인했다면 바로 체크하여 정답을 구하면 된다. 첫 번째 문단과 두 번째 문단을 통해 ⓒ은 옳고, ⓔ은 틀렸으며, ⓐ은 알 수 없는 내용임을 알 수 있다.

난이도 상 중 하 2022년 상반기 코레일 한국철도공사

01 다음 글을 읽고 추론할 수 있는 내용으로 적절한 것을 고르면?

스트레스는 '팽팽히 조인다'는 의미의 라틴어 스트링게르(Stringer)에서 유래하였다. 이 표현이 처음으로 사용된 것은 물리학 분야였고, 의학적 용어로 사용된 것은 20세기에 들어서 캐나다의 학자 한스 셀리에에 의해서였다. 그는 스트레스를 '정신적 육체적 균형과 안정을 깨뜨리려고 하는 자극에 대해 자신이 있던 안정 상태를 유지하기 위해 변화에 저항하는 반응'이라고 정의하였다. 다시 말해 우리 몸과 마음은 늘 일정한 상태에 있으려는 습성인 항상성(恒常性)이 있는데, 이 항상성을 깨는 모든 자극을 스트레스라고 보는 것이다. 신체적 변화는 물론 감정의 변화도 스트레스로 작용한다. 만약 몸도 마음도 자극이 없는 무자극 상태를 유지할 수 있다면 스트레스는 발생하지 않을 것이다. 하지만 당연하게도 이런 삶을 사는 것은 불가능하다. 결국 죽을 때까지 스트레스를 피할 수 없다는 얘기다. 그렇다면 남은 것은 스트레스를 어떻게 받아들일 것인가이다.

기본적으로 사람들은 자신이 스트레스를 객관적 기준이나 실제적 영향보다 더 많이 더 쉽게 자신을 괴롭힌다고 생각한다. 그뿐만 아니라 대부분 스트레스는 나쁘기 때문에 스트레스를 받지 않도록 해야 한다고 믿고 피하기 바쁘다. 이쯤에서 한 가지 생각해 볼 것은 스트레스의 유해함이다. 누구도 스트레스가 왜 나쁜 것인지, 스트레스를 받을 때 가장 효과적인 대응법은 무엇인지 제대로 알아본 적이 없는데 우리는 오랫동안 그렇게 믿어왔으며, 의심도 하지 않았다. 그래서 여기 스트레스에 대한 오해를 풀어줄 보고들을 찾았다. 스트레스가 해롭지 않은 것에서 나아가 오히려 건강에 도움을 주기도 한다는 긍정적 영향에 대한 연구 보고이다.

미국의 시사매거진 〈TIME〉에 따르면 스트레스는 두뇌의 힘을 증가시키는 데 도움을 준다. 낮은 수준의 스트레스 요인은 신경트로핀이라 불리는 뇌 화학물질의 생성을 자극하고, 뇌의 뉴런 사이의 연결을 강화한다. 사실 이것은 운동이 생산성과 집중력을 높이는 데 도움이 되는 주요한 메커니즘과 유사하다고 한다. 또 적당한 스트레스는 면역력을 증대하는 효과도 있다. 스트레스를 느낀 신체는 부상이나 감염의 위협을 느끼고 이를 대비하는 여분의 인터루킨(Interleukin)을 분비하는데 이 분비물이 일시적으로 면역력을 강화한다. 낮은 수준의 스트레스에 반복적으로 노출됨으로써 더 큰 스트레스 상황에 대처할 수 있는 능력이 배양된다는 주장은 상식적으로도 충분히 이해할 만하다.

그리고 또 한 가지 스트레스의 긍정적 영향을 볼 수 있는 재미있는 실험 결과가 있다. 하버드대학 연구팀은 실험 시작 전 일부 참가자들에게 스트레스가 유익하다고 생각하도록 가르쳤다. 긴장으로 쿵쾅거리는 심장과 가빠진 호흡은 문제가 아니라 뇌에 산소를 더 공급하는 것일 뿐이라고 안심시켰다. 이후 스트레스 상황을 만들어 참가자들의 신체 반응을 살핀 결과, 스트레스에 대해 긍정적 인식을 심어준 참가들의 심박수가 올라가고 혈관이 이완되는 것을 볼 수 있었다. 심박수가 올라가고 혈관이 수축되는 일반적인 스트레스 반응과는 달랐다. 스트레스를 긍정적으로 생각하고 받아들이는 이들에게는 심혈관 질환을 부를 수도 있는 혈관 수축 반응이 나타나지 않은 것이다.

이처럼 스트레스는 같은 내용이라도 수용하는 자세에 따라 다른 결과를 부른다. 혹여 스트레스를 피하려고 노력하면 오히려 삶의 만족감, 행복감이 크게 줄어든다고 심리학자들은 말한다. 스트레스를 피하는 사람들은 향후 10년 동안 우울감을 보이는 경향이 더 컸고 자신이 처한 상황을 더 악화시킨다는 견해도 있다. 심리학자들은 이것을 '스트레스 유발'이라고 한다. 한마디로 스트레스를 피하기 위해 노력하다가 스트레스 원천을 더 많이 만들어 낸다는 것이다.

① 스트레스는 대부분 부정적 영향만 주므로 되도록 피해야 한다.
② 스트레스는 뉴런 생성을 유도하여 기억력을 향상시키는 데 도움을 준다.
③ 스트레스의 반복적 노출은 심혈관 질환에 발병률을 유의미하게 증가시킨다.
④ 스트레스는 집중력 향상에 도움을 주어 아동의 전반적 발달에 긍정적 효과를 준다.
⑤ 스트레스는 빈도수가 늘어날 경우, 이를 회피하기보다는 받아들이는 것이 상황 개선에 효과적이다.

난이도 상 중 하

2021년 하반기 한국전력공사

02 다음 글에 대한 반응으로 적절한 것을 고르면?

AMI에 대해 알아보기 전에 스마트 그리드를 먼저 이해해야 한다. 스마트 그리드는 기존의 전력망에 정보통신기술을 접목한 기술이다. 공급자와 수요자가 정보를 실시간으로 교환할 수 있고 그를 통해서 전력 수요를 관리하거나, 신재생에너지에 바탕을 둔 분산 전원의 활성화를 통해 에너지의 해외 의존도도 감소시킬 수 있는 전력망 형태이다. AMI(Advanced Metering Infrastructure)는 스마트 그리드를 구현하는 데 필요한 핵심 인프라로 사용되며, 계량기, 통신 설비, 운영 시스템 등으로 이루어져 있다. 양방향 통신망을 이용해 전력 사용량, 시간대별 요금 정보 등의 전기 사용 정보를 고객에게 제공해 자발적인 전기 절약과 수요 반응을 유도한다.

AMI가 스마트 그리드 구성에 필요한 이유는 크게 세 가지로 정리할 수 있다. 첫 번째로 전기 계량기의 경우 누적 사용량만 볼 수 있어서 실시간 사용량을 파악하기 힘들다는 단점이 있지만, AMI는 전력 사용 현황을 자동으로 분석해주기 때문에 요금, 사용량 등을 실시간으로 알 수 있다. 실시간으로 사용되는 전기요금을 알 수 있다면 불필요한 전력을 아껴 과소비를 막을 수 있다. 두 번째로 AMI를 사용하면 전력 소비자에게 좀 더 다양한 요금제를 지원해 줄 수 있다. 우선 '계시별 요금제'이다. 이 요금제는 계절을 봄·가을·겨울 3개로 나누고, 시간대를 최대부하·중간부하·경부하 등 3개 구간으로 나누어 전기요금을 차등 적용하는 요금체계이다. 그리고 '피크 요금제'가 있다. 전력소비량이 많은 낮 시간대에는 상대적으로 비싼 요금, 전력사용량이 적은 시간대에는 비교적 저렴한 요금을 책정하는 제도이다. 마지막으로 '실시간 요금제도'가 있다. 도매 혹은 소매가격을 바탕으로 소비자 요금이 시간별로 변동하는 요금제이다. 세 번째로 AMI는 전기 사용 정보를 원격으로 검침할 수 있다. 이러한 특성 덕분에 검침원들이 직접 계량기를 검침하는 시스템보다 시간과 비용을 많이 절약할 수 있다.

한국전력공사의 AMI 보급 사업은 정부 스마트 그리드 국가 로드맵 수립부터 시작되어 약 2,250만 호에 AMI를 보급하는 것을 목적으로 한다. 실제로 AMI는 2020년 5월 기준으로 총 2,250만 호 중 43%에 달하는 962만 호에 보급되었다. 또한, 2020년 7월부터는 그린뉴딜 정책과 더불어 노후화된 아파트에 AMI를 통해 전력 인프라를 개선하는 '가정용 스마트전력 플랫폼 사업'을 진행하고 있다.

① 아인: AMI를 활용하면 분산 전원 활성화를 통해 에너지 수출을 확대할 수 있겠군.
② 민호: AMI 보급이 전국으로 확산되면, 검침원 채용 공고가 사라지겠군.
③ 수웅: AMI는 전자제품 간의 에너지 효율성을 파악하기 위한 장치로 사용할 수 있겠군.
④ 성미: AMI를 통한 계시별 요금제가 적용되면 전기료를 절약하고자 하는 소비자는 낮보다는 밤에 전력을 소비하려 노력하겠군.
⑤ 은영: 한국전력공사는 스마트 그리드 국가 로드맵과 그린 뉴딜 정책의 수립과 수행에 관여하고 있군.

03 다음 글에 대한 추론으로 적절하지 않은 것을 고르면?

디아스포라(Diaspora)는 고대 그리스어 Dia(너머)와 Speiro(씨뿌리다)가 합쳐져서 만들어진 말이며, 우리말로는 '이산(離散)'으로 번역되기도 한다. 그리스에서는 원래 이주와 식민화를 뜻했지만, 유대인, 아프리카 흑인 노예, 팔레스타인인 등의 경우에는 외세에 의한 '강제 집단이주'를 나타낸다. 그러나 최근에는 자국민의 해외 진출이라는 적극적 의미 혹은 강제 이주의 정신적 상처(트라우마)와는 거리가 있는 중립적인 용어로서, 외국에 살면서도 집단적인 정체성을 강하게 유지하는 사람들이 자신을 규정하는 용어로 쓰이고 있다. 나아가 '교역 디아스포라'라는 개념을 이용하여 해외 팽창의 역사를 설명하기도 한다.

세계 각지에서 일어난 문명들은 교류에 적극적인 자세를 지니지 않았다. 그래서 그들의 교류는 근대 이후 아주 제한된 공간에서 이루어졌고, 상이한 문화권에서 살아가는 낯선 사람들 간의 교류와 교역은 결코 쉬운 일이 아니었다. 흔히 이방인은 예측하기 어렵고 위험하며 신용하기 힘든 존재로 보일 수밖에 없다. 그래서 이문화(異文化) 간의 접촉과 교역은 양쪽이 상호 안전을 확보할 수 있는 특별한 제도적 장치를 통해 이루어졌다. 대표적인 방식은 양쪽을 중개하는 특수 집단에게 교역을 맡기는 방식이었다. 즉 이주민들이 출신 지역과 거주지의 교역을 담당했던 것이다. 점차 교역을 담당한 자들이 모여 곳곳에 마을을 이루게 되면서, 각 문명권은 좀 더 체계적이고 긴밀한 교역을 할 수 있게 되었다. 이것을 소위 '교역 디아스포라(Trading Diaspora)'라고 한다. 근대 초에 있었던 세계 각 지역 간 접촉과 소통은 흔히 이런 작은 접점을 통해 이루어졌다.

디아스포라는 세계적인 현상이었다. 그 가운데 특히 잘 알려진 사례로는 아시아 각지에 뿌리를 내린 중국인 화교 공동체, 에스파한 근처의 줄파를 중심지로 하여 서쪽으로는 암스테르담으로부터 동쪽으로는 중국에까지 이르는 믿을 수 없을 정도로 광대한 상업망을 구축한 아르메니아 상인 네트워크 등을 들 수 있다. 사실 유럽인들이 아시아와 아메리카에 진입해 들어간 것 역시 교역 디아스포라라는 개념으로 설명하는 것이 더 타당하다. 예를 들어 16세기에 에스파냐인들이 아메리카 대륙을 지배했다고 할 때 우리는 통상 멕시코 전체 혹은 남아메리카 전체를 지배한 것으로 생각하기 쉽다. 그러나 고작 수천 명 정도의 인력으로 그 넓은 영토 전체를 지배한다는 것은 불가능한 일이다. 실상은 단지 중요한 거점 지역들을 장악하고 있었을 뿐이다. 영국인들의 인도 지배 역시 초기에는 몇 개의 거점을 장악하고 있는 상태였다. 몇 개의 '점'의 지배가 확대되어 광활한 영토 지배가 완수된 것은 19세기 이후의 일이다. 그러므로 근대 초의 해외 팽창을 설명하는 데에는 '제국의 팽창'보다는 '디아스포라의 확산'이 더 알맞은 개념틀이라고 할 수 있다. 그런데 사실 이 현상은 아시아 해상세계에서 널리 퍼져 있던 일이었다. 서아시아와 인도로부터 중국 복건(푸젠)성에 이르기까지 많은 상업 민족들이 해외 지역에 상업 네트워크를 형성하고 활기찬 교역 활동을 하였다. 그 가운데에서 아시아 역사에서 대단히 중요한 의미를 띠지만 우리에게는 다소 낯선 현상이 이란인들의 해외 팽창이다.

이란인들은 일찍이 12~13세기부터 인도 방향으로 이주해 가서 데칸 지방에 강대한 술탄 국가들을 여럿 건설하였다. 이와 함께 상인들이 인도 각 지역 내에 자리 잡고 활발한 교역 활동을 주도하였다. 이들은 페르시아만을 통해 중동 지역, 동아프리카와 인도를 연결하였고, 더 나아가서 동남아시아 지역으로도 팽창해 갔다. 그들의 활동은 상품 교역과 더불어 페르시아 문화·제도가 아시아에 전파되는 것에 큰 역할을 담당하게 되었다. 유럽인들이 아시아에 들어와서 교역을 시도할 때 자주 부딪힌 인물들이 이란 상인들이었다. 이란인들의 팽창은 단지 교역 관계에만 한정되지 않았다. 이란계 행정가·군인·학자·문인들이 인도와 동남아시아 각국으로 퍼져가서 문화적으로도 큰 영향을 끼쳤다. 인도 북부를 장악한 무굴 제국에서는 페르시아어가 궁정과 지배층의 문화 언어가 되었고 페르시아 미술과 문학이 고급문화로서 자리 잡았다. 특히 15~18세기 동안 대규모로 지속되었던 이란인들의 이주는 아시아의 역사에서 실로 중요한 의미를 띠는 현상이다. 우리가 주목해야 할 점은 이 시기가 아시아 여러 국가들의 형성기이자 동시에 해외 교역이 크게 팽창했던 시기라는 점이다.

지금까지 역사가들은 흔히 식민지 건설은 무력에 의해 이루어졌고 내륙 지향적이며, 상업활동과는 무관하다고 보았다. 그러나 최근 연구는 이와는 다른 해석을 하고 있다. 이란인들의 사례는 상업과 정치, 군사, 문화 등의 여러 부문이 서로 긴밀하게 얽혀 있다는 점을 알 수 있다. 후일 유럽인들이 아시아의 기존 교역망에 끼어 들어가서 거점을 확보하고 이곳을 중심으로 점차 정치·군사·문화적 지배력을 확대해 간 것은 이란인의 방식을 그대로 차용한 것에 불과하다.

① 유럽의 해외 팽창은 무력의 발산보다는 디아스포라의 확산으로 설명할 수 있다.
② 아르메니아 상인들은 광대한 지역의 교역을 담당하기 위한 거점을 곳곳에 두었을 것이다.
③ 디아스포라는 이주와 식민화라는 부정적 의미에서 점차 개선되어 해외 팽창의 역사를 설명하는 용어로 쓰이고 있다.
④ 12~13세기 인도의 무굴 제국의 상류층은 페르시아어로 소통하고, 페르시아의 문화를 미학적으로 높이 평가했을 것이다.
⑤ 근대 교역에서 중재자로 활동했던 상인들이 신용을 확보하기 위해서는 새로운 문명권의 홀대를 이겨내야 했을 것이다.

04 다음 글을 읽고 추론한 내용으로 옳지 않은 것을 고르면?

자율감각 쾌락반응(Autonomous Sensory Meridian Response, ASMR)은 주로 청각을 중심으로 하는 시각적, 청각적, 촉각적, 후각적 혹은 인지적 자극에 반응하여 나타나는, 형언하기 어려운 심리적 안정감이나 쾌감 따위의 감각적 경험을 일컫는 말이다. 흔히 심리 안정과 집중에 도움을 준다고 알려진 백색소음 등의 새로운 활용으로 볼 수도 있다.

하지만 이 현상에 대한 일화적 증거는 있지만 과학적 증거나 연구 검증된 자료는 거의 없어서 ASMR 현상의 성격과 분류에 대해서는 논란이 있다. 미국의 예일 대학교 의대 신경의학과 교수인 스티븐 노벨라 교수는 ASMR에 대한 과학적 연구가 부족하다고 언급하며, ASMR이 즐거운 종류의 발작이거나 쾌감 반응을 유발시키는 하나의 방법일 가능성을 제기했다. 또한 영국 셰필드 대학교의 심리학 강사이자 인지과학 강사인 톰 스태포드(Tom Stafford) 역시 ASMR 현상이 진실이든 아니든 본질적으로 연구하기 어려운 성격을 지닌다고 주장했다. 신경학자 에드워드 오코너(Edward J. O'Connor)는 모든 사람들에게서 ASMR을 유발시킬 수 있는 단일한 자극이 없을 수도 있다는 점을 ASMR 현상 연구의 난점으로 꼽았다. 즉, ASMR이 전문적인 의학용어도 아닐 뿐더러 불면증 치료에 효과가 있는지는 매우 의문이라는 평이 주를 이룬다.

그러나 많은 사람들은 ASMR을 들으면 긴장이 완화되고 잠이 온다고 느낀다. 특히 빗소리 같은 자연의 소리를 들으며 마음의 안정을 느끼는 사람들이 많은데, 이는 자연의 소리가 가진 특유의 소리 성분 때문이다. 빗소리나 새소리 등 자연의 소리는 비교적 저음성분이 많다. 이 때문에 자연의 소리를 들으면 뇌파 중 저주파인 세타파와 델타파에 발생에너지가 몰린다. 인간은 보통 때엔 주로 중간 주파수인 알파파 쪽에 뇌파 성분이 있지만, 어떤 일에 몰두하거나 잠이 들면 뇌파가 저주파로 쏠린다. 자연의 소리 ASMR을 들을 때와 같은 상황인 것이다. 이 둘이 맞아떨어지기 때문에 자연의 소리를 들으면 마음의 안정을 느끼는 것이다. ASMR을 느끼게 해 주는 자극을 ASMR 트리거(trigger)라고 한다. 사람들마다 선호하는 자극이 다르므로 ASMR 트리거에도 개인차가 있지만, 가장 보편적인 트리거로 속삭이는 소리를 들 수 있다. 속삭이거나 부드러운 억양으로 말한 내용을 녹음한 비디오를 유튜브에서 많이 찾아볼 수 있다. 이 밖에도 긁는 소리, 구깃구깃하는 소리, 두드리는 소리, 바람 부는 소리, 연필 사각거리는 소리 등의 환경소음을 통해서 ASMR을 느끼기도 한다. 이러한 종류의 트리거를 다룬 영상들도 유튜브에 많이 올라오고 있으며 실제 3D 환경처럼 느껴지도록 하기 위해서 바이노럴 녹음을 사용하는 경우가 많다. 사람이 내는 소리를 3D 사운드로 녹음할 경우 실제로 사람이 가까이에 있는 것처럼 청자가 느끼게 되며, 특정 환경 소음을 3D 사운드로 녹음하면 그 소리가 기분 좋은 소리로 들린다고 한다.

ASMR 콘텐츠가 다양화되면서 목적과 용도가 세분화되었고, 이로 인해 단순한 청각뿐만 아니라 시각이나 촉각 또는 미각을 자극하기도 한다. 슬라임을 만지는 ASMR은 시각과 청각으로 촉각을 자극한다. 그리고 요리나 음식 ASMR은 시각과 청각으로 미각을 자극한다. 이런 다양한 감각을 활용하는 ASMR은 심신 안정에서 나아가 광고 마케팅 분야에서도 활용되고 있다.

① 과학자들은 ASMR의 효과에 대해 검증의 어려움을 내세워 미온적 반응을 보이는 편이다.
② 중요한 시험을 앞둔 사람의 뇌파는 빗소리를 들을 때의 뇌파와 유사할 수도 있다.
③ 광고 마케팅 분야에서 ASMR 콘텐츠의 다양한 활용은 긍정적인 면이 크다.
④ 애니메이션의 대사 녹음을 3D 사운드로 녹음하면 2D보다 생생함을 느낄 수 있게 해 준다.
⑤ 유튜브에서 ASMR을 검색하여 재생했을 때, 사람에 따라 그 반응이 상이할 수 있다.

05 다음 글을 이해한 내용으로 가장 적절한 것을 고르면?

○○교통공사는 공사와 고객센터 상담 직원 3명이 30대 남성 A씨를 지난 2018년 7월 업무방해죄 등으로 고소한 건과 관련하여 최종적으로 A씨가 지난달 1일 법원에서 징역 6개월·집행유예 2년·사회봉사 160시간의 양형에 처해졌다고 밝혔다. A씨 고소의 근거는 형법 제314조(업무방해죄) 및 정보통신 이용촉진 및 정보보호 등에 관한 법률 제44조와 제74조(공포심·불안감 유발 문언·음향 등 반복 전송)이다.

A씨는 지난 2018년 3월 12일, 지하철 2호선이 15분 연착되었다며 공사 고객센터에 전화를 걸어 상담 직원에게 연착에 대한 책임을 지고 통화료 및 소비한 시간에 대한 보상을 지급하라는 등 과도한 요구를 하였다. 이후 A씨는 고객센터 직원의 사과를 받았음에도 불구하고 자신이 만족할 만한 대답을 듣지 못했다는 이유로 같은 해 9월까지 전화 38회·문자 843회를 하며 욕설과 반말 등으로 직원들의 업무를 방해하는 등 비상식적인 행위를 계속 이어갔다.

전화를 여러 차례 받았던 상담 직원 B씨는 A씨로 인한 스트레스로 결국 근로복지공단에서 업무상 질병(적응 장애)에 따른 산업재해를 인정받는 등 막대한 정신적 피해를 호소했다. 이러한 행위를 더는 그대로 둘 수 없다고 판단한 ○○교통공사는 결국 A씨를 업무방해죄 등으로 고소하였으며, 재판을 거쳐 지난달 1일 최종적으로 유죄가 선고됐다. A씨는 자신의 양형이 과도하다며 상고하였지만, 법원은 상담 직원들이 입은 정신적 피해가 적지 않다며 이를 받아들이지 않았다.

○○교통공사는 A씨 사건 이외에도 감정노동자로서 고객을 응대하는 직원을 보호하고, 폭력 등을 사전에 방지하기 위한 대책 마련에 힘을 쏟고 있다. 감정노동 전담 부서를 새롭게 만들어 피해 직원 보호 및 대응 매뉴얼 제작 등 관련 업무를 전문적으로 수행하게 하고, 피해를 입은 직원에게는 심리 안정 휴가를 부여하고 공사 내 마음건강센터에서 심리치료를 받을 수 있도록 지원하고 있으며, 고객센터 및 각 역에 전화 시 직원을 존중해달라는 안내 방송을 사전에 자동으로 송출하고 있다.

○○교통공사는 "고객 응대 직원에 대한 도를 넘어선 행위에 대해서는 앞으로도 무관용 원칙하에 엄정히 대처할 것이다."라며 "지하철을 이용하는 고객 편의와 안전을 위해 직원들이 최선을 다하고 있는 만큼, 고객 여러분께서도 직원을 인간적으로 존중하여 대해 주시기 바란다."라고 말했다.

① 고객센터 직원에 대한 A씨의 비상식적인 행위는 6개월이 초과하여 일어났다.
② 근로복지공단에서 업무상 질병에 따른 산업재해를 인정받은 직원들이 A씨를 고소하였다.
③ ○○교통공사는 연착에 대한 보상지급기준을 가지고 있지만 A씨는 해당되지 않는다.
④ A씨는 종국 판결에 불복하고 상고했지만 법원에 의해 기각되었다.
⑤ ○○교통공사는 악성민원인 대처를 위한 감정노동 전담 부서를 신설하였다.

06 다음 글을 읽고 추론한 내용으로 적절하지 않은 것을 고르면?

수문을 완전히 개방한 금강 세종보의 녹조가 개방 전보다 41% 감소한 것으로 나타났다. 마찬가지로 수문을 완전히 개방한 금강 공주보의 녹조는 40%, 영산강 승촌보의 녹조는 37% 감소하였다. 정부는 연말에 금강·영산강 5개 보 처리계획을 발표하고, 나머지 한강·낙동강 11개 보는 추가 개방 후 모니터링을 진행해 처리계획을 마련하기로 하였다.

정부는 2017년 6월부터 4대강 사업 이후 처음으로 총 16개 보 중 10개 보를 세 차례에 걸쳐 개방해 수질·수생태계 등 11개 분야 30개 항목을 모니터링하였다. 수질이 보 개방 이후 수문을 크게 연 보를 중심으로 조류농도가 유의미하게 감소했다고 밝혔다. 아울러 보 수위를 완전 개방한 세종보, 승촌보 구간에서 여울과 하중도가 생성되고, 수변 생태공간이 넓어지는 등 동식물의 서식환경이 개선된 것으로 나타났다.

이로 인해 승촌보에서는 보 개방 후 노랑부리저어새(멸종위기Ⅱ급) 개체 수가 증가하고, 세종보 상류에서는 독수리(멸종위기Ⅱ급)가 처음 관찰되기도 하였다. 생물 서식처로 기능하는 모래톱이 증가하였고, 악취 및 경관훼손 우려가 컸던 노출 퇴적물은 식생이 자라나면서 빠른 속도로 변화되었다. 정부는 이를 바탕으로 "4대강 자연성 회복의 가능성을 확인할 수 있었다"라고 밝혔다.

한강·낙동강에 위치한 11개 보는 취수장·양수장 때문에 개방이 제한적으로 진행되었다. 정부는 이 상태로는 모니터링이 어렵다고 보고, 용수공급대책을 보강해 하반기부터 보 개방을 확대하고 이후 처리계획을 마련하기로 하였다. 대규모 취수장이 위치한 한강 이포보, 낙동강 상주보, 강정고령보, 달성보, 합천창녕보, 창녕함안보는 취수장 운영에 지장을 주지 않는 수위까지 개방하는 것을 목표로 추진할 예정이다. 한강 강천보, 여주보, 낙동강 칠곡보는 대규모 취수장이 현재 수위에 근접해 있어 여타 보 모니터링 결과를 감안해 추후 개방을 검토하기로 하였다.

① 세종보의 수문을 일부만 개방했으면 세종보의 조류농도가 덜 감소했을 것이다.
② 한강·낙동강에 위치한 11개 보의 수문을 개방하면 노랑부리저어새와 독수리의 개체 수가 더욱 증가할 것이다.
③ 보의 수문을 개방하면 취수장 운영에 영향을 줄 것이다.
④ 용수공급대책이 확대되면 한강·낙동강에 위치한 보의 수문이 더 많이 개방될 것이다.

07 다음 글을 읽고 추론한 내용으로 가장 적절한 것을 고르면?

기상청은 6월 19일 제4호 태풍이 일본 남쪽 해상으로 지나갈 것으로 예상됨에 따라 한반도는 태풍의 영향을 받을 가능성이 매우 낮아졌다고 예측했다. 다른 때 같으면 안도의 한숨을 쉬었겠지만 지금 한반도 상황은 그렇지 못하다. 가뭄에 목이 타는 상황에서 이번 태풍이 뿌리고 간 비의 양이 워낙 초라하기 때문이다. 약하게나마 태풍의 영향을 받은 지역은 제주도와 경상북도 정도인데, 18~19일 이틀간 경북 지역 강수량은 포항과 경주 부근에만 약 20밀리미터 정도의 비를 뿌렸을 뿐 나머지 지역에는 거의 내리지 않았다.

지금은 북상하고 있는 제5호 태풍에 기대를 거는 상황이다. 기상청은 19일 "5호 태풍은 오는 22일 오전 3시 정도에 서귀포 남쪽 약 390킬로미터 부근 해상까지 진출할 것"이라고 예보했다. 그러나 한반도에 얼마나 비를 몰고 올지는 아직 미지수이다.

그러는 동안 지금 나라 전체가 가뭄 위협을 느끼고 있다. 19일 농림수산식품부에 따르면 전국적으로 저수율이 30% 이하인 저수지 수가 191개에 달하고, 충남·전남 지역을 중심으로 가뭄 면적이 3천 600헥타르에 이른다고 발표했다. 이에 따라 5천 27대의 양수기를 동원하여 부족한 농업용수를 퍼 나르고 있지만 비는 오지 않고, 저수율은 계속 낮아지고 있어 가뭄이 심한 지역 농민들은 애가 타들어 가는 상황이다.

이는 우리나라만의 일이 아니다. 중국 윈난성의 경우 지난해 12월부터 지금까지 예년의 절반 수준인 109.2밀리미터의 비가 내렸다. 1951년 이후 최저치이다. 이로 인해 수많은 사람이 식수난을 겪고 있으며 용수난으로 많은 공장이 잇따라 가동을 멈춘 상태이다. 지난 3월 들어서는 서부 아프리카 사헬 지역에 가뭄이 이어졌다. 이로 인해 1천 300만여 명의 주민들이 고통을 겪고 있으며, 외신들은 차드, 부르키나파소, 말리, 모리타니, 니제르, 세네갈 북부 지역 주민들의 영양실조 비율이 10~15%에 이르고 있는 것으로 드러났다. 북한은 남한보다 먼저 가뭄이 시작됐다. 북한 조선중앙통신은 지난 4월 26일부터 지금까지 양강도와 자강도를 제외한 전 지역에서 거의 비가 오지 않고 있다고 보도했다. 식량난이 더욱 악화되고 있는 분위기이다.

우리나라 역시 지난 5월 강수량이 예년 대비 36%에 불과했다. 6월 들어서도 전국적으로 거의 비가 내리지 않고 있지만 다행스러운 것은 전국 주요 댐의 저수량이 평년 39.2%보다 높은 40.9%를 유지하고 있다는 점이다. 올 3~4월에 예년보다 비가 많이 내렸기 때문이다. 그러나 지금처럼 비가 계속 오지 않는다면 중국, 아프리카, 브라질 등이 겪고 있는 가뭄 피해가 발생하지 않으리라는 법이 없어, 대책이 시급한 상황이다.

과거 학자들은 한반도 가뭄을 주기별로 예측해 왔다. 보통 6-6-7-7년을 주기로 심한 가뭄이 발생하고 있다는 것이 학자들의 주된 견해였다. 그러나 이 주기설이 무너지고 있다. 최근 발생한 가뭄 중 2009년 가뭄이 가장 큰 가뭄으로 기록되고 있는데, 이에 따라 6-6-7-7년 주기가 아니라 2~3년 주기로 발생할 수 있다는 예측이다. 통계에 의하면 지난 1950년 이후 거의 50여 년간 한반도에는 큰 가뭄이 발생하지 않았다. 학자들은 이를 운이 좋았기 때문이라고 보고 있다. 그러나 한반도에 대가뭄 주기가 접근하고 있으며, 기후 변화로 인해 그 상황이 더욱 악화될 가능성이 크므로 가뭄 대비에 만전을 기해줄 것을 주문했다.

① 태풍을 통한 피해 복구 비용보다 가뭄을 극복하는 것의 경제적 효과가 더 크다.
② 가뭄이 심각해지면 식수난을 해결하기 위해 모든 공장 가동부터 멈출 것이다.
③ 기후 변화에 따라 저수율 관리를 보다 철저히 하게 될 것이다.
④ 지리적 특성상 한반도의 가뭄 시기는 북한부터 시작되어 남한으로 넘어간다.

08 다음 글에 대한 추론으로 적절하지 않은 것을 고르면?

변화가 상수가 되어버린 초연결시대에도 지속적인 성과를 내는 기업들에는 한 가지 공통점이 있다. 조직 내에 종업원들이 심리적으로 안정감을 가지고 마음껏 뛰어놀 수 있는 일하는 놀이터가 있다는 것이다. 전문가들의 놀이터라고 불리는 이 놀이터는 펀 경영에서 이야기하는 놀이터와는 다르다. 전문가들의 놀이터에서는 오직 일을 통해서만 놀이경험을 체험한다.

전문가들의 놀이터의 핵심원리는 조직이 정한 사명과 목적에 대한 믿음으로 업의 개념을 만든다. 이 업의 개념이 놀이터의 튼튼한 울타리가 된다. 조직의 사명과 목적에 기반을 두고 업에 몰입하는 한 모든 구성원은 같은 식구이고 전문가이다. 구성원은 이 울타리 안에서 조직의 보호 아래 심리적 안정감을 느껴 가며 일을 통해 마음껏 실험을 하고 실수를 하고 결국에는 일에 대한 성과를 내는 방법을 만들어 낸다. 전문가들의 놀이터를 운영하는 기업들은 구성원들을 어른 취급한다. 이 어른들은 조직이 정한 사명을 달성하기 위해 직무를 넘어서 자신이 수행해야 할 역할을 스스로 창안하여 수행한다. 일을 통한 전문성의 신장은 구성원들에게 성장체험을 제공한다. 이 성장체험은 공정한 보상과 더불어 전문가의 놀이터의 발전소를 돌리는 연료이다. 보상이 밖에서 주어지는 연료라면 전문가로서의 성장체험은 스스로 자가발전을 일으키는 연료이다. 전문가들의 놀이터를 운영하는 회사는 항상 활력이 넘친다. 구성원 몰입이나 인게이지먼트에 대한 걱정은 남의 나라 이야기이다.

전문가들의 놀이터에 대한 디자인과 운영원리는 북미에서 만들어졌지만 이에 대한 이론적 기반은 동양고전『예기(禮記)』,『학기(學記)』에 나오는 '경업락군(敬業樂群)'이 제시하고 있다. 경업은 자신의 일을 업으로 승화시킨다는 뜻이고, 락군은 많은 사람과 함께 즐거워할 수 있는 최적화된 상태라는 뜻이다. 즉 구성원이 자신의 일을 업으로 승화시켜서 하게 된다면 많은 사람이 행복한 최고의 상태를 만들 수 있다는 뜻이다. 단기적 성과를 아무리 어렵게 내도 이것이 장기적 성과로 이어지지 않는 이유는 회사가 경업락군의 조건을 만들지 못했기 때문이다. 이 경우 회사의 성과의 독은 밑이 깨진 상태이기 때문에 어렵게 단기적 성과를 위해서 고군분투하나 단지 생계의 수준만을 간신히 채울 뿐이다.

회사가 구성원에게 업무에 몰입할 수 있는 스토리를 제공하고 구성원들은 이 사명에 대한 믿음을 가지고 자신의 일을 업으로 승화시켜 하고 있을 때 모든 것들이 최적화되어서 모든 구성원들이 즐거워할 수 있는 락군의 상태가 만들어진다. 락군이란 전체의 수준에서 일이 최적화된 상태를 말한다. 전체의 수준에서 최적화된 상태가 만들어지면 조직을 혼란과 과정손실로 몰아넣었던 엔트로피가 감소하고 에너지가 증가하기 시작한다. 이 에너지가 바로 모든 사람들을 즐겁게 일하게 만드는 원천이다.

회사가 사명과 목적을 통해 구성원에게 전문가로 성장할 수 있는 심리적 안정지대의 울타리를 제공해 주지 못하면 구성원들은 나름의 안정지대를 마련하기 위해 토굴을 파고 숨는 성향이 있다. 심리적으로 안정감을 느낄 수 있는 자신만의 장소를 스스로 만드는 것이다. 회사 내에 구성원들이 토굴을 파고 숨어버리면 조직의 과제의 성공을 위해 협업하는 것이 점점 더 불가능해진다. 개인들이 동굴을 만드는 것을 넘어서 각 부서들이 협동해서 동굴을 파고 숨어 있는 경우도 비일비재하다. 이런 회사는 동굴과 동굴이 속으로 연결된 정치적 연줄이 없으면 일이 되지 않는다.

이들이 동굴을 파고 숨는 이유는 그들은 자신들만의 피신처인 심리적 안정지대가 필요한데 회사가 그것을 제공해 주지 못하고 있기 때문이다. 심리적 안정지대는 자신과 세상 사이에 버퍼 역할을 한다. 사람들은 심리적 안정지대가 있어야 변화하는 세상에 그대로 벌거벗은 채로 노출당하는 수모를 겪지 않는다고 생각한다. 동굴을 파고 도피해 있는 구성원들에게 보다 생산적인 심리적 안정지대를 제공하지 못한다면 회사의 미래는 없다. 그러므로 리더의 역할은 동굴보다 더 생산적인 심리적 안정지대를 만들어서 구성원들을 동굴 밖으로 뛰쳐나오게 하는 것이다.

① 전문가들의 놀이터에서의 활동은 모든 것이 일과 연결되어 있다.
② 성공적인 전문가들의 놀이터는 개인들의 동굴보다 더 큰 심리적 안정지대를 제공해 준다.
③ 리더의 역할은 전문가들의 놀이터에 울타리를 만들어 주고 구성원들 스스로가 놀 수 있도록 돕는 것이다.
④ 전문가들의 놀이터가 락군의 경지에 이르기 위해서는 구성원들의 투철한 사명 의식이 전제되어야 한다.
⑤ 전문가들의 놀이터에 속한 구성원은 실패를 두려워하지 않으며, 정해진 보상이 없어도 불안해하지 않는다.

난이도 상 중 하 2020년 부산교통공사

09 다음 글을 읽고 추론한 내용으로 가장 적절한 것을 고르면?

우리나라는 영상물에 대해서, 유통 이전에 이를 관람할 수 있는 연령대를 정하는 등급 분류 제도가 있다. 영화, 비디오, 예고편 영화, 광고 영화, 광고 선전물 등이 그 대상이다. 등급 분류 업무는 영상물등급위원회에서 담당하고 있다. 영상물 등급 분류는 전체 관람가, 12세 이상 관람가, 15세 이상 관람가, 청소년 관람불가, 제한상영가 5단계로 이루어진다. 우리가 가장 많이 이용하는 영상물인 '영화'의 경우, 사실상 두 단계의 등급으로 나누어진다고 한다. 청소년이 관람할 수 있느냐 없느냐만 있는 것이다. '12세 이상 관람가' 및 '15세 이상 관람가' 영화의 경우 그 연령에 도달하지 않은 아이들도 보호자가 있다면 관람할 수 있기 때문이다.

제작비를 많이 들여 만든 영화는 대부분 15세 이상이나 12세 이상 등급을 받을 것을 목표로 제작되는 경향이 있다. 왜냐하면 청소년 관람불가 등급의 영화는 다른 등급의 영화에 비해 상대적으로 적은 관객을 동원하기 때문이다. 이는 통계로도 드러난다. 역대 한국 영화 흥행 순위의 최상위권 영화들은 '명량'(1,761만 5,686명 · 15세 관람가), '극한직업'(1,626만 6,338명 · 15세 관람가), '신과 함께-죄와 벌'(1,441만 1,782명 · 12세 관람가) 등 12, 15세 관람가 영화들이 차지하고 있다.

이런 점 때문에 영화 관계자들은 영화에 '수위 조절'을 한다. 수위 조절을 통해 흥행에 성공한 대표적인 예가 '써니'이다. 이 영화는 개봉 전 청소년 관람불가 등급을 받았다. 하지만 일부 장면을 편집해 재심의를 신청한 결과 15세 이상 관람가 등급을 받아낼 수 있었고, 흥행몰이에 성공하였다.

최근에는 폭력성 요소가 매우 심한 영상물이 '15세 이상 관람가' 등급을 받는 경우도 있어 등급 분류의 기준에 대해 논란이 많다. 사람을 칼로 찔러 피가 흥건한 장면이 나와도 몸이 찔리는 부분만 직접 보여 주지 않으면 '청소년 관람불가' 등급을 피할 수 있다. 즉 칼로 찌르려는 행동이 나오다가 칼이 몸에 닿는 순간에는 뒷모습만 보이도록 화면이 전환되고 그 후에 칼에 찔린 사람이 바닥에 쓰러지면서 선혈이 낭자한 장면이 이어져도, 폭력성 요소가 직접적으로 드러나지 않았으므로 '15세 이상 관람가' 등급을 받을 수 있다는 것이다.

이런 정도의 장면을 청소년이 합법적으로 관람할 수 있는 것이 현실인데, 등급 분류 제도가 과연 존재 의미를 갖는 것인가에 대한 논란이 분분하다. 또 청소년을 보호의 객체로 보아야 할 연령이 몇 살부터인지에 대해서도 의견이 다양하다. 선거 연령도 점점 어려지고 있는 상황에서 몇 살부터 청소년을 보호해야 할 연령인지에 대한 기준이 없기 때문이다.

① 보호자를 동반한 청소년은 윗 등급의 영화도 모두 관람이 가능하다.
② 청소년 관람이 가능한 영화는 제작비가 상대적으로 높다.
③ 제한상영가는 인권, 치안, 법적 문제가 우려되는 작품에 부여되는 등급이다.
④ 청소년 관람 영화의 흥행 성적은 청소년 관람불가 영화보다 늘 뛰어나다.
⑤ 영화 등급 분류 기준 중 폭력성 요소가 가진 모호성에 대한 의견이 분분하다.

10 다음 글을 바탕으로 추론한 것으로 옳지 않은 것을 고르면?

등산복은 방수와 통기성이라는 서로 모순된 조건을 만족시켜야 한다. 어떻게 그런 것이 가능한 것일까? 등산복에 사용하는 옷감들의 제조에는 섬유를 만드는 고분자 재료의 화학 구조는 물론 물리적 구조 또한 매우 중요하다. 방수와 수분 투과성을 동시에 지니는 직물은 크게 세 가지 종류가 있다. 첫 번째가 고밀도 천, 두 번째가 수지 코팅된 천, 마지막이 필름 적층 천이다.

고밀도 천으로 방수와 통기성을 지닌 천을 만들 때는 흔히 면이나 합성섬유의 가는 장섬유를 사용하며, 능직법(綾織法)을 사용한다. 면은 물에 젖으므로 방수력이 폴리에스테르(폴리에스터)보다는 뒤지지만, 가는 면사를 사용해 능직법으로 짠 천은 물에 젖더라도 면섬유들이 횡축방향으로 팽윤해 천의 세공크기를 줄여 물이 쉽게 투과하지 못해 방수력이 늘어난다.

수지 코팅천은 고분자 물질을 기본 천 표면에 코팅하여 만든다. 코팅하는 막은 미세 동공막 모양을 가지고 있는 소수성 수지나 동공막을 지니지 않는 친수성 막을 사용하는데, 미세 동공의 크기는 수증기 분자는 통과할 수 있으나 아주 작은 물방울은 통과할 수 없을 정도로 조절한다. 주로 사용되는 코팅 재질은 폴리우레탄이다.

마지막으로, 필름 적층 천은 얇은 막층이 천 가운데에 있으며, 이 적층이 방수-통기성을 지니고 있어 이들을 컨트롤한다. 적층으로 사용하는 막에는 마이크로 세공막과 친수성 막이 널리 사용되고 있다. 마이크로 세공막의 세공 크기는 작은 물방울 크기의 20,000분의 1 정도로 작아 물방울은 통과하지 못하지만, 수증기 분자는 쉽게 통과한다. 마이크로 세공막으로는 폴리테트라플루오르에틸렌과 폴리플루오르화비닐리덴이라는 플루오린(불소, 플루오르)계 합성수지 박막이 주로 사용되며, 대표적 천으로는 널리 알려진 고어-텍스가 있다. 친수성 막으로는 흔히 폴리에스테르나 폴리우레탄 고분자 내부에 친수성이 큰 폴리산화에틸렌을 포함할 수 있도록 화학적으로 변형을 가해 사용한다.

등산복과 같은 기능성 특수복에서 수분의 제거는 체온을 조절하며 근육의 운동을 돕고, 피로를 지연시키기 때문에 매우 중요하다. 면 같은 천연섬유는 운동량이 약할 때에는 적합하지만, 운동량이 클 때는 폴리에스테르나 나일론 같은 합성섬유가 더 좋다. 합성섬유가 면보다 흡습성이 낮지만 운동할 때 생기는 땀이 쉽게 제거되기 때문이다. 나일론 섬유는 가볍고 부드러운 촉감을 주며 강도도 커, 기본 천 재료로 많이 사용되며, 특히 폴리우레탄 코팅을 해 널리 사용된다. 나일론을 기초 직물로 한 섬유는 폴리에스테르보다 수분에 더 빨리 젖으며, 극세사로 천을 짜면 공기 투과성이 낮아 체온보호 성능이 우수하다. 이런 이유 때문에 등산복보다는 수영복, 사이클링복에 많이 쓰인다.

① 고어-텍스는 친수성을 가진 재질로 통기성이 우수하다.
② 미세 동공막 모양을 가진 소수성 수지로 코팅된 등산복은 땀에 젖는 것을 방지할 수 있다.
③ 땀이 많이 나는 운동을 할 때에는 흡습성이 높은 면 재질의 운동복을 입어야 한다.
④ 수영 선수를 위한 특수복 제작에는 공기투과성을 낮춰 체온보호 성능을 높여야 한다.
⑤ 고밀도 천, 수지 코팅된 천, 필름 적층 천은 방수와 수분 투과성을 동시에 지니는 직물이다.

정답과 해설 P.10

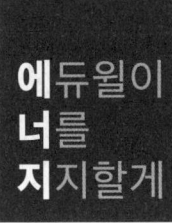

인생에 새로운 시도가 없다면
결코 실패하지 않습니다.

단 한 번도 실패하지 않은 인생은
결코 새롭게 시도해 보지 않았기 때문입니다.

– 조정민, 『인생은 선물이다』, 두란노

기출유형 4 | 글의 구조 파악

기출 유형 분석

- 글의 구조를 파악한다는 것은 글의 맥락에 대한 이해를 묻는 것으로, 글의 통일성 · 긴밀성 · 완결성 등에 대한 파악을 전제로 한다. 다시 말해 글이 주제에 맞게 전개되고 있는지, 문맥상 흐름이 어색하지 않은지, 짜임새가 잘 이뤄져 있는지 등을 주요 사항으로 삼는 유형이다.
- 글의 문맥에 따라 배열하는 문제부터, 글의 구조를 파악하는 문제는 물론 글의 전체 흐름에 맞도록 내용을 수정하거나 필요치 않는 내용을 삭제하고, 〈보기〉의 위치를 파악하는 등의 글의 흐름을 바탕으로 하는 모든 유형이 이에 속한다. 글의 전개 방식 역시 글의 흐름에 따른 문제이므로 해당 유형에 속한다고 볼 수 있다.
- 글의 전개 방식은 선택지에서 사용되는 특정 이론들이 있으므로, 해당 이론에 대한 정리가 선행되어야 한다.

세부 유형

<table>
<tr><th>세부 유형</th><th>발문 내용</th></tr>
<tr><td>글의 문단 배열</td><td rowspan="6">• 다음 글의 [가]~[라] 문단을 순서대로 바르게 배열한 것을 고르면?
• 다음 글의 내용 흐름상 가장 적절한 문단 배열의 순서를 고르면?
• 다음 글의 구조를 올바르게 도식화한 것을 고르면?
• 다음 논증의 구조를 분석한 것으로 가장 적절한 것을 고르면?
• 다음 글을 바탕으로 할 때, 〈보기〉의 글이 들어가기에 가장 적절한 위치를 고르면?
• 다음 글의 (가) 문단을 기준으로 볼 때, (나)~(마) 문단 중 흐름상 가장 어울리지 않는 것을 고르면?
• 다음 글의 흐름에 맞지 않는 곳을 ㉠~㉤에서 찾아 수정할 때 가장 적절한 것을 고르면?
• 다음 글의 통일성을 고려할 때, 삭제해야 할 문장을 고르면?
• 다음 글의 전개 방식으로 옳지 않은 것을 고르면?
• 다음 글의 서술상 특징으로 적절한 것을 고르면?</td></tr>
<tr><td>글의 구조도</td></tr>
<tr><td>논증 구조 파악</td></tr>
<tr><td>〈보기〉의 위치</td></tr>
<tr><td>글의 수정</td></tr>
<tr><td>내용 전개 방식</td></tr>
</table>

기출 유형 접근법

1. 내용 전개 방식 파악

내용 전개 방식에 대한 문제는 개념어를 선택지화하여 묻는 경우와 전체 맥락을 파악해야 하는 경우로 나뉜다. 그래서 기본적인 개념어에 대한 이해가 전제되어야 하고, 일반적인 글의 전개 구조도 알고 있으면 내용 전개 방식 문제뿐만 아니라 글의 구조 파악 유형의 전반적인 풀이에 도움이 된다.

– 긍정발문: 전체를 아우르는 전개방식에 체크(부분 ×)

– 부정발문: 선지를 통해 키워드한 후 주어진 글에서 하나씩 체크하여 소거

가. 선택지에 활용되는 개념어 정리

(1) 정의: 어떤 대상 또는 사물의 범위를 규정짓거나 그 사물의 본질을 서술하는 것으로, 대상의 속성을 설명하는 데 사용된다. 정의는 정의되는 항(피정의항)과 정의하는 항(정의항)으로 구성된다. 형태로는 'A는 B(A의 특징)하는 C(A가 속하는 범주)이다', 'A는 B라고 한다/부른다/일컫는다/뜻한다', 'A는 B로 정의/규정한다' 등이 있다.

> 예) 사랑은 어떤 사람이나 존재를 몹시 아끼고 귀중히 여기는 마음. 또는 그런 일이다.
> 피정의항 / 정의항

(2) 지정(확인): 사실을 확인하는 진술로, 언어를 통해 어떤 의미나 상황을 가리켜 보이는 단순한 설명 방식이며 간단히 말하면 '무엇인지, 누구인지'에 대한 대답이다. 형태로는 'A는 B이다', 'A는 B로서 C이다' 등이 있다.

> 예) 북두칠성은 어느 계절에나 북쪽 밤하늘을 보면 쉽게 찾을 수 있다. 북두칠성을 흔히 국자에 비유하는데, 그것이 국자라면 국을 쏟을 때 국이 흐를 마지막 두 별을 잇는 직선상에 있는 별 중 가장 밝고, 그 두 별의 간격의 다섯 배쯤에 있는 별을 발견할 것이다. 그것이 바로 북극성이다.

☑ 정의와 지정의 차이?

- 지정은 흔히 알 수 있는 사실을 확인하는 것이고, 정의는 단순한 사실 확인이 아니라 개념을 규정하는 것이다.
- 정의는 전문성에 근거한 설명으로, 지정도 전문성을 요구하는 경우가 있지만 현상적인 정의는 대상이 본질적인 속성과 개념을 논리적으로 해명하는 것이다.
- 'A는 B이다'일 때 'B는 A이다'가 성립한다면 정의이고, 성립하지 않으면 지정이다.

---

(3) 비교와 대조: 비교는 두 대상의 공통점이나 유사성을 중심으로 설명하는 방식이고, 대조는 차이점을 중심으로 설명하는 방식을 말한다. 여기서 비교나 대조의 대상은 반드시 유사하거나 동일한 범주이어야 한다. 나타나는 형태로는 'A와 B는 ~하다', 'A는 ~하다는 점에서 B와 같다', 'A와 달리 B는 ~하다', 'A는 ~이지만/하지만/반해 B는 ~하다' 등이 있다.

> 예) 우리나라와 중국, 일본은 모두 젓가락을 사용하지만, 각기 다른 젓가락 문화를 가지고 있다. 우리나라는 놋쇠와 은 등 금속으로 젓가락을 만드는 반면, 중국은 주로 대나무 젓가락을 사용하고 상아나 금, 은 등으로 만든 최고급 젓가락도 있다. 일본은 도기나 칠기로 된 젓가락을 쓰기도 하지만 주로 나무젓가락을 사용한다.

(4) 분석: 어떤 대상을 구성하는 요소나 부분들로 나누어 설명하는 방식으로, 서로 연관된 여러 부분들로 이루어진 대상을 설명하는 데 효과적이다. 나타나는 형태로는 'A는 B와 C로 구성되다/나눠진다', 'A는 B부분, C부분으로 되어 있다' 등이 있다.

예) 소설을 구성하는 요소는 많지만, 대표적으로 인물, 배경, 사건 세 가지를 들 수 있다. 인물은 사건의 주체, 배경은 인물이 행동을 벌이는 시간 및 공간, 사건은 인물이 배경 속에서 벌이는 행동의 체계이다.

(5) 분류와 구분: 분류는 여러 가지 대상을 일정한 기준에 따라 하위 항목을 상위 항목으로 묶어 가면서 설명하는 것이고, 구분은 상위 항목을 하위 항목으로 나누는 것을 말한다.

예) 시, 소설, 수필, 희곡, 평론은 문학의 한 장르이다. - 분류
문학의 장르에는 시, 소설, 수필, 희곡, 평론이 있다. - 구분
※ 구분과 분류에 대한 구분이 없다면, 크게 기준에 따라 나눈 것은 '분류'라고 봐도 무방하다.

☑ 분석과 분류의 차이?

- 분석과 분류는 대상을 작은 단위로 나눈다는 점에서 유사하다. 하지만 분류는 상위 개념에서 하위 개념들로 나눈 것이기에 전체와 부분의 관계가 성립되는 반면, 분석은 한 대상을 구성 요소들로 나누는 것이므로 전체와 부분의 관계가 성립되지 않는다.
- '시계는 괘종시계, 손목시계, 알람시계 등으로 나눌 수 있다'라는 예문에서 '손목시계는 시계이다'와 같이 역이 성립된다면 이는 분류로 볼 수 있다. 반면 '시계는 시침, 분침, 초침으로 나눌 수 있다'라는 예문에서 '분침은 시계이다'와 같이 역이 성립되지 않는다면 이는 분석이다.

---

(6) 예시: 특정 대상을 구체적인 예를 들어 알기 쉽게 설명하는 방식으로, 예시를 사용할 경우 글의 인상이 뚜렷해져 진술이 구체화되고 명확해진다. 나타나는 형태로는 '예를 들어/예컨대/가령/이를테면' 등이 있다.

예) 웹툰은 독자들과 공감대를 형성하여 인기를 끈 작품들이 많다. 예를 들어 '미생'은 직장 생활을 주 소재로 다루며 독자층을 성인들로 확장시켰다.

(7) 인용: 다른 사람의 말이나 글(명언, 명구, 격언, 속담 등)을 가져와서 자신이 설명하고자 하는 바를 뒷받침하여 설명하는 방식으로, 직접 인용문의 경우 큰 따옴표 통해 표시한다. 나타나는 형태로는 'A은/는 "~"라고 말했다/하였다', 'A라는 말이 있다', 'A에 따르면/의하면/의 견해를 정리하면 ~(이)라고 말한다' 등이 있다.

예) 니케는 "이길 것이라면 압도적으로 이겨라"라고 하였다. 이길 것이라면 근소한 차이가 아니라 압도적으로 이겨야 한다는 것이다. 그래야만 패자 역시 약간의 차이로 졌다는 분한 마음이나 자책하는 마음을 가지지 않게 되고, 이러한 점이 바로 승자의 매너라는 것이다.

(8) 과정: 특정 결말이나 결과를 가져오게 하는 일련의 변화나 단계, 작용 등에 초점을 두어 설명하는 방식이다. 나타나는 형태로는 'A는 B로 바뀌다/변하다/발전하다', '먼저 A를 한 후/다음에 B하다가 끝으로/마침내/마지막으로 C하다' 등이 있다.

예) 떡볶이를 만들기 위해서는 우선 떡을 미리 물에 담가 둔다. 어묵은 떡과 비슷한 크기로 썰어 놓고, 양배추와 파도 비슷한 크기로 썰어 한쪽에 준비해 둔다. 재료 준비가 끝나면 프라이팬에 물 2컵과 적당량의 고추장, 고춧가루, 간장, 설탕 등을 넣고 끓이기 시작한다.

(9) 인과: 어떠한 사실에 대한 원인과 까닭을 설명하거나 결과를 설명하는 방식으로, '원인 → 결과' 또는 '결과 → 원인'의 구성으로 이루어진다. 나타나는 형태로는 'A 때문에/덕분에/탓에 B이다', 'A니까 B이다', 'A 왜냐하면 B이다', 'A에 의하여/인하여/말미암아 B이다', 'A의 원인/이유/까닭은 B이다', 'A의 결과는 B이다', 'A는 B를 야기하다/초래하다/발생시키다/유발하다', 'A(이)어서 B이다', 'A 따라서/그래서/그러므로/결국/마침내 B이다' 등이 있다.

예) 주요 대기 오염 물질은 아황산가스, 먼지, 질소 산화물, 일산화탄소 등이다. 이들은 나무를 병들어 말라죽게 만들 뿐만 아니라, 빗물과 함께 땅속으로 스며들거나 호수, 바다 등에 흘러들어 각종 식물과 동물들을 병들거나 죽게 만들고, 결정적으로 호흡을 통하여 인체에 해를 끼치게 된다.

(10) 유추: 독자에게 생소한 개념이나, 어려운 내용을 설명하고자 할 때, 그 개념이나 내용을 보다 친숙하고 단순한 대상과 비교해 나감으로써 좀 더 쉽게 이해할 수 있도록 설명하는 방식이다. 나타나는 형태로는 'A는 ~이다. 이는 ~와 같다/유사하다/비슷하다' 등이 있다.

예) 주시경 선생은 언어를 순화하는 것은 '방 청소를 하는 것'과 같은 것이라고 하였다. 깨끗한 방에서 맑은 정신을 유지할 수 있듯이 깨끗한 언어를 사용하는 민족만이 깨끗한 민족 정기를 가질 수 있다는 것이다.

✔ 유추의 특징

· 두 대상은 유사성을 지니고 있어야 한다.
· 두 대상의 성질이 1:1로 대응해야 한다.
· 이를 바탕으로 결론을 이끌어낼 수 있어야 한다.
※ 비교가 같은 범주의 두 대상의 공통점을 기반으로 한다면, 유추는 다른 범주를 바탕으로 한다.

---

(11) 묘사: 대상의 형태, 색채, 감촉, 향기, 소리 등을 있는 그대로 그려내듯 설명하는 방식이다.

예) 길은 지금 긴 산허리에 걸려 있다. 밤중을 지난 무렵인지 죽은 듯이 고요한 속에서 짐승 같은 달의 숨소리가 손에 잡힐 듯이 들리며 콩 포기와 옥수수 잎새가 한층 달에 푸르게 젖었다. 산허리는 온통 메밀밭이어서 피기 시작한 꽃이 소금을 뿌린 듯이 흐뭇한 달빛에 숨이 막힐 지경이다.

(12) 서사: 어떤 사건이나 상황을 시간의 흐름에 따라 설명하는 방식이다. 행위의 주체가 시간에 따라 무엇을 하였는지가 핵심이므로, 사건의 앞뒤 관계나 문맥의 연관성 등이 구체적으로 제시되어야 한다.

예) 다음 날도 찬호는 학교 담을 따라 돌았다. 선생님은 여전히 교문에 서 계셨다. 그러나 다행히도 선생님은 이때 먼눈을 팔고 계셨다. 찬호는 이 기회를 놓치지 않았다. 고무신을 벗어 한 손에 한 짝씩을 쥐고는 고양이 걸음으로 보초의 뒤를 빠져 팽이처럼 교문 안으로 뛰어들었다. 그러나 채 몇 발 가지도 못하고 찬호는 그만 덜미를 잡히고 달랑 끌려 나왔다.

(13) 논증: 어떤 주장이나 사실에 대해 논리적으로 증명하고 그 정당성을 입증하여 독자들을 설득하는 방법이다. 논증은 주장을 하나의 문장 형식으로 나타낸 명제(命題)와 이를 뒷받침하는 이유나 근거인 논거(論據), 그리고 논거를 사용하여 명제의 타당성을 증명해 나가는 과정인 추론(推論)으로 이루어진다.

✔ 추론의 유형

· 연역 추론: 일반적 원리나 원칙을 근거로 하여 구체적인 어떤 결론을 이끌어내는 사고 과정이다. 전제에 내포된 결론을 이끌어내는 추리 과정이므로, 연역 추론은 논리적 필연성을 중시한다. 삼단 논법이 가장 전형적인 연역 추론에 해당한다.
· 귀납 추론: 구체적인 사실들을 근거로 하여 일반적인 원리나 원칙을 이끌어내는 사고 과정이다. 전제가 참이면 그 결론도 참인 연역 추론에 비해 귀납 추론은 전제와 결론 사이에 논리적 필연성이 없다. 즉 귀납 추론은 구체적 사실을 바탕으로 한 확률적 사고 과정이다.
· 변증법: 두 개의 대립되는 개념인 정(正)과 반(反)으로부터 제3의 개념인 합(合)을 이끌어내는 사고 과정이다. 모순되거나 대립되는 둘 이상의 논점을 통합하여 좀 더 높은 차원의 결론을 유도한다.

나. 일반적인 글의 전개 구조

(1) 대조와 비교: 두 개 이상의 대상이 등장하고, 공통점과 차이점을 바탕으로 서술하는 구조이다. 흔히 각 대상을 정의 후 공통점을 우선 서술하고, 차이점을 뒤에 서술하는 것이 일반적이다.

(2) 문제점과 해결방안: 어떤 상황에 대한 문제의식을 제시한 후, 이에 대한 해결책을 제시하는 방향으로 서술되는 구조이다. 문제점으로 지적한 부분과 그에 대한 해결책을 1:1로 대응하는 것이 일반적이다.

(3) 핵심 화제의 상술화: 핵심 화제를 소개한 후, 상술하는 구조이다.

(4) 나열/분류/분석: 특정 대상을 설명한 후, 이를 세분화하여 설명하는 구조이다. 일반적으로 구조가 확실히 드러나는 기술 지문이나, 특정 개념에서 하위 영역이 있을 경우에 쓰인다. 첫 문단에서 각각의 요소로 나누어 제시한 후 이를 차례대로 상술한다.

(5) 통념과 그에 대한 반박: 통념은 사회적으로 널리 알려진 상식이나 생각을 이르는데, 이러한 통념 중에서 고정관념이나 편견 등 잘못된 부분들이 있는 사항을 제시한 후 이를 반박하는 구조이다. '흔히 ~ 라고 생각하는/여기는/ 경향이 있다.' 등의 형태로 시작하는 것이 일반적이고 이를 반박의 내용이 뒤이어 등장한다.

(6) 변증법적 결론 도출: 상반된 두 관점이나 사례를 제시한 후, 이를 통해 복합적인 결론을 도출하는 지문 구조이다. 특정 관점을 찬성, 옹호하는 내용이 우선 등장하고, 그에 대한 반박 내용이 등장 한 후 이를 포괄하는 형태이다. 결론은 마지막에 등장한다.

(7) 주장과 입증: 일반적인 논설문의 구조로 우선 필자의 주장을 제시한 후, 근거를 통해 입증하는 형태이다.

(8) 원리와 그 적용: 원리를 제시한 후 이를 구체적 현상에 적용하는 지문 구조이다. 과정의 설명 방식이 사용되는 경우가 많다.

(9) 기사문: 기사문의 첫 문단은 리드(기사의 첫 부분에서 전체 기사를 육하원칙에 따라 요약한 것)가 온다. 그 후 해당 내용을 상술하는 구조로 이루어진다.

2. 글의 문단 배열

(1) 선택지에 초점

글의 문단 배열 유형에서 가장 큰 힌트는 선택지이다. 선택지는 첫 문단뿐만 아니라 다음 문단을 고를 때에도 범위를 줄여주어, 좀 더 효율적인 풀이를 가능하게 한다.

(2) 연결고리 찾기

분리된 문단들의 전후를 파악하기 위해서는 정보들 간의 관계를 확인해야 한다. 핵심어의 연결을 통해 긴밀하게 연결되어 있는 문단이나, 그 문단들의 선후를 파악할 수 있다면 선택지를 통해 소거함으로써 정답에 근접할 수 있다. 가장 큰 단서로 활용할 수 있는 것은 '접속사, 지시어, 보조사, 어미' 등으로, 특히 역접의 접속사가 문단 처음에 등장하면 그 정반대의 내용이 앞서 등장할 것임을 알 수 있으므로 완벽한 연결고리를 찾을 수 있다.

(3) 마지막 문단

첫 문단을 찾기가 어렵고, 관련 정보를 확인하기 어렵다면 마지막 문단을 통해 선택지를 소거할 수도 있다. 첫 문단과 마찬가지로 마지막 문단 역시 일종의 틀이 존재한다. 대부분은 요약 및 정리를 하는 문단이 마지막에 올 가능성이 높으므로 이를 통해 선택지를 소거하여 범위를 줄일 수 있다.

(4) 일반적인 글의 전개 구조에 따라 파악

글의 문단 배열 유형은 앞뒤 문맥의 긴밀성도 중요하지만 그보다 더 중요한 것은 일반적인 글의 전개 구조에 따라 전개되었는가이다. 문단간의 관계 및 순서가 헷갈릴 때는 일반적인 글의 구조에 따라 전개된다면 어떤 순서가 바람직한가를 기준 삼아 파악해야 한다.

3. 〈보기〉의 위치 선정

(1) 〈보기〉부터 추론

우선 〈보기〉를 확인하여, 핵심어를 확인하고 앞뒤에 올 만한 내용을 추론한 후에 주어진 글을 읽는 것이 오류를 줄이는 방법이다.

(2) 긴밀성 체크

〈보기〉는 원래 있어야 하는 내용이 빠진 상태이다. 즉 〈보기〉가 들어가야만 내용이 완성되는 것이다. 따라서 앞뒤 내용이 긴밀하게 연결된다면 〈보기〉의 내용이 들어갈 여지가 없으므로 정답이 될 수 없다.

(3) 핵심어의 연결 파악

〈보기〉부터 파악하는 까닭은 핵심어를 확인하기 위함이다. 〈보기〉의 핵심어가 등장하지 않았다면, 〈보기〉가 들어갈 위치가 아니다. 따라서 핵심어가 등장한다면 그 부분부터 주요 체크 대상이 된다.

4. 글의 수정

(1) 문맥에 따른 수정

흔히 문맥을 따라 읽으며 어색한 내용을 찾으면 되기 때문에 난도는 낮은 편이다. 하지만 때에 따라서는 첫 문단에 제시된 전체 글의 흐름에 따라 글이 전개되고있는지 여부를 파악해야 하는 경우도 있기 때문에 일반적인 글의 구조를 염두에 두어야 한다. 그리고 논리상, 문맥상 자연스러운 흐름을 파악하기 위해서는 적절한 지시어, 접속어가 쓰였는지를 확인해야 하고, 문장 성분 간의 호응이 적절한지도 파악해야 한다. 즉 문법적 요소들을 고려해야 하므로, 어법과 연계되어 출제될 가능성도 있다. 마지막으로 하나의 글은 하나의 주제 아래 서술되어야 하므로, 주제에 상충되거나 관련성이 적은 문장은 글의 통일성을 위해 삭제되어야 한다. 따라서 글의 수정 유형에서도 주제를 우선 파악한 후 흐름을 파악하는 것이 효율적인 접근법이 될 수 있다.

(2) 개요에 따른 수정

- 1:1 매칭: 개요 혹은 주어진 내용(회의, 대화 등)에 따른 수정 유형은 1:1 매칭이 중요하다. '수정/추가/삭제'하라고 요청한 내용이 그대로 잘 반영되었는지 확인이 반드시 필요하다. ('수정'을 요구했는데 '삭제'를 한 경우 등) 더불어 주어진 글이 '문제-해결책'의 구성을 지닌 경우 문제로 인식한 부분과 그에 따른 해결책 부분이 1:1로 매칭되어야 한다는 점도 필수 확인 요소이다.
- 적용 대상과 주제에 초점: 만약 주어진 글의 대상이나 주제가 드러나는 경우 그에 입각하여 수정되었는지 확인이 필요하다. 대상을 확대하거나 축소하는 경우도 있고, 주제에서 어긋나도록 수정하는 경우도 있다.
- 내용 적용: 〈보기〉에 사례 혹은 구체적인 내용을 제시한 후, 어떤 부분에 배치하는 것이 옳은지 여부를 묻기도 한다. 핵심을 잘 파악하여 가장 긴밀하게 연결된 부분을 찾아야 한다.

5. 글의 구조도와 논증 구조

글의 구조도와 논증 구조 유형은 글의 흐름을 파악한다는 점에서 글의 구조 파악 유형에 속한다.

(1) 글의 구조도

선택지를 단서 삼아 풀이에 임하는 것이 효율적인 접근법이다. 주어진 글을 바탕으로 직접 구조도를 그리기보다는 첫~두 번째 문단까지 읽은 후 그 문단 간의 관계를 바탕으로 확실하지 않은 것을 소거하는 식으로 접근하는 것이 좋다.

(2) 논증 구조

논증 구조 분석은 각 문장이나 문단을 기호화한 후 그들 간의 논리 관계를 묻는 경우와 주어진 글의 전체적인 흐름에 대해 묻는 경우로 나뉘어진다. 가장 직관적인 판단법은 지시어와 접속어를 단서 삼는 것이다. 예컨대 결론의 접속어가 나온다면 그를 바탕으로 일단 소거할 수 있다.

☑ 출제 용어 정리

- 주지: 문단에서 가장 중요한 문단, 뒷받침 문단들의 뒷받침을 받는다.
- 도입: 글의 전체 방향을 제시하며, 문단의 논리적 전개의 바탕을 이룬다.
- 전제: 중심 내용을 말하기 전에 앞서 말하는 내용으로, 주지를 위해 밑바탕에 깔려 있는 내용이다. 주지의 근거나 이유가 된다.
- 부연: 주지 내용을 좀 더 알기 쉽게 덧붙인 내용으로, 빠진 내용을 보충하는 내용도 이에 해당한다.
- 상술: 주지의 내용을 자세하게 풀어 쓴 부분이다. 핵심을 구체화한 내용이다.
- 예시: 주지를 쉽게 이해할 수 있도록 예시를 들어 설명한 부분이다.
- 요약: 결론을 맺거나 글을 마무리하는 부분이다.

대표 기출 문항

기출 난이도 상 중 하 2022년 상반기 한국전력공사

가)~(라) 문단을 문맥에 맞게 순서대로 배열한 것을 고르면?

(가) 환경문제가 인류의 생존문제로까지 부각되면서 유엔기후변화협약 제21차 당사국 총회에서는 지구의 온도를 산업혁명 시기 대비 2℃ 이내 상승으로 억제하기 위한 온실가스 감축과 기후변화 적응 의무를 참여 국가에 부여하였다. 목표달성을 위해서는 2050년 세계 에너지 수요가 재생 가능 에너지 44%, 화석 연료 45%, 원자력 11% 수준으로 변화될 것으로 예상된다.

(나) 수소는 우주 물질의 75%를 차지할 정도로 풍부하며, 가장 큰 출력 밀도와 에너지 저장량을 가지는 대규모 에너지 저장 매체로, 연료전지 발전을 통한 발전시스템 및 수송시스템(수소연료전지차)과 함께 미래의 에너지 이용 네트워크를 연계 하는 '수소사회'의 핵심 매체이다. 활용 측면에서 기술적 난이도는 높지만, 수소는 상대적으로 지역적 편중이 없는 장기간·대용량 저장이 가능한 매체이며, 산소와 화학반응으로 열·전기를 생산한 후, 부산물로 물만 생성되므로 CO_2 배출이 없는 환경 친화적인 에너지원이라 할 수 있다. 국내의 경우, 2030년까지 국내 총 발전량의 20%를 재생에너지로 보급하겠다는 정책을 설정하였으며, 교통부분의 온실가스 저감 및 미세먼지 저감대책의 일환으로 2030년까지 수소자동차를 63만 대 보급 목표를 설정하였다. 최근 정부는 수소경제, 빅데이터, 인공지능 분야를 3대 전략투자 분야로 확정하고 수소경제를 위한 플랫폼(인프라, 기술, 생태계) 중장기 비전 설정 작업을 진행 중이다.

(다) 수소 저장 및 이송은 다양한 형태로 가능하다. 기체 수소 저장·운송은 고압으로 저장탱크(소용량)나 지하 동굴(대용량) 등에 저장하고 튜브 트레일러로 운송하는 방식이다. 액체수소 저장·운송은 기체수소를 약 1/800부피의 액체수소로 액화하고 이를 대용량 대기압 저장탱크에 저장하고 액체수소 컨테이너를 이용하여 운송하는 방식이다. 이외에도 수소 저장금속 또는 탄소 나노 구조에 저장하는 고체저장 방식, LOHC(Liquid Organic Hydrogen Carrier)나 암모니아를 활용하는 액상 저장방식 등이 있으나, 상용화를 위해서는 많은 기술 개발이 필요한 실정이다. 수소의 대용량 운송을 위한 최적의 방안은 현재의 도시가스 배관망과 같은 수소가스 배관망을 전국에 설치하는 것이나, 이는 비용, 주민 수용성 측면에서 수소경제 사회가 성숙된 후에 가능한 방법이다. 다른 대안으로는 현재의 도시가스 배관망을 활용하여 수소스테이션에서 직접 수소를 생산하는 방안과, 전력망에 의한 수전해를 통하여 수소를 생산하는 현장 생산활용 방안이 있다. 모두 기술적으로 훌륭한 방안이지만, 현재의 기술수준에서는 경제성에 문제가 있다.

(라) 온실가스를 저감하기 위해 신재생 에너지를 더 많이 이용하려는 노력이 우리나라를 포함한 전 세계에서 이루어지고 있다. 지속가능한 밝은 미래에 대한 기대가 큰 만큼, 이러한 변화가 가지고 올 새로운 문제들에 대한 우려도 크다. 전력망에서는 전력의 공급과 소비의 균형이 이루어져야 한다. 현재 전력망에서는 언제라도 전력을 생산할 수 있는 발전예비력을 가지고, 수요의 변화에 맞추어 공급을 제어하고 있다. 석탄이나 천연가스 등 화석연료 기반의 발전시스템에서는 이처럼 발전기의 제어를 통해 전력망의 수급을 맞추고 주파수를 안정적으로 유지할 수 있다. 그런데 태양광, 풍력 등 재생에너지는 본질적으로 날씨와 계절의 변화에 영향을 받기 때문에 공급량을 제어할 수 없다.

① (가) – (나) – (다) – (라)
✓② (가) – (라) – (나) – (다)
③ (나) – (다) – (가) – (라)
④ (나) – (가) – (다) – (라)
⑤ (나) – (라) – (다) – (가)

❶

풀이법 **글의 문단 배열 (1) 선택지에 초점**

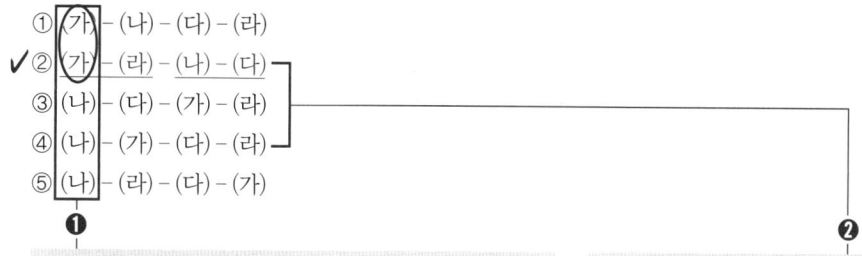

글의 문단 배열 유형에서 첫 문단을 잡는 것은 대단히 중요한데, 첫 문단의 가장 주요한 힌트가 선택지이다. 이 문제의 경우, 선택지를 통해 첫 문단의 후보를 (가)와 (나)로 줄일 수 있다. (가)는 인류의 생존문제를 위해 지구의 온도를 낮추기 위해 에너지 수요가 변화할 것이라는 내용이고, (나)는 수소가 가진 특성에 대한 내용으로, 재생에너지의 핵심 대상이 될 것이라는 내용이 주를 이루고 있다.

❷

풀이법 **글의 문단 배열 (2) 연결고리 찾기**

(가)와 (나)는 첫 문단으로 위치했을 때 어색하지 않는 내용으로 구성되고 있다. 이런 경우, 다른 문단과의 연결고리를 찾아 짝을 이루고 있거나, 선후관계를 파악하여 그를 바탕으로 선택지를 소거하는 식으로 접근해야 한다. (가)의 '온실가스 저감'은 (라)에서 다시 등장하고 있어, 두 문단의 긴밀성을 파악할 수 있고, (나)의 '수소'는 (다)의 '수소의 저장 및 이송'이라는 문구에서 상술화, 구체화되었음을 알 수 있다. 정리하면 '(가)–(라)'가 하나의 쌍이고, '(나)–(다)'가 하나의 쌍이라고 볼 수 있는 것이다.

❹

풀이법 **글의 문단 배열 (4) 일반적인 글의 전개 구조에 따라 파악**

글의 문단 배열 유형은 내용상의 연결도 중요하지만, 일반적인 글의 전개 구조에 따른 것인지에 대한 판단이 더 우선되어야 한다. 따라서 (가)와 (나) 둘 중 어떤 문단이 첫 문단으로 더 적절한가에 대한 판단은 일반적인 글의 전개 구조에 따라야 한다. 흔히 문제의식을 제시한 후 해결책을 제시하는 것이 일반적이므로 재생에너지가 가진 한계라는 문제에 대한 해결책으로 수소를 설명하는 것이 자연스러운 연결이 된다.

난이도 상 중 하

2022년 상반기 코레일 한국철도공사

01 다음 글의 (가)~(마) 문단을 문맥의 흐름에 맞게 배열한 것을 고르면?

(가) 우리가 매일 먹는 음식이나 다양한 라이프 스타일은 우리 몸의 유전자 스위치를 끄거나 켤 수도 있다. 영양후성유전학(Nutriepigenetics)에서는 식생활과 음식에 의하여 DNA 염기서열을 바꾸지 않으면서, 장기적으로 유전자의 발현과 다음 세대에게 유전되는 현상을 다룬다. 음식이 DNA에 영향을 미친다는 증거는 다양하다. 듀크대학의 랜디 저틀 박사의 연구에서 뚱뚱하고 질병감수성이 높은 아구티 생쥐를 임신하게 한 후 메틸기가 풍부한 엽산, 콜린, 비타민B12, 비테인 등을 사료에 넣어 먹였을 때 건강하고 날씬한 새끼 쥐를 낳을 수 있었다. 유전자를 발현시키는 프로모터에 메틸기를 전달하여 뚱뚱하고 질병 발생에 관여하는 유전자를 꺼준 것이다. 이는 유전자 조작이 아닌 영양성분이 유전자를 변형시킬 수 있으며, 다음 세대까지 전달되어짐을 증명한 것이다.

(나) 성장기와 성인기의 식이습관 역시 후성유전학적 변화를 유발하는 주요 원인으로 작용한다. 스웨덴에서 1800년대 발생한 흉년기 역학연구에 의하면, 성장기에 극심한 기아와 과식을 경험했던 세대의 손자들은 이를 경험하지 않았던 세대의 손자들에 비해 심혈관계 질환 및 대사성 질환이 통계적으로 많이 발생하였다. 할아버지가 경험한 기아와 과식에 대한 경험이 3세대까지 영향을 주고 있는 것이다. 또한, 젖을 뗀 이후부터 20주까지 고지방식을 섭취하였던 쥐는 뇌의 포만감을 느끼게 하는 도파민 전달 유전자에서 과메틸화가 진행되어 이 단백질 생산을 감소시켰다. 이 경우, 같은 수준의 보상을 얻기 위해서는 더 많은 음식을 필요로 하는 악순환이 반복되어 비만을 유도하게 된다.

(다) 그렇다면 무엇을 먹을 것인가? 후성적으로 유전자의 기능에 영향을 미치는 식품은 아주 많다. 대표적으로 콩은 DNA메틸화조절자로서 환경호르몬에 의해 과도하게 메틸화되어 암을 유발시키는 유전자를 정상상태로 되돌려 놓을 뿐만 아니라 히스톤의 구조에도 영향을 미칠 수 있다. 최근 대파, 부추, 미나리, 도토리와 그 성분이 히스톤의 아세틸화와 표적유전자의 발현에 영향을 줄 수 있음이 밝혀진 바 있으며, 포도, 마늘, 양파, 생강, 브로콜리의 주요 성분에 의한 히스톤 변형과 메틸화 능력이 다양하게 보고되어 있다. 그러나 식이에 대한 유전자의 적응은 꽤 긴 세월이 걸리는 편이다. 건강을 결정하는 라이프 스타일 – 환경 – 유전정보 간의 연결고리는 건강요소의 90%를 차지하므로 라이프 스타일에 따라 변하는 후성유전학 데이터를 통해 미래에 예측되는 건강지표에 맞는 개인 맞춤형 영양소와 맞춤식단이 필요할 것이다.

(라) 2003년 인간유전체해독사업(Human Genome Project)의 완성으로 사람의 유전체 염기서열구조가 밝혀졌으며, 여러 동물, 식물, 미생물의 염기서열구조가 속속들이 밝혀지고 있다. 인간유전체지도가 확보되면서 식품과 영양연구 분야에서는 유전체와 건강정보를 기반으로 하는 영양유전체 연구가 활발하다. 영양유전체학(Nutrigenomics)의 연구방향은 2가지 방향으로 전개되고 있다. 첫 번째로는 영양소와 유전체의 관계, 즉 우리가 먹는 음식이 유전정보의 발현에 어떻게 영향을 주는지를 연구하여 유전체 – 영양소 상호작용에 대하여 밝혀가고 있다. 두 번째로 유전자의 다형성에 따라 영양소와 식품성분이 어떻게 반응하고 대사되는지를 연구하여 개인에게 맞는 음식으로 건강을 보완하고자 하는 영양유전학(Nutrigenetics) 분야가 있다.

(마) 우리는 고령화시대에 살고 있다. 생활수준 향상, 헬스케어기술의 발전으로 평균 수명이 늘어나고 있으며 전 연령층에 걸쳐 건강에 대한 관심이 확대되고 있다. 초기 보건정책을 제안한 라프랑부아즈(Laframboise) 박사는 인간의 건강에 미치는 요소로서 인간의 유전정보(30%), 라이프 스타일과 생활환경(60%), 보건관리(10%)를 들고 있다. 그중 개인의 라이프 스타일과 환경요소는 건강을 결정하는 많은 부분을 차지하는 중요한 요소이다. 일

상에서의 식사, 운동, 생활습관, 수면과 같은 개인의 선택에 따른 라이프 스타일은 건강과 우리의 유전자에 영향을 미치고, 개인의 유전자는 각기 다른 반응을 보이기도 한다. 노출된 환경인자는 우리 몸의 유전자에 생화학 신호를 전달하여 의사소통을 하며 유전자 스위치를 끄거나 켤 수 있다. 심지어는 우리 몸에 존재하는 마이크로바이옴과도 소통하게 된다. 즉, 개인의 선택에 따른 라이프 스타일 – 환경 – 유전정보 간의 결합이 건강을 결정하는 주요 인자인 것이다.

① (가) – (나) – (마) – (라) – (다)
② (가) – (다) – (마) – (나) – (라)
③ (라) – (나) – (가) – (다) – (마)
④ (마) – (라) – (가) – (나) – (다)
⑤ (마) – (다) – (라) – (가) – (나)

난이도 상 중 하 | 2022년 상반기 한국수자원공사

02 다음 글의 (가)~(라)를 문맥에 맞게 배열한 것을 고르면?

최근 포스트휴머니즘이라는 생소한 개념이 대중매체에 심심치 않게 등장한다. 그 배경에는 인공지능과 '실존적 위험'이라는 더 생소한 개념이 자리 잡고 있다.

(가) 앞서 포스트휴머니즘은 휴머니즘의 기본 전제를 비판적으로 검토함으로써 미래사회에 적합한 휴머니즘을 탐색하는 것이라고 했다. 이런 의미에서 포스트휴머니즘은 과거 고전읽기에 머무는 소극적 인문주의가 아니라 실천적, 적극적 인문주의라고 할 수 있다. 그런데 만약 휴머니즘이 고정된 실체가 있는 것이 아니라, 고대에서 르네상스 시대를 거쳐 근대와 현대에 이르기까지 각각의 사회적 요구에 부응하여 새롭게 규정되었다면, 포스트휴머니즘은 휴머니즘으로부터 벗어나려는 일탈적 주장이 아니라 지극히 표준적인 휴머니즘의 21세기 버전이라고 볼 수 있다.

(나) 그렇다면 일단 포스트휴머니즘이 무엇인지부터 살펴보아야 한다. 포스트휴머니즘은 '포스트'와 '휴머니즘'이 결합된 단어이다. 접두사 'post'는 특정 시점이나 장소보다 뒤에 오는 것을 의미한다. 그러므로 포스트휴머니즘은 역사적으로 휴머니즘 이후에 등장한 사상적 조류이고, 휴머니즘의 핵심 전제들에 대해 비판적으로 검토 또는 수정하거나 어떤 경우에는 폐기하고 대안을 모색하려는 시도를 뜻한다.

(다) 그럼 휴머니즘이란 무엇인가? 인문학자들은 휴머니즘을 대개 인문주의(人文主義)로 번역한다. 즉 인문학자들은 휴머니즘이 인류가 이룩한 문화 및 문명의 유산에 대한 의미를 깊이 연구하고 이를 향유하는 것이라고 본 것이다. 한편 사회과학자들은 휴머니즘을 인간 존엄성이나 인권 개념과 긴밀하게 연결시킨다. 그들에게 휴머니즘의 실현 여부는 모든 인간이 갖는 인권을 어떻게 제도적, 실질적으로 보장할 것인지에 의해 결정된다. 이런 의미에서 휴머니즘은 종종 인본주의(人本主義)로 번역되기도 한다.

(라) 휴머니즘의 실천자들이 항상 그래왔듯이 포스트휴머니즘을 주장하는 사람들은 21세기 맥락에서 새롭게 제기된 여러 쟁점, 특히 인간 수준의 수행능력을 보이지만 인간과 달리 의식적 자각 능력이 없는 인공지능의 등장이 제기한 여러 쟁점을 포용하는 방식으로 포스트휴머니즘을 비판적으로 재검토하고 있다고 볼 수 있다. 이런 관점에서 볼 때 포스트휴머니즘은 휴머니즘의 부정이라기보다는 21세기에 가장 적합한 휴머니즘의 새로운 형태인 셈이다.

① (나) – (다) – (가) – (라)
② (나) – (다) – (라) – (가)
③ (다) – (라) – (가) – (나)
④ (다) – (나) – (가) – (라)

03 다음 글의 ㉠~㉣ 중 문맥상 어색한 내용을 고르면?

심부전(心不全, Heart Failure)이란 심장의 기능이 떨어져 몸 전체로 혈액을 충분히 공급하지 못하는 상태로 호흡 곤란, 다리 부종, 피로감 등이 주요 증상이다. 심부전은 단일한 질병이라기보다는 고혈압, 관상동맥질환, 심근병증, 심장판막 질환 등 다양한 심장 질환에 의해 발생하는 일종의 증후군이고 모든 심장 질환의 종착역이라고 할 수 있다. 심부전은 일단 진단되면 시간이 지남에 따라 악화와 호전을 반복하며 점차 진행되는 질환이다. 심장 펌프 기능을 나타내는 지표인 좌심실 박출률(Ejection Fraction, EF)이 감소된 심부전의 경우 진단받은 지 1년 이내에 4명 중 1명이 사망하고, 5년 이내에는 2명 중 1명이 사망하는 중증 질환이다.

㉠ 심부전은 크게 4단계로 나누어 볼 수 있다. 아직 심장의 구조적인 변형은 발생하지 않았지만 고혈압이나 당뇨와 같은 심부전의 위험인자를 갖고 있는 A단계부터 구조적인 변화는 있지만 증상은 없는 B단계, 심부전의 증상이 발생하는 C단계, 그리고 여러 가지 치료에도 반응이 없는 말기의 D단계로 구분할 수 있다.

심부전의 치료는 이전에는 제한된 몇 가지의 약제 이외에는 특별한 치료 방법이 없었지만 최근에는 심부전의 예후를 현저히 호전시킬 수 있는 여러 약제들과 시술, 수술법 등이 개발되어 적절히 잘 치료를 받으면 일상생활에 큰 지장 없이 오래 살 수 있다. ㉡ 심부전의 치료 목표는 환자의 증상을 완화시키고 더 오래 살게 하는 데 있으며 크게 약물 치료와 시술 및 수술 치료로 나누어 볼 수 있다. 심부전 환자에게 사용되는 약제에는 앤지오텐신 전환 효소 억제제, 앤지오텐신 수용체 차단제, 사쿠비트릴/발사르탄, 베타차단제, 이바브라딘, 이뇨제 등이 있고 치료 초기에 약물 치료를 시작하고, 심부전의 증상이 좋아졌어도 병의 경과를 좋게 하기 위해서는 약물 복용을 꾸준히 지속해야 한다. ㉢ 심부전을 일으키는 원인 질환에 따라 관상동맥 스텐트 삽입술이나 판막 시술과 같은 내과적인 시술이나 외과적인 수술을 받을 수 있고, 동반된 부정맥 질환의 유형에 따라 심장 재동기화 치료나 삽입형 제세동기 삽입술 등의 시술이 필요할 수 있다. 약물이나 시술 치료에 반응이 없고 심부전 증상이 심한 D단계의 중증 심부전 환자의 경우 심장이식 수술을 우선적으로 고려할 수 있고, 심장이식 수술을 받기 어렵다면 심장 펌프 역할을 돕는 기계 장치를 몸 안에 삽입하는 좌심실 보조 장치(Left Ventricular Assist Device, LVAD) 수술을 받을 수 있다.

심부전이 진행될수록 환자의 예후가 급격히 나빠지고 치료에 따른 비용도 매우 높아지므로, 무엇보다 초기 A, B 단계에서 심부전이 진행되지 않도록 적극적으로 예방하는 것이 중요하다. 고혈압이나 당뇨, 관상동맥 질환을 엄격히 관리하고 증상이 없더라도 심장의 구조적 변형이 시작되면 적극적인 약물 치료로 진행 속도를 늦추려는 노력이 필요하다. ㉣ 심장이식의 경우 신장이식이나 간이식과는 달리 뇌사자만 심장을 기증할 수 있기 때문에 심장이식이 필요한 말기 심부전 환자 중 일부만 건강한 심장을 기증받을 수 있다. 암 환자에게 사용되는 항암제나 방사선 치료 등이 심장에 부담을 주어 심부전이 발생하는 경우도 있으므로 이러한 환자들에서도 각별한 주의가 필요하다.

① ㉠

② ㉡

③ ㉢

④ ㉣

04 다음 글의 서술상 특징으로 가장 적절한 것을 고르면?

일제 강점기 조선인들에게 철도를 '체험'한다는 것은 어떠한 의미였을까? 우리나라 근대 문학사에서 기차는 많은 작품 속에 등장하면서 중요한 역할을 해 왔다. 이광수는 소설 「무정」에서 "도회의 소리? 그러나 그것이 문명의 소리다. 그 소리가 요란할수록 그 나라는 소리가 합하여서 비로소 찬란한 문명을 낳는다. 그 소리가 요란할수록 그 나라는 잘 된다."라며 철도 문명에 감복했다. 「무정」에서 기차는 이른바 근대적 주체가 새롭게 태어나는 공간, 그 새로운 주체의 이념과 실천이 수행되는 공간으로 그려지고 있다.

그러나 최명익, 이태준, 채만식은 기차에 대한 인식을 달리했다. 한반도에 부설된 철도는 대륙으로 야망을 실어 나르는 일본 제국주의의 가장 핵심적 도구였다. 그들은 이 사실에 주목한 것이다. 식민지로 전락한 한반도에 거주하는 한국인은 철저한 이등 국민이자 착취 대상으로서의 삶을 살았다. 대다수의 농민이 소작농으로 전락하였고 남부여대하여 고향을 떠났다. 피눈물을 흘리는 심정으로 고향을 떠나는 이들을 만주로, 간도로 실어 나른 것이 기차였다.

최명익과 이태준은 이렇게 떠나가는 농민과 여러 군상의 모습, 서러움, 고통을 소설 속에 그렸다. 최명익의 소설 「장삼이사」에서 기차는 '전진', '발전'을 상징하거나, 근대를 선취한 성공한 사람들의 공간이 아니었다. 최명익은 「장삼이사」를 통해 타자로서 같은 식민지 동포를 바라보았다면, 이태준은 소설 「철로」를 통해 작은 어촌에서 답답한 식민지 현실을 살아가는 청년의 희망과 좌절을 보여 주었다. 채만식은 소설 「탁류」에서 삼등 객차에 탄 재호를 통해 기차는 양극화의 현주소라고 고발한다. 근대는 새로운 문물로 사람들을 유혹했지만, 모든 이에게 동일한 권리가 주어진 것은 아니었다. 돈에 따라 사람을 구별했고, 공간을 분리했다.

그렇다면 외국은 어땠을까? 기차로 인해 새로운 공간과 문화를 경험한 작가들은 다양한 주제 의식을 갖고 새롭고 독특한 형식의 글을 쓰기 시작했다. 대표적인 것이 바로 추리 소설이다. 사람을 낯선 곳으로 실어 나르는 기차는 로맨스와 호기심, 스릴 등 온갖 재미난 상상을 하기에 알맞은 곳이었다. 밀폐되고 한정된 공간이 주는 특유의 긴장감, 언제 터질지 모르는 위태로움은 범죄의 시발점으로 설정하기에도 적합하여 추리 소설에 빈번하게 활용되었다. 일례로 애거사 크리스티는 소설 「오리엔트 특급 살인」에서 기차라는 공간을 아주 적절하게 활용했다. 추리 소설 외에도 기차를 배경으로 활용한 문학 작품은 셀 수 없이 많다.

기차는 첫 개통 이후 지금까지 수많은 작가들에게 영향을 미쳤다. 신문명과 산업화의 상징, 낭만적 로맨스의 배경, 죽음이나 비극적 운명을 암시하는 잔인한 공간 등 기차는 여러 문학 작품 속에서 다양한 모습으로 그려지며 문학 발달의 한 축을 담당하고 있다.

① 예시를 통해 서술 대상에 관한 다양한 인식을 제시하고 있다.
② 전문가의 의견을 인용하여 주된 논지를 뒷받침하고 있다.
③ 대상에 대한 문제점을 제시한 후 그 대안을 제시하고 있다.
④ 묻고 답하는 형식을 통해 서술 대상에 대한 이해를 돕고 있다.
⑤ 상반되는 입장을 각각 밝혀 서술 대상이 인식을 구체화하고 있다.

05 다음 중 글의 논지 전개 방식으로 가장 적절한 것을 고르면?

저는 이 자리에서 몇 가지 의문을 말씀드리고자 합니다. 오후 내내 우리는 지속 가능한 발전과 빈곤을 없애는 문제에 대해 논의해왔습니다. 과연 우리의 본심은 무엇입니까? 현재 잘살고 있는 여러 나라의 발전과 소비 모델을 흉내 내자는 게 아닙니까? 여러분들에게 묻습니다. 독일 가정에서 보유한 자동차의 수만큼 인도인 가정 모두가 소유한다면 이 지구는 어떻게 될까요? 우리가 숨 쉴 수 있는 산소가 어느 정도 남을까요? 더 명확하게 말씀드리겠습니다. 서양의 부유한 사회가 하는 그런 소비 행태를 전 세계의 70~80억 사람이 할 수 있을 정도의 자원이 지구에 있을까요? 그게 가능합니까? 아니면 언젠가 우리가 다른 논의를 해야만 할까요?

우리가 사는 이 문명은 우리가 만든 것입니다. 그 문명은 시장 경제와 경쟁이 낳았습니다. 그리고 무한의 소비와 발전을 요구하고 있습니다. 그리고 시장 경제가 시장 사회를 만들었습니다. 그리고 시장 경제가 자원을 찾아 세계 곳곳을 다니는 세계화를 만들었습니다. 우리가 세계화를 통제하고 있습니까? 아니면 세계화가 우리를 통제하고 있습니까? 이런 무자비한 경쟁에 바탕을 둔 경제시스템 아래서 우리가 연대나 더불어 살아가자는 논의를 할 수 있나요? 어디까지가 동료이고 어디까지가 경쟁 관계인가요?

제가 이런 말씀을 드리는 이유는 이번 행사의 중요성을 비판하기 위해서가 아닙니다. 그 반대입니다. 우리 앞에 놓인 큰 위기는 환경의 위기가 아닙니다. 그 위기는 정치적인 위기입니다. 현대에 이르러 우리는 인류가 만든 이 거대한 세력을 통제하지 못하고 있습니다. 도리어, 이 같은 소비사회에 통제당하고 있다는 것입니다. 우리는 발전을 위해 태어난 것이 아닙니다. 우리는 행복하기 위해 지구에 온 것입니다. 인생은 짧고 바로 눈앞에서 사라지고 맙니다. 생명보다 더 귀중한 것은 존재하지 않습니다. 대량소비가 세계를 파괴하고 있음에도 우리는 고가의 상품을 소비하는 생활 방식을 유지하기 위해 인생을 허비하고 있습니다.

소비가 사회의 모토인 세계에서 우리는 계속해서 많이 그리고 빨리 소비를 해야만 합니다. 소비가 멈추면 경제가 마비되고 경제가 마비되면 불황이라는 괴물이 우리 앞에 나타납니다. 대량소비를 지속하기 위해서는 상품의 수명을 단축해야 하고 가능한 한 많이 팔도록 해야 합니다. 즉, 10만 시간을 사용하는 전구를 만들 수 있어도 1,000시간만 쓸 수 있는 전구만을 팔아야 하는 사회에 살고 있는 것입니다! 그렇게 긴 시간 사용할 수 있는 전구는 이런 사회에서는 좋은 물건이 아니기 때문에 만들어서는 안 됩니다. 사람들이 더 일하고 더 많이 팔 수 있게 하려고 '일회용 사회'를 지속해야 합니다. 우리가 악순환에 갇혀 있다는 것을 알고 계십니까?

이것은 분명히 정치 문제이고 지도자들은 이 문제를 해결하기 위해 다른 방법을 써서 세계를 이끌어 가야 합니다. 동굴에서 살던 시대로 돌아가자는 것이 아닙니다. 시장을 통제해야만 한다는 것을 말씀드리는 것입니다. 제 부족한 식견으로 보면 우리가 맞닥뜨리고 있는 문제는 정치적인 것입니다. 먼 옛날의 현자들, 에피쿠로스, 세네카, 아이마라 민족까지 이렇게 말합니다. "빈곤한 사람은 조금만 가진 사람이 아니고 욕망이 끝이 없으며 아무리 많이 소유해도 만족하지 않는 사람이다." 저는 국가의 대표자로서 이 회의에 그러한 마음으로 참가하고 있습니다.

① 서로 대비되는 견해를 절충하여 새로운 결론을 도출하고 있다.
② 사례를 들어 대중에 호소함으로써 필자의 주관을 피력하고 있다.
③ 주요 화제를 대한 질문을 서두에 던지고 전문가가 답하는 방식으로 구체화하고 있다.
④ 현재 상황에 대한 문제를 제기하고 그 문제를 해결하기 위한 방안들을 평가하고 있다.

06 다음 글의 전개 방식으로 옳지 않은 것을 고르면?

3차원 프린터란 상상하고 원하는 형태의 물체를 3차원 입체 공간에 입체적으로 만들어 내는 일련의 과정을 말한다. 지금까지 프린터가 글자와 그림 등을 2차원 평면에 인쇄하는 기계였다면 3차원 프린터는 3차원 설계도를 바탕으로 입체적인 물건을 인쇄할 수 있다.

그렇다면 3차원 프린터는 어떤 원리로 물건을 인쇄할까? 3차원 프린터는 입체적으로 그려진 물건을 마치 미분하듯이 가로로 1만 개 이상 잘게 잘라 분석한다. 그리고 아주 얇은 막(레이어)을 한 층씩 쌓아 물건의 바닥부터 꼭대기까지 완성한다. 이러한 방식을 쾌속조형 방식이라고 한다. 지금까지 개발된 3차원 프린터는 1시간당 2.8cm를 쌓아 올린다. 레이어의 두께는 약 0.01~0.08mm로 종이 한 장보다도 얇다. 쾌속조형 방식으로 인쇄한 물건은 맨눈에는 곡선처럼 보이는 부분도 현미경으로 보면 계단처럼 들쭉날쭉하다. 그래서 레이어가 얇으면 얇을수록 물건이 더 정교해진다.

3차원 프린터에 들어가는 재료는 주로 가루(파우더)와 액체, 실의 형태이다. 가루로 인쇄하는 경우 나일론이나 석회를 빻은 미세 가루를 용기에 가득 채운 뒤 그 위에 프린터 헤드가 지나가면서 접착제를 뿌린다. 가루가 엉겨 붙어 굳으면 레이어 한 층이 된다. 설계도에 따라 이 동작을 무수히 반복하면 레이어 수만 층이 쌓여 물건이 완성된다. 인쇄가 끝나면 완성품을 꺼내 경화제에 담갔다가 5~10분 정도 말린다. 액체 재료로 인쇄하는 방식도 비슷하다. 3차원 프린터에 들어가는 액체 재료는 빛을 받으면 고체로 굳어지는 광경화성 플라스틱이다. 액체 재료가 담긴 용기 위에 프린터 헤드는 설계도에 따라 빛(자외선)으로 원하는 모양을 그린다. 빛을 받으면 액체 표면이 굳어 레이어가 된다. 첫 번째 레이어는 액체 속에 살짝 잠기고 그 위로 다시 프린터 헤드가 지나가면서 두 번째 레이어를 만든다. 액체에 잠기는 과정에서 망가질 수 있기 때문에 레이어마다 지지대를 달아준다. 마지막에는 완성품을 액체에서 꺼내면 된다. 실은 플라스틱을 가늘게 뽑아낸 것이다. 실타래처럼 둘둘 말아놨다가 한 주를 뽑아 프린터 헤드에 달린 노즐로 내보낸다. 이때 순간적으로 강한 열(700~800℃)을 가해 플라스틱 실을 녹인다. 프린터 헤드가 실을 녹이면서 그림을 그리면 상온에서 굳어 레이어가 된다. 한편 커다란 덩어리를 둥근 날로 깎아 물건을 인쇄하는 조각방식의 프린터도 있다. 쾌속조형 방식에 비해 곡선부분이 매끄럽다는 장점이 있지만 날이 안쪽까지 들어갈 수 없기 때문에 다양한 모형을 만들기 어렵고, 단색이라는 한계도 있다. 그래서 다양한 모양과 색깔의 물건은 쾌속조형 방식으로만 인쇄할 수 있다.

3차원 프린터는 전통적으로 항공이나 자동차와 같은 제조업 분야에서 주로 활용되었으나, 최근에는 그 활용 영역을 빠르게 넓혀 가고 있다. 가장 대표적인 분야가 의료, 건설, 소매, 식품, 의류 산업이다. 예를 들어 의료 분야는 관절, 치아, 의수 등을 비롯한 인공 귀나 인공 장기를 만드는 데 이용하고 있다. 식품 분야에서도 다양하게 활용되고 있다. 장미 모양이나 사람의 얼굴 모양을 한 입체 초콜릿을 만드는 것은 기본이며, 쿠키를 만들거나 라면과 같은 패스트푸드를 만들 수도 있다. 미국의 항공우주국(NASA)에서는 우주에서 먹을 음식을 만들기 위해 피자나 햄버거를 만들 수 있는 3D 푸드 프린터를 개발하기도 했다.

① 대상의 작동 과정을 구체적으로 설명하고 있다.
② 대상의 개념을 정의하여 설명하고 있다.
③ 대상의 특징을 실제보다 과장하여 설명하고 있다.
④ 대상을 활용한 사례를 구체적인 예를 들어 설명하고 있다.
⑤ 둘 이상의 대상에 대한 차이점을 설명하고 있다.

07 다음 글을 바탕으로 할 때, (가)~(라) 문단 중 흐름상 가장 어울리지 않는 것을 고르면?

태양에서 전하를 가진 하전입자를 대규모로 방출하는 이른바 태양풍이 초속 450km로 달 표면에 도달하면 이 중 양성자가 달에 있던 전자와 상호 작용하며 수소(H) 원자를 만든다. 이 수소 원자는 달의 토양을 구성하는 이산화규소나 표토의 기타 분자가 갖고 있던 산소(O)와 결합해 물의 주요한 구성 성분인 수산기(OH) 분자를 형성하는 것으로 나타났다. 태양풍은 또 달의 토양을 구성하는 주요 성분인 규소와 철, 산소 원자의 결합력을 와해시켜 산소 원자가 표면으로 흘러든 수소 원자와 결합하게 하는 작용도 하는 것으로 분석됐다.

(가) 그러나 수산기 분자에서 어떻게 물을 만들지는 더 연구가 필요한 것으로 지적됐다. 달에 수소나 수산기 등 물의 성분은 물론, 얼음 형태의 물이 존재한다는 것은 딥 임팩트나 찬드라얀-1호 등을 통해 이미 확인된 사실이다. 그러나 물이나 물의 성분이 어떻게 생겨나 얼마나 있는지는 여전히 연구 대상이 되고 있다. 혜성 충돌에 따른 화학 작용의 결과라는 주장과 태양풍이 시발점이라는 설이 맞서 왔는데 이번 시뮬레이션 결과는 후자 쪽에 무게를 싣는 것이다.

(나) 이 물 분자들은 표토 알갱이에 단단히 붙어 있다가 한낮에 표면 온도가 절정에 달할 즈음 열로 인해 떨어져 나와 분자 형태를 유지할 수 있는, 인근의 온도가 낮은 다른 알갱이를 찾아 움직여 그 분포는 매일 다르게 나타난다. 물 분자는 온도가 내려가면 다시 표토 알갱이에 붙게 된다. 이는 달의 물이 극지 충돌구의 햇빛이 닿지 않는 곳에서 얼음 형태로만 존재할 것으로 생각되던 것과는 차이가 있다.

(다) 이번 연구는 또 그간 달에서 측정된 수소의 양이 지역별로 차이를 보이는 이유도 규명했다. 달의 적도처럼 온도가 높은 곳에서는 수소가 태양 에너지를 받아 외기권으로 빠르게 빠져나가 덜 축적되는 반면, 기온이 낮은 극지 인근에서는 그 반대로 외기권으로 빠져나가는 속도가 느려 더 많은 수소가 존재하게 되는 것으로 나타났다. 연구팀은 우주인을 달에 보내 상주시키려면 달에 얼마만큼의 물과 물 성분이 있는지를 이해하는 것이 중요하다고 강조하였으며, 특히 달에서의 수소의 역학을 이해함으로써 "어디에서 수소를 구할 수 있는지를 알게 되었다"라고 말했다.

(라) 고다드 센터의 플라스마 물리학자 윌리엄 패럴 박사는 "우주의 모든 암석은 태양풍에 노출된 뒤에 물을 만들 수 있는 잠재력을 갖게 된다"라고 이번 연구 결과에 대해 확대된 의미를 부여했다. 태양풍은 태양계 끝까지 뻗어 나가며, 암석에서 작은 먼지 알갱이에 이르기까지 이산화규소 성분을 가진 것이라면 잠재적으로 수산기를 형성해 물을 만들 수 있는 화학 공장이 될 수 있다는 것이다.

① (가)
② (나)
③ (다)
④ (라)

08 다음 글을 읽고 〈보기〉의 글이 들어가기에 가장 적절한 위치를 고르면?

(가) 비트코인은 2009년에 태어난 디지털 가상 화폐로, 중앙 통제적인 금융 기관의 개입 없이 그 발행과 관리가 이루어진다. 그러나 비트코인은 데이터로만 존재한다는 점에서 그 안전성에 대한 의심이 끊임없이 제기되어 왔다. 그럼에도 불구하고 비트코인 거래 시스템이 유지될 수 있는 이유는 무엇일까?

(나) 비트코인 사용자인 온라인 쇼핑몰 운영자 '갑'과 고객 '을'의 거래를 통해 비트코인 거래 과정을 살펴보자. 둘의 컴퓨터에는 모두 비트코인 지갑이 설치되어 있다. 지갑이란 일종의 프로그램 파일로, 이 프로그램을 통해 여러 개의 비트코인 계정 주소에 접속하고 이들을 관리할 수 있다. 각 계정마다 잔고가 표시되는 비트코인 계정은 비트코인 사용자들이 원하는 만큼 계정을 생성할 수 있으며, 사생활 보호를 위해 거래마다 매번 새로 계정을 만드는 것이 권장된다. 을이 자신의 비트코인 지갑을 이용하여 갑의 계정으로 상품 대금을 보내거나 갑이 자신의 비트코인 계정으로 을이 송금한 상품 대금을 받기 위해서는 공개키와 비밀키로 구성된 새로운 비트코인 계정을 생성해야 한다. 계정의 주소가 곧 고유한 공개키이며, 이 공개키와 연결되어 있는 비밀키는 거래 당사자 각각의 지갑에 저장되어 당사자 간의 거래를 승인하는 것이다. 을이 비밀키를 이용해 송금의 실행을 지시하면, 비트코인 사용자들의 컴퓨터는 실행 요청이 을의 계정에서 정상적으로 이루어진 것인지를 공개키를 이용하여 자동으로 확인하게 된다. 임의의 조작을 방지하기 위하여, 비트코인 사용자들의 컴퓨터 중 과반수에 의해 인정되고 확인된 경우에만 송금의 실행이 이루어지고, 이 거래 내역은 비트코인 네트워크상의 장부에 기록된다.

(다) 거래 기록은 10분 단위로 한 번씩 묶여 갱신되며, 모든 비트코인 사용자들은 10분 단위로 갱신되는 거래 기록의 묶음을 공유한다. 이 묶음이 바로 '블록(block)'으로, '블록체인'은 이 블록들이 모인 거래 장부 전체를 가리킨다. 각각의 블록은 새로 발행된 비트코인을 포함하고 있는데, 이는 비트코인을 얻고자 하는 사람들, 즉 채굴자(마이너, miner)들을 블록 형성에 끌어들이는 요인으로 작용한다. 채굴자들의 컴퓨터는 '암호화 해시 함수'를 계산하도록 설정되어 있다. 암호화 해시 함수는 특정 데이터를 영문과 숫자로 이루어진 고정된 길이의 배열로 변형시키는 작업을 하며, 변형된 값을 해시값이라고 한다. 이 값은 원본 데이터에 아주 미세한 변화만 있어도 크게 달라지기 때문에, 어떤 데이터가 어떤 형태의 해시값으로 변형될지 예측하는 것은 불가능하다. 10분 단위로 블록이 생성될 때마다 이 블록에는 논스(해시값 산출 과정에 앞서 데이터에 첨부되는 임의의 숫자. 논스를 바꾸면 해시값이 크게 달라진다.)가 추가되어 새로운 해시값이 생성된다. 이 해시값에 10분 후 또 다른 블록이 추가되고 다시 논스가 추가되면서 이전과 다른 해시값이 생성되며, 이 과정은 끊임없이 반복된다.

(라) 블록체인을 이용한 비트코인 거래 시스템은 '보안'이라고 하면 흔히 떠오르는 폐쇄적이고 복잡한 체계와 관련된 문제를 뒤흔들면서, 동시에 보안상의 이유로 지금까지 중앙 금융 시스템에 집중되어 왔던 권력이 사용자 손으로 돌아갈 수 있는 가능성을 제시하였다. 금융 시스템을 금융 사용자가 직접 꾸리고 관리하면, 금융 회사가 가져갔던 이득이 사용자 손에 고스란히 떨어질 것이다. 비트코인이 인터넷 이후 가장 혁명적인 기술로 불리는 이유는 바로 이 때문이다.

〈보기〉

모든 블록의 거래 기록은 새로운 비트코인을 발굴하고자 하는 수많은 채굴자들의 해시값 생성 시도와, 기존의 비트코인으로 거래하고자 하는 이용자들의 거래 기록으로 이루어져 있다. 누군가 특정 기록을 위조함으로써 이익을 취하기 위해서는 비트코인 사용자들의 과반수가 사용하는 컴퓨팅 파워에 맞먹는 능력의 컴퓨터를 사용하여 수정하고자 하는 기록 이후의 모든 작업들을 되돌려야 하는데, 이러한 작업은 불가능에 가깝다.

① (가)의 뒤
② (나)의 뒤
③ (다)의 뒤
④ (라)의 뒤

09 다음 글의 (가)~(마) 문단을 흐름에 따라 순서대로 바르게 나열한 것을 고르면?

(가) 1923년에 만들어진 디즈니는 애니메이션의 역사 그 자체다. 이 회사는 밝은 색감과 예쁘고 아름다운 캐릭터들을 사용해 누가 봐도 디즈니 영화라는 것을 쉽게 알 수 있도록 제작한다. 또한 항상 권선징악이라는 주제가 깔려 있어서 아이들을 키우는 부모들도 선호해 왔다. 심지어 디즈니의 영향으로 사람들의 관념이 달라지기도 하였는데, 단적인 예가 미키마우스 캐릭터이다. 기존에 생쥐는 징그러운 동물이라는 인식이 강했지만, 디즈니가 미키마우스라는 캐릭터로 귀엽게 그려냄에 따라 미국인들의 생쥐에 대한 생각 자체를 긍정적으로 바꿔 놓은 것이다.

(나) 슈렉은 디즈니 주인공들과는 달리 못생겼고 냄새도 심하게 난다. 음식도 들쥐처럼 이상한 것들이다. 여주인공인 피오나는 예쁜 공주이긴 하지만 나쁜 마법에 걸려 밤이 되면 괴물로 변한다. 그런데 공주일 때보다 괴물일 때 마음이 더 예쁘다. 영화의 마지막 장면에서 피오나는 마법이 풀리자 예쁘장한 공주가 아닌 유쾌한 괴물의 모습으로 남는다. 이렇게 드림웍스는 '얼굴이 예쁘지 않아도 마음이 예쁜 것이 더 중요하다'라는 메시지를 담은 애니메이션을 만들며 대성공을 거뒀다.

(다) 이렇듯 디즈니라는 브랜드는 다른 어떤 애니메이션 회사도 넘볼 수 없는 최고의 위치를 수십 년간 지켜왔다. 수많은 애니메이션 회사들이 디즈니와 경쟁하려 했지만 큰 소득을 거두지 못했다. 아무리 더 예쁘고 재미있는 애니메이션 작품을 만들어 내놔도 소비자들은 '예쁘고 재밌는 만화영화는 역시 디즈니가 최고'라는 인식을 갖고 있었기 때문이다.

(라) 실제로 그때까지 디즈니 애니메이션에 등장한 '공주' 캐릭터만 해도 백설공주, 인어공주 등 12명에 달했고, 이들은 모두 예쁘고 착하며 좋은 남편을 만났다는 공통점이 있다. 심지어 그 남편들도 모두 훤칠하고 잘생겼다. 따라서 드림웍스는 예쁜 사람은 마음도 예쁘고, 날씬하고, 목소리도 꾀꼬리 같으며, 키도 크고, 노래도 잘해야 한다는 생각을 아이들에게 심어 줄 수 있다는 우려하에 마음이 예쁘면 외모는 중요하지 않다는 메시지를 전달하고자 했다. 그래서 만든 것이 '슈렉'이라는 녹색 괴물이다.

(마) 하지만 2001년 '슈렉'이라는 작품으로 도전장을 던진 드림웍스는 역발상을 통해 디즈니의 아성을 무너뜨렸다. 물론 디즈니와 정반대로 하는 것 그 자체가 목적은 아니었다. 디즈니에서 일하던 일부 직원을 포함해 디즈니 스타일의 애니메이션에 불만을 가진 사람들이 모인 것이 시작이었다. 제프리 카첸버그를 비롯한 드림웍스 경영진은 디즈니의 캐릭터들이 다들 예쁘고 잘생겼기 때문에 의도하지 않게 사람들, 특히 아이들에게 잘못된 생각을 심어 줄 수 있다고 보고 이를 고쳐 보자고 생각했다.

① (가) - (나) - (다) - (라) - (마)
② (가) - (다) - (라) - (나) - (마)
③ (가) - (다) - (마) - (라) - (나)
④ (가) - (마) - (나) - (다) - (라)
⑤ (가) - (마) - (다) - (라) - (나)

10 다음 글에 이어질 내용으로 〈보기〉의 (가)~(마) 문단을 문맥에 따라 바르게 배열한 것을 고르면?

> 국립환경과학원은 최근 발생한 고농도 미세 먼지 분석 결과를 발표하면서 "대기의 원활한 확산이 진행되면 고농도 미세 먼지 현상이 해소될 것이다"라고 전망하였다. 대기의 흐름이 활발하면 미세 먼지 농도가 낮아지지만 반대라면 더 악화된다는 이야기이다.

〈보기〉

(가) 지구 온난화는 제트 기류, 즉 한반도에 걸치는 북위 30~60도 사이를 일직선으로 감싸고 도는 강한 바람의 길을 구불구불하게 바꾼다. 심할 땐 제트 기류를 끊기도 한다. 끊어진 구간에는 고기압이 형성된다. 이 때문에 공기 흐름이 가로막혀 대기가 정체된다. 우리나라는 매년 여름이 되면 몽골, 중국 등에서 뜨겁게 달궈진 공기를 편서풍으로 전해 받는다.

(나) 원래대로라면 이 공기는 동쪽을 계속 향해야 하지만, 제트 기류가 끊어진 북태평양에 고기압이 형성되면 길이 막혀 폭염이 발생한다. 고농도 미세 먼지도 폭염 발생과 같은 경로를 거친다. 중국에서 발생한 미세 먼지와 국내에서 발생한 미세 먼지가 만났을 때 북태평양 길이 막히면, 두 나라에서 나온 미세 먼지가 제자리에서 합쳐져 고농도 미세 먼지가 된다는 것이다.

(다) 지구 온난화가 동북아의 미세 먼지 문제를 키울 것이란 경고는 이미 여러 차례 나왔다. 한 연구진에서 35년간의 기상 자료를 분석한 결과 북극 해빙 감소가 계절풍의 약화와 대기 정체를 불러와 동북아의 대기 오염을 악화시킬 것이라고 발표하였다.

(라) 이렇듯 대기 순환이 순조롭지 않은 상태를 '대기 정체'라고 부른다. '블로킹', '대기 동맥 경화'라고도 불리는 이 이상 기후는 발생의 원인도 분명하지가 않다. 다만 유력한 이유로 거론되는 게 지구 온난화다.

(마) 결국 국내 고농도 미세 먼지 문제의 근본적인 해결 방안 중 하나는 지구 온난화 해소라는 접근도 가능해진다. 미세 먼지 문제를 해결하려면 기후 변화, 지구 온난화와 직결되는 에너지 정책에도 큰 변화가 필요하다.

① (가) - (나) - (다) - (라) - (마)
② (다) - (라) - (나) - (가) - (마)
③ (다) - (가) - (나) - (마) - (라)
④ (라) - (가) - (나) - (다) - (마)
⑤ (라) - (가) - (마) - (나) - (다)

정답과 해설 P.14

기출유형 **5** | # 생략된 내용 추론

기출 유형 분석

· 생략된 내용을 추론한다는 것은 주어진 글의 내용을 바탕으로 일정한 기준을 가지고 여러 정황들을 비교 분석하여 특정 내용을 미루어 짐작해야 한다는 것을 의미한다. 즉 주어진 글에는 생략된 내용을 추론할 수 있는 일종의 힌트가 반드시 제공되고, 이를 기준 삼아 문제를 풀 수 있음을 뜻한다.

· 정답의 기준이 되는 어휘나 구문, 문장 등을 빨리 파악할수록 빠른 풀이가 가능하다. 생략된 내용 추론 유형에는 대부분 빈칸 추론(접속어 포함) 문제가 출제되지만, 그 외에도 전제를 찾거나, 이어질 내용을 찾는 등의 문제도 출제된다.

세부 유형

세부 유형	발문 내용
빈칸 추론	• 다음 글의 빈칸에 들어갈 내용으로 가장 적절한 것을 고르면? • 다음 글의 빈칸에 들어갈 접속어로 가장 적절한 것을 고르면? • 윗글을 읽고 나눈 다음 대화 빈칸 ㉠, ㉡에 들어갈 말로 가장 적절하게 짝지어진 것을 고르면?
전제 추론	• 다음 글의 주장이 설득력을 갖기 위해서 추가되어야 하는 전제로 적절한 것을 고르면?
이어질 내용 추론	• 다음 글의 뒷부분에 이어질 내용으로 가장 적절한 것을 고르면?

기출 유형 접근법

1. **빈칸 추론**

   가. **단어/문장 추론(단수 추론, 빈칸이 하나만 제시된 경우)**

   (1) **빈칸 위치에 따른 접근:** 빈칸의 위치에 따라 단서의 위치가 달라질 수 있다.

   1) 첫 번째 문단이나 마지막 문단의 끝이라면 전체 주제문이 정답일 수 있다. 2) 두 문단의 사이에 위치한다면 두 문단 모두를 읽어야만 추론이 가능할 수 있다. 3) 한 문단의 중간에 위치한다면 앞뒤 문장을 통해 추론이 가능할 수 있다.

   (2) **읽는 범위 결정:** 빈칸 추론 유형은 빈칸의 앞뒤에서 단서를 찾는 경우가 많으나, 때에 따라서는 해당 문단을 모두 읽어야만 정답을 고를 수 있기도 하고, 전체 흐름을 알아야만 정답을 고를 수 있기도 하다. 하지만 출제 비중을 바탕으로 본다면 '빈칸 앞뒤 → 해당 문단 → 첫 문단(전체 흐름 파악) → 글 전체' 순이므로, 읽는 범위 역시 빈칸 앞뒤부터 읽은 후 추론이 불가능하다면 점차 그 범위를 넓혀가는 식으로 접근하는 것이 효율적인 접근법이 된다.

   (3) **핵심어 파악:** 흔히 핵심어의 자연스러운 연결에서 정답을 고를 수 있다.

   (4) **연결고리에 집중:** 긴밀한 연결고리를 찾기 위한 단서로 접속사, 지시어, 보조사, 어미 등이 활용되는 경우가 많으므로 꼼꼼하게 살펴볼 필요가 있다.

   (5) **선택지의 활용:** 선택지의 내용을 바탕으로 주어진 내용과 일치하지 않거나 상관없는 내용들을 소거함으로써 정답의 범위를 좁힐 수 있다.

나. 단어/문장 추론(복수 추론, 빈칸이 여러 개 제시된 경우)

(1) **빈칸의 앞뒤부터 파악:** 빈칸이 여러 개가 제시되는 경우 대부분 [보기]가 주어지므로, [보기]의 앞뒤에서 핵심을 파악할 수 있도록 한다.

(2) **순서에 상관하지 말 것:** 빈칸이 여러 개일 때, 꼭 주어진 순서대로 풀 필요는 없다. 출제자가 복수 빈칸 문제를 출제할 때는 특정 내용이 적어도 두 군데 이상에서 자연스러운 흐름이 되도록 구성하는 것이 일반적이다. 따라서 첫 번째 빈칸과 어울리는 [보기]가 두 개라면, 일단 패스하고 확실한 경우부터 찾아 선택지를 소거하는 것이 효율적인 접근법이다.

※ 어휘력이 관건: 단어를 찾는 추론 문제의 경우 문장 보다는 어휘력에 바탕에 둔 문제일 경우가 많다. 해당 내용과 관련성이 높은 단어를 찾아야 하는 경우가 많아 유사한 두 단어를 정확하게 구분할 수 없다면 정답을 찾기 어렵다. 따라서 평소에 모르는 어휘를 정리하는 습관이 필요하다.

※ 적절하지 않은 것을 고를 때: 대부분의 빈칸 추론 유형은 적절한 하나를 고르는 것이지만, 적절하지 않은 것을 고르는 문항도 있다. 이 경우는 마치 세부 내용 파악 유형과 같이 선택지의 내용과 관련된 내용들을 확인하는 식으로 풀이에 임해야 한다. 즉 들어갈 수 없는 내용은 일치하지 않는 내용이거나 상관없는 내용일 가능성이 높다.

다. 접속어 추론

접속사는 문장과 문장, 문단과 문단을 이어주며 그 관계성을 밝히는 역할을 담당한다. 그렇기에 문장 혹은 문단의 관계를 파악하는 데 주요한 힌트를 제공해주기도 하고, 문맥의 자연스러운 연결에도 필수적이다. 따라서 접속사의 기능을 잘 파악하고 있다면 접속사 자체 문제를 쉽게 해결할 수 있을 뿐만 아니라 필자의 의도를 보다 쉽게 파악할 수 있다.

관계	대표 접속어	중심 내용 위치
대등, 첨가	그리고, 또한, 혹은, 및, 한편 등 뿐만 아니라, 더욱, 게다가, 더욱이, 아울러 등	앞=뒤
역접	그러나, 하지만, 반면에, 그런데* 등	앞〈뒤
요약/인과	즉, 다시말해/그래서, 따라서, 그러므로 등	앞〈뒤
전환	그런데*, 한편, 그렇다하더라도, 그렇지만 등	앞〈뒤
예시	예를 들어, 가령, 이를테면 등	앞〉뒤
강조	요컨대, 중요한 것은, 특히, 주목할 점은 등	앞〈뒤
환언 요약	즉, 다시 말해, 곧, 달리 말하면 등	앞〈뒤

* 그런데: 역접 혹은 전환의 접속어로 기능할 수 있다.

2. 전제 추론

전제는 논증에서의 개념으로, 그것으로부터 출발하여 결론을 내릴 수 있는 명제를 뜻한다. 명제 이론을 바탕으로 풀이하는 정석풀이법이다. 의사소통능력에서 조금 쉽게 '독해형'으로 접근하고자 한다면 다음과 같은 방법을 활용할 수 있다.

① 전제와 결론을 연결 짓는 징검다리 찾기: 결론이 참이 되게 반드시 필요한 전제를 찾는 것이므로 주어진 전제와 결론을 연결 지으면서 공통 요소를 뺀 나머지 부분을 연결하면 비어져 있는 전제를 도출할 수 있다.

② 간단한 명제 이론 활용: 'p→q'가 참일 때, '~p→q'(전건 부정)과 'q→p'(후건긍정)은 참이 될 수 없고, '~q→~p'(후건부정: 대우) 만이 참이 될 수 있다.

3. 이어질 내용 추론

· **이어질 내용의 기준(힌트)이 무엇인지부터 확인:** 마지막 문장에서 이어지는 부분인지, 해당 문단에서 이어지는 부분인지 아니면 글 전체의 흐름에 따른 내용이 들어가야 하는지부터 파악해야 한다. 만약 마지막 문장에서 이어지는 것이라면, 마지막 문장에서만 이어지면 될 것이지만 그가 아니라면 여러 요소를 확인해야만 실수를 줄일 수 있다. 예를 들어 글 전체의 흐름에 따른 내용이라면, 첫 문단에서 그 단서를 찾을 수 있다. 이 경우는 글의 일반적인 전개 구조를 알고 있어야 한다.

대표 기출 문항

기출 난이도 상 중 하 2022년 상반기 한국철도공사

다음 글의 빈칸 ㉠에 들어갈 말로 가장 적절한 것을 고르면?

공포와 탐욕. 주식시장에서 투자자들이 오가는 양극단이다. 시장은 투자자들의 탐욕이 극에 달했을 때 어김없이 엄중한 심판을 내린다. 가까이는 2008년 9월 리먼브라더스 파산이 그랬고, 멀리는 1929년 대공황이 그랬다. 블랙먼데이(Black Monday), 검은 월요일은 보통 1987년 10월 19일 뉴욕 월 스트리트에서 하루 만에 주가가 22.6%나 빠진 사건을 말한다. 그러나 주기적인 주식시장 폭락이 전 세계에서 반복되자 이 말은 시장의 과도한 쏠림이나 구조적인 문제로 나타나는 시장의 급락을 지칭하는 일반명사가 됐다. 실제로 지난 150년간 미국 주식시장의 주가 추이를 보면 58년을 주기로 주식시장이 큰 폭으로 하락하는 현상이 나온다고 주장하는 분석가들도 있다. 공교롭게도 해당 날짜는 모두 월요일이다. 1929년을 기준으로 58년 후인 1987년, 1942년을 기준으로 앞뒤 58년인 1884년과 2000년에도 비슷한 현상이 나타난 바 있다.

1987년 10월 19일 월요일. 뉴욕증권시장은 개장 초부터 대량의 팔자 주문이 쏟아졌다. 전 세계 자본시장의 중심인 뉴욕의 주가는 그날 하루 폭으로는 508포인트, 퍼센티지로는 전일 대비 22.6%가 내려앉았다. 이 수치는 미국경제를 기나긴 대공황의 길로 몰았던 1929년 10월 24일(목요일)의 뉴욕증권시장의 대폭락을 상회하는 수준이다. 역설적인 것은 이날 폭락의 명확한 원인 규명이 초기부터 제대로 이뤄지지 않았다는 것이다. 브레디위원회로 불렸던 미국대통령직속 특별위원회, 미국회계검사원 등이 대폭락의 원인 규명에 매달렸지만 왜 그런 일이 벌어졌는지 알아내는 데는 오랜 기간이 걸렸다. 저명한 학자들과 미국 정부가 발견한 1987년의 교훈은 금융시스템은 스스로의 위험(리스크)을 완전히 없애지 못한다는 것이다. 리스크는 끊임없이 시스템(시장) 안에서 옮겨 다닐 뿐이다. "중이 제 머리 못 깎는다"는 말처럼 어찌 보면 당연한 이 결과를 얻는 데 오랜 시간이 걸린 이유는 폭락이 이뤄진 과정의 복잡성에 있었다.

사후적으로 규명해본 폭락의 원인은 '포트폴리오 보험'이었다. '포트폴리오 보험'이란 주가가 떨어질 경우를 대비해 기관투자가들이 미리 주식선물을 매도해놓고, 주가 하락의 직접 손실을 선물매도로 메우는 투자방식을 말한다. 삼성전자 주식을 가진 A라는 기관투자가가 있다면 미리 삼성전자 주식을 현재 가격으로 미래 일정 시점에 팔 수 있는 파생상품 투자를 해놓으면 어떤 경우에도 손해를 볼 일이 없다는 게 이 투자전략의 기본 아이디어다. 문제는 막상 전반적인 주가 하락이 시작되자 그 속도를 이 같은 포트폴리오 보험이 가속시켰다는 점이다. 투자자들이 붕괴되는 시장에서 손실을 만회하기 위해 선물을 팔았지만 현물 주식 가격도 같이 떨어졌다. 이는 포트폴리오 보험자가 더욱 많은 선물을 팔도록 하는 결과, 다시 말해 주식매도를 더욱 심하게 만드는 결과를 가져왔다. 시장에서 투자자를 보호하기 위해 만든 기법이 전체 시장의 붕괴를 촉발시킨 셈이다.

금융시장 자체가 스스로 리스크를 외부로 넘기는 것은 애초에 불가능하다. 거래가 있는 시장에서는 누군가는 이득을 보지만 반대로 누군가는 손해를 입어야 한다. 모두를 행복하게 만드는 거래는 결코 지속 가능하지 않다. 1987년의 '포트폴리오 보험'은 불가능한 목표를 위한 속임수라는 점에서 2008년 서브프라임이나 1980년대 초반 미국판 저축은행 부실사태, 2000년대 한국의 벤처 붐, 카드 부실사태와 본질적으로 같다. 2011년 금융권 부실의 뇌관이 된 저축은행 사태도 집값만 오르면 프로젝트파이낸싱(PF)이 '땅 짚고 헤엄치기'라는 그릇된 판단을 한 게 한 몫을 했다. 리스크는 (　　　㉠　　　)

① 절대량을 줄일 수도, 분산시키거나 관리할 수도 없다.
② 절대량을 줄일 순 있어도 분산시키거나, 관리할 수는 없다.
③ 분산시키거나 관리하는 방법보다는 절대량을 줄여야 한다.
④ 분산시키거나 관리하는 방법을 통해 절대량을 줄일 수 있다.
✓⑤ 분산시키거나 관리할 수 있을 뿐, 절대량을 줄이거나 없앨 수 없다.

다음 글의 빈칸 ㉠에 들어갈 말로 가장 적절한 것을 고르면?

[마지막 문단] 금융시장 자체가 스스로 리스크를 외부로 넘기는 것은 애초에 불가능하다. / 거래가 있는 시장에서는 누군가는 이득을 보지만 반대로 누군가는 손해를 입어야 한다. 모두를 행복하게 만드는 거래는 결코 지속 가능하지 않다. 1987년의 '포트폴리오 보험'은 불가능한 목표를 위한 속임수라는 점에서 2008년 서브프라임이나 1980년대 초반 미국판 저축은행 부실사태, 2000년대 한국의 벤처 붐, 카드 부실사태와 본질적으로 같다. 2011년 금융권 부실의 뇌관이 된 저축은행 사태도 집값만 오르면 프로젝트파이낸싱(PF)이 '땅 짚고 헤엄치기'라는 그릇된 판단을 한게 한 몫을 했다. 리스크는 (　　　㉠　　　)

① 절대량을 줄일 수도, 분산시키거나 관리할 수도 없다.
② 절대량을 줄일 순 있어도(×) 분산시키거나, 관리할 수는 없다.
③ 분산시키거나 관리하는 방법보다는 절대량을 줄여야 한다(×).
④ 분산시키거나 관리하는 방법을 통해 절대량을 줄일 수 있다(×).
⑤ 분산시키거나 관리할 수 있을 뿐(○), 절대량을 줄이거나 없앨 수 없다(○).

풀이법 ① 빈칸 추론_가. 단어/문장 추론(단수 추론) – (2) 읽는 범위 결정

빈칸 추론 유형은 빈칸의 위치 및 내용에 따라 읽는 범위부터 결정해야 한다. 주어진 문제는 마지막 문단의 마지막 문장에 해당하므로 전체 주제에 해당할 가능성이 높다. 하지만 읽는 범위를 줄이는 것이 유리하므로, 일단은 앞뒤 문맥을 통해 풀이가 가능한지 혹은 해당 문단을 통해서 풀이가 가능한지부터 확인해야 한다. 빈칸의 바로 앞에 '리스크'라는 핵심어가 등장하고, 앞 문장은 리스크와 관련된 예시로 '땅 짚고 헤엄치기'는 그릇된 판단에서 비롯된 것이라는 설명이 있다. 하지만 이는 선택지에서 반복적으로 등장하고 있는 '절대량', '분산', '관리'와 관련된 정확한 판단을 내리기는 부족하다. 다음으로는 해당 문단을 읽으면 되는데, 다행히 '리스크'와 관련된 내용이 세 문장에 걸쳐서 등장한다.

풀이법 ① 빈칸 추론_가. 단어/문장 추론(단수 추론) – (3) 핵심어 파악

리스크와 관련된 내용은 '외부로 넘기는 것이 불가능하다'와 '누군가는 이익을 누군가는 손해를 입는다'로 정리할 수 있다. 이를 선택지와 대입하면 '절대량을 줄일 수 없다'와 '분산은 가능하다'로 연결할 수 있다. 따라서 정답은 ⑤가 된다.

난이도 상 중 하

2022년 상반기 한국전력공사

01 다음 글의 빈칸 ㉠에 들어갈 말로 가장 적절한 것을 고르면?

사회화 과정이 시작되면서부터 우리는 부모, 교사, 종교 지도자, 정치가 등의 모든 권위에 복종하고, 그럼으로써 보상을 받는다. 교육제도나 사회적 가치 체계 그 어디에도 적절한 불복종에 대한 훈련은 없다. 정당한 권위에의 복종과 부당한 권위에의 저항을 구별할 수 있게 하는 훈련도 없다. 공공기관이나 민간기관 할 것 없이, 권위를 가진 사람에게 무조건 동의하고, 순응하고, 복종하는 성인들 때문에 해마다 크나큰 문제가 발생한다. 교육기관에서도 나중에 성인이 되어 그와 같이 잘못된 복종을 하도록 하는 복종의 씨앗이 자라고 있다. 우리는 권위에 대한 복종과 독립적 선택 사이에서 적절하게 균형을 잡아야 한다. 그렇다면 참신한 해결책은 어디에서 찾아야 할까?

두 가지 방향이 있다. 기존 사회과학 연구에 근거하여 해답, 운이 닿으면 해결책까지 찾는 것이 첫 번째 방향이다. 그게 아니라면 완전히 새로운 방향을 모색해야 한다. 즉 안내견의 똑똑한 불복종 훈련에서 우리가 배울 점을 찾는 것이다.

먼저 기존 사회과학 연구에서 해답을 찾아본다면 1960년대 스탠리 밀그램 예일 대학교 교수의 권위와 복종에 대한 최초의 사회과학 실험이 있다. 밀그램은 '징벌에 의한 학습 효과를 측정하는 실험'이라고 포장해 실험 참가자를 모집하고, 피실험자를 교사와 학생을 나눈 후 학생에게 가짜 전기 충격 장치를 단다. 교사에게는 가짜라는 것을 모르게 한 다음, 학생이 문제를 틀릴 때마다 전기 충격을 가하게 했다. 상대가 죽을 수 있다는 것을 알고 있었고 비명도 들었으나, 교사 역할 참가자들은 모든 책임을 연구원이 지겠다는 말에 복종하여 전기 충격을 가했다. 이 실험에서 평범한 시민 중 3분의 2가 처음 만난 권위자가 시키는 대로 고통스러운 전기 충격을 가하는 행위를 기꺼이 실행했다. 다행히 같은 역할을 하는 다른 사람이 전기 충격을 가하지 않겠다고 거부하는 것을 본 경우에는 참가자의 90%가 거부했다. 이는 우리가 권위에 복종하는 경향은 있으나, 같은 위치에 있는 사람들, 즉 동료의 행동에 영향을 받는다는 뜻이다. 이렇듯 우리는 모두 서로에게 사회적 롤모델이며, 선행이든 악행이든 우리가 하는 행동은 보는 사람들에게 파급효과를 갖는다.

한편 최근 부당한 권위에 불복종하게 하는 조건이 무엇인지 밝히기 위해 도입된 '생산적 불복종'이라는 개념이 있다. 이는 사회 윤리 발달에 장애가 될 법이나 규정, 혹은 권위로부터의 요구에 평화적으로 불응하는 행위를 말한다. 예컨대 권위자는 명백히 비윤리적이고 부당한 요구를 하는 시나리오를 대학생인 실험 참가자들에게 설명한 후, 어떻게 대응할 것인지 묻는다. 대다수가 저항하겠다고 하지만 막상 자기 친구가 실제로 시나리오와 동일한 상황에 처하면 정반대의 상황이 일어난다. 80% 이상의 대학생들이 맹목적으로 복종한다. 상황의 힘이 윤리적 이성보다 우세함을 보여 주는 것이다. 그래도 유일한 희망이 있다면 반권위주의적 성향이 높은 학생들은 저항을 잘 할 수 있다는 것이다. 또한 부당한 권위에 저항하는 다른 학생이 있을 때, 혹은 복종한 대가로 자신이 큰 희생을 치러야 할 때, 불복종의 비율은 높아진다. 그러나 전반적으로 권위에 복종하는 비율은 비참할 만큼 높았다. 이에 대해 완전히 새로운 방향을 모색한다면 어디에서 찾을 수 있을까?

이 해답을 아이라 샬레프가 쓴 저서에서 발견할 수 있다. 그는 '인간의 가장 좋은 친구'에게서 효과적인 모델과 비유를 찾아 제시한다. 위험한 명령으로 인한 사고를 피하기 위해 시각장애인 안내견에게 복종해야 할 때와 저항해야 할 때를 가르치는 것은 확실히 어려운 일이다. 학생 교육을 통해 혹은 제대로 된 사회를 만드는 데 매우 민감한 역할을 하는 직업 교육을 통해 우리 인간에게도 분명 그와 같은 훈련을 할 수 있다. 교실을 운영하는 교사, 도처에서

> 안전을 담당하는 요원, 우리의 사생활과 개인정보를 다루는 전문가 누구를 대상으로 하든 (㉠)은 매우 중요하다.

① 시각장애인 안내견의 똑똑한 불복종 훈련을 따르는 것
② 모든 권위를 가진 사람에게 불복종할 수 있도록 새로운 훈련 방식을 개발하는 것
③ 사회 구성원들이 서로의 롤모델이 될 수 있도록 각자의 역량을 강화하도록 돕는 것
④ 군중심리에 영향을 받지 않고, 다수의 선택과 다른 선택을 할 수 있도록 교육하는 것
⑤ 적절한 복종과 정당한 불복종을 구별할 수 있도록 하는 새로운 훈련 방식을 개발하는 것

난이도 상 중 하 2020년 하반기 한국수자원공사

02 다음 글의 빈칸에 들어갈 말로 적절하지 않은 것을 고르면?

> 탄소배출권 거래제는 교토의정서 체제로부터 파생된 시장 지향적 온실가스 감축을 위한 거래 체계라고 할 수 있다. 탄소배출권 거래제는 크게 배정된 허용량으로서 할당된 배출권인 '허용량 거래제'와 개별적 경제 주체가 기술 혁신, 에너지 절약, 대체기술의 도입 등의 자발적 노력을 통해 추가로 획득한 배출권인 '크레딧 거래제'로 구분할 수 있다.
>
> 허용량 거래제는 중앙집권적인 주체(개별 국가, 유럽 연합과 같은 국가 연합 등)가 각 경제 주체에게 최대 배출 한도를 배정하고, 이를 상한으로 오염 물질의 배출을 허용하면서 배출 한도에 여력이 발생한 경우 한도를 초과하는 주체와 배출권의 거래를 허용하는 방식이다.
>
> 크레딧 거래제는 참여 국가나 기업이 어떠한 배출 저감 프로젝트에 대해 특별한 저감 노력을 하지 않았을 경우의 배출량을 기준으로, 추가적인 저감 노력을 통해 감축되는 배출량을 크레딧으로 인정하여 이 크레딧을 거래하도록 하는 방식이다.
>
> 따라서 두 방식은 ( )에 차이점이 있다고 할 수 있다.

① 거래제가 적용되는 범위에 따른 거래 주체
② 강제적이냐 자발적이냐에 따른 참여 방식
③ 저감되는 탄소의 효과에 따른 거래 비용
④ 거래 주체 간의 저감 여력이 상이함에 따른 이행 난이도

03 다음 글의 ㉠~㉢에 들어갈 접속어를 바르게 나열한 것을 고르면?

신생아는 산모의 자궁과 태반에서 분리되는 순간에서부터 생후 한 달까지의 기간에 해당하는 아기를 말한다. 생후 한 달 혹은 4주 등의 기간으로 정의하기도 하지만, 미숙아의 경우 그보다도 더 긴 기간 동안 신생아에 해당하기도 한다. (㉠) 신생아에 대해 이야기할 때는 그 기간이 언제까지냐로 논하기보다는 신생아의 특징을 위주로 이야기하는 것이 보다 올바른 접근이라고 할 수 있다.

먼저 신생아의 호흡의 특징은 불규칙성이라고 할 수 있다. 주기적(週期的) 호흡이라고 불리는 신생아의 호흡은 10~15초 동안 숨을 쉬지 않고 있다가 연이어 빠른 호흡으로 넘어가서 다시 느려지는 것을 반복하며 나타난다. 얼핏 보기에 아기가 숨을 안 쉬는 것 같기도 하고 또 어떤 때는 헐떡이는 숨을 쉬는 것 같기도 하지만 이는 정상적인 주기적 호흡을 의미한다. 15~20초 이상으로 숨을 쉬지 않게 되면 이는 무호흡에 해당하며 무호흡이 길어지면 심박수가 느려지는 서맥의 징후가 나타날 수 있다. 반대로, 숨을 정상 속도보다 빨리 쉬는 것을 빈호흡이라고 하는데, 주기적 호흡의 양상을 고려하여 사실상 빈호흡이 있다는 것은 온전히 호흡 수를 세어 보았을 때 60초 동안 60회 이상으로 나오는 때를 의미한다. 빈호흡 및 무호흡은 모두 위험한 징후를 뜻하므로 지체없이 병원을 방문해 진료를 받아야 한다.

신생아도 성인처럼 정상 체온을 유지한다. (㉡) 체온은 유지하는 데에는 많은 비효율적인 제한점들이 있다. 저체온을 방지하기 위해서 속싸개를 항상 유지하고 속이불을 사용하는 것은 이 때문이다. 아기의 체온은 대류, 전도, 복사, 증발 등에 의해 내려갈 수 있으니 주변 환경에도 신경을 써야 한다. 간혹 산후 조리를 위해 주위 환경을 너무 덥게 하는 경우가 있는데, 이렇게 되면 고체온 및 탈수의 원인이 될 수 있으니 주의해야 한다. 아기의 체온을 매일 확인할 필요는 없지만, 체온 측정 시 38도가 넘는 경우에는 반드시 진료를 받아야 한다.

대부분의 신생아는 '진전'이라고 하는 특유의 근육 떨림의 모습을 간간히 보인다. 진전은 경련과는 다른 것으로, 신경의 지배에 의해 생기는 것이 아닌 말초의 근육 움직임에 의한 것이다. 주로 사지 중 일정 부분을 파르르 떨게 되는데 이때, 보호자의 손으로 잡아 보면 바로 멈추는 특징이 있다. 보호자의 손으로 잡았는데도 움찔거리는 힘이 들어가는 것이 느껴진다면 경련에 대한 감별이 필요할 수 있으므로 역시 진료를 받는 것을 권한다. 또한 얼굴을 움찔거리거나 자전거 페달을 올리듯이 팔다리를 돌리는 듯한 모습도 병적인 것일 수 있으니 유의해야 한다.

이 외에도 신생아의 피부는 여전히 안정화를 향해 나아가고 있는 중에 있다. 그렇기 때문에 때로는 얼굴, 몸통 및 팔다리에 울긋불긋한 반점들이 생긴다. 대표적으로 '독성홍반'이 있는데 수주에서 수개월 후에 사라지는 정상적인 반응이다. 그 외에 신생아 여드름, 연어 반점 등도 정상적으로 나타났다 사라진다. (㉢) 아기의 피부가 날이 갈수록 노랗게 황달이 심해지는 경우는 다양한 원인에 의한 황달을 의미하며, 일정 수준 이상일 경우에는 치료가 필요할 수 있다. 또한 평상시와 달리 아기의 피부가 창백한 모습을 보이거나 청색증을 보이는 경우에는 반드시 진료를 받아야 한다.

	㉠	㉡	㉢
①	때문에	그러나	예컨대
②	이를테면	그래서	예컨대
③	따라서	그래서	다만
④	그러므로	그러나	다만

04 다음 글의 빈칸에 들어갈 말로 가장 적절한 것을 고르면?

구리는 전기가 잘 통한다. 물리학적으로 말하면 구리는 전기 전도율이 높다. 비금속 물질과 금속의 차이점을 한마디로 정리하면 '전기를 잘 흘린다, 혹은 흘리지 않는다'이다. 전기 전도도가 큰 금속은 대체로 열도 잘 통한다. 또한 금속은 다른 고체에 비해 변형이 잘 된다. 이런 금속의 보편적 특성 뒤엔 금속 내부를 자유롭게 움직이는 '자유 전자'가 있다. 비유하자면 금속은 일종의 마을이고, 마을을 돌아다니는 사람은 전자다. 코로나가 발생해서 모든 사람이 자기 집에만 틀어박혀 아무도 밖으로 돌아다니지 않는 경우 경제도 잘 돌아가지 않는데, 이런 불경기는 고체에 흐르는 전류와 같다. 따뜻한 봄이 오고 황사도 없어 마을 사람들이 자유롭게 돌아다니는 상황에선 경제도 활발해진다. 이는 금속에서 전류가 잘 통하는 상황과 비슷하다. 전기 전도도가 큰 물질은 전자가 다니는 길에 오르막이 없는 평평한 제주도 올레길 같은 곳이다.

에디슨 시절만 해도 구리의 전성기였지만, 기술의 발전과 함께 첨단 소재가 쏟아져 나오면서 구리는 그저 전류만 잘 흘리는 재미없는 도체로 전락했었다. 그런데 구리가 최근에 다시 주목받기 시작했다. 결정적인 이유는 구리의 단결정 만들기가 가능해졌기 때문이다. 자연에서 발견되는 금속은 다결정 상태에 있다. 다결정과 단결정의 차이를 이해하기 위해 먼저 트럭에 가득 실은 벽돌을 땅바닥에 쏟아놓은 모습을 그려보자. 벽돌이 무질서하게 어질러져 있는 것이 '다결정'이라면 벽돌 하나하나를 정성 들여 쌓아 올리면 '단결정' 상태로 바뀐다.

마을의 비유로 되돌아가보면 마을 사람들이 다니는 평지길이 끊어지지 않고 계속 연결되어 있는 마을이 단결정 마을이다. 다결정 마을은 평지길이 잠깐 나오는가 싶더니 뚝 끊어지거나 길 한가운데 엄청난 둔덕이 있어 그 옆의 평평한 샛길로 돌아가야 한다는 뜻이다. 둔덕이 그리 높지 않으면 큰 힘을 안 들이고 둔덕을 넘어갈 수 있지만, 대부분의 다결정 마을에는 이런 둔덕이나 푹 패인 길이 너무 많다. 단결정을 만든다는 것은 (   )과 같다. 벽돌은 우리 눈에 보이기 때문에 미장이의 솜씨로 차곡차곡 쌓을 수 있다. 하지만 눈에 보이지 않는 초소형 벽돌이라고 할 수 있는 구리 원자를 어떻게 차곡차곡 쌓아 단결정 구리를 만들 수 있을까? 이런 마법을 부릴 줄 아는 사람들을 재료과학자라고 한다.

구리의 단결정화 기술이 급격하게 발전한 배경에는 뜻밖에도 첨단 소재에 대한 열망이 자리 잡고 있다. 날로 반도체 소자가 초소형화되는 추세에 맞춰 사람들은 기존의 대표적인 반도체인 실리콘(Si)이나 갈륨비소(GaAs) 반도체와는 다른 구조에 관심을 가지게 되었다. 탄소 원자가 벌집 모양으로 얽힌 2차원 물질인 그래핀이 대표적인 사례다.

하지만 이런 2차원 물질이 저절로 만들어지는 건 아니다. 허공에서 신물질을 만들 수는 없으니 일단 어떤 평평한 판을 만들고 그 위에 그래핀 같은 2차원 물질을 키워야 한다. 탄소 원자 한 층짜리 그래핀을 잘 만드는 데는 구리 기판이 적임자라는 사실이 알려진 뒤 전 세계적으로 누가 구리를 얼마나 크게 단결정으로 잘 키울 수 있는지 경쟁이 펼쳐지기 시작했다. 마치 왕년의 주연급 배우가 오랜만에 다시 드라마에 조연으로 출연했는데 주연의 인기를 앞지르는 '역주행'의 모습을 보는 것 같다.

① 전자가 힘들이지 않고 길을 빨리 갈 수 있도록 도와주는 일
② 전자가 험한 길을 무난하게 건널 수 있도록 전자에게 에너지를 전해주는 일
③ 전자가 험한 길을 만나지 않고 쉬운 길만 만날 수 있도록 험한 길에 공사표시를 해 주는 일
④ 전자가 험한 길에서 고생하지 않고 길을 빨리 달릴 수 있도록 무한히 긴 평지길을 포장하는 일

05 다음 글의 ㉠~㉤에 들어갈 내용이 적절하지 않은 것을 고르면?

'역사란 무엇인가?'라는 대단히 어려운 물음에 아주 쉽게 답한다면, 그것은 인간 사회의 지난날에 일어난 사실들 자체를 가리키기도 하고, 또 그 사실들에 관해 적어 놓은 기록들을 가리키기도 한다고 흔히 말할 수 있다. 그러나 (㉠) 쉬운 예를 들면, 김 총각과 박 처녀가 결혼한 사실은 역사가 될 수 없고, 한글 창제의 사실, 임진왜란이 일어난 사실 등은 역사가 되는 것이다.

이렇게 보면 사소한 일, 일상적으로 반복되는 일은 역사가 될 수 없고, 거대한 사실, 한 번만 일어나는 사실만이 역사가 될 것 같지만 반드시 그런 것도 아니다. 고려시대의 경우를 보면, 주기적으로 일어나는 자연 현상인 일식과 월식은 하늘이 인간 세계의 부조리를 경고하는 것이라 생각했기 때문에 역사가 되었으면서도 세계에서 가장 먼저 발명된 금속 활자는 목판본이나 목활자 인쇄술이 금속 활자로 넘어가는 중요성이 인식되지 않았기 때문에 역사가 될 수 없었다. 따라서 (㉡)

이를 생각해 보면, 여기에 몇 가지 되씹어 봐야 할 문제가 있다. 첫째는 '기록해 둘 만한 중요한 사실이란 무엇을 말하는 것인가' 하는 문제이고, 둘째는 '과거에 일어난 일들 중에서 기록해 둘 만한 중요한 사실을 가려내는 사람의 생각과 처지'의 문제이다. 여기서 '무엇이 기록해 둘 만한 중요한 문제인가, 기록해 둘 만하다는 기준이 무엇인가'에 대해서는 후세 사람들에게 어떤 참고가 될 만한 일이고, '참고가 될 만한 일과 될 만하지 않은 일을 가려내는 일'은 (㉢) 고려 시대나 조선 시대 사람들에게는 일식과 월식이 정치를 잘못한 왕이나 관리들에 대한 하늘의 노여움의 표시라 생각되었기 때문에 역사에 기록되었지만, 오늘날에는 그렇지 않다는 것을 알게 되었기 때문에 역사에는 기록되지 않는다.

그러면 역사의 의미는 달라지는가? (㉣) 일제 식민지 시기까지 계속 동학란으로 불리다가 해방 이후 동학혁명으로 불린 1894년 전봉준 등의 행동이 그 단적인 예이다. 상감청자의 경우도 마찬가지이다. 상감청자의 제작법을 누가 언제 처음으로 만들었는지도 잘 모르고 있다가, 근대 사회로 넘어온 후에는 우수성과 독창성이 세계적으로 알려지면서 고려시대에 상감청자가 만들어졌다는 사실은 이제 중요한 역사적인 사실 가운데 하나로 남게 되었다.

이렇듯 (㉤) 그렇다면 이 '역사가 변해 가는 방향이 어느 쪽인가?', '인간의 역사는 결국 어느 곳으로 향해 가고 있는가?' 하는 문제에 대한 이해 없이 역사 자체를 올바르게 보기는 어렵다. 이 물음에 대해 수천 년에 걸친 인간의 역사를 분석해 온 역사학은 역사의 변화에 일정한 방향이 있다고 말하고 있다. 그 방향은 크게 말해서 인간이 정치적인 속박을 벗어나는 길, 경제적인 불평등을 극복하는 길, 사회적인 불평들을 해소하는 길, 사상의 자유를 넓혀가는 길이라 말하고 있다. 역사를 어떻게 볼 것인가. 우리들 자신이 하고 있는 일, 주변에서 일어나고 있는 일들이 이러한 방향으로 나아가는 데 궁극적으로 합치되고 있는가 그렇지 못한가를 분간할 수 있어야 한다. 그것이 역사를 보는 직접적인, 그러면서도 쉬운 방법의 하나라 할 수 있다.

① ㉠: 지난날 인간 사회에서 일어난 사실이 모두 역사가 되는 것은 아니다.
② ㉡: 역사란 지난날의 사실 중에서 누군가에 의해 뽑혀진 사실에 해당할 뿐이다.
③ ㉢: 사람에 따라 다를 수 있으며 또 시대에 따라 다를 수 있다고 말할 수 있겠다.
④ ㉣: 시대의 변화에 따라 전혀 다른 뜻으로 해석되는 역사도 많다.
⑤ ㉤: 시대의 변화에도 변함없이 인정받는 역사만이 영원한 역사로 남는다고 할 수 있다.

06 다음 글의 빈칸 ㉠~㉤에 들어갈 말로 적절하지 않은 것을 고르면?

공공재란 사회의 모든 구성원에게 소비혜택이 공유될 수 있는 재화나 서비스로서, 시장에 의한 자원배분이 어려워 일반적으로 공공(정부 또는 지방자치단체)에서 공급한다. 또한 특정인의 소비를 배제할 수 없으며, 한 개인의 소비가 타인의 소비가치를 감소시키지 않는다는 특성을 가지고 있다. 하지만 공공재의 무임승차적 성격은 과도한 소비를 가져올 수 있고, 공급이 원활하지 않은 경우에는 한 개인의 소비가 타인의 소비가치를 감소시키게 된다. 이 경우 잠재 소비자들 간의 적절한 분배가 어려워져 개인의 합리성과 사회적 공공성의 충돌이 일어나게 된다.

오늘날 주차장은 교통시설로서의 기능과 공공공간으로서의 기능을 수행하는 공공재로 여겨지고 있다. 그러나 주차장을 공공재로 인식하게 되면서 사회적으로 여러 문제가 발생하고 있다. 정부가 운영하는 공영 주차장은 누구나 이용할 수 있지만 주차장을 이용하려는 차량이 많아 수용 대수가 (㉠)되면 이용하지 못하는 사람이 생긴다. 이 상황을 방치한다면 과도한 소비로 인해 개인적으로는 합리적이라고 생각하는 소비가 사회 전체적으로는 불합리한 소비가 되는 '공유의 비극'이 발생한다. 다시 말해 공영 주차장은 공공재 중에서도 소비는 경합적이지만 배제에 따른 비용 부담이 과중하여 배제의 원칙이 적용되기 어려운 공유재에 해당하는 것이다.

주차장을 이용하지 않는 사람들의 측면에서도 생각해 볼 수 있다. 주차장이 공공재로 분류되어 세금으로 신설된다면 자동차가 없어서 주차장을 이용하지 않는 사람들은 세금을 내고도 주차장이라는 공공재의 혜택을 누리지 못한다는 점에서 희생이 요구된다. 이러한 불합리함에 불만을 가진 사람들이 주차장을 이용하기 위해 대중교통을 이용하는 대신 자동차를 구매하게 된다면 환경 오염이 심각해지는 데 일조하는 것과 다름없다. 결과적으로 주차 여건이 복합쇼핑몰, 병원, 체육시설 등 대형 건축물의 성패를 결정한다는 인식이 생길 정도로 자동차를 보유한 사람들이 급격히 증가하고 있다. 실제로 주말이면 자동차를 끌고 일주일치 식량을 구매하기 위해 대형 마트를 찾는 인파의 영향으로, 대형 마트 주변은 주말마다 교통난과 주차난으로 몸살을 앓는다.

서울시에서는 주차난을 해결하기 위해 주택가의 담장과 대문을 허물고 여유 공간에 주차장을 조성하는 그린파킹 사업을 시행하는 등의 노력을 하고 있지만, 이러한 노력 이전에 근본적으로 주차장은 (㉡)이/가 아니라는 사실을 기억해야 한다. 일각에서는 주차장을 무료로, 혹은 매우 적은 비용을 내고 이용하는 것을 일종의 (㉢)으로/로 생각하기도 하는데, 주차장은 자동차 운전자들이 당연하게 제공받아야 하는 서비스가 아니다. 특히 앞서 언급한 바와 같이 공영 주차장은 경쟁이 치열하여 소비가 경합적이고 (㉣)이/가 불가능하지만, 한 사람의 사용이 다른 사람의 사용을 제한하는 공유재라는 점을 고려하면 더욱 그러하다. 따라서 주차장을 조성하고 운영하는 데 필요한 비용은 (㉤)이/가 부담해야 한다.

① ㉠: 초과
② ㉡: 공공재
③ ㉢: 권리
④ ㉣: 배제
⑤ ㉤: 지자체

07 다음 글의 뒷부분에 이어질 내용으로 가장 적절한 것을 고르면?

볼티모어 폭동은 2015년 4월 25일부터 미국 메릴랜드주 볼티모어에서 일어난 대규모 폭동 사태이다. 볼티모어 폭동은 한 흑인 청년으로부터 시작되었다. 당시 25세였던 아프리카계 미국인 청년 프레디 그레이는 불법 무기인 칼을 소지하였다는 혐의로 체포되었다. 처음 체포되었을 때에는 건강한 상태였던 그레이는 이후 척추와 후두부에 부상을 입은 채로 발견되었다. 4월 12일 혼수상태에 빠진 그레이는 여러 차례 수술을 받았으나 의식을 회복하지 못하고 불과 일주일 만인 4월 19일 숨을 거두었다. 그레이의 사인에 대한 시민들의 공식적인 규명 요구는 곧 시위로 발전하였다. 처음 시위가 시작되었을 때는 평화로운 양상의 시위였으나, 그레이의 죽음에 미온적인 경찰 대응에 대해 미심쩍어 하는 시민들로 인해 시위의 과열화 양상이 일어나던 중 그레이의 장례식인 4월 27일을 기점으로 시위의 폭동화가 이루어졌다.

대규모 폭동 사태가 일어나면서 그레이의 장례식 다음 날인 4월 28일에는 경찰관 20명 이상이 부상을 입고 최소 250명 이상의 시민이 체포되었다. 볼티모어 폭동이 진행된 일주일여 동안 경찰관 113명과 시민 2명이 부상을 당했고, 총 486명의 시민이 연행되었다. 재산상 피해도 상당했다. 볼티모어 내 상점 수백 곳이 폭동으로 인한 절도 피해를 당했으며, 자동차와 건물 등의 화재로 인한 재산 손실도 막대했다. 폭동이 걷잡을 수 없이 확대되자 볼티모어 도시 전역에 비상사태가 발령되었고, 폭동 진압을 위한 주 방위군이 투입되었다.

그레이의 사인 규명을 요구하는 시민들의 성난 목소리가 끊이지 않자 그레이의 죽음과 관련하여 법의학 당국의 조사가 진행되었으며, 그 결과 법의학 당국은 5월 1일 그레이의 사인을 살인으로 판명하였다. 이에 그레이의 체포와 구금에 관여한 경찰관 6명이 2급 살인죄를 포함한 다수의 혐의로 기소되었다. 그레이의 사인 규명이 이루어지고 관련자에 대한 처벌이 진행되자 폭동 사태는 5월 3일 무렵 소강상태에 접어들었다.

볼티모어 폭동 사태로 인해 도시는 쑥대밭이 되었다. 도시 전역에 발령된 비상사태로 인해 도시 기능이 마비되자 도시의 가장 큰 행사인 프로야구(MLB) 경기 또한 취소될 국면에 놓여 있었다. 폭동으로 인해 대규모의 인파가 몰리는 것을 극히 꺼렸던 시 당국의 입장에서 다수의 사람이 관람하는 야구 경기가 달가울 리 없었던 것이다.

① 폭동에도 불구하고 취소 없이 진행된 볼티모어의 야구 경기
② 볼티모어 폭동으로 인해 이루어진 MLB 역사상 최초의 무관중 경기
③ 야구 경기의 원활한 진행을 위해 소강상태에 접어든 볼티모어 폭동
④ 유사 흑인 살해 사건들과 다른 재판 결과에 대한 평가와 의의
⑤ 사회적 갈등의 발생 시 사회 통합의 수단으로 활용되는 스포츠 경기

08 다음 글의 빈칸 (A)~(C)에 들어갈 문장을 다음 〈보기〉에서 골라 순서대로 바르게 짝지은 것을 고르면?

지난 3월 미 행정부는 중앙정보국(CIA)과 미군에 드론(UAV)을 이용한 공습 권한을 비롯한 특수 기능을 허가했다. 오바마 전 대통령이 재임 당시 CIA의 '준군사 행동 권한'을 제한했던 규정을 다시 바꾼 것이다. 그러나 지구상 곳곳에서는 아직 재래식 전쟁을 벗어나지 못하고 있었다. 지난 4월 아프가니스탄에서는 2003년 이라크 전쟁 과정에서 개발된 '공중폭발 대형폭탄(Massive Ordnance Air Blast Bomb)'을 사용했다. 지난 5월에는 아사드 정권의 살인가스로 의심되는 화학 무기 사용에 대응해 지중해에 배치된 미군 함정은 59발의 토마호크 크루즈 미사일을 발사했다. (A)

이런 상황에서 트럼프의 구상을 실현하기 위한 갖가지 제안들이 잇따르고 있다. 대표적인 것이 최근 출간된 『스트라이킹 파워(Striking Power)』라는 책자로, 트럼프의 호전적인 발언들과 맞물려 관계자들로부터 큰 주목을 받고 있다. 조지메이슨 대학의 법학교수 제리미 랩킨(Jeremy Rabkin)과 버클리 대학의 법학교수 존 유(John Yoo)가 공동 저술한 이 책에서는 불량 국가들과 테러리스트들의 부상으로 대량 살상 무기 사용이 확대되고 있다고 우려하고 있다.

세계 안보를 책임져야 할 미국 입장에서 이런 상황에 대응하기 위해서는 새로운 군사무기 개발이 시급하다. 그들은 특히 자동화된 로봇, 사이버 공간과 우주 공간을 활용한 첨단 무기 개발은 적대자들을 막기 위한 가장 비파괴적인 수단이라고 주장했다. (B) 또한 기존의 무기들과 비교해 파괴력이 적어 적을 제압하고 많은 인명을 살상하게 되는 위험을 줄여 나갈 수 있을 것이라고 주장했다. 그들은 또한 여러 가지 기술 중 드론(UAV)은 가장 정확하게 적을 공격할 수 있는 것은 물론, 민간인 피해를 최소로 줄일 수 있으며 드론 스스로도 파괴 위험이 매우 적은 가장 적절한 무기가 될 것이라고 전망했다.

드론으로 만든 무기를 확대할 경우 전투기 제작비용을 절약해 경제적으로 재정부족 문제를 해결할 수 있다고 주장했다. 이런 주장에 편승해 미국은 현재 드론 전투기뿐만 아니라 드론 잠수정 등 육·해·공 분야로 무인무기 개발을 확대하고 있는 중이다. (C) 마이크로 드론들이 각각 소형 폭탄을 탑재한 채 한꺼번에 목표물을 향해 돌진하는 '드론 벌떼 공격(microdrone swarms)'은 제네바에서 열리고 있는 특정재래식무기금지협약(CCW) 회의의 주제가 되고 있기 때문이다. 사이버무기 역시 주목을 받고 있는 분야이다. 랩킨 교수는 "이 기술을 무기화할 경우 살상을 대폭 줄이면서 적을 보다 정교하게 공격할 수 있다"라고 주장했다. 이처럼 사이버무기의 필요성이 강조되고 있으면서도 미국은 지금 사이버무기로 인해 곤란에 처해 있는 상황이다.

지난 13일 '뉴욕타임즈(NYT)'는 미국 국가안보국(NSA)의 사이버무기들이 '쉐도우 브로커스(Shadow Brokers)'란 알려지지 않은 단체에 의해 유출됐으며, 현재 거꾸로 NSA를 공격하는 데 사용되고 있다고 보도했다. NYT는 전·현직 관리들의 말을 인용하여 러시아, 북한 등의 해커들이 이 단체와 협력해 미국과 그 동맹국들을 공격하고 있다고 전했는데, 그동안 미국에서 수백만 대의 컴퓨터가 랜섬웨어에 감염된 것으로 알려졌다.

〈보기〉

㉠ 이들 첨단 무기에 주목하는 것은 다른 무기들과 비교해 비용이 매우 적게 들기 때문이다.
㉡ 특히 킬러 로봇 개발은 정점에 와 있는 분위기이다.
㉢ 시리아 내전에는 쿠르드 민병대와 이라크군 장비를 지원하기 위해 지상군 배치를 확대했다.

	(A)	(B)	(C)
①	㉠	㉡	㉢
②	㉠	㉢	㉡
③	㉡	㉠	㉢
④	㉢	㉠	㉡
⑤	㉢	㉡	㉠

09 다음 글의 빈칸에 들어갈 내용으로 가장 적절한 것을 고르면?

통화정책은 정부가 화폐 공급량이나 기준금리 등을 조절하여 경제의 안정성을 유지하려는 정책이다. 예를 들어 경기가 불황에 빠져 있을 때, 정부가 화폐 공급량을 늘리면 이자율이 낮아져 시중에 풍부한 자금이 공급되고, 이에 따라 소비자들의 소비지출과 기업들의 투자지출이 늘어나면 이것이 총수요에 영향을 주어 경제가 활성화된다. 재정정책은 정부가 지출이나 조세 징수액을 변화시킴으로써 총수요에 영향을 주려는 정책이다. 재정정책에는 경기의 변동에 따라 자동적으로 작동되는 자동안정화장치와 정부의 의사결정과 국회의 동의 절차에 따라 이루어지는 재량적 재정정책이 있다.

이러한 안정화 정책의 효과는 다소간의 시차를 두고 나타나는데 이를 정책시차라고 한다. 정책시차는 내부시차와 외부시차로 구분된다. 내부시차는 정부가 경제에 발생한 문제를 인식하고 실제로 정책을 수립·집행하는 시점까지의 시간을, 외부시차는 시행된 정책이 경제에 영향을 끼쳐 그에 따른 효과가 나타나는 데까지 걸리는 시간을 의미한다.

재량적 재정정책의 경우 추경예산을 편성하거나 조세제도를 변경해야 할 때 입법 과정과 국회의 동의 절차를 거쳐야 하기 때문에 내부시차가 길다. 이에 비해 통화정책은 별도의 입법 절차를 거칠 필요 없이 정부의 의지만으로 수립·집행될 수 있기 때문에 내부시차가 짧다. 그에 비해 재량적 재정정책은 외부시차가 짧다. 예를 들어 경기 불황에 의해 실업률이 급격하게 증가할 때 정부는 공공근로사업 등에 대한 지출을 늘려 일자리를 창출하는데 이는 비교적 짧은 시간 안에 소비지출의 변화에 의해 총수요를 변화시킬 수 있다. 반면 통화정책은 정부가 이자율을 변화시켰다 하더라도 소비지출 및 투자지출의 변화가 즉각적으로 나타나지 않기 때문에 외부시차가 길다. 한편, 자동안정화장치는 재정지출이나 조세 징수액이 경기의 상황에 따라 자동적으로 조절될 수 있도록 재정제도 안에 마련되어 있는 재정정책이다. 따라서 재량적 재정정책과 마찬가지로 외부시차가 짧으며, 재량적 재정정책과는 달리 (　　　　　) 는 장점이 있다. 이러한 자동안정화장치의 대표적인 예로는 누진적 소득세와 실업보험 제도가 있다.

① 문제 발생에서 해결 정책을 시행하기까지의 시간이 길다.
② 외부시차가 길어 경제 상황을 변화시키는 데 오래 걸린다.
③ 정책을 결정하는 데 많은 의견을 반영하여 시행할 수 있다.
④ 내부시차가 짧아 시행된 정책의 결과가 나타나는 시간이 짧다.
⑤ 내부시차가 없어 경제 상황의 변화에 신속하게 대응할 수 있다.

10 **다음 글의 빈칸에 들어갈 말을 순서대로 바르게 나열한 것을 고르면?**

> 공항의 안내 로봇과 원격의료 로봇, 발열 체크 등을 하는 자율 이동 방역 로봇 등이 등장해 화제를 모으고 있다. (   ) 비대면 관계를 요구받는 일명 언택트 사회를 반영하듯 배달 로봇에 심지어는 카페용 바리스타 로봇까지 등장하였다. 주문부터 커피 제조까지 일괄 처리하는 로봇 하나가 직원 몇 명분의 일을 해낼 수 있는 것이다.
>
> 이런 인공지능 로봇의 등장에 우리의 생활 환경이 얼마나 빠르게 변하고 있는지를 실감하는 한편, 이렇게 로봇이 인간의 일자리를 차지하게 되면 앞으로 실업률이 얼마나 높아질지에 대한 걱정들도 많아지고 있다. 심하게는 40%의 노동자들이 다시 일자리로 돌아갈 수 없을 것이라는 예측까지 나오고 있다.
>
> 어느 시대든 변화는 있기 마련이고, 그 변화에 적응하지 못하면 결국 시대의 낙오자가 될 수밖에 없다. 다만 날이 갈수록 그 변화의 속도는 빨라지고 큰 변화의 계기가 찾아오면 많은 사람들이 적응에 어려움을 느끼게 된다. 나이 든 세대일수록 이런 변화를 더 두려워하기 때문에 나이가 들면 자연히 보수화되기 쉽다. 개개인들이 변화를 두려워하는 것은 어쩔 수 없다고 하더라도 한 사회가 전반적으로 변화를 두려워하여 거부하다 보면 그 사회는 인류 사회 전체의 변화 속도에 뒤처지며 성장이 지체된다. (   ) 사회의 노령화는 또 다른 의미에서 위험 요소가 된다.

① 또한, 즉
② 그리고, 따라서
③ 그러나, 그러므로
④ 더 나아가, 그래서
⑤ 뿐만 아니라, 다시 말해

정답과 해설 P.18

기출유형 6 | 기타 유형

기출 유형 분석

· 대표적인 기출 유형은 아니지만 일반적인 독해 유형을 다루는 기업이라면 적지 않은 비율로 출제되는 유형들이 있다. 비판, 사례 적용, 문맥상의 의미, 내용 판단 및 분석 등이 그러한 경우이다. 따라서 해당 파트에서는 놓쳐서는 안 될 유형들을 망라하여 정리하고자 한다

세부 유형

세부 유형	발문 내용
비판	• 다음 글에 대한 비판으로 가장 적절한 것은? • 다음 글을 읽고 밑줄 친 것 중 성질이 비슷한 것끼리 바르게 짝지어진 것을 고르면? • 다음 글의 ㉠에 해당하는 사례만을 〈보기〉에서 모두 고르면? • 다음 글에 대한 분석으로 옳지 않은 것을 고르면?
사례 적용	
문맥상 의미	
특정 내용 판단 및 분석	

기출 유형 접근법

1. 비판

(1) **긍정 발문:** 적절한 것을 찾을 때는 주어진 글의 주장이 무엇인지부터 파악해야 한다. 따라서 핵심이 아닌 것에 대해 비판하는 것, 예컨대 예를 들거나 논거를 제시하는 방법 등에 대한 비판은 정답이 될 수 없다.

(2) **부정 발문:** 적절하지 않은 것을 찾는다는 것은 하나의 선택지를 제외하고는 모두 비판으로 볼 수 있다는 것을 뜻한다. 즉 주어진 글의 주장뿐만 아니라 간과한 새로운 논거(부작용 등), 논거를 제시하는 방법 등 글의 모든 요소에 대한 비판이 모두 옳은 비판으로 파악할 수 있다. 그래서 주어진 글의 주장을 옹호하거나(부분도 가능), 잘못된 내용을 제시하거나, 관련없는 내용을 제시하는 경우가 정답이 된다.

2. 사례 적용

(1) **사례의 대상 체크:** 사례(예시) 적용 문제에서는 문두에서 기호 혹은 구체적 대상을 제시하여, 무엇에 대한 사례를 찾아야 하는지 알려준다. 다시 말해 주어진 글을 읽을 때, 사례의 대상에 집중해서 '강'하게 읽고, 나머지를 '약'하게 읽거나 상관없는 내용은 읽지 않는 것이 효율적인 접근법이 된다.

(2) **조건화:** 사례(예시)를 찾기 위해서는 대상의 특성을 최대한 세세하게 파악하는 것이 중요하다. 즉 '조건화' 과정이 선행되어야 한다. 예를 들어 A의 사례를 찾는 문제라면, A의 특성이 하나만 제시될 수도 있지만 여러 개일 수도 있다. 최대한 정리하여 그를 조건 삼아 선택지의 내용을 분석해야 한다. A의 특성이 ⓐ, ⓑ, ⓒ 세 가지라면, 출제자는 모든 조건에 부합하는 정답을 하나 제시하고, 나머지는 이 중 하나 내지 두 개의 조건에만 부합하는 사례를 제시한다. 물론 간단하게 큰 특성에 부합하는 것이 정답일 수도 있겠지만, 난도를 높인다면 전자의 경우를 활용하는 빈도가 높다. 따라서 어려운 문제를 풀기 위해서는 대상의 특성을 최대한 자세히 뽑아내 조건화하는 연습이 필요하다.

(3) **두 대상 중 하나의 사례 선택:** 두 대상 중 하나의 사례를 고르라는 문제에서는 문제화되지 않는 대상의 특성을 바탕으로 오답을 구성하는 것이 일반적이니 이에 유념하여 접근하는 것이 좋다. 예를 들어 A와 B 중 A의 사례를 구하라는 문제에서 매력적인 오답은 B의 사례일 가능성이 높다는 것이다.

3. 문맥상 의미

일반적으로 빈칸 추론 유형과 접근법이 유사하다.

(1) **읽는 범위 결정:** 의미를 파악해야 할 대상의 위치를 파악하여 읽는 범위를 결정해야 한다.
흔히 앞뒤의 문맥을 통해 주요 단서를 찾을 수 있지만, 때에 따라서는 해당 문단 혹은 글 전체에 이르기까지 단서를 찾는 범위를 늘려야 할 수도 있다. 하지만 출제 비중을 고려한다면, '문맥 앞뒤 → 해당 문단 → 첫 문단(전체 흐름 파악) → 글 전체' 순으로 읽는 범위를 늘려가는 것이 좋다.

(2) **핵심 파악:** 흔히 문맥상 의미 유형은 문장 그대로의 뜻 즉 1차적인 의미가 아닌 주어진 글 안에서 의미를 파악해야 하는 유형이다. 그래서 비유적이거나 압축된 표현을 풀어내야 하는 경우가 많다. 이를 잘 풀어내기 위해서는 핵심이 무엇인지, 무엇에 대한 비유이고 압축인지에 대한 판단이 선행되어야 한다.

(3) **선택지의 활용:** 앞뒤 문맥을 통해 정확한 내용을 추론하기 어렵다면, 선택지를 통해 역으로 소거하는 방식을 활용할 수도 있다. 문맥상 절대로 해당할 수 없을 만한 내용이거나 상관없는 내용들을 소거한 후, 헷갈리는 내용만을 남겨두고 정답 혹은 오답의 단서가 될 만한 단어나 구 들을 끊어서 파악하는 식으로 접근하는 것이다.

4. 특정 내용 판단 및 분석

일반적으로 세부 내용 파악 혹은 주어진 내용 추론 유형과 접근법이 유사하다.

(1) **핵심 대상 파악:** 크게 보아 추론 유형과 그 맥을 같이한다고 볼 수 있지만, 집중해야 할 대상이 미리 결정되어 있다는 점에서 차이가 있다. 추론 유형은 어느 부분이 중요한지 모르기 때문에 선택지 내용을 파악한 후 주어진 글을 읽는 것이 효과적이지만, 특정 내용 판단 및 분석 유형에서는 주요하게 파악해야 할 대상을 문제에서 확인할 수 있기 때문에 선택지보다는 핵심 대상을 중심으로 주어진 글을 읽는 것이 효과적이다.

(2) **〈보기〉부터 확인:** 〈보기〉가 있는 문제는 〈보기〉부터 확인해야 한다. 〈보기〉는 일종의 선택지와 같은 역할로, 주어진 지문의 어떤 부분을 집중해서 읽어야 하는지에 대한 핵심 키워드 내지 방향성을 담고 있을 가능성이 높다.

기출 난이도 상 중 하 2022년 한국전력공사

다음 글을 바탕으로 할 때, 넛지 효과의 사례로 적절하지 않은 것을 고르면?

넛지(nudge)는 강압적이지 않은 방법으로 사람들의 행동을 바꾸는 현상을 의미한다. 넛지의 사전적 의미는 '팔꿈치로 슬쩍 찌르다', '주위를 환기하다'인데, 2008년 시카고대 교수인 행동경제학자 리처드 탈러(Richard H. Thaler)와 하버드대 로스쿨 교수 캐스 선스타인(Cass R. Sunstein)은 넛지를 '사람들의 선택을 유도하는 부드러운 개입'이라고 정의하였다. 이처럼 행동 과학의 통찰력을 바탕으로 하는 넛지의 기술은 윤리적인 원칙에 따라 잘 활용하면 사회를 좀 더 이롭게 할 수 있다. 하지만 사람들이 후회할 만한 나쁜 결정을 내리도록 유도하는데 넛지가 잘못 쓰이지 않도록 주의할 필요가 있다.

부드러운 간섭을 통한 넛지 효과를 활용해 변화를 이끌어 낸 사례는 많다. 그중에서 기업마케팅 전략으로 '넛지 마케팅'이 최근 각광받고 있다. 예를 들어, 제품을 효율적으로 재배치만 해도 특정 상품의 판매를 늘릴 수 있다는 연구결과가 나오고 있다.

공익적 목적으로 넛지 효과를 사용하는 현상을 '넛지 캠페인'이라 한다. 특히 개인에게 '넛지'를 가할 수 있는 '선택설계자'의 범위를 공공영역으로 확대하는 것은 공공선을 달성하기 위해 매우 중요하다. 넛지 캠페인의 사례로는 스웨덴 스톡홀름에 있는 피아노 계단을 들 수 있다. 자동차회사 폭스바겐은 자사의 친환경 차의 홍보와 계단 이용도를 높이기 위해 넛지 효과를 이용한 광고를 제작했다. 스웨덴 스톡홀롬의 지하철역에서 계단이 있음에도 에스컬레이터만 이용하자 에너지 절약의 일환으로 에스컬레이터 옆에 피아노 계단을 설치했다. 이 계단은 사람들이 오를 때마다 아름다운 피아노 소리가 나와서 관심을 자극한다. 이에 많은 사람이 에스컬레이터 대신 피아노 계단을 이용하였고 계단 이용은 이전에 비해 66%나 늘어났다.

국내에서도 실생활에서 넛지 효과를 이용한 사례들이 다수 발견된다. 서울시가 지원하는 '기부하는 건강 계단'도 넛지 캠페인 활용사례이다. 서울시는 시민이 계단을 이용할 때마다 10원씩 적립하여 걷지 못하는 장애인, 환자의 재활비로 기부한다. 계단을 이용하면 가야금 소리, 클래식, 피아노 소리 등 다양한 음악이 나오고 이용자 수를 세는 센서가 부착되어 있어 누적 기부금액이 전광판을 통해 실시간으로 공개된다. 시민들이 자발적으로 '기부하는 건강 계단'을 이용하면서 건강증진, 에너지 절약, 기부금 적립이라는 1석 3조의 효과를 거두고 있다. 경기도 지역에서도 교통이나 안전 분야에서 넛지 디자인을 적용한 사례가 있다. 2012년 시화공단 불산 누출 사고 이후 대응책으로 마련된 넛지 디자인이다. 산업재해의 상당수가 근로자의 작업 과정에서의 실수, 특히 작업 후 밸브 등을 잠그지 않기 때문에 발생한다는 사실에 착안해 가스 밸브가 완전히 잠기면 LED 불빛이 켜져 웃는 얼굴이 만들어지게 했다.

한편 넛지 효과는 기업이나 조직의 체계를 잡거나 특정한 성과를 이뤄내기 위한 용도로 활용하기도 한다. 즉 강압적으로 명령하거나 규제하는 것보다 조직 구성원들이 의식하지 않고 스트레스를 받지 않으면서도 성과를 올리는 방향으로 이끌어가는 것이다. 일상생활에 영향을 미치는 정부 정책을 수립할 때 이런 원칙을 적용한다면 보다 섬세하면서도 부드러운 정책집행이 이뤄질 개연성이 높아진다.

물론 넛지효과의 한계를 지적하는 시각도 존재한다. 미국 라이스대학 경영대학원 돌라키아(Dholakia) 교수는 "넛지가 구체적인 행동을 촉진할지라도 궁극적인 목표를 달성하는 데는 실패할 수 있다"고 지적하였다. 궁극적인 목표를 달성하기 위해 다양한 방법들이 존재하고 최선과 차선이 공존하는 가운데서 넛지는 효율적 방법의 하나일 뿐이다. 특히 선택 설계자는 분명 넛지 효과를 의도했음에도 불구하고 목표 달성에 실패하거나 사람들이 피해 가는 경우도 분명히 존재한다. 건강 계단을 이용하지 않고 에스컬레이터를 이용하면 그만인 것이다. 행동경제학자들이 말하는 '선택 설계자'의 뜻대로 모두가 따라오는 것은 아니다. 하지만 이런 한계에도 불구하고 넛지 효과는 사소하지만, 세상을 변화시킬 계기가 될 것이다. 디자인, 마케팅, 캠페인 등을 통해 시민 생활 전반에 넛지효과가 확산된다면 언젠가는 사회 전체의 공익이 증가할 것이기 때문이다.

✓① 쓰레기를 투기하는 장소에 'CCTV 촬영 중'이라는 문구를 붙여 투기를 막는다.
② 남성 소변기 중앙 아래쪽에 작은 파리 그림을 그려 놓음으로써 튀는 소변량을 줄인다.
③ 신용카드로 공과세를 자동으로 납부하면 할인 혜택을 줌으로써 신용카드 활용도를 높인다.
④ 막대사탕을 다 먹고나면 칫솔 모양과 "Don't forget"이라는 문구를 새겨 놓아 치약 구매를 유도한다.
⑤ 잦은 상점 약탈과 기물파손이 일어나는 상점가 셔터에 지역 아이들의 얼굴을 그려놓아 범죄행위를 줄인다.

다음 글을 바탕으로 할 때, 넛지 효과의 사례로 적절하지 않은 것을 고르면?

> 넛지(nudge)는 강압적이지 않은 방법으로 사람들의 행동을 바꾸는 현상을 의미한다. 넛지의 사전적 의미는 '팔꿈치로 슬쩍 찌르다', '주위를 환기하다 '인데, 2008년 시카고대 교수인 행동경제학자 리처드 탈러(Richard H. Thaler)와 하버드대 로스쿨 교수 캐스 선스타인(Cass R. Sunstein)은 넛지를 '사람들의 선택을 유도하는 부드러운 개입'이라고 정의하였다. 이처럼 행동 과학의 통찰력을 바탕으로 하는 넛지의 기술은 윤리적인 원칙에 따라 잘 활용하면 사회를 좀 더 이롭게 할 수 있다. 하지만 사람들이 후회할 만한 나쁜 결정을 내리도록 유도하는데 넛지가 잘못 쓰이지 않도록 주의할 필요가 있다.
>
> 부드러운 간섭을 통한 넛지 효과를 활용해 변화를 이끌어 낸 사례는 많다. 그중에서 기업마케팅 전략으로 '넛지 마케팅'이 최근 각광받고 있다. 예를 들어, 제품을 효율적으로 재배치만 해도 특정 상품의 판매를 늘릴 수 있다는 연구 결과가 나오고 있다.
>
> 공익적 목적으로 넛지 효과를 사용하는 현상을 '넛지 캠페인'이라 한다. 특히 개인에게 '넛지'를 가할 수 있는 '선택 설계자'의 범위를 공공영역으로 확대하는 것은 공공선을 달성하기 위해 매우 중요하다. 넛지 캠페인의 사례로는 스웨덴 스톡홀름에 있는 피아노 계단을 들 수 있다. 자동차회사 폭스바겐은 자사의 친환경 차의 홍보와 계단 이용도를 높이기 위해 넛지 효과를 이용한 광고를 제작했다.
>
> 〈중략〉
>
> 한편 넛지 효과는 기업이나 조직의 체계를 잡거나 특정한 성과를 이뤄내기 위한 용도로 활용하기도 한다. 즉 강압적으로 명령하거나 규제하는 것보다 조직 구성원들이 의식하지 않고 스트레스를 받지 않으면서도 성과를 올리는 방향으로 이끌어가는 것이다.

① 쓰레기를 투기하는 장소에 'CCTV 촬영 중'이라는 문구를 붙여 투기를 막는다.
② 남성 소변기 중앙 아래쪽에 작은 파리 그림을 그려 놓음으로써 튀는 소변량을 줄인다.
③ 신용카드로 공과세를 자동으로 납부하면 할인 혜택을 줌으로써 신용카드 활용도를 높인다.
④ 막대사탕을 다 먹고 나면 칫솔 모양과 "Don't forget"이라는 문구를 새겨 놓아 치약 구매를 유도한다.
⑤ 잦은 상점 약탈과 기물파손이 일어나는 상점가 셔터에 지역 아이들의 얼굴을 그려놓아 범죄행위를 줄인다.

풀이법 2 사례 적용 – (1) 사례의 대상 체크

사례 적용 유형은 사례를 이끌어내야 할 대상부터 체크해야 한다. 이 문제는 문두에서 '넛지 효과'의 사례라고 제시하고 있으므로, 주어진 글에서 '넛지 효과'와 관련된 개념, 특성 등에 집중하여 '강'하게 읽어야 한다. 이를 통해 최대한 세세하게 조건을 정리하여 선택지에 대응시켜 확인할 수 있다.

풀이법 2 사례 적용 – (2) 조건화

주어진 글에 따르면 '넛지 효과'는 '강압적이지 않은 방법으로 사람들의 행동을 바꾸는 현상'으로, '부드러운 간섭'을 통해 이루어져야 함을 알 수 있다. 그 사례로 기업마케팅의 전략인 '넛지 마케팅'과 공익적 목적의 '넛지 캠페인'이 있음을 알 수 있다. 더불어 기업이나 조직의 체계를 잡거나 특정한 성과를 이뤄내기 위한 용도, 정부의 정책 시행에서도 활용될 수 있음을 확인할 수 있다. 이를 선택지에 적용하면, ①은 '부드러운 간섭'이라고 보기 어려우므로 조건에 부합하지 않는다. 따라서 적절한 사례라고 보기 어렵다.

※ 참고로 쓰레기 불법 투기와 관련된 넛지의 사례로는 브라질 상파울로에 설치된 쓰레기통을 들 수 있다. 이 쓰레기통은 나이키와 협업하여 만든 것으로, 쓰레기통 상단에 농구 골대처럼 백보드를 붙여 쓰레기를 던져 집어넣도록 유도하고 있다. 이 방법으로 해당 지역의 쓰레기 무단투기가 한 달만에 70%나 줄었다고 한다.

[오답 풀이]

②, ⑤ 공익적인 차원에서 넛지 효과를 활용한 사례에 해당한다.

③, ④ 넛지 마케팅의 사례에 해당한다.

난이도 상 중 하

2022년 한국전력공사

01 다음 글의 ㉠과 ㉡에 대한 설명으로 적절하지 않은 것을 고르면?

㉠공간(space)이면서 ㉡장소(place)인 곳들이 있다. 얼핏 공간과 장소는 같은 개념으로 해석되지만, 책『공간과 장소』의 저자인 지리학자 이-푸 투안 박사는 둘을 분명하게 구분한다. 그 기준은 바로 '가치'이다. 투안 박사는 "공간은 장소보다 추상적이다. 처음에는 별 특징이 없던 공간은 우리가 그곳을 더 잘 알게 되고 그곳에 가치를 부여하면서 장소가 된다"고 주장한다. 예를 들어 호주의 울루루(Uluru) 바위를 생각해 보자. 배경지식이 없는 이들에게 울루루 바위는 단순히 호주의 중앙에 있는 사암으로 이뤄진 엄청나게 큰 바위에 불과할 것이다. 그러나 울루루가 일본 영화 '세상의 중심에서 사랑을 외치다'에서 백혈병으로 죽어가는 한 소녀가 생의 마지막 순간까지도 꼭 가고 싶어 했던 꿈의 장소라는 것을 안다면, 그리고 그녀가 세상을 떠나고 오랜 세월이 지나 연인이 혼자 찾아온 장소라는 것을 안다면 시간이 가져다준 무게만큼의 황량함과 상실감을 안은 채 뭔가 허무의 기운마저 자아내는 느낌을 받는다. 단순한 공간이 특별한 장소로 변하는 순간이다.

투안 박사에 따르면 공간은 '자유'를 상징하기도 한다. 인간은 광활한 공간을 질주하고 경험하기를 원하는 자유 욕망을 지니는데, 그 공간에 '애착'이 생기고 '안전'이 더해지면 장소가 된다. 공간을 움직임이 허용되는 곳으로 생각한다면 장소는 정지가 일어나는 곳이다. 또한 공간은 욕망을 투영한 '권력의 대상'이기도 하다. 중요 인물은 지위가 낮은 사람들보다 더 넓은 공간을 차지하거나 더 많은 공간에 접근할 수 있기 때문이다. 이는 국가라는 집단적인 자아가 더 많은 생활권을 차지하기 위해 주변의 약소국가들을 침략하는 이유이기도 하다.

투안 박사는 "모든 동물에게 생물학적 필요조건인 공간이 인간에게는 심리적 욕구이자 사회적 특권"이라고 강조한다. 같은 이유에서 인간은 다른 사람의 시선을 받게 되면 그 공간을 통제하는 유일한 주체에서 방 안의 수많은 객체들 중 하나가 되고, 그렇게 되면 자신만의 고유한 관점에 따라 사물을 공간에 질서정연하게 배열하는 힘을 상실했다고 느끼게 된다. 좋은 사람들이 없다면 사람과 장소는 순식간에 그 의미를 잃고 영속성 또한 편안함보다는 고통을 불러일으킨다는 것이다.

공간은 사회문화를 규정하기도 한다. 벼농사를 짓는 템네족은 경직되고 권위적이다. 남자들은 여자들을 통제하고 혼인법을 위반하면 가혹한 처벌이 내려진다. 템네족 안에서 안전을 취하려면 집단의 방식을 철저히 따라야 한다. 하지만 혹독한 추위 속에 살아가는 에스키모인들은 그 무엇보다 자유를 우선한다. 그들은 수렵으로 먹고 살며 가족 단위로 거주하기 때문에 혼자 일하거나 가까운 친척들과 함께 일한다. 에스키모인들 개개인은 자연을 극복하기 위해 조직화된 사회의 힘에 의존하지 않는다. 대신 그들은 개인의 재능과 의지에 의존하기에 개인주의적이고 모험심이 강하다.

그렇다면 인간이 한 공간에 애착을 느끼기까지 어느 정도의 시간이 필요할까? 경험과 장소에 관한 인식과 시각적 특징은 빠르게 파악될 수 있지만 '느낌'을 획득하는 데는 적잖은 시간이 소요된다. 왜냐하면 그 느낌은 매일 매일 수년에 걸쳐 반복되는, 대부분은 찰나적이고 강렬하지 않은 경험들의 산물이기 때문이다. 새로운 환경에 놓인 관광객들이 그곳에 완전히 몰두하려면 자신의 존재를 강화해 주던 기존의 익숙한 세계의 모습, 소리, 냄새 등을 모두 배제한 채 오로지 새로운 장소만 보고 생각해야 한다. 휴가지라는 곳이 재미는 있지만 잠깐 지나면 비현실적인 것으로 보이는 것도 이런 이유에서라고 투안 박사는 설명한다. 아울러 투안 박사는 일몰과 일출 시간, 일과 휴식의 시간처럼 자연적이거나 인공적인 리듬의 독특한 조화로 한 장소에 대한 감정은 그 사람의 뼈와 근육에 새겨진다면서도 한 남자가 한 여성을 만나 첫눈에 사랑에 빠진 것처럼 장소도 첫눈에 사랑에 빠질 수 있다는 점을 언급한다.

① 신혼여행의 추억이 담겨 있는 하와이는 ㉡에 해당한다.
② 집으로 가는 길에 잠시 들른 편의점은 ㉠에 해당한다.
③ 영국이 인도를 지배함으로써 얻은 것은 ㉡이 아닌 ㉠이다.
④ 각국의 문화와 생활방식이 다른 연유는 ㉠이 다르기 때문이다.
⑤ 관광지는 오랜 시간을 보낼 수 없기에 바로 ㉡이 될 수는 없다.

난이도 상 중 하

2022년 LG 인적성 언어이해

02 다음 글에 드러난 필자의 주장에 대한 비판으로 가장 적절한 것은?

우리나라의 상속세율은 상속인별 구분 없이 최고 50% 수준으로 상속세율이 높은 편이기 때문에 상속세율 인하를 검토해야 한다. 국회입법조사처에서 최근 발간한 보고서에 따르면, 우리나라는 상속세제를 운영하는 경제협력개발기구(OECD) 주요국의 상속인별 최고 상속세율이 최고 50%로, 일본 다음으로 가족 구성원에 대한 상속세율이 높다고 밝히고 있다. 이러한 높은 상속세율은 납세자의 탈법을 조장하고 기업의 발전을 저해하는 요소가 다분하다. 또 우리나라 세수입에서 차지하는 비중과 실제 상속세 과세 건수가 미미한 수준이므로 명목 상속세율을 합리적으로 조정하는 방안을 검토해야 한다.

이에 대한 입법조사처는 국가별 상속세 면세점의 차이로 인해 세율만으로 상속세 부담을 비교하는 것은 정확하지 않다면서도 해외 주요국의 상속세 면세점과 실효세율을 고려한 실질 세부담율에 대한 비교와 검증을 바탕으로 상속세율 인하의 필요성 여부를 검토해야 한다고 보았다. 그리고 이러한 상황이 조성된 연유에 대해 우리나라는 단기간의 경제개발연대를 거치면서 부유층의 자산축적에 대한 부정적 인식이 강하고, 자본주의 심화에 따른 구조적 불평등 문제를 상속과 증여세제를 통해 어느 정도 조정할 필요성이 있다고 보는 사회적 요구가 큰 편이라고 보고 있으며, 높은 상속세율에 대한 평가는 단편적인 비교에 그치는 것이 아니라 사회적 인식의 조절이 뒷받침되어야 함을 지적했다.

① 집값이 오름에 따라 오른 집값의 차액에 대한 세금 부담을 높여야 한다.
② 상속세율을 낮추면 세수가 급격하게 감소하여 정부에서 받아들이기 힘들다.
③ 해외의 사례에 따른 세제개편은 우리나라 실정에 맞지 않을 가능성이 높다.
④ 상속세율의 변경은 사회적 합의가 이루어지지 않는 한 이루어지기 힘들다.
⑤ 상속세는 부유층이 부담하는 조세이므로 부의 분산을 통한 공평의 이념을 실현해야 한다.

03 다음 글의 밑줄 친 (A)에서의 성적 괴롭힘의 성립 기준을 적절하게 추론한 것을 〈보기〉에서 모두 고르면?

우리가 일상에서 또는 법에서 사용하는 성희롱은 외국에서 사용되는 성적 괴롭힘(sexual harassment)의 한국적 표현이다. 그러나 희롱의 사전적 의미는 '말이나 행동으로 실없이 놀림'이다. 그렇다면 성희롱이란 성을 매개로 이루어지는 말이나 행동에 의한 실없는 놀림이 된다. 이처럼 성희롱은 성적 괴롭힘, 즉 젠더 권력 관계에 기반한 성적 침해를 제대로 표현한 용어라고 보기 어렵다. 개념과 용어가 불일치하는 대표적인 예가 아닐까 한다.

(A)영국, 독일, 스웨덴 등에서는 성희롱을 평등법, 차별금지법 등에 괴롭힘의 하나의 유형인 성적 괴롭힘으로 정의하고 있다. 그 정의 규정에서 공통적으로 보이는 것은 우리의 '모욕감', '혐오감' 대신 '원치 않는' 성적 행위(언어적, 신체적 등)로 인해, 존엄성이 침해되거나 위협적, 적대적, 비하적, 굴욕적, 모욕적 환경이 조성되는 경우, 그 성적 행위에 응하거나 거부하는 것에 의해 고용상의 이익 또는 불이익이 수반되는 경우를 성적 괴롭힘으로 정의하고 있다는 것이다.

이와 달리 우리나라에서는 성희롱을 '그 성적 언동으로 인해 굴욕감 또는 혐오감을 느끼게 했는지'로 정의하고 있어 성별에 기반한 성적 괴롭힘, 즉 성차별의 한 유형이라는 점을 탈각시킴으로서 성희롱을 섹슈얼리티를 둘러싼 행위자와 피해자와의 갈등, 시끄러움 정도로 취급하게 한다. 이로 인해 성차별 없는 직장 환경 조성이라는 성희롱 법제화 목적은 비가시화된다. 성희롱이 갖는 성별에 기반한 성적 괴롭힘으로서의 성격을 분명하게 하고, 피해자의 주관적 감정인 성적 굴욕감이나 혐오감이 아닌 원치 않는 행위와 그로 인한 노동 환경의 변화에 주목해 이 점이 명확하게 표현될 수 있게 해야 한다.

문제는 성희롱 법제화 20년 역사 속에서 성희롱 사건에 대한 판례와 결정례가 축적되어 있고, 성희롱 성립에 대한 판단에 있어서 일정의 경향성이 형성되어 있다는 것이다. 그로 인해 성희롱을 새롭게 정의할 경우 법적 안정성을 해친다는 비판에 직면하게 될 수 있다.

그러나 성희롱 법제화 역사를 돌아보고, 미래를 생각할 때 성희롱 정의의 재구조화는 성평등한 직장 환경 조성, 성별에 의해 인격권과 노동권이 침해되지 않는 조직 문화, 거기에 성희롱을 둘러싼 젠더와 연령별 갈등의 완화를 위해 하루빨리 논의가 시작되어야 한다.

〈보기〉

㉠ 원치 않는 성적 행위가 있었는가?
㉡ 피해자가 모욕감, 혐오감을 느꼈는가?
㉢ 성적 행위의 결과 불쾌한 노동 환경이 조성되었는가?
㉣ 성적 행위에 거부하는 것에 의해 고용상 불이익이 발생했는가?

① ㉠, ㉡
② ㉡, ㉢
③ ㉠, ㉢, ㉣
④ ㉡, ㉢, ㉣
⑤ ㉠, ㉡, ㉢, ㉣

04 **다음 글을 읽고 ㉠의 증상을 추론한 것으로 가장 적절한 것을 고르면?**

좌뇌와 우뇌가 서로 다른 기능을 처리하는 것은 정보시스템의 관점에서 보면 일종의 병렬처리에 해당한다. 좌뇌의 두꺼운 회백질은 신경세포가 밀착되어 있어서 근처 세포를 동원하여 집약적이고 섬세한 작업이 가능하도록 한다. 이에 반해 우뇌는 백질 부분이 좌뇌에 비해 두꺼워서 신경세포의 축색이 길고 멀리까지 뻗어서 동일한 모듈끼리 연계되어 있다. 이 때문에 다면적 정보나 개념을 크게 취급할 수 있는 기능이 발달되어 있다.

일반적으로 좌뇌는 언어적 사고 및 판단, 많은 정보에 대한 체계적 추리, 이성 및 지성, 논리적이고 분석적이며 합리적인 사고, 규범성, 의식 등의 기능을 담당한다. 우뇌는 시각적·이미지적 사고 및 판단, 하나의 정보로 전체를 파악, 감성, 직관적이고 감각적이며 비합리적인 사고, 무규범, 무의식 등의 기능을 담당한다고 알려져 있다. 뇌량은 좌뇌와 우뇌를 연결하는 신경섬유 다발로서 두 대뇌반구의 정보를 교환하는 다리 역할을 한다. ㉠뇌량 손상을 입어 좌뇌와 우뇌 사이에 원활한 정보 교환이 이루어지지 않으면, 분할뇌증후군이 유발된다.

① 발음이 꼬이고 어눌한 현상이 일어난다.
② 수학이나 음악과 같은 체계화 과목에서 성적을 내지 못한다.
③ 발명이나 개발 등에 관련된 창의적인 아이디어가 사라진다.
④ 오른손으로 단추를 채우는 것을 알지 못하고 왼손으로 단추를 푼다.
⑤ 발작 증상이 자주 나타나 거동이 어려워진다.

05 다음 글에서 ㉠과 같이 표현한 이유로 가장 적절한 것을 고르면?

㉠ 언어는 동물들 사이에서 사람을 구별시켜준다. 언어는 사람들 사이에서 민족을 구별시킨다. 어떤 사람이 말하는 것을 들어본 뒤에야 그가 어디 출신인지 알게 된다. 용도와 필요에 따라 사람은 각자 자기 나라의 말을 배우게 된다. 그런데 무엇 때문에 다른 나라의 언어가 아닌 자기 나라의 언어를 배우게 되는가? 그에 관한 이야기하기 위해서는 지역성에 연유하는 어떤 이유를 되새겨보아야 한다. 이것은 풍습 이전의 문제다. 말은 일차적 사회 제도이기 때문에 자연적 원인들에서 형성될 수밖에 없다.

한 사람이 다른 사람을 자신과 닮은 존재로 느끼고 사고하는 존재로 인식하게 되면 이내 자신의 감정과 사고를 전달할 욕구나 필요가 생겨 방법을 찾게 된다. 그러한 방법들은 감각에서 얻을 수밖에 없는데 그런 감각 수단이야말로 어떤 사람이 다른 사람에게 행동을 보일 때 사용할 수 있는 유일한 도구이다. 알다시피 이렇게 하여 사고를 표현하기 위해 감각적 기호들을 이용하는 제도가 생겨났다. 언어를 만들어 낸 사람들이 이 모든 것들을 추론해 가면서 만들어 낸 것은 물론 아니다. 그러나 본능이 작용하여 그들에게 그러한 일의 결과를 얻도록 일깨워주었다.

우리가 타인의 감각에 대응할 수 있는 일반적 수단은 두 가지에 국한된다. 즉 동작과 목소리다. 동작은 접촉을 통해 직접 행해지기도 하고, 몸짓을 통해 간접적으로 행해지기도 한다. 전자는 팔의 길이가 닿을 수 있어야 하는 한계가 있기 때문에 멀리 전달될 수 없다. 하지만 후자는 시선의 범위만큼 멀리 이른다. 따라서 여기저기 떨어져서 흩어져 있는 사람들 사이에는 시각과 청각만이 수동적인 언어 기관으로 남게 될 뿐이다.

몸짓 언어와 목소리 언어 둘 다 자연적이기는 하다. 그러나 몸짓 언어가 더 쉽고 관습의 구속도 덜 받는다. 왜냐하면 귀보다 눈에 더 많은 대상이 자극을 주기 때문이다. 그리고 시각적인 형상들이 소리보다 더 다양하고 더 많은 인상을 남기며, 더 적은 시간에 더 많은 것을 말한다. 흔히 사랑이 그림의 발명자라고들 말한다. 이 사랑은 또한 말을 발명할 수도 있었다. 하지만 이 경우에는 덜 만족스러웠을 것이다. 말하는 것만으로 그다지 만족하지 못하는 사랑은 말을 뛰어넘어 더 생생하게 표현되는 방식을 지닌다. 그토록 기쁜 마음으로 연인의 그림자를 더듬는 여인은 얼마나 많은 것들을 말로 표현했겠는가? 막대기처럼 움직이려고 그 여인은 어떤 소리를 사용했겠는가?

동물들도 이러한 의사소통을 하기에 적합한 기관을 갖고 있다. 그러나 어떤 동물들도 그런 기관에서 이러한 의사소통을 활용할 일은 없다. 보라, 내가 보기에 이것이 바로 인간과 동물 사이의 특징적 차이인 것 같다. 그들 가운데 개미, 벌같이 집단 생활하는 동물들의 경우에는 상호 소통하기 위해 어떤 자연 언어를 가지고 있다. 나는 이 점에 대해서는 전혀 의심하지 않는다. 또한 개미와 벌의 언어는 몸짓의 범주 안에 있고, 오로지 눈으로 보이게 말을 한다고 여길 만하다. 어쨌든, 그런 언어들은 어떤 것이든 모두 자연적이라는 점에서 볼 때 후천적으로 습득되는 것이 아니다. 그런 언어를 쓰는 동물들은 그것을 타고난다. 그들은 하나같이 모두 어디서나 같은 언어를 가진다. 그들은 그 언어들을 전혀 바꾸지 못하며 조금도 발전시키지 못한다.

① 인간 언어는 동물과 달리 감각을 활용한 의사소통을 하기 때문이다.
② 인간 언어는 동물과 달리 후천적으로 습득하고 발전시키기 때문이다.
③ 동물 언어는 인간 언어와 달리 정념을 전달할 수 없기 때문이다.
④ 동물 언어는 인간 언어와 달리 몸짓에 국한되기 때문이다.
⑤ 동물 언어는 인간 언어와 달리 생존에 직결된 문제만을 다루기 때문이다.

06 다음 설명을 참고할 때, 역선택의 사례로 적절하지 않은 것을 고르면?

역선택이란 시장에서 경제주체들이 거래행위를 할 때 어느 일방이 다른 일방보다 더 많은 정보를 가지고 있는 경우 정보가 부족한 입장에서 볼 때 바람직하지 못한 상대방과 거래하게 되거나 열등한 재화를 구매하게 되는 상황을 말한다. 정보의 비대칭성으로 인해 나타나는 대표적인 현상으로서 이러한 상황이 지속되면 결국 질이 높은 상품은 시장에서 사라지고 질이 낮은 상품만이 시장에 남게 된다.

이와 비슷한 개념으로 도덕적 해이가 있다. 역선택과 도덕적 해이는 모두 정보의 비대칭성으로 인해 나타나는 현상을 일컫는 말이지만, 역선택은 정보의 비대칭성으로 인해 정보를 덜 가진 쪽이 불리한 의사결정을 하게 된다는 것을 의미하는 반면, 도덕적 해이는 정보가 불투명하고 비대칭적이어서 상대방의 향후 행동을 예측할 수 없거나 본인이 최선을 다한다 해도 자신에게 돌아오는 혜택이 별로 없어서 정보를 더 많이 가진 쪽이 정보의 비대칭을 이용해 이득을 취하게 된다는 것을 의미한다.

이러한 역선택이나 도덕적 해이는 자원의 효율적 배분을 저해할 뿐 아니라 시장을 위축시키는 심각한 문제를 발생시킬 수 있으므로 정보의 비대칭성을 없애고 적절한 유인을 통하여 효과적인 선택을 유도할 필요가 있다.

① 미용실을 처음 방문할 때, 가게에서 추천해 주는 미용사에게 시술을 받아야 한다.
② 중고차 시장에서 차를 사는 사람은 거래가격에 비해 나쁜 자동차를 살 수 있다.
③ 보험금이 높은 화재보험 가입자가 화재예방에 소홀하여 화재 발생 가능성이 높아진다.
④ 병원에서 불필요한 고가의 치료를 권하여 환자들은 어쩔 수 없이 높은 치료비를 지불하기도 한다.
⑤ 백화점에서 질 좋은 상품을 판매한다고 하여 구매했지만 실제로는 그렇지 못한 경우를 접할 때가 많다.

07 다음 글의 밑줄 친 부분이 궁극적으로 의미하는 것으로 가장 옳은 것을 고르면?

전라남도 동물위생시험소는 지난 2017년과 2018년 각각 조류인플루엔자와 구제역 정밀진단기관으로 지정된 데 이어 올해 아프리카돼지열병(이하 ASF) 지정을 추진, 재난형 질병 진단체계를 구축할 계획이라고 밝혔다. 그동안 전남 농민들은 ASF 확진 여부를 확인하기 위해 경북 김천 농림축산검역본부까지 이동해야 했기 때문에 즉각적인 방역 대응이 어려웠다. 이에 따라 전라남도 동물위생시험소는 ASF 정밀진단기관으로 지정을 받음으로써 진단 시간을 최대한 단축하여 신속한 초동방역에 나설 방침이다.

ASF 정밀진단기관 지정을 위해서는 농림축산검역본부에서 정한 시설·장비·인력 등의 엄격한 기준 요건을 충족해야 한다. 전라남도 동물위생시험소는 이미 지난해부터 2억 5천만 원을 들여 정밀실험 검사장비 보강을 완료했고, 질병관리본부의 바이러스 외부유출 없이 검사가 가능한 생물안전 3등급 실험실에 대한 인증 심사도 마쳤다. 또 지난해 12월 농림축산검역본부에 ASF 정밀진단기관 지정 신청을 한 상태다. 앞으로 서류심사, 현장실사, 전담자 배치, 정밀진단 교육 및 능력검증 과정을 거쳐 지정 여부가 확정된다. 오는 7일에는 농림축산검역본부로부터 생물안전 3등급 실험실 등 현장실사가 예정돼 있다.

ASF 정밀진단기관 지정이 완료되면 전남지역 환축(患畜) 발생 시 시료를 김천 농림축산검역본부까지 장시간 차량으로 이동하는 불편함을 덜고, 시간도 획기적으로 단축할 수 있기 때문에 신속한 초동방역이 가능해질 전망이다. 또한, 농림축산검역본부는 전국 시·도 가축방역기관 담당자 20명을 대상으로 2021년 6월 14일부터 17일까지(4일간) ASF 정밀진단 교육을 실시하였다. 검역본부는 2018년부터 ASF 정밀진단교육 등을 통해 시·도 가축방역기관과 연계된 국내 진단체계를 구축해 왔으며, 최근 3년(2019~2021년) 국내에서 ASF가 발생했을 때 신속한 정밀진단을 통해 질병 확산 차단에 기여하였다.

이번 정밀진단 교육은 방역의 최전선에서 일하고 있는 시·도 가축방역기관 담당자들의 정밀진단 역량 강화로 상시예찰 수준을 향상시켜 ASF 검출 정확도를 높이기 위하여 실시하였다. 교육은 ASF 국내·외 발생 현황, 정밀진단 원리 및 특성 등 ASF 진단에 대한 이해를 높이는 이론 교육과 ASF 유전자 진단, 항체 진단 및 검사 결과 판독 등의 실습 교육 중심으로 진행되었다. 또한, 교육 후 기관별 진단 능력을 평가하기 위해 ASF정밀진단 정도관리 시험용 시료를 배포하여 그 결과를 제출받을 예정이며, 진단 결과는 ASF 진단기술 표준화를 위한 현장 지도 및 교육자료 등으로 활용할 계획이다.

검역본부 ○○○해외전염병 과장은 "아직 갈 길이 멀다. 앞으로도 시·도 가축방역기관을 대상으로 ASF정밀진단 교육과 정도관리를 지속적으로 실시하여 일선 현장의 ASF 정밀진단 능력이 높은 수준으로 유지될 수 있도록 지원할 것이며, 이를 통해 질병의 확산 방지와 조기 근절에 기여하겠다"라고 말했다.

① 진단기술 표준화 수립
② 정밀진단기관의 확대
③ 방역 현장의 초동대처 능력
④ 진단기술 개발과 적용
⑤ 진단역량 강화의 필요성

08 다음 글에서 설명하는 내용의 사례로 가장 적절하지 않은 것을 고르면?

몇 년 전 국내 공영방송에서 방영한 재미있는 실험을 기억하는가? 한 사람이 병원에서 진료를 받기 위해 기다리고 있는데, 종소리가 들리자 대기실에 있던 다른 모든 사람이 자리에서 일어섰다 앉는 행위를 반복하기 시작한다. 사실 다른 대기자들은 미리 섭외된 연기자들로, 이들의 이상 행동은 집단이 개인에게 미치는 영향을 보고자 하는 실험이었다. 실험 결과 종소리에 반응하여 일어섰다 앉을 하등의 이유가 없었음에도, 대부분의 실험 참가자들은 미리 섭외된 연기자를 따라 일어섰다 앉는 행동을 반복했다.

이처럼 집단의 암묵적인 압력을 견디지 못하고 개인의 행동이 집단에 맞춰 변화하는 현상을 '동조'라고 한다. 솔로몬 애쉬는 선분 실험을 통해 이러한 동조 현상이 발생하는 경계 조건을 좀 더 구체적으로 확인했다. 그 결과 실험 참가자와 미리 섭외된 연기자 단둘이 있을 때는 동조 현상이 일어나지 않았고, 미리 섭외된 연기자가 3명일 때 동조 현상이 가장 강력하게 발생했다. 또한 미리 섭외된 연기자가 공통된 행동을 하지 않고, 단 한 명이라도 다른 행동을 할 경우에는 동조 현상 발생률이 25%나 감소하였다. 즉 동조 현상이 강하게 나타나기 위해선 만장일치가 선결되어야 한다는 것이다.

① 중국집에서 마파두부밥을 먹고 싶었지만 다른 사람들이 모두 짜장면을 골라 할 수 없이 짜장면을 선택했다.
② 길을 걷는 도중 주변 사람들이 갑자기 한 방향으로 달리기 시작하자 나도 같은 방향으로 달렸다.
③ 태안 기름 유출 사고를 수습하는 자원봉사자의 모습이 연일 매스컴에 등장하자 전국의 수많은 사람들이 자원봉사에 나섰다.
④ 길거리에서 너도나도 에코백을 들고 다니자 난생처음으로 에코백을 주문하였다.
⑤ 히틀러는 타고난 선전 기술과 연설 능력, 카리스마로 독일 국민들이 나치스의 유대인 학살 등의 악행에 가담하도록 만들었다.

09 **다음은 정부의 신재생에너지 활성화 사업을 위한 전문가의 의견을 소개하고 있는 글이다. 이를 바탕으로 필자의 주장을 이행하기 위한 방안으로 적절한 것을 〈보기〉에서 모두 고르면?**

정부가 재생에너지의 수치적 확산을 이끌어내기 위해 성급하게 움직이지 않기를 바랍니다. 수치적 확산에 매몰될수록 정부는 대규모 프로젝트를 기획하고 주도하고자 하는 마음이 커질 것입니다. 정부는 이행계획상 2030년까지 23.8GW 수준의 대규모 프로젝트를 계획하고 있으며, 대형발전사의 적극적 참여를 유도하기 위해 RPS 의무 비율을 상향 조정할 것이라 밝혔습니다. 이 과정에서 대규모 프로젝트의 이익을 대형발전사가 독식할 수 없도록 주민 참여에 대한 인센티브 제공 모델을 확대한 것은 다행입니다. 그럼에도 불구하고 우려스러운 이유는 재생에너지 확산을 성급하게 추진할 경우 대규모 프로젝트의 설치용량 설정치(전체 설치용량 대비 37%)가 언제든 상향조정될 수 있기 때문입니다. 결국 이는 중앙 집중형 전원시스템의 골격이었던 대형발전소에 의한 에너지 생산 독점으로 귀결될 수 있으므로, 이를 경계하기 위해서는 에너지의 저장장치에 대한 기술을 보급하여야 합니다. 이를 통해 에너지를 공급하는 과정에서 비용 절감 및 에너지 손실 최소화 효과까지 기대할 수 있습니다. 두 번째로 대규모 프로젝트에서 다양한 계층의 주민 참여와 주민 참여 지분 확대를 위한 다양한 방안을 모색해야 합니다. 현재 이행계획에서 제시된 주민 참여 신규 모델은 채권을 구매할 수 있는, 출자금을 낼 수 있는 주민만을 상정하고 있습니다. 대규모 프로젝트가 이루어지는 지역에서 채권을 구매하고 출자금을 낼 수 있는 주민은 해당 지역의 유지들일 것입니다. 이는 결국 해당 지역의 기득권 세력에게 신산업에서의 기득권을 점유할 수 있는 발판을 마련해 주는 격이 될 수 있습니다. 따라서 정부는 다양한 지역 주민이 참여할 수 있는 방안을 강구해야 할 것입니다.

현행 50여 개 기업을 통해서만 제공되는 ESCO 자금(에너지이용합리화자금, 연리 1.5%로 10년 분할 상환)을 국민이면 누구나 이용할 수 있도록 사업 목적을 확대하고 국민 전체에게 개방·지원하는 방안을 생각해 볼 수 있습니다. 국책 금융기관과 신용 보증기관 등을 통하여 ESCO 자금 등의 소매 금융제도를 만들고 현재 한전의 전기 매입 제도인 20년 보장 RPS 매입제도, 발전차액 지원제도(FIT) 등이 작은 마을 단위로 활성화되도록 자금을 지원한다면 지역의 다양한 주민들이 혜택을 받을 수 있으며, 주민 참여 지분도 보다 확대될 것입니다. 하지만 한정된 자본을 국민 개개인 단위로 일정 규모(수억 원 단위) 이상의 자금을 지원할 수는 없으므로, 정부가 국민 참여 확대 방안으로 제시한 마을 태양광협동조합 활성화 등을 통해 마을 단위의 협동조합원들에게 해당 자금을 합리적으로 지원하는 것이 타당할 것입니다. 도시 및 농어촌 지역에서 마을마다 재생에너지 협동조합을 설립하고 각 협동조합에게 ESCO 자금 등을 지원하여 저금리로 신재생에너지, 특히 태양광 발전을 할 수 있게 한다면 각 지역단위의 에너지 자립뿐만이 아니라 거대한 일자리 창출 효과와 공동체 회복 효과도 얻을 수 있습니다.

또한, 경제적 불평등의 양극화 해소를 위해서라도 반드시 태양광협동조합의 설립과 운영을 도와줄 수 있는 센터 및 태양광협동조합 지원을 위한 사회적 협동조합의 확대가 전제되어야 합니다. 그리고 조합원으로서의 권리뿐만 아니라 의무와 책임에 대한 지속적인 교육프로그램이 각 지역사회에 구축되어야 합니다. 그렇지 않으면 관 주도의 기존 새마을 운동의 이름만 다른 버전이 될 수 있습니다. 협동조합의 핵심은 자발적 조합원에 의한 민주적 운영입니다. 이는 하루아침에 만들어질 수 없으므로 민·관의 협업을 통해 지속적으로 노력해야 할 것입니다. 이를 전제하지 않으면 협동조합은 설립과 동시에 출자금의 배당을 둘러싼 이전투구 현장으로 변할 것입니다.

〈보기〉

㉠ ESCO 지원 확대를 위하여 예산 규모를 대폭 증액한다.
㉡ 에너지 저장장치 기술 보급에 주력하여 분산형 전원시스템을 확대한다.
㉢ 태양광협동조합 설치 확대를 주도하고 보다 철저한 정부의 관리를 실시한다.
㉣ 각 지역사회에 사회적 협동조합원을 위한 교육프로그램을 마련한다.

① ㉠, ㉡
② ㉡, ㉣
③ ㉢, ㉣
④ ㉠, ㉡, ㉢
⑤ ㉡, ㉢, ㉣

10 다음 글을 바탕으로 할 때 ㉠의 사례로 옳은 것을 고르면?

농업 전망 2018에 따르면 최근 10년간 신문 기사에 채소 가격 폭등이라는 키워드가 나온 횟수가 연평균 383회, 채소 가격 폭락이라는 키워드는 189회였을 정도로 농산물 가격 급등과 폭락에 관한 언론의 보도가 빈번하다. 가격 하락이 불러올 농가의 판매수입 감소와 가격 상승으로 인한 물가 오름을 우려한 내용이지만, 농산물 가격을 물가 불안 요인으로 보는 시각이 더 많아 보인다. 농산물 가격 안정은 농업인에게 소득을 안정적으로 확보할 수 있게 하고 소비자에게는 장바구니 부담을 줄여 후생을 높여 주는 역할을 하기에 많은 이목이 쏠리고 있는 것이다.

농산물 가격의 급등락 원인은 무엇인가? 그것은 농산물이 가지는 수요의 가격탄력성, 즉 농산물에 대한 ㉠수요가 비탄력적이라는 특징으로 설명이 가능하다. 농산물은 가격이 오르거나 내리더라도 소비량이 크게 늘거나 줄지는 않는다는 말이다. 여기에 더해서 농산물 공급은 자연환경의 영향을 많이 받아 변동이 심한 것도 원인이다. 농산물은 재배면적 변화와 함께 폭염, 가뭄, 저온, 폭설, 폭우, 태풍 등 기상이변에 따라 공급이 크게 변하는데, 노지 작물의 경우 이 변화 폭이 더욱 심하다. 농작물 생산에 시간이 오래 걸리는 것도 공급량 변화의 원인이 된다. 결국 비탄력적인 수요곡선과 변동성이 큰 공급곡선의 만남이 농산물 가격 급등락의 원인이 된다.

농산물 수요의 가격탄력성이 비탄력적인 상황에서는 농산물 생산이 조금만 늘어도 가격이 크게 하락해서 농가에 손해가 된다. 반대로 생산이 줄어들면 가격이 크게 오른다. 지나치게 생산이 줄면 소비자에게 손해가 가고 농산물 수입 빌미가 생길 수 있다. 같은 품목을 재배하는 농가들이 조직화해서 전체 생산을 적절하게 조절해야 하는 이유가 여기에 있다.

생산과잉으로 가격이 자주 폭락하는 작목은 생산을 줄이면 판매수입이 늘고 경영비가 줄어드는 효과가 있다. 그럼에도 실현은 쉽지 않다. 개별 농가 입장에서는 가격이 주어져 있으므로 더 많이 생산하고 판매하는 것이 이익으로 보이기 때문이다. 그리하여 모든 농가가 생산을 늘리면 가격이 큰 폭으로 하락하고 결국 해당 작목을 재배하는 농가의 전체 수입이 감소하는 상황이 발생하게 된다.

농산물 가격 안정화로 농가의 소득 안정을 유지하기 위해서는 우선 농산물 수요의 가격탄력성이 비탄력적인 성질을 가지며, 이로 인해 생산과잉이 가격 폭락과 판매수입 감소를 필연적으로 발생시킬 수 있음을 인지할 필요가 있다. 가격 폭락을 막기 위해 생산을 줄이는 조정이 필요하다는 사실도 유연한 시각으로 바라봐야 할 것이다. 생산의 최대 변수인 재배면적과 작황의 변화는 지속적으로 파악되어야 한다. 예상 생산량을 토대로 한 생산 조정은 품목조직을 통해 농업인이 자율적으로 추진하는 것이 여러 부작용을 줄이는 길이 될 것이다. 생산 조정에 참여하는 농가가 미참여 농가에 비해 손해를 보는 일이 없도록 하는 인센티브도 필요하다. 생산량 예측과 강력한 품목조직화를 통한 생산 자율조정으로 적정한 수취가격이 보장되고 농가의 소득도 안정적으로 유지될 수 있기를 바라본다.

① 인슐린 가격이 상승하여도 당뇨환자들의 구매력은 유지될 것이다.
② 콜라의 가격이 폭등하면 그 대체품인 사이다를 구매할 확률이 높아진다.
③ 자재의 문제로 요트 가격이 상승하면 구매에 대해 고민할 사람들이 많아진다.
④ 남편이 아내의 허락하에 매달 10만 원 한도의 금액을 게임에 쓸 수 있도록 허락을 받는다.
⑤ 옷핀의 가격은 대단히 저렴하기 때문에 필요에 따라 가격을 보고 양을 결정하지는 않는다.

정답과 해설 P.23

인생에 새로운 시도가 없다면 결코 실패하지 않습니다.
단 한 번도 실패하지 않은 인생은
결코 새롭게 시도해 보지 않았기 때문입니다.

– 조정민, 『인생은 선물이다』, 두란노

기출유형 7

실무 영역 지문의 활용

기출 유형 분석

· NCS에 특화된 실무 관련 지문을 바탕으로 한 유형이다.

· 대부분 출제 기업과 관련된 자료(보도자료)를 바탕으로 하거나, 공문서 등의 공고문이나 조문 등의 문서를 제시하여 이를 이해하고 분석하는 문제들로 구성된다. 혹은 실무자들의 대화 내용이나 회의 내용을 바탕으로 빈칸 추론 문제가 출제되기도 한다. 따라서 유형별 접근법에 따르자면 세부 내용 파악, 주어진 내용 추론, 생략된 내용 추론 유형과 그 풀이법이 같다고 볼 수 있다. 하지만 실무 영역 지문의 특성상 자료의 양이 방대하거나, 익숙치 않은 용어 등으로 인해 상대적으로 어려움을 느낄 수 있으므로 평소에 다양한 지문을 접하는 연습을 하는 것을 권한다. 특히 공문서, 법조문 등에서 많이 보이는 개조식 문서에 익숙해질 수 있도록 노력해야 한다.

세부 유형

<table>
<tr><th>세부 유형</th><th>발문 내용</th></tr>
<tr><td>자료 해석</td><td rowspan="2">• 다음 글의 ㉠에 해당하는 내용으로 가장 적절한 것은?
• 다음 대화를 바탕으로 할 때 빈칸에 들어갈 내용을 가장 적절한 것을 고르면?
• 다음은 청년내일저축계좌에 관한 자료이다. 이를 바탕으로 할 때, 대답할 수 없는 질문을 고르면?
• 다음은 건설공사 입찰 관련 내부 규정의 일부이다. 이를 바탕으로 규정에 부합하는 것을 고르면?
• 다음은 특허법의 일부 내용이다. 자료에 대한 설명으로 옳지 않은 것을 고르면?</td></tr>
<tr><td>상황 판단</td></tr>
</table>

기출 유형 접근법

1. 자료 해석

(1) 개조식 문서의 이해와 판단

주로 공적인 목적으로 문서를 작성해야 하는 경우, 서술식보다는 개조식으로 작성하는 경우가 많다. NCS 시험에서 특히 많이 등장하는 이유가 여기에 기인한다. 따라서 개조식 문서가 가진 특성을 미리 아는 것은 해당 문서에 대한 이해와 판단을 해야 하는 수험생의 입장에서 선행되어야 하는 과제이기도 하다.

㉠ 개조식 문서란?
일단 '개조식(個條式)'이라는 명칭은 표준어는 아니다. 표준국어대사전에는 미등재된 단어이고, 우리말샘에서는 "글을 쓸 때에 글 앞에 번호를 붙여가며 중요한 요점이나 단어를 나열하는 방식."이라고 정의되어 있다. 낱말 그대로의 뜻인 '각각의 조항에 대한 형식'이라고 이해해도 무방할 듯하고, 대표적으로 법조문이 이에 해당한다고 볼 수 있겠다.
㉡ 개조식 문서의 특성
조사, 부사, 어미 등이 최대한 생략된 명사형 종결 형태
단순 정보의 나열이 아닌 의미단위 별로 나누어 항목별 배치
정보 전달의 효율성을 높이기 위한 형태이므로, 핵심 정보만을 축약하여 배치(두괄식)
효과적인 내용 전달을 위해 표, 그래프 등의 자료를 통해 내용을 보완

대부분의 개조식 문서를 바탕으로 출제되는 문제들은 그 이해와 판단을 요구하는 경우가 많다. 즉 세부 내용 파악이나 주어진 내용 추론 유형의 '효율적 읽기'와 '분석적 풀이'를 통해 풀이할 수 있다. 단, 주어진 문서의 정보량이 많다면 항목별 주요 사항을 바탕으로 발췌독을 하는 방법을 취할 수도 있다.
특히 법조문의 경우, 조, 항, 호, 목 체계를 취하여 내용별로 구분하고 있으므로 필요 내용이 있는 부분을 찾는 것이 중요하다. 더불어 법조문은 대개 한 문장으로 구성되지만, 두 문장으로 구성될 시 첫 문장이 '본문'이고, 두 번째 문장이 '단서'가 된다. 흔히 이 '단서'에 예외 조항이 들어 있어, 출제 요소가 될 가능성이 높다.
– 주요 확인 요소: *(별표), ※(당구장 표시), '다만', '예외' 등 각주 내용, 숫자 및 수치 내용

(2) 질의응답형

주어진 문서를 바탕으로 질의응답한 내용의 옳고 그름을 판단하는 유형이다. 항목별로 구분하여 1:1 매칭하듯 풀이할 수도 있지만, 여러 요소들을 모두 확인해야 하는 경우도 있으므로 항목별로 확인할 수 있는 내용이 있다면 모두 표시하면서 놓친 정보가 없도록 꼼꼼하게 구분해야 한다.

2. 상황 판단

주어진 지문을 바탕으로 〈보기〉에 제시된 상황을 판단해야 하는 유형이다.

(1) 조건 적용

대부분 법조문이나 기준, 협약 등의 규정을 바탕으로 하고 있어, 개조식 문서의 특성을 고려해야 한다. 일단은 상황이 주어진 지문의 어떤 요소와 관련이 있는지 파악해야 하며, 예외 사항에 해당하지는 않는지를 확인해야 한다. (참고로 의사소통능력보다는 문제해결능력의 독해 문항에서 좀 더 자주 출제되는 유형이다.) 접근법은 CHAPTER 6의 '사례 적용' 풀이법를 활용할 수 있다.

(2) 대화형

특정 사안에 대한 회의 내용이나 민원인의 요구에 대한 답변을 하기 위한 대화(회의) 내용을 제시한 후 빈칸 추론이나 자료를 수정, 〈보기〉의 적절성 판단하는 등의 유형이 출제된다.
CHAPTER 2의 '세부 내용 파악', CHAPTER 5의 '빈칸 추론'과 CHAPTER 4의 '글의 수정' 등의 풀이법을 참고할 수 있다.

그 외에도 주어진 지문이 실무 영역을 바탕으로 하고 있을 뿐, 문제의 유형에 따라 기존 독해 풀이법을 적용하여 풀이할 수 있는 경우가 많다. 다양한 지문을 접하여 익숙해진다면 일반 독해 유형처럼 편히 접근할 수 있다.

기출 난이도 상 중 하 2022년 국민건강보험공단

다음 보도자료를 바탕으로 변경된 '제2차 영유아 구강검진 개요'를 [보기]와 같이 작성하였다고 할 때, ㉠~㉣의 내용 중 적절하지 않은 것을 고르면?

□ 보건복지부는 2022년 6월 30일(목)부터 영유아 구강검진을 현행 '3회'에서 '4회(생후 30~41개월 추가)'로 확대하고 구강검진의 판정 기준과 결과통보서 서식 등을 개정하는 고시 개정안을 시행한다고 밝혔다.

(현행) (총 3회) 〈1차〉 18~29개월, 〈2차〉 42~53개월, 〈3차〉 54~65개월
(변경) (총 4회) 〈1차〉 18~29개월, 〈2차〉 30~41개월, 〈3차〉 42~53개월, 〈4차〉 54~65개월

□ 이번에 시행되는 고시(「건강검진실시기준」)의 주요 내용은 다음과 같다.

○ 2022년 6월 30일부터 생후 30~41개월 영유아를 대상으로 구강검진을 추가 실시한다.

– 이는 생후 30~41개월 영유아의 구강발달 단계가 유치열(幼齒列)이 완성되는 시기로 치아우식증 등의 관리가 필요한 점을 고려하여 국가건강검진위원회에서 결정('21.9.16.)한 사항으로, 시스템 구축 등 준비 기간을 거쳐 이번에 시행하게 되었다.

○ 또한, 영유아 구강검진 결과통보서상의 검진결과 판정 기준을 보호자가 영유아 구강 상태를 쉽게 이해할 수 있는 표현*으로 개선하고,

* (판정 기준) (현행) 정상A, 정상B, 주의, 치료 필요 → (개선) 양호, 주의, 추가 검사 필요

– 영유아구강검진 결과통보서에 건강 신호등(안전, 주의, 위험)과 치아우식 위험도(3단계: 고·중·저위험)를 시각적으로 제시하는 등 검진결과의 이해도를 높이기 위해 서식 등을 개선하였다.

□ 이번에 추가되는 영유아 구강검진 대상은 2022년 6월 30일에 생후 30~41개월이 되는 2019년 12월 30일 이후 출생한 영유아이다.

○ 추가된 영유아 구강검진에서는 진찰 및 상담, 치아 검사, 기타 검사 및 문진, 구강보건교육(보호자)이 포함된다.

○ 영유아 구강검진 대상자는 매월 초 전자문서로 발송되는 건강검진표를 지참하거나, 건강검진표 미열람 시 매월 말 우편 발송되는 건강검진표를 지참하여 구강검진기관*에서 검진을 받을 수 있다.

* 국민건강보험공단 누리집 또는 이동통신 앱(The 건강보험)에서 확인 가능

□ 한편, 건강검진기본법에 의한 검진기관 평가 결과 '우수' 검진기관에 국민들이 쉽게 접근할 수 있도록 검진기관 찾기 서비스를 개선하였다.

○ 검진기관 찾기 서비스는 국민건강보험공단 누리집*(https://www.nhis.or.kr), 모바일 앱(「The 건강보험」)을 통해서 검진유형별, 지역별로 확인할 수 있도록 제공하고 있으며,

* 공단 누리집(https://www.nhis.or.kr) → 건강iN → 검진기관/병원찾기 → 검진기관 평가정보

○ '우수' 검진기관 조회 조건을 이번에 추가하여 내 위치에서 검진기관을 쉽게 찾을 수 있도록 함으로써 검진 편의성을 제고하였다.

□ 보건복지부 건강정책국장은 "이번에 추가되는 영유아 구강검진을 통해 그 시기에 발생 할 수 있는 영유아 치아우식증의 조기발견과 치료에 도움이 되길 바란다."라고 언급하면서,

○ "아울러 '우수' 검진기관 찾기 서비스가 많은 국민에게 건강 증진에 실질적인 도움이 되는 서비스가 되길 바란다."라고 전했다.

〈보기〉

제2차 영유아 구강검진 개요
- ㅇ 대 상: ㉠2019년 12월 30일 이후 출생한 영유아
- ㅇ 검진기간: ㉡생후 30~41개월
- ㅇ 검진비용: 본인부담 없음
- ㅇ 검진항목: ㉢진찰 및 상담, 치아 검사, 기타 검사 및 문진, 구강보건교육(보호자)
- ㅇ 검진결과 확인: ㉣국민건강보험공단 누리집 또는 모바일 앱(The 건강보험)

① ㉠ ② ㉡ ③ ㉢ ✓④ ㉣

다음 보도자료를 바탕으로 변경된 '제2차 영유아 구강검진 개요'를 [보기]와 같이 작성하였다고 할 때, ㉠~㉣의 내용 중 적절하지 않은 것을 고르면?

□ 이번에 추가되는 영유아 구강검진 대상은 2022년 6월 30일에 생후 30~41개월이 되는 2019년 12월 30일 이후 출생한 영유아이다.
- ㅇ 추가된 영유아 구강검진에서는 진찰 및 상담, 치아 검사, 기타 검사 및 문진, 구강보건교육(보호자)이 포함된다.
- ㅇ 영유아 구강검진 대상자는 매월 초 전자문서로 발송되는 건강검진표를 지참하거나, 건강검진표 미열람 시 매월 말 우편 발송되는 건강검진표를 지참하여 구강검진기관*에서 검진을 받을 수 있다.

  * 국민건강보험공단 누리집 또는 이동통신 앱(The 건강보험)에서 확인 가능

□ 한편, 건강검진기본법에 의한 검진기관 평가 결과 '우수' 검진기관에 국민들이 쉽게 접근할 수 있도록 검진기관 찾기 서비스를 개선하였다.
- ㅇ 검진기관 찾기 서비스는 국민건강보험공단 누리집*(https://www.nhis.or.kr), 모바일 앱(「The 건강보험」)을 통해서 검진유형별, 지역별로 확인할 수 있도록 제공하고 있으며,

  * 공단 누리집(https://www.nhis.or.kr) → 건강iN → 검진기관/병원찾기 → 검진기관 평가정보

〈보기〉

제2차 영유아 구강검진 개요
- ㅇ 대 상: ㉠2019년 12월 30일 이후 출생한 영유아
- ㅇ 검진기간: ㉡생후 30~41개월
- ㅇ 검진비용: 본인부담 없음
- ㅇ 검진항목: ㉢진찰 및 상담, 치아 검사, 기타 검사 및 문진, 구강보건교육(보호자)
- ㅇ 검진결과 확인: ㉣국민건강보험공단 누리집 또는 모바일 앱(The 건강보험)

풀이법

개요의 항목별 내용을 주어진 자료에서 발췌독하여 찾아야 한다. 구체적인 내용의 옳고 그름도 중요하지만, 연결고리의 옳고 그름 역시 반드시 확인해야 할 요소이다. 이 문제의 ㉣은 '검진결과 확인'에 대한 것인데, 해당 내용은 두 번째 □의 '결과통보서상의 검진 결과'라는 부분에서만 찾을 수 있다. 하지만 확인을 어디서 해야 하는지에 대한 정보는 없고, 판정 기준을 보호자가 영유아 구강상태를 쉽게 이해할 수 있는 표현으로 개선했다는 내용뿐이다. 부정 발문에서 '알 수 없는 정보'는 정답이 될 가능성이 대단히 높으므로 주요 체크 대상이다. 세부 내용과 관련된 내용은 네 번째 □에서 나타나는데 '검진 결과 확인'이 아니라 '검진기관 찾기'임을 확인할 수 있다. 따라서 적절하지 않은 것은 ④가 된다.

기출 변형 예제

난이도 상 중 하 2022년 상반기 국민건강보험공단

01 다음은 청년내일저축계좌에 관한 자료이다. 이를 바탕으로 할 때, 〈보기〉에 대한 이해로 적절한 것을 고르면?

청년내일저축계좌

1. 지원 대상

연령, 소득 기준, 가구소득, 가구재산 4가지를 모두 충족한 청년을 지원합니다.

- 가입 연령: 신청 당시 만 19~34세 청년
  ※ 단, 수급자·차상위자는 만 15~39세까지 허용
- 근로·사업소득: 기준중위소득 50% 초과 100% 이하인 경우 근로·사업소득이 월 50만 원 초과 200만 원 이하
  ※ 단, 수급자·차상위자(기준중위소득 50% 이하)는 연간 근로·사업소득 기준 면제
- 가구소득: 소득인정액 기준중위소득 100% 이하
- 가구재산: 대도시 3.5억 원, 중소도시 2억 원, 농어촌 1.7억 원 이하

2. 지원 내용

1) 본인 저축 납입자에 한하여 매월 본인 저축액 10만 원 이상(매월 전월 23일~현월 22일 입금마감일 이전)인 경우 소득에 따라 다음과 같이 정부지원금을 지원합니다.
   - 기준중위소득 50% 이하: 30만 원 정액 매칭
   - 기준중위소득 50% 초과 100% 이하: 10만 원 정액 매칭

2) 3년간 통장 유지, 근로활동 지속, 교육이수, 자금사용 계획서 제출 시 적립금 전액 지원됩니다.

3) 정책대상별 추가 지원금(근로소득공제금(생계급여 수급 청년), 탈수급장려금, 내일키움장려금, 내일키움수익금 등) 지급 가능합니다.

3. 신청 방법

1) 가입희망자는 '22년 7월 중순(상세 일정 추후 안내) 이후부터 주민센터 방문 신청 혹은 복지로 누리집에서 온라인 서비스 신청이 가능합니다.
   - 복지로를 통한 온라인 신청은 해당 신청 절차에 따라 진행됩니다.
   - 자가진단표 작성 결과 필수가입 요건 등이 적합일 경우, 관련 서류를 제출합니다.
   - 청년내일저축계좌는 반드시 청년 본인이 신청 및 통장 개설을 해야 합니다.

2) 중앙정부·지자체에서 시행하는 사업 중 아래 해당 사업에 참여(예정) 중이거나 과거 이러한 사업의 혜택을 받은 자(가구)는 중복참여가 불가하니 상세 내용은 사업 안내 또는 담당자를 통해 확인 후 신청하시기 바랍니다.
   - 복지부 자산형성 지원사업과 지원 대상, 목적, 지원 방식 등이 유사한 자산형성 지원 사업
     (예 서울시 '희망두배 청년통장', 고용노동부 '청년내일채움공제' 등 유사 자산형성 지원사업)
   - 복지부 자산형성 지원사업과 중복지원을 금지하도록 규정하고 있는 사업
   - 단, 지원 대상과 목적이 다른 사업에 참여하고 있는 자(가구)는 중복참여 가능
     (예 아동 및 청소년을 대상으로 하는 '디딤씨앗통장', '꿈나래통장' 등)

3) 처리 절차
   - 초기 상담 및 서비스 신청: 주민센터에 서비스 신청(접수) 합니다.

- 대상자 통합조사 및 심사: 소득조사팀에서 서비스에 대한 조사 및 심사를 진행합니다.
- 대상자 확정: 시·군·구에서 서비스 지급을 위한 대상자를 결정합니다.
- 서비스 지원: 한국자활복지개발원에서 대상자에게 서비스를 지급합니다.
- 서비스 사후 관리: 시·군·구, 지역자활센터에서 서비스 제공 이후 대상자의 상황 관련 사항을 관리합니다.

〈보기〉

서울에 거주하면서 중소도시의 회사로 출퇴근하는 청년 A씨가 청년내일저축계좌를 지원하고자 한다(단, A씨는 기준중위소득 50% 초과 100% 이하이며, 수급자 및 차상위자에 해당하지 않는다.)

① A씨가 복지로를 통해 신청할 경우, 관련 서류도 온라인을 통해서 제출해야 한다.
② A씨의 자녀가 꿈나래통장을 활용하고 있다면, A씨는 지원대상에서 제외된다.
③ 대상으로 선정된 A씨가 매월 30만 원을 저축하더라도 정부지원금은 10만원이다.
④ A씨가 회사 사정으로 통장 개설 2년 만에 퇴사할 경우, 지원 금액은 전액 회수된다.

02 다음 자료를 바탕으로 고객 문의에 답변하였다. 답변 내용으로 옳지 않은 것을 고르면?

□ 여성가족부는 ◆◆은행과 함께 9월 17일(금) 오후 1시 40분 정부서울청사에서 아이 돌봄 간편결제 서비스 '돌봄페이' 오픈 행사를 연다.

○ 이번 행사는 아이돌봄사업 주거래은행*인 ◆◆은행과 지난 4월 업무협약을 체결해 추진한 '돌봄페이'와 '돌봄톡톡' 서비스**의 개통을 국민들과 서비스 이용자들에게 널리 알리기 위해 마련되었다.

* 아이돌봄지원사업 사업수행기관의 자금 및 아이돌보미 급여 계좌 등을 관리하기 위하여 '19년부터 주거래은행 사업자 공모 및 심사 절차를 거쳐 관련 업무 수행

** 아이돌봄서비스 모바일앱에서 사용하는 간편결제 서비스 및 채팅 서비스

□ 그동안 아이돌봄서비스는 아이돌보미가 한정된 상황에서 매월 서비스를 이용하는 정기 이용 가정이 우선 연계됨에 따라 코로나19에 따른 수시, 긴급 돌봄 수요 대응에는 한계가 있었다.

○ 이를 개선하기 위해 지난해 3월 아이돌봄서비스 모바일앱을 출시하고, 긴급 돌봄을 위한 '일시연계서비스'를 지난해 11월 말부터 본격적으로 운영하고 있다.

○ '일시연계서비스'는 이용자가 야간·주말 등 긴급 돌봄이 필요한 경우 앱을 통해 아이 돌보미에게 직접 돌봄을 신청하는 서비스로, 현재까지 약 2천 6백여 명의 아동이 이용한 것으로 나타났다.

□ 이번 '돌봄페이'와 '돌봄톡톡' 서비스는 지난 10여 개월 동안 운영한 '일시연계서비스' 결제 불편사항을 해결하고, 긴급 돌봄 요청 시 아이돌보미들이 응답하지 않는 경우 등을 개선하기 위해 추진되었다.

○ '돌봄페이'는 아이돌봄 모바일앱에서 ◆◆은행의 간편결제 플랫폼을 연계하는 방식으로 실시간 결제 및 현금영수증 발행이 가능하다.

○ '돌봄톡톡'은 서로 다른 두 개의 앱으로 소통하는 실시간 대화 서비스로, 이용자용 앱에서 여러 명의 아이돌보미 앱으로 일대다 방식으로 대화를 요청해 돌봄 요청 및 참여 의사를 미리 확인할 수 있다.

[아이돌봄서비스 모바일앱 개선내용]

구분		개선전	개선후
돌봄페이	결제수단	2가지(◆◆행복카드, 계좌이체)	3가지(돌봄페이, ◆◆행복카드, 계좌이체)
	긴급 돌봄 이용료 납부	• ◆◆행복카드 이용시 최소 1~2일 소요 • 계좌이체 시 은행방문 또는 별도	
	현금영수증 발행	계좌이체 시 현금영수증 발행불가 *아이돌봄 서비스기관은 소득세법 시행령에 따라 현금영수증 가맹점 가입 곤란	은행을 통해 현금영수증 처리 가능
돌봄톡톡	긴급 돌봄 요청 및 참여 의사 확인	• (1:1방식) 한 번에 한 명에게만 돌봄 요청 가능 • 돌보미가 응답하지 않거나 거절 시 다른 돌보미에게 처음부터 다시 요청 • 돌보미 연락처를 알 수 없어 돌봄 의사 등 확인 곤란	• (1:N방식) 여러 명의 돌보미에게 채팅으로 돌봄 의사 확인 가능 • 여러 명의 돌보미 중 답변이 온 돌보미 중 한 명과 서비스 연계 • 돌보미 연락처를 몰라도 채팅으로 연락 가능

○ 서비스 개통을 기념하여 여성가족부에서는 '돌봄페이' 이용 소감 이벤트를 10월에 실시할 예정이며, ◆◆은행도 「엄마, 아빠 힘내세요! 돌봄페이 있잖아요」 이벤트 *(9.23.~11.19.)를 개최한다.

* ◆◆은행 누리집 또는 아이돌봄서비스 누리집(www.idolbom.go.kr) 팝업을 통해 참여 가능

□ 여성가족부 장관은 “모바일 간편결제와 대화 서비스를 통해 아이돌봄서비스 연계와 이용자 편의성이 높아질 것으로 기대한다.”라며, “코로나19 상황에서 돌봄에 어려움을 겪고 있는 국민들에게 아이돌봄서비스를 더욱 확대 지원할 수 있도록 노력해 나가겠다.”라고 말했다.

① Q1: 긴급 돌봄 이용료를 가장 빨리 결제할 수 있는 방법이 무엇인가요?
A1: 긴급 돌봄 이용료를 돌봄페이로 결제할 경우 실시간으로 결제됩니다.
② Q2: 아이돌봄서비스 모바일앱에서 계좌이체 현금영수증 발행이 가능한가요?
A2: 모바일앱에서는 불가능하고, 이용하신 은행을 통해 현금영수증 처리가 가능합니다.
③ Q3: 돌봄페이 이용 소감 이벤트에 어떻게 참여하나요?
A3: ◆◆은행 누리집 또는 아이돌봄서비스 누리집 팝업을 통해 참여가 가능합니다.
④ Q4: 돌봄톡톡 이용 시 매칭된 돌보미의 연락처를 알 수 있나요?
A4: 개선된 모바일앱에서는 돌보미의 연락처를 몰라도 채팅을 통해서 연락이 가능합니다.

[03~05] 다음 보도자료를 읽고 질문에 답하시오.

문화체육관광부		보도자료	
		보도일시	배포 즉시 보도해 주시기 바랍니다.
담당부서	문화체육관광부 저작권국 문화통상협력과	배포일	2021. 6. 3.(목)

문화체육관광부(이하 문체부)는 세계지식재산기구(WIPO)와 한국저작권위원회, 한국저작권보호원과 함께 5월 25일(화)부터 27일(목)까지 '2021 한국 저작권 유관 기관 화상연수'를 열고 한국의 저작권 제도와 관련 경험을 전 세계 28개국과 공유했다.

문체부는 2006년부터 세계지식재산기구에 출연한 신탁기금을 바탕으로 저작권 개발, 지식재산권 존중, 대체적 분쟁 해결 등 다양한 분야에서 국제협력을 도모하고 있다. 이번에 14회를 맞이한 '한국 저작권 유관 기관 연수'는 저작권 개발 분야 협력 사업의 일환으로 개발도상국의 저작권 제도 발전과 관련 역량 강화를 지원하기 위해 추진하고 있는 사업이다. 특히 올해는 처음으로 초청연수가 아닌 화상연수 방식으로 진행하고, 참여국들의 수요를 고려해 연수 주제를 '중소 콘텐츠기업 지원을 위한 저작권 제도'로 선정했다.

이번 연수에서는 참여국들의 지역별 시차에 따라 1일차(5. 25.)는 아시아·태평양 지역, 2일차(5. 26.)는 아프리카 및 아랍 지역, 3일차(5. 27.)는 남미·카리브해 지역 등으로 나누어 한국의 제도를 공유하고, 우리 민간 기업의 성공 경험을 소개했다. 아시아·태평양 지역 7개국, 아프리카 및 아랍 지역 9개국, 남미·카리브해 지역 12개국 등 총 28개국에서 저작권 정책 담당자 100여 명과 민간기업 관계자가 참여했으며, 참여국들도 자국의 현황과 경험을 적극적으로 발표해 연수의 효과를 높였다. ㉠마지막 날에는 참여국을 대상으로 시상식을 개최하고, 한국저작권위원회의 한국 문화 프로그램을 운영한다.

세부 주제를 살펴보면, 중소 콘텐츠 기업을 위한 저작권(세계지식재산기구), 한국의 저작권 제도 및 최근 정책 동향(문체부), 중소 콘텐츠 기업을 위한 저작권 서비스 지원(한국저작권위원회), 중소 콘텐츠 기업을 위한 저작권 보호와 분쟁 예방(한국저작권보호원), 국내 민간 기업 성공 경험(덱스터스튜디오, 아리모아), 참여국 현황 및 경험(필리핀, 태국, 중국, 레바논, 사우디아라비아, 과테말라, 브라질, 트리니다드 토바고 등) 등을 다루고 질의응답과 전체 토론을 이어갔다. 문체부는 참여국의 기반시설 등을 고려하고 연수를 안정적으로 운영하기 위해 한국 측 발표를 사전에 제작한 후 실시간으로 공유했다. ㉡또한 연수가 끝난 이후에도 약 한 달간 접속할 수 있는 연수 온라인 체제(플랫폼)를 구축해 연수생들이 좀 더 편리하게 관련 자료를 볼 수 있도록 했다.

문체부 문화통상협력과장은 개회사를 통해 우리 사회 성장과 혁신의 원동력으로서의 저작권과, 중소기업 및 신생기업의 중요성을 강조하고, 저작권·콘텐츠 분야의 국제적인 협력에 대한 기대를 나타냈다. ㉢이어 세계지식재산기구 저작권개발국장은 '중소기업'이 전 세계 기업의 약 90%에 해당, 고용의 50% 이상을 차지한다는 세계은행의 통계를 언급하며, 저작권과 저작인접권 활용을 통한 중소기업의 발전 가능성을 이야기하고 이를 바탕으로 한 사회·경제 성장의 가능성을 강조했다.

이번 연수에 참여한 태국의 한 참가자는 저작권 침해에 대한 한국의 구제 제도에 대해 궁금했는데 한국저작권보호원의 발표가 많은 도움이 되었다고 평가했다. ㉣한국 저작권 신탁관리단체의 기능과 활동을 더욱 자세히 알고 싶어 했던 남미의 참가자에게는 문체부가 관련 정보를 추가로 제공하기로 했다. 아울러 문체부와 저작권 분야에서 협력하고 있는 사우디아라비아 지식재산청은 이번 연수에서 자국의 경험과 성공 사례를 발표했다. 앞으로 문체부는 사우디아라비아 지식재산청과 저작권 집행 분야를 중심으로 공동 연수회를 개최하는 등 협력을 더욱 확대할 계획이다.

문체부 정책 담당자는 "세계지식재산기구와 국내 유관 기관, 민간 기업 등과 협력해 개발도상국을 대상으로 이번 연수를 제공하게 되어 기쁘다"라며, "한국의 저작권 제도와 관련 경험을 바탕으로 개발도상국의 저작권 정책과 중소 콘텐츠기업의 발전을 지원하고 저작권 분야 국제협력 강화에도 기여할 수 있기를 바란다"라고 밝혔다.

난이도 상 중 하 2021년 하반기 국민건강보험공단

03 주어진 보도자료의 제목으로 가장 적절한 것을 고르면?

① 문체부, 세계지식재산기구 신탁기금으로 저작권 분야 국제협력 도모
② 문체부, 개발도상국 대상으로 저작권 제도 연수 진행 및 국제협력 강화
③ 문체부, WIPO와 '중소 콘텐츠기업 지원을 위한 저작권 제도' 연수 공유
④ 문체부, 세계지식재산기구 등과 협력하여 한국 저작권 유관 기관 화상연수 개최

난이도 상 중 하 2021년 하반기 국민건강보험공단

04 주어진 보도자료의 내용을 이해한 것으로 옳지 않은 것을 고르면?

① 연수에 포함되는 한국 측의 발표는 사전에 제작되었다.
② 연수 주제는 국내 중소기업들의 수요에 따라 선정되었다.
③ 문체부는 사우디아라비아 지식재산청과의 협력을 강화할 예정이다.
④ 연수 참여국들을 지역별로 배분한 것은 시차를 고려한 것이다.

난이도 상 중 하 2021년 하반기 국민건강보험공단

05 위의 보도자료의 밑줄 친 ㉠~㉣ 중 삭제해야 할 문장으로 가장 적절한 것을 고르면?

① ㉠
② ㉡
③ ㉢
④ ㉣

06 다음은 당뇨병 소모성 재료 요양비 급여 확대에 관한 안내문이다. 이에 대해 공단의 직원과 나눈 질의응답 내용 중 안내문의 내용에 부합하지 않는 것을 고르면?

건강보험 보장성 강화 계획에 따라 2011년 7월부터 건강보험에서 지원하고 있는 당뇨병 환자의 소모성 재료에 대해 2015. 11. 15.부터 지원 범위를 확대 시행함.(기존에는 제1형 당뇨병 환자를 대상으로 혈당검사지만 지원)

〈인슐린 주사 환자의 요양비 보험급여 개정안〉

<table>
<tr><th>구분</th><th>세부 내용</th></tr>
<tr><td>대상</td><td>• 인슐린을 투여하는 모든 당뇨병 환자로 공단에 등록된 자
– 단, 만 19세 미만(처방일 기준) 및 임신 중인 경우는 인슐린을 투여하지 않는 경우에도 지원
– 임신 중 당뇨병 환자의 경우 공단에 별도 등록 신청 없이 지원</td></tr>
<tr><td>급여항목</td><td>① 혈당측정검사지: 자가혈당 측정 시 사용하는 검사지(스트립)
② 채혈침(란셋): 혈당측정 시 채혈기에 끼워 사용하는 침
③ 인슐린주사기: 병형 인슐린을 뽑아 주사하기 위해 사용
④ 인슐린주사바늘(펜니들): 펜형 인슐린을 주사 시 펜의 끝에 꽂아서 사용</td></tr>
<tr><td>기준금액</td><td>• 1일당 기준금액 범위 내에서 지원
<table>
<tr><th colspan="2" rowspan="2">지원대상자</th><th colspan="2">기준금액</th></tr>
<tr><th>인슐린 투여자</th><th>인슐린 미투여자</th></tr>
<tr><td colspan="2">제1형 당뇨병 환자</td><td>2,500원/일</td><td>해당사항 없음</td></tr>
<tr><td rowspan="2">제2형 당뇨병 환자</td><td>만 19세 미만</td><td>2,500원/일</td><td>1,300원/일</td></tr>
<tr><td>만 19세 이상</td><td>900원/일</td><td>해당사항 없음</td></tr>
<tr><td colspan="2">임신 중 당뇨병 환자</td><td>2,500원/일</td><td>1,300원/일</td></tr>
</table>
※ 나이는 처방일 기준</td></tr>
<tr><td>지급기준</td><td>• 기준금액 이내로 구입한 경우 실 구입가의 90%에 해당하는 금액
• 기준금액 초과로 구입한 경우 기준금액의 90%에 해당하는 금액
※ 차상위 희귀난치성질환자 및 차상위 만성질환자의 경우 기준금액과 구입금액 중 낮은 금액의 100% 지원</td></tr>
<tr><td>시행일자</td><td>2015. 11. 15.(처방전 발급일 기준)
※ 기존에 요양비를 지급받던 제1형 당뇨병 환자는 구입일 기준</td></tr>
</table>

Q. 당뇨병 소모성 재료 요양비는 어떤 사람에게 혜택을 주는 건가요?
A. ① 인슐린을 투여하는 모든 당뇨병 환자로 공단에 등록된 분께 지급하는 겁니다. 일부 인슐린을 투여하지 않는 환자분에게도 지급이 가능합니다.

Q. 제가 차상위 계층에 속하고 제2형 당뇨병 환자인데요. 인슐린을 투여하는 만성질환자이고 공단에 등록되어 있습니다. 어제 구입한 소모성 재료의 비용이 하루 평균 3,000원인데, 제가 지급받을 수 있는 요양비 지원 금액이 얼마일까요?
A. ② 환자분이 만 19세 미만이시라면 2,500원 지원됩니다만, 만 19세 이상일 경우 900원을 지원 받으시게 됩니다.

Q. 친척분 중에 당뇨병 환자가 계신데, 요양비 보험급여를 받으려면 공단에 환자 등록이 되어야 하나요?
A. ③ 친척분이 제1형이나 제2형 당뇨병 환자이시면서 인슐린을 투여하신다면 공단에 건강보험 당뇨병 환자 등록을 하셔야 지급을 받으실 수 있습니다. 하지만 혹시 임신성 당뇨병에 해당하신다면 등록 신청 절차 없이도 지급 받으실 수 있습니다.

Q. 저희 어머니는 공단에 등록된 제1형 당뇨병 환자이신데요. 지난주에 혈당검사지, 채혈침, 인슐린주사기, 주사바늘이 들어있는 혈당체크기 세트를 1주일 사용분 구입하시면서 28,000원을 지불하셨습니다. 이런 경우 저희가 지원받는 총금액은 얼마일까요?
A. ④ 어머님의 경우 실제 본인 부담금이 1일당 1,750원 발생하게 됩니다. 그래서 지원받으시는 총금액 12,250원입니다.

Q. 저는 제2형 당뇨병 환자인데요. 2015년 11월 15일에 처방전을 발급받아 다음 날인 16일에 인슐린을 구입하였는데, 이 경우에도 요양비가 지급되나요?
A. ⑤ 네. 지급됩니다. 2015년 11월 15일부터 당뇨병 소모성 재료 지원이 확대 시행되며, 이는 처방전 발급일 기준이므로 2015년 11월 15일 처방전을 발급받으셨다면 요양비 지급이 가능합니다.

[07~08] 다음은 특허법의 일부 내용이다. 이를 바탕으로 질문에 답하시오.

제○○조(특허요건) ① 산업상 이용할 수 있는 발명으로서 다음 각 호의 어느 하나에 해당하는 것을 제외하고는 그 발명에 대하여 특허를 받을 수 있다.

1. 특허출원 전에 국내 또는 국외에서 공지(公知)되었거나 공연(公然)히 실시된 발명
2. 특허출원 전에 국내 또는 국외에서 반포된 간행물에 게재되었거나 전기통신회선을 통하여 공중(公衆)이 이용할 수 있는 발명

② 특허출원 전에 그 발명이 속하는 기술분야에서 통상의 지식을 가진 사람이 제1항 각 호의 어느 하나에 해당하는 발명에 의하여 쉽게 발명할 수 있으면 그 발명에 대해서는 제1항에도 불구하고 특허를 받을 수 없다.

③ 특허출원한 발명이 다음 각 호의 요건을 모두 갖춘 다른 특허출원의 출원서에 최초로 첨부된 명세서 또는 도면에 기재된 발명과 동일한 경우에 그 발명은 제1항에도 불구하고 특허를 받을 수 없다. 다만, 그 특허출원의 발명자와 다른 특허출원의 발명자가 같거나 그 특허출원을 출원한 때의 출원인과 다른 특허출원의 출원인이 같은 경우에는 그러하지 아니하다.

1. 그 특허출원일 전에 출원된 특허출원일 것
2. 그 특허출원 후 출원공개되거나 등록공고된 특허출원일 것

제○○조(선출원) ① 동일한 발명에 대하여 다른 날에 둘 이상의 특허출원이 있는 경우에는 먼저 특허출원한 자만이 그 발명에 대하여 특허를 받을 수 있다.

② 동일한 발명에 대하여 같은 날에 둘 이상의 특허출원이 있는 경우에는 특허출원인 간에 협의하여 정한 하나의 특허출원인만이 그 발명에 대하여 특허를 받을 수 있다. 다만, 협의가 성립하지 아니하거나 협의를 할 수 없는 경우에는 어느 특허출원인도 그 발명에 대하여 특허를 받을 수 없다.

제○○조(출원공개의 효과) ① 특허출원인은 출원공개가 있은 후 그 특허출원된 발명을 업으로서 실시한 자에게 특허출원된 발명임을 서면으로 경고할 수 있다.

② 특허출원인은 제1항에 따른 경고를 받거나 출원공개된 발명임을 알고 그 특허출원된 발명을 업으로 실시한 자에게 그 경고를 받거나 출원공개된 발명임을 알았을 때부터 특허권의 설정등록을 할 때까지의 기간 동안 그 특허발명의 실시에 대하여 합리적으로 받을 수 있는 금액에 상당하는 보상금의 지급을 청구할 수 있다.

③ 제2항에 따른 청구권은 그 특허출원된 발명에 대한 특허권이 설정등록된 후에만 행사할 수 있다.

난이도 상 중 하

2020년 한국전력공사

07 주어진 자료에 대한 설명으로 옳지 않은 것을 고르면?

① 사전에 대중에게 알려지지 않은 모든 발명에 대해서 전부 특허를 받을 수 있는 것은 아니다.
② 경쟁이 치열한 분야에서는 특허를 받으려면 특허를 빨리 출원하는 것이 유리하다.
③ 경쟁자와 동일한 날 동일한 발명에 대하여 특허출원을 할 경우, 둘 다 특허를 받지 못할 수 있다.
④ 출원공개한 특허를 업으로 실시한 상대방에게 보상을 청구하기 위해서는 반드시 서면 경고를 해야 한다.
⑤ 특허를 출원한 발명이 설정등록되지 않으면 자신의 발명을 업으로 실시한 상대방에게 보상을 청구할 수 없다.

난이도 상 중 하

2020년 한국전력공사

08 주어진 자료를 바탕으로 올바른 판단을 〈보기〉에서 모두 고르면?

〈보기〉

㉠ A씨는 자신의 발명품이 아직 대중에 알려지지는 않았으나, 국외에서 외국인에 의해 먼저 발명되었다고 생각하여 특허를 받을 수 없다고 판단하였다.

㉡ B씨는 자신이 특허출원한 이전 발명(사후 출원공개 함)과 중복되는 발명이 포함되지만 친구와 공동발명에 의해 친구 명의로 특허출원을 할 경우 특허를 받는 데 문제가 없다고 판단하였다.

㉢ C전자는 5일의 배터리 관련 발명에 이어 10일에도 충전기 관련 또 하나의 발명을 특허출원하고자 하며, 경쟁사인 D전자도 10일에 C전자와 동일한 충전기 관련 발명을 특허출원하고자 한다. D전자는 C전자에 이전의 배터리 관련 발명의 특허출원은 선출원 규정에 의해 C전자가 획득하였으니, 이번 충전기 관련 발명은 D전자가 획득할 수 있도록 협의해 줄 것을 요청하였다.

① ㉠　② ㉢　③ ㉠, ㉢　④ ㉡, ㉢　⑤ ㉠, ㉡, ㉢

[09~10] 다음은 '부정청탁 및 금품 등 수수의 금지에 관한 법률(청탁금지법)'의 일부 내용이다. 이를 바탕으로 질문에 답하시오.

제8조(금품 등의 수수 금지) ① 공직자 등은 직무 관련 여부 및 기부·후원·증여 등 그 명목에 관계없이 동일인으로부터 1회에 100만 원 또는 매 회계연도에 300만 원을 초과하는 금품 등을 받거나 요구 또는 약속해서는 아니 된다.

② 공직자 등은 직무와 관련하여 대가성 여부를 불문하고 제1항에서 정한 금액 이하의 금품 등을 받거나 요구 또는 약속해서는 아니 된다.

③ 제10조의 외부강의 등에 관한 사례금 또는 다음 각 호의 어느 하나에 해당하는 금품 등의 경우에는 제1항 또는 제2항에서 수수를 금지하는 금품 등에 해당하지 아니한다.

1. 공공기관이 소속 공직자 등이나 파견 공직자 등에게 지급하거나 상급 공직자 등이 위로·격려·포상 등의 목적으로 하급 공직자 등에게 제공하는 금품 등
2. 원활한 직무수행 또는 사교·의례 또는 부조의 목적으로 제공되는 음식물·경조사비·선물 등으로서 대통령령으로 정하는 가액 범위 안의 금품 등
3. 사적 거래(증여는 제외한다)로 인한 채무의 이행 등 정당한 권원에 의하여 제공되는 금품 등
4. 공직자 등의 친족이 제공하는 금품 등
5. 공직자 등과 관련된 직원상조회·동호인회·동창회·향우회·친목회·종교단체·사회단체 등이 정하는 기준에 따라 구성원에게 제공하는 금품 등 및 그 소속 구성원 등 공직자 등과 특별히 장기적·지속적인 친분관계를 맺고 있는 자가 질병·재난 등으로 어려운 처지에 있는 공직자 등에게 제공하는 금품 등
6. 공직자 등의 직무와 관련된 공식적인 행사에서 주최자가 참석자에게 통상적인 범위에서 일률적으로 제공하는 교통, 숙박, 음식물 등의 금품 등
7. 불특정 다수인에게 배포하기 위한 기념품 또는 홍보용품 등이나 경연·추첨을 통하여 받는 보상 또는 상품 등
8. 그 밖에 다른 법령·기준 또는 사회상규에 따라 허용되는 금품 등

④ 공직자 등의 배우자는 공직자 등의 직무와 관련하여 제1항 또는 제2항에 따라 공직자 등이 받는 것이 금지되는 금품 등(이하 "수수 금지 금품 등"이라 한다)을 받거나 요구하거나 제공받기로 약속해서는 아니 된다.

⑤ 누구든지 공직자 등에게 또는 그 공직자 등의 배우자에게 수수 금지 금품 등을 제공하거나 그 제공의 약속 또는 의사표시를 해서는 아니 된다.

제10조(외부강의 등의 사례금 수수 제한) ① 공직자 등은 자신의 직무와 관련되거나 그 지위·직책 등에서 유래되는 사실상의 영향력을 통하여 요청받은 교육·홍보·토론회·세미나·공청회 또는 그 밖의 회의 등에서 한 강의·강연·기고 등(이하 "외부강의 등"이라 한다)의 대가로서 대통령령으로 정하는 금액을 초과하는 사례금을 받아서는 아니 된다.

② 공직자 등은 외부강의 등을 할 때에는 대통령령으로 정하는 바에 따라 외부강의 등의 요청 명세 등을 소속기관장에게 그 외부강의 등을 마친 날부터 10일 이내에 서면으로 신고하여야 한다. 다만, 외부강의 등을 요청한 자가 국가나 지방자치단체인 경우에는 그러하지 아니하다.

③ 삭제 〈2019. 11. 26.〉

④ 소속기관장은 제2항에 따라 공직자 등이 신고한 외부강의 등이 공정한 직무수행을 저해할 수 있다고 판단하는 경우에는 그 외부강의 등을 제한할 수 있다.

⑤ 공직자 등은 제1항에 따른 금액을 초과하는 사례금을 받은 경우에는 대통령령으로 정하는 바에 따라 소속기관장에게 신고하고, 제공자에게 그 초과금액을 지체 없이 반환하여야 한다.

제11조(공무수행사인의 공무 수행과 관련된 행위제한 등) ① 다음 각 호의 어느 하나에 해당하는 자(이하 "공무수행사인"이라 한다)의 공무 수행에 관하여는 제5조부터 제9조까지를 준용한다.

1. 「행정기관 소속 위원회의 설치·운영에 관한 법률」 또는 다른 법령에 따라 설치된 각종 위원회의 위원 중 공직자가 아닌 위원
2. 법령에 따라 공공기관의 권한을 위임·위탁받은 법인·단체 또는 그 기관이나 개인
3. 공무를 수행하기 위하여 민간부문에서 공공기관에 파견 나온 사람
4. 법령에 따라 공무상 심의·평가 등을 하는 개인 또는 법인·단체

난이도 상 중 하 2020년 국민건강보험공단

09 주어진 자료에 대한 설명으로 옳은 것을 고르면?

① 공직자의 배우자는 공직자의 직무와 관련이 없는 일부 금품의 수수는 가능하다.
② 공직자는 정해진 급여, 포상 등 사내에서 지급되는 금품 외에는 어떠한 금품의 수수도 금지된다.
③ 공직자는 직무 관련성이 있는 경우에는 어떠한 금품도 수수할 수 없다.
④ 공직자가 외부강의로 규정된 사례금을 초과하여 수수한 경우, 통상적인 범위 이내의 초과분은 수수가 가능하다.

난이도 상 중 하 2020년 국민건강보험공단

10 주어진 자료에 위배 여부를 판단하기 어려운 사례를 고르면?

① 공공 기관의 업무 협조를 위해 파견 나온 민간업체 직원이 수행하는 직무와 관련하여 대가성 없이 50만 원의 금품을 수수한 경우
② 입찰 관련 평가에 있어 유리한 결과를 요청하며 민간업체 직원이 공직자의 배우자에게 사후 일정 금액의 금품 제공을 약속한 경우
③ 잦은 외부강의와 기고 등을 통해 공직자가 받은 사례금의 총액이 회계연도에 300만 원을 초과하지 않은 경우
④ 공직자에게 금품을 제공하지는 않았으나, 해당 업무의 결과에 따라 일정 금액의 금품을 제공할 의사를 표시한 경우

정답과 해설 P.29

5급 | 7급 | 민경채

PSAT 기출을 통한 출제유형 연습

기출 유형 1 핵심 내용 파악

기출 유형 2 세부 내용 파악

기출 유형 3 주어진 내용 추론

기출 유형 4 글의 구조 파악

기출 유형 5 생략된 내용 추론

기출 유형 6 기타 유형

기출 유형 7 실무 영역 지문의 활용

PART 2

5급	7급	민경채

난이도 상 중 하　　풀이시간 | 1분 30초

01

2023년 7급/민경채 PSAT

다음 글의 핵심 논지로 가장 적절한 것을 고르면?

우리는 보통 먹거리의 생산에 대해서는 책임을 묻는 것이 자연스럽다고 생각하면서도 먹거리의 소비는 책임져야 하는 행위로 생각하지 않는다. 우리는 무엇을 먹을 때 좋아하고 익숙한 것 그리고 싸고, 빠르고, 편리한 것을 찾아서 먹을 뿐이다. 그런데 먹는 일에도 윤리적 책임이 동반된다고 생각해 볼 수 있지 않을까?

먹는 행위를 두고 '잘 먹었다' 혹은 '잘 먹는다'고 말할 때 '잘'을 평가하는 기준은 무엇일까? 신체가 요구하는 영양분을 골고루 섭취하는 것은 생물학적 차원에서 잘 먹는 것이고, 섭취하는 음식을 통해 다양한 감각들을 만족시키며 개인의 취향을 계발하는 것은 문화적인 차원에서 잘 먹는 것이다. 그런데 이 경우들의 '잘'은 윤리적 의미를 띠고 있는 것 같지 않다. 이 두 경우는 먹는 행위를 개인적 경험의 차원으로 축소하기 때문이다.

'잘 먹는다'는 것의 윤리적 차원은 우리의 먹는 행위가 그저 개인적 차원에서 일어나는 일이 아니라, 다른 사람들, 동물들, 식물들, 서식지, 토양 등과 관계를 맺는 행위임을 인식하기 시작할 때 비로소 드러난다. 오늘날 먹거리의 전 지구적인 생산·유통·소비 체계 속에서, 우리는 이들을 경제적 자원으로만 간주하는 특정한 방식으로 이들과 관계를 맺고 있다. 그러한 관계의 방식은 공장식 사육, 심각한 동물 학대, 농약과 화학비료 사용에 따른 토양과 물의 오염, 동식물의 생존에 필수적인 서식지 파괴, 전통적인 농민 공동체의 파괴, 불공정한 노동 착취 등을 동반한다.

우리가 무엇을 어떻게 먹는가 하는 것은 결국 우리가 그런 관계망에 속한 인간이나 비인간 존재를 어떻게 대우하고 있는가를 드러내며, 불가피하게 이러한 관계망의 형성이나 유지 혹은 변화에 기여하게 된다. 우리의 먹는 행위에 따라 이런 관계망의 모습은 바뀔 수도 있다. 그렇기에 이러한 관계들은 먹는 행위를 윤리적 반성의 대상으로 끌어 올린다.

① 윤리적으로 잘 먹기 위해서는 육식을 지양해야 한다.
② 먹는 행위에 대해서도 윤리적 차원을 고려하여야 한다.
③ 건강 증진이나 취향 만족을 위한 먹는 행위는 개인적 차원의 평가 대상일 뿐이다.
④ 먹는 행위는 동물, 식물, 토양 등의 비인간 존재와 인간 사이의 관계를 만들어낸다.
⑤ 먹는 행위를 평가할 때에는 먹거리의 소비자보다 생산자의 윤리적 책임을 더 고려하여야 한다.

난이도 상 중 하 풀이시간 | 1분 30초

02

2022년 5급 PSAT

다음 글의 핵심 논지로 가장 적절한 것은?

지식에 대한 상대주의자들은 한 문화에서 유래한 어떤 사고방식이 있을 때, 다른 문화가 그 사고방식을 수용하게 만들 만큼 논리적으로 위력적인 증거나 논증은 있을 수 없다고 주장한다. 왜냐하면 문화마다 사고방식의 수용 가능성에 대한 서로 다른 기준을 가지고 있기 때문이다. 이를 바탕으로 그들은 서로 다른 문화권의 과학자들이 이론적 합의에 합리적으로 이를 수 없다고 주장한다. 이러한 주장은 한 문화의 기준과 그 문화에서 수용되는 사고방식이 함께 진화하여 분리 불가능한 하나의 덩어리를 형성한다고 믿기 때문에 나타난다.

예를 들어 문화적 차이가 큰 A와 B의 두 과학자 그룹이 있다고 하자. 그리고 A그룹은 수학적으로 엄밀하고 놀라운 예측에 성공하는 이론만을 수용하고, B그룹은 실제적 문제에 즉시 응용 가능한 이론만을 수용한다고 하자. 그렇다면 각 그룹은 어떤 이론을 만들 때, 자신들의 기준을 만족할 수 있는 이론만을 만들 것이다. 그 결과 A그룹에서 만든 이론은 엄밀하고 놀라운 예측을 제공하겠지만, 응용 가능성의 기준에서 보면 B그룹에서 만든 이론보다 못할 것이다. 즉 A그룹이 만든 이론은 A그룹만이 수용할 것이고, B그룹이 만든 이론은 B그룹만이 수용할 것이다. 이처럼 문화마다 다른 기준은 자신의 문화에서 만들어진 이론만 수용하도록 만들 것이다. 이것이 상대주의자의 주장이다.

그러나 한 사람이 특정 문화나 세계관의 기준을 채택한다고 해서 그 사람이 반드시 그 문화나 세계관의 특정 사상이나 이론을 고집하는 것은 아니다. 다음과 같은 상상을 해 보자. A그룹이 어떤 이론을 만들었는데, 그 이론이 고도로 엄밀하고 놀라운 예측에 성공함과 동시에 즉각적으로 응용할 수 있는 것이라 하자. 그렇다면 A그룹뿐 아니라 B그룹도 그 이론을 받아들일 것이다. 실제로 데카르트주의자들은 뉴턴 물리학이 데카르트 물리학보다 데카르트적인 기준을 잘 만족했기 때문에 결국 뉴턴 물리학을 받아들였다.

① 과학 이론 중에는 다양한 문화의 평가 기준을 만족하는 것이 있다.

② 과학의 발전 과정에서 이론 선택은 문화의 상대적인 기준에 따라 이루어진다.

③ 과학자들은 당대의 다른 이론보다 탁월한 이론에 대해서는 자기 문화의 기준으로 평가하지 않는다.

④ 과학의 발전 과정에서 엄밀한 예측 가능성과 실용성을 판단하는 기준이 항상 고정된 것은 아니다.

⑤ 문화마다 다른 평가 기준을 따르더라도 자기 문화에서 형성된 과학 이론만을 수용하는 것은 아니다.

난이도 상 중 하 풀이시간 | 1분 30초

03

2022년 7급/민경채 PSAT

다음 글의 핵심 논지로 가장 적절한 것은?

독일 통일을 지칭하는 '흡수 통일'이라는 용어는 동독이 일방적으로 서독에 흡수되었다는 인상을 준다. 그러나 통일 과정에서 동독 주민들이 보여준 행동을 고려하면 흡수 통일은 오해의 여지를 주는 용어일 수 있다.

1989년에 동독에서는 지방선거 부정 의혹을 둘러싼 내부 혼란이 발생했다. 그 과정에서 체제에 환멸을 느낀 많은 동독 주민들이 서독으로 탈출했고, 동독 곳곳에서 개혁과 개방을 주장하는 시위의 물결이 일어나기 시작했다. 초기 시위에서 동독 주민들은 여행·신앙·언론의 자유를 중심에 둔 내부 개혁을 주장했지만 이후 "우리는 하나의 민족이다!"라는 구호와 함께 동독과 서독의 통일을 요구하기 시작했다. 그렇게 변화하는 사회적 분위기 속에서 1990년 3월 18일에 동독 최초이자 최후의 자유총선거가 실시되었다.

동독 자유총선거를 위한 선거운동 과정에서 서독과 협력하는 동독 정당들이 생겨났고, 이들 정당의 선거운동에 서독 정당과 정치인들이 적극적으로 유세 지원을 하기도 했다. 초반에는 서독 사민당의 지원을 받으며 점진적 통일을 주장하던 동독 사민당이 우세했지만, 실제 선거에서는 서독 기민당의 지원을 받으며 급속한 통일을 주장하던 독일동맹이 승리하게 되었다. 동독 주민들이 자유총선거에서 독일동맹을 선택한 것은 그들 스스로 급속한 통일을 지지한 것이라고 할 수 있다. 이후 동독은 서독과 1990년 5월 18일에 「통화·경제·사회보장동맹의 창설에 관한 조약」을, 1990년 8월 31일에 「통일조약」을 체결했고, 마침내 1990년 10월 3일에 동서독 통일을 이루게 되었다.

이처럼 독일 통일의 과정에서 동독 주민들의 주체적인 참여를 확인할 수 있다. 독일 통일을 단순히 흡수 통일이라고 부른다면, 통일 과정에서 중요한 역할을 담당했던 동독 주민들을 배제한다는 오해를 불러일으킬 수 있다. 독일 통일의 과정을 온전히 이해하기 위해서는 동독 주민들의 활동에도 주목할 필요가 있다.

① 자유총선거에서 동독 주민들은 점진적 통일보다 급속한 통일을 지지하는 모습을 보여주었다.
② 독일 통일은 동독이 일방적으로 서독에 흡수되었다는 점에서 흔히 흡수 통일이라고 부른다.
③ 독일 통일은 분단국가가 합의된 절차를 거쳐 통일을 이루었다는 점에서 의의가 있다.
④ 독일 통일 전부터 서독의 정당은 물론 개인도 동독의 선거에 개입할 수 있었다.
⑤ 독일 통일의 과정에서 동독 주민들의 주체적 참여가 큰 역할을 하였다.

난이도 상 중 하 풀이시간 | 2분

04

2020년 7급 PSAT 모의평가

다음 글의 논지로 가장 적절한 것은?

> 사람들은 보통 질병이라고 하면 병균이나 바이러스를 떠올리고, 병에 걸리는 것은 개인적 요인 때문이라고 생각하곤 한다. 어떤 사람이 바이러스에 노출되었다면 그 사람이 평소에 위생 관리를 철저히 하지 않았기 때문이라고 여기는 것이다. 이는 발병 책임을 전적으로 질병에 걸린 사람에게 묻는 생각이다. 꾸준히 건강을 관리하지 않은 사람이나 비만, 허약 체질인 사람이 더 쉽게 병균에 노출된다고 생각하는 경향도 강하다. 그러나 발병한 사람들 전체를 고려하면, 성별, 계층, 직업 등의 사회적 요인에 따라 건강 상태나 질병 종류 및 그 심각성 등이 다르게 나타난다. 따라서 어떤 질병의 성격을 파악할 때 질병의 발생이 개인적 요인뿐만 아니라 계층이나 직업 등의 요인과도 관련될 수 있음을 고려해야 한다.
>
> 질병에 대처할 때도 사회적 요인을 고려해야 한다. 물론 어떤 사람들에게는 질병으로 인한 고통과 치료에 대한 부담이 가장 심각한 문제일 수 있다. 그러나 또 다른 사람들에게는 질병에 대한 사회적 편견과 낙인이 오히려 더 심각한 문제일 수 있다. 그들에게는 그러한 편견과 낙인이 더 큰 고통을 안겨 주기 때문이다. 질병이 나타나는 몸은 개인적 영역이면서 동시에 가족이나 직장과도 연결된 사회적인 것이다. 질병의 치료 역시 개인의 문제만으로 그치지 않고 가족과 사회의 문제로 확대되곤 한다. 나의 질병은 내 삶의 위기이자 가족의 근심거리가 되며 나아가 회사와 지역사회에도 긴장을 조성하기 때문이다. 요컨대 질병의 치료가 개인적 영역을 넘어서서 사회적 영역과 관련될 수밖에 없다는 것은 질병의 대처 과정에서 사회적 요인을 반드시 고려해야 한다는 점을 잘 보여준다.

① 병균이나 바이러스로 인한 신체적 이상 증상은 가정이나 지역사회에 위기를 야기할 수 있기에 중요한 사회적 문제이다.

② 한 사람의 몸은 개인적 영역인 동시에 사회적 영역이기에 발병의 책임을 질병에 걸린 사람에게만 묻는 것은 옳지 않다.

③ 질병으로 인한 신체적 고통보다 질병에 대한 사회적 편견으로 인한 고통이 더 크므로 이에 대한 사회적 대책이 필요하다.

④ 질병의 성격을 파악하고 질병에 대처하기 위해서는 사회적인 측면을 고려해야 한다.

⑤ 질병의 치료를 위해서는 개인적 차원보다 사회적 차원의 노력이 더 중요하다.

난이도 상 중 하 풀이시간 | 2분

05

2018년 5급 PSAT

다음 글의 결론으로 가장 적절한 것은?

> 정치 갈등의 중심에는 불평등과 재분배의 문제가 자리하고 있다. 이 문제로 좌파와 우파는 오랫동안 대립해 왔다. 두 진영이 협력하여 공동의 목표를 이루려면 두 진영이 불일치하는 지점을 찾아 이 지점을 올바르고 정확하게 분석해야 한다. 바로 이것이 우리가 논증하고자 하는 바다.
>
> 우파는 시장 원리, 개인 주도성, 효율성이 장기 관점에서 소득 수준과 생활환경을 실제로 개선할 수 있다고 주장한다. 반면 정부 개입을 통한 재분배는 그 규모가 크지 않아야 한다. 이 점에서 이들은 선순환 메커니즘을 되도록 방해하지 않는 원천징수나 근로장려세 같은 조세 제도만을 사용해야 한다고 주장한다.
>
> 반면 19세기 사회주의 이론과 노동조합 운동을 이어받은 좌파는 사회 및 정치 투쟁이 극빈자의 불행을 덜어주는 더 좋은 방법이라고 주장한다. 이들은 불평등을 누그러뜨리고 재분배를 이루려면 우파가 주장하는 조세 제도만으로는 부족하고, 생산수단을 공유화하거나 노동자의 급여 수준을 강제하는 등 보다 강력한 정부 개입이 있어야 한다고 주장한다. 정부의 개입이 생산 과정의 중심에까지 영향을 미쳐야 시장 원리의 실패와 이 때문에 생긴 불평등을 해소할 수 있다는 것이다.
>
> 좌파와 우파의 대립은 두 진영이 사회정의를 바라보는 시각이 다른 데서 비롯된 것이 아니다. 오히려 불평등이 왜 생겨났으며 그것을 어떻게 해소할 것인가를 다루는 사회경제 이론이 다른 데서 비롯되었다. 사실 좌우 진영은 사회정의의 몇 가지 기본 원칙에 합의했다.
>
> 행운으로 얻었거나 가족에게 물려받은 재산의 불평등은 개인이 통제할 수 없다. 개인이 통제할 수 없는 요인 때문에 생겨난 불평등을 그런 재산의 수혜자에게 책임지우는 것은 옳지 않다. 이 점에서 행운과 상속의 혜택을 받은 이들에게 이런 불평등 문제를 해결하라고 요구하는 것은 바람직하지 않다. 혜택 받지 못한 이들, 곧 매우 불리한 형편에 부닥친 이들의 처지를 개선하려고 애써야 할 당사자는 당연히 국가다. 정의로운 국가라면 국가가 사회 구성원 모두 평등권을 되도록 폭넓게 누리도록 보장해야 한다는 정의의 원칙은 좌파와 우파 모두에게 널리 받아들여진 생각이다. 불리한 형편에 놓인 이들의 삶을 덜 나쁘게 하고 불평등을 누그러뜨려야 하는 국가의 목표를 이루는 데 두 진영이 협력하는 첫걸음이 무엇인지는 이제 거의 분명해졌다.

① 좌파와 우파는 자신들의 문제점을 개선하려고 애써야 한다.

② 좌파와 우파는 정치 갈등을 해결하려는 의지가 있어야 한다.

③ 좌파와 우파는 사회정의를 위한 기본 원칙에 먼저 합의해야 한다.

④ 좌파와 우파는 분배 문제 해결에 국가가 앞장서야 한다는 데 동의해야 한다.

⑤ 좌파와 우파는 불평등을 일으키고 이를 완화하는 사회경제 메커니즘을 보다 정확히 분석해야 한다.

난이도 상 중 하 풀이시간 | 2분

06 2017년 민경채

다음 글의 중심 내용으로 가장 적절한 것은?

2015년 한국직업능력개발원 보고서에 따르면 전체 대졸 취업자의 전공 불일치 비율이 6년간 3.6%p 상승했다. 이는 우리 대학교육이 취업 환경의 급속한 변화를 따라가지 못하고 있음을 보여준다. 기존의 교육 패러다임으로는 오늘 같은 직업생태계의 빠른 변화에 대응하기 어려워 보인다. 중고등학교 때부터 직업을 염두에 둔 맞춤 교육을 하는 것이 어떨까? 그것은 두 가지 점에서 어리석은 방안이다. 한 사람의 타고난 재능과 역량이 가시화되는 데 훨씬 더 오랜 시간과 경험이 필요하다는 것이 첫 번째 이유이고, 사회가 필요로 하는 직업 자체가 빠르게 변하고 있다는 것이 두 번째 이유이다.

그렇다면 학교는 우리 아이들에게 무엇을 가르쳐야 할까? 교육이 아이들의 삶뿐만 아니라 한 나라의 미래를 결정한다는 사실을 고려하면 이것은 우리 모두의 운명을 좌우할 물음이다. 문제는 세계의 환경이 급속히 변하고 있다는 것이다. 2030년이면 현존하는 직종 가운데 80%가 사라질 것이고, 2011년에 초등학교에 입학한 어린이 중 65%는 아직 존재하지도 않는 직업에 종사하게 되리라는 예측이 있다. 이런 상황에서 교육이 가장 먼저 고려해야 할 것은 변화하는 직업 환경에 성공적으로 대응하는 능력에 초점을 맞추는 일이다.

이미 세계 여러 나라가 이런 관점에서 교육을 개혁하고 있다. 핀란드는 2020년까지 학교 수업을 소통, 창의성, 비판적 사고, 협동을 강조하는 내용으로 개편한다는 계획을 발표했다. 이와 같은 능력들은 빠르게 현실화되고 있는 '초연결 사회'에서의 삶에 필수적이기 때문이다. 말레이시아의 학교들은 문제해결 능력, 네트워크형 팀워크 등을 교과과정에 포함시키고 있고, 아르헨티나는 초등학교와 중학교에서 코딩을 가르치고 있다. 우리 교육도 개혁을 생각하지 않으면 안 된다.

① 한 국가의 교육은 당대의 직업구조의 영향을 받는다.
② 미래에는 현존하는 직업 중 대부분이 사라지는 큰 변화가 있을 것이다.
③ 세계 여러 국가는 변화하는 세상에 대응하여 전통적인 교육을 개편하고 있다.
④ 빠르게 변하는 불확실성의 세계에서는 미래의 유망 직업을 예측하는 일이 중요하다.
⑤ 교육은 다음 세대가 사회 환경의 변화에 대응하는 데 필요한 역량을 함양하는 방향으로 변해야 한다.

난이도 상 중 하

풀이시간 | 2분

07

2015년 민경채

다음 글의 핵심 내용으로 가장 적절한 것은?

1948년에 제정된 대한민국 헌법은 공동체의 정치적 문제는 기본적으로 국민의 의사에 의해 결정된다는 점을 구체적인 조문으로 명시하고 있다. 그러나 이러한 공화제적 원리는 1948년에 이르러 갑작스럽게 등장한 것이 아니다. 이미 19세기 후반부터 한반도에서는 이와 같은 원리가 공공 영역의 담론 및 정치적 실천 차원에서 표명되고 있었다.

공화제적 원리는 1885년부터 발행되기 시작한 근대적 신문인 『한성주보』에서도 어느 정도 언급된 바 있지만 특히 1898년에 출현한 만민공동회에서 그 내용이 명확하게 드러난다. 독립협회를 중심으로 촉발되었던 만민공동회는 민회를 통해 공론을 형성하고 이를 국정에 반영하고자 했던 완전히 새로운 형태의 정치운동이었다. 이것은 전통적인 집단상소나 민란과는 전혀 달랐다. 이 민회는 자치에 대한 국민의 자각을 기반으로 공동생활의 문제들을 협의하고 함께 행동해 나가려 하였다. 이것은 자신들이 속한 정치공동체에 대한 소속감과 연대감을 갖지 않고서는 불가능한 현상이었다. 즉 만민공동회는 국민이 스스로 정치적 주체가 되고자 했던 시도였다. 전제적인 정부가 법을 통해 제한하려고 했던 정치 참여를 국민들이 스스로 쟁취하여 정치체제를 변화시키고자 하였던 것이다.

19세기 후반부터 한반도에 공화제적 원리가 표명되고 있었다는 사례는 이뿐만이 아니다. 당시 독립협회가 정부와 함께 개최한 관민공동회에서 발표한 「헌의6조」를 살펴보면 제3조에 "예산과 결산은 국민에게 공표할 일"이라고 명시하고 있는 것을 확인할 수 있다. 이것은 오늘날의 재정운용의 기본원칙으로 여겨지는 예산공개의 원칙과 정확하게 일치하는 것으로 국민과 함께 협의하여 정치를 하여야 한다는 공화주의 원리를 보여주고 있다.

① 만민공동회는 전제 정부의 법적 제한에 맞서 국민의 정치 참여를 쟁취하고자 했다.
② 한반도에서 예산공개의 원칙은 19세기 후반 관민공동회에서 처음으로 표명되었다.
③ 예산과 결산이라는 용어는 관민공동회가 열렸던 19세기 후반에 이미 소개되어 있었다.
④ 만민공동회를 통해 대한민국 헌법에 공화제적 원리를 포함시키는 것이 결정되었다.
⑤ 한반도에서 공화제적 원리는 이미 19세기 후반부터 담론 및 실천의 차원에서 표명되고 있었다.

난이도 상 중 하 풀이시간 | 1분 30분

08

2014년 5급 PSAT

다음 글의 논지로 가장 적절한 것은?

아! 이 책은 붕당의 분쟁에 관한 논설을 실었다. 어째서 '황극(皇極)'으로 이름을 삼았는가? 오직 황극만이 붕당에 대한 옛설을 혁파할 수 있기에 이로써 이름 붙인 것이다.

내가 생각하기에 옛날에는 붕당을 혁파하는 것이 불가능했다. 왜 그러한가? 그때는 군자는 군자와 더불어 진붕(眞朋)을 이루고 소인은 소인끼리 무리지어 위붕(僞朋)을 이루었다. 만약 현부(賢否), 충사(忠邪)를 살피지 않고 오직 붕당을 제거하기에 힘쓴다면 교활한 소인의 당이 뜻을 펴기 쉽고 정도(正道)로 처신하는 군자의 당은 오히려 해를 입기 마련이었다. 이에 구양수는 『붕당론』을 지어 신하들이 붕당을 이루는 것을 싫어하는 임금의 마음을 경계하였고, 주자는 사류(士類)를 고르게 보합하자는 범순인의 주장을 비판하였다. 이들은 붕당이란 것은 어느 시대에나 있는 것이니, 붕당이 있는 것을 염려할 것이 아니라 임금이 군자당과 소인당을 가려내는 안목을 지니는 것이 관건이라고 하였다. 군자당의 성세를 유지시킨다면 정치는 저절로 바르게 되기 때문이다. 이것이 옛날에는 붕당을 없앨 수 없었던 이유이다.

그러나 지금 붕당을 만드는 것은 군자나 소인이 아니다. 의논이 갈리고 의견을 달리하여 저편이 저쪽의 시비를 드러내면 이편 또한 이쪽의 시비로 대응한다. 저편에 군자와 소인이 있으면 이편에도 군자와 소인이 있다. 따라서 붕당을 그대로 둔다면 군자를 모을 수 없고 소인을 교화시킬 수 없다. 이제는 붕당이 아닌 재능에 따라 인재를 등용하는 정책을 널리 펴야 한다. 그런 까닭에 영조대왕은 황극을 세워 탕평정책을 편 것을 50년 재위 기간의 가장 큰 치적으로 삼았다.

① 군자들만으로 이루어진 붕당을 만들어야 한다.
② 붕당을 혁파하고 유능한 인재를 등용하여야 한다.
③ 옛날의 붕당과 현재의 붕당 사이의 조화를 도모해야 한다.
④ 강력한 왕권을 확립하여 붕당 간의 대립을 조정해야 한다.
⑤ 붕당마다 군자와 소인이 존재하므로 한쪽 붕당만을 등용하거나 배격하는 것은 옳지 않다.

난이도 상 중 하 풀이시간 | 2분

09

2014년 민경채

다음 글의 결론으로 가장 적절한 것은?

이론 P에 따르면 복지란 다른 시민의 기본권을 침해하지 않는 한, 각 시민이 갖고 있는 현재의 선호들만 만족시키는 것이다. 현재 선호만을 만족시켜야 한다고 주장하는 근거는 크게 두 가지이다. 첫째, 지금은 사라진 그 어떤 과거 선호들보다 현재의 선호가 더 강렬하다는 것이다. 둘째, 어떤 사람이 지금 선호하지 않는 것을 그에게 지금 제공하는 것은 그에게 만족의 기쁨을 주지 못한다는 사실이다. 만일 이 근거들이 약점을 갖고 있다면 우리는 이론 P를 받아들일 이유가 없다.

첫째 근거에 대해 이런 반론을 제기할 수 있다. 현재 선호와 과거 선호의 강렬함을 현재 시점에서 비교하는 것은 공정하지 않다. 시간에서 벗어나 둘을 비교한다면 현재의 선호보다 더 강렬했던 과거 선호가 있을 수 있다. 예컨대 10년 전 김 씨가 자신의 고향인 개성에 방문하기를 바랐던 것이 일생에서 가장 강렬한 선호였을 수 있다. 둘째 근거에 대해서는 이런 반론을 제기할 수 있다. 선호하는 시점과 만족하는 시점은 대부분의 경우 시간차가 존재한다. 만일 사람들의 선호가 자주 바뀐다면 그들의 현재 선호가 그것이 만족되는 시점까지 지속하리라는 보장이 없다. 이것이 사실이라면 정부가 시민의 현재 선호를 만족시키려고 노력하는 것은 낭비를 낳는다. 이처럼 현재 선호만을 만족시켜야 한다는 주장을 뒷받침하는 근거들은 허점이 많다.

① 사람들의 선호는 시간이 지남에 따라 변하기 때문에 그의 현재 선호도 만족시킬 수 없다.
② 복지를 시민의 현재 선호를 만족시키는 것으로 보는 이론은 받아들이기 어렵다.
③ 어느 선호가 더 강렬한 선호인지를 결정하는 것은 중요하지 않다.
④ 복지 문제에서 과거 선호를 만족시키는 것도 중요하다.
⑤ 복지가 무엇인지 정의하는 것은 불가능하다.

난이도 상 중 하 풀이시간 | 2분

10

2011년 민경채

다음 글의 핵심 논지로 가장 적절한 것은?

폴란은 동물의 가축화를 '노예화 또는 착취'로 바라보는 시각은 잘못이라고 주장한다. 그에 따르면 가축화는 '종들 사이의 상호주의'의 일환이며 정치적이 아니라 진화론적 현상이다. 그는 "소수의, 특히 운이 좋았던 종들이 다윈식의 시행착오와 적응과정을 거쳐, 인간과의 동맹을 통해 생존과 번성의 길을 발견한 것이 축산의 기원"이라고 말한다. 예컨대 이러한 동맹에 참여한 소, 돼지, 닭은 번성했지만 그 조상뻘 되는 동물들 중에서 계속 야생의 길을 걸었던 것들은 쇠퇴했다는 것이다. 지금 북미 지역에 살아남은 늑대는 1만 마리 남짓인데 개들은 5천만 마리나 된다는 것을 통해 이 점을 다시 확인할 수 있다. 이로부터 폴란은 '그 동물들의 관점에서 인간과의 거래는 엄청난 성공'이었다고 주장한다. 그래서 스티븐 울프는 "인도주의에 근거한 채식주의 옹호론만큼 설득력 없는 논변도 없다. 베이컨을 원하는 인간이 많아지는 것은 돼지에게 좋은 일이다"라고 주장하기도 한다.

그런데 어떤 생명체가 태어나도록 하는 것이 항상 좋은 일인가? 어떤 돼지가 깨끗한 농장에서 태어나 쾌적하게 살다가 이른 죽음을 맞게 된다면, 그 돼지가 태어나도록 하는 것이 좋은 일인가? 좋은 일이라고 한다면 돼지를 잘 기르는 농장에서 나온 돼지고기를 먹는 것은 그 돼지에게 나쁜 일이 아니라는 말이 된다. 아무도 고기를 먹지 않는다면 그 돼지는 태어날 수 없기 때문이다. 하지만 그 돼지를 먹기 위해서는 먼저 그 돼지를 죽여야 한다. 그렇다면 그 살해는 정당해야 한다. 폴란은 자신의 주장이 갖는 이런 함축에 불편함을 느껴야 한다. 이러한 불편함을 폴란은 해결하지 못할 것이다.

① 종 다양성을 보존하기 위한 목적으로 생명체를 죽이는 일은 지양해야 한다.
② 생명체를 죽이기 위해서 그 생명체를 태어나게 하는 일은 정당화되기 어렵다.
③ 어떤 생명체가 태어나서 쾌적하게 산다면 그 생명체를 태어나게 하는 것은 좋은 일이다.
④ 가축화에 대한 폴란의 진화론적 설명이 기초하는 '종들 사이의 상호주의'는 틀린 정보에 근거한다.
⑤ 어떤 생명체를 태어나게 해서 그 생명체가 속한 종의 생존과 번성에 도움을 준다면 이는 좋은 일이다.

정답과 해설 P.33

기출유형 2 | # 세부 내용 파악

5급	7급	민경채

난이도 상 중 하 풀이시간 | 1분 30초

01

2023년 5급 PSAT

다음 글에서 알 수 있는 것은?

> 독일에서 인쇄소를 운영하던 구텐베르크가 금속활자를 발명한 후 민간의 인쇄업자들은 그 기술을 적극 수용했다. 그리하여 구텐베르크의 금속활자가 발명된 이래 약 50년 동안 많게는 1,000개 가까운 인쇄소가 유럽에서 생겨났다. 구텐베르크의 금속활자 발명에는 상업적 동기가 작용했다. 당시 독일에는 라틴어 문법 서적 등 인쇄물에 대한 대중의 수요가 많았는데, 기존의 목판 인쇄는 생산 비용이 너무 높아서 그 수요를 감당하기 어려웠다. 구텐베르크가 금속활자를 발명함으로써 인쇄물의 생산 가격이 낮아지자 다수의 민간업자들은 이 새로운 기술을 활발하게 받아들였다. 그 결과 지식의 독점을 막고 독서 인구를 증가시키는 데 크게 기여했다.
>
> 그러나 조선의 경우는 이와 달랐다. 조선 전기에 금속활자로 인쇄를 할 수 있었던 곳은 국가기관인 주자소와 교서관에 불과했다. 조선 후기에도 사정은 크게 달라지지 않았는데, 민간에서 주조한 금속활자가 몇 종 있긴 했지만 극소수 양반가의 소유였을 뿐이었다. 구텐베르크의 금속활자와는 달리, 조선에서 금속활자는 민간에서 거의 수용되지 않았던 것이다. 그 까닭은 무엇인가?
>
> 가장 본질적인 요인은 표의문자와 표음문자라는 문자 유형의 차이이다. 조선시대에 금속활자로 인쇄한 것은 대부분 한자로 쓰인 책이었는데, 이를 인쇄하자면 한자 수만큼이나 많은 활자가 필요했다. 실제 조선의 금속활자는 한 번에 주조할 때마다 10만 자를 넘기기 일쑤였다. 조선 전기에 주조된 계미자는 10만 자, 갑인자는 20만 자, 갑진자는 30만 자였으며, 조선 후기에 주조된 오주갑인자와 육주갑인자 역시 각각 15만 자씩이었다. 이에 비해 라틴 자모의 경우 대문자와 소문자를 모두 감안하더라도 수백 자를 넘지 않으므로, 필요한 활자의 수가 절대적으로 적었다. 따라서 민간에서 부담 없이 주조할 수 있었다.

① 조선시대 금속활자는 민간에서 주조되지 않았다.
② 구텐베르크의 금속활자는 조선의 금속활자보다 생산 비용이 더 높았다.
③ 조선시대 금속활자는 시대가 흐를수록 한 번에 주조하는 글자 수가 증가하였다.
④ 구텐베르크의 금속활자와 조선의 금속활자는 모두 지식의 독점을 막고 독서 인구를 증가시키는 결과를 낳았다.
⑤ 활자로 만들어야 할 문자의 유형 차이로 구텐베르크의 금속활자와 조선의 금속활자는 민간의 수용 정도에 있어 차이가 있었다.

난이도 상 중 하 풀이시간 | 2분

02

2023년 5급 PSAT

다음 글에서 알 수 있는 것은?

> 나이가 들면 시간이 흘러가는 것이 젊었을 때와 다르게 느껴진다. 나이가 든 사람과 젊은 사람은 물리적 시간의 경과를 다르게 느낀다고 하는데 그 이유는 무엇일까?
>
> 연구자 A는 이 질문과 관련하여 새로운 설명을 제시하였다. A는 시간을 두 종류로 구분하였다. 하나는 객관적으로 측정할 수 있는 물리적 시간인 '시계 시간'이고 다른 하나는 마음으로 그 경과를 지각하는 '마음 시간'이다. 마음 시간은 뇌 속에서 일어나는 이미지 전환에 의해 지각된다. 이 이미지들은 감각기관의 자극을 통해 만들어지고 뇌 속에서 처리되어 저장된다. 그런데 나이가 들어 신경망의 크기와 복잡성이 커지면 신호를 전달하는 경로가 더 길어질 뿐 아니라 신호전달 경로도 활력이 떨어져 신호의 흐름이 둔해지게 된다. 결과적으로 신체가 노화하면 뇌가 이미지를 습득하고 처리하는 속도가 느려져 마음 시간도 느려진다. 따라서 똑같은 물리적 시간에 나이든 사람이 처리하는 이미지 수는 젊은 사람보다 적게 된다. 가령, 젊어서 1시간 동안 N개의 이미지를 처리하고 저장하는 사람은 N개의 이미지의 연쇄에 의해 저장된 사건들이 1시간 동안 일어난 것으로 인지하게 된다. 그런데 나이가 들어서 1시간 동안 N/2개의 이미지만을 처리할 수 있게 되면, 2시간 동안 벌어진 사건들을 N개의 이미지로 저장하게 되어, 이 N개의 이미지의 연쇄를 1시간의 경과로 인식하게 된다. 다시 말해서, 인간의 마음은 자신이 인지한 이미지가 바뀌는 것을 단위로 삼아 시간의 경과를 인식한다.

① 나이가 들면 젊었을 때보다 마음 시간이 더 빨리 간다.

② 시계 시간은 나이가 들어감에 따라 흐르는 속도가 빨라진다.

③ 마음 시간과 시계 시간의 빠르기는 신체 노화에 따라 변한다.

④ 뇌에서 이미지 처리 속도가 느려지면 시계 시간이 더 빠르게 흐르는 것으로 느끼게 된다.

⑤ 신경망의 크기와 복잡성이 클수록 같은 시계 시간 동안 처리할 수 있는 이미지의 수는 많아진다.

난이도 상 중 하 풀이시간 | 2분

03

2023년 7급/민경채 PSAT

다음 글의 내용과 부합하지 않는 것은?

정부는 공공사업 수립·추진 과정에서 사회적 갈등이 예상되는 경우 갈등영향분석을 통해 해결책을 마련하여야 한다. 갈등은 다양한 요인 및 양태 그리고 복잡한 이해관계를 갖고 있다. 따라서 갈등영향분석의 실시 여부는 공공사업의 규모, 유형, 사업 관련 이해집단의 분포 등 다양한 지표들을 고려하여 판단하여야 한다.

갈등영향분석 실시 여부의 대표적인 판단 지표 중 하나는 실시 대상 사업의 경제적 규모이다. 해당 사업을 수행하는 기관장은 예비타당성 조사 실시 기준인 총사업비를 판단 지표로 활용하여 갈등영향분석의 실시 여부를 판단하되, 그 경제적 규모가 실시 기준 이상이라도 갈등 발생 여지가 없거나 미미한 경우에는 갈등관리심의위원회 심의를 거쳐 갈등영향분석을 실시하지 않을 수 있다.

실시 대상 사업의 유형도 갈등영향분석 실시 여부의 판단 지표가 된다. 쓰레기 매립지, 핵폐기물처리장 등 기피 시설의 입지 선정은 지역사회 갈등을 유발하는 대표적 유형이다. 이러한 사업 유형은 경제적 규모와 관계없이 반드시 갈등영향분석이 이루어져야 한다. 해당 사업을 수행하는 기관장은 대상 시설이 기피 시설인지 여부를 판단할 때, 단독으로 판단하지 말고 지역 주민 관점에서 검토할 수 있도록 민간 갈등관리전문가 등의 자문을 거쳐야 한다.

갈등영향분석을 시행하기로 결정했다면, 해당 사업을 수행하는 기관장 주관으로, 갈등관리심의위원회의 자문을 거쳐 해당 사업과 관련된 주요 이해당사자들이 중립적이라고 인정하는 전문가가 갈등영향분석서를 작성하여야 한다. 이렇게 작성된 갈등영향분석서는 반드시 모든 이해당사자들의 회람 후에 해당 기관장에게 보고되고 갈등관리심의위원회에서 심의되어야 한다.

① 정부가 갈등영향분석 실시 여부를 판단할 때 예비타당성 조사 실시 기준인 총사업비를 판단 지표로 활용한다.

② 기피 시설 여부를 판단할 때 해당 사업을 수행하는 기관장이 별도 절차 없이 단독으로 판단해서는 안 된다.

③ 갈등영향분석서는 정부가 주관하여 중립적 전문가의 자문하에 해당 기관장이 작성하여야 한다.

④ 갈등영향분석서를 작성한 후에는 이해당사자가 회람하는 절차가 있어야 한다.

⑤ 갈등관리심의위원회는 갈등영향분석 실시 여부의 판단에 관여할 수 있다.

난이도 상 중 하 풀이시간 | 1분 30초

04

2023년 7급/민경채 PSAT

다음 글의 내용과 부합하는 것을 고르면?

고려 숙종 9년에 여진이 고려 동북면에 있는 정주성을 공격하였다. 고려는 윤관을 보내 여진을 막게 하였으며, 윤관이 이끄는 군대는 정주성 북쪽의 벽등수라는 곳에서 여진과 싸워 이겼다. 이에 여진은 사신을 보내 화의를 요청하였고, 고려는 이를 받아들였다. 그러나 윤관은 전투 과정에서 여진의 기병을 만나 고전하였기 때문에 대책을 세워야 한다고 생각하고, 숙종의 허락을 받아 별무반을 창설하였다. 별무반에는 기병인 신기군과 보병인 신보군, 적의 기병을 활로 막아내는 경궁군 등 다양한 부대가 편성되어 있었다.

윤관은 숙종의 뒤를 이은 예종 2년에 별무반을 이끌고 여진 정벌에 나섰다. 그는 정주성 북쪽으로 밀고 올라가 여진의 영주, 웅주, 복주, 길주를 점령하고 그곳에 성을 쌓았다. 이듬해 윤관은 정예 병사 8,000여 명을 이끌고 가한촌이라는 곳으로 나아갔다. 그런데 가한촌은 병목 지형이어서 병력을 지휘하기 어려웠다. 여진은 이러한 지형을 이용하여 길 양쪽에 매복하고 있다가 고려군을 기습하였다. 이때 윤관은 큰 위기를 맞이하였지만 멀리서 이를 본 척준경이 10여 명의 결사대를 이끌고 분전한 덕분에 영주로 탈출할 수 있었다. 이후 윤관은 여진의 끈질긴 공격을 물리치면서 함주, 공험진, 의주, 통태진, 평융진에도 성을 쌓아 총 9개의 성을 완성하였다. 윤관이 별무반을 이끌고 출정한 후 여진 지역에 쌓은 성이 모두 9개였기 때문에 그 지역을 동북 9성이라고 부른다.

하지만 여진은 이후 땅을 되찾기 위하여 여러 차례 웅주와 길주 등을 공격하였다. 윤관이 이끄는 고려군은 가까스로 이를 물리쳤지만, 여진이 성을 둘러싸고 길을 끊는 바람에 고립되는 일이 잦았다. 고려는 윤관 외에도 오연총 등을 파견하여 동북 9성에 대한 방비를 강화하였지만, 전투가 거듭될수록 병사들이 계속 희생되었고 물자 소비도 점점 많아졌다. 그래서 예종 4년에 여진이 자세를 낮추며 강화를 요청했을 때 고려는 이를 받아들이고 여진에 동북 9성 지역을 돌려주기로 하였다.

① 고려는 동북 9성을 방어하는 과정에서 병사들이 계속 희생되고 물자 소비도 늘어났기 때문에 여진의 강화 요청을 받아들였다.
② 오연총은 웅주에 있던 윤관이 여진군에 의해 고립된 사실을 알고 길주로부터 출정하여 그를 구출하였다.
③ 윤관은 여진군과의 끈질긴 전투 끝에 가한촌을 점령하고 그곳에 성을 쌓아 동북 9성을 완성하였다.
④ 척준경은 가한촌 전투에서 패배한 고려군을 이끌고 길주로 후퇴하였다.
⑤ 예종이 즉위하고 다음 해에 신기군과 신보군, 경궁군이 창설되었다.

난이도 상 중 하 풀이시간 | 1분 30초

05 2022년 7급/민경채 PSAT

다음 글에서 알 수 없는 것은?

'계획적 진부화'는 의도적으로 수명이 짧은 제품이나 서비스를 생산함으로써 소비자들이 새로운 제품을 구매하도록 유도하는 마케팅 전략 중 하나이다. 여기에는 단순히 부품만 교체하는 것이 가능함에도 불구하고 새로운 제품을 구매하도록 유도하는 것도 포함된다.

계획적 진부화의 이유는 무엇일까? 첫째, 기업이 기존 제품의 가격을 인상하기 곤란한 경우, 신제품을 출시한 뒤 여기에 인상된 가격을 매길 수 있기 때문이다. 특히 제품의 기능은 거의 변함없이 디자인만 약간 개선한 신제품을 내놓고 가격을 인상하는 경우도 쉽게 볼 수 있다. 둘째, 중고품 시장에서 거래되는 기존 제품과의 경쟁을 피할 수 있기 때문이다. 자동차처럼 사용 기간이 긴 제품의 경우, 기업은 동일 유형의 제품을 팔고 있는 중고품 판매 업체와 경쟁해야만 한다. 그러나 기업이 새로운 제품을 출시하면, 중고품 시장에서 판매되는 기존 제품은 진부화되고 그 경쟁력도 하락한다. 셋째, 소비자들의 취향이 급속히 변화하는 상황에서 계획적 진부화로 소비자들의 만족도를 높일 수 있기 때문이다. 전통적으로 제품의 사용 기간을 결정짓는 요인은 기능적 특성이나 노후화·손상 등 물리적 특성이 주를 이루었지만, 최근에는 심리적 특성에도 많은 영향을 받고 있다. 이처럼 소비자들의 요구가 다양해지고 그 변화 속도도 빨라지고 있어, 기업들은 이에 대응하기 위해 계획적 진부화를 수행하기도 한다.

기업들은 계획적 진부화를 통해 매출을 확대하고 이익을 늘릴 수 있다. 기존 제품이 사용 가능한 상황에서도 신제품에 대한 소비자들의 수요를 자극하면 구매 의사가 커지기 때문이다. 반면, 기존 제품을 사용하는 소비자 입장에서는 크게 다를 것 없는 신제품 구입으로 불필요한 지출과 실질적인 손실이 발생할 수 있다는 점에서 계획적 진부화는 부정적으로 인식된다. 또한 환경이나 생태를 고려하는 거시적 관점에서도, 계획적 진부화는 소비자들에게 제공하는 가치에 비해 에너지나 자원의 낭비가 심하다는 비판을 받고 있다.

① 계획적 진부화로 소비자들은 불필요한 지출을 할 수 있다.
② 계획적 진부화는 기존 제품과 동일한 중고품의 경쟁력을 높인다.
③ 계획적 진부화는 소비자들의 요구에 대응하기 위하여 수행되기도 한다.
④ 계획적 진부화를 통해 기업은 기존 제품보다 비싼 신제품을 출시할 수 있다.
⑤ 계획적 진부화로 인하여 제품의 실제 사용 기간은 물리적으로 사용 가능한 수명보다 짧아질 수 있다.

난이도 상 중 하 풀이시간 | 2분

06

2021년 5급 PSAT

다음 글에서 알 수 있는 것은?

> 15~16세기에 이질은 사람들을 괴롭히는 가장 주요한 질병이 되었다. 조선은 15세기부터 냇둑을 만들어 범람원(汎濫原)을 개간하기 시작하였고, 『농사직설』을 편찬하여 적극적으로 벼농사를 보급하였다. 이질은 이처럼 벼농사를 중시하여 냇가를 개간한 조선이 감당하여야 하는 숙명이었다.
>
> 벼농사를 짓는 논은 밭 위에 물을 가두어 농사를 짓는 농업 시설이었다. 새로 생긴 논 주변의 구릉에는 마을들이 생겨났다. 하지만 사람들이 쏟아내는 오물이 도랑을 통해 논으로 흘러들었고, 사람의 눈에 보이지 않는 미생물 중 수인성(水因性) 병균이 번성하였다. 그중 위산을 잘 견디는 시겔라균은 사람의 몸에 들어오면 적은 양이라도 대장까지 곧바로 도달하였고, 어김없이 이질을 일으켰다.
>
> 이질은 15세기 초반 급증하기 시작하여 17세기 이후에는 크게 감소하였다. 이러한 변화의 원인은 생태 환경의 측면에서 찾을 수 있다. 15~16세기 냇둑에 의한 농지 개간은 범람원을 논으로 바꾸었다. 장마나 강우에 의해 일시적으로 범람하여 발생하는 짧은 침수 기간을 제외하면 범람원은 나머지 대부분의 시간 동안 건조한 상태를 유지하는 벌판을 형성한다. 이곳은 홍수에 잘 견디는 나무로 구성된 숲이 발달하였던 곳이다. 한반도의 하천 변에 분포하는 넓은 범람원의 숲이 논으로 개발되면서 뜨거운 여름 동안 습지로 바뀌었고 건조한 환경에 적합한 미생물 생태계가 습한 환경에 적합한 새로운 미생물 생태계로 바뀌었다. 수인성 세균인 병원성 살모넬라균과 시겔라균은 이러한 습지의 생태계에서 번성하여 장티푸스와 이질의 발병률을 크게 높였다.
>
> 그런데 17세기 이후 농지 개간의 중심축이 범람원 개간에서 산간 지역 개발로 이동하였다. 이는 수인성 전염병 발생을 크게 줄이는 결과를 낳았다. 농법의 측면에서도 17세기 이후에는 남부지역의 벼농사에서 이모작과 이앙법이 확대되었고, 이는 마을에 인접한 논의 사용법을 변화시켰다. 특히 논에 물을 가둬두는 기간이 줄어서 이질 등 수인성 질병 발생의 감소를 가져왔다.

① 『농사직설』을 통한 벼농사 보급 이전의 조선에는 수인성 병균에 의한 질병이 발견되지 않았다.

② 15~16세기 조선의 하천에서 번성하던 시겔라균이 17세기 이후 감소하였다.

③ 17세기 이후 조선에서는 논의 미생물 생태계가 변화되어 이질 감소에 기여하였다.

④ 17세기 이후 조선에서 개간 대상 지역이 바뀌어 인구 밀집지역이 점차 하천 주변에서 산간 지역으로 바뀌었다.

⑤ 17세기 이후 조선 농법의 변화는 건조한 지역에도 농지를 개간할 수 있도록 하여 이질과 장티푸스 발병률을 낮추었다.

난이도 상 중 하

풀이시간 | 2분 30초

07

2021년 민경채

다음 글에서 알 수 있는 것은?

1883년에 조선과 일본이 맺은 조일통상장정 제41관에는 "일본인이 조선의 전라도, 경상도, 강원도, 함경도 연해에서 어업 활동을 할 수 있도록 허용한다"라는 내용이 있다. 당시 양측은 이 조항에 적시되지 않은 지방 연해에서 일본인이 어업 활동을 하는 것은 금하기로 했다. 이 장정 체결 직후에 일본은 자국의 각 부·현에 조선해통어조합을 만들어 조선 어장에 대한 정보를 제공하기 시작했다. 이러한 지원으로 조선 연해에서 조업하는 일본인이 늘었는데, 특히 제주도에는 일본인들이 많이 들어와 전복을 마구 잡는 바람에 주민들의 전복 채취량이 급감했다. 이에 제주목사는 1886년 6월에 일본인의 제주도 연해 조업을 금했다. 일본은 이 조치가 조일통상장정 제41관을 위반한 것이라며 항의했고, 조선도 이를 받아들여 조업 금지 조치를 철회하게 했다. 이후 조선은 일본인이 아무런 제약 없이 어업 활동을 하게 해서는 안 된다고 여기게 되었으며, 일본과 여러 차례 협상을 벌여 1889년에 조일통어장정을 맺었다.

조일통어장정에는 일본인이 조일통상장정 제41관에 적시된 지방의 해안선으로부터 3해리 이내 해역에서 어업 활동을 하고자 할 때는 조업하려는 지방의 관리로부터 어업준단을 발급받아야 한다는 내용이 있다. 어업준단의 유효기간은 발급일로부터 1년이었으며, 이를 받고자 하는 자는 소정의 어업세를 먼저 내야 했다. 이 장정 체결 직후에 일본은 조선해통어조합연합회를 만들어 자국민의 어업준단 발급 신청을 지원하게 했다. 이후 일본은 1908년에 '어업에 관한 협정'을 강요해 맺었다. 여기에는 앞으로 한반도 연해에서 어업 활동을 하려는 일본인은 대한제국 어업 법령의 적용을 받도록 한다는 조항이 있다. 대한제국은 이듬해에 한반도 해역에서 어업을 영위하고자 하는 자는 먼저 어업 면허를 취득해야 한다는 내용의 어업법을 공포했고, 일본은 자국민도 이 법의 적용을 받게 해야 한다는 입장을 관철했다. 일본은 1902년에 조선해통어조합연합회를 없애고 조선해수산조합을 만들었는데, 이 조합은 어업법 공포 후 일본인의 어업 면허 신청을 대행하는 등의 일을 했다.

① 조선해통어조합은 '어업에 관한 협정'에 따라 일본인의 어업 면허 신청을 대행하는 업무를 보았다.
② 조일통어장정에는 제주도 해안선으로부터 3해리 밖에서 조선인이 어업 활동을 하는 것을 모두 금한다는 조항이 있다.
③ 조선해통어조합연합회가 만들어져 활동하던 당시에 어업준단을 발급받고자 하는 일본인은 어업세를 내도록 되어 있었다.
④ 조일통상장정에는 조선해통어조합연합회를 조직해 일본인이 한반도 연해에서 조업할 수 있도록 지원한다는 내용이 있다.
⑤ 한반도 해역에서 조업하는 일본인은 조일통상장정 제41관에 따라 조선해통어조합으로부터 어업 면허를 발급받아야 하였다.

난이도 상 중 하 풀이시간 | 2분

08

2020년 5급 PSAT

다음 글에서 알 수 있는 것은?

> 수사 기관이 피의자를 체포할 때 피의자에게 묵비권을 행사할 수 있고 불리한 진술을 하지 않을 권리가 있으며 변호사를 선임할 권리가 있음을 알려야 한다. 이를 '미란다 원칙'이라고 하는데, 이는 피의자로 기소되어 법정에 선 미란다에 대한 재판을 통해 확립되었다. 미란다의 변호인은 "경찰관이 미란다에게 본인의 진술이 법정에서 불리하게 쓰인다는 사실과 변호인을 선임할 권리가 있다는 사실을 말해주지 않았으므로 미란다의 자백은 공정하지 않고, 따라서 미란다의 자백을 재판 증거로 삼을 수 없다"라고 주장했다. 미국 연방대법원은 이를 인정하여, 미란다가 자신에게 묵비권과 변호사 선임권을 갖고 있다는 사실을 안 상태에서 분별력 있게 자신의 권리를 포기하고 경찰관의 신문에 진술했어야 하므로, 경찰관이 이러한 사실을 고지하였다는 것이 입증되지 않는 한, 신문 결과만으로 얻어진 진술은 그에게 불리하게 사용될 수 없다고 판결하였다.
>
> 미란다 판결 전에는 전체적인 신문 상황에서 피의자가 임의적으로 진술했다는 점이 인정되면, 즉 임의성의 원칙이 지켜졌다면 재판 증거로 사용되었다. 이 때 수사 기관이 피의자에게 헌법상 권리를 알려주었는지 여부는 문제되지 않았다. 경찰관이 고문과 같은 가혹 행위로 받아낸 자백은 효력이 없지만, 회유나 압력을 행사했더라도 제때에 음식을 주고 밤에 잠을 자게 하면서 받아낸 자백은 전체적인 상황이 강압적이지 않았다면 증거로 인정되었다. 그런데 이러한 기준은 사건마다 다르게 적용되었으며 수사 기관으로 하여금 강압적인 분위기를 조성하도록 유도했으므로, 구금되어 조사받는 상황에서의 잠재적 위협으로부터 피의자를 보호해야 할 수단이 필요했다.
>
> 수사 절차는 본질적으로 강제성을 띠기 때문에, 수사 기관과 피의자 사이에 힘의 균형은 이루어지기 어렵다. 이런 상황에서 미란다 판결이 제시한 원칙은 수사 절차에서 수사 기관과 피의자가 대등한 지위에서 법적 다툼을 해야 한다는 원칙을 구현하는 첫출발이었다. 기존의 수사 관행을 전면적으로 부정하는 미란다 판결은 자백의 증거 능력에 대해 종전의 임의성의 원칙을 버리고 절차의 적법성을 채택하여, 수사 절차를 피의자의 권리를 보호하는 방향으로 전환하는 데에 크게 기여했다.

① 미란다 원칙을 확립한 재판에서 미란다는 무죄 판정을 받았다.

② 미란다 판결은 피해자의 권리에 있어 임의성의 원칙보다는 절차적 적법성이 중시되어야 한다는 점을 부각시켰다.

③ 미란다 판결은 법원이 수사 기관이 행하는 고문과 같은 가혹 행위에 대해 수사 기관의 법적 책임을 묻는 시초가 되었다.

④ 미란다 판결 전에는 수사 과정에 강압적인 요소가 있었더라도 피의자가 임의적으로 진술한 자백의 증거 능력이 인정될 수 있었다.

⑤ 미란다 판결에서 연방대법원은 피의자가 변호사 선임권이나 묵비권을 알고 있었다면 경찰관이 이를 고지하지 않아도 피의자의 자백은 효력이 있다고 판단하였다.

난이도 상 중 하 풀이시간 | 2분

09

2020년 민경채

다음 글에서 알 수 있는 것은?

바르트는 언어를 '랑그', '스틸', '에크리튀르'로 구분해서 파악했다. 랑그는 영어의 'language'에 해당한다. 인간은 한국어, 중국어, 영어 등 어떤 언어를 공유하는 집단에서 태어난다. 그때 부모나 주변 사람들이 이야기하는 언어가 '모어(母語)'이고 그것이 랑그이다.

랑그에 대해 유일하게 말할 수 있는 사실은, 태어날 때부터 부모가 쓰는 언어여서 우리에게 선택권이 없다는 것이다. 인간은 '모어 속에 던져지는' 방식으로 태어나기 때문에 랑그에는 관여할 수 없다. 태어나면서 쉼 없이 랑그를 듣고 자라기 때문에 어느새 그 언어로 사고하고, 그 언어로 숫자를 세고, 그 언어로 말장난을 하고, 그 언어로 신어(新語)를 창조한다.

스틸의 사전적인 번역어는 '문체'이지만 실제 의미는 '어감'에 가깝다. 이는 언어에 대한 개인적인 호오(好惡)의 감각을 말한다. 누구나 언어의 소리나 리듬에 대한 호오가 있다. 글자 모양에 대해서도 사람마다 취향이 다르다. 이는 좋고 싫음의 문제이기 때문에 어쩔 도리가 없다. 따라서 스틸은 기호에 대한 개인적 호오라고 해도 좋다. 다시 말해 스틸은 몸에 각인된 것이어서 주체가 자유롭게 선택할 수 없다.

인간이 언어기호를 조작할 때에는 두 가지 규제가 있다. 랑그는 외적인 규제, 스틸은 내적인 규제이다. 에크리튀르는 이 두 가지 규제의 중간에 위치한다. 에크리튀르는 한국어로 옮기기 어려운데, 굳이 말하자면 '사회방언'이라고 할 수 있다. 방언은 한 언어의 큰 틀 속에 산재하고 있으며, 국소적으로 형성된 것이다. 흔히 방언이라고 하면 '지역방언'을 떠올리는데, 이는 태어나 자란 지역의 언어이므로 랑그로 분류된다. 하지만 사회적으로 형성된 방언은 직업이나 생활양식을 선택할 때 동시에 따라온다. 불량청소년의 말, 영업사원의 말 등은 우리가 선택할 수 있다.

① 랑그는 선택의 여지가 없지만, 스틸과 에크리튀르는 자유로운 선택이 가능하다.
② 방언에 대한 선택은 언어에 대한 개인의 호오 감각에 기인한다.
③ 동일한 에크리튀르를 사용하는 사람들은 같은 지역 출신이다.
④ 같은 모어를 사용하는 형제라도 스틸은 다를 수 있다.
⑤ 스틸과 에크리튀르는 언어 규제상 성격이 같다.

난이도 상 중 하 | 풀이시간 | 2분

10

2019년 5급 PSAT

다음 글에서 알 수 없는 것은?

연금 제도의 금융 논리와 관련하여 결정적으로 중요한 원리는 중세에서 비롯된 신탁 원리다. 12세기 영국에서는 미성년 유족(遺族)에게 토지에 대한 권리를 합법적으로 이전할 수 없었다. 그럼에도 불구하고 영국인들은 유언을 통해 자식에게 토지 재산을 물려주고 싶어 했다. 이런 상황에서 귀족들이 자신의 재산을 미성년 유족이 아닌, 친구나 지인 등 제3자에게 맡기기 시작하면서 신탁 제도가 형성되기 시작했다. 여기서 재산을 맡긴 성인 귀족, 재산을 물려받은 미성년 유족, 그리고 미성년 유족을 대신해 그 재산을 관리·운용하는 제3자로 구성되는 관계, 즉 위탁자, 수익자, 그리고 수탁자로 구성되는 관계가 등장했다. 이 관계에서 주목해야 할 것은 미성년 유족은 성인이 될 때까지 재산권을 온전히 인정받지는 못했다는 점이다. 즉 신탁 원리하에서 수익자는 재산에 대한 운용 권리를 모두 수탁자인 제3자에게 맡기도록 되어 있었기 때문에 수익자의 지위는 불안정했다.

연금 제도가 이 신탁 원리에 기초해 있는 이상, 연금 가입자는 연기금 재산의 운용에 대해 영향력을 행사하기 어렵게 된다. 왜냐하면 신탁의 본질상 공·사 연금을 막론하고 신탁 원리에 기반을 둔 연금 제도에서는 수익자인 연금 가입자의 적극적인 권리 행사가 허용되지 않기 때문이다. 결국 신탁 원리는 수익자의 연금 운용 권리를 현저히 약화시키는 것을 기본으로 한다. 그 대신 연금 운용을 수탁자에게 맡기면서 '수탁자 책임'이라는, 논란이 분분하고 불분명한 책임이 부과된다. 수탁자 책임 이행의 적절성을 어떻게 판단할 수 있는가에 대해 많은 논의가 있었지만, 수탁자 책임의 내용에 대해서 실질적인 합의가 이루어지지는 못했다.

중세에서 기원한 신탁 원리가 연금 제도와 연금 산업에 미치는 효과는 현재까지도 여전히 유효하고 강력하다. 신탁 원리의 영향으로 인해 연금 가입자의 자율적이고 적극적인 권리 행사가 철저하게 제한되어 왔다. 그 결과 연금 가입자는 자본 시장의 최고 원리인 유동성을 마음껏 누릴 수 없었으며, 결국 연기금 운용자인 수탁자의 재량에 종속되는 존재가 되고 말았다.

① 사적 연금 제도의 가입자는 자본 시장의 유동성을 충분히 누릴 수 없었다.

② 위탁자 또는 수익자와 직접적인 혈연관계에 있지 않아도 수탁자로 지정될 수 있었다.

③ 연금 수익자의 지위가 불안정하기 때문에 연기금 재산에 대한 적극적인 권리 행사가 제한되었다.

④ 신탁 제도는 미성년 유족에게 토지 재산권이 합법적으로 이전될 수 없었던 중세 영국의 상황 속에서 생겨났다.

⑤ 연금 제도가 신탁 원리에 기반을 두었기 때문에 수탁자가 수익자보다 재산 운용에 대해 더 많은 재량권을 갖게 되었다.

난이도 상 중 하 풀이시간 | 2분 30초

11

2018년 5급 PSAT

다음 글의 내용과 부합하지 않는 것은?

> 1890년 독점 및 거래제한 행위에 대한 규제를 명시한 셔먼법이 제정됐다. 셔먼은 반독점법 제정이 소비자의 이익 보호와 함께 소생산자들의 탈집중화된 경제 보호라는 목적이 있다는 점을 강조했다. 그는 독점적 기업결합 집단인 트러스트가 독점을 통한 인위적인 가격 상승으로 소비자를 기만한다고 보았다. 더 나아가 트러스트가 사적 권력을 강화해 민주주의에 위협이 된다고 비판했다. 이런 비판의 사상적 배경이 된 것은 시민 자치를 중시하는 공화주의 전통이었다.
>
> 이후 반독점 운동에서 브랜다이스가 영향력 있는 인물로 부상했다. 그는 독점 규제를 통해 소비자의 이익이 아니라 독립적 소생산자의 경제를 보호하고자 했다. 반독점법의 취지는 거대한 경제 권력의 영향으로부터 독립적 소생산자들을 보호함으로써 자치를 지켜내는 데 있다는 것이다. 이런 생각에는 공화주의의 전통이 반영되어 있었다. 브랜다이스는 거대한 트러스트에 집중된 부와 권력이 시민 자치를 위협한다고 보았다. 이 점에서 그는 반독점법이 소생산자의 이익 자체를 도모하는 것보다는 경제와 권력의 집중을 막는 데 초점을 맞추어야 한다고 주장했다.
>
> 반독점법이 강력하게 집행된 것은 1930년대 후반에 이르러서였다. 1938년 아놀드가 법무부 반독점국의 책임자로 임명되었다. 아놀드는 소생산자의 자치와 탈집중화된 경제의 보호가 대량 생산 시대에 맞지 않는 감상적인 생각이라고 치부하고, 시민 자치권을 근거로 하는 반독점 주장을 거부했다. 그는 독점 규제의 목적이 권력 집중에 대한 싸움이 아니라 경제적 효율성의 향상에 맞춰져야 한다고 주장했다. 독점 규제를 통해 생산과 분배의 효율성을 증가시키고 그 혜택을 소비자에게 돌려주는 것이 핵심 문제라는 것이다. 이 점에서 반독점법의 목적이 소비자 가격을 낮춰 소비자 복지를 증진시키는 데 있다고 본 것이다. 그는 사람들이 반독점법을 지지하는 이유도 대기업에 대한 반감이나 분노 때문이 아니라, '돼지갈비, 빵, 안경, 약, 배관공사 등의 가격'에 대한 관심 때문이라고 강조했다. 이 시기 아놀드의 견해가 널리 받아들여진 것도 소비자 복지에 대한 당시 사람들의 관심사를 반영했기 때문으로 볼 수 있다. 이런 점에서 소비자 복지에 근거한 반독점 정책은 안정된 법적, 정치적 제도로서의 지위를 갖게 되었다.

① 셔먼과 브랜다이스의 견해는 공화주의 전통에 기반을 두고 있었다.

② 아놀드는 독점 규제의 목적에 대한 브랜다이스의 견해에 비판적이었다.

③ 셔먼과 아놀드는 소비자 이익을 보호한다는 점에서 반독점법을 지지했다.

④ 반독점 주장의 주된 근거는 1930년대 후반 시민 자치권에서 소비자 복지로 옮겨 갔다.

⑤ 브랜다이스는 독립적 소생산자와 소비자의 이익을 보호하여 시민 자치를 지키고자 했다.

난이도 상 중 하 　　　　풀이시간 | 2분

12

2017년 5급 PSAT

다음 글의 내용과 부합하는 것은?

> 아래로 흐르던 물이 손에 부딪쳐 튀어 오르는 것이 기운[氣]이라 하더라도 손에 부딪쳐 튀어 오르게 하는 것은 이치[理]니, 어찌 기운만 홀로 작용한다고 할 수 있겠는가?
>
> 대저 물이 아래로 흐르게 하는 것은 이치이며, 흐르던 물이 손에 부딪쳐 튀어 오르게 하는 것도 역시 이치이다. 물이 아래로 내려가는 것은 '본연의 이치[本然之理]' 때문이며, 손에 부딪쳤을 때 튀어 오르는 것은 '기운을 타고 있는 이치[乘氣之理]' 때문이다. 기운을 타고 있는 이치 밖에서 '본연의 이치'를 따로 구하는 것은 옳지 않지만, 기운을 타고 정상(定常)에 위반되는 것을 가리켜 '본연의 이치'라고 하는 것 역시 옳지 않다. 그리고 만약 정상에 위반되는 것에 대해 여기에는 기운만 홀로 작용하고 이치가 존재하지 않는다고 하는 것 역시 옳지 않다.
>
> 어떤 악인(惡人) 아무개가 편안히 늙어 죽는 것은 그야말로 정상에 위반되지만, 나라를 다스리는 도리가 공평하지 않아 상벌이 제대로 시행되지 못하여 악인이 득세하고 선한 사람이 곤궁해지는 까닭 역시 이치이다. 맹자는 "작은 것은 큰 것에 부림을 받고, 약한 것은 강한 것에 부림을 받는다. 이것은 천(天)이다"라고 하였다. 대저 덕의 크고 작음을 논하지 않고 오직 물리적인 대소와 강약만을 승부로 삼는 것이 어찌 천의 본연이겠는가? 이것은 형세를 기준으로 말한 것이니, 형세가 이미 그러할 때는 이치도 역시 그러하니, 이것을 천이라 한 것이다. 그러니 아무개가 목숨을 보존할 수 있었던 것은 본연의 이치가 아니라고 하면 옳지만, 기운이 홀로 그렇게 하고 이치는 없다고 하면 옳지 않다. 천하에 어찌 이치 밖에서 기운이 존재하겠는가?
>
> 대저 이치는 본래 하나일 뿐이고, 기운 역시 하나일 뿐이다. 기운이 움직일 때 고르지 않으면 이치도 역시 고르지 못하니, 기운은 이치를 떠나지 못하고 이치는 기운을 떠나지 못한다. 이렇다면 이치와 기운은 하나이니, 어디에서 따로 있는 것을 볼 수 있겠는가?

① 약한 것이 강한 것의 부림을 받는 것은 천의 본연이다.

② 형세가 바뀐 기운에는 그 기운을 타고 작용하는 이치가 반드시 있다.

③ 기운을 타고 있는 이치 이외에 그 기준이 되는 본연의 이치가 독립적으로 실재한다.

④ 악인이 편안히 늙어 죽는 것은 이치가 아니며, 다만 기운이 그렇게 작용할 뿐이다.

⑤ 이치에는 본연의 것과 정상을 벗어난 것이 있는데, 이 중 본연의 이치만 참된 이치이다.

난이도 상 중 하 풀이시간 | 2분

13

2017년 민경채

다음 글에서 알 수 없는 것은?

갈릴레오는 『두 가지 주된 세계 체계에 관한 대화』에서 등장인물인 살비아티에게 자신을 대변하는 역할을 맡겼다. 심플리치오는 아리스토텔레스의 자연철학을 대변하는 인물로서 살비아티의 대화 상대역을 맡고 있다. 또 다른 등장 인물인 사그레도는 건전한 판단력을 지닌 자로서 살비아티와 심플리치오 사이에서 중재자 역할을 맡고 있다.

이 책의 마지막 부분에서 사그레도는 나흘간의 대화를 마무리하며 코페르니쿠스의 지동설을 옳은 견해로 인정한다. 그리고 그는 그 견해를 지지하는 세 가지 근거를 제시한다. 첫째는 행성의 겉보기 운동과 역행 운동에서, 둘째는 태양이 자전한다는 것과 그 흑점들의 운동에서, 셋째는 조수 현상에서 찾아낸다.

이에 반해 살비아티는 지동설의 근거로서 사그레도가 언급하지 않은 항성의 시차(視差)를 중요하게 다룬다. 살비아티는 지구의 공전을 입증하기 위한 첫 번째 단계로 지구의 공전을 전제로 한 코페르니쿠스의 이론이 행성의 겉보기 운동을 얼마나 간단하고 조화롭게 설명할 수 있는지를 보여준다. 그런 다음 그는 지구의 공전을 전제로 할 때, 공전 궤도의 두 맞은편 지점에서 관측자에게 보이는 항성의 위치가 달라지는 현상, 곧 항성의 시차를 기하학적으로 설명한다.

그렇다면 사그레도는 왜 이 중요한 사실을 거론하지 않았을까? 그것은 세 번째 날의 대화에서 심플리치오가 아리스토텔레스의 이론을 옹호하면서 지동설에 대한 반박 근거로 공전에 의한 항성의 시차가 관측되지 않음을 지적한 것과 관련이 있다. 당시 갈릴레오는 자신의 망원경을 통해 별의 시차를 관측하지 못했다. 그는 그 이유가 항성이 당시 알려진 것보다 훨씬 멀리 있기 때문이라고 주장하였지만, 반대자들에게 그것은 임기응변적인 가설로 치부될 뿐이었다. 결국 그 작은 각도가 나중에 더 좋은 망원경에 의해 관측되기까지 항성의 시차는 지동설의 옹호자들에게 '불편한 진실'로 남아 있었다.

① 아리스토텔레스의 철학을 따르는 심플리치오는 지구가 공전하지 않음을 주장한다.

② 사그레도는 항성의 시차에 관한 기하학적 예측에 근거하여 코페르니쿠스의 지동설을 받아들인다.

③ 사그레도와 살비아티는 둘 다 행성의 겉보기 운동을 근거로 하여 코페르니쿠스의 지동설을 옹호한다.

④ 심플리치오는 관측자에게 항성의 시차가 관측되지 않았다는 사실에 근거하여 코페르니쿠스의 지동설을 반박한다.

⑤ 살비아티는 지구가 공전한다면 공전 궤도상의 지구의 위치에 따라 항성의 시차가 존재할 수밖에 없다고 예측한다.

난이도 상 중 하

풀이시간 | 2분

14

2016년 민경채

다음 글에서 알 수 없는 것은?

광장의 기원은 고대 그리스의 아고라에서 찾을 수 있다. '아고라'는 사람들이 모이는 곳이란 뜻을 담고 있다. 호메로스의 작품에 처음 나오는 이 표현은 물리적 장소만이 아니라 사람들이 모여서 하는 각종 활동과 모임도 의미한다. 아고라는 사람들이 모이는 도심의 한복판에 자리잡되 그 주변으로 사원, 가게, 공공시설, 사교장 등이 자연스럽게 둘러싸고 있는 형태를 갖는다. 물론 그 안에 분수도 있고 나무도 있어 휴식 공간이 되기는 하지만 그것은 부수적 기능일 뿐이다. 아고라 곧 광장의 주요 기능은 시민들이 모여 행하는 다양한 활동 그 자체에 있다.

르네상스 이후 광장은 유럽의 여러 제후들이 도시를 조성할 때 일차적으로 고려하는 사항이 된다. 광장은 제후들이 권력 의지를 실현하는 데 중요한 역할을 할 수 있었기 때문이다. 이 시기 유럽의 도시에서는 고대 그리스 이후 자연스럽게 발전해 온 광장이 의식적으로 조성되기 시작한다. 도시를 설계할 때 광장의 위치와 넓이, 기능이 제후들의 목적에 따라 결정된다.

『광장』을 쓴 프랑코 만쿠조는 유럽의 역사가 곧 광장의 역사라고 말한다. 그에 따르면 유럽인들에게 광장은 일상생활의 통행과 회합, 교환의 장소이자 동시에 권력과 그 의지를 실현하는 장이고 프랑스 혁명 이후 근대 유럽에서는 저항하는 대중의 연대와 소통의 장이라는 의미도 갖게 된다. 우리나라의 역사적 경험에서도 광장은 그와 같은 공간이었다. 우리의 마당이나 장터는 유럽과 형태는 다를지라도 만쿠조가 말한 광장의 기능과 의미를 담당해왔기 때문이다.

이처럼 광장은 인류의 모든 활동이 수렴되고 확산되는 공간이며 문화 마당이고 예술이 구현되는 장이며 더 많은 자유를 향한 열정이 집결하는 곳이다. 특히 근대 이후 광장을 이런 용도로 사용하는 것은 시민의 정당한 권리가 된다. 광장은 권력의 의지가 발현되는 공간이면서 동시에 시민에게는 그것을 넘어서고자 하는 자유의 열망이 빚어지는 장이다.

① 근대 이후 광장은 시민의 자유에 대한 열망이 모이는 장이었다.

② 고대 그리스의 아고라는 사람들이 모이는 장소 이상의 의미를 갖는다.

③ 유럽의 여러 제후들이 광장을 중요시한 것은 거주민의 의견을 반영하기 위해서였다.

④ 프랑스 혁명 이후 유럽에서 광장은 저항하는 이들의 소통 공간이라는 의미도 갖는다.

⑤ 우리나라의 역사적 경험에서도 광장은 권력과 그 의지를 실현하는 장이자 저항하는 대중의 연대와 소통의 장이었다.

난이도 상 중 하

풀이시간 | 1분 30초

15

2015년 5급 PSAT

다음 글에서 알 수 없는 것은?

'캐리 벅 사건'(1927)은 버지니아주에서 시행하는 강제불임 시술의 합헌성에 대한 판단을 다룬 것이다. 버지니아주에서는 정신적 결함을 가진 사람들의 불임 시술을 강제하는 법을 1924년에 제정하여 시행하고 있었다. 이 법은 당시 과학계에서 받아들여지던 우생학의 연구결과들을 반영한 것인데, 유전에 의해 정신적으로 결함이 있는 자들에게 강제불임시술을 함으로써 당사자의 건강과 이익을 증진하는 것을 목적으로 하였다. 우생학은 인간의 유전과 유전형질을 연구하여, 결함이 있는 유전자를 제거하여 인류를 개선하는 것이 주목적이었는데, 정신이상자, 정신박약자, 간질환자 등을 유전적 결함을 가진 대상으로 보았다.

이 사건의 주인공인 캐리 벅은 10대 후반의 정신박약인 백인 여성으로서 정신박약자들을 수용하기 위한 시설에 수용되어 있었다. 법에 따르면, 캐리 벅은 불임시술을 받지 않으면 수십 년 동안 수용시설에 갇혀 기본적인 의식주만 공급받고 다른 사회적 권리와 자유가 제약받을 수밖에 없는 상황이었다.

미국 연방대법원은 강제불임시술을 규정한 버지니아주의 주법을 합헌으로 판단하였다. 이 사건의 다수의견을 작성한 홈즈 대법관은 판결의 이유를 다음과 같이 밝혔다.

"사회 전체의 이익 때문에 가장 우수한 시민의 생명을 희생시키는 일도 적지 않다. 사회가 무능력자로 차고 넘치는 것을 막고자 이미 사회에 부담이 되는 사람들에게 그보다 작은 희생을 요구하는 것이 금지된다고 할 수는 없다. 사회에 적응할 능력이 없는 사람들의 출산을 금지하는 것이 사회에 이익이 된다. 법률로 예방접종을 하도록 강제할 수 있는 것과 같은 원리로 나팔관 절제도 강제할 수 있다고 해야 한다."

이 사건은 사회적 파장이 매우 컸다. 당시 미국의 주들 가운데는 강제불임시술을 규정하고 있는 주들이 있었지만 그 중 대부분의 주들이 이러한 강제불임시술을 실제로는 하고 있지 않았다. 하지만 연방대법원의 이 사건 판결이 나자 많은 주들이 새로운 법률을 제정하거나, 기존의 법률을 개정해서 버지니아주법과 유사한 법률을 시행하게 되었다. 버지니아주의 강제불임시술법은 1974년에야 폐지되었다.

① 당시 우생학에 따르면 캐리 벅은 유전적 결함을 가진 사람이었다.

② 버지니아주법은 정신박약이 유전되는 것이라는 당시의 과학 지식을 반영하여 제정된 것이었다.

③ 버지니아주법에 의하면 캐리 벅에 대한 강제불임시술은 캐리 벅 개인의 이익을 위한 것이다.

④ 홈즈에 따르면 사회가 무능력자로 넘치지 않기 위해서는 사회에 부담이 되는 사람들에게 희생을 요구할 수 있다.

⑤ 버지니아주법이 합헌으로 판단되기 이전, 불임시술을 강제하는 법을 가지고 있던 다른 주들은 대부분 그 법을 집행하고 있었다.

정답과 해설 P.37

기출유형 3 | # 주어진 내용 추론

5급	7급	민경채

난이도 상 중 하 풀이시간 | 2분

01

2023년 5급 PSAT

다음 글에서 추론할 수 있는 것은?

X는 한국의 500원짜리 동전을 감별할 목적으로 설계·제작된 감별기이다. X에 500원 동전을 집어넣으면 파란불이 켜지고 크기나 무게가 다른 동전을 집어넣으면 빨간불이 켜진다. 기계의 내부상태는 그 기계가 지금 무엇에 대한 상태인가를 나타낸다. X의 내부상태는 C상태와 E상태 두 가지이다. X가 C상태일 때는 파란불이, E상태일 때는 빨간불이 각각 켜진다. X는 500원 동전의 크기와 무게에 정확하게 반응하며 크기나 무게가 다른 동전은 C상태를 야기하지 않는다. X가 설계된 목적하에서 C는 500원 동전에 관한 상태이고 E는 500원 동전이 아닌 동전에 관한 상태이다. 그 상황에서 X의 파란불은 "투입된 동전이 500원이다."를 의미한다. 논의를 위해 한국의 500원짜리 동전과 미국의 25센트짜리 동전이 크기와 무게에서 같다고 가정하자. 그렇다면 25센트 동전을 X에 넣었을 때도 파란불이 켜질 것이다. 그러나 X는 500원 동전을 감별할 목적으로 설계되었기 때문에, 그 파란불은 "투입된 동전이 500원이다."라는 의미를 갖는다.

그런데 우연한 계기로 X가 미국에 설치되었다고 하자. 미국인들은 동전을 몇 번 넣어보고는 X에 25센트 동전을 넣으면 파란불이 켜지고 다른 동전을 넣으면 빨간불이 켜진다는 사실을 알게 된다. 그 이후부터 미국인들은 25센트 동전을 감별하는 목적으로 X를 사용하기 시작했다. 이제 X는 새로운 사용 목적을 갖게 된 것이다. 이러한 사용 목적 아래에서 미국에 설치된 X의 파란불은 "투입된 동전이 500원이다."가 아니라 "투입된 동전이 25센트이다."라는 의미를 갖는다.

이 사례는 인공물이 표상하는 의미가 고정되지 않는다는 것을 보여준다. X의 사용 목적에 따라 X의 C와 E는 다른 것에 대한 상태가 될 수 있고 X에 표시되는 파란불과 빨간불은 처음 설계 당시 지녔던 것과 다른 의미를 지닐 수 있다.

① 미국에 설치된 X에 빨간불이 켜졌다면 투입된 동전은 500원 동전이 아닐 것이다.
② 미국에 설치된 X에 500원 동전을 투입하여 파란불이 켜졌다면 X의 내부상태는 C가 아닐 것이다.
③ 두 동전을 X에 차례로 투입하여 두 번 모두 E상태가 되었다면 두 동전의 크기와 무게는 같을 것이다.
④ X의 파란불이 "투입된 동전이 500원이다."를 의미하는지의 여부는 X에 투입된 동전이 무엇인지에 의해 결정된다.
⑤ 미국에 설치된 X가 25센트 동전을 감별하는 것이 아닌 다른 목적을 가지더라도 X에 켜진 파란불은 여전히 "투입된 동전이 25센트이다."를 의미할 것이다.

난이도 상 중 하 풀이시간 | 1분 30초

02

2023년 5급 PSAT

다음 글에서 추론할 수 있는 것은?

수면은 휴식에 해당한다는 생각이 일반적이다. 하지만 연구 결과에 따르면, 잠을 잘 때 몸과 뇌는 비교적 활발하게 활동하며 편안히 누워서 책을 볼 때보다 더 많은 에너지를 사용한다고 한다. 그럼에도 불구하고 흔히 사람들은 수면이 피로에 지친 몸을 회복시킨다고 생각한다. 그러나 수면과 신체의 피로 사이의 관련성은 그렇게 밀접하지 않다. 오히려 뇌의 온도 상승이 수면에 영향을 미치는 것으로 보는 것이 옳다.

수면은 렘수면과 비(非)렘수면으로 나뉘는데 사람이 잠들면 비렘수면과 렘수면이 교대로 나타나기를 몇 차례 반복한다. 비렘수면 동안에는 뇌파 중 세타파와 델타파가 나오고 뇌의 활동이 느려지기 때문에 비렘수면을 '서파 수면'이라고도 한다. 반면에 눈동자가 활발하게 움직이는 렘수면 동안에는 뇌파 중 알파파와 베타파가 나오는데 이는 우리 뇌가 깨어 활발히 활동하고 있음을 보여준다. 이 때문에 렘수면을 '역설적 수면'이라고 한다. 렘수면의 목적은 하루 동안 뇌로 입력된 데이터들을 정리해서 데이터 처리 과정을 통해 기억과 사고 과정을 도와 이 정보들을 필요할 때 쉽게 찾도록 하는 것이다. 이런 과정은 뇌의 활동이 활발할 때만 일어난다.

어떤 원인에 의해 만약 뇌의 온도가 올라가면 렘수면 중 데이터 처리 효율이 떨어지면서 더 긴 렘수면 시간을 요구하게 되고, 그것을 채우지 못하면 정상적인 뇌의 활동에 지장이 생기게 된다. 그렇지만 렘수면의 시간을 늘림으로써 정상적인 뇌의 활동을 계속하기 위해서는 비렘수면의 시간도 함께 증가해야 하기 때문에 전체 수면 시간이 길어지게 된다.

① 뇌의 온도가 올라가면 비렘수면 시간이 감소한다.
② 뇌의 온도는 역설적 수면 동안보다 서파 수면 동안에 더 낮다.
③ 뇌에서 세타파와 델타파가 나오면 기억과 사고 과정을 돕는 수면이 이루어진다.
④ 피로를 높이는 신체 활동이 늘어나면 서파 수면 동안 뇌의 활동이 더 느려진다.
⑤ 알파파와 베타파가 나오는 수면 시간이 길어지면 정상적인 뇌의 활동을 계속하기 위해 전체 수면 시간이 늘어나야 한다.

난이도 상 중 하 풀이시간 | 2분

03

2023년 7급/민경채 PSAT

다음 글에서 추론할 수 있는 것만을 〈보기〉에서 모두 고르면?

> 진수는 병원에서 급성 중이염을 진단 받고, 항생제 투여 결과 이틀 만에 크게 호전되었다. 진수의 중이염 증상이 빠르게 호전된 것을 '항생제 투여 때문'이라고 답하는 것은 자연스러운 설명이다. 그런데 이것이 좋은 설명이 되려면, 그러한 증상의 치유에 항생제의 투여가 관련되어 있음을 보여 줄 필요가 있다.
>
> 확률의 차이는 이러한 관련성을 보여 주는 한 가지 방식이다. 예컨대 급성 중이염 증상에 대해 항생제 투여 없이 그대로 자연 치유에 맡기는 경우, 그 증상이 치유될 확률이 20%라고 하자. 이를 기준으로 삼아서 항생제 투여가 급성 중이염의 치유에 대해 갖는 긍정적 효과와 부정적 효과를 구분할 수 있다. 가령 항생제 투여를 할 경우에 그 확률이 80%라면, 이는 항생제 투여가 급성 중이염의 치유에 긍정적 효과가 있음을 보여 주는 것이다. 거꾸로, 급성 중이염의 치유를 위해 개발 과정에 있는 신약을 투여했더니 그 확률이 10%라는 조사 결과가 있다면, 이는 신약 투여가 급성 중이염의 치유에 부정적 효과가 있음을 보여 주는 것이다. 물론 두 경우 모두, 급성 중이염의 치유에 투여된 약 이외의 다른 요인이 개입하지 않았다는 점이 보장되어야 한다.

〈보기〉

ㄱ. 투여된 약이 증상의 치유에 어떠한 효과도 없다는 것을 보이기 위해서는, 약을 투여하더라도 증상이 치유될 확률에 변화가 없을 뿐 아니라 약의 투여 이외의 다른 요인이 개입되지 않았다는 것이 밝혀져야 한다.

ㄴ. 투여된 약이 증상의 치유에 긍정적인 효과가 있다는 것을 보이기 위해서는 증상이 치유될 확률이 약의 투여 이전보다 이후에 더 높아지는 것을 보이는 것으로 충분하다.

ㄷ. 약 투여 이외의 다른 요인이 개입되지 않았다고 전제할 경우에, 투여된 약이 증상의 치유에 긍정적인 효과가 없다는 것을 보이기 위해서는 증상이 치유될 확률이 약의 투여 이전보다 이후에 더 낮아지는 것을 보이는 것이 필요하다.

① ㄱ
② ㄴ
③ ㄱ, ㄷ
④ ㄴ, ㄷ
⑤ ㄱ, ㄴ, ㄷ

난이도 상 중 하 풀이시간 | 2분

04 2023년 7급/민경채 PSAT

다음 글에서 추론할 수 없는 것은?

물속에서 눈을 뜨면 물체를 뚜렷하게 볼 수 없다. 이는 공기에 대한 각막의 상대 굴절률이 물에 대한 각막의 상대 굴절률과 달라서 물속에서는 상이 망막에 선명하게 맺히기 힘들기 때문이다. 그런데 수경을 쓰면 빛이 공기에서 각막으로 굴절되어 망막에 들어오므로 상이 망막에 선명하게 맺혀서 물체를 뚜렷하게 볼 수 있다.

초기 형태의 수경은 덮개 형태의 두 부분으로 구성되어 있고 두 부분은 각각 오른쪽 눈과 왼쪽 눈을 덮고 있다. 한쪽 부분 안의 공기량이 약 7.5mL인 이 수경을 쓸 경우 3m 이상 잠수하면 결막 출혈이 생길 수 있다. 이런 현상은 다음과 같은 이유로 나타난다. 잠수를 하면 몸은 물의 압력인 수압을 받게 되는데, 수압은 잠수 깊이가 깊어질수록 커진다. 잠수 시 수압에 의해 신체가 압박되어 신체의 부피가 줄어들면서 체내 압력이 커져 수압과 같아지게 되는 반면, 수경 내부 공기의 부피는 변하지 않으므로 수경 내의 공기 압인 수경 내압은 변하지 않는다. 이때 체내 압력이 수경 내압보다 일정 수준 이상 커지면 안구 안팎에 큰 압력 차이가 나타나 눈의 혈관이 압력차를 견디지 못하고 파열되어 결막 출혈이 일어난다. 초기 형태의 수경을 사용하던 해녀들은 깊이 잠수해 들어갈 때 흔히 이러한 결막 출혈을 경험하였다.

이러한 문제를 극복할 수 있도록 만들어진 수경 '부글래기'는 기존 수경에 공기가 담긴 고무주머니를 추가한 것인데 이 고무주머니는 수경 내부와 연결되어 있다. 이 수경은 잠수 시 수압에 의해 고무주머니가 압축되면, 고무주머니 내의 공기가 수압과 수경 내압이 같아질 때까지 수경 내로 이동하여 안구 안팎에 압력 차이가 나타나는 것을 막아 잠수 시 나타날 수 있는 결막 출혈을 방지한다. 우리나라에서는 모슬포 지역의 해녀들이 부글래기를 사용한 적이 있다.

오늘날 해녀들은 '큰눈' 또는 '왕눈'으로 불리는, 눈뿐만 아니라 코까지 덮는 수경을 사용한다. 이런 수경을 쓰면 잠수 시 수압에 의하여 폐가 압축되어 수압과 수경 내압이 같아질 때까지 폐의 공기가 기도와 비강을 거쳐 수경 내로 들어온다. 따라서 잠수 시 결막 출혈이 일어나지 않는다.

① 부글래기를 쓰고 잠수하면 빛이 공기에서 각막으로 굴절되어 망막에 들어와 물체를 뚜렷하게 볼 수 있다.

② 수경 내압은 큰눈을 쓰고 잠수했을 때보다 초기 형태의 수경을 쓰고 잠수했을 때가 더 크다.

③ 잠수 시 결막 출혈을 방지할 수 있는 수경이 모슬포 지역에서 사용된 적이 있다.

④ 왕눈을 쓰고 잠수하면 수경 내압과 체내 압력이 같아진다.

⑤ 체내 압력은 잠수하기 전보다 잠수했을 때가 더 크다.

난이도 상 중 하 풀이시간 | 2분

05

2022년 5급 PSAT

다음 글에서 알 수 있는 것은?

> 조선 후기에 백성의 작은 살림집을 짓는 목재 정도는 민간 목재 상인인 목상에게 사서 쓰면 되었지만, 궁궐이나 성곽 건설처럼 대규모 관영 공사에 사용되는 재료는 그럴 수가 없었다. 목상은 대개 수요가 많은 작은 목재만 취급했기 때문이다. 관영 공사에 필요한 재료는 임시건설 본부격인 도감에서 직접 구하거나 나라에 물자를 납품하는 공인으로부터 공급받았다. 공인은 전인과 도고 상인으로 나누어지는데, 선혜청에서 물건 값을 선불로 지급하고 납품받는 방식인 원공은 전인이, 호조에서 후불로 지급하는 방식인 별무는 도고 상인이 담당했다. 원공은 시가보다 물건 값을 많이 받을 수 있었지만 1768년에 폐지되었다. 이후 목재를 비롯한 건축 재료 납품은 도고 상인이 전담하였다. 도고 상인은 시가보다 낮은 비용을 받으면서 과중한 세금을 감내했는데, 그 이유는 벌목권을 얻기 위해서였다. 그러나 운송 기술 발달과 민간 상업 발전에 따라 공인의 경쟁력은 점점 약화됐고, 19세기부터는 주로 민간 목재 상인이 관영 공사의 목재를 공급했다.
>
> 산지의 목재는 수로를 통해 배로 운송되었다. 수로 운송을 맡았던 배는 시기별로 달랐다. 17세기에는 세곡을 운송하는 조세선이 주로 쓰이고 군선이 동원되기도 했다. 그러나 18세기에는 조세선보다는 군선과 개인이 소유한 사선의 비중이 커졌다. 군선은 조세선보다 크고 튼튼했기 때문에 자주 동원되었다. 그럼에도 조세선에 의한 건축 재료 운송이 완전히 사라지지 않은 것은, 원거리 운항 기술이 축적되어 있었고 항해술이 노련하여 군선보다는 사고 위험이 덜했기 때문이다. 이에 원거리 운송은 조세선이 담당했다.
>
> 17세기까지 건축 재료의 하역과 각 창고까지의 운송은 백성들의 부역 노동으로 해결하였지만, 1707년에 마계를 창설하여 이를 전담시켰다. 한편 관영 공사에 필요한 건축 재료를 구하고 운송하는 책임은 영역부장에게 있었는데, 1789년에 패장이 설치되어 이를 대신하였다. 영역부장은 도감의 최하위 관리직으로 작업소별로 몇 명씩 배정되어 실무를 맡았다. 영역부장 위의 도청은 재료의 반입 및 공사장의 검수 등 행정 전반을 진두지휘했다. 하지만 지방의 관영 공사에 필요한 재료 구입은 지방 감영 소속의 군수나 만호가 담당했다.

① 선혜청에 목재를 납품하는 것보다 도감에 납품하는 것이 보다 큰 수익을 올릴 수 있었다.
② 19세기부터 관영 공사의 목재 공급과 운송을 주로 목상이 담당하면서 영역부장이 폐지되었다.
③ 만호가 지방 관영 공사에 사용하기 위해 구입한 목재는 도청의 책임하에 마계가 창고까지 운송하였다.
④ 건축 재료 값을 관청에서 선불로 지급하고 납품받는 방식이 폐지된 해의 원거리 운송은 조세선이 담당하였다.
⑤ 17세기에 이루어진 관영 공사에서 도감의 영역부장은 전인으로부터 목재를 구입하여 운송할 책임이 있었다.

난이도 상 중 하

풀이시간 | 1분 30초

06

2022년 7급/민경채 PSAT

다음 글에서 알 수 없는 것은?

재화나 용역 중에는 비경합적이고 비배제적인 방식으로 소비되는 것들이 있다. 먼저 재화나 용역이 비경합적으로 소비된다는 말은, 그것에 대한 누군가의 소비가 다른 사람의 소비 가능성을 줄어들게 하지 않는다는 것을 뜻한다. 예컨대 10개의 사탕이 있는데 내가 8개를 먹어 버리면 다른 사람이 그 사탕을 소비할 가능성은 그만큼 줄어들게 된다. 반면에 라디오 방송 서비스 같은 경우는 내가 그것을 이용한다고 해서 다른 사람의 소비 가능성이 줄어들게 되지 않는다는 점에서 비경합적이다.

재화나 용역이 비배제적으로 소비된다는 말은, 그것이 공급되었을 때 누군가 그 대가를 지불하지 않았다고 해서 그 사람이 그 재화나 용역을 소비하지 못하도록 배제할 수 없다는 것을 뜻한다. 이러한 의미에서 국방 서비스는 비배제적으로 소비된다. 정부가 국방 서비스를 제공받는 모든 국민에게 그 비용을 지불하도록 하는 정책을 채택했다고 하자. 이때 어떤 국민이 이런 정책에 불만을 표하며 비용 지불을 거부한다고 해도 정부는 그를 국방 서비스의 수혜에서 배제하기 어렵다. 설령 그를 구속하여 감옥에 가두더라도 그는 국방 서비스의 수혜자 범위에서 제외되지 않는다.

비경합적이고 비배제적인 방식으로 소비되는 재화와 용역의 생산과 배분이 시장에서 제대로 이루어질 수 있을까? 국방의 예를 이어나가 보자. 대부분의 국민은 자신의 생명과 재산을 보호받고자 하는 욕구가 있고 국방 서비스에 대한 수요도 있기 마련이다. 그러나 만약 국방 서비스를 시장에서 생산하여 판매한다면, 경제적으로 합리적인 국민은 국방 서비스를 구매하지 않을 것이다. 왜냐하면 다른 이가 구매하는 국방 서비스에 자신도 무임승차할 수 있기 때문이다. 결과적으로 국방 서비스는 과소 생산되는 문제가 발생하고, 그 피해는 모든 국민에게 돌아가게 될 것이다. 따라서 이와 같은 유형의 재화나 용역을 사회적으로 필요한 만큼 생산하기 위해서는 국가가 개입해야 하기에 이런 재화나 용역에는 공공재라는 이름을 붙이는 것이다.

① 유료 공연에서 일정한 돈을 지불하지 않은 사람의 공연장 입장을 차단한다면, 그 공연은 배제적으로 소비될 수 있다.

② 국방 서비스를 소비하는 모든 국민에게 그 비용을 지불하도록 한다면, 그 서비스는 비경합적으로 소비될 수 없다.

③ 이용할 수 있는 수가 한정된 여객기 좌석은 경합적으로 소비될 수 있다.

④ 무임승차를 쉽게 방지할 수 없는 재화나 용역은 과소 생산될 수 있다.

⑤ 라디오 방송 서비스는 여러 사람이 비경합적으로 소비할 수 있다.

난이도 상 중 하 풀이시간 | 2분 30초

07

2021년 5급 PSAT

다음 글에서 추론할 수 있는 것은?

푄 현상은 바람이 높은 산을 넘을 때 고온 건조하게 변하는 것을 가리킨다. 공기가 상승하게 되면 기압이 낮아져 공기가 팽창하는 단열팽창 현상 때문에 공기 온도가 내려간다. 공기가 상승할 때 고도에 따른 온도 하강률을 기온감률이라 한다. 공기는 수증기를 포함하고 있는데, 공기가 최대한 가질 수 있는 수증기량은 온도가 내려갈수록 줄어들고, 공기의 수증기가 포화상태에 이르는 온도인 이슬점 온도보다 더 낮은 온도에서는 수증기가 응결하여 구름이 생성되거나 비가 내리게 된다. 공기의 수증기가 포화상태일 경우에는 습윤 기온감률이 적용되고, 불포화상태일 경우에는 건조 기온감률이 적용되는데, 건조 기온감률은 습윤 기온감률에 비해 고도 차이에 따라 온도가 더 크게 변한다. 이러한 기온감률의 차이 때문에 푄 현상이 발생하는 것이다.

가령, 높은 산이 있는 지역의 해수면 고도에서부터 어떤 공기 덩어리가 이 산을 넘는다고 할 때, 이 공기의 온도는 건조 기온감률에 따라 내려가다가 공기가 일정 높이까지 상승하여 온도가 이슬점 온도에 도달한 후에는 공기 내 수증기가 포화하면 습윤 기온감률에 따라 온도가 내려간다. 공기의 상승 과정에서 공기 속 수증기는 구름을 형성하거나 비를 내리며 소모되고, 이는 산 정상에 이를 때까지 계속된다. 이 공기가 산을 넘어 건너편 사면을 타고 하강할 때는 공기가 건조하기 때문에 건조 기온감률에 따라 온도가 올라가게 된다. 따라서 산을 넘은 공기가 다시 해수면 고도에 도달하면 산을 넘기 전보다 더 뜨겁고 건조해진다. 이 건조한 공기가 푄 현상의 결과물이다.

우리나라에도 대표적인 푄 현상으로 높새바람이 있다. 이는 강원도 영동지방에 부는 북동풍과 같은 동풍류의 바람에 의해 푄 현상이 일어나 영서지방에 고온 건조한 바람이 부는 것을 의미한다. 늦은 봄에서 초여름에 한랭 다습한 오호츠크해 고기압에서 불어오는 북동풍이 태백산맥을 넘을 때 푄 현상을 일으키게 된다. 이 높새바람의 고온 건조한 성질은 영서지방의 농작물에 피해를 주기도 하고 산불을 일으키기도 한다.

① 공기가 상승하여 공기의 온도가 이슬점 온도에 도달한 이후부터는 공기가 상승할수록 공기 내 수증기량은 줄어든다.

② 공기가 상승할 때 공기의 온도가 이슬점 온도에 도달하는 고도는 공기 내 수증기량과 상관없이 일정하다.

③ 높새바람을 따라 이동한 공기 덩어리가 지닌 수증기량은 이동하기 전보다 증가한다.

④ 공기 내 수증기량이 증가하면 습윤 기온감률이 적용되기 시작하는 고도가 높아진다.

⑤ 동일 고도에서 공기의 온도는 공기가 상승할 때가 하강할 때보다 높다.

난이도 상 중 하 풀이시간 | 2분 30분

08 2021년 5급 PSAT

다음 글에서 추론할 수 있는 것만을 〈보기〉에서 모두 고르면?

물질을 구성하는 작은 입자들의 배열 상태는 어떻게 생겼을까? 이것은 '부피를 최소화시키려면 입자들을 어떻게 배열해야 하는가?'의 문제와 관련이 있다. 모든 입자들이 구형이라고 가정한다면 어떻게 쌓는다고 해도 사이에는 빈틈이 생긴다. 문제는 이 빈틈을 최소한으로 줄여서 쌓인 공이 차지하는 부피를 최소화시키는 것이다.

이 문제를 해결하기 위해 케플러는 여러 가지 다양한 배열 방식에 대하여 그 효율성을 계산하는 방식으로 연구를 진행하였다. 그가 제안했던 첫 번째 방법은 인접입방격자 방식이었다. 이것은 수평면(제1층) 상에서 하나의 공이 여섯 개의 공과 접하도록 깔아 놓은 후, 움푹 들어간 곳마다 공을 얹어 제1층과 평행한 면 상에 제2층을 쌓는 방식이다. 이 경우 제2층의 배열 상태는 제1층과 동일하지만 단지 전체적인 위치만 약간 이동하게 된다. 이러한 방식의 효율성은 74%이다.

다른 방법으로는 단순입방격자 방식이 있다. 이것은 공을 바둑판의 격자 모양대로 쌓아가는 방식으로, 이 배열에서는 수평면 상에서 하나의 공이 네 개의 공과 접하도록 배치된다. 그리고 제2층의 배열 상태를 제1층과 동일한 상태로 공의 중심이 같은 수직선 상에 놓이도록 배치한다. 이 방식의 효율성은 53%이다. 이 밖에 6각형격자 방식이 있는데, 이것은 각각의 층을 인접입방격자 방식에 따라 배열한 뒤에 층을 쌓을 때는 단순입방격자 방식으로 쌓는 것이다. 이 방식의 효율성은 60%이다.

이러한 규칙적인 배열 방식에 대한 검토를 통해, 케플러는 인접입방격자 방식이 알려진 규칙적인 배열 중 가장 효율이 높은 방식임을 주장했다.

〈보기〉

ㄱ. 배열 방식 중에서 제1층만을 따지면 인접입방격자 방식의 효율성이 단순입방격자 방식보다 크다.
ㄴ. 단순입방격자 방식에서 하나의 공에 접하는 공은 최대 6개이다.
ㄷ. 어느 층을 비교하더라도 단순입방격자 방식이 6각형격자 방식보다 효율성이 크다.

① ㄱ
② ㄷ
③ ㄱ, ㄴ
④ ㄴ, ㄷ
⑤ ㄱ, ㄴ, ㄷ

난이도 상 중 하

풀이시간 | 2분

09

2021년 7급 PSAT

다음 글에서 추론할 수 있는 것만을 〈보기〉에서 모두 고르면?

두 입자만으로 이루어지고 이들이 세 가지의 양자 상태 1, 2, 3 중 하나에만 있을 수 있는 계(system)가 있다고 하자. 여기서 양자 상태란 입자가 있을 수 있는 구별 가능한 어떤 상태를 지시하며, 입자는 세 가지 양자 상태 중 하나에 반드시 있어야 한다. 이때 그 계에서 입자들이 어떻게 분포할 수 있는지 경우의 수를 세는 문제는, 각 양자 상태에 대응하는 세 개의 상자 [1][2][3]에 두 입자가 있는 경우의 수를 세는 것과 같다. 경우의 수는 입자들끼리 서로 구별 가능한지와 여러 개의 입자가 하나의 양자 상태에 동시에 있을 수 있는지에 따라 달라진다.

두 입자가 구별 가능하고, 하나의 양자 상태에 여러 개의 입자가 있을 수 있다고 가정하자. 이것을 'MB 방식'이라고 부르며, 두 입자는 각각 a, b로 표시할 수 있다. a가 1의 양자 상태에 있는 경우는 [ab][ ][ ], [a][b][ ], [a][ ][b]의 세 가지이고, a가 2의 양자 상태에 있는 경우와 a가 3의 양자 상태에 있는 경우도 각각 세 가지이다. 그러므로 MB 방식에서 경우의 수는 9이다.

두 입자가 구별되지 않고, 하나의 양자 상태에 여러 개의 입자가 있을 수 있다고 가정하자. 이것을 'BE 방식'이라고 부른다. 이때에는 두 입자 모두 a로 표시하게 되므로 [aa][ ][ ], [ ][aa][ ], [ ][ ][aa], [a][a][ ], [a][ ][a], [ ][a][a]가 가능하다. 그러므로 BE 방식에서 경우의 수는 6이다.

두 입자가 구별되지 않고, 하나의 양자 상태에 하나의 입자만 있을 수 있다고 가정하자. 이것을 'FD 방식'이라고 부른다. 여기에서는 BE 방식과 달리 하나의 양자 상태에 두 개의 입자가 동시에 있는 경우는 허용되지 않으므로 [a][a][ ], [a][ ][a], [ ][a][a]만 가능하다. 그러므로 FD 방식에서 경우의 수는 3이다.

양자 상태의 가짓수가 다를 때에도 MB, BE, FD 방식 모두 위에서 설명한 대로 입자들이 놓이게 되고, 이때 경우의 수는 달라질 수 있다.

〈보기〉

ㄱ. 두 개의 입자에 대해, 양자 상태가 두 가지이면 BE 방식에서 경우의 수는 2이다.

ㄴ. 두 개의 입자에 대해, 양자 상태의 가짓수가 많아지면 FD 방식에서 두 입자가 서로 다른 양자 상태에 각각 있는 경우의 수는 커진다.

ㄷ. 두 개의 입자에 대해, 양자 상태가 두 가지 이상이면 경우의 수는 BE 방식에서보다 MB 방식에서 언제나 크다.

① ㄱ

② ㄷ

③ ㄱ, ㄴ

④ ㄴ, ㄷ

⑤ ㄱ, ㄴ, ㄷ

난이도 상 중 하 풀이시간 | 2분 30초

10 2020년 5급 공채 PSAT

다음 글에서 알 수 없는 것은?

WTO 설립협정은 GATT 체제에서 관행으로 유지되었던 의사결정 방식인 총의 제도를 명문화하였다. 동 협정은 의사결정 회의에 참석한 회원국 중 어느 회원국도 공식적으로 반대하지 않는 한, 검토를 위해 제출된 사항은 총의에 의해 결정되었다고 규정하고 있다. 또한 이에 따르면 회원국이 의사결정 회의에 불참하더라도 그 불참은 반대가 아닌 찬성으로 간주된다.

총의 제도는 회원국 간 정치·경제적 영향력의 차이를 보완하기 위하여 도입되었다. 그러나 회원국 수가 확대되고 이해관계가 첨예화되면서 현실적으로 총의가 이루어지기 쉽지 않았다. 이로 인해 WTO 체제 내에서 모든 회원국이 참여하는 새로운 무역협정이 체결되는 것이 어려웠고 결과적으로 무역자유화 촉진 및 확산이 저해되고 있다. 이러한 문제의 해결 방안으로 '부속서 4 복수국간 무역협정 방식'과 '임계질량 복수국간 무역협정 방식'이 모색되었다.

'부속서 4 복수국간 무역협정 방식'은 WTO 체제 밖에서 복수국간 무역협정을 체결하고 이를 WTO 설립협정 부속서 4에 포함하여 WTO 체제로 편입하는 방식이다. 복수국간 무역협정이 부속서 4에 포함되기 위해서는 모든 WTO 회원국 대표로 구성되는 각료회의의 승인이 있어야 한다. 현재 부속서 4에의 포함 여부가 논의 중인 전자상거래협정은 협정 당사국에게만 전자상거래시장을 개방하고 기술이전을 허용한다. '부속서 4 복수국간 무역협정 방식'은 협정상 혜택을 비당사국에 허용하지 않음으로써 해당 무역협정의 혜택을 누리고자 하는 회원국들의 협정 참여를 촉진하여 결과적으로 자유무역을 확산하는 기능을 한다.

'임계질량 복수국간 무역협정 방식'은 WTO 체제 밖에서 일부 회원국 간 무역협정을 채택하되 해당 협정의 혜택을 보편적으로 적용하여 무역자유화를 촉진하는 방식이다. 즉, 채택된 협정의 혜택은 최혜국대우원칙에 따라 협정 당사국뿐 아니라 모든 WTO 회원국에 적용되는 반면, 협정의 의무는 협정 당사국에만 부여된다. 다만, 해당 협정이 발효되기 위해서는 협정 당사국들의 협정 적용대상 품목의 무역량이 해당 품목의 전세계 무역량의 90%이상을 차지하여야 한다. '임계질량 복수국간 무역협정 방식'의 대표적인 사례는 정보통신기술(ICT)제품의 국제무역 활성화를 위해 1996년 채택되어 1997년 발효된 정보기술협정이다.

① '임계질량 복수국간 무역협정 방식'에 따라 채택된 협정의 혜택을 받는 국가는 해당 협정의 의무를 부담하는 국가보다 적을 수 없다.
② WTO의 의사결정 회의에 제안된 특정 안건을 지지하는 경우, 총의 제도에 따르면 그 회의에 불참하더라도 해당 안건에 대한 찬성의 뜻을 유지할 수 있다.
③ WTO 회원국은 전자상거래협정에 가입하지 않는다면 동 협정의 법적 지위에 영향을 미칠 수 없다.
④ WTO 각료회의가 총의 제도를 유지한다면 '부속서 4 복수국간 무역협정 방식'의 도입 목적은 충분히 달성하기 어렵다.
⑤ 1997년 발효 당시 정보기술협정 당사국의 ICT제품 무역규모량의 총합은 해당 제품의 전세계 무역량의 90% 이상일 것으로 추정할 수 있다.

난이도 상 중 하　　　풀이시간 | 2분

11

2020년 민경채

다음 글에서 추론할 수 없는 것은?

아이를 엄격하게 키우는 것은 부모와 다른 사람들에 대해 반감과 공격성을 일으킬 수 있고, 그 결과 죄책감과 불안감을 낳으며, 결국에는 아이의 창조적인 잠재성을 해치게 된다. 반면에 아이를 너그럽게 키우는 것은 그와 같은 결과를 피하고, 더 행복한 인간관계를 만들며, 풍요로운 마음과 자기신뢰를 고취하고, 자신의 잠재력을 발전시킬 수 있도록 한다. 이와 같은 진술은 과학적 탐구의 범위에 속하는 진술이다. 논의의 편의상 이 두 주장이 실제로 강력하게 입증되었다고 가정해보자. 그렇다면 우리는 이로부터 엄격한 방식보다는 너그러운 방식으로 아이를 키우는 것이 더 좋다는 점이 과학적 연구에 의해 객관적으로 확립되었다고 말할 수 있을까?

위의 연구를 통해 확립된 것은 다음과 같은 조건부 진술일 뿐이다. 만약 우리의 아이를 죄책감을 지닌 혼란스러운 영혼이 아니라 행복하고 정서적으로 안정된 창조적인 개인으로 키우고자 한다면, 아이를 엄격한 방식보다는 너그러운 방식으로 키우는 것이 더 좋다. 이와 같은 진술은 상대적인 가치판단을 나타낸다. 상대적인 가치판단은 특정한 목표를 달성하려면 어떤 행위가 좋다는 것을 진술하는데, 이런 종류의 진술은 경험적 진술이고, 경험적 진술은 모두 관찰을 통해 객관적인 과학적 테스트가 가능하다. 반면 "아이를 엄격한 방식보다는 너그러운 방식으로 키우는 것이 더 좋다"라는 문장은 가령 "살인은 악이다"와 같은 문장처럼 절대적인 가치판단을 표현한다. 그런 문장은 관찰에 의해 테스트할 수 있는 주장을 표현하지 않는다. 오히려 그런 문장은 행위의 도덕적 평가기준 또는 행위의 규범을 표현한다. 절대적인 가치판단은 과학적 테스트를 통한 입증의 대상이 될 수 없다. 왜냐하면 그와 같은 판단은 주장을 표현하는 것이 아니라 행위의 기준이나 규범을 나타내기 때문이다.

① 아이를 엄격한 방식보다는 너그러운 방식으로 키우는 것이 더 좋다는 것은 경험적 진술이 아니다.
② 아이를 엄격한 방식보다는 너그러운 방식으로 키우는 것이 더 좋다는 것은 상대적인 가치판단이다.
③ 아이를 엄격한 방식보다는 너그러운 방식으로 키우는 것이 더 좋다는 것은 과학적 연구에 의해 객관적으로 입증될 수 있는 주장이 아니다.
④ 정서적으로 안정된 창조적 개인으로 키우려면, 아이를 엄격한 방식보다는 너그러운 방식으로 키우는 것이 더 좋다는 것은 상대적인 가치판단이다.
⑤ 정서적으로 안정된 창조적 개인으로 키우려면, 아이를 엄격한 방식보다는 너그러운 방식으로 키우는 것이 더 좋다는 것은 과학적으로 테스트할 수 있다.

난이도 상 중 하 풀이시간 | 2분

12

2019년 5급 PSAT

다음 글에서 알 수 있는 것은?

조선 시대에는 농지에서 생산된 곡물의 일정량을 조세로 징수했는데, 건국 초에는 면적 단위 1결마다 거두도록 규정된 조세량이 일정했다. 하지만 이에 불만을 품은 사람들이 많았다. 생산성이 좋은 농지를 가진 자는 정해진 액수만 내면 남은 양에 상관없이 그 모두를 가질 수 있었던 반면, 생산성이 낮은 농지를 가진 자는 수확량이 적어 정해진 세액도 못 낼 수 있기 때문이었다. 이는 모든 농지를 결이라는 동일한 크기의 면적으로 나누고 결마다 같은 액수의 조세를 받기 때문에 생긴 문제였다. 조선 왕조는 이런 문제점을 완화하고자 작황을 살핀 후 적당히 세액을 깎아 주는 '답험손실법'이라는 제도를 시행하였다.

답험손실법에 따라 작황을 살펴보는 행위를 '답험'이라고 불렀다. 답험 실행 주체는 농지의 성격에 따라 달랐다. 국가에 조세를 내야 하는 땅은 그 농지가 위치한 곳의 지방관이 답험을 했다. 또 과전법의 적용을 받아 국가 대신 조세를 받는 사람이 지정된 땅의 경우에는 권리 수급자가 직접 답험을 했다. 그런데 답험 과정에서 지방관이 납세 의무자로부터 뇌물을 받거나 제대로 답험을 하지 않는 문제가 자주 일어났다.

세종은 이러한 문제점을 없애고자 조세 개혁에 관한 초안을 만들었다. 이 초안에는 이전에 했던 방식대로 결당 세액을 고정하는 대신, 중앙 관청이 모든 토지의 작황을 일괄적으로 답험하겠다는 내용이 담겼다. 세종은 이 초안에 대해 백성들이 어떻게 생각하는지 알아보았다. 그 결과 함경도 농민들은 1결마다 부과할 세액을 고정하는 데 반대하지만, 전라도 농민들은 환영한다는 것을 알게 되었다. 전라도 농민들은 생산성이 높은 농지가 많았기 때문에 찬성한 것이고, 함경도 농민들은 생산성이 낮은 농지가 많았기 때문에 반대한 것이다. 이처럼 찬반이 엇갈리자 세종은 1결당 세액을 동일한 액수로 고정하되, 전국의 농지를 비옥도에 따라 6개의 등급으로 나누고 등급에 따라 결의 면적을 달리하였다. 6등전과 1등전의 절대 면적을 기준으로 비교할 때, 6등전 1결의 절대 면적이 1이라면 1등전 1결은 0.4였다. 한편 세종은 도 관찰사로 하여금 관할 도 안에 있는 모든 농지의 작황을 매년 조사한 후 그에 따라 결당 세액을 군현별로 조정하는 정책을 시행하였다. 이와 같이 세종 때 농지의 생산성과 연도별 작황을 감안해 세액과 결을 조정한 제도를 '공법'이라고 부른다.

① 공법에 따르면 같은 군현 안에 있고 농지 절대 면적의 총합이 동일한 마을들 중 1등전만 있는 마을 주민들이 내는 조세의 총액이 2등전만 있는 마을의 조세 납부 총액보다 많아진다.

② 공법 시행 후에 같은 등급에 속한 농지들은 1결의 크기가 같아지므로 지역에 상관없이 매년 같은 액수의 조세를 냈다.

③ 절대 면적이 동일한 경우라도 공법 시행 후에는 1등전만 있는 마을이 2등전만 있는 마을보다 결의 수가 더 적어졌다.

④ 과전법에 의해 조세를 국가 대신 받는 개인은 공법 시행으로 매년 그 땅의 작황을 조사해 중앙 관청에 보고해야 했다.

⑤ 세종의 초안대로라면 함경도 주민들이 내는 조세의 총액은 전라도 주민들이 내는 조세의 총액보다 많아진다.

난이도 상 중 하 풀이시간 | 2분 30초

13

2017년 5급 PSAT

다음 글에서 알 수 있는 것은?

1965년 노벨상 수상자 게리 베커는 '시간의 비용'이 시간을 소비하는 방식에 따라 변화한다고 주장했다. 예를 들어 수면이나 식사활동은 영화 관람에 비해 단위 시간당 시간의 비용이 작다. 그 이유는 수면과 식사가 생산적인 활동에 기여하기 때문이다. 잠을 못 자거나 식사를 제대로 하지 못해 체력이 떨어진다면, 생산적인 활동에 제약을 받기 때문에 수면과 식사활동에 들어가는 시간의 비용이 영화 관람에 비해 작다고 볼 수 있다. 베커는 "주말이나 저녁에는 회사들이 문을 닫기 때문에 활용할 수 있는 시간의 길이가 길어지고 이에 따라 특정 행동의 시간의 비용이 줄어든다"고도 지적한다. 시간의 비용이 가변적이라는 개념은, 기대 수명이 늘어나서 사람들에게 더 많은 시간이 주어지는 것이 시간의 비용에 영향을 미칠 수 있다는 점에서 의미가 있다.

시간의 비용이 가변적이라고 생각한 이는 베커만이 아니었다. 스웨덴의 경제학자 스테판 린더는 서구인들이 엄청난 경제 성장을 이루고도 여유를 누리지 못하는 이유를 논증한다. 경제가 성장하면 사람들의 시간을 쓰는 방식도 달라진다. 임금이 상승하면 직장 밖 활동에 들어가는 시간의 비용이 늘어난다. 일하는 데 쓸 수 있는 시간을 영화나 책을 보는 데 소비하면 그만큼의 임금을 포기하는 것이다. 따라서 임금이 늘어난 만큼 일 이외의 활동에 들어가는 시간의 비용도 함께 늘어난다는 것이다.

베커와 린더는 사람들에게 주어진 시간을 고정된 양으로 전제했다. 1965년 당시의 기대수명은 약 70세였다. 하루 24시간 중 8시간을 수면에 쓰고 나머지 시간에 활동이 가능하다면, 평생 408,800시간의 활동가능 시간이 주어지는 셈이다. 하지만 이 방정식에서 변수 하나가 바뀌면 어떻게 될까? 기대수명이 크게 늘어난다면 시간의 가치 역시 달라져서, 늘 시간에 쫓기는 조급한 마음에도 영향을 주게 되지 않을까?

① 베커에 따르면 2시간의 수면과 1시간의 영화 관람 중 시간의 비용은 후자가 더 크다.

② 베커에 따르면 평일에 비해 주말에 단위 시간당 시간의 비용이 줄어드는데, 그 감소 폭은 수면이 영화 관람보다 더 크다.

③ 린더에 따르면 임금이 삭감되었는데도 노동의 시간과 조건이 이전과 동일한 회사원의 경우, 수면에 들어가는 시간의 비용은 이전보다 줄어든다.

④ 베커와 린더 모두 개인이 느끼는 시간의 비용이 작아질수록 주관적인 시간의 길이가 길어진다고 생각한다.

⑤ 베커와 린더 모두 시간의 비용이 가변적이라고 생각했지만, 기대수명이 시간의 비용에 영향을 미치는지 여부에 관해서는 서로 다른 견해를 가지고 있었다.

난이도 상 중 하 풀이시간 | 2분

14

2015년 민경채

다음 글에서 추론할 수 있는 것만을 〈보기〉에서 모두 고르면?

의학이나 공학, 혹은 과학에서는 다양한 검사법을 사용한다. 가령, 의학에서 사용되는 HIV 감염 여부에 대한 진단은 HIV 항체 검사법에 크게 의존한다. 흔히 항체 검사법의 결과는 양성 반응과 음성 반응으로 나뉜다. HIV 양성 반응이라는 것은 HIV에 감염되었다는 검사 결과가 나왔다는 것을 말하며, HIV 음성 반응이라는 것은 HIV에 감염되지 않았다는 검사 결과가 나왔다는 것을 말한다.

이런 검사법의 품질은 어떻게 평가되는가? 가장 좋은 검사법은 HIV에 감염되었을 때는 언제나 양성 반응이 나오고, HIV에 감염되지 않았을 때는 언제나 음성 반응이 나오는 것이라고 할 수 있다. 하지만 여러 기술적 한계 때문에 그런 검사법을 만들기는 쉽지 않다. 많은 검사법은 HIV에 감염되었다고 하더라도 음성 반응이 나올 가능성, HIV에 감염되지 않아도 양성 반응이 나올 가능성을 가지고 있다. 이 두 가지 가능성이 높은 검사법은 좋은 검사법이라고 말할 수 없을 것이다.

반면 HIV에 감염되었을 때 양성 반응이 나올 확률과 HIV에 감염되지 않았을 때 음성 반응이 나올 확률이 매우 높은 검사법은 비교적 좋은 품질을 가지고 있다고 말할 수 있다. 통계학자들은 전자에 해당하는 확률을 '민감도'라고 부르며, 후자에 해당하는 확률을 '특이도'라고 부른다. 민감도는 '참 양성 비율'이라고 불리기도 하며, 이는 실제로 감염된 사람들 중 양성 반응을 보인 사람들의 비율이다. 마찬가지로 특이도는 '참 음성 비율'이라고 불리기도 하며, 이는 실제로는 감염되지 않은 사람들 중 음성 반응을 보인 사람들의 비율로 정의된다. 물론 '거짓 양성 비율'은 실제로 병에 걸리지 않은 사람들 중 양성 반응을 보인 사람들의 비율을 뜻하며, '거짓 음성 비율'은 실제로 병에 걸린 사람들 중 음성 반응을 보인 사람들의 비율을 가리킨다.

〈보기〉

ㄱ. 어떤 검사법의 민감도가 높을수록 그 검사법의 특이도도 높다.

ㄴ. 어떤 검사법의 특이도가 100%라면 그 검사법의 거짓 양성 비율은 0%이다.

ㄷ. 민감도가 100%인 HIV 항체 검사법을 이용해 어떤 사람을 검사한 결과 양성 반응이 나왔다면 그 사람이 HIV에 감염되었을 확률은 100%이다.

① ㄱ

② ㄴ

③ ㄷ

④ ㄱ, ㄴ

⑤ ㄴ, ㄷ

PART 2

난이도 상 중 하 풀이시간 | 1분 30초

15

2012년 민경채

다음 글에서 추론할 수 없는 것은?

조선시대의 궁궐은 남쪽에서 북쪽에 걸쳐 외전(外殿), 내전(內殿), 후원(後苑)의 순서로 구성되었다. 공간배치상 가장 앞쪽에 배치된 외전은 왕이 의례, 외교, 연회 등 정치 행사를 공식적으로 치르는 공간이며, 그 중심은 정전(正殿) 혹은 법전(法殿)이라고 부르는 건물이었다. 정전은 회랑(回廊)으로 둘러싸여 있는데, 그 회랑으로 둘러싸인 넓은 마당이 엄격한 의미에서 조정(朝庭)이 된다.

내전은 왕과 왕비의 공식 활동과 일상적인 생활이 이루어지는 공간으로서 위치상으로 궁궐의 중앙부를 차지할 뿐만 아니라 그 기능에서도 궁궐의 핵을 이루는 곳이다. 그 가운데서도 왕이 일상적으로 기거하는 연거지소(燕居之所)는 왕이 가장 많은 시간을 보내는 곳이다. 주요 인물들을 만나 정치 현안에 대해 의견을 나누는 곳으로 실질적인 궁궐의 핵심이라 할 수 있다. 왕비의 기거 활동 공간인 중궁전은 중전 또는 중궁이라고도 불렸는데 궁궐 중앙부의 가장 깊숙한 곳에 위치한다. 동궁은 차기 왕위 계승자인 세자의 활동 공간으로 내전의 동편에 위치한다. 세자도 동궁이라 불리기도 하였는데, 그 이유는 다음 왕위를 이을 사람이기에 '떠오르는 해'라는 상징적 의미를 가졌기 때문이다. 내전과 동궁 일대는 왕, 왕비, 세자와 같은 주요 인물의 공간이다. 그들을 시중드는 사람들의 기거 활동 공간은 내전의 뒤편에 배치되었다. 이 공간은 내전의 연장으로 볼 수 있고, 뚜렷한 명칭이 따로 있지는 않았다.

후원은 궁궐의 북쪽 산자락에 있는 원유(苑囿)를 가리킨다. 위치 때문에 북원(北苑)으로 부르거나, 아무나 들어갈 수 없는 금단의 구역이기에 금원(禁苑)이라고도 불렀다. 후원은 일차적으로는 휴식 공간이었다. 또한 부차적으로는 내농포(內農圃)라는 소규모 논을 두고 왕이 직접 농사를 체험하며 농민들에게 권농(勸農)의 모범을 보이는 실습장의 기능도 가지고 있었다.

① 내농포는 금원에 배치되었다.
② 내전에서는 국왕의 일상생활과 정치가 병행되었다.
③ 궁궐 남쪽에서 공간적으로 가장 멀리 위치한 곳은 중궁전이다.
④ 외국 사신을 응대하는 국가의 공식 의식은 외전에서 거행되었다.
⑤ 동궁은 세자가 활동하는 공간의 이름이기도 하고 세자를 가리키는 별칭이기도 하였다.

정답과 해설 P.44

5급	7급	민경채

난이도 상 중 하 풀이시간 | 1분 30초

01

2023년 5급 PSAT

다음 글의 ㉠~㉤을 문맥에 맞게 수정한 것으로 가장 적절한 것은?

제2차 세계대전 직후 전쟁과 잔혹 행위에 대한 독일 민족의 죄와 책임을 두고서 논의가 분분할 때, 야스퍼스는 모든 독일인들에게 동일한 책임을 부과하는 것을 경계했다. 그는 ㉠부과되는 책임의 성격이 전쟁 범죄에 가담한 정도에 따라 달라야 한다고 생각했는데, 이에 기반하여 전쟁 범죄와 직간접적으로 연관되어 있는 이들이 감당해야 할 책임을 네 가지로 구분했다.

첫째, 법적 책임이다. 이것은 전쟁에 관한 국제법과 인류의 보편적 자연법에 입각한 것으로, 전범자들이 ㉡나치 독일이 제정한 실정법을 지켰느냐 지키지 않았느냐의 문제는 아니다. 모든 독재자들은 법을 만들어서 합법적으로 통치한다. 문제는 그 법이 자연법의 정신에 어긋나는데도 그 법에 따라 범죄를 저질렀다는 점이다. 이러한 범죄들에 대한 책임은 법정에서 부과될 것이다.

둘째, 정치적 책임이다. 여기서 정치적 책임이란 자신이 ㉢나치 정권의 집권에 반대표를 던졌다고 해서 모면할 수 있는 성질의 것이 아니다. 반대자이건 기권자이건 간에 합법적 절차를 통해 집권한 정권 아래에서 정상적으로 생활한 사람이라면 그 정권이 져야 하는 정치적 책임으로부터 자유로울 수 없다.

셋째, 도의적 책임이다. 이것은 개인의 양심의 법정에서 행해지는 판결로, 법적 책임에 해당하지는 않지만 작위이든 부작위이든 개인이 저지른 도덕적 과오를 의미한다. ㉣마음 속으로 동조하지 않았지만 나쁜 일에 직접 가담했다거나 눈앞에서 벌어지는 불법적인 행위들을 묵과한 경우가 이에 해당한다. 물론, 이것은 어느 누구도 판단할 수 없으며 당사자 자신만이 알 수 있는 것이다.

넷째, 형이상학적 책임이다. 나쁜 일이 행해지는 자리에 있었거나 나쁜 일이 행해졌다는 사실을 알고 있는 사람이 있다. 그는 이 일에 가담한 적이 없고, ㉤마음 속으로 동조한 적도 없으며 오히려 피해자가 될 뻔하기도 했지만, 다행히 그는 나쁜 일의 피해자가 되는 것은 피할 수 있었다. 끔찍한 순간이 지나고 난 후 운 좋게 살아남은 사람이 죽은 사람에 대해 느끼는 죄책감, 즉 살아남은 자의 죄의식을 야스퍼스는 형이상학적 책임이라고 했다.

① ㉠을 "전쟁 범죄에 가담한 정도에 관계없이 모든 이에게 공평한 책임이 부과되어야 한다"로 고친다.
② ㉡을 "나치 독일이 제정한 실정법을 지켰다면 면책될 수 있는 문제이다"로 고친다.
③ ㉢을 "나치 정권의 집권에 반대표를 던졌다면 모면할 수 있는 성질의 것이다"로 고친다.
④ ㉣을 "나쁜 일에 직접 가담하지는 않았더라도 마음 속으로 동조했다거나"로 고친다.
⑤ ㉤을 "마음 속으로 동조했음에도 오히려 피해자가 될 뻔하기도 했지만"으로 고친다.

난이도 상 중 하 | 풀이시간 | 1분 30초

02

2022년 5급 PSAT

다음 글의 ㉠~㉤을 문맥에 맞게 수정한 것으로 가장 적절한 것은?

> 가상의 물질 X에 대한 두 가설을 생각해 보자. 첫 번째는 'X는 1,000℃ 미만에서 붉은빛을 내며, 1,000℃ 이상에서는 푸른빛을 낸다.'라는 가설이다. 두 번째는 'X는 1,000℃ 미만에서 붉은빛을 내며, 1,000℃ 이상에서는 푸른빛을 내지 않는다.'라는 가설이다. ㉠ 이 두 가설은 동시에 참일 수는 없지만 동시에 거짓일 수는 있다. 이제 'X가 700℃에서 붉은빛을 낸다.'라는 사실이 관찰되었다고 하자. 이는 X에 대한 두 가설의 예측과 일치한다. 따라서 이 관찰 결과는 두 가설 모두에 긍정적인 증거라고 할 수 있다. 이렇듯 하나의 관찰 결과가 서로 양립불가능한 가설 모두에 긍정적인 증거가 될 수 있는데, 증거관계의 이러한 특징을 '증거관계 제1성질'이라고 하자.
>
> 한편, 위의 첫 번째 가설은 'X는 1,000℃ 미만에서 붉은빛을 내거나 푸른빛을 내지 않는다.'라는 가설을 함축한다. 첫 번째 가설이 참일 때 이 가설 역시 참일 수밖에 없기 때문이다. 'X가 700℃에서 붉은빛을 낸다.'라는 관찰 결과는 첫 번째 가설의 긍정적 증거이므로 이 가설에 대해서도 긍정적인 증거가 된다. 이런 점에서 '어떤 관찰 결과가 가설의 긍정적인 증거라면, 그 관찰 결과는 ㉡ 해당 가설이 함축하고 있는 다른 가설에도 긍정적인 증거이다.'라는 진술은 충분히 받아들일 수 있는 것으로 보인다. 이를 '증거관계 제2성질'이라고 하자.
>
> 마지막으로 우리는 '어떤 관찰 결과가 가설의 긍정적인 증거라면, 그 관찰 결과는 그 가설이 거짓이라는 것에 대한 부정적인 증거이다.'라는 진술도 받아들일 수 있다. 위에서 언급한 관찰 결과는 'X는 1,000℃ 미만에서 붉은빛을 낸다.'라는 것의 긍정적인 증거이다. 그렇다면 그 관찰 결과가 '㉢ X는 1,000℃ 미만의 어떤 온도에서는 붉은빛을 내지 않는다.'의 부정적인 증거인 것은 분명하다. 이런 특징을 '증거관계 제3성질'이라고 하자.
>
> 이 증거관계의 세 가지 성질은 설득력이 있어 보인다. 하지만 이 성질들은 서로 충돌한다. 예를 들어, 가설 H1과 H2가 양립불가능하며, 관찰 결과 O가 가설 H1의 긍정적 증거라고 가정하자. 그렇다면 ㉣ H2가 거짓이라는 것은 H1을 함축하기 때문에, 증거관계 제2성질에 의해서 O는 H2가 거짓이라는 것에 대한 긍정적 증거가 된다. 그리고 증거관계 제3성질에 의해서 ㉤ O는 H2가 거짓이 아니라는 것에 대한 부정적 증거일 수밖에 없게 된다. 이러한 결과는 증거관계 제1성질이 제3성질과 충돌한다는 것을 보여준다. 이렇게 볼 때 위에서 언급한 증거관계의 세 성질이 동시에 성립할 수 없다고 결론 내려야 한다.

① ㉠을 "이 두 가설은 동시에 참일 수 없으며 동시에 거짓일 수도 없다"로 바꾼다.

② ㉡을 "해당 가설을 함축하고 있는 다른 가설에도 긍정적인"으로 바꾼다.

③ ㉢을 "X는 1,000℃ 이상에서도 붉은빛을 낸다"로 바꾼다.

④ ㉣을 "H1은 H2가 거짓이라는 것을 함축"으로 바꾼다.

⑤ ㉤을 "O는 H2가 거짓이 아니라는 것에 대한 긍정적 증거일 수밖에 없게 된다"로 바꾼다.

난이도 상 중 하 풀이시간 | 2분 30초

03

2021년 7급 PSAT

다음 대화의 ㉠에 따라 〈계획안〉을 수정한 것으로 적절하지 않은 것은?

갑: 나눠드린 'A 시 공공 건축 교육 과정' 계획안을 다 보셨죠? 이제 계획안을 어떻게 수정하면 좋을지 각자의 의견을 자유롭게 말씀해 주십시오.

을: 코로나19 상황을 고려해 대면 교육보다 온라인 교육이 좋겠습니다. 그리고 방역 활동에 모범을 보이는 차원에서 온라인 강의로 진행한다는 점을 강조하는 것이 좋겠습니다. 온라인 강의는 편안한 시간에 접속하여 수강하게 하고, 수강 가능한 기간을 명시해야 합니다. 게다가 온라인으로 진행하면 교육 대상을 A 시 시민만이 아닌 모든 희망자로 확대하는 장점이 있습니다.

병: 좋은 의견입니다. 여기에 덧붙여 교육 대상을 공공 건축 업무 관련 공무원과 일반 시민으로 구분하는 것이 좋겠습니다. 관련 공무원과 일반 시민은 기반 지식에서 차이가 커 같은 내용으로 교육하기에 적합하지 않습니다. 업무와 관련된 직무 교육 과정과 일반 시민 수준의 교양 교육 과정으로 따로 운영하는 것이 좋겠습니다.

을: 교육 과정 분리는 좋습니다만, 공무원의 직무 교육은 참고할 자료가 많아 온라인 교육이 비효율적입니다. 직무 교육 과정은 다음에 논의하고, 이번에는 시민 대상 교양 과정으로만 진행하는 것이 좋겠습니다. 그리고 A 시의 유명 공공 건축물을 활용해서 A 시를 홍보하고 관심을 끌 수 있는 주제의 강의가 있으면 좋겠습니다.

병: 그게 좋겠네요. 마지막으로 덧붙이면 신청 방법이 너무 예전 방식입니다. 시 홈페이지에서 신청 게시판을 찾아가는 방법을 안내할 필요는 있지만, 요즘 같은 모바일 시대에 이것만으로는 부족합니다. A 시 공식 어플리케이션에서 바로 신청서를 작성하고 제출할 수 있도록 하면 좋겠습니다.

갑: ㉠오늘 회의에서 나온 의견을 반영하여 계획안을 수정하도록 하겠습니다. 감사합니다.

〈계획안〉

A 시 공공 건축 교육 과정

- 강의 주제: 공공 건축의 미래 / A 시의 조경
- 일시: 7. 12.(월) 19:00~21:00 / 7. 14.(수) 19:00~21:00
- 장소: A 시 청사 본관 5층 대회의실
- 대상: A 시 공공 건축에 관심 있는 A 시 시민 누구나
- 신청 방법: A 시 홈페이지 → '시민참여' → '교육' → '공공 건축 교육 신청 게시판'에서 신청서 작성

① 강의 주제에 "건축가협회 선정 A 시의 유명 공공 건축물 TOP3"를 추가한다.

② 일시 항목을 "• 기간: 7. 12.(월) 06:00~7. 16.(금) 24:00"으로 바꾼다.

③ 장소 항목을 "• 교육방식: 코로나19 확산 방지를 위해 온라인 교육으로 진행"으로 바꾼다.

④ 대상을 "A 시 공공 건축에 관심 있는 사람 누구나"로 바꾼다.

⑤ 신청 방법을 "A 시 공식 어플리케이션을 통한 A 시 공공 건축 교육 과정 간편 신청"으로 바꾼다.

난이도 상 중 하 풀이시간 | 1분 30초

04

2021년 5급 PSAT

다음 글의 흐름에 맞지 않는 곳을 ㉠~㉤에서 찾아 수정할 때 가장 적절한 것은?

> 진화 과정에서 빛을 방출하는 일부 원생생물은 그렇지 않은 원생생물보다 어떤 점에서 생존에 더 유리했을까? 요각류라고 불리는 동물이 밤에 발광하는 원생생물인 와편모충을 먹는다는 사실은 이러한 의문을 풀어줄 실마리를 제공한다. 와편모충이 만든 빛은 요각류를 잡아먹는 어류를 유인할 수 있다. 이때 ㉠발광하는 와편모충을 잡아먹는 요각류가 발광하지 않는 와편모충만을 잡아먹는 요각류보다 그들의 포식자인 육식을 하는 어류에게 잡아먹힐 위험성이 더 높아질 것이다.
>
> 연구자들은 실험실의 커다란 수조 속에 요각류와 요각류의 포식자 중 하나인 가시고기를 같이 두어 이 가설을 검증하였다. 수조의 절반에는 발광하는 와편모충을 넣고 다른 절반에는 발광하지 않는 와편모충을 넣었다. 연구자들은 방을 어둡게 한 상태에서 요각류는 와편모충을, 그리고 가시고기는 요각류를 잡아먹게 하였다. 몇 시간 후 ㉡연구자들은 수조 속 살아남은 요각류의 수를 세었다.
>
> 그 결과는 예상과 같았다. 가시고기는 수조에서 ㉢빛을 내지 않는 와편모충이 있는 쪽보다 빛을 내는 와편모충이 있는 쪽에서 요각류를 더 적게 먹었다. 이러한 결과는 원생생물이 자신을 잡아먹는 동물에게 포식 위협을 증가시킴으로써 잡아먹히는 것을 회피할 수 있음을 시사한다. ㉣요각류에게는 빛을 내는 와편모충을 계속 잡는 것보다 도망치는 편이 더 이익이다. 이때 발광하는 와편모충은 요각류의 저녁 식사가 될 확률이 낮아지므로, 자연선택은 이들 와편모충에서 생물발광이 유지되도록 하였다.
>
> 만약 우리가 생물발광하는 원생생물이 자라고 있는 해변을 밤에 방문한다면 원생생물이 내는 불빛을 보게 될 것이다. 원생생물이 내는 빛은 ㉤포식자인 육식동물들에게 원생생물을 잡아먹는 동물이 근처에 있을 수 있다는 신호가 된다.

① ㉠을 "발광하지 않는 와편모충을 잡아먹는 요각류가 발광하는 와편모충만을 잡아먹는 요각류보다"로 고친다.

② ㉡을 "연구자들은 수조 속 살아남은 와편모충의 수를 세었다."로 고친다.

③ ㉢을 "빛을 내지 않는 와편모충이 있는 쪽보다 빛을 내는 와편모충이 있는 쪽에서 요각류를 더 많이 먹었다."로 고친다.

④ ㉣을 "요각류에게는 도망치는 것보다 빛을 내는 와편모충을 계속 잡는 편이 더 이익이다."로 고친다.

⑤ ㉤을 "포식자인 육식동물들에게 자신들의 먹이가 되는 원생생물이 많이 있음을 알려주는 신호가 된다."로 고친다.

난이도 상 중 하 　　풀이시간 | 2분

05

2020년 민경채

다음 글의 흐름에 맞지 않는 곳을 ㉠~㉤에서 찾아 수정할 때 가장 적절한 것은?

> 경제적 차원에서 가장 불리한 계층, 예컨대 노예와 날품팔이는 ㉠특정한 종교 세력에 편입되거나 포교의 대상이 된 적이 없었다. 기독교 등 고대 종교의 포교활동은 이들보다는 소시민층, 즉 야심을 가지고 열심히 노동하며 경제적으로 합리적인 생활을 하는 계층을 겨냥하였다. 고대사회의 대농장에서 일하던 노예들에게 관심을 갖는 종교는 없었다.
>
> 모든 시대의 하층 수공업자 대부분은 ㉡독특한 소시민적 종교 경향을 지니고 있었다. 이들은 특히 공인되지 않은 종파적 종교성에 기우는 경우가 매우 흔하였다. 곤궁한 일상과 불안정한 생계 활동에 시달리며 동료의 도움에 의존해야 하는 하층 수공업자층은 공인되지 않은 신흥 종교집단이나 비주류 종교집단의 주된 포교 대상이었다.
>
> 근대에 형성된 프롤레타리아트는 ㉢종교에 우호적이며 관심이 많았다. 이들은 자신의 처지가 자신의 능력과 업적에 의존한다는 의식이 약하고 그 대신 사회적 상황이나 경기 변동, 법적으로 보장된 권력관계에 종속되어 있다는 의식이 강하였다. 이에 반해 자신의 처지가 주술적 힘, 신이나 우주의 섭리와 같은 것에 종속되어 있다는 견해에는 부정적이었다.
>
> 프롤레타리아트가 스스로의 힘으로 ㉣특정 종교 이념을 창출하는 것은 쉽지 않았다. 이들에게는 비종교적인 이념들이 삶을 지배하는 경향이 훨씬 우세했기 때문이다. 물론 프롤레타리아트 가운데 경제적으로 불안정한 최하위 계층과 지속적인 곤궁으로 인해 프롤레타리아트화의 위험에 처한 몰락하는 소시민계층은 ㉤종교적 포교의 대상이 되기 쉬웠다. 특히 이들을 포섭한 많은 종교는 원초적 주술을 사용하거나, 아니면 주술적·광란적 은총 수여에 대한 대용물을 제공했다. 이 계층에서 종교 윤리의 합리적 요소보다 감정적 요소가 훨씬 더 쉽게 성장할 수 있었다.

① ㉠을 "고대 종교에서는 주요한 세력이자 포섭 대상이었다."로 수정한다.
② ㉡을 "종교나 정치와는 괴리된 삶을 살았다."로 수정한다.
③ ㉢을 "종교에 우호적이지도 관심이 많지도 않았다."로 수정한다.
④ ㉣을 "특정 종교 이념을 창출한 경우가 많았다."로 수정한다.
⑤ ㉤을 "종교보다는 정치집단의 포섭 대상이 되었다."로 수정한다.

난이도 상 중 하 풀이시간 | 2분

06

2018년 민경채

다음 글의 내용 흐름상 가장 적절한 문단 배열의 순서는?

(가) 회전문의 축은 중심에 있다. 축을 중심으로 통상 네 짝의 문이 계속 돌게 되어 있다. 마치 계속 열려 있는 듯한 착각을 일으키지만, 사실은 네 짝의 문이 계속 안 또는 밖을 차단하도록 만든 것이다. 실질적으로는 열려 있는 순간 없이 계속 닫혀 있는 셈이다.

(나) 문은 열림과 닫힘을 위해 존재한다. 이 본연의 기능을 하지 못한다는 점에서 계속 닫혀 있는 문이 무의미하듯이, 계속 열려 있는 문 또한 그 존재 가치와 의미가 없다. 그런데 현대 사회의 문은 대부분의 경우 닫힌 구조로 사람들을 맞고 있다. 따라서 사람들을 환대하는 것이 아니라 박대하고 있다고 할 수 있다. 그 대표적인 예가 회전문이다. 가만히 회전문의 구조와 그 기능을 머릿속에 그려보라. 그것이 어떤 식으로 열리고 닫히는지 알고는 놀랄 것이다.

(다) 회전문은 인간이 만들고 실용화한 문 가운데 가장 문명적이고 가장 발전된 형태로 보일지 모르지만, 사실상 열림을 가장한 닫힘의 연속이기 때문에 오히려 가장 야만적이며 가장 미개한 형태의 문이다.

(라) 또한 회전문을 이용하는 사람들은 회전문의 구조와 운동 메커니즘에 맞추어야 실수 없이 문을 통과해 안으로 들어가거나 밖으로 나올 수 있다. 어린아이, 허약한 사람, 또는 민첩하지 못한 노인은 쉽게 그것에 맞출 수 없다. 더구나 휠체어를 탄 사람이라면 더 말할 나위도 없다. 이들에게 회전문은 문이 아니다. 실질적으로 닫혀 있는 기능만 하는 문은 문이 아니기 때문이다.

① (가)－(나)－(라)－(다)
② (가)－(라)－(나)－(다)
③ (나)－(가)－(라)－(다)
④ (나)－(다)－(라)－(가)
⑤ (다)－(가)－(라)－(나)

난이도 상 중 하 풀이시간 | 2분

07

2017년 5급 PSAT

다음 논증의 구조를 분석한 것으로 가장 적절한 것은?(단, ↓는 '위의 문장이 아래 문장을 지지함'을, ⓐ+ⓑ는 'ⓐ와 ⓑ가 결합됨'을 의미함)

ⓐ만약 어떤 사람에게 다가온 신비적 경험이 그가 살아갈 수 있는 힘으로 밝혀진다면, 그가 다른 방식으로 살아야 한다고 다수인 우리가 주장할 근거는 어디에도 없다. 사실상 신비적 경험은 우리의 모든 노력을 조롱할 뿐 아니라, 논리라는 관점에서 볼 때 우리의 관할 구역을 절대적으로 벗어나 있다. ⓑ우리 자신의 더 '합리적인' 신념은 신비주의자가 자신의 신념을 위해서 제시하는 증거와 그 본성에 있어서 유사한 증거에 기초해 있다. ⓒ우리의 감각이 우리의 신념에 강력한 증거가 되는 것과 마찬가지로, 신비적 경험도 그것을 겪은 사람의 신념에 강력한 증거가 된다. ⓓ우리가 지닌 합리적 신념의 증거와 유사한 증거에 해당하는 경험은, 그러한 경험을 한 사람에게 살아갈 힘을 제공해 줄 것이 분명하다. ⓔ신비적 경험은 신비주의자들에게는 살아갈 힘이 되는 것이다. ⓕ신비주의자들의 삶의 방식이 수정되어야 할 '불합리한' 것이라고 주장할 수는 없다.

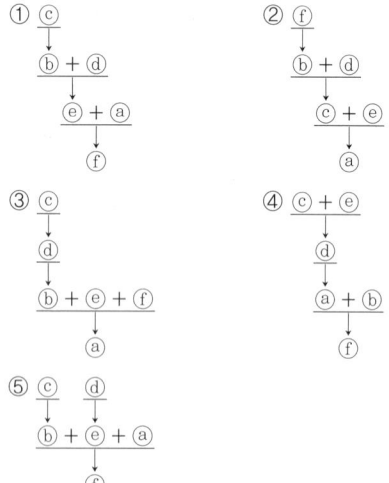

① ⓒ ↓ ⓑ+ⓓ ↓ ⓔ+ⓐ ↓ ⓕ

② ⓕ ↓ ⓑ+ⓓ ↓ ⓒ+ⓔ ↓ ⓐ

③ ⓒ ↓ ⓓ ↓ ⓑ+ⓔ+ⓕ ↓ ⓐ

④ ⓒ+ⓔ ↓ ⓓ ↓ ⓐ+ⓑ ↓ ⓕ

⑤ ⓒ ↓, ⓓ ↓ → ⓑ+ⓔ+ⓐ ↓ ⓕ

난이도 상 중 하 풀이시간 | 2분

08 2009년 5급 PSAT

다음 단락들의 내용의 흐름에 따라 순서대로 나열한 것은?

(가) 매년 수백만 톤의 황산이 애팔래치아산맥에서 오하이오강으로 흘러들어 간다. 이 황산은 강을 붉게 물들이고 산성으로 변화시킨다. 이렇듯 강이 붉게 물드는 것은 티오바실러스라는 세균으로 인해 생성된 침전물 때문이다. 철2가이온(Fe^{2+})과 철3가이온(Fe^{3+})의 용해도가 이러한 침전물의 생성에 중요한 역할을 한다.

(나) 애팔래치아산맥의 석탄광산에 있는 황철광에는 황화철(FeS_2)이 함유되어 있다. 티오바실러스는 이 황철광에 포함된 황화철을 산화시켜 철2가이온(Fe^{2+})과 강한 산인 황산을 만든다. 이 과정에서 티오바실러스는 일차적으로 에너지를 얻는다. 일단 만들어진 철2가이온은 티오바실러스에 의해 다시 철3가이온(Fe^{3+})으로 산화되는데, 이 과정에서 또 다시 티오바실러스는 에너지를 이차적으로 얻는다.

(다) 황화철(FeS_2)의 산화는 다음과 같이 가속된다. 티오바실러스에 의해 생성된 황산은 황철광을 녹이게 된다. 황철광이 녹으면 황철광 안에 들어 있던 황화철은 티오바실러스와 공기 중의 산소에 더 노출되어 화학반응이 폭발적으로 증가하게 된다. 티오바실러스의 생장과 번식에는 이와 같이 에너지의 원료가 되는 황화철과 산소 그리고 세포구성에 필요한 무기질이 꼭 필요하다. 이러한 환경 조건이 자연적으로 완비된 광산지역에서는 일반적인 방법으로 티오바실러스의 생장을 억제하기가 힘들다. 황화철과 무기질이 다량으로 광산에 있으므로 이 경우 오하이오강의 오염을 막기 위한 방법은 광산을 밀폐시켜 산소의 공급을 차단하는 것뿐이다.

(라) 철2가이온(Fe^{2+})은 강한 산(pH 3.0이하)에서 물에 녹은 상태를 유지한다. 그러한 철2가이온은 자연상태에서 pH 4.0~5.0 사이가 되어야 철3가이온(Fe^{3+})으로 산화된다. 놀랍게도 티오바실러스는 강한 산에서 잘 자라고 강한 산에 있는 철2가이온을 적극적으로 산화시켜 철3가이온을 만든다. 그리고 물에 녹지 않는 철3가이온은 다른 무기 이온과 결합하여 붉은 침전물을 만든다. 환경에 영향을 미칠 정도로 다량의 붉은 침전물을 만들기 위해서는 엄청난 양의 철2가이온과 강한 산이 있어야 한다. 이것들은 어떻게 만들어지는 것일까?

① (가) – (나) – (라) – (다)
② (가) – (라) – (나) – (다)
③ (라) – (가) – (다) – (나)
④ (라) – (나) – (가) – (다)
⑤ (라) – (나) – (다) – (가)

난이도 상 중 하 풀이시간 | 2분

09

2013년 민경채

다음 〈개요〉에 따라 보고서를 작성할 때, 현황 분석 부분에 들어갈 내용만을 〈보기〉에서 모두 고르면?

〈개요〉

Ⅰ. 서론: 정책 제안 배경
Ⅱ. 본론: 현황 분석과 정책 방안
  1. 현황 분석
    • 연말정산 자동계산프로그램 사용 방법의 복잡성과 그에 대한 설명 부재로 인해 이용자 불만 증가
    • 연말정산 기간 중 세무서에 연말정산 자동계산 프로그램 사용 방법에 관한 상담 수요 폭증
  2. 정책 방안
    • 문제점을 개선한 프로그램 개발과 활용 매뉴얼 보급
    • 연말정산 자동 상담 시스템 개발
Ⅲ. 결론: 예상되는 효과 전망

〈보기〉

ㄱ. 연말정산 자동 상담 시스템을 개발할 경우 15%의 이용자 불만 감소 효과가 전망된다.
ㄴ. 연말정산 기간을 정확하게 알지 못해 마감 기한이 지나서 세무서를 방문하는 사람이 전년 대비 15% 증가하였다.
ㄷ. 연말정산 기간 중 세무서 전체 월 평균 상담 건수는 약 128만 건으로 평상시 11만 건보다 크게 증가했는데, 그 이유는 연말정산 자동계산 프로그램 사용 방법에 관한 문의 전화가 폭주했기 때문이다.

① ㄱ
② ㄷ
③ ㄱ, ㄴ
④ ㄴ, ㄷ
⑤ ㄱ, ㄴ, ㄷ

난이도 상 중 하 풀이시간 | 2분

10

2011년 5급 PSAT

다음 〈개요〉에 따라 작성한 〈본론〉의 마지막 몇 줄이 실수로 지워졌다. 아래 '지워진 곳'에 들어갈 말로 가장 적절한 것은?

〈개요〉

• 서론: 윤리원칙은 역사에 따라 변모한다고 주장
• 본론: 미래의 '생존 윤리원칙'을 예상한 후, 이것이 함축하는 도덕적 난관을 장기이식 사례를 통해 보여줌
• 결론: 생존 가치가 최고 가치가 아니라고 주장

〈본론〉

현재 우리가 고수하고 있는 원칙들은 미래의 달라진 상황에 맞게 새로운 원칙들로 대체될 것이다. 미래 세계는 환경 위기, 자원 고갈, 인구 증가 등으로 인간의 생존이 가장 중요한 가치가 될 것이다. 미래 세계는 아마도 다음과 같은 '생존 윤리원칙'을 채택할지 모른다.

첫째, 최대 다수의 최대 생존이 도덕의 기초이다. 둘째, 한 행위는 생존율의 증가에 도움이 될수록 '선하다'고 평가되며, 생존율을 감소시킬수록 '악하다'고 평가된다.

이런 원칙의 관점에서 장기이식의 경우를 생각해 보자. 현재에도 소생할 가능성이 없는 뇌사자에게서 장기를 제공받아 다른 환자에게 이식하여 그의 생명을 살리곤 한다. 미래 사회에는 장기이식 의료기술이 극도로 발전하여 장기만 있다면 금방 죽을 환자를 살릴 가능성이 매우 높아질 것이다. 미래에는 생존 윤리원칙에 부합하기만 한다면 온갖 장기 공급 제도를 허용할 것이다.

지워진 곳

① 하지만 장기 공급 제도라고 모두 허용해야 하는 것은 아니다. 다른 사람에게 장기를 제공할 목적으로 인간 배아를 배양하는 행위는 악하므로 생존 윤리원칙을 어긴 셈이다.

② 생존 윤리원칙을 준수하는 모든 장기 공급 제도는 선하다. 제도가 생존 윤리원칙을 준수한다는 것은 그것이 인간 생존율을 높이는 데 도움이 된다는 것을 뜻하기 때문이다.

③ 전통적 윤리원칙을 고수하는 이들은 대부분의 장기 공급 제도를 반대할 것이다. 우리는 윤리원칙의 역사성을 깨닫고 생존가치가 윤리원칙을 결정하는 가장 중요한 요소임을 인정해야 한다.

④ 가령 뇌사자의 장기를 본인 동의 없이 적출하여 다른 환자에게 이식함으로써 생명을 연장할 수 있다면, 이 행위는 선하다. 따라서 우리는 뇌사자의 장기를 본인 동의 없이도 적출하는 행위를 허용해야 한다.

⑤ 예컨대 다음과 같은 생존 제비뽑기 제도를 승인해야 한다. 시민 중에서 장기 제공자를 제비뽑기로 고른 뒤, 그의 모든 장기를 적출하여 여러 환자에게 이식한다. 이 제도로 사회의 생존율은 비약적으로 높아질 것이다. 이것은 생존 윤리원칙에 따르면 선하지만, 우리의 도덕적 직관에 따르면 악하다.

정답과 해설 P.51

생략된 내용 추론

5급	7급	민경채

난이도 상 중 하 풀이시간 | 2분 30초

01

2023년 5급 공채 PSAT

다음 글의 ㉠을 이끌어내기 위하여 추가해야 할 전제로 적절한 것만을 〈보기〉에서 모두 고르면?

인공지능 및 로봇공학 기술의 발전에 따라 자율적 인공지능을 탑재한 군사로봇에 대한 관심 및 우려가 커지고 있다. 새로운 형태의 군사로봇은 인간의 개입이 없어도 인간을 죽이기로 결정할 수 있다는 점에서 자율적이다. 이러한 군사로봇을 실제 전장에 투입해도 될까? 자율적 군사로봇을 사용한다고 가정해 보자. 자율적 군사로봇을 사용하면 민간인 살상이 발생하는 것은 피할 수 없다. 그런데 자율적 군사로봇을 사용하면 누구에게도 그 결과에 대한 책임을 물을 수 없다. 왜 그런지 살펴보자.

자율적 군사로봇 사용에 의한 민간인 살상이 발생했을 때, 이에 책임질 수 있는 후보는 다음의 셋과 같다. 자율적 군사로봇의 제작자, 자율적 군사로봇을 전장에 내보내는 임무를 준 지휘관, 그리고 로봇 자체이다. 우선 제작상의 문제가 없다면, 제작자에게 책임을 물을 수 없다. 게다가 자율적 군사로봇이 어떤 상황에서 어떤 행동을 할 것인지는 제작자조차 예측하거나 통제할 수 없다. 제작자가 예측하거나 통제할 수 없는 결과에 대해서는 그에게 책임을 물을 수 없다. 다음으로 지휘관은 어떠한가? 지휘관 역시 자율적 군사로봇이 실제 작전 지역에서 어떠한 행동을 할지 예측하거나 통제할 수 없다. 이러한 이유로 지휘관에게 역시 책임을 물을 수 없다. 마지막으로 로봇은 어떠한가? 어떤 결과에 책임을 진다는 것은 그에 대한 처벌을 받는다는 것이다. 그런데 대상에 대한 처벌이 가능하려면 그 대상은 고통을 느낄 수 있어야 한다. 그러나 로봇은 고통을 느낄 수가 없기에 처벌 자체가 로봇에게는 무의미하다. 이렇게 로봇에게도 책임을 물을 수 없는 것이다. 결국 자율적 군사로봇을 사용하면 누구에게도 그 결과에 대한 책임을 물을 수 없다. 따라서 ㉠자율적 군사로봇의 사용은 비윤리적이다.

〈보기〉

ㄱ. 인간의 통제하에 있는 존재는 책임의 주체가 될 수 없다.

ㄴ. 어떤 행위의 결과에 대해 누구에게도 책임을 물을 수 없다면 그 행위는 비윤리적이다.

ㄷ. 행위자가 예측하거나 통제할 수 없는 결과에 대해서 그에게 책임을 묻는 것은 비윤리적이다.

① ㄱ

② ㄴ

③ ㄱ, ㄷ

④ ㄴ, ㄷ

⑤ ㄱ, ㄴ, ㄷ

난이도 상 중 하 풀이시간 | 1분 30초

02 2023년 5급 PSAT

다음 글의 (가)~(라)에 들어갈 말을 적절하게 나열한 것은?

영화는 이미지와 사운드를 결합하여 의미와 감동을 만들어 낸다. 이미지와 사운드의 결합은 대개 다음과 같이 구분된다. 먼저, 사운드가 발생한 원천을 화면을 통해 확인할 수 있는 것을 '인(in) 음향'이라고 한다. 예를 들어, 화면에 배우가 보이면서 그의 대사가 동시에 들리거나 등장인물이 문을 여는 장면이 보이면서 그 문에서 발생한 소리가 동시에 들리는 것이다. 이때의 사운드는 화면에 보이는 피사체로부터 직접 발생하는 것이다.

두 번째는 사운드가 발생한 원천이 화면에 보이지 않는 경우이다. A와 B 두 명의 배우가 대화 중인데, 화면에는 A의 말을 듣고 있는 B만 보인다거나, 어떤 장면의 배경음악으로 기성의 음악이 깔리는 것을 예로 들 수 있다. 이 두 사례는 사운드가 발생한 원천이 화면에 보이지 않는다는 점에서는 동일하지만 그 원천까지 동일하지는 않다. 후자는 사운드의 원천이 화면에서 전개되는 시공간에 속하지 않는 경우로, 이를 '오프(off) 음향'이라고 한다. 전자는 사운드의 원천이 직접적으로 화면에 보이지는 않지만, 화면에 보이는 장면과 동일한 공간에 있다는 것을 앞뒤 맥락을 통해 알 수 있는 경우로, 이를 '화면 밖 음향'이라 한다. 다시 말해, (가) 은 보이지 않는 사운드의 원천이 화면 속의 현실 공간 안에 동시에 존재한다고 추정할 수 있는 것이고, (나) 은 배경음악이나 내레이션과 같이 화면에 보이는 장면과는 다른 시공간의 원천으로부터 나온 것이라고 할 수 있다.

세 종류의 음향을 적절히 활용함으로써 연출자는 자신이 재현하고자 하는 극적 효과를 달성할 수 있다. 화면 속의 어린 아이가 피아노를 연주하고 있고 그 아이가 연주하는 어설픈 피아노 소리가 흘러나오다가 장면이 전환된다. 전환된 장면에는 어른이 된 주인공이 팔짱을 낀 채 말없이 피아노를 바라보고 있고, 유명한 피아니스트의 연주곡이 배경음악으로 깔린다. 여기서 음향은 (다) 에서 (라) 으로 바뀐 것인데, 이를 통해 연출자는 피아노와 관련된 주인공의 복잡한 내면을 효과적으로 그려낼 수 있다.

	(가)	(나)	(다)	(라)
①	오프 음향	화면 밖 음향	인 음향	오프 음향
②	오프 음향	화면 밖 음향	오프 음향	화면 밖 음향
③	화면 밖 음향	오프 음향	인 음향	화면 밖 음향
④	화면 밖 음향	오프 음향	인 음향	오프 음향
⑤	화면 밖 음향	오프 음향	오프 음향	인 음향

PART 2

난이도 상 중 하 풀이시간 | 2분

03

2023년 7급/민경채 PSAT

다음 글의 (가)와 (나)에 들어갈 말을 〈보기〉에서 골라 적절하게 짝지은 것은?

고대 철학자 A가 궁극적인 목적으로 삼았던 것은 행복한 삶이었다. 그런데 A가 가진 행복 개념은 현대인들이 가지고 있는 행복 개념과 다소 차이가 있다. 우리가 일상적으로 '행복'이라는 말을 사용할 때는 단순히 주관적 심리 상태를 지칭하는 경우가 많다. 하지만 A는 행복이 주관적 심리 상태만으로는 충분하지 않고, 그런 심리 상태를 뒷받침하는 객관적 조건이 반드시 갖추어져 있어야 한다고 생각했다. 요컨대, A가 사용한 행복 개념에 따르면, (가) . 그러나 A는 행복이 주관적 심리 상태만으로는 충분하지 않다고 하더라도, 주관적 심리 상태가 행복의 필수조건임은 부정할 수 없다고 보았다. 따라서 A에게는 (나) .

〈보기〉

ㄱ. 자신이 행복하다고 느끼고 있으면서도 행복하지 않은 경우란 있을 수 없다.

ㄴ. 자신이 행복하다고 느끼고 있으면서도 행복하지 않은 경우가 있을 수 있다.

ㄷ. 자신이 행복하지 않다고 느끼고 있으면서도 행복한 경우란 있을 수 없다.

	(가)	(나)
①	ㄱ	ㄴ
②	ㄱ	ㄷ
③	ㄴ	ㄱ
④	ㄴ	ㄷ
⑤	ㄷ	ㄴ

난이도 상 중 하 풀이시간 | 1분 30초

04

2022년 5급 PSAT

다음 글의 ㉠을 이끌어내기 위하여 추가해야 할 전제로 가장 적절한 것은?

사진작가 슬레이터는 '나루토'라는 이름의 원숭이에게 카메라를 빼앗긴 일이 있었는데 다시 찾은 그의 카메라에는 나루토의 모습이 찍힌 사진이 저장되어 있었다. 슬레이터는 나루토가 찍은 사진을 자신의 책을 통해 소개하였는데, 이 사진이 인터넷에 무단으로 돌아다니면서 나루토의 사진이 저작권의 대상이 되느냐가 논란이 되었다.

논란의 초점은 나루토의 사진이 과연 '셀카'인가 하는 것이었다. 셀카는 자신의 모습을 담으려는 의도로 스스로 찍은 사진이며, 그렇기에 셀카는 저작권의 대상이 된다는 것이 통념이다. 나루토가 찍은 사진이 셀카가 아니라면 저작권의 대상이 되지 않을 것이다. 나루토가 찍은 사진이 셀카로 인정받으려면, 그가 카메라를 사용하여 그 자신의 사진을 찍었을 뿐 아니라 찍을 때 자기 모습을 찍으려는 의도가 있어야 하고 그 의도를 실현할 능력이 있어야 한다. 슬레이터는 나루토가 이런 의미의 셀카를 찍었다고 주장한다. 하지만 이는 인간의 행위를 원숭이에 투사하는 바람에 빚어진 오해다. 자아가 없는 나루토가 한 일은 단지 카메라를 조작하는 인간의 행위를 흉내 낸 것뿐이기 때문이다. 따라서 ㉠ <u>나루토의 사진은 저작권의 대상이 될 수 없다</u>. 나루토는 그저 카메라를 특별히 잘 다루는 원숭이였을 뿐이다.

① 자아를 가지지 않으면서 인간의 행위를 흉내 낼 수는 없다.
② 자기 모습을 찍으려는 의도가 있다는 것은 자아를 가졌다는 것이다.
③ 자기 모습을 찍으려는 의도를 실현할 능력이 있는 경우에만 자아를 가진다.
④ 자기 모습을 찍으려는 의도가 있다는 것은 그 사진에 대한 저작권이 있다는 것이다.
⑤ 자기 모습을 찍으려는 의도를 실현할 능력이 없으면서 인간의 행위를 흉내 낼 수는 없다.

난이도 상 중 하 풀이시간 | 2분

05

2022년 5급 PSAT

다음 글의 ㉠~㉣에 들어갈 말을 적절하게 나열한 것은?

“미래에 받기로 되어 있는 100만 원을 앞당겨 현재에 받는다면 얼마 이상이어야 수용할까?” 만일 누군가 미래 100만 원의 가치가 현재 100만 원의 가치보다 작다고 평가하면, 현재에 받아야 되는 금액은 100만 원보다 적어도 된다. 이때 현재가치는 미래가치를 할인하여 계산된다. 반대로 미래 100만 원이 현재 100만 원보다 가치가 크다고 판단하면 현재에 받는 금액은 100만 원보다 많아야 하고, 현재가치는 미래가치를 할증하여 계산된다.

이와 같이 현재가치를 계산하기 위한 미래가치의 할인 혹은 할증의 개념은 시간선호와 밀접하게 관련되어 있다. 시간선호는 선호하는 시점에 따라 현재선호가 될 수도 있고 미래선호가 될 수도 있다. 만일 누군가가 미래보다 현재를 선호한다면 그는 현재선호 성향을 가진 사람이고, 이들은 현재가치를 계산할 때 미래가치를 할인한다. 반대로 현재보다 미래를 선호한다면 미래선호 성향이라고 하고, 이 경우 현재가치를 계산할 때 미래가치를 할증한다.

그러나 시간 자체에 대한 선호 여부와 상관없이 가치를 할인하거나 할증할 수도 있다. 예컨대 현재보다 미래를 선호하는 성향을 가졌음에도 예상치 못한 사고가 발생하여 큰돈이 필요하다면 미래가치의 (㉠)을 선택할 수밖에 없다. 요컨대 현재선호는 할인의 (㉡) 이 아닌 것이다.

이제 누군가가 1년 뒤의 100만 원과 현재의 90만 원을 동일하게 평가한다고 가정해 보자. 이와 같은 선택의 결과만 보았을 때는 그 사람은 할인을 하고 있는 것이 분명하지만, 이 선택의 결과가 현재선호 때문이라고 확언할 수는 없다. 그 사람이 1년 뒤의 물가가 변동할 것으로 예상한다면, 물가와 반대 방향으로 움직이는 화폐가치의 변동이 그 사람의 의사결정에 영향을 미칠 수도 있다. 물가가 큰 폭으로 (㉢) 것으로 예상하면서도 1년 뒤보다 낮은 수준의 현재 금액을 1년 뒤와 동일하게 평가한다면, 이는 현재선호 때문일 가능성이 크다. 반면 그 사람이 물가가 크게 (㉣) 것으로 확신하여 1년 뒤보다 낮은 수준의 현재 금액을 1년 뒤와 동일하게 평가한다면, 현재선호 때문일 가능성은 위의 상황보다 상대적으로 작아진다.

	㉠	㉡	㉢	㉣
①	할인	필요조건	내릴	오를
②	할인	필요조건	오를	내릴
③	할인	충분조건	내릴	오를
④	할증	필요조건	내릴	오를
⑤	할증	충분조건	오를	내릴

난이도 상 중 하 풀이시간 | 2분

06

2022년 7급/민경채 PSAT

다음 글의 (가)와 (나)에 들어갈 내용을 적절하게 나열한 것은?

> 인간은 지구상의 생명이 대량 멸종하는 사태를 맞이하고 있지만, 다른 한편으로는 실험실에서 인공적으로 새로운 생명체를 창조하고 있다. 이런 상황에서, 자연적으로 존재하는 종을 멸종으로부터 보존해야 한다는 생물 다양성의 보존 문제를 어떤 시각으로 바라보아야 할까? A는 생물 다양성을 보존해야 한다고 주장한다. 이를 위해 A는 다음과 같은 도구적 정당화를 제시한다. 우리는 의학적, 농업적, 경제적, 과학적 측면에서 이익을 얻기를 원한다. '생물 다양성 보존'은 이를 위한 하나의 수단으로 간주될 수 있다. 바로 그 수단이 우리가 원하는 이익을 얻는 최선의 수단이라는 것이 A의 첫 번째 전제이다. 그리고 [(가)]는 것이 A의 두 번째 전제이다. 이 전제들로부터 우리에게는 생물 다양성을 보존할 의무와 필요성이 있다는 결론이 나온다.
>
> 이에 대해 B는 생물 다양성 보존이 우리가 원하는 이익을 얻는 최선의 수단이 아님을 지적한다. 특히 합성 생물학은 자연에 존재하는 DNA, 유전자, 세포 등을 인공적으로 합성하고 재구성해 새로운 생명체를 창조하는 것을 목표로 한다. B는 우리가 원하는 이익을 얻고자 한다면, 자연적으로 존재하는 생명체들을 대상으로 보존에 애쓰는 것보다는 합성 생물학을 통해 원하는 목표를 더 합리적이고 체계적으로 성취할 수 있을 것이라고 주장한다. 인공적인 생명체의 창조가 우리가 원하는 이익을 얻는 더 좋은 수단이므로, 생물 다양성 보존을 지지하는 도구적 정당화는 설득력을 잃는다는 것이다. 그래서 B는 A가 제시하는 도구적 정당화에 근거하여 생물 다양성을 보존하자고 주장하는 것은 옹호될 수 없다고 말한다.
>
> 한편 C는 모든 종은 보존되어야 한다고 주장하면서 생물 다양성 보존을 옹호한다. C는 대상의 가치를 평가할 때 그 대상이 갖는 도구적 가치와 내재적 가치를 구별한다. 대상의 도구적 가치란 그것이 특정 목적을 달성하는 데 얼마나 쓸모가 있느냐에 따라 인정되는 가치이며, 대상의 내재적 가치란 그 대상이 그 자체로 본래부터 갖고 있다고 인정되는 고유한 가치를 말한다. C에 따르면 생명체는 단지 도구적 가치만을 갖는 것이 아니다. 생명체를 오로지 도구적 가치로만 평가하는 것은 생명체를 그저 인간의 목적을 위해 이용되는 수단으로 보는 인간 중심적 태도이지만, C는 그런 태도는 받아들일 수 없다고 본다. 생명체의 내재적 가치 또한 인정해야 한다는 것이다. 그 생명체들이 속한 종 또한 그 쓸모에 따라서만 가치가 있는 것이 아니다. 그리고 내재적 가치를 지니는 것은 모두 보존되어야 한다. 이로부터 모든 종은 보존되어야 한다는 결론에 다다른다. 왜냐하면 [(나)] 때문이다.

① (가): 어떤 것이 우리가 원하는 이익을 얻는 최선의 수단이라면 우리에게는 그것을 실행할 의무와 필요성이 있다
　(나): 생명체의 내재적 가치는 종의 다양성으로부터 비롯되기

② (가): 어떤 것이 우리가 원하는 이익을 얻는 최선의 수단이 아니라면 우리에게는 그것을 실행할 의무와 필요성이 없다
　(나): 생명체의 내재적 가치는 종의 다양성으로부터 비롯되기

③ (가): 어떤 것이 우리가 원하는 이익을 얻는 최선의 수단이라면 우리에게는 그것을 실행할 의무와 필요성이 있다
　(나): 모든 종은 그 자체가 본래부터 고유의 가치를 지니기

④ (가): 어떤 것이 우리가 원하는 이익을 얻는 최선의 수단이 아니라면 우리에게는 그것을 실행할 의무와 필요성이 없다
　(나): 모든 종은 그 자체가 본래부터 고유의 가치를 지니기

⑤ (가): 우리에게 이익을 제공하는 수단 가운데 생물 다양성의 보존보다 더 나은 수단은 없다
　(나): 모든 종은 그 자체가 본래부터 고유의 가치를 지니기

난이도 상 중 하 풀이시간 | 2분 30초

07

2021년 5급 PSAT

다음 글의 ㉠과 ㉡에 들어갈 내용을 〈보기〉에서 골라 적절하게 짝지은 것은?

경제가 어려울수록 사람들은 경제적 재화가 똑같이 분배되는 사회를 소망한다. 하지만 이러한 단순 평등 사회가 달성된다고 하더라도 그 상태는 유지될 수 없다. 처음에 경제적 재화를 똑같이 분배받는다고 하더라도 사람들은 자신의 선택에 따라 재화를 자유롭게 사용할 것이고, 그렇게 되면 시간이 지남에 따라 결국 다시 불평등한 사회가 될 것이기 때문이다. 이러한 불평등을 반복적으로 제거하면 다시 단순 평등 사회로 되돌아갈 수 있을지도 모른다. 하지만 그것은 오직 국가의 개입과 통제가 있어야만 가능한 일이다. 문제는 누구도 개인의 자유를 억압하는 사회를 원치 않는데, 국가의 개입과 통제가 필연적으로 개인의 자유를 억압한다는 것이다. 따라서 단순 평등 사회는 (㉠).

그렇다면 우리는 어떤 의미의 평등 사회를 지향해야 할까? 어떤 사람들이 비싼 물건을 살 능력이 있고 어떤 사람들은 그렇지 못하다는 경제적 불평등은 부정할 수 없는 현실이다. 하지만 우리는 경제적 재화 이외에도 자유, 사회적 지위, 정치권력 등의 다양한 사회적 가치들을 유용하다고 인정한다. 그래서 더욱 심각한 문제는 경제적 재화와 같은 하나의 사회적 가치가 불평등하게 분배되는 것이 정당한 이유 없이 다른 사회적 가치의 분배 문제에서까지 불평등을 유발할 수 있다는 것이다. 이런 결과를 초래하는 것은 바람직하지 않다. 재산이 많다고 정당한 이유 없이 정치권력을 소유하게 되거나, 정치권력을 가졌다고 정당한 이유 없이 높은 사회적 지위를 갖게 되는 것이 그런 예이다. 따라서 평등한 사회를 달성하기 위해서는 (㉡).

〈보기〉

ㄱ. 개인의 자유를 억압하지 않는다면 지속 가능한 것이다.

ㄴ. 지속 가능하지도 않고 개인의 자유를 희생하면서까지 원하는 것이 아니다.

ㄷ. 모든 사회적 가치 각각을 공정하게 분배하는 것이 중요하다.

ㄹ. 하나의 사회적 가치에 대한 불평등이 다른 영역에서의 불평등으로 이어지는 것을 막는 것이 중요하다.

ㅁ. 다양한 사회적 가치를 공정하게 분배하는 방법의 출발점으로 하나의 사회적 가치를 공정하게 분배하는 것부터 시작해야 한다.

	㉠	㉡
①	ㄱ	ㄹ
②	ㄱ	ㅁ
③	ㄴ	ㄷ
④	ㄴ	ㄹ
⑤	ㄴ	ㅁ

난이도 상 중 하 풀이시간 | 2분 30초

08

2020년 5급 PSAT

다음 글의 ㉠에 들어갈 말로 가장 적절한 것은?

> 갑상선은 목의 아래 쪽에 있는 분비샘으로, 'T4'로 불리는 티록신과 'T3'으로 불리는 트리요드타이로닌을 합성하고 분비하는 기능을 한다. 이렇게 갑상선이 분비하는 호르몬은 우리 몸의 성장과 활동에 필요한 체내 대사를 조절한다. 갑상선의 이런 활동은 뇌의 제어를 받는다. 뇌하수체는 갑상선자극호르몬(TSH)을 분비하여 갑상선을 자극함으로써 갑상선호르몬 T4와 T3이 합성, 분비되도록 한다. 분비된 호르몬은 혈액을 통해 다시 뇌하수체에 도달하여 음성 되먹임 작용을 통해 TSH의 분비를 조절하고, 그럼으로써 체내 갑상선호르몬의 양이 일정하게 유지되도록 한다.
>
> 갑상선 질환은 병리적 검사로 간단히 진단할 수 있다. 일반적으로 혈중 TSH나 T4, T3의 수치 중 어느 것이든 낮으면 갑상선기능저하증으로 진단한다. 갑상선 질환 진단에 사용되는 가장 기본적인 검사는 혈중 TSH와 T4의 측정이다. 갑상선에서 분비되는 시점에 갑상선호르몬의 93%는 T4이고 나머지가 T3이다. 이후 T4의 일부는 기분이 좋아지게 만드는 활력 호르몬으로 알려진 T3으로, 또는 T3의 작용을 방해하여 조직이나 세포 안에서 제 역할을 하지 못하게 하는 rT3으로 변환된다. 체내에 rT3이 많아지면 T3의 작용이 저하되기 때문에 TSH 수치가 정상이면서도 갑상선기능저하증에 해당하는 증상이 나타날 수 있다. 따라서 갑상선의 호르몬 분비량 수준을 알려주는 TSH 수치의 측정만으로는 갑상선기능저하증을 놓치지 않고 찾아내기 어렵다. (㉠   ) 때문이다.
>
> 갑상선기능저하증은 뇌하수체의 이상으로 발생하기도 하지만 유해한 화학물질의 유입이나 과도한 스트레스 때문에 갑상선호르몬 생산이 줄어들면서 발생하기도 한다. 이런 요인으로 인해 T3 수치가 낮아지는 것은 전형적인 경우다. 이런 경우에는 셀레늄 섭취를 늘림으로써 rT3의 수치를 낮춰 T3의 생산과 기능을 진작할 수 있다. 술, 담배, 패스트푸드를 멀리하는 것도 도움이 된다. 갑상선기능저하증 환자들이 복용하는 약으로 LT4가 있는데, 체내에서 만들어지는 T4와 같은 작용을 하도록 투입되는 호르몬 공급제다. 호르몬 공급제를 복용할 때 흡수 장애가 발생하면 투약 효과가 저하되므로 알맞은 복용법에 따라 복용하는 것이 중요하다.

① TSH 수치만으로는 rT3의 양이나 효과를 가늠할 수 없기

② rT3의 작용으로 T3의 생성이 억제되면서 T4의 상대적 비중이 왜곡될 수 있기

③ TSH 수치가 정상이 아니어도 rT3의 작용으로 T3과 T4의 농도가 정상 범위일 수 있기

④ TSH 수치를 토대로 음성 되먹임 원리를 응용하여 갑상선호르몬의 분비량을 알 수 있기

⑤ 외부에서 유입되는 유해물질의 농도 등 갑상선 기능에 영향을 미치는 요소를 TSH 측정만으로는 파악할 수 없기

난이도 상 중 하 풀이시간 | 1분 30초

09

2019년 민경채

다음 글의 빈칸에 들어갈 내용으로 가장 적절한 것은?

노랑초파리에 있는 Ir75a 유전자는 시큼한 냄새가 나는 아세트산을 감지하는 후각수용체 단백질을 만들 수 있다. 하지만 세이셸 군도의 토착종인 세셸리아초파리는 Ir75a 유전자를 가지고 있지만 아세트산 냄새를 못 맡는다. 따라서 이 세셸리아초파리의 Ir75a 유전자는 해당 단백질을 만들지 못하는 '위유전자(pseudogene)'라고 여겨졌다. 세셸리아초파리는 노니의 열매만 먹고 살기 때문에 아세트산의 시큼한 냄새를 못 맡아도 별 문제가 없다. 그런데 스위스 로잔대 연구진은 세셸리아초파리가 땀 냄새가 연상되는 프로피온산 냄새를 맡을 수 있다는 사실을 발견했다.

이 발견이 중요한 이유는 (　　　　　) 그렇다면 세셸리아초파리의 Ir75a 유전자도 후각수용체 단백질을 만든다는 것인데, 왜 세셸리아초파리는 아세트산 냄새를 못 맡을까? 세셸리아초파리와 노랑초파리의 Ir75a 유전자가 만드는 후각수용체 단백질의 아미노산 서열을 비교한 결과, 냄새 분자가 달라붙는 걸로 추정되는 부위에서 세 군데가 달랐다. 단백질의 구조가 바뀌어 감지할 수 있는 냄새 분자의 목록이 달라진 것이다. 즉 노랑초파리의 Ir75a 유전자가 만드는 후각수용체는 아세트산과 프로피온산에 반응하고, 세셸리아초파리의 이것은 프로피온산과 들쩍지근한 다소 불쾌한 냄새가 나는 부티르산에 반응한다.

흥미롭게도 세셸리아초파리의 주식인 노니의 열매는 익으면서 부티르산이 연상되는 냄새가 강해진다. 연구자들은 세셸리아초파리의 Ir75a 유전자는 위유전자가 아니라 노랑초파리와는 다른 기능을 하는 후각수용체 단백질을 만드는 유전자로 진화한 것이라 주장하며, 세셸리아초파리의 Ir75a 유전자를 '위-위유전자(pseudo-pseudogene)'라고 불렀다.

① 세셸리아초파리가 주로 먹는 노니의 열매는 프로피온산 냄새가 나지 않기 때문이다.
② 프로피온산 냄새를 담당하는 후각수용체 단백질은 Ir75a 유전자와 상관이 없기 때문이다.
③ 노랑초파리에서 프로피온산 냄새를 담당하는 후각수용체 유전자는 위유전자가 되었기 때문이다.
④ 세셸리아초파리와 노랑초파리에서 Ir75a 유전자가 만드는 후각수용체 단백질이 똑같기 때문이다.
⑤ 노랑초파리에서 프로피온산 냄새를 담당하는 후각수용체 단백질을 만드는 것이 Ir75a 유전자이기 때문이다.

난이도 상 중 하 풀이시간 | 2분

10

2019년 7급 PSAT 모의평가

다음 글의 ㉠을 이끌어내기 위해 추가해야 할 전제로 가장 적절한 것은?

> A국에서는 교육 제도 개선을 추진하고 있다. 이와 관련하여 현재 거론되고 있는 방안 중 다음 네 조건을 모두 충족시키는 방안이 있다면, 정부는 그 방안을 추진해야 한다. 첫째, 공정한 기회 균등과 교육의 수월성을 함께 이룩할 수 있는 방안이어야 한다. 둘째, 신뢰할 수 있는 설문 조사에서 가장 많은 국민이 선호하는 방안으로 선택한 것이어야 한다. 셋째, 정부의 기존 교육 재정만으로 실행될 수 있는 방안이어야 한다. 넷째, 가계의 교육 부담을 줄일 수 있는 방안이어야 한다.
>
> 현재 거론되고 있는 방안들 중 선호하는 것에 대하여 국민 2,000명을 대상으로 한 설문 조사 결과, 300명이 대학교 평준화 도입을 꼽았고, 400명이 고등학교 자체 평가 확대를 꼽았으며, 600명이 대입 정시 확대와 수시 축소를 꼽았고, 700명이 고교 평준화 강화를 꼽았다. 이 설문 조사는 표본을 치우치지 않게 잡아 신뢰할 수 있다.
>
> 현재 거론된 방안들 가운데 정부의 기존 교육 재정만으로 실행될 수 없는 것은 대학교 평준화 도입 방안뿐이다. 대입 정시 확대와 수시 축소 방안은 가계의 교육 부담을 감소시키지 못하지만 다른 방안들은 그렇지 않다. 고교 평준화 강화 방안은 공정한 기회 균등을 이룰 수 있는 방안임이 분명하다. 따라서 ㉠<u>정부는 고교 평준화 강화 방안을 추진해야 한다</u>.

① 고교 평준화 강화는 가장 많은 국민이 선호하는 방안이다.

② 고교 평준화 강화는 교육의 수월성을 이룩할 수 있는 방안이다.

③ 고교 평준화 강화는 가계의 교육 부담을 줄일 수 있는 방안이다.

④ 고교 평준화 강화는 정부의 기존 교육 재정만으로도 실행될 수 있는 방안이다.

⑤ 정부가 고교 평준화 강화 방안을 추진하지 않아도 된다면, 그 방안은 공정한 기회 균등과 교육의 수월성을 함께 이룩할 수 없는 방안이다.

난이도 상 중 하 풀이시간 | 2분

11

2018년 5급 PSAT

다음 ㉠~㉣에 들어갈 말을 가장 적절하게 나열한 것은?

> 신체의 운동이 뇌에 의해 통제되고 조절된다는 것은 당연하게 여겨지지만, 여전히 뇌의 어느 부위가 어떤 운동 기능을 담당하는지는 정확하게 이해되고 있지 않다. 이는 뇌의 여러 부분이 동시에 신체 운동에 관여하기 때문이다. 신체 운동에 관여하는 중요한 뇌의 부위에는 운동 피질, 소뇌, 기저핵이 있다. 대뇌에 있는 운동 피질은 의지에 따른 운동을 주로 조절한다. 소뇌와 기저핵은 숙달되어 생각하지 않아도 일어나는 운동들을 조절한다. 평균대 위에서 재주를 넘는 체조선수의 섬세한 몸동작은 반복된 훈련을 통하여 생각 없이 자동으로 이루어지는데 이러한 일은 주로 소뇌가 관여하여 일어난다. 기저핵의 두 부위인 선조체와 흑색질은 서로 대립적으로 신체 운동을 조절한다. 선조체는 신체 운동을 (㉠)하고, 흑색질은 신체 운동을 (㉡)하는 역할을 한다. 뇌의 이상으로 발생하는 운동 장애로 헌팅턴 무도병과 파킨슨병이 있다. 이 두 질병은 그 증세가 서로 대조적이다. 전자는 신체의 근육들이 제멋대로 움직여서 거칠고 통제할 수 없는 운동을 유발한다. 반면에 파킨슨병은 근육의 경직과 떨림으로 움직이려 하여도 근육이 제대로 움직여 주지 않는다. 이러한 대조적인 증세는 대립적으로 작용하는 기저핵의 두 부위에서 일어난 손상으로 인하여 발생한다. 선조체가 손상을 입으면 헌팅턴 무도병에 걸리고 흑색질에 손상을 입으면 파킨슨병에 걸린다. 따라서 (㉢)의 기능을 향상시키는 약을 쓰면 파킨슨병의 증세가 완화되고 (㉣)의 기능을 억제하는 약을 쓰면 헌팅턴 무도병의 증세가 완화된다.

	㉠	㉡	㉢	㉣
①	억제	유발	흑색질	흑색질
②	억제	유발	흑색질	선조체
③	억제	유발	선조체	선조체
④	유발	억제	선조체	흑색질
⑤	유발	억제	흑색질	선조체

난이도 상 중 하 풀이시간 | 2분

12

2018년 민경채

다음 글의 빈칸에 들어갈 진술로 가장 적절한 것은?

> 모두가 서로를 알고 지내는 작은 규모의 사회에서는 거짓이나 사기가 번성할 수 없다. 반면 그렇지 않은 사회에서는 누군가를 기만하여 이득을 보는 경우가 많이 발생한다. 이런 현상이 발생하는 이유를 확인하는 연구가 이루어졌다. A 교수는 그가 마키아벨리아니즘이라고 칭한 성격 특성을 지닌 사람을 판별하는 검사를 고안해냈다. 이 성격 특성은 다른 사람을 교묘하게 이용하고 기만하는 능력을 포함한다. 그의 연구는 사람들 중 일부는 다른 사람들을 교묘하게 이용하거나 기만하여 자기 이익을 챙긴다는 사실을 보여준다. 수백 명의 학생을 대상으로 한 조사에서, 마키아벨리아니즘을 갖는 것으로 분류된 학생들은 대체로 대도시 출신임이 밝혀졌다.
>
> 위 연구들이 보여주는 바를 대도시 사람들의 상호작용을 이해하기 위해 확장시켜 보자. 일반적으로 낯선 사람들이 모여 사는 대도시에서는 자기 이익을 위해 다른 사람을 이용하는 성향을 지닌 사람이 많다고 생각하기 쉽다. 대도시 사람들은 모두가 사기꾼처럼 보인다는 주장이 일리 있게 들리기도 한다. 그러나 다른 사람들의 협조 성향을 이용하여 도움을 받으면서도 다른 사람에게 도움을 주지 않는 사람이 존재하기 위해서는 일정한 틈새가 만들어져 있어야 한다. (   ) 때문에 이 틈새가 존재할 수 있는 것이다. 이는 기생 식물이 양분을 빨아먹기 위해서는 건강한 나무가 있어야 하는 것과 같다. 나무가 건강을 잃게 되면 기생 식물 또한 기생할 터전을 잃게 된다. 그렇다면 어떤 의미에서는 모든 사람들이 사기꾼이라는 냉소적인 견해는 낯선 사람과의 상호작용을 잘못 이해한 것이다. 모든 사람들이 사기꾼이라면 사기를 칠 가능성도 사라지게 된다고 이해하는 것이 맞다.

① 대도시라는 환경적 특성
② 인간은 사회를 필요로 하기
③ 많은 사람들이 진정으로 협조하기
④ 많은 사람들이 이기적 동기에 따라 행동하기
⑤ 누가 마키아벨리아니즘을 갖고 있는지 판별하기 어렵기

난이도 상 중 하 풀이시간 | 2분 30초

13

2016년 5급 PSAT

다음 글의 ㉠~㉢에 들어갈 말을 바르게 나열한 것은?

> 다음 세대에 유전자를 남기기 위해서는 반드시 암수가 만나 번식을 해야 한다. 그런데 왜 이성이 아니라 동성에게 성적으로 끌리는 사람들이 낮은 빈도로나마 꾸준히 존재하는 것일까? 진화심리학자들은 이 질문에 대해서 여러 가지 가설로 동성애 성향이 유전자를 통해 다음 세대로 전달된다고 설명한다. 그 중 캄페리오-치아니는 동성애 유전자가 X염색체에 위치하고, 동성애 유전자가 남성에게 있으면 자식을 낳아 유전자를 남기는 번식이 감소하지만, 동성애 유전자가 여성에게 있으면 여타 조건이 동일한 상황에서 자식을 많이 낳아 유전자를 많이 남기기 때문에 동성애 유전자가 계속 유지된다고 주장하였다. 인간은 23쌍의 염색체를 갖는데, 그중 한 쌍이 성염색체로 남성은 XY염색체를 가지며 여성은 XX염색체를 가진다. 한 쌍의 성염색체는 아버지와 어머니로부터 각각 하나씩 받아서 쌍을 이룬다. 즉 남성 성염색체 XY의 경우 X염색체는 어머니로부터 Y염색체는 아버지로부터 물려받고, 여성 성염색체 XX는 아버지와 어머니로부터 각각 한 개씩의 X염색체를 물려받는다. 만약에 동성애 남성이라면 동성애 유전자가 X염색체에 있고 그 유전자는 어머니로부터 물려받은 것이다. 따라서 캄페리오-치아니의 가설이 맞다면 확률적으로 동성애 남성의 (㉠) 한 명이 낳은 자식의 수가 이성애 남성의 (㉡) 한 명이 낳은 자식의 수보다 (㉢).

	㉠	㉡	㉢
①	이모	이모	많다
②	고모	고모	많다
③	이모	고모	적다
④	고모	고모	적다
⑤	이모	이모	적다

난이도 상 중 하 풀이시간 | 2분

14

2016년 민경채

다음 글에서 밑줄 친 결론을 이끌어내기 위해 추가해야 할 전제만을 〈보기〉에서 모두 고르면?

이미지란 우리가 세계에 대해 시각을 통해 얻는 표상을 가리킨다. 상형문자나 그림문자를 통해서 얻은 표상도 여기에 포함된다. 이미지는 세계의 실제 모습을 아주 많이 닮았으며 그러한 모습을 우리 뇌 속에 복제한 결과이다. 그런데 우리의 뇌는 시각적 신호를 받아들일 때 시야에 들어온 세계를 한꺼번에 하나의 전체로 받아들이게 된다. 즉 대다수의 이미지는 한꺼번에 지각된다. 예를 들어 우리는 새의 전체 모습을 한꺼번에 지각하지 머리, 날개, 꼬리 등을 개별적으로 지각한 후 이를 머릿속에서 조합하는 것이 아니다.

표음문자로 이루어진 글을 읽는 것은 이와는 다른 과정이다. 표음문자로 구성된 문장에 대한 이해는 그 문장의 개별적인 문법적 구성요소들로 이루어진 특정한 수평적 연속에 의존한다. 문장을 구성하는 개별 단어들, 혹은 각 단어를 구성하는 개별 문자들이 하나로 결합되어 비로소 의미 전체가 이해되는 것이다. 비록 이 과정이 너무도 신속하고 무의식적으로 이루어지기는 하지만 말이다. 알파벳을 구성하는 기호들은 개별적으로는 아무런 의미도 가지지 않으며 어떠한 이미지도 나타내지 않는다. 일련의 단어군은 한꺼번에 파악될 수도 있겠지만, 표음문자의 경우 대부분 언어는 개별 구성 요소들이 하나의 전체로 결합되는 과정을 통해 이해된다.

남성적인 사고는, 사고 대상 전체를 구성요소 부분으로 분해한 후 그들 각각을 개별화시키고 이를 다시 재조합하는 과정으로 진행된다. 그에 비해 여성적인 사고는, 분해되지 않은 전체 이미지를 통해서 의미를 이해하는 특징을 지닌다. 그림문자로 구성된 글의 이해는 여성적인 사고 과정을, 표음문자로 구성된 글의 이해는 남성적인 사고 과정을 거친다. 여성은 대체로 여성적 사고를, 남성은 대체로 남성적 사고를 한다는 점을 고려할 때 <u>표음문자 체계의 보편화는 여성의 사회적 권력을 약화시키는 결과를 낳게 된다</u>.

〈보기〉

ㄱ. 그림문자를 쓰는 사회에서는 남성의 사회적 권력이 여성의 그것보다 우월하였다.

ㄴ. 표음문자 체계는 기능적으로 분화된 복잡한 의사소통을 가능하도록 하였다.

ㄷ. 글을 읽고 이해하는 능력은 사회적 권력에 영향을 미친다.

① ㄱ

② ㄴ

③ ㄷ

④ ㄱ, ㄴ

⑤ ㄴ, ㄷ

난이도 상 중 하 풀이시간 | 2분

15 2015년 민경채

문맥상 다음 글에 이어질 내용으로 가장 적절한 것은?

> 테레민이라는 악기는 손을 대지 않고 연주하는 악기이다. 이 악기를 연주하기 위해 연주자는 허리 높이쯤에 위치한 상자 앞에 선다. 연주자의 오른손은 상자에 수직으로 세워진 안테나 주위에서 움직인다. 오른손의 엄지와 집게손가락으로 고리를 만들고 손을 흔들면서 나머지 손가락을 하나씩 펴면 안테나에 손이 닿지 않고서도 음이 들린다. 이때 들리는 음은 피아노 건반을 눌렀을 때 나는 것처럼 정해진 음이 아니고 현악기를 연주하는 것과 같은 연속음이며, 소리는 손과 손가락의 움직임에 따라 변한다. 왼손은 손가락을 펼친 채로 상자에서 수평으로 뻗은 안테나 위에서 서서히 오르내리면서 소리를 조절한다.
>
> 오른손으로는 수직 안테나와의 거리에 따라 음고(音高)를 조절하고 왼손으로는 수평 안테나와의 거리에 따라 음량을 조절한다. 따라서 오른손과 수직 안테나는 음고를 조절하는 회로에 속하고 왼손과 수평 안테나는 음량을 조절하는 또 다른 회로에 속한다. 이 두 회로가 하나로 합쳐지면서 두 손의 움직임에 따라 음고와 음량을 변화시킬 수 있다.
>
> 어떻게 테레민에서 다른 음고의 음이 발생되는지 알아보자. 음고를 조절하는 회로는 가청주파수 범위 바깥의 주파수를 갖는 서로 다른 두 개의 음파를 발생시킨다. 이 두 개의 음파 사이에 존재하는 주파수의 차이값에 의해 가청주파수를 갖는 새로운 진동이 발생하는데 그것으로 소리를 만든다. 가청주파수 범위 바깥의 주파수 중 하나는 고정된 주파수를 갖고 다른 하나는 연주자의 손 움직임에 따라 주파수가 바뀐다. 이렇게 발생한 주파수의 변화에 의해 진동이 발생되고 이 진동의 주파수는 가청주파수 범위 내에 있기 때문에 그 진동을 증폭시켜 스피커로 보내면 소리가 들린다.

① 수직 안테나에 손이 닿으면 소리가 발생하는 원리
② 왼손의 손가락의 모양에 따라 음고가 바뀌는 원리
③ 수평 안테나와 왼손 사이의 거리에 따라 음량이 조절되는 원리
④ 음고를 조절하는 회로에서 가청주파수의 진동이 발생하는 원리
⑤ 오른손 손가락으로 가상의 피아노 건반을 눌러 음량을 변경하는 원리

정답과 해설 P.55

기출유형 6 | # 기타 유형

5급	7급	민경채

난이도 상 중 하 풀이시간 | 2분

01

2021년 7급 PSAT

다음 글의 A~C에 대한 판단으로 가장 적절한 것은?

정책 네트워크는 다원주의 사회에서 정책 영역에 따라 실질적인 정책 결정권을 공유하고 있는 집합체이다. 정책 네트워크는 구성원 간의 상호 의존성, 외부로부터 다른 사회 구성원들의 참여 가능성, 의사결정의 합의 효율성, 지속성의 특징을 고려할 때 다음 세 가지 모형으로 분류될 수 있다.

특징 / 모형	상호 의존성	외부 참여 가능성	합의 효율성	지속성
A	높음	낮음	높음	높음
B	보통	보통	보통	보통
C	낮음	높음	낮음	낮음

A는 의회의 상임위원회, 행정 부처, 이익집단이 형성하는 정책 네트워크로서 안정성이 높아 마치 소정부와 같다. 행정부 수반의 영향력이 작은 정책 분야에서 집중적으로 나타나는 형태이다. A에서는 참여자 간의 결속과 폐쇄적 경계를 강조하며, 배타성이 매우 강해 다른 이익집단의 참여를 철저하게 배제하는 것이 특징이다.

B는 특정 정책과 관련해 이해관계를 같이하는 참여자들로 구성된다. B가 특정 이슈에 대해 유기적인 연계 속에서 기능하면, 전통적인 관료제나 A의 방식보다 더 효과적으로 정책 목표를 달성할 수 있다. B의 주요 참여자는 정치인, 관료, 조직화된 이익집단, 전문가 집단이며, 정책 결정은 주요 참여자 간의 합의와 협력에 의해 일어난다.

C는 특정 이슈를 중심으로 이해관계나 전문성을 가진 이익집단, 개인, 조직으로 구성되고, 참여자는 매우 자율적이고 주도적인 행위자이며 수시로 변경된다. 배타성이 강한 A만으로 정책을 모색하면 정책 결정에 영향을 미칠 수 있는 C와 같은 개방적 참여자들의 네트워크를 놓치기 쉽다. C는 관료제의 영향력이 작고 통제가 약한 분야에서 주로 작동하는데, 참여자가 많아 합의가 어려워 결국 정부가 위원회나 청문회를 활용하여 의견을 조정하려는 경우가 종종 발생한다.

① 외부 참여 가능성이 높은 모형은 관료제의 영향력이 작고 통제가 약한 분야에서 나타나기 쉽다.
② 상호 의존성이 보통인 모형에서는 배타성이 강해 다른 이익집단의 참여를 철저하게 배제한다.
③ 합의 효율성이 높은 모형이 가장 효과적으로 정책 목표를 달성할 수 있다.
④ A에 참여하는 이익집단의 정책 결정 영향력이 B에 참여하는 이익집단의 정책 결정 영향력보다 크다.
⑤ C에서는 참여자의 수가 많아질수록 네트워크의 지속성이 높아진다.

난이도 상 중 하 | 풀이시간 | 2분

02

2020년 민경채

다음 글의 ㉠에 대한 진술로 적절하지 않은 것은?

> 해녀들이 고무 잠수복을 받아들일 때 잠수복 바지, 저고리, 모자, 버선은 받아들였으나 흥미롭게도 장갑은 제외시켰다. 손은 부피당 표면적이 커서 수중에서 열손실이 쉽게 일어나는 부위이다. 손의 온도가 떨어지면 움직임이 둔해지고 정확도가 떨어지므로 물속에서의 작업 수행 능력이 감소된다. 이런 점을 고려할 때 장갑 착용은 작업 능률을 향상시킬 것으로 생각되는데 수온이 낮은 겨울철에도 해녀들이 잠수 장갑을 끼지 않는 데는 어떤 이유가 있을 것이다. 그 이유를 알아보기 위하여 ㉠겨울철 해녀의 작업 시 장갑 착용이 손의 열손실에 어떤 영향을 미치는지 연구하였다.
>
> 겨울철에 해녀가 작업을 할 때, 장갑을 끼는 경우와 끼지 않는 경우에 손의 열손실을 측정하였다. 열손실은 단위시간당 손실되는 열의 양으로 측정하였다. 입수 초기에는 장갑을 낄 때나 안 낄 때나 손의 열손실이 증가하는데 장갑을 낄 때보다 안 낄 때 더 빠르게 증가한다. 그런데 입수 초기가 지나면 손의 열손실은 시간에 따라 점차 감소하는데 장갑을 낄 때보다 안 낄 때 더 빠르게 감소한다. 그래서 입수 후 약 20분이 지나면 손의 열손실이 장갑을 낄 때보다 안 낄 때 더 작아지는 기현상이 생긴다.
>
> 이러한 현상은 입수 시 나타나는 손의 열절연도 변화로 설명할 수 있다. 물체의 열손실은 그 물체의 열절연도에 의해 좌우되는데 열절연도가 커질수록 열손실이 작아진다. 입수 후 손의 열절연도는 장갑을 낄 때보다 안 낄 때 더 빠르게 증가하여 입수 후 약 20분이 지나면 손의 열손실이 장갑을 낄 때보다 안 낄 때 더 작아진다. 또한 팔의 열절연도도 입수 후 시간이 지남에 따라 장갑을 낄 때보다 안 낄 때 더 빠르게 증가하여 팔의 열손실은 장갑을 낄 때보다 안 낄 때 더 빠르게 감소한다.

① 손의 온도는 해녀의 작업 수행 능력에 영향을 준다.
② 장갑 착용 여부는 손과 팔의 열손실에 영향을 준다.
③ 입수 초기에는 장갑을 낄 때보다 안 낄 때 손의 열손실이 더 빠르게 증가한다.
④ 입수 후 시간이 지남에 따라 손의 열절연도는 장갑을 낄 때보다 안 낄 때 더 빠르게 증가한다.
⑤ 입수 후 장갑을 안 낄 때는 손의 열손실이 시간이 지남에 따라 증가한 후 감소하지만 장갑을 낄 때는 그렇지 않다.

난이도 상 중 하 풀이시간 | 2분

03

2019년 5급 공채 PSAT

다음 글의 ㉠에 해당하는 사례만을 〈보기〉에서 모두 고르면?

'부재 인과', 즉 사건의 부재가 다른 사건의 원인이라는 주장은 일상 속에서도 쉽게 찾아볼 수 있다. 인과 관계가 원인과 결과 간에 성립하는 일종의 의존 관계로 분석될 수 있다면 부재 인과는 인과 관계의 한 유형을 표현한다. 예를 들어, 경수가 물을 주었더라면 화초가 말라죽지 않았을 것이므로 '경수가 물을 줌'이라는 사건이 부재하는 것과 '화초가 말라죽음'이라는 사건이 발생하는 것 사이에는 의존 관계가 성립한다. 인과 관계를 이런 의존 관계로 이해할 경우 화초가 말라죽은 것의 원인은 경수가 물을 주지 않은 것이며 이는 상식적 판단과 일치한다. 하지만 화초가 말라죽은 것은 단지 경수가 물을 주지 않은 것에만 의존하지 않는다. 의존 관계로 인과 관계를 이해하려는 견해에 따르면 경수의 화초와 아무 상관없는 영희가 그 화초에 물을 주었더라도 경수의 화초는 말라죽지 않았을 것이므로 영희가 물을 주지 않은 것 역시 그 화초가 말라죽은 사건의 원인이라고 해야 할 것이다. 그러나 상식적으로 경수가 물을 주지 않은 것은 그가 키우던 화초가 말라죽은 사건의 원인이지만, 영희가 물을 주지 않은 것은 그 화초가 말라죽은 사건의 원인이 아니다. 인과 관계를 의존 관계로 파악해 부재 인과를 인과의 한 유형으로 받아들이면, 원인이 아닌 수많은 부재마저도 원인으로 받아들여야 하는 ㉠문제가 생겨난다.

〈보기〉

ㄱ. 어제 영지는 늘 타고 다니던 기차가 고장이 나는 바람에 지각을 했다. 그 기차가 고장이 나지 않았다면 영지는 지각하지 않았을 것이다. 하지만 영지가 새벽 3시에 일어나 직장에 걸어갔더라면 지각하지 않았을 것이다. 그러므로 어제 영지가 새벽 3시에 일어나 직장에 걸어가지 않은 것이 그가 지각한 원인이라고 보아야 한다.

ㄴ. 영수가 야구공을 던져서 유리창이 깨졌다. 영수가 야구공을 던지지 않았더라면 그 유리창이 깨지지 않았을 것이다. 하지만 그 유리창을 향해 야구공을 던지지 않은 사람들은 많다. 그러므로 그 많은 사람 각각이 야구공을 던지지 않은 것을 유리창이 깨어진 사건의 원인이라고 보아야 한다.

ㄷ. 햇빛을 차단하자 화분의 식물이 시들어 죽었다. 하지만 햇빛을 과다하게 쪼이거나 지속적으로 쪼였다면 화분의 식물은 역시 시들어 죽었을 것이다. 그러므로 햇빛을 쪼이는 것은 식물의 성장 원인이 아니라고 보아야 한다.

① ㄱ

② ㄴ

③ ㄱ, ㄷ

④ ㄴ, ㄷ

⑤ ㄱ, ㄴ, ㄷ

난이도 상 중 하 풀이시간 | 2분

04

2019년 민경채

다음 글의 ㉠에 대한 비판으로 가장 적절한 것은?

"프랑스 수도가 어디지?"라는 가영의 물음에 나정이 "프랑스 수도는 로마지."라고 대답했다고 하자. 나정이 가영에게 제공한 것을 정보라고 할 수 있을까? 정보의 일반적 정의는 '올바른 문법 형식을 갖추어 의미를 갖는 자료'다. 이 정의에 따르면 나정의 대답은 정보를 담고 있다. 다음 진술은 이런 관점을 대변하는 진리 중립성 논제를 표현한다. "정보를 준다는 것이 반드시 그 내용이 참이라는 것을 의미하지는 않는다." 이 논제의 관점에서 보자면, 올바른 문법 형식을 갖추어 의미를 해석할 수 있는 자료는 모두 정보의 자격을 갖는다. 그 내용이 어떤 사태를 표상하든, 참을 말하든, 거짓을 말하든 상관없다.

그러나 이 조건만으로는 불충분하다는 지적이 있다. 철학자 플로리디는 전달된 자료를 정보라고 하려면 그 내용이 참이어야 한다고 주장한다. 즉, 정보란 올바른 문법 형식을 갖춘, 의미 있고 참인 자료라는 것이다. 이를 ㉠진리성 논제라고 한다. 그라이스는 이렇게 말한다. "거짓 '정보'는 저급한 종류의 정보가 아니다. 그것은 아예 정보가 아니기 때문이다." 이 점에서 그 역시 이 논제를 받아들이고 있다.

이런 논쟁은 용어법에 관한 시시한 언쟁처럼 보일 수도 있지만, 두 진영 간에는 정보 개념이 어떤 역할을 해야 하는가에 대한 근본적인 견해 차이가 있다. 진리성 논제를 비판하는 사람들은 틀린 '정보'도 정보로 인정되어야 한다고 말한다. 자료의 내용이 그것을 이해하는 주체의 인지 행위에서 분명한 역할을 수행한다는 이유에서다. '프랑스 수도가 로마'라는 말을 토대로 가영은 이런저런 행동을 할 수 있다. 가령, 프랑스어를 배우기 위해 로마로 떠날 수도 있고, 프랑스 수도를 묻는 퀴즈에서 오답을 낼 수도 있다. 거짓인 자료는 정보가 아니라고 볼 경우, '정보'라는 말이 적절하게 사용되는 사례들의 범위를 부당하게 제한하는 꼴이 된다.

① '정보'라는 표현이 일상적으로 사용되는 사례가 모두 적절한 것은 아니다.

② 올바른 문법 형식을 갖추지 못한 자료는 정보라는 지위에 도달할 수 없다.

③ 사실과 다른 내용의 자료를 숙지하고 있는 사람은 정보를 안다고 볼 수 없다.

④ 내용이 거짓인 자료를 토대로 행동을 하는 사람은 자신이 의도한 결과에 도달할 수 없다.

⑤ 거짓으로 밝혀질 자료도 그것을 믿는 사람의 인지 행위에서 분명한 역할을 한다면 정보라고 볼 수 있다.

난이도 상 중 하 풀이시간 | 2분 30초

05

2019년 7급 PSAT 모의평가

다음 글의 ㉠~㉤에 대한 설명으로 가장 적절한 것은?

세균은 산소에 대한 요구성과 내성에 따라 구분된다. '절대 호기성 세균'은 산소에 대한 내성이 있고 대사 과정에서 산소 호흡을 하기 때문에 산소의 농도가 높은 곳에서 잘 자랄 수 있다. 반면에 '미세 호기성 세균'은 산소 호흡을 하지만 산소에 대한 내성이 '절대 호기성 세균'보다 낮아서 '절대 호기성 세균'이 살아가는 환경의 산소 농도보다 낮은 농도의 산소에서만 살 수 있다. 두 종류의 세균은 모두 산소를 이용하는 호흡이 필수적이므로 산소가 없거나 너무 낮은 농도에서는 살 수 없다. '통성 세균'은 산소에 대한 내성이 있고, 산소가 있는 곳에서는 산소 호흡을 하고 산소가 없거나 너무 낮은 농도에서는 산소 호흡 대신 발효 과정을 통해 에너지를 만들어낼 수 있기 때문에 산소가 있는 환경과 없는 환경 모두에서 자랄 수 있다. 그러나 산소 호흡이 발효 과정보다 많은 에너지를 만들어내기 때문에 산소 농도가 높은 환경에서 더 잘 자란다. '혐기성 세균'은 산소 호흡을 할 수 없는 세균으로 발효 과정만을 통해 에너지를 만들어낸다. '혐기성 세균'은 산소에 대한 내성을 가지고 있어 산소가 있어도 자랄 수 있는 '내기 혐기성 세균'과 산소에 대한 내성이 없어 일정 농도 이상의 산소에 노출되면 사멸하는 '절대 혐기성 세균'으로 나뉜다. '내기 혐기성 세균'의 생장은 산소 농도와는 무관하다.

티오글리콜레이트 배양액을 담고 있는 시험관에서 배양액의 위쪽은 공기와 접하고 있어 산소가 충분하다. 시험관 배양액의 산소 농도는 시험관 아래쪽으로 갈수록 감소하며, 시험관의 맨 아래쪽에는 산소가 거의 없다. 아래 그림은 티오글리콜레이트 배양액을 담고 있는 5개의 시험관(㉠~㉤)에 '절대 호기성 세균', '미세 호기성 세균', '통성 세균', '내기 혐기성 세균', '절대 혐기성 세균' 중 하나를 배양한 결과를 나타내며, 각 시험관에는 서로 다른 세균이 배양되었다. 그림에서 검은색 점 각각은 살아있는 하나의 세균을 나타낸다.

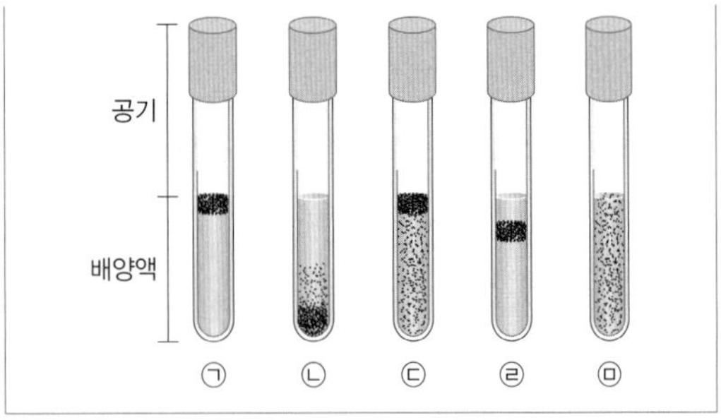

① ㉠은 '통성 세균'이 자란 시험관이다.
② ㉡에서 자란 세균은 발효 과정으로 에너지를 만들어 낸다.
③ ㉢에서 자란 세균은 산소에 대한 내성이 없다.
④ ㉣에서 자란 세균은 산소 호흡을 할 수 없다.
⑤ ㉣과 ㉤은 모두 '혐기성 세균'이 자란 시험관이다.

난이도 상 중 하 풀이시간 | 2분

06 2017년 5급 PSAT

다음 ㉠의 사례로 가장 적절한 것은?

> 보통 '관용'은 도덕적으로 바람직한 것으로 간주된다. 관용은 특정 믿음이나 행동, 관습 등을 잘못된 것이라고 여김에도 불구하고 용인하거나 불간섭하는 태도를 의미한다. 여기서 관용이란 개념의 본질적인 두 요소를 발견할 수 있다. 첫째 요소는 관용을 실천하는 사람이 관용의 대상이 되는 믿음이나 관습을 거짓이거나 잘못된 것으로 여긴다는 점이다. 이런 요소가 없다면, 우리는 '관용'을 말하고 있는 것이 아니라 '무관심'이나 '승인'을 말하는 셈이다. 둘째 요소는 관용을 실천하는 사람이 관용의 대상을 용인하거나 최소한 불간섭해야 한다는 점이다. 하지만 관용을 이렇게 이해하면 역설이 발생할 수 있다.
>
> 자국 문화를 제외한 다른 문화는 모두 미개하다고 생각하는 사람을 고려해보자. 그는 모든 문화가 우열 없이 동등하다는 생각이 틀렸다고 확신하고 있다. 하지만 그는 그런 자신의 믿음에도 불구하고 전략적인 이유로, 예를 들어 동료들의 비난을 피하기 위해 자신이 열등하다고 판단하는 문화를 폄하하려는 욕구를 억누르고 있다고 하자. 다른 문화를 폄하하고 싶은 그의 욕구가 크면 클수록, 그리고 그가 자신의 이런 욕구를 성공적으로 자제하면 할수록, 우리는 그가 더 관용적이라고 말해야 할 것 같다. 하지만 이는 받아들이기 어려운 역설적 결론이다.
>
> 이번에는 자신이 잘못이라고 믿는 수많은 믿음을 모두 용인하는 사람을 생각해 보자. 이 경우 이 사람이 용인하는 믿음이 많으면 많을수록 우리는 그가 더 관용적이라고 말해야 할 것 같다. 그런데 그럴 경우 우리는 인종차별주의처럼 우리가 일반적으로 잘못인 것으로 판단하는 믿음까지 용인하는 경우에도 그 사람이 더 관용적이라고 말해야 한다. 하지만 도덕적으로 잘못된 것을 용인하는 것은 그 자체가 도덕적으로 잘못이라고 보는 것이 마땅하다. 결국 우리는 관용적일수록 도덕적으로 잘못을 저지르게 될 가능성이 높아지게 되는데 이는 역설적이다.
>
> 이상의 논의를 고려하면 종교에 대한 관용처럼 비교적 단순해 보이는 사안에 대해서조차 ㉠<u>역설</u>이 발생한다. 이로부터 우리는 관용의 맥락에서, 용인하는 믿음이나 관습의 내용에 일정한 한계가 있어야 함을 알 수 있다.

① 종교적 문제에 대해 별다른 의견이 없는 사람을 관용적이라고 평가하게 된다.

② 모든 종교적 믿음은 거짓이라고 생각하고 배척하는 사람을 관용적이라고 평가하게 된다.

③ 자신의 종교가 주는 가르침만이 유일한 진리라고 믿는 사람일수록 덜 관용적이라고 평가하게 된다.

④ 보편적 도덕 원칙에 어긋나는 가르침을 주장하는 종교까지 용인하는 사람을 더 관용적이라고 평가하게 된다.

⑤ 자신이 유일하게 참으로 믿는 종교 이외의 다른 종교적 믿음에 대해서도 용인하는 사람일수록 더 관용적이라고 평가하게 된다.

PART 2

난이도 상 중 하　　풀이시간 | 2분

07

2017년 민경채

다음 글에 비추어 ㉠이 적절하게 이루어진 사례만을 〈보기〉에서 모두 고르면?

> 국제·외교관계에서 조약은 국가 간, 국제기구 간, 국가와 국제기구 간 서면형식으로 체결되며 국제법에 의해 규율되는 합의이다. 반면, ㉠기관 간 약정은 국가를 제외한 정부기관이 동일 또는 유사 업무를 수행하는 외국의 정부기관과 체결하는 합의로 법적 구속력이 없다. 이때 기관 간 약정의 서명은 해당 기관의 장이 하는 것이 원칙이다. 다만 해당 기관의 장이 사정상 직접 서명할 수 없는 경우에는 그의 위임을 받은 해당 기관의 고위직 인사가 서명을 할 수도 있다. 만일 기관 간 약정을 조속히 체결할 필요성이 있으나 양국 관계부처 간의 방문 계획이 없어서 체결이 지연되고 이로 인해 양국 관계부처 간 불편이 야기될 가능성이 있는 등의 경우에는, 우편으로 서명문서를 교환하거나 외교통상부 재외공관을 통하여 서명문서를 교환하는 방법으로 그 체결을 행할 수 있다.
>
> 해당 기관의 장이 사정상 직접 서명할 수 없어서 그의 위임을 받은 고위직 인사가 서명을 대신할 때, 정부기관장 명의의 전권위임장을 만들어 제출하는 경우가 있는데, 이는 적절하지 않다. 전권위임장이란 국가 간 조약문안의 교섭·채택이나 인증을 위하여 또는 조약에 대한 국가의 기속적 동의를 표시하기 위하여 어떤 사람으로 하여금 국가를 대표하도록 임명하는 문서이기 때문이다. 만약 상대국에서 굳이 서명 위임에 대한 인증 문건의 제출을 요구한다면, 위임장을 제출하는 방향으로 검토해 볼 수 있을 것이다. 또한 기관 간 약정에 서명을 할 때 양국 정상이 임석하는 경우가 있는데, 이는 기관 간 약정이 양국 간의 조약으로 오해될 소지가 있으므로 부적절하다.

〈보기〉

ㄱ. A국 산업통상자원부 장관 명의의 전권위임장을 제출한 산업통상자원부 차관과 B국 기업에너지산업전략부 장관 간에 '에너지산업협력 약정'이 체결된 사례

ㄴ. 국외출장이 어려운 상황에서 시급한 약정의 조속한 체결을 위해 A국 산업통상자원부 장관과 B국 자원 개발부 장관 간에 우편으로 서명문서를 교환한 사례

ㄷ. A국 대통령의 B국 방문을 계기로 양국 정상의 임석 하에 A국 기술무역부 장관과 B국 과학기술부 장관 간에 '과학기술협력에 관한 약정'이 체결된 사례

① ㄱ
② ㄴ
③ ㄱ, ㄷ
④ ㄴ, ㄷ
⑤ ㄱ, ㄴ, ㄷ

난이도 상 중 하 풀이시간 | 2분

08

2016년 민경채

다음 글의 논지를 비판하는 진술로 가장 적절한 것은?

> 자신의 스마트폰 없이는 도무지 일과를 진행하지 못하는 K의 경우를 생각해 보자. 그의 일과표는 전부 그의 스마트폰에 저장되어 있어서 그의 스마트폰은 적절한 때가 되면 그가 해야 할 일을 알려줄 뿐만 아니라 약속 장소로 가기 위해 무엇을 타고 어떻게 움직여야 할지까지 알려준다. K는 어릴 때 보통 사람보다 기억력이 매우 나쁘다는 진단을 받았지만 스마트폰 덕분에 어느 동료에게도 뒤지지 않는 업무 능력을 발휘하고 있다. 이와 같은 경우, K는 스마트폰 덕분에 인지 능력이 보강된 것으로 볼 수 있는데, 그 보강된 인지 능력을 K 자신의 것으로 볼 수 있는가? 이 물음에 대한 답은 긍정이다. 즉 우리는 K의 스마트폰이 그 자체로 K의 인지 능력 일부를 실현하고 있다고 보아야 한다. 그런 판단의 기준은 명료하다. 스마트폰의 메커니즘이 K의 손바닥 위나 책상 위가 아니라 그의 두뇌 속에서 작동하고 있다고 가정해 보면 된다. 물론 사실과 다른 가정이지만 만일 그렇게 가정한다면 우리는 별 생 K 자신이 모든 일과를 정확하게 기억하고 있고 또 약속 장소를 잘 찾아간다고 평가할 것이다. 이처럼 '만일 K의 두뇌 속에서 일어난다면'이라는 상황을 가정했을 때 그것을 K 자신의 기억이나 판단이라고 인정할 수 있다면, 그런 과정은 K 자신의 인지 능력이라고 평가해야 한다.

① K가 자신이 미리 적어 놓은 메모를 참조해서 기억력 시험 문제에 답한다면 누구도 K가 그 문제의 답을 기억한다고 인정하지 않는다.

② K가 종이 위에 연필로 써가며 253 × 87 같은 곱셈을 할 경우 종이와 연필의 도움을 받은 연산 능력 역시 K 자신의 인지 능력으로 인정해야 한다.

③ K가 집에 두고 나온 스마트폰에 원격으로 접속하여 거기 담긴 모든 정보를 알아낼 수 있다면 그는 그 스마트폰을 손에 가지고 있는 것과 다름없다.

④ 스마트폰의 모든 기능을 두뇌 속에서 작동하게 하는 것이 두뇌 밖에서 작동하게 하는 경우보다 우리의 기억력과 인지 능력을 향상시키지 않는다.

⑤ 전화번호를 찾으려는 사람의 이름조차 기억이 나지 않을 때에도 스마트폰에 저장된 전화번호 목록을 보면서 그 사람의 이름을 상기하고 전화번호를 알아낼 수 있다.

난이도 상 중 하 풀이시간 | 2분

09

2013년 5급 PSAT

다음 글의 ㉠에 해당하지 않는 것은?

키르케의 섬에 표류한 오디세우스의 부하들은 키르케의 마법에 걸려 변신의 형벌을 받았다. 변신의 형벌이란 몸은 돼지로 바뀌었지만 정신은 인간의 것으로 남아 자신이 돼지가 아니라 인간이라는 기억을 유지해야 하는 형벌이다. 그 기억은, 돼지의 몸과 인간의 정신이라는 기묘한 결합의 내부에 견딜 수 없는 비동일성과 분열이 담겨 있기 때문에 고통스럽다. "나는 돼지이지만 돼지가 아니다, 나는 인간이지만 인간이 아니다."라고 말해야만 하는 것이 비동일성의 고통이다.

바로 이 대목이 현대 사회의 인간을 '물화(物化)'라는 개념으로 파악하고자 했던 루카치를 전율케 했다. 물화된 현대 사회에서 인간 존재의 모습은 두 가지로 갈린다. 먼저 인간은 상품이 되었으면서도 인간이라는 것을 기억하는, 따라서 현실에서 소외당한 자신을 회복하려는 가혹한 노력을 경주해야 하는 존재이다. 자신이 인간이라는 점을 기억하고 있지 않다면 그에게 구원은 구원이 아닐 것이므로, 인간이라는 본질을 계속 기억하는 일은 그에게 구원의 첫째 조건이 된다. 키르케의 마법으로 변신의 계절을 살고 있지만, 자신이 기억을 계속 유지하면 그 계절은 영원하지 않을 것이라는 희망을 가질 수 있다. 그는 소외 없는 저편의 세계, 구원과 해방의 순간을 기다린다.

반면 ㉠망각의 전략을 선택하는 자는 자신이 인간이었다는 기억 자체를 포기하는 인간이다. 그는 구원을 위해 기억에 매달리지 않는다. 그는 그에게 발생한 변화를 받아들이고 그것을 새로운 현실로 인정하며 그 현실에 맞는 새로운 언어를 얻기 위해 망각의 정치학을 개발한다. 망각의 정치학에서는 인간이 고유의 본질을 갖고 있다고 믿는 것 자체가 현실적인 변화를 포기하는 것이 된다. 일단 키르케의 돼지가 된 자는 인간 본질을 붙들고 있는 한 새로운 변화를 꾀할 수 없다.

키르케의 돼지는 자신이 인간이었다는 기억을 망각하고 포기할 때 새로운 존재로 탄생할 수 있겠지만, 바로 그 때문에 그는 소외된 현실이 가져다 주는 비참함으로부터 눈을 돌리게 된다. 대중소비를 신성화하는 대신 왜곡된 현실에는 관심을 두지 않는다고 비판받았던 1960년대 팝아트 예술은 망각의 전략을 구사하는 키르케의 돼지들이다.

① 물화된 세계를 비판 없이 받아들인다.
② 고유의 본질을 버리고 변화를 선택한다.
③ 왜곡된 현실을 자기합리화하여 수용한다.
④ 자신의 정체성이 분열되었음을 직시한다.
⑤ 소외된 상황에 적응할 수 있는 언어를 찾는다.

난이도 상 중 하　　풀이시간 | 2분 30초

10　　2016년 5급 PSAT

다음 글의 논증에 대한 비판으로 적절하지 않은 것은?

> 진화론자들은 지구상에서 생명의 탄생이 30억 년 전에 시작됐다고 추정한다. 5억 년 전 캄브리아기 생명폭발 이후 다양한 생물종이 출현했다. 인간 종이 지구상에 출현한 것은 길게는 100만 년 전이고 짧게는 10만 년 전이다. 현재 약 180만 종의 생물종이 보고되어 있다. 멸종된 것을 포함해서 5억 년 전 이후 지구상에 출현한 생물종은 1억 종에 이른다. 5억 년을 100년 단위로 자르면 500만 개의 단위로 나눌 수 있다. 이것은 새로운 생물종이 평균적으로 100년 단위마다 약 20종이 출현한다는 것을 의미한다. 하지만 지난 100년간 생물학자들은 지구상에서 새롭게 출현한 종을 찾아내지 못했다. 이는 한 종에서 분화를 통해 다른 종이 발생한다는 진화론이 거짓이라는 것을 함축한다.

① 100년마다 20종이 출현한다는 것은 다만 평균일 뿐이다. 현재의 신생 종 출현 빈도는 그보다 훨씬 적을 수 있지만 언젠가 신생 종이 훨씬 많이 발생하는 시기가 올 수 있다.

② 5억 년 전 이후부터 지구상에 출현한 생물종이 1,000만 종 이하일 수 있다. 그러면 100년 내에 새로 출현하는 종의 수는 2종 정도이므로 신생 종을 발견하기 어려울 수 있다.

③ 생물학자는 새로 발견한 종이 신생 종인지 아니면 오래 전부터 존재했던 종인지 판단하기 어렵다. 따라서 신생 종의 출현이나 부재로 진화론을 검증하려는 시도는 성공할 수 없다.

④ 30억 년 전에 생물이 출현한 이후 5차례의 대멸종이 일어났으나 대멸종은 매번 규모가 달랐다. 21세기 현재, 알려진 종 중 사라지는 수가 크게 늘고 있어 우리는 인간에 의해 유발된 대멸종의 시대를 맞이하는 것으로 볼 수 있다.

⑤ 생물학자들이 발견한 몇몇 종은 지난 100년 내에 출현한 종이라고 판단할 이유가 있다. DNA의 구성에 따라 계통수를 그렸을 때 본줄기보다는 곁가지 쪽에 배치될수록 늦게 출현한 종임을 알 수 있기 때문이다.

정답과 해설 P.61

실무 영역 지문의 활용

5급	7급	민경채

난이도 상 중 하　　풀이시간 | 2분

01

2023년 7급

다음 대화의 ㉠으로 적절한 것만을 〈보기〉에서 모두 고르면?

갑: 최근 전동킥보드, 전동휠 등 개인형 이동장치 사고가 급증하고 있습니다. 도대체 무엇 때문에 이러한 현상이 나타나는 것일까요? 이에 대해 여러분은 어떤 의견을 가지고 있나요?

을: 원동기 면허만 있으면 19세 미만 미성년자도 개인형 이동장치를 이용할 수 있습니다. 하지만 원동기 면허가 없는 사람들도 많이 이용하고 있습니다. 안전 의식이 부족한 이용자가 증가해 사고가 더 많이 발생하는 것이지요.

병: 저는 개인형 이동장치의 경음기 부착 여부가 사고 발생 확률에 유의미한 영향을 미친다고 생각합니다. 현재 상당수의 개인형 이동장치는 경고음을 낼 수 있는 경음기가 부착되어 있지 않기 때문에 개인형 이동장치가 빠른 속도로 달려와도 주변에서 이를 인지하지 못하는 경우가 많습니다. 이것이 사고가 발생하는 주요한 원인이라고 생각합니다.

정: 저는 개인형 이동장치를 이용할 수 있는 인프라가 부족하다는 점이 가장 큰 원인이라고 생각합니다. 개인형 이동장치 이용자들은 안전한 운행이 가능한 도로를 원하고 있으나, 그러한 개인형 이동장치 전용도로를 갖춘 지역은 드뭅니다. 이처럼 인프라 수요를 공급이 따라가지 못해 사고가 발생하는 것입니다.

갑: 여러분 좋은 의견 제시해주셔서 감사합니다. 그렇다면 말씀하신 의견을 검증하기 위해 ㉠필요한 자료를 조사해 주세요.

〈보기〉

ㄱ. 미성년자 중 원동기 면허 취득 비율과 19세 이상 성인 중 원동기 면허 취득 비율

ㄴ. 경음기가 부착된 개인형 이동장치 1대당 평균 사고 발생 건수와 경음기가 부착되지 않은 개인형 이동장치 1대당 평균 사고 발생 건수

ㄷ. 개인형 이동장치 등록 대수가 가장 많은 지역의 개인형 이동장치 사고 발생 건수와 개인형 이동장치 등록 대수가 가장 적은 지역의 개인형 이동장치 사고 발생 건수

① ㄱ

② ㄴ

③ ㄱ, ㄷ

④ ㄴ, ㄷ

⑤ ㄱ, ㄴ, ㄷ

난이도 상 중 하 | 풀이시간 | 2분

02

2022년 7급/민경채 PSAT

다음 대화의 빈칸에 들어갈 내용으로 가장 적절한 것은?

> 갑: 2022년에 A보조금이 B보조금으로 개편되었다고 들었습니다. 2021년에 A보조금을 수령한 민원인이 B보조금의 신청과 관련하여 문의하였습니다. 민원인이 중앙부처로 바로 연락하였다는데 B보조금 신청 자격을 알 수 있을까요?
>
> 을: B보조금 신청 자격은 A보조금과 같습니다. 해당 지자체에 농업경영정보를 등록한 농업인이어야 하고 지급 대상 토지도 해당 지자체에 등록된 농지 또는 초지여야 합니다.
>
> 갑: 네. 민원인의 자격 요건에 변동 사항은 없다는 것을 확인했습니다. 그 외에 다른 제한 사항은 없을까요?
>
> 을: 대상자 및 토지 요건을 모두 충족하더라도 전년도에 A보조금을 부정한 방법으로 수령했다고 판정된 경우에는 B보조금을 신청할 수가 없어요. 다만 부정한 방법으로 수령했다고 해당 지자체에서 판정하더라도 수령인은 일정 기간 동안 중앙부처에 이의를 제기할 수 있습니다. 이의 제기 심의 기간에는 수령인이 부정한 방법으로 수령하지 않은 것으로 봅니다.
>
> 갑: 우리 중앙부처의 2021년 A보조금 부정 수령 판정 현황이 어떻게 되죠?
>
> 을: 2021년 A보조금 부정 수령 판정 이의 제기 신청 기간은 만료되었습니다. 부정 수령 판정이 총 15건이 있었는데, 그중 11건에 대한 이의 제기 신청이 들어왔고 1건은 심의 후 이의 제기가 받아들여져 인용되었습니다. 9건은 이의 제기가 받아들여지지 않아 기각되었고 나머지 1건은 아직 이의 제기 심의 절차가 진행 중입니다.
>
> 갑: 그렇다면 제가 추가로 [　　　　　　　　] 만 확인하고 나면 다른 사유를 확인하지 않고서도 민원인이 현재 B보조금 신청 자격이 되는지를 바로 알 수 있겠네요.

① 민원인의 부정 수령 판정 여부, 민원인의 이의 제기 여부, 이의 제기 심의 절차 진행 중인 건이 민원인이 제기한 건인지 여부
② 민원인의 부정 수령 판정 여부, 민원인의 이의 제기 여부, 이의 제기 기각 건에 민원인이 제기한 건이 포함되었는지 여부
③ 민원인의 농업인 및 농지 등록 여부, 민원인의 이의 제기 여부, 이의 제기 심의 절차 진행 중인 건의 심의 완료 여부
④ 민원인의 부정 수령 판정 여부, 민원인의 이의 제기 여부, 이의 제기 인용 건이 민원인이 제기한 건인지 여부
⑤ 민원인의 농업인 및 농지 등록 여부, 민원인의 부정 수령 판정 여부, 민원인의 이의 제기 여부

난이도 상 중 하 풀이시간 | 2분

03

2022년 7급/민경채 PSAT

다음 대화의 빈칸에 들어갈 내용으로 가장 적절한 것은?

> 갑: 안녕하십니까? 저는 공립학교인 A고등학교 교감입니다. 우리 학교의 교육 방침을 명확히 밝히는 조항을 학교 규칙(이하 '학칙')에 새로 추가하려고 합니다. 이때 준수해야 할 것이 무엇입니까?
>
> 을: 네. 학교에서 학칙을 제정하고자 할 때에는 「초·중등교육법」(이하 '교육법')에 어긋나지 않는 범위에서 제정이 이루어져야 합니다.
>
> 갑: 그렇군요. 그래서 교육법 제8조제1항의 학교의 장은 '법령'의 범위에서 학칙을 제정할 수 있다는 규정에 근거해서 학칙을 만들고 있습니다. 그런데 최근 우리 도(道) 의회에서 제정한 「학생인권조례」의 내용을 보니, 우리 학교에서 만들고 있는 학칙과 어긋나는 것이 있습니다. 이러한 경우에 법적 판단은 어떻게 됩니까?
>
> 을: [   ].
>
> 갑: 교육법 제8조제1항에서는 '법령'이라는 용어를 사용하고, 제10조제2항에서는 '조례'라는 용어를 사용하고 있으니 교육법에서는 법령과 조례를 구분하는 것으로 보입니다.
>
> 을: 그것은 다른 문제입니다. 교육법 제10조제2항의 조례는 법령의 위임을 받아 제정되는 위임 입법입니다. 제8조제1항에서의 법령에는 조례가 포함된다고 해석하고 있으며, 이 경우에 제10조제2항의 조례와는 그 성격이 다르다고 할 수 있습니다.
>
> 갑: 교육법 제8조제1항은 초·중등학교 운영의 자율과 책임을 위한 것인데 이러한 조례로 인해서 오히려 학교 교육과 운영이 침해당하는 것 아닙니까?
>
> 을: 교육법 제8조제1항의 목적은 학교의 자율과 책임을 당연히 존중하는 것입니다. 다만 학칙을 제정할 때에도 국가나 지자체에서 반드시 지킬 것을 요구하는 최소한의 한계를 법령의 범위라는 말로 표현한 것입니다. 더욱이 학생들의 학습권, 개성을 실현할 권리 등은 헌법에서 보장된 기본권에서 나오고 교육법 제18조의4에서도 학생의 인권을 보장하도록 규정하고 있습니다. 최근 「학생인권조례」도 이러한 취지에서 제정되었습니다.

① 학칙의 제정을 통하여 학교 운영의 자율과 책임뿐 아니라 학생들의 학습권과 개성을 실현할 권리가 제한될 수 있습니다

② 법령에 조례가 포함된다고 해석할 여지는 없지만 교육법의 체계상 「학생인권조례」를 따라야 합니다

③ 교육법 제10조제2항에 따라 조례는 입법 목적이나 취지와 관계없이 법령에 포함됩니다

④ 「학생인권조례」에는 교육법에 어긋나는 규정이 있지만 학칙은 이 조례를 따라야 합니다

⑤ 법령의 범위에 있는 「학생인권조례」의 내용에 반하는 학칙은 교육법에 저촉됩니다

난이도 상 중 하 풀이시간 | 2분

04

2022년 7급/민경채 PSAT

다음 글의 〈논쟁〉에 대한 분석으로 적절한 것만을 〈보기〉에서 모두 고르면?

갑과 을은 △△국 「주거법」 제○○조의 해석에 대해 논쟁하고 있다. 그 조문은 다음과 같다.

> 제○○조(비거주자의 구분) ① 다음 각 호에 해당하는 △△국 국민은 비거주자로 본다.
> 1. 외국에서 영업활동에 종사하고 있는 사람
> 2. 2년 이상 외국에 체재하고 있는 사람. 이 경우 일시 귀국하여 3개월 이내의 기간 동안 체재한 경우 그 기간은 외국에 체재한 기간에 포함되는 것으로 본다.
> 3. 외국인과 혼인하여 배우자의 국적국에 6개월 이상 체재하는 사람
>
> ② 국내에서 영업활동에 종사하였거나 6개월 이상 체재하였던 외국인으로서 출국하여 외국에서 3개월 이상 체재 중인 사람의 경우에도 비거주자로 본다.

〈논 쟁〉

쟁점1: △△국 국민인 A는 일본에서 2년 1개월째 학교에 다니고 있다. A는 매년 여름방학과 겨울방학 기간에 일시 귀국하여 2개월씩 체재하였다. 이에 대해, 갑은 A가 △△국 비거주자로 구분된다고 주장하는 반면, 을은 그렇지 않다고 주장한다.

쟁점2: △△국과 미국 국적을 모두 보유한 복수 국적자 B는 △△국 C법인에서 임원으로 근무하였다. B는 올해 C법인의 미국 사무소로 발령받아 1개월째 영업활동에 종사 중이다. 이에 대해, 갑은 B가 △△국 비거주자로 구분된다고 주장하는 반면, 을은 그렇지 않다고 주장한다.

쟁점3: △△국 국민인 D는 독일 국적의 E와 결혼하여 독일에서 체재 시작 직후부터 5개월째 길거리 음악 연주를 하고 있다. 이에 대해, 갑은 D가 △△국 비거주자로 구분된다고 주장하는 반면, 을은 그렇지 않다고 주장한다.

〈보기〉

ㄱ. 쟁점 1과 관련하여, 일시 귀국하여 체재한 '3개월 이내의 기간'이 귀국할 때마다 체재한 기간의 합으로 확정된다면, 갑의 주장은 옳고 을의 주장은 그르다.

ㄴ. 쟁점 2와 관련하여, 갑은 B를 △△국 국민이라고 생각하지만 을은 외국인이라고 생각하기 때문이라고 하면, 갑과 을 사이의 주장 불일치를 설명할 수 있다.

ㄷ. 쟁점 3과 관련하여, D의 길거리 음악 연주가 영업활동이 아닌 것으로 확정된다면, 갑의 주장은 그르고 을의 주장은 옳다.

① ㄱ
② ㄷ
③ ㄱ, ㄴ
④ ㄴ, ㄷ
⑤ ㄱ, ㄴ, ㄷ

난이도 상 중 하 풀이시간 | 2분

05

2021년 7급 PSAT

다음 글의 〈표〉에 대한 판단으로 적절한 것만을 〈보기〉에서 모두 고르면?

법제처 주무관 갑은 지방자치단체를 대상으로 조례 입안을 지원하고 있다. 갑은 지방자치단체가 조례 입안 지원 신청을 하는 경우, 두 가지 기준에 따라 나누어 신청 안들을 정리하고 있다. 해당 조례안의 입법 예고를 완료하였는지 여부를 기준으로 '완료'와 '미완료'로 나누고, 과거에 입안을 지원하였던 조례안 중에 최근에 접수된 조례안과 내용이 유사한 사례가 있는지를 판단하여 유사 사례 '있음'과 '없음'으로 나눈다. 유사 사례가 존재하지 않는 경우에만 갑은 팀장인 을에게 그 접수된 조례안의 주요 내용을 보고해야 한다.

최근 접수된 조례안 (가)는 지난 분기에 지원하였던 조례안과 많은 부분 유사한 내용을 담고 있다. 입법 예고는 현재 진행 중이다. 조례안 (나)의 경우는 입법 예고가 완료된 후에 접수되었고, 그 주요 내용이 지난해에 지원한 조례안의 주요 내용과 유사하다. 조례안 (다)는 주요 내용이 기존에 지원하였던 조례안과 유사성이 전혀 없는 새로운 내용을 규정하고 있으며, 입법 예고가 진행되지 않았다.

이상의 내용을 다음과 같은 형식으로 나타낼 수 있다.

〈표〉 입안 지원 신청 조례안별 분류

기준 \ 조례안	(가)	(나)	(다)
A	㉠	㉡	㉢
B	㉣	㉤	㉥

〈보기〉

ㄱ. A에 유사 사례의 유무를 따지는 기준이 들어가면, ㉣과 ㉥이 같다.

ㄴ. B에 따라 을에 대한 갑의 보고 여부가 결정된다면, ㉠과 ㉢은 같다.

ㄷ. ㉣과 ㉤이 같으면, ㉠과 ㉡이 같다.

① ㄱ

② ㄷ

③ ㄱ, ㄴ

④ ㄴ, ㄷ

⑤ ㄱ, ㄴ, ㄷ

난이도 상 중 하 풀이시간 | 2분

06

2021년 7급 PSAT

다음 대화의 ㉠으로 적절한 것만을 〈보기〉에서 모두 고르면?

갑: 우리 지역 장애인의 체육 활동을 지원하기 위한 '장애인 스포츠강좌 지원사업'의 집행 실적이 저조하다고 합니다. 지원 바우처를 제대로 사용하지 못하고 있다는 의미인데요. 비장애인을 대상으로 하는 '일반 스포츠강좌 지원사업'은 인기가 많아 예산이 금방 소진된다고 합니다. 과연 어디에 문제점이 있는 것일까요?

을: 바우처를 수월하게 사용하려면 사용 가능한 가맹 시설이 많이 있어야 합니다. 우리 지역의 '장애인 스포츠강좌 지원사업' 가맹 시설은 10개소이며 '일반 스포츠강좌 지원사업' 가맹 시설은 300개소입니다. 그런데 장애인들은 비장애인들에 비해 바우처를 사용하기 훨씬 어렵습니다. 혹시 장애인의 수에 비해 장애인 대상 가맹 시설의 수가 비장애인의 경우보다 턱없이 적어서 그런 것 아닐까요?

병: 글쎄요, 제 생각은 조금 다릅니다. 바우처 지원액이 너무 적은 것은 아닐까요? 장애인을 대상으로 하는 스포츠강좌는 보조인력 비용 등 추가 비용으로 인해, 비장애인 대상 강좌보다 수강료가 높을 수 있습니다. 바우처를 사용한다 해도 자기 부담금이 여전히 크다면 장애인들은 스포츠강좌를 이용하기 어려울 것입니다.

정: 하지만 제가 보기엔 장애인들의 주요 연령대가 사업에서 제외된 것 같습니다. 현재 본 사업의 대상 연령은 만 12세에서 만 49세까지인데, 장애인 인구의 고령자 인구 비율이 비장애인 인구에 비해 높다는 사실을 고려하면, 대상 연령의 상한을 적어도 만 64세까지 높여야 한다고 생각합니다.

갑: 모두들 좋은 의견 감사합니다. 오늘 회의에서 논의된 내용을 확인하기 위해 ㉠필요한 자료를 조사해 주세요.

〈보기〉

ㄱ. 장애인 및 비장애인 각각의 인구 대비 '스포츠강좌 지원사업' 가맹 시설 수

ㄴ. 장애인과 비장애인 각각 '스포츠강좌 지원사업'에 참여하기 위해 본인이 부담해야 하는 금액

ㄷ. 만 50세에서 만 64세까지의 장애인 중 스포츠강좌 수강을 희망하는 인구와 만 50세에서 만 64세까지의 비장애인 중 스포츠강좌 수강을 희망하는 인구

① ㄴ
② ㄷ
③ ㄱ, ㄴ
④ ㄱ, ㄷ
⑤ ㄱ, ㄴ, ㄷ

난이도 상 중 하 풀이시간 | 2분

07

2021년 7급 PSAT

다음 글에서 추론할 수 있는 것만을 〈보기〉에서 모두 고르면?

갑: 조(粗)출생률은 인구 1천 명당 출생아 수를 의미합니다. 조출생률은 인구 규모가 상이한 지역이나 시점 간의 출산 수준을 간편하게 비교할 때 유용한 지표입니다. 예를 들어, 2016년에 세종시보다 인구 규모가 훨씬 큰 경기도의 출생아 수는 10만 5천 명으로 세종시의 3천 명보다 많지만, 조출생률은 경기도가 8.4명이고 세종시는 14.6명입니다. 출산 수준은 세종시가 더 높다는 의미입니다.

을: 그렇군요. 그럼 합계 출산율은 무엇인가요?

갑: 합계 출산율은 여성 한 명이 평생 동안 낳을 것으로 예상되는 출생아 수를 의미합니다. 여성이 실제 평생 동안 낳은 아이 수를 측정하는 것은 가임기간 35년이 지나야 산출할 수 있다는 문제가 있습니다. 이에 비해 합계 출산율은 여성 1명이 출산 가능한 시기를 15세부터 49세까지로 가정하고 그 사이의 각 연령대 출산율을 모두 합해서 얻습니다. 15~19세 연령대 출산율은 한 해 동안 15~19세 여성에게서 태어난 출생아 수를 15~19세 여성의 수로 나눈 수치인데, 15~19세부터 45~49세까지 7개 구간 각각의 연령대 출산율을 모두 합한 것이 합계 출산율입니다. 합계 출산율은 한 여성이 가임 기간 내내 특정 시기의 연령대 출산율 패턴을 그대로 따른다는 가정을 전제로 산출하므로 실제 출산 현실과 차이가 있을 수 있습니다.

을: 그렇다면 조출생률과 합계 출산율을 구별하는 이유가 뭐죠?

갑: 조출생률과 달리 합계 출산율은 성비 및 연령 구조에 따른 출산 수준의 차이를 표준화할 수 있는 장점이 있습니다. 예를 들어, 이스라엘의 합계 출산율은 3.0인 반면 남아프리카공화국은 2.5가량입니다. 하지만 조출생률은 거의 비슷하지요. 이것은 남아프리카공화국의 경우 전체 인구 대비 젊은 여성의 비율이 이스라엘보다 높기 때문입니다.

〈보기〉

ㄱ. 조출생률을 계산할 때는 전체 인구 대비 여성의 비율은 고려하지 않는다.

ㄴ. 두 나라가 인구수와 조출생률에 차이가 없다면 각 나라의 합계 출산율에는 차이가 없다.

ㄷ. 합계 출산율은 한 명의 여성이 일생 동안 출산한 출생아의 수를 집계한 자료를 바탕으로 산출한다.

① ㄱ

② ㄴ

③ ㄱ, ㄷ

④ ㄴ, ㄷ

⑤ ㄱ, ㄴ, ㄷ

난이도 상 중 하　　풀이시간 | 2분

08

2021년 7급 PSAT

다음 글의 빈칸에 들어갈 내용으로 가장 적절한 것은?

> 갑: 안녕하십니까. 저는 시청 토목정책과에 근무합니다. 부정 청탁을 받은 때는 신고해야 한다고 들었습니다.
>
> 을: 예, 「부정청탁 및 금품 등 수수의 금지에 관한 법률」(이하 '청탁금지법')에서는, 공직자가 부정 청탁을 받았을 때는 명확히 거절 의사를 표현해야 하고, 그랬는데도 상대방이 이후에 다시 동일한 부정 청탁을 해 온다면 소속 기관의 장에게 신고해야 한다고 규정합니다.
>
> 갑: '금품 등'에는 접대와 같은 향응도 포함되지요?
>
> 을: 물론이지요. 청탁금지법에 따르면 공직자는 동일인으로부터 명목에 상관없이 1회 100만 원 혹은 매 회계연도에 300만 원을 초과하는 금품이나 접대를 받을 수 없습니다. 직무 관련성이 있는 경우에는 100만 원 이하라도 대가성 여부와 관계없이 처벌을 받습니다.
>
> 갑: '동일인'이라 하셨는데, 여러 사람이 청탁을 하는 경우는 어떻게 되나요?
>
> 을: 받는 사람을 기준으로 하여 따지게 됩니다. 한 공직자에게 여러 사람이 동일한 부정 청탁을 하며 금품을 제공하려 하였을 때에도 이들의 출처가 같다고 볼 수 있다면 '동일인'으로 해석됩니다. 또한 여러 행위가 계속성 또는 시간적·공간적 근접성이 있다고 판단되면, 합쳐서 1회로 간주될 수 있습니다.
>
> 갑: 실은, 연초에 있었던 지역 축제 때 저를 포함한 우리 시청 직원 90명은 행사에 참여한다는 차원으로 장터에 들러 1인당 8천 원씩을 지불하고 식사를 했는데, 이후에 그 식사는 X회사 사장인 A의 축제 후원금이 1인당 1만 2천 원씩 들어간 것이라는 사실을 알게 되었습니다. 이에 대하여는 결국 대가성 있는 접대도 아니고 직무 관련성도 없는 것으로 확정되었으며, 추가된 식사비도 축제 주최 측에 돌려주었습니다. 그리고 이달 초에는 Y회사의 임원인 B가 관급 공사 입찰을 도와달라고 청탁하면서 100만 원을 건네려 하길래 거절한 적이 있습니다. 그런데 어제는 고교 동창인 C가 찾아와 X회사 공장 부지의 용도 변경에 힘써 달라며 200만 원을 주려고 해서 단호히 거절하였습니다.
>
> 을: 그러셨군요. 말씀하신 것을 바탕으로 설명드리겠습니다. [　　　　　　　　　　]

① X회사로부터 받은 접대는 시간적 · 공간적 근접성으로 보아 청탁금지법을 위반한 향응을 받은 것이 됩니다.

② Y회사로부터 받은 제안의 내용은 청탁금지법상의 금품이라고는 할 수 없지만 향응에는 포함될 수 있습니다.

③ 청탁금지법상 A와 C는 동일인으로서 부정 청탁을 한 것이 됩니다.

④ 직무 관련성이 없다면 B와 C가 제시한 금액은 청탁금지법상의 허용 한도를 벗어나지 않습니다.

⑤ 현재는 청탁금지법상 C의 청탁을 신고할 의무가 생기지 않지만, C가 같은 청탁을 다시 한다면 신고해야 합니다.

난이도 상 중 하 풀이시간 | 2분

09

2018년 민경채

다음 글의 ㉠에 해당하는 내용으로 가장 적절한 것은?

A시에 거주하면서 1세, 2세, 4세의 세 자녀를 기르는 갑은 육아를 위해 집에서 15km 떨어진 키즈 카페인 B카페에 자주 방문한다. B카페는 지역 유일의 키즈 카페라서 언제나 50여 구획의 주차장이 꽉 찰 정도로 성업 중이다. 최근 자동차를 교체하게 된 갑은 친환경 추세에 부응하여 전기차로 구매하였는데, B카페는 전기차 충전 시설이 없었다. 세 자녀를 돌보느라 거주지에서의 자동차 충전 시기를 놓치는 때가 많은 갑은 이러한 불편함을 호소하며 B카페에 전기차 충전 시설 설치를 요청하였다. 하지만 B카페는, 충전 시설을 설치하고 싶지만 비용이 문제라서 A시의 「환경 친화적 자동차의 보급 및 이용 활성화를 위한 조례」(이하 '조례')에 따른 지원금이라도 받아야 간신히 설치할 수 있는 상황인데, 아래의 조문에서 보듯이 B카페는 그에 해당하지 않는다고 설명하였다.

> 「환경 친화적 자동차의 보급 및 이용 활성화를 위한 조례」
>
> **제9조(충전시설 설치대상)** ① 주차단위구획 100개 이상을 갖춘 다음 각호의 시설은 전기자동차 충전시설을 설치하여야 한다.
>
> 1. 판매 · 운수 · 숙박 · 운동 · 위락 · 관광 · 휴게 · 문화시설
> 2. 500세대 이상의 아파트, 근린생활시설, 기숙사
>
> ② 시장은 제1항의 설치대상에 대하여는 설치비용의 반액을 지원하여야 한다.
>
> ③ 시장은 제1항의 설치대상에 해당하지 않는 사업장에 대하여도 전기자동차 충전시설의 설치를 권고할 수 있다.

갑은 영유아와 같이 보호가 필요한 이들이 많이 이용하는 키즈 카페 등과 같은 사업장에도 전기차 충전 시설의 설치를 지원해 줄 수 있는 근거를 조례에 마련해 달라는 민원을 제기하였다. 갑의 민원을 검토한 A시 의회는 관련 규정의 보완이 필요하다고 인정하여, ㉠조례 제9조를 개정하였고, B카페는 이에 근거한 지원금을 받아 전기차 충전 시설을 설치하게 되었다.

① 제1항 제3호로 "다중이용시설(극장, 음식점, 카페, 주점 등 불특정다수인이 이용하는 시설을 말한다)"을 신설

② 제1항 제3호로 "교통약자(장애인 · 고령자 · 임산부 · 영유아를 동반한 사람, 어린이 등 일상생활에서 이동에 불편을 느끼는 사람을 말한다)를 위한 시설"을 신설

③ 제4항으로 "시장은 제2항에 따른 지원을 할 때 교통약자(장애인 · 고령자 · 임산부 · 영유아를 동반한 사람, 어린이 등 일상생활에서 이동에 불편을 느끼는 사람을 말한다)를 위한 시설을 우선적으로 지원하여야 한다."를 신설

④ 제4항으로 "시장은 제3항의 권고를 받아들이는 사업장에 대하여는 설치비용의 60퍼센트를 지원하여야 한다."를 신설

⑤ 제4항으로 "시장은 전기자동차 충전시설의 의무설치대상으로서 조기 설치를 희망하는 사업장에는 설치비용의 전액을 지원할 수 있다."를 신설

난이도 상 중 하 풀이시간 | 1분 30초

10

2018년 민경채

다음 글의 ㉠의 내용으로 가장 적절한 것은?

> 2020년 7월 2일이 출산 예정일이었던 갑은 2020년 6월 28일 아이를 출산하여, 2020년 7월 10일에 ○○구 건강관리센터 산모·신생아 건강관리 서비스를 신청하였다. 2020년 1월 1일에 ○○구에 주민등록이 된 이후 갑은 주민등록지를 변경하지 않았으며, 실제로 ○○구에 거주하였다. 갑의 신청을 검토한 ○○구는 「○○구 산모·신생아 건강관리 지원에 관한 조례」(이하 "조례"라 한다)와 「○○구 건강관리센터 운영규정」(이하 "운영규정"이라 한다)이 불일치한다는 문제를 발견하였다. 이에 ㉠운영규정과 조례 중 무엇도 위반하지 않고 갑이 30만 원 이하의 본인 부담금만으로 해당 서비스를 이용할 수 있도록 조례 또는 운영규정을 일부 개정하였다.
>
> 「○○구 산모·신생아 건강관리 지원에 관한 조례」
>
> 제8조(산모·신생아 건강관리 지원) ① 구청장은 출산 예정일 또는 출산일을 기준으로 6개월 전부터 계속하여 ○○구에 주민등록을 두고 있는 산모와 출산 예정일 또는 출산일을 기준으로 1년 전부터 계속하여 ○○구를 국내 체류지로 하여 외국인 등록을 하고 ○○구에 체류하는 외국인 산모에게 산모·신생아 건강관리 서비스를 제공할 수 있다.
>
> ② 구청장은 제1항에 따른 서비스의 본인 부담금을 이용금액 기준에 따라 30만 원 한도 내에서 서비스 수급자에게 부과할 수 있다.
>
> 「○○구 건강관리센터 운영규정」
>
> 제21조(산모·신생아 건강관리 지원) ① 다음 각 호의 어느 하나에 해당하는 사람은 산모·신생아 건강관리 서비스를 이용할 수 있다.
>
> 1. 출산일을 기준으로 6개월 전부터 계속하여 ○○구에 주민등록을 두고 실제로 ○○구에 거주하고 있는 산모
> 2. 출산일을 기준으로 6개월 전부터 ○○구를 국내 체류지로 하여 외국인 등록을 하고 실제로 ○○구에 체류하고 있는 외국인 산모
>
> ② 제1항에 따른 서비스를 이용하는 경우 서비스 수급자에게 본인 부담금이 부과될 수 있다. 그 산정은 「○○구 산모·신생아 건강관리 지원에 관한 조례」의 기준에 따른다.

① 운영규정 제21조제3항과 조례 제8조제3항으로 '신청일은 출산일 기준 10일을 경과할 수 없다.'를 신설한다.

② 운영규정 제21조제1항의 '실제로 ○○구에 거주하고'와 '실제로 ○○구에 체류하고'를 삭제한다.

③ 운영규정 제21조제2항의 '본인 부담금'을 '30만 원 이하의 본인 부담금'으로 개정한다.

④ 운영규정 제21조제1항의 '출산일'을 모두 '출산 예정일 또는 출산일'로 개정한다.

⑤ 조례 제8조제1항의 '1년'을 '6개월'로 개정한다.

정답과 해설 P.66

5급 | 7급 | 민경채

PSAT형 NCS 기출변형 모의고사

※ NCS 유형 및 출제 경향에 부합하는 PSAT 5급, 7급, 민경채 언어논리 영역에 해당하는 기출문제를 엄선한 기출변형 및 실전 NCS 문항을 수록하였습니다. 회차별 실제 시험과 유사한 난도부터 고난도 문제까지 철저히 연습할 수 있습니다.

PART 3

5급 | 7급 | 민경채

PSAT형 NCS 기출변형 모의고사 [1회]

맞은 개수 / 20문항

풀이 시간 / 40분

01

다음 문맥상 ㉠이 뜻하는 바를 고르면?

일반적으로 통용되던 말을 새말로 바꾸자는 제안이 쉽게 받아들여지는 경우는 없다. 대부분 이미 써 오던 말이 익숙해서 새말에 대한 저항감을 느끼기 때문이다. 하지만 특별한 경우 새말이 적극적으로 수용되기도 한다. 광복 후 벤또 대신에 도시락이, 돈부리 대신에 덮밥이, 야키니쿠 대신에 불고기라는 말이 성공적으로 정착한 것이 한 예이다. '덮밥'의 경우 용언의 관형사형이 명사를 꾸미는 흔하지 않은 조어(造語) 방식에 의해 만들어진 단어임에도 돈부리 대신 정착하는 데 그리 오랜 시간이 걸리지 않았다. 이렇듯 새말들이 성공적으로 정착할 수 있었던 까닭은 기존 단어들이 일본어에서 유래된 외래어였기 때문이다. 그렇기에 다소 생소하게 느껴질 수 있는 단어임에도 ㉠특별한 동기가 제공될 때는 그 변화가 쉽게 이루어지는 것이다.

그러나 같은 일본어계 외래어인 '센누끼'는 '마개뽑이'라는 새말이 권장되었지만 광복 후에도 호응을 얻지 못하고, 후에 자연 발생된 '병따개'로 대체되었다. 아마 이것은 새말이 내포하는 뜻이나 정서적 느낌이 대체어인 새말과 거리감을 느꼈기 때문일 것으로 추측된다. 물론 조어 방식이나 긴 단어의 형태가 문제가 되었을 수도 있다.

① 실제적 필요성
② 친일파 저항 의식
③ 학교 교육의 적용
④ 언어의 역사적 접근
⑤ 민족 정서의 동기화

02

다음 글의 내용과 부합하지 않는 것을 고르면?

한국인들은 일본에 비해 독일을 과거사 청산에 앞장선 모범적인 국가라고 여긴다. 하지만 독일이 처음부터 '과거를 성찰하고 반성하는 기억의 모범국가'는 아니었다. 역사학자인 임지현 교수의 〈희생자의식 민족주의〉에 따르면 제2차 세계대전 이후 1946년에 실시된 미군 점령 지역 조사에서 전체 독일인 응답자 가운데 37%는 "유대인과 폴란드인, 기타 비아리아인의 절멸은 독일인의 안전을 위해 필요했다"고 응답했다. 세 명 중 한 명은 "유대인은 아리아 인종에 속하는 사람들과 동일한 권리를 가져서는 안 된다"는 주장에 동조했다. 그로부터 6년 뒤인 1952년에 실시된 조사에서도 약 37%의 응답자가 "유대인들이 없는 것이 독일에 이득"이라고 답했다.

당시만 하더라도 독일인 다수가 "나치즘은 좋은 생각이었지만 잘못 적용됐을 뿐"이라고 생각했다. 독일 출신의 유대인 철학사상사 한나 아렌트(1906~1975)는 전후 독일인의 집단심성에 자리한 자기연민에 가득 찬 희생자 의식을 신랄하게 비판했다. 패전 이후 나치가 점령했던 유럽 전역에서 대략 1,200만 명의 독일인들이 추방되었다. 이들은 귀환 과정에서 혹독한 보복을 당해, 800명의 어린이를 포함해 6천 명 이상이 살해당했다. 일본이 원폭 피해를 통해 스스로 희생자 의식을 가지고 있는 것처럼 독일인 대다수도 죄를 지은 것은 나치와 그 하수인들이었고, 독일인들은 히틀러의 첫 번째 희생자이자 마지막 희생자였다는 의식에 사로잡혀 있었다. 이러한 상황에서 전후 독일 정치인들이 폴란드에 사과한다는 것은 결코 쉬운 일이 아니었다. 이 무렵 양국은 국경문제를 비롯해 여러 문제로 갈등하고 있었고, 국교 수립마저 이루어지지 않은 상황이었다.

그러던 중 종전 20주년을 맞이한 1965년 11월 18일, '폴란드 가톨릭 전래 1000주년 기념식'을 준비하던 폴란드 가톨릭 주교단은 서독 주교회의에 초대 서한을 보냈다. 편지는 이렇게 마무리된다. "우리는 독일을 용서함과 동시에 용서를 구한다." 독일이 저지른 만행을 용서할 테니 폴란드가 2차 대전 후 독일인을 강제 추방한 것을 용서해 달라는 것이었다. 피해자가 가해자에게 먼저 손을 내민 셈이었다. 이러한 메시지는 당시 폴란드인의 의견을 대표한 것은 아니었다. 폴란드 학교에서는 '폴란드 주교들이 독일에 용서를 구한 태도가 과연 옳은가'에 대한 투표가 벌어지기도 했다. 과반수의 학생들이 폴란드가 독일에 용서를 구한 행동이 잘못된 것이라고 의견을 표하기도 했다. 하지만 이 메시지는 폴란인들은 물론 독일의 생각이 변하게 되는 결정적인 계기가 되었다.

1970년 12월 7일 폴란드와의 관계 정상화를 위한 바르샤바 조약 체결을 위해 독일 총리로서는 처음으로 폴란드를 방문했던 빌리 브란트는 폴란드의 수도 바르샤바 위령탑 앞에서 무릎을 꿇고 독일을 대표해 사과했다. 그의 진정성 있는 사과와 반성은 과거사와 단절하는 용기와 지혜를 보여주는 대표적인 사건이 되었다.

① 폴란드 주교단의 용기는 서독 총리의 용기로 이어졌다.
② 한국인들은 일본을 과거사를 반성하지 않는 국가라고 여기고 있다.
③ 폴란드 주교들의 용서의 메세지에 대해 국가 내부에서 비난의 목소리도 있었다.
④ 1960년대 초반까지 독일인들은 나치즘의 최대 피해자는 독일이라고 생각했다.
⑤ 한나 아렌트는 2차 세계대전 이후 독일인이 가진 희생자 의식을 날카롭게 비판했다.

03

다음 글의 논지를 분석하려고 한다. 주어진 〈사례〉를 활용한 견해로 적절한 것을 고르면?

과학지식이 인공물에 응용되면 기술이 생긴다는 것이 일반적인 생각이다. 이 '응용과학 테제'에 따르면 과학은 지식이자 정신노동의 산물이고, 기술은 물건이자 육체노동의 산물이다. 기술을 과학의 응용으로 간주했던 사람은 과학을 발전시키면 자동적으로 기술도 발전한다고 생각했다. 하지만 과학과 기술의 상호작용은 지식과 지식 사이의 상호침투이다. 기술지식은 실용성, 효용, 디자인을 더 강조하고, 과학지식은 추상적 이론, 지식을 위한 지식, 본질에 대한 이해를 더 강조할 뿐이다. 과학과 기술은 지식과 지식응용의 차이가 아니라 오히려 지향하는 가치의 차이이다. 기술의 역사를 살펴보면 기술은 역사적으로 과학에 앞서며, 실제로 과학의 기능을 수행했다.

〈사례〉

ㄱ. 발전 송전 시스템은 1910년 이미 발전과 송전에 필요한 보일러, 엔진, 발전기, 변압기, 고압송전 등 중요한 기술적 요소가 다 개발되었다. 이후 50년간 핵심 기술이 활발하게 발전하지는 않았지만 1kWh를 생산하기 위한 석탄 양은 50년 동안 7파운드에서 0.9파운드로 줄었다. 즉 전력효율이 7% 증가한 것이다.

ㄴ. 미 국방부는 1945년부터 총 100억 달러 연구비 중 25억 달러를 순수과학에 할애했다. 국방부는 1945년 이후 연구 개발된 20개의 핵심무기 기술을 조사했는데, 중간보고서에 따르면 그중 91%가 기술연구개발에 기인했고 9%만이 과학연구에 기인한 것으로 밝혀졌다.

ㄷ. 갈릴레오는 천체 관측을 통해 '목성의 위성', '달의 반점', '태양의 흑점' 등을 발견하여 코페르니쿠스의 지동설 정당함을 입증했다. 이와 같은 갈릴레오의 업적은 망원경을 기반에 둔 것이었다. 갈릴레오가 사용한 망원경은 1608년 네덜란드의 안경제조업자인 한스 리페르셰이가 발명한 것으로, 리페르셰이는 우연한 기회에 두 개의 렌즈를 적당한 간격으로 두었을 때 멀리 있는 물체를 확대해 볼 수 있다는 사실을 발견하였다. 이 사실을 들은 갈릴레이는 이듬해 자신이 직접 망원경을 제작하였고, 이를 바탕으로 대상계를 관찰하게 된다.

① ㄱ~ㄷ 모두 기술과 과학이 독립적으로 발전해 왔다는 사례로 삼을 수 있다.

② ㄱ과 ㄴ은 기술 발전이 과학을 선도했다는 것을 뒷받침하는 사례로 삼고, ㄷ은 과학이 기술에 끼치는 영향이 제한적이라는 사례로 삼을 수 있다.

③ ㄱ과 ㄷ은 기술이 과학 응용으로 발전한 것이 아니라는 사례로 삼고, ㄴ은 과학이 기술에 끼치는 영향이 제한적이라는 사례로 삼을 수 있다.

④ ㄱ과 ㄷ은 기술과 과학의 구분이 명확하지 않다는 것의 사례로 삼고, ㄴ은 과학이 기술 발전에 큰 도움이 되지 못했다는 사례로 삼을 수 있다.

⑤ ㄱ은 기술이 과학에 못지않게 중요한 지식이라는 것의 사례로 삼고, ㄴ은 과학이 기술 발전에 큰 영향력을 끼친다는 것의 사례로 삼고, ㄷ은 기술이 과학 지식을 선도했다는 것의 사례로 삼을 수 있다.

04

다음 글의 ㉠의 내용으로 적절한 것을 고르면?

A사는 ○○시에서 콤프레샤를 설치하면서 소음진동배출시설신고(100HP)를 한 상태이다. △△시로 이전하면서 탈수기를 추가로 설치하게 되었는데 소음진동배출시설 변경 신고를 해야하는지 알아보았다. 이에 환경관리 민원담당자는 세탁기의 탈수원리는 원심력에 의한 것으로 원심분리기로 보아 20마력 이상일 경우 소음배출시설에 해당하며, 배출시설의 규모를 50% 이상 증설하는 경우이므로 변경신고를 해야 한다고 안내했다. 그래서 변경신고를 하려고 하니 △△시로부터 수수료가 1건당 5,000원이라는 답변을 받았다.

「○○시 수수료 징수 조례」
제3조(종류 및 금액) 수수료를 징수하는 사무와 금액은 별표와 같이 한다.
소음·진동 배출시설에 관한 사항 – 해당 없음

「△△시 수수료 징수 조례」
제3조(종류 및 금액) 수수료를 징수하는 사무와 금액은 별표와 같이 한다.
파. 소음·진동 배출시설에 관한 사항
1) 소음·진동 배출시설의 설치허가 1건 10,000원
2) 소음·진동 배출시설의 설치신고 1건 5,000원
3) 소음·진동 배출시설 변경신고 1건 5,000원

A사 담당자인 갑은 대한민국 정부민원포털 민원24에서 소음·진동 배출시설 변경신고 민원안내 시 '수수료 없음'으로 안내하고 있음을 근거로「△△시 수수료 징수 조례」에 민원을 제기하였다.

「소음·진동관리법 시행규칙」
제10조(배출시설의 변경신고 등) ① 제8조제2항에 따라 변경신고를 하여야 할 경우는 다음과 같다.
1. 배출시설의 규모를 100분의 50이상 증설하는 경우
2. 사업장의 명칭이나 대표자를 변경하는 경우
3. 배출시설의 전부를 폐쇄하는 경우

② 제1항에 따른 변경신고를 하려는 자는 해당 시설의 변경 전(사업장의 명칭을 변경하거나 대표자를 변경하는 경우에는 이를 변경한날부터 60일 이내)에 별지 제5호서식(수수료는 각 지자체가 정하는 금액을 징수한다)의 배출시설 변경신고서에 변경내용을 증명하는 서류와 배출시설 설치신고증명서 또는 배출시설 설치허가증을 첨부하여 특별자치시장·특별자치도지사 또는 시장·군수·구청장에게 제출하여야 한다.

[정부24 소음·진동 배출시설 변경신고]
수수료 없음.

갑의 민원을 검토한 △△시는 ○○시를 비롯한 많은 지자체에서 해당 건에 대한 수수료를 무료화하고 있으며, 민원24에서도 수수료를 무료로 제시하고 있음을 발견하고, ㉠<u>△△시도 다른 시와의 형평성을 고려하여 해당 사항과 관련된 조례의 일부를 개정하였다.</u>

① 수수료 징수 조례 제3조 별표 파의 ‘소음 · 진동 배출시설에 관한 사항’의 수수료를 ‘무료’로 개정한다.

② 수수료 징수 조례 제3조 별표 파의 ‘소음 · 진동 배출시설에 관한 사항’을 ‘해당 없음’으로 개정한다.

③ 수수료 징수 조례 제3조 별표 파의 ‘소음 · 진동 배출시설에 관한 사항’ 중 ‘변경신고’에 대한 수수료를 ‘무료’로 개정한다.

④ 소음 · 진동관리법 시행규칙의 제10조 제2항 중 ‘수수료는 각 지자체가 정하는 금액을 징수한다’를 ‘수수료를 무료이다’로 개정한다.

⑤ 소음 · 진동관리법 시행규칙의 제10조 제2항 중 ‘수수료는 각 지자체가 정하는 금액을 징수한다’를 삭제한다.

05

다음 글을 읽고 논지 전개상 불필요한 문장을 고르면?

백신 불신의 역사는 종두법이 개발된 때로 거슬러 올라갈 만큼 오래됐다. 당시 두창바이러스(variola major)로 인한 천연두는 치사율이 30~35%로 높았으며, 생존자의 65~85%는 소위 곰보라고 불리는 심각한 흉터가 남았다. 1796년, 영국의 의사인 에드워드 제너는 우두에 감염됐던 사람은 천연두에 걸리지 않는다는 이야기를 듣고 소의 고름을 활용하여 천연두를 예방하는 종두법을 만들었다. ㉠그는 우두에 걸린 소의 고름을 8세 소년의 팔에 접종했다.

제너의 종두법으로 천연두가 예방할 수 있음이 증명됐지만 왕실과 종교인들은 접종을 강력하게 거부했다. 소의 고름을 몸에 넣는 것에 대한 거부감이 컸고, 무엇보다 신이 내린 벌인 천연두를 감히 인간이 치료하려 한다는 점에서 반대가 심했다. 그러나 종두법의 유효성은 점차 인정받게 됐고, 1803년에는 왕립제너협회가 설립되기도 했다.

1871년 영국에서는 천연두 백신을 강제적으로 접종하는 법안이 통과됐다. ㉡그러자 개인의 자유를 침해한다는 이유로 백신접종 반대조직이 만들어졌다. 1970년대 초에는 '영국의학저널'에 백일해 백신이 뇌손상을 일으킬 수 있다는 의혹이 제시됐다. ㉢백일해 백신이 개발되고 30년가량이 지났을 무렵이었다. 70~80%이던 백일해 접종률이 40%대로 떨어졌다. 후속 연구를 통해 백일해 백신과 뇌손상에 관련이 없다는 사실이 입증된 뒤에야 접종률을 다시 높일 수 있었고, 1992년에는 백일해 백신 접종률이 91%까지 높아졌다.

그러나 얼마 되지 않아 백신 불신에 대한 불씨가 다시 타올랐다. 훗날 사기로 판명된 논문 때문이었다. 영국 런던의 소화기내과 전문의 앤드루 웨이크필드는 1998년 12명의 공저자와 함께 의학저널 '랜싯'에 논문 한 편을 실었다. MMR(홍역·유행성이하선염·풍진) 백신이 아동에게 자폐증과 장 질환을 일으킬 수 있다는 내용이었다. 논문에 대해 소수의 샘플만을 토대로 작성되는 등 연구 방법론에 문제가 있다는 지적이 제기되면서 랜싯은 이 논문을 철회했다. 하지만 이 논문이 발표된 뒤 유럽과 미국 등에서는 MMR 백신 접종률이 크게 떨어졌다. ㉣홍역 청정국으로 불리던 일부 국가에서는 홍역이 다시 유행하기도 했다.

이렇게 실상이 낱낱이 밝혀졌음에도 백신에 대한 불신이 완전히 걷히지 않았다. 세계보건기구(WHO)가 2015년 8월 14일 학술지 '백신'에 발표한 '백신 기피에 대한 WHO의 권고'에 따르면 매년 약 150만 명의 어린이가 백신으로 예방할 수 있는 질병에 걸려 숨진다. ㉤2015년에는 13만 4,200명의 어린이가 홍역으로 사망했다. 개인의 비윤리적인 연구 결과로 생긴 백신 불신의 뿌리를 뽑기 위해, 얼마나 더 많은 대가를 치러야 할까.

① ㉠　　② ㉡　　③ ㉢

④ ㉣　　⑤ ㉤

06

다음 글을 읽고 〈보기〉에 대해 이해한 내용으로 적절하지 않은 것을 고르면?

> 고대 그리스의 원자론자 데모크리토스는 자연의 모든 변화를 원자들의 운동으로 설명했다. 모든 자연현상의 근거는 원자들, 빈 공간 속에서의 원자들의 움직임, 그리고 그에 따른 원자들의 배열과 조합의 변화라는 것이다.
>
> 한편 데카르트에 따르면 연장, 즉 퍼져있음이 공간의 본성을 구성한다. 그런데 연장은 물질만이 가지는 속성이기 때문에 물질 없는 연장은 불가능하다. 다시 말해 아무 물질도 없는 빈 공간이란 원리적으로 불가능하다. 데카르트에게 운동은 물속에서 헤엄치는 물고기의 움직임과 같다. 꽉 찬 물질 속에서 물질이 자리바꿈을 하는 것이다.
>
> 뉴턴에게 3차원 공간은 해체할 수 없는 튼튼한 집 같은 것이었다. 이 집은 사물들이 들어올 자리를 마련해 주기 위해 비어 있다. 사물이 존재한다는 것은 어딘가에 존재한다는 것인데 그 '어딘가'가 바로 뉴턴의 절대공간이다. 비어 있으면서 튼튼한 구조물인 절대공간은 그 자체로 하나의 실체는 아니지만 '실체 비슷한 것'으로서, 객관적인 것, 영원히 변하지 않는 것이었다.
>
> 라이프니츠는 빈 공간을 부정한다는 점에서 데카르트와 의견을 같이했다. 그러나 데카르트가 뉴턴과 마찬가지로 공간을 정신과 독립된 객관적 실재로 보았던 반면, 라이프니츠는 공간을 정신과 독립된 실재라고 보지 않았다. 그가 보기에는 '동일한 장소'라는 관념으로부터 '하나의 장소'라는 관념을 거쳐 모든 장소들의 집합체로서의 '공간'이라는 관념이 나오는데, '동일한 장소'라는 관념은 정신의 창안물이다. 결국 '공간'은 하나의 거대한 관념적 상황을 표현하고 있을 뿐이다.

〈보기〉

> 그리스 자연 철학자인 멜리소스는 우주상에는 물질만이 실체로서 존재하며, 공간은 단지 물질이 존재하지 않는 영역일 뿐이라고 주장했다. 그는 생각하는 빈 공간은 일종의 추상적 존재로, 실체하지 않는 대상이었던 것이다.

① 만일 빈 공간의 존재에 관한 멜리소스의 견해가 옳다면, 데카르트의 견해도 옳다.
② 만일 빈 공간의 존재에 관한 멜리소스의 견해가 옳다면, 뉴턴의 견해는 옳지 않다.
③ 만일 공간의 본성에 관한 멜리소스의 견해가 옳다면, 라이프니츠의 견해도 옳다.
④ 만일 공간의 본성에 관한 멜리소스의 견해가 옳다면, 데모크리토스의 견해도 옳다.
⑤ 만일 공간의 본성에 관한 멜리소스의 견해 옳다면, 뉴턴의 견해는 옳지 않다.

07

다음 중 〈보기〉가 들어가기에 가장 적절한 곳을 고르면?

어떻게 보면 학문의 목적은 실용성에 있는 것도 같다. 현대인이 마치 우주인인 것처럼 우쭐거리며 달세계로 가느니, 화성으로 가느니 말하며, 장차 전개될 어마어마한 전환(轉換)을 꿈꾸게 될 것이 모두 이 새로운 학문의 힘인 것을 생각한다면, 학문이 인간의 실제 생활에 미치는 힘이 무섭게 큰 것임을 짐작할 수 있다. 미국의 프래그머티즘을 기다리지 않더라도, 학문의 목적이 우리의 실생활을 향상, 발전시키는 데 있다고 함은 당연함 직도 하다. 고래(古來)로 인류 문화에 공헌한바 있었던 국가나 민족으로서 학문이 융성하지 않았던 예는 없었다. (㉠)

개인으로서도 입신출세하여 부귀공명을 누리기 위해서 학문을 한다고 하여 잘못이라고 할 수 없을 것이다. 많은 학비를 내고 공부를 하는 것이 모두 지금보다 더 좋은 생활을 하리라는 희망을 가지고 있기에 가능한 것이라고도 하겠다. 훌륭한 정치가, 실업가가 인류사회에 기여할 것을 꿈꾸면서 학문에 정진하는 것도 좋다. 시골 계신 부형의 기대가 또한 그런 것이 아닐까? 가까이는 우선 고등 고시를 위하여, 또는 손쉬운 취직을 위하여 학문을 한다고 하여 학문의 목적에 배치(背馳)될 것도 없다. 법과나 상과 또는 이공(理工) 계통 학과의 입학 경쟁률이 날로 높아지고 있는 것도 무리가 아니다. 국가로서도 과학기술이 진흥(振興)을 위한 정책을 꾀하고 있지 않는가? (㉡)

그러나 학문이 그러한 결과를 가져온다고 하여, 학문하는 사람 자신이 언제나 그러한 실용성만을 목적으로 하는 것인가는 잠깐 생각할 필요가 있다. 아리스토텔레스가 말한 것처럼, 그저 알고 싶어서, 아는 것 자체에 흥미를 느껴서 학문을 하는 경우도 있기 때문이다. 장차 어떤 결과가 예상되기 때문이라기보다 학문하는 것 자체가 재미있어서, 또는 즐거워서 하는 경우도 없지 않을 것이다. 어린이가 칭찬을 받기 위하여, 점수를 많이 얻기 위하여 열심히 공부한다면, 그것도 대견한 일이지만, 그저 공부하는 것이 그것대로 재미가 나서 하지 않고는 견딜 수 없다는 어린이가 있다면, 그것이야말로 기특한 일이 아닐 수 없다. (㉢) 학문은 오히려 이런 경지에 이르렀을 때 순수해 진다고 할까? 모든 편견으로부터 초탈(超脫)하여 자유로운 비평(批評) 정신으로 진리(眞理)를 추궁(追窮)하게 될는지도 모른다.

(㉣) 재미가 나고 즐거워서라기보다도, 어떤 사명감을 느끼며 괴로움도 참고 나아가야 하는 경우가 더 많음직도 하다. 이러한 거북한 처지를 극복하는 데 성공하였을 때, 비로소 재미도 즐거움도 따르는 것이나 아닐까? 그러면 학문의 궁극적 목적은 무엇인가?

학문이 실생활에 유용한 것도, 그 자체의 추궁(追窮)이 즐거움을 가져오는 것도, 모두가 학문이 다름 아닌 진리를 탐구(探究)하는 것이기 때문이다. 실용적이니까, 또는 재미가 나는 것이니까 진리요 학문인 것이 아니라, 그것이 진리이기 때문에 인간 생활에 유용한 것이요, 재미도 나는 것이다. (㉤) 유용하다든지 재미가 난다는 것은, 학문에 있어서 부차적으로 따라올 성질의 것이요, 그것이 곧 궁극적인 목적이라고까지 말하기는 어려울 것이다.

〈보기〉

그러나 이것은 이상적인 경우를 상정하여 본 것이요, 학문하는 사람이 그저 재미가 나서, 즐거워서만 한다는 것은 매우 드문 일일 것이다. 때로는 역경에서 악전고투(惡戰苦鬪), 참기 거북한 난관을 오로지 굳센 의지 하나로써 극복해 나가야 될 때가 오히려 많지 않을까?

① ㉠ ② ㉡ ③ ㉢ ④ ㉣ ⑤ ㉤

08

다음 글의 (가)~(바) 문단을 논리적 순서에 맞게 배열한 것을 고르면?

(가) '가명정보'는 개인정보 일부를 삭제 또는 대체해 추가 정보 없이는 특정 개인을 알아볼 수 없는 정보로, 통계 작성과 과학적 연구, 공익적 기록 보존 등의 목적으로 정부 주체의 동의 없이 활용할 수 있다.

(나) 한국지역정보개발원은 개인정보보호위원회로부터 '가명정보 결합전문기관' 지정을 받았다고 지난 30일 밝혔다.

(다) 가명정보 결합전문기관으로 지정됨에 따라 한국지역정보개발원은 개인정보보호 법령에 따라 공공 및 민간기관, 개인의 가명정보 결합신청을 안전하게 처리해 제공하는 업무를 수행하게 된다. 특히 이종 분야 간 데이터 융합을 촉진해 다양한 혁신서비스나 기술 개발에 보탬이 될 것으로 기대된다.

(라) 특히 가명정보 결합 과정에서 특정 개인을 알아볼 수 있는데, 정부는 신뢰성 있는 전문기관에서 가명정보를 결합할 수 있도록 함으로써 데이터를 안전하게 활용·관리하고 있다.

(마) '가명정보의 결합 및 반출 등에 관한 고시'에 따르면 가명정보 결합전문기관으로 지정되기 위해서는 ▲조직·인력 ▲시설·시스템 ▲정책 및 절차 ▲재정 ▲법력위반 사실 등 5개 영역을 충족해야 한다.

(바) 한국지역정보개발원은 개인정보보호 법률·기술전문가로 구성된 전담조직을 구성했고, 결합·가명처리, 반출을 위한 공간·시설 및 시스템을 구축하는 한편, 데이터 및 네트워크 보호조치를 통해 개인정보 관리상 안전성을 확보하는 등 만반의 준비로 5개 영역을 모두 충족시킬 수 있었다.

① (가)-(나)-(마)-(라)-(바)-(다)
② (가)-(라)-(나)-(다)-(마)-(바)
③ (가)-(라)-(마)-(바)-(나)-(다)
④ (나)-(가)-(라)-(마)-(바)-(다)
⑤ (나)-(다)-(가)-(라)-(바)-(마)

09

다음 글을 읽고 추론할 수 있는 것을 고르면?

곤충이 유충에서 성체로 발생하는 과정에서 단단한 외골격은 더 큰 것으로 주기적으로 대체된다. 곤충이 유충, 번데기, 성체로 변화하는 동안, 이러한 외골격의 주기적 대체는 몸 크기를 증가시키는 것과 같은 신체 형태 변화에 필수적이다. 이러한 외골격의 대체를 '탈피'라고 한다. 성체가 된 이후에 탈피하지 않는 곤충들의 경우, 그것들의 최종 탈피는 성체의 특성이 발현되고 유충의 특성이 완전히 상실될 때 일어난다. 이런 유충에서 성체로의 변태 과정을 조절하는 호르몬에는 탈피호르몬과 유충호르몬이 있다.

탈피호르몬은 초기 유충기에 형성된 유충의 전흉선에서 분비된다. 탈피 시기가 되면, 먹이 섭취 활동과 관련된 자극이 유충의 뇌에 전달된다. 이 자극은 이미 뇌의 신경분비세포에서 합성되어 있던 전흉선자극호르몬의 분비를 촉진하여 이 호르몬이 순환계로 방출될 수 있게끔 만든다. 분비된 전흉선자극호르몬은 순환계를 통해 전흉선으로 이동하여, 전흉선에서 허물벗기를 촉진하는 탈피호르몬이 분비되도록 한다. 그리고 탈피호르몬이 분비되면 탈피의 첫 단계인 허물벗기가 시작된다. 성체가 된 이후에 탈피하지 않는 곤충들의 경우, 성체로의 마지막 탈피가 끝난 다음에 탈피호르몬은 없어진다.

유충호르몬은 유충 속에 있는 알라타체라는 기관에서 분비된다. 이 유충호르몬은 탈피 촉진과 무관하며, 유충의 특성이 남아 있게 하는 역할만을 수행한다. 따라서 각각의 탈피 과정에서 분비되는 유충호르몬의 양에 의해서, 탈피 이후 유충으로 남아 있을지, 유충의 특성이 없는 성체로 변태할지가 결정된다. 유충호르몬의 방출량은 유충호르몬의 분비를 억제하는 알로스테틴과 분비를 촉진하는 알로트로핀에 의해 조절된다. 이 알로스테틴과 알로트로핀은 곤충의 뇌에서 분비된다. 한편, 유충호르몬의 방출량이 정해져 있을 때 그 호르몬의 혈중 농도는 유충호르몬에스터라제와 같은 유충호르몬 분해 효소와 유충호르몬결합단백질에 의해 조절된다. 유충호르몬결합단백질은 유충호르몬에스터라제 등의 유충호르몬 분해 효소에 의해서 유충호르몬이 분해되어 혈중 유충호르몬의 농도가 낮아지는 것을 막으며, 유충호르몬을 유충호르몬 작용 조직으로 안전하게 수송한다.

① 탈피호르몬과 유충호르몬은 모두 뇌에서 분비되어 곤충의 신체 형태 변화를 촉진한다.
② 유충의 전흉선자극호르몬 분비를 촉진하면, 유충의 특성이 사라지고 탈피가 진행된다.
③ 곤충의 '유충-애벌레-번데기-성충' 시기 순서대로 알로트로핀의 양은 줄어든다.
④ 유충호르몬은 미성숙 단계의 성충 형질의 발육을 억제하고, 페르몬 생성에 관여한다.
⑤ 번데기가 나비가 되면, 나비의 전흉선에서는 더 이상 탈피호르몬이 분비되지 않는다.

10

다음 글을 읽고 〈보기〉에 대해 판단한 내용으로 적절한 것을 고르면?

> 프로타고라스는 기원전 5세기경에 활동한 고대 그리스 철학자로 변론술을 가르치며 명성을 높이고, 상당한 부를 축적했다고 알려져 있다. 하루는 유아틀루스(Euathlus)라는 청년이 그에게 웅변술을 배우기 위해 찾아왔다. 프로타고라스의 강의는 꽤 비싼 편이었고, 청년은 수강료의 반은 선불하고, 나머지 반은 수강을 모두 끝난 후 지불하겠다고 약속했다. 다만, 수강 후 실력이 향상되어 실제 재판에서 이겼을 경우에만 지불한다는 단서 조항을 달았다. 프로타고라스는 청년의 제안을 수용했다. 그런데 수강을 끝낸 유아틀루스는 나머지 수강료를 낼 수 없다며 버텼다. 그러자 프로타고라스가 그를 고발하며, 재판을 걸었다. 재판에 대한 두 사람의 견해는 다음과 같았다.
>
> - 프로타고라스: 나는 어떤 경우라도 자네에게 수강료를 받을 수 있네. 만약 재판에서 이긴다면 이겼으니 받을 수 있고, 만약 지더라도 자네의 실력이 향상되었다는 것이 증명될 테니 계약의 단서 조항에 따라 수강료를 받을 수 있지 않겠나.
> - 유아틀루스: 저도 어떤 경우라도 수강료를 내지 않아도 된다고 생각합니다. 만약 재판에서 이긴다면 이겼으니 수강료를 낼 필요가 없고, 만약 진다면, 제 실력이 향상되지 않았다는 것이 증명되니 계약의 단서 조항에 따라 수강료를 낼 필요가 없습니다.
>
> 이와 같은 상황을 프로타고라스의 패러독스(Paradox)라고 한다. 패러독스는 역설(逆說), 역리(逆理), 배리(背理) 등으로 번역된다. 언뜻 보면 일리가 있는 것처럼 보이지만, 사실은 모순되어 있거나 잘못된 결론을 이끌어내는 논증이나 사고 실험 등을 이른다.

〈보기〉

> ㄱ. 한국인 김 씨가 "한국인은 모두 거짓말쟁이다"라고 하였다.
> ㄴ. 아이를 납치한 범인이 아이의 엄마에게 "내가 아이를 죽일 것인지 놓아 줄 것인지 알아맞히면 아이를 놓아 주겠다. 하지만 틀리면 아이를 죽일 것이다."라고 했다.
> ㄷ. 전지전능한 신(神)이 존재한다고 믿는 신도들에게 "신도 들 수 없는 바위를 만들 수 있을까?"라고 물었다.

① ㄱ에서 김 씨가 말한 문장이 참이라면 한국인은 모두 거짓말쟁이가 된다.
② ㄱ에서 김 씨가 말한 문장이 거짓이라면 한국인은 모두 거짓말쟁이가 아니게 된다.
③ ㄴ의 엄마가 "죽일 것이다"라고 답한다면, 범인은 아이를 놓아주게 된다.
④ ㄴ의 엄마가 "놓아 줄 것이다"라고 답한다면, 범인은 자기모순에 빠지게 된다.
⑤ ㄷ의 신도들의 대답 여부와 상관없이 전지전능한 신의 존재는 부정되지 않는다.

11

다음 글에 이어질 내용으로 가장 적절하지 않은 것을 고르면?

현존하는 한국 범종 중에서 신라 범종이 으뜸이다. 신라 범종으로는 상원사 동종, 성덕대왕 신종, 용주사 범종이 있으며 모두 국보로 지정되어 있다. 이 가운데 에밀레종이라 알려진 성덕대왕 신종은 세계의 보배라 여겨진다. 그러나 이러한 평가는 미술이나 종교의 차원에 국한될 뿐, 에밀레종이 갖는 음향공학 차원의 가치는 간과되고 있다.

에밀레종을 포함한 한국 범종은 종신(鐘身)이 작고 종구(鐘口)가 벌어져 있는 서양 종보다 종신이 훨씬 크다는 점에서는 중국 범종과 유사하다. 또한 한국 범종은 높은 종탑에 매다는 서양 종과 달리 높지 않은 종각에 매단다는 점에서도 중국 범종과 비슷하다. 하지만 중국 범종은 종신의 중앙 부분에 비해 종구가 나팔처럼 벌어져 있는 반면, 한국 범종은 종구가 항아리처럼 오므라져 있다. 또한 한국 범종은 중국 범종에 비해 지상에 더 가까이 땅에 닿을 듯이 매단다.

나아가 한국 범종은 종신과 대칭 형태로 바닥에 커다란 반구형의 구덩이를 파 두는데, 바로 여기에 에밀레종이나 여타 한국 범종의 숨은 진가가 있다. 한국 범종의 이러한 구조는 종소리의 조음에 영향을 미쳐 독특한 음향을 내게 한다. 이 구덩이는 100헤르츠 미만의 저주파 성분이 땅속으로 스며들게 하고, 커다란 울림통으로 작용하여 소리의 여운을 길게 한다.

땅속으로 음파를 밀어 넣어 주려면 뒤에서 받쳐 주는 지지대가 있어야 하는데, 한국 범종에서는 땅에 닿을 듯이 매달려 있는 거대한 종신이 바로 이 역할을 한다. 이를 음향공학에서는 뒤판이라 한다. 땅을 거쳐 나온 저주파 성분은 종신 꼭대기에 있는 음통관을 거쳐 나온 고주파 성분과 조화를 이루면서 인간이 듣기에 가장 적합한 소리, 곧 장중하고 그윽하며 은은히 울려 퍼지는 여음이 발생하는 것이다.

① 범종은 최적의 타격 부위인 '당좌위치'에 정확히 가격함으로써 울림을 최적화하였다.
② 철보다 타종에 잘 견디면서 내구성이 뛰어난 청동(구리+주석)으로 종을 만들었다.
③ 조각과 문양을 비대칭으로 만들어 두 개 이상의 음파가 조화를 이루며, 반복하게 된다.
④ 음통이 음관의 역할을 함으로써 종을 타격한 직후 발생되는 소리의 잡음을 잡는 기능을 한다.
⑤ 서양 종은 400헤르츠 이상의 소리만 나오고 공중으로 전파되도록 하늘을 향해서 울린다. 이에 비해 중국 종은 지상으로만 전파되도록 구성되어 있다.

12

다음 글을 읽고 일치하지 않는 것을 고르면?

> 갑: 사전연명의료의향서를 제출하여 연명의료 거부 의사를 표명한 사람에 대해서 병원이 연명의료를 실행하지 않는다는 제도가 2018년 2월부터 도입되었습니다. 이 제도 도입 후에 실제로 사전연명의료의향서를 내는 사람이 날로 늘어나고, 민원을 제기하는 사람도 많아지는 것 같습니다. 어떤 민원들이 들어오고 있습니까?
>
> 을: 자신이 사는 곳에 사전연명의료의향서를 접수하는 곳이 없어 불편하다는 민원이 많았습니다. 연명의료 전문 상담사의 수가 적어 접수 현장에서 너무 오래 기다렸다고 불만을 표시하는 사람도 많습니다. 이러한 민원에 대응해 2020년 1월 1일부터 전화로 상담을 예약할 수 있는 시스템을 도입해 지금까지 원활하게 운영하고 있으며, 2020년 4월 1일부터 전국 모든 보건소에서 사전연명의료의향서를 받도록 조치했습니다. 더 말씀드리자면, 어떤 사람은 연명의료 전문 상담사로부터 상담을 받지 않아도 사전연명의료의향서를 낼 수 있게 해 달라고 요청했습니다.
>
> 갑: 연명의료를 거부하는 것은 중대한 사안이니 신중히 사전연명의료의향서를 작성하게 해야 합니다. 지금까지 한 것처럼 연명의료 전문 상담사의 상담을 받게 하는 조치를 유지해 주시기 바랍니다. 한 가지 더 확인하고자 합니다. 전국 모든 보건소에서 사전연명의료의향서를 받기로 했지만, 연명의료 전문 상담사를 모든 보건소에 배치할 수 있는 것은 아니라고 합니다. 혹시 그에 대한 대책을 마련했습니까?
>
> 을: 연명의료 전문 상담사 배치가 어려운 보건소의 직원들을 대상으로 연명의료 관련 기본 필수교육을 실시하고, 그 교육을 이수한 직원이 민원인에게 연명의료에 대해 간단히 설명하게 할 방침입니다. 민원인들이 보건소 직원으로부터 설명을 들은 후 그 자리에서 전화로 연명의료 전문 상담사로부터 구체적인 내용을 상담받을 수 있도록 하겠습니다.

① 사전연명의료의향서 접수 절차 간소화에 대한 민원은 담당자에 의해 반려될 예정이다.
② 2018년 2월 이전에는 연명의료를 거부하는 환자의 의사가 받아들여지지 않기도 하였다.
③ 2020년 1월 이전에는 사전연명의료의향서를 제출하기 위해서는 연명의료 전문 상담사가 있는 보건소를 방문해야 했다.
④ 연명의료 거부 의사를 표명한 사람들이 늘어나면서 그에 대한 민원도 늘어나고 있다.
⑤ 보건소에 사전연명의료의향서를 접수하려는 사람이 전문 상담사와 상담하기 위해서는 먼저 연명의료 관련 기본 필수교육을 이수한 직원을 통해 설명을 들어야 한다.

13

다음 글을 읽고 A가 비판하는 내용을 〈보기〉에서 모두 고르면?

생물학자 A는 진화의 점진적 변화를 강조하는 전통적 다윈주의에 반기를 들고 진화가 비약적으로 일어날 수 있다는 주장을 펼쳤다. 진화는 일정한 속도로 달리는 운동이 아니라 도움닫기, 점프, 멀리뛰기 등의 다양한 운동으로 구성된 것과 같다.

그는 진화가 진보라는 생각을 비판한다. 복잡성이 증가하는 방향으로만 진화가 일어나는 것은 아니라는 것이다. 그는 생명체의 역사에서 우발적 요인들이 얼마나 중요한지를 역설한다. 시간이 흐를수록 점점 복잡한 구조의 생명체들이 등장한 것은 사실이다. 하지만 복잡한 구조의 생명체임에도 불구하고 멸종해 버린 생명체도 얼마든지 찾을 수 있다. 그런 의미에서 A는 지구의 주인이 역설적으로 박테리아라고 말한다. 박테리아는 단순한 생명체이지만 40억 년의 지구 역사와 그 험난한 환경 변화 속에서도 끊임없이 진화하여 적응하고, 양적으로도 최고의 자리를 변함없이 지킨 생명체이기 때문이다.

A는 6,500만 년 전에 소행성이 지구를 덮친 사건이 다른 시각에 일어났다면 공룡은 멸종하지 않았을지 모르며, 포유류의 시대도 열리지 않았거나 좀 더 늦게 열렸을 것이라고 말한다. 이런 맥락에서 그는 지구를 다시 초기 상태로 돌려놓고 시간을 흐르게 한다면 그 사이에 확률에 의한 선택 과정의 개입과 같은 이유 때문에 어쩌면 인류와 같은 존재도 없었을 수 있고, 지금과는 전혀 다른 생물군이 나왔을 수도 있다고 주장한다.

그는 또한 세포의 탄생과 같이 진화의 분수령을 이루는 몇 가지 주요 사건을 강조하는 주류 학자들의 생각을 비판한다. 즉 몇 가지 기념비적인 사건들에 대한 지나친 집착이 진화에 대한 연구를 편협하게 만든다는 것이다. 그런 사건은 진화의 과정에서 발견되는 비약적인 변화에 해당하는 사건이었을 뿐이다. 진화 연구에서 더 중요한 것은 진화 과정에서 일어난 무수한 사건들이 어떤 패턴을 따라 일어나는지 밝혀내는 것이다.

〈보기〉

ㄱ. 학자 '갑'은 그의 저서를 통해 '정의'와 '이타성'이 어떻게 실현되는가에 대한 대답을 내놓았다. '갑'에 따르면 이타적 협동은 진화의 필연적 산물에 해당한다. 이타적 유전자는 그것을 공유하는 집단의 생존 가능성을 높여 궁극적으로 자신의 생존 가능성을 높이기 때문이다.

ㄴ. 학자 '을'은 점진적인 유전이 단속적인 표현형의 변화에 영향을 줄 수도 있다고 주장했다. 그는 유전형의 변화가 점진적이더라도, 표현형은 얼마든지 단속적으로 출력될 수 있는 가능성이 존재한다고 보았다.

ㄷ. 학자 '병'은 진화는 결코 계획적이거나 화려한 사건이 아니라고 보았다. 몇 억년이라는 장구한 세월 동안 우연에 우연을 거듭하면서 온갖 시행착오와 설계변경을 거친 끝에 실패로 귀착되기도 하고 놀라운 성공을 거두기도 해온 우연의 산물이라는 것이다.

ㄹ. 학자 '정'은 생명의 진화가 '복잡성이 증가하는 방향'으로 진행되어 왔다고 주장한다. 지구상에 생명체가 등장한 이후의 모든 진화과정에서 복잡성은 꾸준히 증가해 왔다는 것이다.

① ㄱ, ㄴ
② ㄱ, ㄷ
③ ㄴ, ㄹ
④ ㄱ, ㄴ, ㄹ
⑤ ㄱ, ㄷ, ㄹ

14

다음 중 뜻하는 바가 유사한 것끼리 잘 묶인 것을 고르면?

> ㉠어느 입심 좋은 사람의 책에서 삭힌 홍어의 유래에 대한 글을 읽었다. 옛날 우리 선조들이 흑산 앞바다에서 홍어를 잡아 열흘 넘게 배에 실어 목포나 영산포에 운송하는 동안 신선도를 잃고 부패한 홍어이지만 그 속에 독특한 맛을 발견했다는 내용이었다. 그럴듯해 보이지만 홍어의 본고장에서 나고 자란 나 같은 사람이 듣기에는 가당치도 않은 설명이다. 냉동시설이 없는 옛날에도 어부들은 끊임없이 바닷물을 길어 생선에 붓는 식으로 상당 기간 신선도를 유지할 줄 알았다. 그래서 연평도에서 잡은 조기나 신안에서 잡은 민어가 신선한 상태로 서울 밥상에 오를 수 있었던 것이다. 더구나 홍어는 겨울에 잡는 어종이라서 열흘이나 보름 안에 부패할 수가 없었다.
>
> 홍어의 유래에 대해 잘못 거론한 것뿐인데 내가 이토록 흥분하는 것은 거기에 천박한 과학주의나 일종의 식민주의 같은 것을 보기 때문이다. 식민주의라는 말이 지나치다고 생각할지도 모르겠지만 일본인들이 우리의 김치나 온돌을 헐뜯을 때 들이대던 논리가 이와 다른 것이 무엇인가. 섣부른 근대주의자들의 주장이나 설명 방식에는 ㉡이해가 쉽게 되지 않는 것들을 가난이나 몽매함의 탓으로 돌려 농어촌을 도시의 식민지로 삼으려는 음모가 종종 숨어 있다. 그 음모 속에서 ㉢삶의 깊은 속내는 모든 것을 다 알고 있다고 자만하는 자들의 천박한 시선 아래 ㉣단일한 평면이 되어 버린다. 그렇게 삶의 터전이었던 곳이 도시의 변두리에 전락해 버리는 것은 자연스러운 수순이 된다.
>
> 식민주의 권력자들은 삶을 통제하기 전에 삶을 ㉤수치스러운 것으로 만드는 것부터 시작한다. 물론 이 일은 도시 안에서도 일어나고 도시민 내부에서도 일어난다. 포스트모던 이론가들이 ㉥모더니즘을 탈출을 시도할 때 염두에 두는 것도 따지고 보면 이와 다른 것이 아니다. 어떤 의미에서 근대주의는 한 시대의 과학으로(또는 그 과학에도 미치지 못하는 지식으로) 미래의 지혜만이 해명할 수 있는 것들을, 또는 미래의 지혜 그 자체를 억압하는 일이기도 하기 때문이다.
>
> 홍어회는 부패한 음식이 아니다. 그것은 발효를 통해 잘 조리된 음식이다. 우리의 ㉦불투명한 내부는 우리 삶의 부끄러움이 아니다. 그것은 우리 삶이 다른 삶의 식민지가 되지 않았다는 증거이다.

① ㉠, ㉡, ㉣, ㉤, ㉥ / ㉢, ㉦
② ㉠, ㉣, ㉤, ㉥ / ㉡, ㉢, ㉦
③ ㉠, ㉡, ㉣, ㉤ / ㉢, ㉥, ㉦
④ ㉠, ㉣, ㉥, ㉦ / ㉡, ㉢, ㉤
⑤ ㉠, ㉣, ㉦ / ㉡, ㉢, ㉤, ㉥

15

다음 글의 빈칸에 들어갈 내용으로 가장 적절한 것을 고르면?

〈모든 미국인이 과체중이나 비만이 될 것인가?〉라는 황당한 제목을 단 논문이 있었다. 논문 제목은 수사적 질문만으로는 부족하다는 듯이 〈그렇다, 2048년에는〉이라는 부제목도 달아놨다. 구체적인 수치를 단 까닭인지 이 논문은 언론을 통해 널리 알려졌다. ABC뉴스에서는 〈비만 묵시록〉을 경고했다. 이 연구 결과는 미국인들이 늘 시대에 따라 그 내용이 바뀌는 과열된 불안감으로 국가의 도덕 상태를 걱정해 왔다는 것을 보여주는 최신 사례이다. 예전에는 남자애들이 머리카락을 길게 기르는 것 때문에 미국이 공산주의자들에게 당할 것이라고 했다. 또 미국인들이 오락실 게임을 너무 많이 해서 근면한 일본인에게 뒤처질 것이라고도 했다. 그리고 지금은 미국인들이 패스트푸드를 너무 많이 먹기 때문에 다들 몸이 허약해질 것이라고 한다. 논문은 이 불안이 과학으로 증명된 사실이라고 단언했다. 하지만 내게는 더 좋은 소식이 있다. 우리 모두가 2048년에 과체중이 될 가능성은 없을 것이다.

우리가 뉴턴에게 배웠듯이 (   ) 이 개념은 선형 회귀라는 통계 기법의 기본 발상인데, 당신이 어떤 작업을 하든지 틀림없이 사용될 도구이다. 우리가 신문에서 사촌이 많은 사람일수록 행복하다는 뉴스를 접할 때, 혹은 패스트푸드 B사가 많은 나라일수록 도덕의식이 해이하다는 뉴스를 접하거나 니아신 섭취를 절반으로 줄이면 무좀 가능성이 두 배로 늘어난다는 뉴스를, 개인의 소득이 1만 달러 늘어날 때마다 공화당을 찍을 가능성이 3% 늘어난다는 뉴스를 접할 때 우리는 선형 회귀의 결과를 접한 것이다.

선형 회귀는 경이로운 도구이다. 다용도이고, 어떤 축척에 대해서도 쓸 수 있으며, 스프레드시트 프로그램에서 버튼 하나만 누르면 될 정도로 수행하기도 쉽다. 선형 회귀는 변수가 2개인 데이터 집합에 대해서도 쓸 수 있지만, 변수가 무한대에서도 쓸 수 있다. 우리가 어떤 변수들이 다른 변수들을 어느 방향으로 움직이는지 알고 싶을 때 맨 먼저 찾는 도구가 바로 선형 회귀인 것이다. 선형 회귀는 어림짐작을 수행해 그래프상의 모든 점들을 잇는 선에서 가장 가까운 직선을 찾아준다. 그래서 선형 회귀는 어떤 데이터 집합에서도 다 통한다.

그런데 이것은 장점인 동시에 단점이 된다. 내가 모형화하려는 현상이 정말 선형적 현상에 가까운지 고민하지 않고서도 무작정 선형 회귀를 쓸 수 있기 때문이다. 하지만 그래서는 안된다. 자신이 하는 작업에 세심한 주의를 기울이지 않고서 무작정 도구를 사용하면 결과가 참혹할 수 있다.

① 모든 곡선은 쪼개면 직선과 비슷하다.
② 점과 점 사이를 연결하는 직선은 하나뿐이다.
③ 모든 물체는 정지 상태를 유지하려고 한다.
④ 두 점 사이의 거리는 두 점을 잇는 선분 길이와 같다.
⑤ 운동하는 물체의 가속도는 작용하는 힘에 비례하고 질량에 반비례한다.

16

다음 글과 관련성이 적은 것을 고르면?

> 지난 세기말 영국의 윌머트(Ian Wilmut) 박사가 복제양을 만든 것을 시작으로 세계는 마치 경쟁이라도 하듯 인간 복제에 대한 뜨거운 관심을 표명하였다. 우리는 바야흐로 우리 자신을 복제할 수 있는 시대에 살게 된 것이다. 기술적으로는 더 이상 발전할 필요가 없다. 그래서인지 종교계는 신성(神聖)을 훼손하는 일이라며 엄청나게 술렁이고 있다. 과학이 우리 삶의 질을 향상시킨다는 것을 부정하는 사람은 적으나 왠지 막연한 공포 속으로 우리를 몰아넣고 있다는 느낌 역시 지울 수 없다.
>
> 그러나 이러한 공포감에 떨기에 앞서 과학에 대한 좀 더 명확한 이해가 필요할 것 같다. 사람들은 마치 금방이라도 히틀러나 무솔리니 같은 이들이 여기저기에서 나타나 온 세상을 쑥대밭으로 만들 수 있다고 믿는 눈치다. 하지만 지금 우리가 하고 있는 복제는 어디까지나 유전자 복제이지 생명체 복제가 아니다. 아무리 칭기즈칸을 복제한다 하더라도 그가 칭기즈칸으로 성장할 가능성은 전무하다. 위대한 정복자가 될 약간의 포악한 성격은 타고날지는 모르겠으나 세상이 바뀐 만큼 그가 제2의 칭기즈칸이 될 확률은 거의 영에 가깝다. 그리고 테레사 수녀를 여럿 복제한다고 해서 그들이 모두 남을 위해 평생을 바치지는 않을 것이다.
>
> 복제인간은 출생 시기가 좀 많이 벌어진 쌍둥이에 불과하다. 몇 초 간격으로 태어난 쌍둥이들도 똑같은 인간으로 자라는 것은 아니다. 그러니 현재의 나를 복제한다 하더라도 나와 똑같은 인간이 될 리는 없다. 유전자는 나와 완벽하게 같을지라도 그 유전자들이 발현하는 환경이 나와 다르기 때문에 전혀 다른 인간으로 성장하게 될 것 가능성이 높다.
>
> 그렇다면 세상에 좀 늦게 태어난 쌍둥이들이 많아진다는 것이 그렇게도 공포스러운 일인 것일까? 유전자 복제보다 우리가 더 심각하게 생각해야 할 것은 유전자 조작이다. 복제인간은 한두 번 만들어보다 시들해질 가능성이 크지만 유전자 조작은 걷잡을 수 없는 방향으로 치달을 것이다. 복제양이 만들어진 후 미국에서 누구를 복제하고 싶은지를 묻는 여론조사가 있었다. 마이클 조던과 레이건 대통령을 비롯한 저명인사들의 이름들이 물망에 올랐다. 실제로 그들이 복제될 가능성은 얼마나 있을까? 아마도 그리 많지는 않을 것이다.
>
> 유전자의 기능들이 속속 밝혀지고 있는 시점에서 내가 가진 결함들이 어떤 유전자에 의해 발생하는 것인지 알게 될 때 그 유전자를 보다 훌륭한 유전자로 바꾸고 싶은 욕망이 왜 일어나지 않겠는가. 노화의 비밀이 밝혀져 다만 몇 개의 유전자만 바꾸면 몇 십 년을 더 살 수 있게 된다면 누군들 마다하겠는가. 지금 당장 내 아이가 아프다면, 유전자의 힘을 빌려 둘째 아이를 태어나게 한 후 첫째 아이를 살리겠다는 부모를 말릴 수 있을 것인가?

① 유전자가 동일하더라도 똑같은 인간으로 자랄 가능성은 거의 없다.
② 유전자 복제와 조작은 유전자 결정론에 영향을 받은 것이다.
③ 유전자 조작은 유전자 복제보다 도덕적으로 지탄받을 만한 일이다.
④ 인간의 특성은 유전자도 중요하지만 주변 환경에 영향을 받아 형성된다.
⑤ 노화를 저지하는 유전자가 발견된다면 이를 활용하려는 욕망이 나타날 것이다.

17

다음 글을 읽고 추론한 내용으로 가장 적절한 것을 고르면?

> 조선후기 숙종 때 서울 시내의 무뢰배가 검계를 결성하여 무술훈련을 하였다. 좌의정 민정중이 "검계의 군사훈련 때문에 한양의 백성들이 공포에 떨고 있으니 이들을 처벌해야 한다"라고 상소하자 임금이 포도청에 명하여 검계 일당을 잡아들이게 하였다. 포도대장 장봉익은 몸에 칼자국이 있는 자들을 잡아들였는데, 이는 검계 일당이 모두 몸에 칼자국을 내어 자신들과 남을 구별하는 징표로 삼았기 때문이다.
>
> 검계는 원래 향도계에서 비롯하였다. 향도계는 장례를 치르기 위해 결성된 계였다. 비용이 많이 소요되는 장례에 대비하기 위해 계를 구성하여 평소 얼마간 금전을 갹출하고, 구성원 중에 상을 당한 자가 있으면 갹출한 금전에 얼마를 더하여 비용을 마련해 주는 방식이었다. 향도계는 서울 시내 백성들에게 널리 퍼져 있었으며, 양반들 중에도 가입하는 이들이 있었다. 향도계를 관리하는 조직을 도가라 하였는데, 도가는 점차 죄를 지어 법망을 피하려는 자들을 숨겨 주는 소굴이 되었다. 이 도가 내부의 비밀조직이 검계였다.
>
> 검계의 구성원들은 스스로를 왈짜라 부르고 있었다. 왈짜는 도박장이나 기생집, 술집 등 도시의 유흥공간을 세력권으로 삼아 활동하는 이들이었다. 하지만 모든 왈짜가 검계의 구성원이었던 것은 아니다. 왈짜와 검계는 모두 폭력성을 지녔고 활동하는 주 무대도 같았지만 왈짜는 검계와 달리 조직화된 집단은 아니었다. 부유한 집안의 아들이었던 김홍연은 대과를 준비하다가 너무 답답하다는 이유로 중도에 그만두고 무과 공부를 하였다. 그는 무예에 탁월했지만 지방 출신이라는 점이 출세하는 데 장애가 될 것을 염려하여 무과 역시 포기하고 왈짜가 되었다. 김홍연은 왈짜였지만 검계의 일원은 아니었다.

① 향도계는 장례비용을 마련하기 위한 일종의 적금이었다.
② 왈짜는 도시의 유흥공간을 관리하며 세를 모았던 검계의 일원이었다.
③ 장봉익은 숙종의 명을 받아 도가의 핵심 인력인 검계를 소탕하였다.
④ 김홍연이 무과를 포기한 것은 당시 과거제도가 서얼의 응시를 금했기 때문이다.
⑤ 도가는 범죄자로 이루어진 비밀 단체로, 훈련을 통해 무예를 닦아 부를 축적하였다.

18

다음은 한 보고서의 〈서론〉이다. 〈서론〉에 이어 본론을 세 절로 나눌 때, 두 번째 절에 들어갈 내용을 고르면?

공익신고자 보호제도는 국민의 건강과 안전, 환경, 소비자 이익 및 공정한 경쟁 등 공익을 침해하는 행위를 신고한 사람을 법적으로 보호하고 지원하는 제도이다. 공익신고자 보호제도의 법적 근거는 2011년 3월에 제정된 「공익신고자 보호법」이며, 동 법은 공익을 침해하는 행위를 신고한 사람 등을 보호하고 지원함으로써 국민생활의 안정과 투명하고 깨끗한 사회풍토의 확립에 이바지함을 목적으로 한다. 이를 위해 공익침해행위를 행정기관 등에 신고하여 해고 등 불이익 조치를 당한 경우, 그 신고자는 국민권익위원회에 원상회복 등 신분보장 조치를 신청할 수 있으며, 신고자를 누설할 경우에 3년 이하의 징역이나 3천만원 이하의 벌금을 부과하는 것을 포함하고 있다.

「공익신고자 보호법」의 제정·시행 후 10년의 시간이 되었지만, 공익신고자의 비밀보장 미흡과 신고자 보호의 사각지대 존재, 공익신고와 관련한 법률지원의 미비 등의 한계점이 지속적으로 지적되어 왔다. 특히, 공익신고 접수건수는 2012년 1,113건, 2014년 8,239건 등 매년 큰 폭으로 증가하는 추세를 보이다가 감소되어 2017년에는 2,238건을 기록하였으나, 2019년 5,165건, 2020년 5,855건 등 다시 완만한 증가하여 제도가 활성화되고 있다.

최근 국민권익위원회는 공익신고의 활성화를 위해 부패·공익신고자에게 보상금 등을 적극 지급하도록 노력하겠다는 입장을 발표하여 공익신고자의 보상수준은 점차 개선되고 있다. 이에 반해 공익신고자를 각종 불이익으로부터 보호하는 측면은 보완해야 한다는 지적이 제기되고 있다.

따라서, 이 보고서는 공익신고자 보호제도의 현황 등을 살펴보고, 공익신고자의 보호와 관련하여 제기되고 있는 제도의 한계를 정리하여 개선과제를 도출하고자 한다. 특히 공익신고자 보호제도의 조직, 인력, 예산 등의 제도 운영적 측면보다는 공익신고자의 신분보호, 비밀보장 등 실질적인 신고자보호 측면에 주목하여 개선과제를 제시하고자 한다.

① 국민의 건강과 안전, 환경, 소비자의 이익, 공정한 경쟁 및 이에 준하는 공공의 이익을 침해하는 행위로 공익신고자 보호법 별표에 규정된 법률의 벌칙이나 인·허가의 취소처분, 정지처분 등 행정처분의 대상이되는 행위가 공익신고의 대상이 된다.

② 공익침해행위의 유형을 포괄주의 방식이 아닌 기존의 열거조항에 더하여 그 밖의 사항도 포섭할 수 있는 일반조항을 추가로 포함시키는 방안을 고려할 필요가 있다.

③ 공익신고자가 공익을 위해 신고를 하고도 적절한 보호를 받지 못하거나 유·무형의 인사상, 재정적 불이익 등을 받는다면 공익신고는 활성화되기 어려우며, 공익신고의 활성화를 위해서는 공익신고 대상과 공익신고자 보호를 중심으로 현행 제도보다 개선된 조치가 필요하다.

④ 국민권익위원회는 신고 접수 60일 이내에 사실 확인을 마친 후 조사·수사기관에 이첩하고, 처리 결과를 신고자에게 통보한다. 조사·수사 결과의 통지를 받은 공익신고자는 국민권익위원회에 조사결과 또는 수사결과에 대한 이의 신청을 할 수 있다.

⑤ 공익신고는 법률 전문가 등의 조력을 받아 진행하는 것이 바람직하나 이와 관련한 법률지원을 받을 수 있는 법적 근거가 미약하고, 공익신고에 뒤따르는 고소·고발·제소 등 대응에 소요되는 비용을 지원받을 수 있는 근거가 미약하다.

19

다음 글의 제목으로 가장 적절한 것을 고르면?

2001년 미국 주도 연합군에 의해 아프가니스탄에서 축출됐다가 최근 몇 달 동안 공격을 개시한 탈레반이 다시 아프간을 장악한 것은 지난 8월 15일(현지시간)이었다. 시내 길거리에서 여성들은 사라졌고, 상점 주인들은 여성이 모델인 광고물 떼기에 바빴다. 이틀 뒤, 거리에는 벌써부터 이슬람 전통의상인 '부르카'를 입은 여성들이 목격되기 시작했다. 온몸을 가리는 부르카는 과거 탈레반이 통치했을 당시 아프간 여성에게 유일하게 허락된 외출복이었다. 당시 탈레반은 부르카를 착용하지 않아 신체 일부를 노출한 여성을 단속하여, 채찍질과 같은 엄격한 형벌을 단행했다. 길거리에서는 일반인 남성이 여성을 무작위 폭행하는 사건도 비일비재했다.

과거 탈레반은 여성들에게 부르카 착용을 강요했고, 여성은 남성 보호자 동행 없이는 외출도 불가했다. 그리고 여성에게 중등교육 이상 허용되지 않았으며, 여성은 취업과 정치 등 거의 모든 사회생활로부터 배제되었다. 아프간의 여성들은 과거의 기억을 바탕으로 탈레반을 두려워하고 있다.

탈레반은 17일 기자회견을 열고, 아프간의 전쟁 종료와 사면령을 선포했다. 로이터 통신에 따르면 자비훌라 무자히드 탈레반 대변인은 이전 정부 관계자 등을 처벌하지 않겠다면서 탈레반의 변화를 예고했다. 그리고 그는 "이슬람법의 틀 안에서 여성의 권리를 존중할 것"이라면서 여성의 외출과 취업, 교육 등을 허용할 것이라고 공언했다. 물론 이는 여성들에게 부르카까진 아니어도 머리와 목만 가리는 히잡 착용 의무화 조치를 의미한다. 실제로 이날 현지 뉴스방송 채널인 톨로뉴스는 탈레반 미디어팀 소속 간부인 몰로이 압둘하크 헤마드와 인터뷰를 송출했는데, 앵커는 히잡을 쓴 여성이었다. 아프간 여성이 탈레반 간부와 대면 인터뷰한 장면이 방영된 것은 이 방송이 최초였다.

하지만 이는 선전용에 불과하다는 해석이 많다. 뉴욕타임스(NYT)에 따르면 아프간 국영 TV의 간판 앵커인 카디자 아민 등 여성 직원들이 무기한 정직을 당했다. 아민은 "탈레반은 탈레반일 뿐이다. 그들은 변하지 않는다"라고 지적했다. 이에 NYT는 두 앵커 간의 서로 다른 사례가 "아프간 여성들에게 앞으로 어떤 일이 닥칠지 모르는 불확실성과 불안감을 보여준다"고 지적했다.

① 탈레반의 여성 존중 약속
② 탈레반의 여성 인권 탄압의 이유
③ 탈레반의 재집권에 대한 세계의 시선
④ 탈레반의 변화, 진실로 믿을 수 있을 것인가
⑤ 탈레반의 재집권이 아프간 여성에게 공포인 이유

20

다음 글에서 알 수 없는 내용을 고르면?

1883년에 조선과 일본이 맺은 조일통상장정 제41관에는 "일본인이 조선의 전라도, 경상도, 강원도, 함경도 연해에서 어업 활동을 할 수 있도록 허용한다."라는 내용이 있다. 당시 양측은 이 조항에 적시되지 않은 지방 연해에서 일본인이 어업 활동을 하는 것은 금하기로 했다. 이 장정 체결 직후에 일본은 자국의 각 부·현에 조선해통어조합을 만들어 조선 어장에 대한 정보를 제공하기 시작했다. 이러한 지원으로 조선 연해에서 조업하는 일본인이 늘었는데, 특히 제주도에는 일본인들이 많이 들어와 전복을 마구 잡는 바람에 주민들의 전복 채취량이 급감했다. 이에 제주목사는 1886년 6월에 일본인의 제주도 연해 조업을 금했다. 일본은 이 조치가 조일통상장정 제41관을 위반한 것이라며 항의했고, 조선도 이를 받아들여 조업 금지 조치를 철회하게 했다. 이후 조선은 일본인이 아무런 제약 없이 어업 활동을 하게 해서는 안 된다고 여기게 되었으며, 일본과 여러 차례 협상을 벌여 1889년에 조일통어장정을 맺었다.

조일통어장정에는 일본인이 조일통상장정 제41관에 적시된 지방의 해안선으로부터 3해리 이내 해역에서 어업 활동을 하고자 할 때는 조업하려는 지방의 관리로부터 어업준단을 발급받아야 한다는 내용이 있다. 어업준단의 유효기간은 발급일로부터 1년이었으며, 이를 받고자 하는 자는 소정의 어업세를 먼저 내야 했다. 이 장정 체결 직후에 일본은 조선해통어조합연합회를 만들어 자국민의 어업준단 발급 신청을 지원하게 했다. 이후 일본은 1908년에 '어업에 관한 협정'을 강요해 맺었다. 여기에는 앞으로 한반도 연해에서 어업 활동을 하려는 일본인은 대한제국 어업 법령의 적용을 받도록 한다는 조항이 있다. 대한제국은 이듬해에 한반도 해역에서 어업을 영위하고자 하는 자는 먼저 어업 면허를 취득해야 한다는 내용의 어업법을 공포했고, 일본은 자국민도 이 법의 적용을 받게 해야 한다는 입장을 관철했다. 일본은 1902년에 조선해통어조합연합회를 없애고 조선해수산조합을 만들었는데, 이 조합은 어업법 공포 후 일본인의 어업 면허 신청을 대행하는 등의 일을 했다.

① 조선해통어조합의 지원에 힘입어 제주도에서 어업 활동을 하려는 일본인들의 수가 늘었다.
② 조일통어장정에 따라 어업준단을 발급받은 일본인들은 어업 행위를 지속하려면 1년마다 어업준단을 갱신해야 했다.
③ 1889년 이후 조선 해안선에서 조업하고자 하는 일본인은 어업준단을 발급받고 어업세를 내야 했다.
④ 조일통상장정에는 일본인이 조선에서 조업하려고 할 때 그 지역을 전라도, 경상도, 강원도, 함경도 연해로 국한함을 적시하고 있다.
⑤ '어업에 관한 협정'에는 조선 연해에서 어업 활동하려는 자는 모두 우선 어업 면허를 취득해야 한다는 내용이 담겨 있다.

정답과 해설 P.71

PSAT형 NCS 기출변형 모의고사 [2회]

맞은 개수	/ 20문항
풀이 시간	/ 40분

01

다음 글의 ㉠~㉤을 문맥에 맞게 수정하려고 할 때, 적절하지 않은 것을 고르면?

소아시아 지역에 위치한 비잔틴 제국의 수도 콘스탄티노플이 이슬람교를 신봉하는 오스만인들에 의해 함락되었다는 소식이 인접해 있는 유럽 지역에까지 전해지자 그곳 교회의 한 수도원 서기는 "㉠지금까지 이보다 더 영광스러운 사건은 없었으며, 앞으로도 결코 없을 것이다."라고 기록했다. 1453년 5월 29일 화요일, 해가 뜨자마자 오스만 제국의 군대는 난공불락으로 유명한 케르코포르타 성벽의 작은 문을 뚫고 진군하기 시작했다. 해가 질 무렵, 약탈당한 도시에 남아있는 모든 것들은 그들의 차지가 되었다. 비잔틴 제국의 86번째 황제였던 콘스탄티노스 11세는 서쪽 성벽 아래에 있는 좁은 골목에서 전사하였다. ㉡비잔틴 병사들은 황제의 색인 자주색 신발을 신은 시신을 찾아내어 황제의 시신이라고 하며 황제의 죽음을 알렸다. 하지만 그 시신이 진짜인지는 지금도 알 수 없다. 이런 연유로 오스만의 지배를 받게 된 그리스와 키프로스에는 콘스탄티노플이 함락될 당시 천사들이 내려와 황제를 대리석상으로 만들어 산으로 옮겨 놓았다는 전설이 생기게 된다.

잿빛 말을 타고 화요일 오후 늦게 콘스탄티노플에 입성한 술탄 메흐메드 2세는 우선 성소피아 대성당으로 갔다. 그는 이 성당을 파괴하는 대신 이슬람 사원으로 개조하라는 명령을 내렸고, 우선 그 성당을 철저하게 자신의 보호하에 두었다. 또한 학식이 풍부한 그리스 정교회 수사에게 격식을 갖추어 공석 중인 총대주교직을 수여하고자 했다. 그는 이슬람 세계를 위해 ㉢기독교의 제단뿐만 아니라 그 이상의 것들도 활용했다. 역대 비잔틴 황제들이 제정한 법을 그가 주도하고 있던 법제화의 모델로 이용하였던 것이다. 이러한 행위들은 ㉣단절을 추구하는 정복왕 메흐메드 2세의 의도에서 비롯된 것이라고 할 수 있다.

그는 자신이야말로 지중해를 '우리의 바다'라고 불렀던 로마 제국의 진정한 계승자임을 선언하고 싶었던 것이다. 일례로 그는 한때 유럽과 아시아를 포함한 지중해 전역을 지배했던 제국의 정통 상속자임을 선언하면서, 의미심장하게도 자신의 직함에 '룸 가이세리', 즉 로마의 황제라는 칭호를 추가했다. 또한 그는 패권 국가였던 로마의 옛 명성을 다시 찾기 위한 노력의 일환으로 로마 사람의 땅이라는 뜻을 지닌 루멜리아에 새로 수도를 정했다. 이렇게 함으로써 그는 ㉤오스만 제국이 아시아로 확대될 것이라는 자신의 확신을 보여주었다.

① ㉠을 '지금까지 이보다 더 참혹한 사건은 없었으며'로 고친다.
② ㉡을 '오스만 병사들은 황제의 색인 자주색 신발을 신은 시신을 찾아내어'로 고친다.
③ ㉢을 '기독교의 제단뿐만 아니라 그 이상의 것들도 파괴했다'로 고친다.
④ ㉣을 '연속성을 추구하는 정복왕 메흐메드 2세의 의도에서 비롯된 것'으로 고친다.
⑤ ㉤을 '오스만 제국이 유럽으로 확대될 것이라는 자신의 확신을 보여주었다'로 고친다.

02

다음 글의 (가)~(마) 문단별 주제로 적절하지 않은 것을 고르면?

(가) 나라를 경영하는 자와 임금의 직무를 다스릴 자는 인재(人才)가 아니면 안 된다. 하늘이 인재를 낳는 것은 원래 한 시대에서 쓰려 함이다. 그래서 하늘이 사람을 낼 때에는 귀한 집 자식이라고 하여 부여한 재능이 뛰어난 것이 아니고, 미천하고 비루하다 하여 인색하게 주지는 않았다. 그래서 옛날 어진 임금은 이런 것을 알고 간혹 인재를 초야에서 구했으며, 간혹 낮은 병졸 가운데서도 뽑았다. 더러는 항복하여 포로가 됐거나, 싸움에 패하여 항복해 온 적장 가운데서도 뽑았으며, 간혹 도둑 무리에서 천거하거나, 혹은 창고지기를 등용하기도 하였다. 그들을 등용한 이는 모두 마땅한 일을 주었고, 등용된 사람들 또한 각각 그 재주를 펼쳤으니, 나라가 복을 받고 치적이 날로 융성하게 된 것은 이러한 방법을 썼기 때문이다.

(나) 중국같이 큰 나라도 인재를 혹 빠뜨릴까 근심되어 전전긍긍하며, 자리에 앉을 때도 생각하고, 밥 먹을 때에도 탄식하였다. 그런데 어찌하여 산림(山林)과 연못가에 살면서 보배를 품고도 팔지 못하는 자가 그토록 많고, 뛰어나고 준수한데도 하급 직책에 머물며 마침내 포부를 시험해 보지 못한 사람들이 또한 그토록 많은 것인가. 참으로 인재를 모두 얻기도 어렵거니와, 그들을 다 쓰기도 또한 어렵다.

(다) 우리나라는 땅덩이가 좁고 인재가 드물게 나와, 예로부터 그것을 걱정하였다. 그리고 우리 왕조(조선)에 들어와서는 인재 등용의 길이 더욱 협소해졌다. 대대로 명망 있는 집 자제가 아니면 높은 벼슬자리에 나아가지 못했고, 동굴이나 시골에 사는 선비는 비록 뛰어난 재주가 있다 하더라도 억울하게 벼슬에 등용되지 못했다. 또한 과거에 급제하지 못하면 고위관직에 오르지 못하니, 비록 덕이 훌륭한 자라도 끝내 재상 자리에 오르지 못했다. 하늘이 부여한 재주는 균등한데, 명망가와 과거 출신들로만 제한을 두니, 인재가 모자라 늘 걱정하는 것은 당연하다.

(라) 예로부터 지금까지 이 넓은 세상에서, 첩이 낳은 아들이라고 해서 인재를 버리고, 어머니가 개가했다고 해서 그 아들의 재주를 쓰지 않았다는 말을 듣지 못했다. 그런데 우리나라는 그렇지 않다. 어머니가 천출이거나 개가한 사람의 자손은 모두 벼슬길에 나아가지 못했다. 작디작은 나라인데다 두 오랑캐 사이에 끼어 있으니, 인재들이 모두 나라를 위해 쓰이지 못할까 두려워해도 오히려 나라 일이 제대로 될지 점칠 수 없다. 그런데도 도리어 그 길을 막고는 "인재가 없어"라고 탄식만 하니, 어찌 수레를 북쪽으로 돌리면서 남쪽을 향하는 것과 무엇이 다르겠는가. 이웃 나라가 알게 해서는 안 될 것이다. 한 아낙네가 원한을 품어도 하늘이 그를 위해 슬퍼해 주는데, 하물며 원망을 품은 사내와 홀어미가 나라의 반을 차지했으니 화평한 기운을 이루기란 참으로 어려운 일이다.

(마) 하늘이 낳아 준 것을 사람이 버리니, 이는 하늘을 거스르는 것이다. 하늘을 거스르면서 하늘에 기도하여 명을 길게 누린 자는 아직까지 없었다. 나라를 다스리는 자가 하늘의 순리를 받들어 행한다면 크나큰 명을 또한 맞을 수도 있을 것이다.

① (가): 인재 등용의 바른 자세
② (나): 인재 등용에 대한 어려움
③ (다): 명문가의 자제만을 벼슬에 등용하는 어리석음
④ (라): 출신을 따져 벼슬에 등용하지 않는 어리석음
⑤ (마): 올바른 인재 등용의 자세 촉구

03

다음 글에 드러난 주장에 대한 비판으로 가장 적절한 것을 고르면?

> 철학이 현실 정치에서 꼭 필요한 것이라고 생각하는 사람은 드물 것이다. 인간 사회는 다양한 개인들이 모여 구성한 것이며 현실의 다양한 이해와 가치가 충돌하는 장이다. 이 현실의 장에서 철학은 비현실적이고 공허한 것으로 보이기 쉽다. 그렇다면 올바른 정치를 하기 위해 통치자가 해야 할 책무는 무엇일까? 통치자는 대립과 갈등의 인간 사회를 조화롭고 평화롭게 만들기 위해서 선과 악, 옳고 그름을 명확히 판단할 수 있는 기준을 제시해야 할 것이다.
>
> 개인들은 자신의 입장에서 자신의 이해관계를 관철시키기 위해 의견을 개진한다. 의견들을 제시하여 소통함으로써 사람들은 합의를 도출하기도 하고 상대방을 설득하기도 한다. 이렇게 보면 의견의 교환과 소통은 선과 악, 옳고 그름을 판단하는 기준을 마련해 줄 수 있을 것처럼 보인다. 하지만 의견을 통한 합의나 설득은 사람들로 하여금 일시적으로 옳은 것을 옳다고 믿게 할 수는 있지만, 절대적이고 영원한 기준을 찾을 수는 없다.
>
> 절대적이고 영원한 기준은 현실의 가변적 상황과는 무관한, 진리 그 자체여야 한다. 따라서 인간 사회의 판단 기준을 제시할 수 있는 사람은 바로 철학자이다. 철학자야말로 진리와 의견의 차이점을 분명히 파악할 수 있으며 절대적 진리를 궁구할 수 있기 때문이다. 따라서 철학자가 통치해야 인간 사회의 갈등을 완전히 해소하고 사람들의 삶을 올바르게 이끌 수 있다.

① 비전문가의 견해보다는 전문가의 견해가 개별적인 갈등 상황에 있어서 적절한 대안을 내놓을 수 있다.
② 절대적인 진리를 추구하지 않더라도 여러 사람들이 합의한 사항은 사회적 갈등을 완벽하게 해소할 수 있다.
③ 위정자가 될 철학자는 다양한 덕목을 갖출 뿐만 아니라 현실 속에서 제대로 활용할 수 있는 실천 능력을 겸비해야 한다.
④ 다양한 시민 계층이 각자의 덕성과 기능을 최대한 발휘한다면, 나라 전체의 잠재력을 최고치로 끌어올릴 수 있다.
⑤ 가치관이란 사람, 장소, 시대에 따라 달라지는 것이므로 절대적 진리보다 상대적 진리가 더 중요하다.

04

다음 글을 바르게 이해하지 못한 사람을 고르면?

“넌 결빙문제를 해결했나?” 영화 ‘아이언맨’의 주인공 토니 스파크가 아이언맨 슈트의 설계도를 훔친 이들이 만든 ‘아이언 몽거’와 맞붙으며 한 말이다. 아이언맨은 결빙문제가 발생하여 제빙장치를 추가했지만 초기 설계도에 맞춰 제작한 아이언 몽거는 그에 대한 대책을 갖고 있지 않았던 것이다. 그 대사와 함께 아이언 몽거는 슈트에 얼음이 달라붙으며 땅으로 추락하게 된다. 대기 중 수증기가 만들어내는 결빙의 무서움을 잘 보여주는 장면이다.

항공기는 지표에서 대류권 상한까지의 고도를 오간다. 적도 상공에서 극지 상공에 이르기까지 가지 않는 곳이 없다. 따라서 운항 중 다양한 기상 환경을 접하게 되는데, 항공기에 일어나는 기체 결빙을 착빙(着氷)이라고 부른다.

착빙은 기체 착빙과 기관 착빙으로 나뉜다. 먼저 기체에 달라붙는 착빙으로는 서리 착빙(frost icing)이 있다. 이는 활주로에 주기 중인 항공기에 잘 발생하며, 맑은 날 복사냉각에 의해 공기 온도가 0℃ 이하로 냉각될 때 생긴다. 항공기 기체에 접촉된 수증기가 승화해서 만들어지는 것이다. 서리가 내리는 것과 같은 원리다. 이 외에 비행 중에도 서리 착빙이 발생하기도 한다. 이는 빙점 이하의 아주 저온인 기층에서 비행해 온 항공기가 급격히 고온다습한 공기층으로 비행할 때 발생한다. 서리 착빙은 새털 모양의 부드러운 얼음의 피막 형태로 가벼우며 얼음의 중량은 문제되지 않는다. 그러나 서리가 붙은 그대로 이륙하면 공기흐름이 흐트러져 이륙 속도에 도달할 수 없게 될 수도 있다. 다음으로 거친 착빙(rime icing)이 있다. 거친 착빙은 저온인 작은 입자의 과냉각 물방울이 충돌했을 때 생기며, 수빙(樹氷)이라고도 한다. 거친 착빙은 물방울이나 과냉각 물방울이 많은 −20℃~0℃의 기온에서 주로 발생하며, 날개 등 항공기 기체의 날카로운 가장자리 측에서 잘 발생한다. 다음으로 맑은 착빙(clear icing)이 있다. 거친 착빙에 비해서 비교적 온도가 높은 −10℃~0℃의 기온에서 큰 입자의 과냉각 물방울이 충돌할 때 발생한다. 항공기가 눈, 싸락눈, 작은 우박 등 고체 강수가 섞인 0℃ 이하의 비 또는 물방울로 된 구름을 통과할 때 생기기도 한다. 그래서 우빙(雨氷)이라고도 부른다. 이 착빙은 항공기의 표면에 굳게 붙어 있으므로 매우 위험하다. 마지막으로 혼합 착빙이 있다. 맑은 착빙과 거친 착빙의 혼합형으로 온도가 −15℃~−10℃ 사이인 적운형 구름 속에서 자주 발생한다.

한편, 기체가 아닌 기관 내부에 결빙이 일어나는 것을 기관 착빙이라고 한다. 기관 착빙은 공기 흡입구나 기화기의 내부에서 일어난다. 연료의 증발이나 공기의 가속에 의한 단열냉각의 결과로 일어난다. 따라서 구름이나 강수 속을 비행할 경우뿐만 아니라, 구름이 없는 공간을 비행하고 있을 때도 발생할 수 있다.

이처럼 착빙은 비행기 운행의 안전과 직결되기 때문에 미리 해결해야 한다. 우선 제빙(deicing)이 있다. 제빙(deicing)은 항공기 동체의 얼음을 제거하는 것이다. 지상에서는 알코올과 글리세린 성분이 포함된 화학약품을 분사하여 눈과 결빙을 제거한다. 날고 있는 항공기에서는 팽창 가능한 고무재질의 제빙장치를 날개에 날아 그 속에 고압공기를 불어넣는다. 팽창, 수축을 통해 얼음이 깨지도록 하는 방법이다. 또 제빙 액체가 혼합된 알코올을 프로펠러 앞에 분사하여 얼음을 제거하기도 한다. 최근에는 화학약품을 분사하는 방법을 주로 사용한다. 두 번째는 방빙(Anti−icing)이다. 방빙(Anti−icing)은 항공기에 착빙이 발생하지 않도록 예방하는 것이다. 현재는 방빙으로 가열공기 방식과 전력 가열 방식을 사용한다. 가열공기 방식은 엔진에서 나온 고온의 공기를 압축시켜 날개 부분과 엔진 흡입구, 동체 표면 등에 열을 공급해 주는 방법이다. 전력가열방식은 전기 히터를 사용하는 것으로 항공기의 작은 부분에 사용한다. 지상에서는 동체에 착빙을 방지할 수 있도록 액체(방빙액)을 뿌리는 방법을 사용한다.

① 다경: 항공기 내부에서 일어나는 착빙은 다양한 기상상황에서 발생하겠어.
② 라권: 우빙은 수빙에 비해 항공기에 단단하게 붙어 있어 위험도가 높겠어.
③ 서아: 구름이 없는 날 활주로에서 발생하는 착빙은 이륙 속도에 지장을 줄 수도 있겠어.
④ 아인: 항공기에 알코올이 포함된 액체를 분사하는 방법을 활용하면 항공기 착빙을 예방할 수 있겠어.
⑤ 재하: 만약 항공기가 일정 고도 이상으로 올라갔을 경우 방빙 장치가 작동하지 않는다면 추락할 수도 있겠어.

05

다음 글의 서술 방식으로 가장 적절하지 않은 것을 고르면?

비토권은 일종의 '거부권'을 이르는데, 라틴어의 '나는 동의할 수 없다'는 뜻을 지닌 단어에서 유래되었다. 고대 로마에는 호민관이라는 관직이 있었다. 귀족과 평민의 대립을 견제하며, 평민의 권익을 보호하는 것이 그들이 하는 일이었다. 호민관에게는 하나의 무기가 있었는데, 그것이 바로 '비토권'이었다. 그들은 귀족이나 원로원의 안건에 대해 거부권을 행사할 수 있었다.

현대의 정치에서 '비토권'은 국제기구뿐만 아니라 각 나라의 헌법에서도 찾아볼 수 있는 흔한 제도이다. 국제기구의 거부권은 UN 안보리 표결 방식에서 확인할 수 있다. UN의 5개 상임이사국(미국, 중국, 러시아, 프랑스, 영국)은 유엔헌장 제27조 3항에 의거해 특별한 거부권을 지닌다. 상임이사국이 아닌 유엔 회원국들이 압도적으로 찬성표를 던져도 5개 상임이사국 중 한 곳이라도 거부권을 행사하면 해당 안건은 채택되지 않는다.

비토권은 일종의 자기방어의 수단으로 활용되기도 한다. 그 대표적인 예를 미국 대통령에게서 찾을 수 있다. 미국은 헌법 제1조(7절)에 대통령으로 하여금 상·하원을 통과해서 올라온 법률안에 서명하지 않고 이의를 달아 환부할 수 있는 권한을 명시하고 있다. 이 경우, 그 법률안은 상·하원에서 각각 2/3 이상(재적 과반수 참석 시)이 지지하지 않는 한 효력을 갖지 못한다. 대통령이 법률안의 서명권만 갖는 것이 아니라 심사권까지 행사할 수 있는 것이다. 미국의 루스벨트는 거의 모든 법안에 비토권을 행사했다. 그의 재임 기간을 고려하더라도 무려 631회의 비토권을 행사했다. 트루먼은 251회, 아이젠하워는 181회의 비토권을 행사했다.

한국의 경우 헌법 제53조 2항에 '법률안에 이의가 있을 때에는 대통령은 제1항의 기간 내에 이의서를 붙여 국회로 환부하고, 그 재의를 요구할 수 있다. 국회의 폐회중에도 또한 같다'라고 명시하고, 같은 조 4항에는 '재의의 요구가 있을 때에는 국회는 재의에 붙이고, 재적의원 과반수의 출석과 출석의원 2/3 이상의 찬성으로 전과 같은 의결을 하면 그 법률안은 법률로서 확정된다'고 명시하고 있다.

비토권은 크게 두 가지가 있다. 하나는 '포켓·비토(Pocket-Veto)'로, '보유 거부'라고도 한다. 미국 헌법에서는 의회가 폐회로 인해 대통령이 그 지정된 기일(일요일을 제외하고 10일) 안에 환부가 불가능할 때는 그 법률안은 자동으로 폐기된다. 법률안이 대통령의 주머니 안에 있다고 해서 '포켓'이라고 하는 것이다. 다른 하나로는 '메시지드·비토(Messaged Veto)'로, '환부 거부'라고도 한다. 대통령이 이의를 달아 문제의 법률안을 환부하는 것으로, 이 법안이 당초의 원안대로 효력을 갖기 위해서는 의회의 동의가 압도적이어야 한다. 그런데 실질적으로 이러한 압도는 거의 불가능에 가까우므로 원안대로 진행되지 않는다고 보아야 한다.

이처럼 대통령이 지닌 '비토권'의 권한은 대단히 막강하다. 하지만 그렇다고 해서 '비토권'을 군주 국가에서의 '로열·비토'와 동일하게 볼 수는 없다. 대통령의 거부권 행사에 제재가 있는 것은 아니지만, 언제나 객관적인 수긍을 전제로 진행된다. 국가적 차원의 이익을 도모하는 방향에서 이루어지는 것이다.

① 용어의 개념을 밝혀 독자의 이해를 돕고 있다.
② 예시의 방법으로 설명 내용을 뒷받침하고 있다.
③ 대조의 방법으로 대상의 특성을 부각하고 있다.
④ 인과의 방법으로 대상의 변화 과정을 소개하고 있다.
⑤ 대상을 하위 요소로 나누어 체계적으로 설명하고 있다.

06

다음 글을 읽고 추론할 수 있는 것을 고르면?

> 경제학자들은 환경자원을 보존하고 환경오염을 억제하는 방편으로 환경세 도입을 제안했다. 환경자원을 이용하거나 오염물질을 배출하는 제품에 환경세를 부과하면 제품가격 상승으로 인해 그 제품의 소비가 감소함에 따라 환경자원을 아낄 수 있고 환경오염을 줄일 수 있다.
>
> 일부에서는 환경세가 소비자의 경제적 부담을 늘리고 소비와 생산의 위축을 가져올 수 있다고 우려한다. 그러나 많은 경제학자들은 환경세 세수만큼 근로소득세를 경감하는 경우 환경보존과 경제성장이 조화를 이룰 수 있다고 본다.
>
> 환경세는 환경오염을 유발하는 상품의 가격을 인상시킴으로써 가계의 경제적 부담을 늘려 실질소득을 떨어뜨리는 측면이 있다. 하지만 환경세 세수만큼 근로소득세를 경감하게 되면 근로자의 실질소득이 증대되고, 그 증대효과는 환경세 부과로 인한 상품가격 상승효과를 넘어설 정도로 크다. 왜냐하면 상품가격 상승으로 인한 경제적 부담은 연금생활자나 실업자처럼 고용된 근로자가 아닌 사람들 사이에도 분산되는 반면, 근로소득세 경감의 효과는 근로자에게 집중되기 때문이다. 근로자의 실질소득 증대는 사실상 근로자의 실질임금을 높이고, 이것은 대체로 노동공급을 증가시키는 경향이 있다.
>
> 또한 환경세가 부과되더라도 노동수요가 늘어날 수 있다. 근로소득세 경감은 기업의 입장에서 노동이 그만큼 저렴해지는 효과가 있다. 더욱이 환경세는 노동자원보다는 환경자원의 가격을 인상시켜 상대적으로 노동을 저렴하게 하는 효과가 있다. 이렇게 되면 기업의 노동수요가 늘어난다.
>
> 결국 환경세 세수를 근로소득세 경감으로 재순환시키는 조세구조 개편은 한편으로는 노동의 공급을 늘리고, 다른 한편으로는 노동에 대한 수요를 늘린다. 이것은 고용의 증대를 낳고, 결국 경제 활성화를 가져 온다.

① 환경세 부과는 근로자의 실질소득을 높이고, 나아가 노동공급을 증대시킨다.
② 환경세 부과는 환경오염 억제는 물론 기업의 이익 창출에도 효과를 나타낸다.
③ 환경세를 부과하더라도 그만큼 근로소득세를 경감한다면, 기업의 노동수요는 줄어들 것이다.
④ 환경세만큼 근로소득세를 경감한다면, 근로자에 비해 비근로자들의 경제적 부담이 가중될 수 있다.
⑤ 환경세를 부과하더라도 그만큼 근로소득세를 경감할 경우, 그로 인한 근로자의 실질소득 증대는 환경오염 억제 효과보다 크다.

07

다음 글의 내용 전개상 가장 적절한 순서를 고르면?

(가) 이탈리아의 메디치 포슬린을 비롯하여 유럽 각지에서 백자를 만드려는 다양한 시도가 있었다. 흰색을 내는 온갖 재료를 사용했지만 유리를 섞어 만드는 수준이었다. 실패의 원인은 백자의 주원료인 고령토를 알지 못했고, 1,100도 이상의 가마를 만들지 못했던 데 있다. 중국 백자의 제조 비밀은 유럽의 과학 기술도 밝혀내지 못했던 것이다.

(나) 유럽에서 가장 먼저 도자기 제조에 성공한 나라는 독일이었다. 18세기 초 프로이센 왕국의 연금술사 요한 프리드리히 뵈트거로부터 시작했다. 뵈트거가 구리나 쇠붙이를 금으로 만들 수 있다며 연금술 능력을 자랑하자 프로이센 왕 프리드리히 1세는 그의 능력을 시험해 보겠다고 했다. 그는 오랫동안 갇혀 지낼 것을 우려하여 이웃 작센 선제후국으로 피신했다.

(다) 또 발터 폰 치른하우스의 도움으로 렌즈와 거울을 활용한 1400도 가마를 만들 수 있게 된다. 뵈트거는 이를 통해 백자 만들기에 성공하게 된다. 아우구스투스는 백자 제조기법을 극비로 유지하면서 독점 생산하고자 했다. 하지만 기술자가 오스트리아로 도망하면서 제조 기법이 유출되었고, 이후 마이센의 백자 기술은 프랑스 스트라스부르, 덴마크 코펜하겐, 이탈리아 피렌체, 영국 런던 등으로 유출되면서 백자의 유럽 생산 시대가 열린다.

(라) 17세기 네덜란드 상인들이 중국 도자를 유럽에 판매하면서 유럽 전역에 백자의 인기가 폭발적이었다. 당시 중국의 백자는 소유하고 있는 그 자체만으로 권위와 부(富)의 상징으로 여길 정도로 귀했다. 그래서 '하얀 금'이라 불리며 비싼 가격에 거래되었다. 유럽의 왕, 제후 등 귀족들은 백자를 갖고 싶어했다. 더 나아가 도자기를 제조하고 싶어 했다.

(마) 작센의 아우구스투스 2세는 광산 개발로 얻은 막대한 재력으로 보석, 공예품, 중국의 도자기 수집에 열을 올렸다. 그는 피신해 온 연금술사 뵈트거를 보호해주며 백자를 만들라고 명했다. 뵈트거는 백자를 만들기 위해 대리석이나 뼛가루를 사용했지만 번번이 실패한다. 그러다 마이센에서 고령토 광산을 발견하고 장석 성분을 추가해 백자의 성분 문제를 해결하게 된다.

① (가)-(라)-(나)-(마)-(다)
② (가)-(나)-(라)-(다)-(마)
③ (나)-(마)-(가)-(라)-(다)
④ (라)-(가)-(나)-(마)-(다)
⑤ (라)-(가)-(마)-(다)-(나)

08

다음 글의 내용과 일치하는 것을 고르면?

> 인슐린은 잘 알려진 호르몬 중 하나로, 근육세포로 혈당을 내보내 에너지원이 되도록 하는 역할을 담당한다. 이러한 인슐린은 췌장의 '랑게르한스섬'이라는 곳에서는 매시간 쉬지 않고 분비된다. 이것을 '기초분비'라고 한다.
>
> 한편, 인슐린은 혈당치를 낮추는 역할도 담당한다. 혈당치가 급격하게 높아졌을 때는 혈당치를 평상시의 상태로 되돌리기 위해 노력한다. 그래서 당질을 평소보다 많이 섭취하게 되면 혈액 속에 포도당이 증가하게 되고, 인슐린도 즉각적으로, 그것도 대량으로 분비된다. 이렇게 대량 분비되는 것을 '추가분비'라고 한다.
>
> 그렇다면 인슐린은 어떻게 혈당치를 낮추는 것일까? 인슐린은 우선 증가한 혈당을 근육세포와 간으로 내보낸다. 근육에서는 혈당을 에너지원으로 활용하고, 남는 것은 글리코겐으로 저장한다. 간에서도 혈당을 글리코겐으로 변화시켜 저장한다. 하지만 혈당을 받아들이는 양에는 한계가 있어서 무한정 저장할 수 있는 것이 아니다. 이렇게 초과된 혈당은 인슐린에 의해 지방세포로 보내지게 되고 중성지방으로 변하여 체지방이 된다. 다시 말해 인슐린이 대량으로 분비되면 소비되지 않는 혈당은 체지방이 되어 비만이 될 확률이 높아지는 것이다.
>
> 만약 인슐린이 분비되지 않게 되면 어떻게 되는 것일까? 섭취된 당질은 쌓이게 되고, 몸속은 고혈당 상태가 지속된다. 이러한 고혈당 상태는 자각 증상이 나타나지 않아 알아차리기 어렵고, 그 시간이 오래되면 당뇨병이 된다. 고혈당 상태가 몇 년이 지속되면 혈관이 딱딱하게 굳어져 탄력을 잃고 약해져 제 기능을 상실하게 되는데, 이 상태를 '동맥경화'라고 한다. 이 동맥경화는 망막증, 신경 장애, 신증(腎症), 뇌경색, 심근경색 같은 당뇨병 합병증뿐만 아니라 다양한 생활 습관병을 유발할 수 있다.
>
> 당뇨병이란 몸 전체의 혈관이 고혈당으로 인해 빨리 노화되는 질병이다. 고혈당이 지속되면 인슐린을 분비하는 췌장의 베타세포는 지치게 되고 장애가 생기게 된다. 쉽게 말하자면, 췌장은 더 이상 인슐린을 내보내지 못하게 되고 더 나아가 인슐린 주사를 맞아야만 하는 중증 당뇨병이 되는 것이다. 건강한 생활을 하기 위해 당질 제한이 필수적인 이유가 여기에 있다.

① 인슐린을 투여받으면 글리코겐이 체지방을 축적하지 않는다.
② 인슐린은 혈당치를 낮추기 위해 혈당을 글리코겐으로 변화시켜 저장한다.
③ 동맥경화로 인한 체내 혈당 상태가 높게 유지되면 중증 당뇨병이 된다.
④ 췌장의 베타세포가 제 기능을 수행하기 어렵게 되면, 당뇨병으로 진행될 수 있다.
⑤ 현대인의 모든 비만 원인은 당질의 대량 섭취로 인한 인슐린의 대량 분비 때문이다.

09

다음 논증의 전제로 가장 적절한 것을 고르면?

사형은 수형자의 생명을 박탈하는 형벌로서 생명형 혹은 극형이라고도 한다. 수형자의 생명을 영구적으로 말살함에 그 본질이 있다. 사형집행은 사회의 제도적 모순과 불완전성을 도외시한 채 모든 책임을 극단적으로 범죄자에게 떠넘기어 사회에서 영원히 추방하는 반인륜적인 측면을 가지고 있는 셈이다. 오늘날 세계의 많은 나라들은 사형제도 자체를 폐지하거나 사형제도를 유지하면서도 사형의 집행을 유예하고 있다. 우리나라도 2007년 12월이면 10년 동안 사형수들에 대한 사형을 집행하지 않음으로써 사실상의 사형 폐지국에 들어간다. 하지만 아직까지도 사형이라는 제도는 유지되고 있다.

지금까지 사형제도의 존폐에 대해서 치열한 대립이 있어왔다. 사형폐지론자들은 사형제도가 인간생명의 불가침성에 반하고 오판가능성이 있음을 이유로 폐지를 주장해왔다. 반면, 사형 존치론자들은 사형제도가 잔혹한 면이 있지만 극악한 범죄 발생의 저지효과가 있기 때문에 유지해야 한다고 주장한다. 특별히 흉악한 범죄의 피해자와 그 가족들은 범인을 사형에 처할 것을 강력하게 요구하기도 한다. 하지만 시간이 흐르면서 국민들의 법의식과 법감정은 사형제도의 폐지를 지지하는 쪽으로 서서히 변화하고 있다. 그렇다면 이제 사형제도는 폐지되어야 하지 않겠는가. 남은 일은 우리나라의 법질서에서 사형 관련 법규정을 완전히 제거함으로써 사형제도 폐지를 입법적으로 제도화하는 것이다.

① 법제도는 국민들의 법감정과 법의식에 의거해야 한다.
② 생명존중사상은 장기적으로 흉악범죄를 줄이는 효과가 있다.
③ 사형집행에 오류가 있을 경우 이를 보상할 만한 방법이 전무하다.
④ 사형제도는 수형자뿐만 아니라 판검사의 인권도 침해하는 반인륜적 제도이다.
⑤ 사형제도를 폐지하려면 국민정서를 고려하고 피해자의 응보감정을 해소할 수 있어야 한다.

10

다음 글을 읽고 문맥상 〈보기〉의 위치로 적절한 것을 고르면?

'꽃은 새가 아니야'라는 불평은 논리적으론 통하지 않는다. 꽃과 새는 분류상 전혀 다른 범주에 속하기 때문이다. (가) 과학이 문학 혹은 철학 등과는 서로 다른 지적 활동의 범주에 속하는 것과 같이 문학과 철학도 서로 다른 범주에 속한다는 것이다. (나) 그렇다면 '문학이 철학적이어야 한다'는 주장은 '과학이 철학적이어야 한다'는 주장과 같이 통할 수 없는 주장이다. (다) 베르그송의 철학 텍스트 『창조적 진화』와 같이 문학적 가치가 높이 평가되는 아주 예외적인 경우도 있지만, 대체로 문학작품은 철학적 관점에서 해석되어 왔을 뿐만 아니라 문학작품의 분석과 비평에서 이러한 요구는 늘 있어오던 것이다. (라) 이러한 사실은 비록 문학과 철학이 서로 독립된 범주에 속한다 하더라도 그것들의 관계가 서로 정확한 구별이 없을 정도로 밀접하다는 것을 뜻한다. (마)

〈보기〉

예컨대 과학이 문학적 혹은 철학적이어야 한다는 주장이 통하지 않는 것은 그들이 서로 다른 범주에 속하는 지적 활동이기 때문이다.

① (가)
② (나)
③ (다)
④ (라)
⑤ (마)

11

다음 글을 읽고 이어질 내용으로 가장 적절한 것을 고르면?

A효과란 기업이 시장에 최초로 진입하여 무형 및 유형의 이익을 얻는 것을 의미한다. 반면 뒤늦게 뛰어든 기업이 앞서 진출한 기업의 투자를 징검다리로 이용하여 성공적으로 시장에 안착하는 것을 B효과라고 한다. 물론 B효과는 후발 진입기업이 최초 진입기업과 동등한 수준의 기술 및 제품을 보다 낮은 비용으로 개발할 수 있을 때만 가능하다.

생산량이 증가할수록 평균생산비용이 감소하는 규모의 경제 효과 측면에서, 후발 진입기업에 비해 최초 진입기업이 유리하다. 즉, 대량 생산, 인프라 구축 등에서 우위를 조기에 확보하여 효율성 증대와 생산성 향상을 꾀할 수 있다. 반면 후발 진입기업 역시 연구개발 투자 측면에서 최초 진입기업에 비해 상대적으로 유리한 면이 있다. 후발 진입기업의 모방 비용은 최초 진입기업이 신제품 개발에 투자한 비용 대비 65% 수준이기 때문이다. 최초 진입기업의 경우, 규모의 경제 효과를 얼마나 단기간에 이룰 수 있는가가 성공의 필수 요건이 된다. 후발 진입기업의 경우, 절감된 비용을 마케팅 등에 효과적으로 투자하여 최초 진입기업의 시장 점유율을 단기간에 빼앗아 오는 것이 성공의 핵심 조건이다.

규모의 경제 달성으로 인한 비용상의 이점 이외에도 최초 진입기업이 누릴 수 있는 강점은 강력한 진입 장벽을 구축할 수 있다는 것이다. 시장에 최초로 진입했기에 소비자에게 우선적으로 인식된다. 그로 인해 후발 진입기업에 비해 적어도 인지도 측면에서는 월등한 우위를 확보한다. 또한 기술적 우위를 확보하여 라이센스, 특허 전략 등을 통해 후발 진입기업의 시장 진입을 방해하기도 한다. 뿐만 아니라 소비자들이 후발 진입기업의 브랜드로 전환하려고 할 때 발생하는 노력, 비용, 심리적 위험 등을 마케팅에 활용하여 후발 진입기업이 시장에 진입하기 어렵게 할 수도 있다. 결국 A효과를 극대화할 수 있는지는 규모의 경제 달성 이외에도 얼마나 오랫동안 후발주자가 진입하지 못하도록 할 수 있는가에 달려 있다.

① A효과의 단점
② A효과와 B효과의 실제 사례
③ A효과와 B효과의 절충안 제시
④ B효과를 극대화할 수 있는 방안
⑤ 기업 입장에서 효과별 마케팅 전략

12

다음 글을 읽고 필자가 정보 전달을 위해 사용한 방법을 〈보기〉에서 모두 고르면?

면역력은 호흡기, 소화기관, 피부 등을 통해 침입한 외부 침입자로부터 끊임없이 공격받는 우리 몸을 보호하는 방어막으로, 우리 몸의 자연치유력이라고 할 수 있다. 최근에는 코로나19 상황과 관련하여 태어날 때부터 가진 선천면역에 대한 관심이 높아지고 있다.

선천면역의 핵심은 '자연살해세포'라고 불리는 NK세포(선천면역세포)이다. NK세포는 체내 1차 방어작용을 대표하는 면역세포로, 혈액 속을 통해 순환하면서 바이러스에 감염된 세포나 종양세포, 암세포 등을 직접 공격해 사멸시키는 역할을 담당한다. 그래서 세포계의 최전방 공격수로 알려져 있다. 다른 면역세포가 항원이 있어야만 비정상세포를 인식하는 것과 달리 NK세포는 비정상세포를 스스로 인지하고 직접적으로 사멸할 수 있는 유일한 면역세포이다. 그래서 NK세포를 기반으로 한 면역세포치료제가 개발된다면 안정성과 효율성을 높일 수 있다는 기대감이 지배적이다. 하지만 그 개발과정은 난제가 가득하다.

우선 NK세포는 우리 몸에 아주 소량으로 존재하기 때문에, 고활성·고순도로 분리하고 대량으로 배양하는 과정은 쉽지 않다. 그리고 가장 문제가 되는 건 NK세포의 치료 효과나 안정성을 증명하기 어렵다는 것이다. 치료제로서 어떤 물질을 생체 내 도입하려면 체내 분포나 대사, 배설, 약리효과 등 안정성이 입증되어야 하는데, 이를 위해서는 표지(標識)가 필요하다. 표지는 표시나 특징으로 다른 것과 구별하게 하는 물질이나 행위 자체를 이르는데, 특수한 염료를 세포에 넣어 체내 주입하면 그 세포의 이동 경로나 분포를 알 수 있기 때문에 외부 물질을 세포 내로 받아들이는 능력이 중요할 수밖에 없다. 그런데 NK세포는 이러한 능력이 현저히 낮은 편에 속한다. 다행히 최근 연구를 통해 이러한 난제가 하나씩 해결되어 가고 있는 중이라고 한다.

〈보기〉

ㄱ. 용어의 개념을 언급하며, 핵심 제재를 소개하고 있다.
ㄴ. 대조를 통해 핵심 제재의 특성을 부각하고 있다.
ㄷ. 핵심 제재의 변화 양상을 통시적으로 접근하고 있다.
ㄹ. 비유적 표현을 사용하여 대상에 대한 이해를 돕고 있다.
ㅁ. 핵심 제재를 실제 상황에 적용하는 사례를 제시하고 있다.

① ㄱ, ㄴ　② ㄴ, ㄹ　③ ㄷ, ㅁ
④ ㄱ, ㄴ, ㄹ　⑤ ㄱ, ㄴ, ㅁ

13

다음 글을 읽고 밑줄 친 ㉠의 의미와 동일하게 쓰인 것을 고르면?

> 우리 몸은 자는 동안 낮게 소모된 에너지를 보충하고, 균형이 깨진 신체조직과 뇌를 회복시킨다. 잠을 자는 동안 여러 장기들도 휴식을 취할 수 있다. 불면증이 있을 경우 건강이 나빠지는 이유는 바로 이러한 기능을 제대로 수행할 수 없기 때문이다. 불면증에서 ㉠벗어나기 위해서는 어떻게 해야 할까?
>
> 첫째, 규칙적인 운동은 수면에 도움을 준다. 다만 취침 5시간 전까지 운동을 마쳐야 한다. 잠을 이루기 위해 몸을 지치게 하는 방법을 쓰기도 하는데, 자기 전 과도한 운동은 오히려 수면을 방해할 수 있다. 둘째, 취침 2시간 전 족욕 혹은 반신욕을 하면 수면에 도움이 된다. 목욕은 몸의 체온을 상승시켜 수면에 들기 좋은 몸 상태를 만들어 준다. 셋째, 수면에 방해되는 환경을 수정해야 한다. 스마트폰, 노트북, TV 등에서 나오는 블루라이트는 뇌가 햇빛으로 인식해 수면을 방해할 수 있다. 따라서 되도록 어두운 환경을 조성하는 것이 중요하다. 넷째, 의도적으로 잠에 들기 위해 노력하는 것은 오히려 수면에 방해 요소가 된다. 모든 스트레스는 불면증의 원인이 된다. 시계를 계속 보면서 시간을 확인하는 것도 스트레스 호르몬 코르티솔 분비를 늘려 잠을 깨울 수 있다. 되도록 졸릴 때 몇 시인지 확인하지 않고 잠자리에 드는 것이 좋다.

① 터널에서 벗어나자, 주변의 환경에 한눈에 들어왔다.
② 그는 자꾸 요점에서 벗어난 이야기만을 하였다.
③ 그는 가난에서 벗어나기 위해 열심히 앞만 보고 달렸다.
④ 그는 모처럼 바쁜 일과에서 벗어나 휴식을 취하였다.
⑤ 노비들은 자신들의 신분에서 벗어나기 위해 족보를 사기도 했다.

14

다음 글을 읽고 추론한 내용으로 가장 적절한 것을 고르면?

> ‘핸드오버’란 이동단말기가 이동함에 따라 기존 기지국에서 이탈하여 새로운 기지국으로 넘어갈 때 통화가 끊기지 않도록 통화 신호를 새로운 기지국으로 넘겨주는 것을 말한다. 이런 핸드오버는 이동단말기, 기지국, 이동전화교환국 사이의 유무선 연결을 바탕으로 실행된다. 이동단말기가 기지국에 가까워지면 그 둘 사이의 신호가 점점 강해지는데 반해, 이동단말기와 기지국이 멀어지면 그 둘 사이의 신호는 점점 약해진다. 이 신호의 세기가 특정값 이하로 떨어지게 되면 핸드오버가 명령되어 이동단말기와 새로운 기지국 간의 통화 채널이 형성된다. 이 과정에서 이동전화교환국과 기지국 간 연결에 문제가 발생하면 핸드오버가 실패하게 된다.
>
> 핸드오버는 이동단말기와 기지국 간 통화 채널 형성 순서에 따라 ‘형성 전 단절 방식’과 ‘단절 전 형성 방식’으로 구분될 수 있다. FDMA와 TDMA에서는 형성 전 단절 방식을, CDMA에서는 단절 전 형성 방식을 사용한다. 형성 전 단절 방식은 이동단말기와 새로운 기지국 간의 통화 채널이 형성되기 전에 기존 기지국과의 통화 채널을 단절하는 것을 말한다. 이와 반대로 단절 전 형성 방식은 이동단말기와 기존 기지국 간의 통화 채널이 단절되기 전에 새로운 기지국과의 통화 채널을 형성하는 방식이다. 이런 핸드오버 방식의 차이는 각 기지국이 사용하는 주파수 간 차이에서 비롯된다. 만약 각 기지국이 다른 주파수를 사용하고 있다면, 이동단말기는 기존 기지국과의 통화 채널을 미리 단절한 뒤 새로운 기지국에 맞는 주파수를 할당 받은 후 통화 채널을 형성해야 한다. 그러나 각 기지국이 같은 주파수를 사용하고 있다면, 그런 주파수 조정이 필요 없으며 새로운 통화 채널을 형성하고 나서 기존 통화 채널을 단절할 수 있다.

① CDMA는 FDMA와 TDMA에 비해 발전된 형태의 핸드오버 방식이다.
② 이동단말기의 기존 기지국과 새로운 기지국과의 주파수 간 차이가 클수록 핸드오버가 실패할 가능성이 높다.
③ 이동단말기의 통화가 갑자기 끊어졌다면, 이는 새로운 기지국의 통화 채널이 형성되지 않았기 때문이다.
④ 이동단말기 사용자가 기존 기지국과 멀어지면, 신호가 약해지면서 새로운 기지국에서 통화 채널이 형성된 후 핸드오버가 명령된다.
⑤ 이동단말기 사용자가 지속적으로 통화중이라면, 연결된 기지국 정보를 바탕으로 사용자의 위치를 추적할 수 있다.

15

다음 갑~병의 견해에 대한 분석으로 가장 적절한 것을 고르면?

갑: 현대 사회에 접어들어 구성원들의 이해관계는 더욱 복잡해졌으며, 그 이해관계 사이의 충돌은 심각해졌다. 그리고 현대 사회에서 발생하는 다양한 범죄는 바로 이런 문제에서 비롯되었다고 말할 수 있다. 이에 범죄자에 대한 처벌 여부와 처벌 방식의 정당성은 그의 범죄 행위뿐만 아니라 현대 사회의 문제점도 함께 고려하여 확립되어야 한다. 처벌은 사회 전체의 이득을 생각해서, 다른 사회 구성원들을 교육하고 범죄자를 교화하는 기능을 수행해야 한다.

을: 처벌 제도는 종종 다른 사람들의 공리를 위해 범죄자들을 이용하곤 한다. 이는 범죄자를 다른 사람들의 이익을 위한 수단으로 대우하는 것이다. 하지만 사람의 타고난 존엄성은 그런 대우에 맞서 스스로를 보호할 권리를 부여한다. 따라서 처벌 여부와 처벌 방식을 결정하는 데 있어 처벌을 통해 얻을 수 있는 사회의 이익을 고려해서는 안 된다. 악행을 한 사람에 대한 처벌 여부와 그 방식은 그 악행으로도 충분히, 그리고 그 악행에 의해서만 정당화되어야 한다.

병: 범죄자에 대한 처벌의 교화 효과에 대해서는 의문의 여지가 있다. 처벌의 종류에 따라 교화 효과는 다른 양상을 보인다. 가령 벌금형이나 단기 징역형의 경우 충분한 교화 효과가 있는 것처럼 보이기도 하지만, 장기 징역형의 경우 그 효과는 불분명하고 복잡하다. 특히, 범죄사회학의 연구 결과에서는 장기 징역형을 받은 죄수들은 처벌을 받은 이후에 보다 더 고도화된 범죄를 저지르며, 사회에 대한 강한 적개심을 가지게 되는 경향이 있다는 것을 보여 준다.

① 갑은 범죄자 처벌의 교화 효과를 높이 평가하고, 병은 교화 효과가 없다고 여긴다.
② 범죄자 처벌에 대한 견해를 둘로 구분한다면 을과 병은 갑과 대립되는 구조이다.
③ 갑과 달리 을은 이해관계의 충돌로 인한 범죄의 심각성보다 예방에 주안점을 두고 있다.
④ 을은 범죄자의 행위를 기준으로 처벌이 이루어져야 한다고 보지만, 갑은 사회 전체의 이익만을 기준으로 처벌이 이루어져야 한다고 본다.
⑤ 병은 처벌을 통한 범죄자 교화에 대해 의문을 제시하므로 갑보다는 을의 견해에 동조한다.

16

다음 글을 읽고 이해한 내용으로 적절하지 않은 것을 고르면?

박쥐는 아주 어두운 밤중에도 철사를 수없이 매달아 놓은 실내에서 철사를 피해 날아다닐 수 있고, 30m 정도 떨어진 곳의 초파리를 감지해 낼 수 있다. 심지어 수천 마리가 서로 뒤엉켜 있어도 그중에서 자신이 발사한 신호를 정확히 구별해 낼 수 있다. 왜냐하면 스스로 발사한 초음파가 물체에 닿아 되돌아오는 메아리를 통해 물체를 감지하는 '반향정위' 능력을 지녔기 때문이다.

박쥐는 성대에서 주파수 40~50kHz인 초음파를 만들어 입이나 코로 내보내는데, 때에 따라 횟수를 달리한다. 먹이를 찾을 때는 1초에 10번 정도 발생시키고, 먹이에 접근할 때는 보다 정밀한 위치 파악을 위해 1초에 120~200번 정도의 초음파를 발생시켜 탐지한다. 박쥐의 귀가 몸체에 비해 큰 이유는 이러한 반사음을 세밀하게 포착하기 위함이다. 그리고 박쥐는 달팽이관의 감긴 횟수가 2.5~3.5회로 1.75회인 인간보다 더 많은데, 이를 통해 인간이 들을 수 없는 매우 넓은 범위의 초음파까지 들을 수 있다.

그런데 박쥐들은 어떻게 빠른 속도로 움직이면서 먹이의 움직임을 정밀하게 찾아낼 수 있는 것일까? 박쥐들은 도플러 효과를 이용할 수 있기 때문이다. 도플러 효과는 파동을 발생시키는 파원과 그것을 관측하는 관측자의 이동에 따라 파동의 형태가 변하는 현상이다. 즉 멀어지면 파동의 주파수가 길고 낮게 관측되며, 다가오면 짧고 높게 관측된다. 잠수함의 수중 레이더, 임신 진단 때 사용하는 초음파 진단기, 과속 감지 카메라, 야구공의 속도를 측정하는 스피드 건 등이 모두 도플러 효과를 응용한 기기들이다. 과학자들이 박쥐가 도플러 효과를 이용할 수 있다는 것을 알아낼 수 있었던 것은 박쥐의 빠른 귀 움직임 때문이었다. 그리고 박쥐의 양 귀는 각기 다른 시간에 다른 부분이 독립적으로 움직였는데, 이는 마치 우리가 시각 정보를 파악하기 위해 끊임없이 눈동자를 움직이는 것과 같았다.

박쥐의 주 먹이는 곤충이다. 그런데 어떤 곤충은 박쥐가 내는 초음파 소리를 들을 수 있기 때문에 박쥐의 접근을 눈치챌 수 있다. 예를 들어 나방의 경우 초음파의 강약에 따라 박쥐와의 거리를 파악할 수 있고, 왼쪽과 오른쪽 귀에 들리는 초음파의 강약에 따라 박쥐가 다가오는 좌우 수평 방향을 알 수 있다. 또한 초음파의 강약 변화가 반복적으로 나타나는지 아닌지에 따라 상하 수직 방향도 알 수 있다. 나방의 귀는 아래쪽에 있기 때문에 날개를 내리면 날개가 귀를 덮어서 초음파를 잘 듣지 못하게 된다. 따라서 박쥐가 위쪽에 있다면 날개를 올리고 내릴 때마다 소리가 강해졌다 약해졌다를 반복하게 되고, 반대로 아래쪽에 있다면, 날개의 움직임과 상관없이 초음파가 거의 일정하게 들리는 것이다.

① 초음파 진단기의 원리는 박쥐의 반향정위 능력과 유사하다.
② 파동의 일종인 소리는 높을수록 파장이 길 것이다.
③ 박쥐는 성대를 통해 초음파를 생성해내어, 자신만의 신호를 구별할 수 있다.
④ 인간도 달팽이관의 감긴 횟수가 많아진다면, 들을 수 없었던 초음파까지 들을 수 있다.
⑤ 나방이 박쥐의 초음파를 인식할 때, 몸짓을 변형한다면 박쥐를 교란시킬 수 있을 것이다.

17

다음 글을 읽고 〈보기〉에 대해 이해한 내용으로 적절하지 않은 것을 고르면?

> 우리는 '물'의 첫소리를 '불'의 첫소리와 다른 소리라고 인식하지만, '말'의 첫소리와는 같은 소리라고 인식한다. 이는 표기법을 통해서도 나타난다. 그렇다면 '물'과 '불'의 첫소리를 다른 소리로 인식하는 까닭은 무엇인가? 그 이유는 우리가 '음소(音素)'라고 불리는 심리적이고 추상적인 소리 단위로 음성을 구분하기 때문이다. 이 음소는 음성의 의미를 변별하여 주는 소리의 최소 단위로서 우리말에는 자음과 모음이 있다. 그래서 '물'과 '불'은 자음인 'ㅁ'과 'ㅂ'이 구분되므로, 사람들은 서로 다른 소리라고 인식하게 되는 것이다.
>
> 이처럼 서로 다른 두 소리가 특정 언어를 쓰는 언중들에게 서로 다른 소리로 인식되고, 의미까지 변별하는 기능을 가졌다면, 그 두 음은 대립관계에 있다고 한다. 또한 한 음소의 차이만으로 의미가 달라지는 경우는 '최소대립쌍'이라고 한다. 예를 들어 '물'과 '불'은 중간 소리와 끝소리는 모두 같은데, 첫소리의 차이로 인해 그 의미가 달라지므로, 'ㅁ'과 'ㅂ'은 서로 대립관계에 있게 되고, 최소대립쌍이 되는 것이다.
>
> 한 음소에 속하지만 환경에 따라(발음되는 위치에 따라, 후행하는 모음에 따라) 조금씩 달리 실현되는 소리를 '변이음(變異音)'이라고 한다. 예를 들어, '물'의 'ㄹ'과 '바람'의 'ㄹ'은 서로 다른 소리로 실현되는데도 언중들은 이 두 소리를 같은 음소라고 인식한다. '물'의 'ㄹ'은 혀가 윗잇몸 쪽에 닿아 혀의 양 옆으로 공기가 흘러가면서 만들어지는 소리로, 발음이 [l]이고, '바람'의 'ㄹ'은 혀끝이 윗잇몸에 가볍게 닿았다가 떨어지면서 나는 소리로, 발음은 [r]이다. 즉 발음 환경에 따라 다른 소리로 실혐됨에도 같은 소리로 인식할 수 있는 것이다.
>
> 한 음소를 이루는 변이음들은 출현하는 위치가 서로 겹치지 않는다. 이처럼 출현하는 위치가 겹치지 않는 것을 '상보적 분포'라고 한다. 한편 상보적 분포에 있는 소리들은 최소대립쌍이 존재할 수 없다. 따라서 한 음소의 변이음들은 최소대립쌍이 존재하지 않는다.

〈보기〉

> 길, 김, 깃, 소리, 굴

① '길'의 'ㄹ'과 '소리'의 'ㄹ'은 변이음이다.
② '길'의 'ㅣ'와 '굴'의 'ㅜ'는 대립관계에 있다.
③ '굴'과 '김'은 최소대립쌍에 해당한다.
④ '깃'과 '소리'의 'ㅅ'은 최소대립쌍에 해당하지 않는다.
⑤ '길', '김', '깃'의 'ㄹ', 'ㅁ', 'ㅅ'은 의미를 분화한다.

18

다음 글을 읽고 빈칸에 들어갈 내용으로 가장 적절한 것을 고르면?

상품을 만들어 파는 사람이 그 수고의 대가를 받고 이익을 누리는 것은 당연하다. 하지만 그 이익이 다른 사람의 고통을 무시하고 얻어진 경우에는 정당하지 않을 수 있다. 제3세계에 사는 많은 환자들이 신약 가격을 개발국인 선진국의 수준으로 유지하는 거대 제약회사의 정책 때문에 고통 속에서 죽어가고 있다. 그 약값을 감당할 수 있는 우리 영국인이 보기에도 이는 이익이란 명분 아래 발생하는 끔찍한 사례다. 비난의 목소리가 높아지자 제약회사의 대규모 투자자들 중 일부는 자신들의 행동이 윤리적인지 고민하기 시작했다. 사람들이 약값 때문에 약을 구할 수 없다는 것은 분명히 잘못된 일이다. 하지만 그렇다고 해서 국가가 제약회사들에게 손해를 감수하라는 요구를 할 수 없다는 데 사태의 복잡성이 있다.

신약을 개발하는 일에는 막대한 비용과 시간이 들며, 그 안전성 검사가 법으로 정해져 있어서 추가 비용이 발생한다. 이를 상쇄하기 위해 제약회사들은 시장에서 최대한 이익을 뽑아내려 한다. 얼마나 많은 환자들이 신약을 통해 고통에서 벗어나는가에 대한 관심을 이들에게 기대하긴 어렵다. 그러나 만약 제약회사들이 존재하지 않는다면 신약 개발도 없을 것이다. 상업적 고려와 인간의 건강 사이에 존재하는 긴장을 어떻게 해소해야 할까? 제3세계의 환자를 치료하는 일은 응급사항이며, 제약회사들이 자선을 하리라고 기대하는 것은 비현실적이다. 그렇다면 그 대안은 명백하다. (   ) 물론 여기에도 문제는 있다. 이 대안이 왜 실현되기 어려운 걸까? 그 이유가 무엇인지는 우리가 자신의 주머니에 손을 넣어 거기에 필요한 돈을 꺼내는 순간 분명해질 것이다.

① 신약 개발을 각국 정부에서 주도하여, 가격을 고정해야 한다.
② 선진국과 제3세계에 판매되는 신약의 가격을 차등 책정해야 한다.
③ 제3세계에 제공되는 신약의 구매대금을 선진국 국민들이 부담해야 한다.
④ 제약회사들이 제3세계를 위한 신약을 개발하도록 제도적 차원에서 후원해야 한다.
⑤ 제3세계 국민들의 신약 대금 결제 방식을 다양화하여 부담을 최소화해야 한다.

19

다음 글을 읽고 구들에 의한 영향으로 볼 수 있는 사례를 〈보기〉에서 모두 고르면?

우리 민족은 고유한 주거문화로 바닥 난방 기술인 구들을 발전시켜 왔는데, 구들은 우리 민족에 다양한 영향을 주었다. 우선 오랜 구들 생활은 우리 민족의 인체에 적지 않은 변화를 초래하였다. 태어나면서부터 따뜻한 구들에서 누워 자는 것이 습관이 된 우리 아이들은 사지의 활동량이 적고 발육이 늦어졌다. 구들에서 자란 우리 아이들은 다른 어떤 민족의 아이들보다 따뜻한 곳에서 안정감을 느꼈으며, 우리 민족은 아이들에게 따뜻함을 느낄 수 있는 환경을 만들어 주기 위해 여러 가지를 고안하여 발전시켰다.

구들은 농경을 주업으로 하는 우리 민족의 생산도구의 제작과 사용에 많은 영향을 주었다. 구들에 앉아 오랫동안 활동하는 습관은 하반신보다 상반신의 작업량을 증가시켰고 상반신의 움직임이 상대적으로 정교하게 되었다. 구들 생활에 익숙해진 우리 민족은 방 안에서의 작업뿐만 아니라 농사를 비롯한 야외의 많은 작업도 앉아서 하는 습관을 갖게 되었는데 이는 큰 농기구를 이용하여 서서 작업을 하는 서양과는 완전히 다른 방식이었다.

구들에서의 생활은 우리의 음식문화에도 많은 영향을 미쳤다. 구들에 앉거나 누우면 엉덩이나 등은 따뜻하게 되지만 상대적으로 소화계통이 있는 배는 고루 덥혀지지 않게 된다. 이 때문에 소화과정에 불균형이 발생하는데 우리 민족은 자극적인 음식을 발전시켜 이를 해결하였다. 구들 생활에 맞추어 식생활에 쓰이는 도구들의 크기도 앉아서 팔을 들어 사용하기 편리하게끔 만들어졌다. 밥솥의 크기는 아낙네들이 팔을 휙 두르면 어디나 닿을 수 있게 만들어졌으며 맷돌도 구들에 앉아 혼자서 돌리기에 맞게 만들어졌다.

〈보기〉

ㄱ. 우리의 복식은 상의와 하의를 분리하고 특히 바지의 품을 넓게 하는 등 활동성에 초점을 둔 문화가 발달했다.
ㄴ. 작고 짧은 형태의 농기구로 인해 섬세한 작업이 가능하게 되어 수놓기와 같은 수공업이 발달하는 데 영향을 주었다.
ㄷ. 우리의 침구는 기본적인 용도 외에도 방안의 열기가 날아가지 않도록 보완하는 용도로도 활용되었다. 일단 방안에 늘 요를 깔고 위에 이불을 덮어 그 사이에 따뜻한 체온과 열기가 늘 맴돌게 했다.

① ㄱ　　② ㄴ　　③ ㄱ, ㄷ
④ ㄴ, ㄷ　　⑤ ㄱ, ㄴ, ㄷ

20

다음 글을 읽고 ⓐ~ⓗ에 대해 분석한 내용으로 가장 적절한 것을 고르면?

사람들은 흔히 개인이 소유한 것에 대한 독점적인 권리를 인정하는 것이 당연하다고 생각한다. ⓐ각 개인은 타고난 지적 능력, 육체적인 힘, 성격이나 외모, 상속받은 유산 등을 가지고 있다. 그러나 ⓑ이와 같은 자연적인 자산을 개인이 소유하게 된 것은 우연적이다. 이 자산을 개인이 소유하게 된 것에 대한 정당한 근거나 필연적인 이유가 존재하지 않는다. ⓒ자신의 노력을 통해서 획득한 것이 아니라는 말이다. 더구나 ⓓ물려받은 부나 재산은 애당초 공동체의 사회적인 협력이나 협동으로 획득된 것이다. 다시 말해 대대로 상속된 재산이라 하더라도 그것은 사회적 환경과 시스템 속에서 형성되고 그 가치를 인정받게 된 것이다. 따라서 ⓔ그와 같은 재산에 대한 권리는 극히 제한적이거나 아예 없다고도 말할 수 있다. 개인은 자신이 속한 사회의 물적·제도적 토대를 바탕으로, 자신의 자연적 자산을 활용하여 각종 부를 창출할 수 있다. ⓕ이 부는 공동체의 공동 자산으로 간주해야 한다. 그렇기 때문에 각 개인이 소유한 부를 오직 자신의 행복 증진만을 위하여 사용해서는 안 된다. ⓖ이 부는 공동체 구성원 전체의 이익 증대를 위해 사용되어야 한다. 따라서 개인이 일군 것처럼 보이는 재산이라고 하더라도 국가가 나서서 과세를 통해 거둬들여 재분배해야 하는 것이다. 결국 ⓗ개인의 재산에 대한 정치공동체의 개입은 도둑질이나 강탈이 아니라 사회적 혜택과 부담을 공정하게 분배하는 국가 본연의 임무이다.

① ⓑ는 ⓐ를 반박한다.
② ⓓ는 ⓑ를 부연한다.
③ ⓔ는 전체 주제문이다.
④ ⓕ는 ⓔ를 반박한다.
⑤ ⓗ는 ⓖ의 근거이다.

정답과 해설 P.77

PSAT형 NCS 기출변형 모의고사 [3회]

맞은 개수 / 20문항

풀이 시간 / 40분

01

다음 글에 사용된 서술 기법이 아닌 것을 고르면?

천체의 온갖 형상, 곧 천문을 관측하기 위하여 설치한 시설을 천문대라고 한다. 천문대의 일종인 경주 첨성대는 신라 선덕 여왕(재위 632~647년) 때 건립된 것으로 추정되는 문화재로, 현재 국보로 지정되어 있다. 화강석 기단 위에 잘 다듬은 돌을 원통형으로 27단을 쌓고 그 위에 정(井)자 형태의 상층부를 올려 놓았다. 전체 높이는 약 9.4미터가 된다. 위는 모가 나 있고 아래는 넓고 둥글어, 그 속에서 위로 올라가도록 되어 있다. 윗부분이 우물 귀틀같이 생긴 것으로 보아 그 위에 천문 관측기를 놓고 하늘을 보았거나 육안으로 별을 관측했을 것으로 추측된다. 첨성대는 상층부의 기단을 제외한 원통형 몸통은 27단으로 361개의 돌로 쌓여 있는데, 이는 1년을 뜻한다고 한다고들 하지만 기록으로 확인된 것은 아니다. 원통형 몸체 외부는 매끈하게 다듬어져 있지만 내부는 그렇지 않다고 한다. 이 건축물이 기교적이라기보다 소박한 맛을 주는 까닭은 삼국 통일 이전에 만들어진 다른 건축물의 경우와 마찬가지이다. 통일 신라 이전의 건축물인 여러 석탑이 소박한 조형미를 보여 주는 데 비하여 통일 신라 시대의 석가탑, 다보탑은 아기자기한 기교로써 세련된 조형미를 보여준다.

첨성대는 오늘날 신라의 수도인 경주에만 남아있지만, 실제로 삼국 모두 첨성대를 운영했다고 한다. 고구려의 첨성대 평야에 남아 있었다는 기록은 《세종실록(世宗實錄)》과 《동국여지승람(東國輿地勝覽)》에 남아 있어, 조선시대까지 남아있었던 것으로 여겨진다. 백제는 문헌상 기록이 남아 있지 않지만 상당한 수준의 천문역법을 바탕으로 타국과 교류했었다는 기록을 바탕으로 유사한 것을 운영했을 것이라고 추정하고 있다. 고려시대에는 기록은 없지만 개성 만월대 서쪽에 첨성대라고 구전되는 석조물이 남아 있고, 조선시대에는 관상감(천문을 관측하는 관청)과 왕실에서 운영했던 관천대가 창경궁과 종로구 계동 현대 사옥 앞에 남아 있다. 내부에서 사다리를 타고 정상부에 오르는 첨성대와 달리 계단을 사용하여 오르는 구조를 지니고 있다.

① 분석
② 예시
③ 분류
④ 대조
⑤ 정의

02

다음 글을 읽고 ㉠에 들어갈 내용으로 가장 적절한 것을 고르면?

음속(音速)은 소리가 퍼져나가는 속도를 이른다. 흔히 매질에 따라 속도도 달라지는데, 육지의 매질은 공기이므로, 우리가 내는 소리의 파장도 공기에 의해 전달된다. 하지만 바닷속의 매질은 물이다. 물속에서의 음속은 초속 약 1,500m로, 공기에 비해 거의 4~5배가량 빠르다. 물속의 음속은 수온과 수압이 높을수록 빨라진다. 그런데 바닷속의 수압은 수심이 깊어질수록 높아지지만 수온은 수심이 깊어질수록 이에 따라 높아지지 않는다. 그래서 바닷속의 음속은 수온과 수압 중에서 상대적으로 더 많은 영향을 끼치는 요소에 의하여 결정된다.

우선 수온의 변화부터 살펴보면, 표층은 태양 에너지가 파도나 해류로 인해 섞이기 때문에 온도 변화가 거의 없다. 그러나 그 아래의 층에서는 태양 에너지가 거의 도달할 수 없어 수심이 깊어짐에 따라 수온이 급격히 낮아지고, 이보다 더 깊은 심층에서는 수온의 변화가 거의 없다. 이처럼 표층과 심층 사이에 있는, 깊이에 따라 수온이 급격하게 변화하는 층을 수온약층이라 한다. 표층에서는 수심이 깊어질수록 빠른 음속을 보인다. 그러다가 수온이 갑자기 낮아지는 수온약층에서는 음속도 급격히 느려지다가 심층의 특정 수심에서 최소 음속에 이른다. 그후 음속은 점차 다시 빨라진다. 왜냐하면 (㉠)

수온약층은 위도나 계절 등에 따라 달라질 수 있다. 적도에서는 수심 150미터까지는 수온이 일정하게 유지되다가, 그 이하부터 600미터까지는 수온약층이 형성된다. 중위도에서는 여름철에는 수심 50~120미터까지 수온약층이 형성되지만, 겨울철에는 표층의 수온이 낮아 수온약층이 형성되지 않는다. 극지방은 표층도 깊은 수심처럼 수온이 낮기 때문에 일반적으로 수온약층이 거의 형성되지 않는다.

① 수온약층이 위도나 계절에 따라 변화하기 때문이다.
② 해저 근처의 음속은 표층보다 빠를 수 있기 때문이다.
③ 수심이 깊어질수록 수압과 온도가 모두 증가하기 때문이다.
④ 압력 증가의 효과가 수온 감소의 효과를 상쇄하고도 남기 때문이다.
⑤ 온도가 감소하면 상대적으로 압력이 높아지는 비율이 커지기 때문이다.

03

다음 글을 읽고 이해한 내용으로 적절한 것을 고르면?

> 샐러리캡(Salary Cap)이란 스포츠에서 한 팀이 선수들에게 줄 수 있는 연봉의 총액을 제한하는 제도이다. 프로는 연봉을 기준으로 실력을 평가받지만 특정 구단에서 좋은 선수들을 대거 영입하는 것은 팀들 간의 전력 불균형을 초래하므로, 샐러리캡은 이를 사전에 막기 위해 생긴 제도이다.
>
> 샐러리캡은 다시 '하드캡(Hard cap)'과 '소프트캡(Soft cap)'으로 나눌 수 있다. 하드캡은 리그에서 정한 연봉 상한선을 어떤 이유로도 초과할 수 없는 시스템으로, 이를 위반할 시 벌금, 드래프트 지명권 박탈 등 페널티를 받게 된다. 소프트캡은 하드캡과 달리 예외 규정을 둬 일정 부분에서 상한선 초과를 허용한다. 대신 초과분에 사치세를 부과하는 등의 방식으로 규정을 어긴 구단에 페널티를 부과한다. 상한선뿐 아니라 하한선도 기준을 정하는 '샐러리 플로어(Salary floor)'도 있다. 한 구단이 의무적으로 책정해야 하는 연봉을 모두 소진하여 선수를 영입해야 하는 제도이다.
>
> 샐러리캡의 적용은 리그마다 다르다. 미국프로농구(NBA) 같은 경우 전체 총수입의 48%를 연봉 상한선으로 정하고 있다. 즉 리그 총수입의 48%를 전체 팀 수로 나눈 금액이 각 팀의 샐러리캡이 된다. 그런데 이러한 샐러리캡의 상한선은 종목마다 다르게 책정된다. 미국프로풋볼리그(NFL)만 하더라도 NBA보다 더 많은 비율을 유지하고 있다. NFL의 경우 전체 수입의 65.5%를 샐러리캡으로 정하고 있다. 북미아이스하키리그(NHL)의 경우 샐러리캡 문제로 노조가 파업하여 시즌이 무산되었던 적도 있다. NHL의 선수 연봉의 합이 전체 수입의 75%에 달해, 구단주들이 샐러리캡 제도 도입을 제안하게 된 것이 계기가 된 것이다. 이 밖에 메이저리그사커(MLS)는 샐러리캡 제도를 활용하고 있고, 메이저리그(MLB)는 샐러리캡이 없지만 이와 유사하게 사치세 기준선을 마련하고 있다.
>
> 최근 피파(FIFA) 회장인 잔니 인판티노 회장이 샐러리캡과 이적료 상한제 도입을 논의하겠다고 밝혔다. 지금까지 축구는 샐러리캡을 두지 않았다. 만약 축구에 샐러리캡이 도입된다면, 자본을 앞세워 급성장하는 구단이 나오기 힘들 전망이다. 독일 분데스리가는 바이에른 뮌헨 독주 체제다. 전술적으로도 강하지만, 선수단 구성이 워낙 좋다. 리그 내 경쟁팀 에이스를 모두 영입해 만든 결과라는 시선도 있다. 중동 부호 만수르는 잉글랜드 프리미어리그 맨체스터 시티 FC를 2008년에 인수하고 스타 선수들을 대거 영입했다. 그 결과 중하위권이었던 맨체스터 시티 FC는 3년 만에 리그 정상에 올랐다. 인판티노 회장이 이러한 제안을 내놓은 것은 코로나19로 인한 각 구단의 재정 부담이 커졌기 때문이다. 하지만 실제 도입이 될지는 아직 미지수다. 선수들과 이미 막대한 돈을 투자한 구단들의 반대에 부딪힐 수 있고, 리그 흥행에도 영향을 미칠 것이라는 우려가 있기 때문이다.

① 샐러리캡에는 선수 영입에 투자하지 않는 구단들을 위한 제재 제도도 존재한다.
② 메이저리그의 샐러리캡은 하드캡이 아닌 소프트캡에 가깝다.
③ 축구에 샐러리캡이 도입되면, 선수 영입보다 전술에 의해서만 승패가 결정될 것이다.
④ 샐러리캡 도입에 대한 선수들의 의견과 구단주들의 의견은 항상 동일하다.
⑤ NBA와 NFL의 리그 총수입이 같다면, NBA의 팀의 혜택은 NFL의 팀에 비해 상대적으로 높아진다.

04

다음 글의 빈칸에 들어갈 내용으로 가장 적절한 것을 고르면?

밥은 쌀과 보리 등의 곡물을 솥에 안친 뒤 물을 부어 낟알이 풀어지지 않게 끓여 익힌 음식으로, 우리나라 음식 중 기본이 되는 주식이다. 곡물을 익히는 조리법은 여러 가지가 있으나, 그중에서도 밥은 가장 일상적이고 보편적인 음식이라고 할 수 있다. 우리나라 일상식의 특징은 주로 주식과 부식이 분리된 식사형식으로, 반찬이 없으면 밥을 물에 말아 먹기도 하며, 간장이나 고추장으로 간을 하여 비벼 먹을 수도 있다. 이와 같이 밥을 부식보다 훨씬 중히 여기는 풍습은 지금까지도 변함없이 계속되고 있는 식생활의 한 풍습이다.

밥은 한자어로 반(飯)이라 하고, 어른에게는 진지, 왕이나 왕비 등 왕실의 어른에게는 수라, 제사에는 메 또는 젯메라 하였다. 먹는 표현도 수라는 '진어하신다', 진지는 '잡수신다', 밥은 '먹는다' 등의 차이를 보인다. 이와 같이 먹는 대상에 따른 표현이 다양한 것은 가장 일상적이고 기본이 되는 것에서 삶을 가르치던 우리 조상들의 의식 구조가 반영된 것이라고 볼 수 있다.

우리나라 남부 지역은 벼의 생산에 적합하고 또 디딜방아의 사용으로 도정도가 높은 곡물을 생산할 수 있었다. 그리고 쇠의 명산지라서 가마솥을 쉽게 만들 수 있었다. 이러한 연유로 밥 짓기가 발달한 지역이 되었다. 이렇게 발달된 밥 짓기는 일본에도 전해졌고 중국에서도 유명하게 되었다. 청나라 때의 장영은 "조선 사람들은 밥 짓기를 잘한다. 밥알에 윤기가 있고 부드러우며 향긋하고 또 솥 속의 밥이 고루 익어 기름지다. 밥 짓는 불은 약한 것이 좋고 물은 적어야 한다는 것이 이치에 맞는다. 아무렇게나 밥을 짓는다는 것은 하늘이 내려주신 물건을 낭비하는 결과가 된다"라고 적으며, 우리나라의 밥 짓는 법을 칭찬하였다. 주식과 부식으로 분리된 우리의 일상식 풍속은 조선시대에 이르러 반상이라는 고유한 식문화를 형성하기에 이른다. 이와 같이 중요한 음식이기에 조선시대 문헌에서는 맛있는 밥 짓기 요령을 많이 기록하고 있다. 이처럼 밥은 우리나라 먹을거리의 중심에 놓여 있고, 한국 역사를 설명하는 데 없어서는 안 될 요소이며, 한국인의 전통 신앙과 의식을 지배하는 문화의 핵심 키워드이다. 그러므로 (   )

쌀은 단순한 먹을거리의 한 종류가 아니라 한국인의 탄생과 죽음까지 삶을 관통한다. 아이가 태어나기 이전 이물질을 제거한 정한 쌀로 산미를 준비하고 아이가 태어나는 장소에는 볏짚을 깐다. 인간의 어미 품에서 떨어져 최초로 입에 넣는 것이 미음이며, 생을 마감한 망자의 입 속에 넣어 주는 것도 한 수저의 쌀이다. 요람에서 무덤까지 한국인은 밥과 함께 삶을 시작하고 삶을 마무리하는 것이다.

① 밥은 한국인에게 정신적 기둥이 되어 준다.
② 밥은 한국인에게 변함없는 생활양식이라고 할 수 있다.
③ 밥은 한국인만의 고유한 식문화를 정착하게 해 주었다.
④ 밥은 한국인에게 생명의 원천이며 삶과 동의어가 된다.
⑤ 밥은 한국인에게 음식 이상의 역사적 의미를 지닌다.

05

다음 글을 읽고 밑줄 친 ㉠에 대해 이해한 내용으로 옳은 것을 고르면?

조선시대 전 기간의 경제적 변화를 파악하기 가장 좋은 방법은 인구 추세를 살펴보는 것이다. 인위적인 산아제한이 없었던 시대적 상황을 고려할 때, 전근대 사회의 인구는 경제적 변화를 초래하고 생활 수준을 결정하는 근본 원인일 뿐만 아니라 결과이기도 하다. 하지만 안타깝게도 우리나라의 전근대 인구에 관한 정보는 그리 많지 않다. 비교적 자료가 많이 남아 있는 ㉠조선시대의 인구조차도 아직 정설이 확립되어 있지 못하다.

조선시대에는 『경국대전(經國大典)』의 규정에 따라 3년마다 가족과 노비를 기록한 '호구단자(戶口單子)'를 소속 군현의 수령에게 제출해야 했다. 각 군현에서는 이를 기초하여 호적대장을 작성하고, 감영과 호조로 보내 전국의 호구 총수가 집계되었다. 이 호구 총수에 따르면, 조선의 인구는 건국 이후 15세기에 빠른 증가세를 보이다 임진왜란(1592~1598) 이후 감소, 17세기 급속한 증가, 18세기 정체, 19세기 감소라는 추세를 보이고 있다.

하지만 호구 총수만으로 조선시대의 인구를 정확하게 파악했다고 보기는 어렵다. 조선왕조가 파악한 호구는 실상과 많은 차이가 있었던 것으로 보인다. 호구 총수에 따른 인구수는 1392년 30만여 명, 1519년 374만여 명, 1861년 674만여 명에 불과했지만, 호구 총수로부터 추정한 실제 인구는 건국 초에 550만 명, 19세기에 1,800만 명 정도이다. 이런 차이가 발생하게 된 것은 호구조사가 실제 인구를 파악하기보다는 조세 징수를 위한 것이었기 때문이다. 조세를 회피하기 위한 목적으로 누락된 인구가 많았던 것으로 보인다.

인구의 절대 규모도 문제지만 인구 변화의 속도와 방향을 호구 총수가 제대로 반영하고 있는지도 의문이다. 특히 호구 총수로는 18세기에 인구가 정체되고 19세기에는 인구가 감소하였는데 이것이 실상을 제대로 반영한 것인지가 의심스럽다. 최근의 한 연구에 따르면 18~19세기는 중앙의 통치력이 약화되는 시기이기 때문에 호구 총수가 실상을 제대로 반영하기 어려웠을 것으로 판단하였다. 연구진은 당시 양반가의 족보를 바탕으로 추계해 본 결과 연평균 증가율이 18세기에는 0.35%, 19세기에는 0.83%로 19세기의 인구 증가 속도가 더 빨랐다. 이와 같이 19세기에도 인구가 계속 증가했을 것인지 아니면 호구 총수의 기록이 맞는 것인지 아직 어느 쪽이 답인지는 분명하지 않다.

① 조선의 경제적 변화를 깊이 있게 이해하는 지표로 기능한다.
② 증가율은 출생률보다는 사망률에 의해 좌우되었다.
③ 17세기에 전쟁 후유증이 해소됨으로써 인구가 급속하게 증가하였다.
④ 호구 총수보다 당시 양반간의 족보를 바탕으로 한 추계가 더 정확한 자료이다.
⑤ 19세기 호구 총수에서 누락된 인구 수는 약 1,100만 명 정도이다.

06

다음 글의 ㉠~㉤을 찾아 수정하려고 할 때, 가장 적절한 것을 고르면?

특정 연령대의 사람을 지칭하는 말로 '소년, 청소년, 청년'이 있다. 모두 '년'으로 끝난다는 점은 같지만, 그 쓰임에는 차이가 있다.

우선 '소년'과 '청년'부터 살펴보자. 이 둘은 '少年'과 '靑年'으로 적는다. 글자 그대로의 뜻을 고려하면 '어린 나이', '젊은 나이'로 해석할 수 있다. 이런 맥락에서 본다면 '소년'과 '청년'은 '유년(幼年), 장년(壯年), 중년(中年), 노년(老年)' 등과 짝을 이루는 단어들이다. 그런데 지금은 ㉠'연령대'라기보다는 '사람'의 의미로 더 많이 사용된다. 시간이 흐르면서 의미에 변화가 생긴 것이다. 반면 '유년(幼年), 장년(壯年), 중년(中年), 노년(老年)'은 그러한 변화를 보이지 않는다. 1920년에 간행된 『조선어사전』에 따르면 일본어로 '소년'은 "나이 어린 사람"이라고 풀이되어 있고, '청년'은 젊은 나이를 뜻하는 '청춘(靑春)'과 같은 말로 풀이되어 있다. 그리고 1938년에 간행된 『조선어사전』에는 '소년'이 "나이가 어린 남자. 나이가 젊은 사람"으로 풀이되어 있고, '청년'은 "나이가 젊은 사람"이라고 되어 있다. 이를 참고한다면, ㉡사람을 뜻하게 된 것은 '소년'이 '청년'보다 빠르다고 할 수 있다.

그렇다면 '청소년'은 어떠할까? 청소년은 '靑少年'으로 적는다. 이는 '청년'과 '소년'을 합친 말로, 1938년에 간행된 『조선어사전』에는 등재되어 있지 않다. 해방 이후 이 사전이 수정 증보가 되면서 실리게 되는데, '청년과 소년'이라는 뜻으로 풀이되어 있다. 그 무렵 생겨난 말인 듯싶다. 지금도 '청년과 소년을 아울러 이르는 말'로 풀이되고 있지만, 대체로 '소년'이나 '청년'의 중간쯤 해당하는 연령대의 사람들을 가리키는 말로 많이 사용한다. 대체로 중학교와 고등학교에 재학 중인 학생들을 이 연령대라고 인식하는 것이다. 그러니 ㉢청소년은 '소년'이나 '청년'과 달리 의미가 새롭게 만들어진 것으로 보아야 한다.

이제 이 말들의 쓰임에 대한 다른 문제도 고려해 보자. '소년'과 '청년'은 흔히 남자만을 가리키는 단어로 사용된다. 그렇지만 ㉣그 연령대에 속한 사람을 포괄할 때도 쓴다. '소년원'이나 '청년 실업' 등의 단어에도 들어가지만, 지칭하는 대상에는 여자도 포함된다. 이에 비해 '청소년'은 '청년'과 '소년'을 합친 말이지만 항상 남녀를 포괄하는 의미로 쓰인다.

'소년'과 '청년'에도 차이가 있다. '소년'이 남자만을 의미한다면, 그에 대응하는 '소녀'가 있다. 그런데 '청년'에는 이러한 짝을 이룰 말이 없다. '처녀', '아가씨', '숙녀' 등이 있지만 다 딱 떨어지지 않는다. '청소년'은 남녀를 포괄할 뿐, 남자와 여자를 구분하여 지칭하는 말은 없다. ㉤필요한 때 새로운 말을 만들거나 의미를 분화하여 쓰는 것은 어휘의 생성에서 자연스러운 일이다. 이를 달리 말하면 그동안은 성 차이를 구별하는 말이 별로 필요하지 않아서 따로 만들지 않은 것이라고 할 수 있다.

① ㉠: '연령대'가 아닌 '사람'의 의미로 사용되고 있다.
② ㉡: 사람을 뜻하게 된 것은 '소년'이 '청년'보다 더 늦다고 할 수 있다.
③ ㉢: '청소년' 역시 '소년'과 '청년'처럼 의미가 달라졌다고 보아야 한다.
④ ㉣: 그 연령대에 속한 사람 중 여자만을 지칭할 때도 쓴다.
⑤ ㉤: 필요에 의해 새로운 말을 만들거나 기존 단어를 삭제하는 것

07

다음 글을 읽고 추론할 수 있는 것을 고르면?

인간이 부락집단을 형성하고 인간의 삶 전체가 반영된 이야기가 시작되었을 때부터 설화가 존재하였다. 설화에는 직설적인 표현도 있지만, 풍부한 상징성을 가진 것이 많다. 이 이야기들에는 민중이 믿고 숭상했던 신들에 관한 신성한 이야기인 신화, 현장과 증거물을 중심으로 엮은 역사적인 이야기인 전설, 민중의 욕망과 가치관을 보여주는 허구적 이야기인 민담이 있다. 설화 속에는 원(願)도 있고 한(恨)도 있으며, 아름답고 슬픈 사연도 있다. 설화는 한 시대의 인간들의 삶과 문화이며 바로 그 시대에 살았던 인간의식 그 자체이기에 설화 수집은 중요한 일이다.

상주지방에 전해오는 '공갈못설화'를 놓고 볼 때 공갈못의 생성은 과거 우리의 농경사회에서 중요한 역사적 사건으로서 구전되고 인식되었지만, 이에 관한 당시의 문헌 기록은 단 한 줄도 전해지지 않고 있다. 이는 당시 신라의 지배층이나 관의 입장에서 공갈못 생성에 관한 것이 기록할 가치가 있는 정치적 사건은 아니라는 인식을 보여준다. 공갈못 생성은 다만 농경생활에 필요한 농경민들의 사건이었던 것이다.

공갈못 관련 기록은 조선시대에 들어와서야 발견된다. 이에 따르면 공갈못은 삼국시대에 형성된 우리나라 3대 저수지의 하나로 그 중요성이 인정되었다. 당대에 기록되지 못하고 한참 후에서야 단편적인 기록들만이 전해진 것이다. 일본은 고대 역사를 제대로 정리한 기록이 없는데도 주변에 흩어진 기록과 구전(口傳)을 모아 『일본서기』라는 그럴싸한 역사책을 완성하였다. 이 점을 고려할 때 역사성과 현장성이 있는 전설을 가볍게 취급해서는 결코 안 된다. 이러한 의미에서 상주지방에 전하는 지금의 공갈못에 관한 이야기도 공갈못 생성의 증거가 될 수 있는 역사성을 가진 귀중한 자료인 것이다.

① 설화는 현장과 증거물의 유무에 따라 분류된다.
② 공갈못설화는 당시 농민들의 원과 한이 담긴 신화 중 하나이다.
③ 공갈못설화가 기록되지 못한 까닭은 당시 신라 민중의 가치관에 기인한다.
④ 조선시대에 기록된 공갈못설화는 역사성을 가진 중요한 사료로 기능한다.
⑤ 민담은 민중들의 삶과 문화, 가치관을 오롯이 담고 있는 이야기이다.

08

다음 글에 대한 분석으로 옳지 않은 것을 고르면?

19세기 중반, 산업혁명의 영향으로 생활의 편안함과 여유를 가지게 된 사람들은 현실의 다방면에 관심을 갖게 되었다. 미술 역시 그러한 영향권 안에서 변화를 도모하였다. 지금까지 미술로부터 소외되었던 사람들이 미술에 관심을 가지자, 그에 적합한 형태인 ㉠사실주의 양식이 등장하게 된 것이다. 또한 사진기와 프리즘의 발명 및 광학이론의 발달과 같은 과학적 산물을 바탕으로 ㉡인상주의가 출현하게 되었다.

지금까지 미술이 아름다운 인체나 인물, 종교, 역사 등과 같은 흥미로운 내용을 주제로 삼았다면, 사실주의와 낭만주의의 주제 의식은 달랐다. 사실주의는 낭만주의에서 시작된 현실에 대한 관심을 이어갔다. 그렇지만 종전의 귀족이나 지식인들을 대상으로 한 추상적인 미의식을 추구했던 것은 아니었다. 그들은 '아름다운 것'이라는 보다 구체적인 현실에 눈을 돌렸고, 당시 서민들의 현실적 삶에서 작품의 주제를 찾으려 하였다. 이에 반해 인상주의는 빛에 따른 색의 변화라는 새로운 시각적 현실 묘사에 관심을 두었고, 파리를 중심으로 한 중산층의 삶을 표현하는 데 주력하였다.

또한 조형 방법에 있어서도 고전주의자들처럼 미의 원리나 규범에 의존하지도 않고, 낭만주의자들처럼 감성적 표현에 의한 미화를 목표로 삼지 않았다. 이들은 이들 앞에 놓인 현실을 자신들만의 독자적인 방법으로 나타내려 했다. 사실주의가 눈앞에 보이는 있는 그대로의 현실세계를 담아내려 노력했다면, 인상주의는 빛에 따라 달라지는 색의 변화라는 시각적·감각적 현실세계를 담아내고자 하였다.

사실주의와 인상주의의 이러한 시도들은 예술가의 그림에서 중요한 것은 그림이 담고 있는 내용보다 표현 방법이라는 생각을 갖게 하였다. 특히 인상주의는 그림을 이루는 색점들이 그림의 전체 효과를 위해서 동등한 가치를 갖는 것으로 다룬다는 점에서 추상미술의 평면화 경향을 가능하게 했다는 평가를 받고 있다. 즉 이전의 그림들이 입체감이나 3차원적 느낌을 주기 위해 어느 부분을 강조하고 어느 부분을 약화시키는 방법에 의존했다면, 인상주의 화가들은 그림 속의 색점을 동등한 가치를 갖는 것으로 다룬 것이다. 이렇게 색채와 형태를 평면적으로 구성하는 방식은 추상미술에 영향을 끼치게 된다.

① ㉠과 ㉡은 그림에 대한 새로운 인식을 나타냈다는 점에서 공통점을 지닌다.
② ㉠과 ㉡은 산업혁명으로 변화된 환경에 의해 등장하게 된 미술 양식이다.
③ ㉠과 달리 ㉡은 진일보한 표현방식을 통해 추상미술의 등장에 영향을 끼쳤다.
④ ㉠은 현실 속 구체적인 미의식에 중점을 두었고, ㉡은 감각적 현실 묘사에 관심을 두었다.
⑤ ㉠은 하층민의 사실적 삶을 담아냈고, ㉡은 외부에서 관찰한 자연의 고유한 색을 담아냈다.

09

다음 글을 읽고 밑줄 친 ㉠에 해당하는 사례를 〈보기〉에서 모두 고르면?

> 사람들은 이것과 저것이 '관련성이 있다' 혹은 '관련성이 없다'라는 표현을 자주 쓴다. 통계적으로 어떤 것들끼리의 관계는 상관관계를 나타낸다. 상관관계는 어떤 변수가 증가할 때 다른 변수가 함께 증가하는지 혹은 감소하는지에 따라 결정된다. 예컨대 체중과 신장 사이에 상관관계가 있다는 것은, 키가 커지면 대체로 체중이 늘어난다는 의미이다.
>
> 사람들은 오래전부터 이러한 상관관계의 개념을 여러 가지 현상을 설명하기 위한 도구로 많이 활용해 왔다. 유사한 경험이 다른 사람에게도 반복되면, 특정 개인으로부터 시작된 조짐이 모든 사람에게 해당하는 조짐으로 발전하는 식이다. 예를 들어 거울이 깨지면 나쁜 일이 생긴다든가, 상여가 지나가는 것을 보면 좋은 일이 일어난다든가 하는 것들이다. 상관관계에 대한 추측이 더 많이 축적된 경험을 바탕으로 세련되게 다듬어지는 경우도 있다. 별들의 움직임과 세상의 일을 관련짓는 점성술이나 관상 등이 그 예이다. 그중에서도 주역(周易)은 출생의 사주가 동양 사상의 근본이 되는 음양(陰陽)이론과 접목되면서 정교한 체제를 갖추게 되었다.
>
> 실제 생활에서 상관관계가 활용되는 예도 많이 있다. 자동차보험에 가입하려면 먼저 운전자에 대한 정보를 제공해야 한다. 그중에서 나이, 성별, 결혼 여부 등은 보험료 책정에 중요한 기준이 된다. 나이가 25세 미만이면 보험료가 올라가고, 운전자가 여자이면 내려간다. 나이와 성별이 교통사고율과 상관관계를 지니고 있기 때문이다. 즉 젊을수록, 남성일수록 사고율이 높았던 것이다.
>
> 그렇다면 상관관계는 원인과 결과의 관계를 나타내는 것일까? 상관관계는 어떤 것들끼리의 관계가 밀접하다는 것을 나타낼 뿐이며, 어느 것이 원인이고 어느 것이 결과인지에 대해서는 아무런 증거를 제공하지 않는다. 문제는 상관관계를 제대로 이해하지 못하는 사람들이 종종 ㉠<u>상관관계가 인과관계를 나타낸다고 추측</u>하는 데 있다. 철학자인 밀(John S. Mill)은 인과관계가 성립할 수 있는 조건으로 다음의 세 가지를 제시하였다. 첫째, 원인은 결과보다 시간적으로 앞서야 하고 둘째, 원인과 결과는 관련이 있어야 하며 셋째, 결과는 원인이 되는 변수만으로 설명이 되어야 하고 다른 변수에 의한 설명은 제거되어야 한다는 것이다. 그러나 많은 경우에 사람들은 이 중에서 한 가지 조건만 만족되어도 인과관계를 가정함으로써 문제가 생긴다.

〈보기〉

ㄱ. 같은 강의를 듣는 두 학생이 제출한 학기 말 보고서가 정확히 똑같았다. 그 두 학생은 서로 친분이 없으며, 서로의 보고서를 보지 않았다고 주장했다. 하지만 담당 교수는 그들의 주장을 믿지 않고, 서로의 보고서를 베꼈다고 주장했다.

ㄴ. A 교수가 범죄 문제에 대해 연구과제를 수행했다. 주요 도시의 인구 1,000명당 경찰관 숫자와 강력범죄 발생빈도를 비교했는데, 앞의 데이터와 뒤의 데이터 사이에 밀접한 관계가 있음을 발견했다. 즉 경찰관 숫자가 많은 도시일수록 강력범죄 발생빈도가 높았다. 학자는 이 결과를 토대로 경찰관을 줄여야 한다고 주장했다.

ㄷ. B 회사의 마케팅부서장이 직원에게 광고를 하면 매출이 얼마나 오를지 검토하라고 지시했다. 직원은 과거 회사 데이터를 살펴본 결과, 2019년까지는 광고를 하지 않다가 2020년에 광고를 했는데 그해 매출이 40% 늘었음을 확인했다. 그래서 직원은 상사에게 "광고 덕분에 2020년 매출이 전해보다 40% 늘었습니다"라고 보고했다.

① ㄱ ② ㄴ ③ ㄱ, ㄷ
④ ㄴ, ㄷ ⑤ ㄱ, ㄴ, ㄷ

10

다음 글에 나타난 주장이 설득력을 갖기 위해서 보충되어야 할 전제를 고르면?

최근 부동산과 관련된 투기가 심각하여 사회 문제로 대두되고 있다. 의식주는 가장 기초적인 삶의 요소로, 그중 하나인 집에 대한 사람들의 우려는 당연한 것처럼 보인다. 이에 대해 정부 일각에서는 투기를 통한 재산 증식에 대한 처벌을 강화해야 한다는 의견이 나오고 있다. 이에 대해 부당이익 환수를 위한 법 개정을 추진 중에 있다고 한다. 그러나 개인의 재산권에 대한 정부의 개입은 최소한에 그쳐야 한다. 다시 말해 개인의 재산권에 대한 정부의 간섭은 위헌의 소지가 없을 만큼만 이루어져야 한다. 국가가 부당이익에 대해 환수하는 법안을 추진하는 것은 개인의 사유 재산에 대한 침범 행위로 볼 수 있다. 따라서 정부가 준비하고 있는 법안은 제정되어서는 안 된다.

① 국가는 개인의 재산권을 최대한 보장해야 한다.
② 정부에서 준비 중인 법안은 개인의 사유 재산권에 대한 제재에 해당한다.
③ 부동산 투기로 인한 사유 재산의 증식은 위헌의 소지를 가지지 않는다.
④ 부당이익 환수법이 부동산과 관련된 투기를 해결할 수 있는 방안이 될 수 없다.
⑤ 개인의 사유 재산을 침범하는 것은 자본주의 경제 체제에 어긋나는 일이다.

11

다음 글을 완성하려고 할 때, 이어질 내용으로 가장 적절한 것을 고르면?

> 우리 삶의 1/3은 잠으로 보내는 시간이다. 잠은 누적된 심신을 회복하기 위한 것으로, 생명 유지에 필수적인 행동이다. 수면은 정신적인 문제뿐만 아니라 신체적 이상의 징후로도 발생하기 때문에 어떤 측면에서는 가장 예민한 징후라고 볼 수 있다. 그래서 수면의 변화를 확인하는 것은 대단히 중요하다. 수면은 크게 두 가지 상태로 나뉜다. 이제는 꽤 알려진 렘수면과 비렘수면이 그것이다. 우리는 수면을 취하는 동안 적어도 5~6차례는 잠이 들었다가 깨는 과정을 반복하게 된다. 비렘수면은 생리적 기능이 저하된 상태이고, 렘수면은 각성 시와 유사한 뇌 및 신체 활성을 보이는 상태이다. 일반적으로 렘수면과 비렘수면의 비율은 1:3 정도로, 비렘수면 이후 렘수면이 진행된다. 비렘수면은 4단계로 진행되고, 수면의 양상은 수면 단계에 따라 달리 측정되는 뇌파로 확인할 수 있다.
>
> 우선 막 잠이 들기 시작하는 1단계 수면 상태에서 뇌는 '세타파'를 내보낸다. 이때는 언제든 깰 수 있을 정도의 옅은 수면 상태이다. 전체 수면의 5% 정도를 차지하며 입면상태, 즉 '비몽사몽'의 상태라고 할 수 있다.
>
> 2단계 수면에서는 세타파 사이사이에 '수면 방추'와 'K-복합체'라는 독특한 뇌파의 모습을 확인할 수 있다. 수면 방추는 세타파 중간마다 마치 실이 감겨 있는 것처럼 촘촘한 파동의 모습인데, 분당 2~5번 정도 나타나며 수면을 유지시켜 주는 역할을 한다. K-복합체는 2단계 수면에서 나타나는데, 세타파 사이사이에 아래위로 갑자기 삐죽하게 솟아오르는 모습을 보인다. 이들은 수면을 유지할 수 있는 기능을 담당하고 있으며, 본격적인 수면의 시간이라고 볼 수 있다. 실제로 수면의 가장 많은 부분인 45%를 차지하는 구간이다.
>
> 깊은 수면으로 빠져들면, 뇌파 가운데 가장 느리고 진폭이 큰 '델타파'가 나타난다. 3단계와 4단계는 '델타파'의 비중에 따라 구별된다. 보통 델타파의 비중이 20~50%일 때는 3단계로, 50%를 넘어서 더 깊은 수면에 빠지는 상태가 되면 4단계로 본다. 때문에 4단계 수면은 '서파수면(slow-wave-sleep)'으로도 알려져 있다.

① 서파수면의 특성
② 렘수면 상태의 특성
③ 렘수면의 4단계 뇌파 분석
④ 비렘수면 중 꿈을 꾸는 원리
⑤ 렘수면과 비렘수면의 비교 분석

12

다음 글을 읽고 알 수 있는 것을 고르면?

항생물질이란 모든 생물을 죽이거나 성장을 억제하는 물질을 이르는데, 이러한 물질로 만든 약을 항생제라고 한다. 처음에는 곰팡이 또는 토양 미생물 등 자연에서 유래한 것을 이용했으나, 현재는 인공적으로 구조를 바꾼 반합성, 또는 완전히 새로운 합성 항균제도 많이 개발되어 사용되고 있다.

항생제는 기본적으로 특별한 종류의 세균에만 선택적으로 독성을 지닌다. 감염이 발생한 경우 사용하는 항생제의 종류와 양은 의사의 처방에 따라 결정되어야 한다. 그런데 이러한 항생제를 오남용하게 되면 심각한 부작용이 나타날 수 있다. 특히 세균이 특정 항생제에 저항력을 가지고 생존하는 능력, 즉 내성이 생길 수 있다는 위험이 있다. 항생제의 내성은 매년 변화하고 있으며, 나라마다 사용하는 항생제가 다르기 때문에 항생제 내성 및 감수성 역시 모두 다르다. 항생제는 사람에게만 허용된 것도 있고, 동물에게만 허용된 것도 있다. 하지만 대부분 같이 사용하고 서로 영향을 주기도 하므로 사람뿐만 아니라 동물의 항생제 내성 관리도 필요하다. 그래서 각국에서는 특정 항생제를 이용한 치료를 계속 시행했음에도 지속적으로 문제가 되는 세균성 질병이 있을 경우, 이를 진단 기관에 보내어 항생제 감수성 검사를 시행할 것을 추천한다. 한국의과학연구원 미생물분석센터는 최소저해농도법(MIC), 디스크확산법(Paper disc), E-TEST법 등의 방법으로 분석을 수행하고 있다.

현재 국내에서 시행되는 대부분의 항생제 감수성 검사는 배지에 항생제 디스크를 올려놓고 세균을 배양하여 세균의 성장 범위를 측정하는 디스크 확산법을 이용하고 있다. 세균이 성장하는 범위, 즉 항생제가 세균의 성장을 억제시키는 범위에 따라 '감수성 있음, 중간, 내성이 있음'의 3가지 카테고리로 나눠 분류된다. 2017년 시행한 항생제 검사 결과에 따르면, 연쇄상구균에 대해서 아목시실린이 가장 감수성이 있는 항생제로 확인되며, 테트라사이클린, 네오마이신 등은 내성이 거의 100%에 육박하는 것으로 나타났다.

인체에서 법정 감염병으로 지정하여 특별히 관리하는 6개의 내성균이 있다. 반코마이신내성 황색포도알균(VRSA), 메티실린내성 황색포도알균(MRSA), 반코마이신내성 장알균(VRE), 다제내성녹농균(MRPA), 다제내성아시네토박터바우마니균(MRAB), 카바페넴내성 장내세균(CRE)이 그것이다. 이 중 3개(MRSA, VRE, CRE)는 동물에서도 확인되는데, 특히 CRE의 경우 모두 반려동물에서만 내성균이 확인됐다. 그람음성균이 카바페넴에 내성이 있을 때 사용할 수 있는 '콜리스틴'에 대한 내성균도 점점 늘어나는 추세다. 최근에는 내성균 비율이 1.1%까지 높아졌고, 반려동물의 경우에는 콜리스틴 내성 유전자가 사람의 내성균과 가깝다. 이처럼 항생제 내성은 국가마다, 농장마다, 동물마다 시기적으로 달라질 수 있다. 주기적으로 모니터링할 필요가 있는 이유이다.

항생제 감수성 검사는 실험적으로 배양이 가능한 세균에 대해서만 검사가 가능하다는 한계점이 있다. 진단 기관마다 어느 정도 다를 수는 있겠지만, 호흡기 세균으로는 HPS(글래써균), APP(흉막폐렴균), PM(파스튜렐라균), 연쇄상구균, 소화기 세균으로는 대장균, 살모넬라균, 클로스트리디움 퍼프리젠스 및 디피실 등에 대해서 항생제 감수성 검사가 가능하다.

① 감수성이 있다는 결과는 항생제의 효과를 발휘한다는 의미와 동일하다.
② 항생제마다 항생제 투여 부위 및 농도를 정해, 안정성을 고려해야 한다.
③ 반려동물은 반코마이신내성장알균에 내성균이 있어, 감염 시 항생제 효과가 낮다.
④ 호흡기 세균인 흉막폐렴균에 감염된 환자는 아목시실린을 처방받게 된다.
⑤ 의사는 항생제를 처방할 때, 국제적 항생제 감수성 검사 결과를 참고해야 한다.

13

다음 글에 대해 비판한 내용으로 가장 적절한 것을 고르면?

> 능력주의(meritocracy)는 개인의 능력에 따라 사회적 지위를 분배하는 보상과 인정 시스템을 이른다. 제한된 사회적 지위를 놓고 경쟁할 때 신분이나 재산, 운이 아닌 개인의 노력과 재능에 우선권을 준다는 것은 일견 정의로워 보인다. 효율성과 공정성 면에서 능력 있는 사람을 선호하는 건 지극히 당연한 일이기도 하다. 실력이 뛰어난 의사가 치료도 잘할 것이고, 실력 있는 선수의 계약이 연장되는 것도 공정해 보인다. 문제는 능력을 판단하는 기준이나 능력을 펼칠 기회가 공평하게 돌아가지 않는다는 점이다. 그런데 이러한 구조 속에서 성공을 쟁취한 이들이 오로지 자신의 능력만으로 승리했다고 여기며, 사회적 보상을 독차지하고 있다.
>
> 세계를 작동하는 원리였던 능력주의는 이미 뚜렷한 균열을 보이고 있다. 지난해 미국에서는 부유층의 자녀가 뇌물과 답안지 조작을 통해 입시에 성공한 사례가 드러났고, 국내에서도 명문대 진학을 위한 부유층들의 입시 부정 사례들이 속속 드러나고 있다. 능력주의가 불평등을 심화시킨다는 사실은 올해 서울대·고려대·연세대 전체 입학생 중 55.1%, 의대 입학생 중 74.1%가 월소득 상위 20% 이상의 부유층 출신이라는 통계만 봐도 쉽게 알 수 있다.

① 기회와 과정의 공정이 결과의 공정까지 담보하는 것은 아니다.
② 국가가 경쟁력을 가지기 위해서는 개개인의 능력을 개발해야만 한다.
③ 부유한 집안에서만 능력주의가 발휘한다는 것은 성급한 일반화의 오류이다.
④ 능력주의는 연줄과 배경 없이 개인의 능력을 발휘할 수 있는 유일한 수단이다.
⑤ 사회가 개인에게 준 재능에 대한 보상은 개개인의 업적이나 덕이 아니다.

14

다음 글을 읽고 ㉠~㉤을 수정한 것으로 적절하지 않은 것을 고르면?

베토벤 관현악을 위한 작품 중 교향곡에 이어 중요한 위치를 선점하고 있는 것이 서곡이다. ㉠베토벤의 연주회용 서곡은 1804년부터 1822년에 이르는 기간에 작곡되어 초연하였고, 그 당시 인기가 대단했다고 한다. 베토벤이 작곡한 서곡은 총 11곡으로, 그중에서도 「에그몬트」, 「코리올란」, 「레오노레 제3번」, 「휘델리오」는 ㉡희대의 명곡으로서, 그 제목이 되는 희곡이나 오페라의 내용과 정신을 정확하게 나타내고 있을 ㉢뿐만아니라 음악적으로도 매우 훌륭하다.

그중에서 「에그몬트」 서곡은 괴테가 12년의 세월을 걸쳐 완성한 5막의 비극 '에그몬트'에 붙여진 부수 음악이다. ㉣'에그몬트'가 1810년 빈에서 초연할 당시에 빈 궁정극장의 지배인은 베토벤에게 작품을 청탁하였고, 이 작품은 베토벤 나이 40세 때 완성되었기 때문이다. 폭군에 맞서 항거한 영웅 에그몬트 백작의 기백을 상징하듯 음색이 웅장하고 화려해 베토벤의 11곡의 서곡 중 가장 사랑받는 작품이다. 명곡이 오래도록 사랑받는 이유는, 이처럼 사람들의 기억 속에서 쉽사리 ㉤잊혀지지 않기 때문이 아닐까.

① ㉠: 통일성에 어긋나는 문장이므로 삭제해야 한다.
② ㉡: 뜻이 중복되므로 두 단어 중 하나만을 사용해야 한다.
③ ㉢: 조사를 제외한 각 단어는 띄어 써야 하므로 '뿐만'과 '아니라'를 띄어 써야 한다.
④ ㉣: 주어와 서술어의 호응이 어색하므로 '완성되었기 때문이다'를 '완성되었다'로 수정해야 한다.
⑤ ㉤: 이중피동 표현은 지양해야 하므로 '잊히지'로 수정해야 한다.

15

다음 글의 전개 방식으로 옳은 것을 고르면?

『서경』의 「홍범(洪範)」 편에 "치우침이 없고 사사로움이 없으면 임금의 도가 넓을 것이요, 평평할 것이며, 어긋남이 없고 기울어짐이 없으면 임금의 도가 바를 것이니, 그렇게 되면 모든 정사가 중앙으로 모여 공명정대한 데로 돌아가리라"라고 하였다. 이처럼 공명정대함으로 세운 도는 마침내 탕평(蕩平)으로 돌아가며, 탕평의 요점은 한쪽으로의 치우침과 사사로운 마음을 막는 것보다 더 좋은 것이 없다는 것이다.

중등 이상의 사람은 말로써 그 잘못을 깨우칠 수 있으나, 중등 이하의 사람은 그 잘못을 고치기 위해서 말이 아니라 이로움으로 인도하는 것이 중요하다. 그렇게 하지 않으면 그 말을 듣고 기뻐하기만 하고 그 이유를 찾지 않을 것이고, 그 말을 따르기만 하고 정작 자신의 잘못을 고치지 않을 것이다.

무릇 이로운 것을 좇고 해로운 것을 피하는 것은 사람들의 상정(常情)이다. 연(燕)나라 사람과 월(越)나라 사람이 배를 함께 탔을 때, 성품도 다르고 기질도 다르지만은 풍랑을 대비하는 데에는 지혜와 힘을 한결같이 쓰는 것은 이해(利害)가 같기 때문이다. 부부가 한집에 거처하면서 씨족도 다르고 습속도 다르지만 살림을 하는 데에서는 마음의 간격이 없는 것 또한 이해가 같기 때문이다.

진실로 조정에 있는 대소의 관원들이 한마음 한뜻으로 단결하여, 연나라 사람과 월나라 사람이 배를 함께 타고, 부부가 한집에서 살림하는 것처럼 한다면, 탕평이 이룩될 것이다. 그러나 한쪽은 총애하고 한쪽은 소홀히 하여 한쪽은 즐겁고 한쪽은 괴로움을 주어, 부귀와 빈천의 간격을 고르게 하지 못하고, 한갓 빈말로 타이르고 실상이 없는 꾸지람을 하는 데 힘을 허비하면서, 자기 몸에 절실한 이해를 버리고 남의 권유를 따르라고만 한다면, 탕평이 어려울 것이다. 그러므로 「홍범」에서 "임금이 극(極)을 세운다"라고 했으니, 극은 대들보[棟]이다. 한 가옥에는 오직 대들보가 한가운데 있고 그 나머지 기둥과 서까래와 문지도리와 문설주 등은 모두 대들보를 의지하여 쓰임이 되지 않는 것이 없다. 만약 대들보가 조금만 치우친다면 동쪽이든 서쪽이든 간에 반드시 기울어 빗물이 새게 될 것이니, 여러 재목도 그 때문에 기울어져서 대들보마저 따라서 허물어질 것이다.

비록 당나라·송나라 때에는 과거 시험을 널리 베풀어 인재 선발이 빈번하여, 영화와 총애를 바라는 데 급급해 하는 것이 그 시대의 도도한 흐름이었다. 이로운 데로 나아가는 구멍은 하나뿐인데 백 사람이 뚫고 들어가려 하니, 어떻게 은혜를 널리 베풀어 원망을 없게 할 수 있겠는가? 그 등용하고 물리침에 극(極)이 바로 서지 못하면 왕도(王道)는 이루어지지 않는 것이다.

당쟁의 화는 대체로 과거를 자주 보아 사람을 너무 많이 뽑은 데서 말미암은 것이다. 그러한 줄 알았으면 오늘부터라도 사람 뽑는 것을 점차 줄여야 한다. 그러나 국가에 경사(慶事)가 자주 있고, 그럴 때마다 반드시 과거를 실시하는데, 과거(科擧)와 경사가 무슨 상관이 있단 말인가? 과거 시험에 합격하는 자는 몇 사람일 뿐 수많은 사람이 눈물을 흘리는데, 어찌 경사를 함께한다고 이르겠는가? 더구나 과거에 합격한 자는 모두 귀족이나 세도가의 자제들뿐이요, 사방에서 모여든 한미(寒微)한 사람은 그 속에 들지 못하는 데 있어서랴? 이는 마치 대들보를 중심에 세우지 않고 집이 기울지 않기를 바라는 것과 같다.

– 이익, 「탕평(蕩平)」

① 인용을 통해 학자의 견해를 분석하고 있다.
② 유추의 방식을 통해 문제의 변수를 판별하고 있다.
③ 핵심 제재를 세분화하여 구체적으로 전개하고 있다.
④ 상황을 가정하여 초래될 수 있는 문제점을 강조하고 있다.
⑤ 현상의 문제점을 제시한 후 다양한 해결책을 모색하고 있다.

16

다음 글의 밑줄 친 ㉠과 ㉡의 사례로 적절하지 않은 것을 고르면?

㉠타당한 논증이란 타당한 형식의 논증을 말한다. 타당한 형식의 논증이란 반례가 있을 수 없는 형식의 논증을 일컫는다. '반례'란 그 논증이 부당함을 보여주는 반박 사례의 준말로서, 전제들이 모두 참이면서 결론은 거짓인 논증의 사례를 말한다. 반례가 나올 수 있는 형식의 논증은 부당한 형식의 논증이다. ㉡부당한 논증과 동일한 형식의 논증은 설령 그 전제들과 결론이 모두 참이라 해도 부당한 논증으로 간주된다. 왜냐하면 그 형식의 논증 가운데에는 반례가 있기 때문이다.

우리는 어떤 논증이 타당한지 부당한지 얼핏 불확실해 보일 때, 그와 동일한 형식의 반례가 되는 논증을 찾아서 원래의 논증이 부당함을 보일 수 있다. 이 방법이 어떻게 쓰이는지 예를 들어 설명해 보자.

"모든 셰퍼드는 포유류이다. 모든 개는 포유류이다. 따라서 모든 셰퍼드는 개다."

이 논증은 아래와 같은 논증 형식의 사례이다.

"모든 A는 B이다. 모든 C는 B이다. 따라서 모든 A는 C이다."

원래 논증의 전제와 결론은 모두 참이므로, 우리는 이 논증이 타당한지 여부를 미심쩍어 할 수 있다. 이때 우리는 다음과 같은 반례를 하나 찾아내어 원래의 논증이 부당함을 보일 수 있다.

"모든 고양이는 포유류이다. 모든 개는 포유류이다. 따라서 모든 고양이는 개다."

그런데 어떤 논증의 반례를 찾아보아도 나오지 않는 경우가 있을 수 있다. 이때 우리는 그 논증이 타당해서 반례가 없기 때문에 찾아내지 못한 것인지, 아니면 부당해서 반례가 있기는 하지만 아직 찾아내지 못한 것인지 알 수 없다. 이 때문에 이 방법으로는 논증의 부당성을 입증할 수 있지만, 논증의 타당성을 입증할 수는 없다.

① ㉠: 모든 사람은 죽는다. 소크라테스는 죽었다. 따라서 소크라테스는 사람이다.
② ㉠: A는 대한민국의 공무원이다. 모든 대한민국의 공무원은 관공서에서 근무한다. 따라서 A는 관공서에서 근무한다.
③ ㉡: 비행기를 타면 멀리 갈 수 있다. 그는 비행기를 타지 않았다. 따라서 그는 멀리 갈 수 없었다.
④ ㉡: 파주는 경기도의 도시이다. 나의 집은 경기도에 있다. 따라서 나의 집은 파주이다.
⑤ ㉡: B는 야구부이거나 축구부이다. B는 야구부이다. 따라서 B는 축구부는 아니다.

17

다음 글을 읽고 추론할 수 없는 것을 고르면?

삼국유사는 신라 전성시대의 경주의 모습을 설명하면서 금입택(金入宅)의 명칭 39개를 나열하고 있다. 신라의 전성시대란 일반적으로 상대, 중대, 하대 중 삼국 통일 이후 100여 년간의 중대를 가리키는 것이 보통이나, 경주가 왕도로서 가장 발전했던 시기는 하대 헌강왕 대이다. 39개의 금입택이 있었던 시기도 이때이다. 그런데 경덕왕 13년에 황룡사종을 만든 장인이 금입택 가운데 하나인 이상택(里上宅)의 하인이었으므로, 중대의 최전성기에 이미 금입택이 존재하고 있었음을 알 수 있다. 즉 금입택은 적어도 중대부터 만들어지기 시작하여 하대에 이르면 경주에 대략 40여 택이 들어서 있었다. 하지만『삼국유사』의 기록이 금입택 가운데 저명한 것만을 기록한 것이므로, 실제는 더 많았을 것이다.

'쇠드리네' 또는 '금드리네'의 직역어인 금입택은 금이나 은 또는 도금으로 서까래나 문틀 주위를 장식한 호화주택이다. 지붕은 주로 막새기와를 덮었으며, 지붕의 합각 부분에는 물고기나 화초 모양의 장식을 했다. 김유신 가문이라든가 집사부 시중을 역임한 김양종의 가문, 경명왕의 왕비를 배출한 장사택 가문 등 진골 중에서도 왕권에 비견되는 막대한 권력과 재력을 누리던 소수의 유력한 집안만이 이러한 가옥을 가질 수 있었다.

금입택은 평지에는 만들어지지 않았다. 경주에서는 알천이 자주 범람하였으므로 대저택을 만들기에 평지는 부적절했다. 따라서 귀족들의 금입택은 월성 건너편의 기슭에 주로 조성되었는데, 이 일대는 풍광이 매우 아름다워 주택지로서 최적이었다. 또한 남산의 산록 및 북천의 북쪽 기슭에도 많이 만들어졌는데, 이 지역은 하천을 내려다 볼 수 있는 높은 지대라서 주택지로 적합하였다.

또한 지택(池宅), 천택(泉宅), 정상택(井上宅), 수망택(水望宅) 등 이름 가운데 '지(池)', '천(泉)', '정(井)', '수(水)' 등 물과 관계있는 문자가 보이는 금입택이 많다. 이러한 금입택은 물을 이용한 연못이나 우물 등의 시설을 갖추고 있었다. 금입택 중 명남택(椧南宅)에서 보이는 '명(椧)' 자는 조선 후기의 실학자 이수광, 이규성 등이 증명한 것처럼, 우리 고유의 글자로 대나무 혹은 돌을 길게 이어 물을 끌어 쓰거나 버리는 데 이용하는 대홈통의 뜻을 갖고 있다. 이러한 수리시설은 오늘날 산지에서 이용되고 있으며, 통일신라시대 사찰이나 궁궐의 조경에도 이용되었다. 명남택은 이러한 수리시설을 갖추었기 때문에 붙은 이름이었다. 한편 금입택 중 사절유택(四節遊宅)과 구지택(仇知宅)은 별장이었다.

① 금입택은 신라의 전성시대부터 조성된 주택 양식이다.
② 신라 진골 집안의 하인 중에는 예술적 기질이 특별한 이도 있었다.
③ 금입택은 이름에 쓰인 특정 한자를 통해 건물 시설의 일부를 유추할 수 있다.
④ 신라의 전성기에는 막대한 부를 쌓는다면 금입택의 주인이 될 수 있었다.
⑤ 금입택이 평지가 아닌 곳에 조성된 까닭은 하천의 범람으로 인한 피해를 막기 위함이었다.

18

다음 〈보기〉의 글이 들어가기에 가장 적절한 위치를 고르면?

최근 감기약 성분을 이용해 마약을 제조한 일당이 검거되었다는 소식이 보도되었다. 이들이 마약 제조에 활용한 감기약은 '일반의약품'으로 분류돼 약국에서 쉽게 구입할 수 있다는 점에서 논란을 일으켰다. (가)

약국에서 판매되는 종합감기약 대부분에 함유된 '덱스트로메토르판'은 신종 마약 '러미라'로 알려진 진해거담제와 동일 성분으로, 아편 계열 알칼로이드다. 기침을 진정시키는 용도로 30년 이상 종합감기약 등에 사용되고 있는 성분이다. (나) 하지만 1회 일정량 이상 복용을 하면 환각효과가 나타나고 LSD(강력한 환각 마약)와 유사해 마약 대체재로 악용되고 있다. (다)

덱스트로메토르판은 2003년 항정신성 의약품으로 지정됐으나, 현재 유통되고 있는 덱스트로메토르판 함유 의약품 231개 중 3개를 제외하고는 처방전 없이도 약국에서 쉽게 구입할 수 있다. (라) 단일제제나 1일 복용량 60mg을 초과하는 복합제제에 대해서만 항정신성 의약품으로 지정되어 있기 때문이다.

덱스트로메토르판 단일제제·함유 약만 문제가 되는 것은 아니다. 마약을 제조했던 일당이 주목했던 감기약의 성분은 '슈도에페드린'이다. 슈도에페드린은 덱스트로메토르판과 마찬가지로 대부분의 종합감기약에 사용되는 성분이다. 슈도에페드린은 교감신경흥분제로 주로 코 막힘 완화제나 각성제로 사용된다. 이 성분이 든 감기약은 시중에 309개로, 120mg 이하 함유 제품은 일반의약품으로 유통되고 있다. (마) 실제로 덱스트로메토르판, 슈도에페드린이 함유된 약들을 구매하기 위해 여러 약국을 방문한 결과 처방 없이 개당 2,000~3,000원에 구입할 수 있어, 해당 문제에 대한 논의가 필요할 전망이다.

〈보기〉

특히 청소년들도 이 성분이 함유된 의약품을 대량으로 구입해 남용하는 사례까지 발생하고 있어 사회적 문제가 되고 있다.

① (가) ② (나) ③ (다)
④ (라) ⑤ (마)

19

다음 글을 읽고 이해한 내용으로 가장 적절한 것을 고르면?

'해금(海禁)정책'은 '하해통번지금(下海通番之禁)'의 약칭으로, 해상무역·해상교통뿐 아니라 어업까지도 규제하는 해양 통제정책이다. 조선 초기 태종은 '사사로이 바다로 나가 이익을 도모하는 자를 금지하라'는 명을 내렸고, 세종도 '사사로이 국경 근처에서 무역하거나 바다로 나간 자는 장(杖·곤장) 100대에 처한다'고 명했다. 태종 때는 바다에 나가 무역하는 것을 규제했지만 세종 때는 아예 바다에 나가는 것을 금지한 것이다.

조선왕조가 해금정책을 시행하게 된 가장 큰 이유는 고려 말부터 골칫거리였던 왜구의 침입 때문이었다. 왜구는 해안가나 섬, 일부 내륙지방에 게릴라처럼 출몰하여 백성들을 약탈하였는데, 그때마다 정규군을 파견하는 것은 대단히 어려웠을 뿐만 아니라 비효율적이었다. 군이 현장에 도착했을 때는 왜구는 이미 사라진 뒤이고, 백성들의 피해는 날이 갈수록 늘어만 갔다. 이에 대한 대책으로 선택된 것이 바로 해금정책이다. 백성들이 먼 바다로 나가는 것을 금하고, 섬에서의 생활을 금지시켜 노략질할 대상 자체를 없앤다는 전략이었다.

해금정책의 원인으로 명나라의 영향을 주장하는 학자들도 있다. 명 태조가 정권 위협 요인인 강남의 해상 세력을 견제·탄압하기 위해 해금정책을 편 것처럼 조선도 고려 말부터 기승을 부렸던 왜구 등을 물리치고 강력한 중앙집권 체제를 갖추기 위해 고려 말의 '공도정책(空島政策)'을 계승하고 명의 해금정책을 받아들였다는 것이다.

태종 17년(1417) 조정에서는 독도와 울릉도의 주민들을 육지로 이주시키는 것이 좋을지, 관리를 파견하고 세금을 거두는 것이 좋을지를 의논하였다. 많은 신하들이 후자를 주장하기도 하였으나, 당시 공조판서였던 황희의 의견이 채택되어 독도와 울릉도 지역은 사람의 왕래와 거주가 법으로 금지되었다. 이러한 정책을 공도화(空島化, 섬을 비우는 것)라고 한다. 공도화는 독도와 울릉도에 대한 조선왕조의 기본적인 정책으로, 태종 17년 이후 고종 19년(1882)까지 465년간 지속되었다. 그러나 이와 같은 중앙정부의 노력에도 불구하고 일반 백성들의 왕래는 끊이지 않았다. 그들은 고기를 잡거나 미역 등을 채취하였으며, 농사를 지으며 정착하여 살기도 하였다. 이 때문에 중앙정부는 지속적인 순찰을 통해 토산물의 파악 등 섬을 관리하면서 동시에 거주민들을 수색하여 육지로 송환하는 작업을 계속해야 했다.

이러한 해금정책이 폐지된 것은 1882년 고종 때에 이르러서이다. 1883년부터 울릉도지역에 대한 본격적인 이주정책이 시행되었다. 공도화정책이 이주정책으로 바뀐 것은, 개항 이후 울릉도에 대거 침입하기 시작한 일본인들의 침탈 행위를 막기 위함이었다.

① 조선의 해금정책은 후기로 갈수록 강화되었다.
② 조선의 해금정책과 공도화정책의 주요 원인은 모두 왜구에 있었다.
③ 공도화정책으로 왜구의 침탈은 막았으나, 섬에 대한 영유권은 잃게 되었다.
④ 조선왕조가 명의 해금정책을 받아들인 것은 중앙집권화를 완성하기 위함이다.
⑤ 조선은 왜구가 울릉도에 상륙하고, 이를 기반으로 한 육지 침입을 우려하였다.

20

다음 글에 비추어 볼 때 ㉠과 ㉡에 들어갈 진술로 가장 적절한 것을 고르면?

인체 구성성분의 60%는 물이다. 이 중에 대략 3분의 2는 세포 안의 공간에 있는 세포내액으로, 나머지는 세포 밖의 공간에 있는 세포외액으로 존재한다. 세포외액은 다시 세포 사이의 공간에 있는 세포간질액과 혈관 안에 있는 혈액으로 구성된다. 세포내액과 세포외액은 세포막이라는 장벽으로 구분되어 있고, 세포막은 물만 통과할 수 있을 뿐 어떤 삼투질도 통과하지 못한다. 반면 세포간질액과 혈액은 혈관이라는 장벽으로 구분되어 있다. 이제 삼투질에는 소금만 있다고 가정하자. 소금은 혈관을 자유롭게 통과할 수 있기 때문에, 혈관 안팎의 소금 농도가 다르다면 농도가 높은 곳에서 낮은 곳으로 소금이 확산되어 이동한다. 장벽을 사이에 두고 삼투질 농도가 낮은 공간의 물이 삼투질 농도가 높은 공간으로 이동하는 삼투현상이 발생하는데, 이 삼투현상은 세포막과 혈관에서 모두 일어날 수 있다.

체내에서 세포막이나 혈관을 사이에 두고 일어나는 삼투질의 확산과 삼투현상으로 각 공간의 삼투질 농도는 평형을 이루고 있다. 이때 세포내액, 세포간질액, 혈액의 삼투질 농도는 300mosm/L이고, 0.9% 소금 용액의 삼투질 농도와 동일하다고 하자. 만약 세포간질액에 소금이 추가되어 삼투질 농도가 350mosm/L로 증가된다면, 세포간질액에 있는 소금은 세포 안으로는 확산되지 못하지만 혈액으로 확산되고, 세포 안과 혈관 안의 물이 삼투질 농도가 높은 세포간질액으로 이동하는 삼투현상이 일어난다. 이런 과정을 통해 세포내액, 세포간질액, 혈액은 300mosm/L과 350mosm/L 사이의 삼투질 농도에서 다시 평형을 이루게 된다.

이와 관련하여 하나의 실험을 해 봤다고 하자. 체액 삼투질 농도가 300mosm/L로 동일한 A와 B가 있다. A에게는 0.9%의 소금 용액 1L를, B에게는 순수한 물 1L를 마시게 했다. 이렇게 섭취된 분량이 모두 흡수되었다고 한다면, 흡수되기 전과 비교할 때 A는 (㉠), B는 (㉡).

① ㉠: 세포외액 증가량이 세포내액 증가량보다 많고
㉡: 세포외액 증가량이 세포내액 증가량보다 많다.
② ㉠: 세포외액 증가량이 세포내액 증가량보다 많고
㉡: 세포외액 증가량이 세포내액 증가량보다 적다.
③ ㉠: 세포내액 증가량은 없지만, 세포외액은 증가하고
㉡: 세포외액 증가량이 세포내액 증가량보다 많다.
④ ㉠: 세포내액의 삼투질 농도는 변함없고
㉡: 세포내액의 삼투질 농도는 높아진다.
⑤ ㉠: 세포내액의 삼투질 농도는 높아지고
㉡: 세포내액의 삼투질 농도는 낮아진다.

정답과 해설 P.102

MEMO

MEMO

끝이 좋아야 시작이 빛난다.

– 마리아노 리베라(Mariano Rivera)

여러분의 작은 소리
에듀윌은 크게 듣겠습니다.

본 교재에 대한 여러분의 목소리를 들려주세요.
공부하시면서 어려웠던 점, 궁금한 점,
칭찬하고 싶은 점, 개선할 점, 어떤 것이라도 좋습니다.

에듀윌은 여러분께서 나누어 주신 의견을
통해 끊임없이 발전하고 있습니다.

에듀윌 도서몰 book.eduwill.net
- 부가학습자료 및 정오표: 에듀윌 도서몰 → 도서자료실
- 교재 문의: 에듀윌 도서몰 → 문의하기 → 교재(내용, 출간) / 주문 및 배송

PSAT형 NCS 기출예상문제집_의사소통능력

발 행 일	2024년 1월 29일 초판
편 저 자	길자은
펴 낸 이	양형남
펴 낸 곳	(주)에듀윌
등록번호	제25100-2002-000052호
주 소	08378 서울특별시 구로구 디지털로34길 55 코오롱싸이언스밸리 2차 3층

www.eduwill.net
대표전화 1600-6700

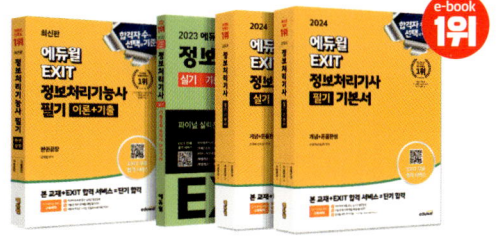

최신판

에듀윌 공기업 PSAT형 NCS 기출예상문제집

의사소통능력

정답과 해설

eduwill

최신판

에듀윌 공기업 PSAT형 NCS 기출예상문제집

의사소통능력

에듀윌 공기업 PSAT형 NCS 기출예상문제집

의사소통능력

정답과 해설

eduwill

PART 1 | NCS 기출 유형 & 문제 풀이 훈련

기출 유형 1 | 핵심 내용 파악 P. 22

01	02	03	04	05	06	07	08	09	10
④	③	④	①	②	④	②	②	⑤	①

01

정답 | ④

정답풀이 |

첫 번째 문단은 다국적 기업이 해외시장의 진입을 위해 국제인수 옵션을 적극적으로 활용하고 있다는 점과 그 이유를 설명하고 있고, 두 번째 문단은 다국적 기업이 국제인수 과정에서 발생할 수 있는 문제점을 해결하기 위해 피인수기업을 대상으로 통제 메커니즘을 활용한다는 내용을 담고 있다. 이를 모두 포괄하는 내용은 ④뿐이다.

오답풀이 |

① 첫 번째 문단에 따르면 다국적 기업이 다양한 전략적 선택을 하는 것은 세계화와 치열한 경쟁 속에서 살아남기 위한 방안이라고 하였다. 꼭 해외 진출만을 위함이라고 보기 어렵다.

② 두 번째 문단에서 다국적 기업이 현지 중소기업을 통제하기 위한 통제 메커니즘을 활용한다는 내용이 있으나, 전체 내용을 포괄하는 제목으로는 적절하지 않다.

③ 주어진 글은 다국적 기업 입장에서의 내용이 주를 이루고 있다. 현지 중소기업의 전략에 대한 내용은 찾을 수 없다.

TIP

두 문단의 주요 내용이 상이할 경우, 이를 모두 언급해야만 한다. 주제나 핵심을 찾는다는 것은 전체 내용을 요약하는 것과 같으므로 반드시 포괄적인 내용만이 정답이 된다. 물론 주장에 대한 반박이 등장한다면 그 반박이 핵심이겠지만, 그러한 역접의 내용이 없다면 전체 내용을 담고 있어야 핵심이다.

02

정답 | ③

정답풀이 |

주어진 글은 과학기술정보통신부가 정보통신기술(ICT) 규제 샌드박스 지정기업인 S사를 통해 일반 220V용 콘센트를 활용하여 전기차를 충전할 수 있는 스마트 전기자동차 충전콘센트(제품명 '차지콘')가 출시되었음을 알리는 기사문이다. 첫 번째 문단에서 주요 내용이 요약되어 있으며, 두 번째 문단에서는 과기정통부가 S사에게 사업자 등록 및 사업 허가를 줬다는 내용이, 세 번째 문단에서는 이를 통해 기대하는 바가 서술되어 있다. 그리고 네 번째 문단에서는 S사 안전 및 피해 보상을 위한 보험 가입과 인프라 구축에 대한 내용이, 마지막 문단에서는 과기부 차관의 의견이 제시되어 있다.

오답풀이 |

① S사의 '차지콘'을 통해 신시장을 개척했다고 볼 수 있으나 주어진 기사문의 제목으로는 적절하지 않다.

② 마지막 문단에 해당하는 부분적 내용이므로, 전체 제목으로는 적절하지 않다.

④ 주어진 기사문은 과기정통부가 ICT 규제 샌드박스 지정업체 S사의 '차지콘'의 출시를 알리는 글이므로, 해당 상품에 대해 홍보했다고 추론할 수는 있다. 하지만 '경제적 효과'에 국한된 내용이 아니고, 해당 상품의 출시를 위해 과기정통부가 해왔던 행정적 절차와 이로 인한 효과 및 전망에 대한 내용이 주를 이루고 있다.

⑤ 부분적인 내용이므로 제목으로는 적절하지 않다.

TIP

핵심 내용 파악 유형에서 매력적인 오답은 부분적인 내용으로 구성된 선택지를 제시하는 경우다. 이 문제도 대부분의 선택지가 부분적인 내용만을 제시하여 오답을 구성하고 있다.

03

정답 | ④

정답풀이 |

주어진 글의 첫 문단과 두 번째 문단에서는 모든 동물이 사다리꼴 모양으로 배열되어 있다는 아리스토텔레스의 '자연의 사다리'를 중심으로 확립된 서양의 자연관을 설명하고 있다. 세 번째~다섯 번째 문단에서는 '상의(相依)'와 '화해(和諧)'라는 두 단어로 요약될 수 있는 동양의 자연관을 유학, 도가, 불교의 사상을 기반으로 설명하고 있다. 마지막 문단에서는 동양과 서양의 자연관의 차이점을 요약하며 그러한 자연관이 여러 문화에 영향을 끼쳤음을 말하고 있다.

따라서 주어진 글의 핵심 내용은 '서양과 동양의 자연관 비교 분석'이 가장 적절하다.

오답풀이 |

① 주어진 글은 서양과 동양의 자연관에 대한 설명이다. '자연을 바라보는 관점'은 너무 포괄적인 즉 확대한 내용이라고 볼 수 있으므로 핵심으로는 적절하지 않다.

② 서양과 동양의 자연관에 대한 구체적인 내용을 담고 있을 뿐, 전체 내용을 포괄한다고 볼 수 없으므로 핵심으로는 적절하지 않다.

③ 서양의 자연관의 변천은 어느 정도 파악할 수 있으나(아리스토텔레스의 사상이 그대로 전해 내려옴.), 동양의 자연관 변천은 주어진 글에서 찾을 수 없다.

⑤ 문화에 반영되었다는 내용은 마지막 문단에서만 등장하므로 핵심으로는 적절하지 않다.

TIP

핵심 내용을 파악하는 유형은 '핵심어'가 반드시 들어가는 동시에 전체 내용을 포괄해야 한다. 다시 말해 핵심어가 없거나, 부분적인 내용은 핵심이라고 볼 수 없다. 더불어 핵심어가 확대되거나 왜곡되어서도 안 된다.

04

정답 | ①

정답풀이 |

주어진 글은 잠들기가 어려운 입면장애와 잠에 들어도 자는 도중 자주 깨거나 너무 일찍 잠에서 깨어나는 수면유지장애를 뜻하는 불면증의 원인을 둘로 나누어 소개하고, 그에 따른 치료법에 대해 설명하고 있다. 따라서 제목으로 가장 적절한 것은 ①이다.

오답풀이 |

② 주어진 글에서 불면증으로 인해 발생하는 질병과 관련된 내용을 찾을 수 없다.

③ 불면증 치료법에 대한 내용은 세 번째 문단에서 확인할 수 있는데, '비약물적 방법이 약물치료보다 우선시되어야 한다'고 했으므로, 주어진 글의 내용과 상충된다.

④ 두 번째 문단에서 스트레스가 불면증의 원인 중 하나로 언급되어 있지만 이는 주요 내용이 아니므로 제목으로는 적절하지 않다.

⑤ 불면증 해소 전략에 대한 내용을 담고 있는 것은 맞으나 '최적 수면의 조건'에 대한 내용은 주어진 글에서 찾을 수 없다.

TIP

주어진 글의 마지막 부분에 핵심이 등장할 가능성이 높은데, 이 문제의 경우에는 두 번째 문단의 마지막인 '~불면증의 원인이 된다.'와 세 번째 문단의 마지막인 '~이 전략을 활용한다.'에서 핵심 내용을 파악할 수 있다. 이처럼 마지막 문단으로 핵심을 찾기 어려운 경우에는 각 문단의 마지막을 참고해 볼 수 있다.

05

정답 | ②

정답풀이 |

주어진 글의 필자는 비경제적이라는 말의 의미에 주목하면서 경제학적 판단은 부분적인 판단에 불과하며, 화폐 이익 제공이라는 한 측면만 보고 단기적인 것에 치중하며, 자유재를 비용 개념에 기대는 것이 문제라고 지적하고 있다. 즉 경제학적 판단과 방법론에 한계가 있음을 지적하며 이를 경계해야 함을 말하고 있다.

오답풀이 |

① 비경제학이라는 말의 의미는 설명하고 있으나, 사용에 관한 문제를 제기하고 있지는 않다.

③ 첫 번째 문단의 '경제학은 어떤 것이든 그것을 담당한 사람에게 화폐 이익을 제공하는가라는 오직 하나의 측면만을 제공할 뿐이다.'를 통해 알 수 있는 내용이지만, 주어진 글의 필자의 주장으로 가장 적절하다고 볼 수 없다.

④ 주어진 글에서 지금까지의 경제학을 버리고 새로운 경제학을 정립해야 한다는 주장은 확인할 수 없다.

TIP

이 문제는 기출 유형 접근법 중 '궁극적인 주장은 표면적 주제가 아닌 이면적 주제에 집중'을 활용하여 푸는 문제이다. 표면적 주제는 선택지 ③의 내용이고, 이면적 주제는 선택지 ②의 내용이다. '궁극적'이라는 발문에 집중하지 않았다면 ③을 정답으로 볼 가능성이 높다. 이처럼 '궁극적인 주장'을 찾는 문제는 표면적 주제를 선택지로 구성하여 함정을 만들어 높은 난도로 출제될 가능성이 있으므로, 문제 출제 의도를 정확하게 파악하는 것이 중요하다.

06

정답 | ④

정답풀이 |

(가)는 교통약자를 위한 횡단보도 설치를, (나)는 육교 철거에 대한 찬반 논쟁에 관한 글이다. (가)는 마지막 부분에서 '선진 교통문화 정착을 위해 교통약자를 배려하는 기준 마련'을 언급하며 '교통약자를 위한 사회적 배려'를 강조하고 있고, (나)는 마지막 부분에서 '육교를 둘러싼 갈등이 커질수록 사회적 비용이 소모되며 피로감만 늘 뿐'이라고 지적하며, '사회 갈등에 따른 사회적 비용'을 고려해야 함을 강조하고 있다.

오답풀이 |

① (가)의 '횡단보도를 설치하는 것이다. 장애인이나 노약자, 임산부 등 교통약자들이 육교 계단을 오르내리는 불편을 없애고, 걷는 사람이 편안한 도로를 위해 육교 철거와 횡단보도

복원을 추진하면 된다'를 통해 육교 엘리베이터 설치가 아닌 '횡단보도 설치'를 주장하고 있음을 알 수 있다.

② (나)는 육교의 철거와 재설치에 대한 주민들의 갈등을 언급하고 있을 뿐, 육교 재건설의 필요성을 주장하고 있지는 않다.

③ (나)에서 육교 재설치와 관련된 사회적 합의가 필요하다는 내용을 이끌어낼 수는 있으나, (가)에서는 이러한 내용을 찾을 수 없다.

⑤ (가)에서는 교통약자를 위한 횡단보도 설치를 주장하고 있지만 (나)에서는 육교 철거와 설치에 대한 논란을 말하고 있을 뿐, 육교 철거 또는 재설치를 주장하고 있지는 않다. (나)의 마지막 부분에 제시된 '육교 인근 초등학교 학부모들은 안전을 이유로 육교 재설치를 주장하고 있다'라는 부분은 논란 중 하나의 의견일 뿐이다.

TIP

한 문제에서 문단을 분리하여 지문을 제시하는 경우, 각 문단별로 끊어서 해당 선택지를 확인하는 것이 효율적인 접근법이다. 이 문제의 경우, (가)를 우선 읽은 후 관련 내용을 확인한다. 이를 통해 ①, ③을 소거할 수 있다. 그후 (나)를 읽고 나머지 부분들을 확인하면 된다. 문단별로 끊어서 확인하는 방법은 선택지를 정확하게 파악할 수 있을 뿐만 아니라, 때에 따라서는 글의 일부 내용만으로도 정답을 구할 수 있으므로 풀이 시간을 단축할 수 있다. 더불어 핵심 내용 파악 접근법 중 '첫 문단과 마지막 문단에 집중'을 활용했다면 좀 더 빠르게 풀수 있는 문제이다.

07

정답 | ②

정답풀이 |

주어진 글은 에티오피아의 마실 물 부족으로 벌어지는 상황을 예로 들어, 물 부족 문제의 핵심은 물의 전체적인 양 부족이 아니라 물을 필요로 하는 지역에서 물 고갈이 심화되면서 나라에 따라 물 부족량의 편차가 커지는 것에 있음을 지적하고 있다. 그리고 가까운 미래에 전 세계적인 물 부족 현상으로 인한 국가 간 분쟁이 빈번해질 것이라고 전망하고 있다. 따라서 글의 주제로는 '국가 간 물 부족 편차는 앞으로 국제 분쟁 발생의 주요 원인이 될 수 있다'가 가장 적절하다.

오답풀이 |

① 마지막 문단의 '가까운 장래에 전 세계적인 물 부족 현상이 예상되는 가운데'를 통해 알 수 있는 내용이지만, 이는 부분적인 내용으로 주어진 글의 주제로는 적절하지 않다.

③ 세 번째 문단에 따르면 현재 물 문제는 전체적인 양이 부족한 것이 아니라 사람들이 필요로 하는 곳에서의 물 부족 즉 지역 편차에 있다고 하였다. 따라서 지구가 전 인류가 사용할 수 없는 만큼 물 부족이 심각한 상황에 놓여 있다는 적절하지 않은 내용이다.

④ 네 번째 문단에서 알 수 있는 내용이지만, 이는 부분적인 내용으로 주어진 글의 주제로는 적절하지 않다.

TIP

핵심 내용을 파악하는 유형은 '핵심어'가 반드시 들어가는 동시에 전체 내용을 포괄해야 한다. 다시 말해 '핵심어'가 없거나, 부분적인 내용은 핵심이라고 볼 수 없는 것이다. 더불어 주어진 글과 상충하거나, 상관없는 내용 역시 핵심이라고 볼 수 없다.

08

정답 | ②

정답풀이 |

(가)는 잊힐 권리에 대한 법제화가 시급하다는 입장이고, (나)는 잊힐 권리에 대한 법제화를 할 때 신중하게 접근해야 한다는 입장의 글이다.

오답풀이 |

① (나)에서는 잊힐 권리의 법제화를 신중하게 접근해야 한다고 했을 뿐, 하지 말아야 한다고 주장한 것은 아니다.

③ 잊힐 권리의 적용 범위에 대해서는 (나)에서 언급하고 있으며, 잊힐 권리의 법제화를 통한 사생활 침해 방지에 대해서는 (가)에서 언급하고 있다.

④ (가)에서는 잊힐 권리의 법제화를 시급하게 진행해야 한다는 입장으로, 신중히 진행되어야 한다는 주장은 (나)의 입장이다.

⑤ (가)에서는 현재 시행하고 있는 법으로는 개인 정보 자기 결정권을 보장하기에 충분하지 않다고 보고, 잊힐 권리의 법제화를 주장하고 있다. 그리고 잊힐 권리의 법제화를 빠르게 진행해야 한다고 보는 것은 (나)가 아닌 (가)이다.

TIP

발문에서 (가)와 (나)의 주장을 순서대로 바르게 정리한 것을 고르라고 했으므로, 각 문단을 읽고 해당 선택지를 확인하는 것이 효율적인 접근법이다. 더불어 한 문제에서 두 문단을 분리하여 제시했다는 것은 해당 내용들이 특정 사안에 대해 다른 견해를 지녔을 가능성이 높다. 핵심 내용 파악 접근법 중 '첫 문단과 마지막 문단에 집중'을 활용했다면 좀 더 빠르게 풀수 있는 문제다. 각 문단의 마지막 문장인 (가)의 '잊힐 권리의 법제화가 하루빨리 이루어지기를 바란다'와 (나)의 '잊힐 권리의 법제화, 신중하게 접근해야 한다'에 핵심이 드러나 있다.

※ 문단을 나눈다는 것은 1) 소문단별 주제를 찾거나, 2) 특정 사안에 대한 관점이 다르거나, 3) 구조를 파악하는 유형으로 나눌 수 있다.

09

정답 | ⑤

정답풀이 |

첫 번째 문단에서 과학자가 갖추어야 할 태도와 심성에 대해 설명하고, 두 번째 문단부터는 이러한 태도와 심성을 기반으로 과학자가 지녀야 할 사회적 책임을 설명하고 있다. 특히 마지막 문단에서는 마이클 아티야(Michael Atiyah)가 제시한 '과학자가 자신의 연구에 대해서 사회적 책임을 져야 하는 이유'를 열거형으로 제시하여 앞선 내용을 보강 및 강조하고 있다. 즉 주어진 글의 화제는 '과학자'이며, 핵심은 '과학자의 사회적 책임'으로 정리할 수 있다.

오답풀이 |

①, ② 주어진 글의 핵심 대상은 '과학'이나 '과학 연구'가 아니라 '과학자'이다.

③ 첫 번째 문단에서 과학자가 갖추어야 할 태도와 심성을 다루고 있고, 두 번째 문단에서 과학자들의 사회적 영향력에 대해 설명하고 있다. 하지만 이는 부분적인 내용으로 주어진 글의 전체 내용을 포괄하지 못하므로, 제목으로 부적합하다.

④ 주어진 글과 상관없는 내용이다.

TIP

핵심 내용을 파악하는 유형은 대부분 주어진 글의 핵심어를 그대로 선택지화하여 제시하는 것이 일반적이다. 하지만 이 문제와 같이 유사한 단어로 대체하여 제시하는 경우도 있으므로 이를 염두에 두고 풀어야 한다.

10

정답 | ①

정답풀이 |

주어진 글의 첫 번째 문단에서 필자는 스페인의 철학자 오르테가 이 가세트의 말을 인용하여 과학이 무신론이라는 일반적 통념을 제시하는 동시에 과학자인 제임스 클러크 맥스웰의 연구를 통해 그것이 진실이 아닐 수도 있음을 제시하고 있다. 두 번째 문단에서는 동물학자인 도킨스를 예로 들어 과학자 중 무신론자도 있음을 인정하지만, '과학의 본질을 무조건 비종교적이라고 간주할 수는 없을 것'이라는 점을 강조하고 있다.

세 번째 문단에서는 '과학자나 종교학자가 모두 진리를 찾으려고 한다는 점에서 과학과 신학은 동일한 목적을 추구'한다는 것을 근거로 들고 있으며, 네 번째 문단에서는 '많은 과학자가 과학과 종교는 서로 대립되는 개념이라고 주장'하지만, 종교가 가진 변화성을 제시하며 이를 반박하고 있다. 마지막 문단에서는 '종교인들에게는 계시된 사실이 바로 증거'이므로, '지속해서 신에 관한 증거들에 대해 회의하고 재해석하려고 한다는 점에서 신학을 과학이라고 간주하더라도 결코 모순은 아니다'라는 점을 강조하며, 또다시 과학과 종교가 다르지 않음을 주장하고 있다. 따라서 주어진 글에서 궁극적으로 전달하고자 하는 내용으로 가장 적절한 것은 ①이다.

TIP

첫 번째 문단에서 스페인의 철학자 오르테가 이 가세트의 말을 인용하여 과학이 무신론이라는 일반적 통념을 제시하는 동시에 이를 좀 더 살펴볼 필요가 있음을 제시하고 있다. 즉 '과학이 무신론이고 윤리와는 거리가 멀다'라는 견해가 틀린 것일 수도 있음을 말하고 있다. 마지막 문단에서는 역접 접속사 '그러나'를 통해 여전히 과학과 종교가 다를 수 있다는 반론이 있을 수 있지만 그렇지 않다는 필자의 견해를 강조하고 있다. 즉 '과학과 종교가 다르지 않다'가 핵심 내용임을 알 수 있으므로 정답은 ①이다. 핵심 내용 파악 접근법 중 '주요 단서는 접속어'와 '첫 문단과 마지막 문단에 집중'을 통해 좀 더 빠르게 핵심을 파악할 수 있는 문제이다.

나머지 선택지들은 '과학과 종교'를 동시에 핵심어로 두고 있지 않으므로, 정답으로 볼 수 없다.

기출 유형 2 | 세부 내용 파악 P. 40

01	02	03	04	05	06	07	08	09	10
④	⑤	③	①	④	⑤	②	①	⑤	⑤

01

정답 | ④

정답풀이 |

두 번째 문단에 따르면 '국민'이 아닌 건강검진 수검자 중 73.2%가 대사증후군의 위험 요인을 1개 이상 보유한 것으로 나타났다고 하였다.

오답풀이 |

① 다섯 번째 문단에서 대사증후군은 복부비만 외에 특정적인 불편함이 없다고 하였으므로 대체로 증상이 없다고 볼 수 있다. 그리고 첫 번째 문단과 일곱 번째 문단에서 대사증후군을 방치할 경우 심뇌혈관질환이 발생하는 경우가 있다고 하였다.

② 여덟 번째 문단에서 이상지질혈증을 가지고 있는 환자 외에는 대사증후군을 위한 약물 치료가 없기 때문에 생활습관 교정이 필수적이라고 하였다.

③ 세 번째 문단과 네 번째 문단을 통해 대사증후군의 원인을 알 수 있다.

⑤ 여섯 번째 문단의 표 중 세 가지 이상에 해당하면 대사증후군이라고 하였으므로, 해당 요건 등을 검사하지 않으면 유병 여부를 알 수 없다.

TIP

출제자의 패턴 중 '⑸ 연결고리의 왜곡'을 활용한 정답을 구사하고 있다. 선택지를 분석(키워드화)하는 첫 번째 요소는 다른 선택지와의 구분점을 기준으로 하는 것이다. 만약 주체(대상)가 같다면 굳이 체크해야 할 필요성이 없지만, 다르다면 필수 체크 요소가 된다. 이 문제처럼 주어(주체)를 교묘히 바꿔 헷갈리게 유도하는 문제가 세부 내용 파악 유형에서는 자주 출제된다.

02

정답 | ⑤

정답풀이 |

첫 번째 문단에 따르면, 서울교통공사는 6호선 구간 터널 내 45개소 전기집진기 설치를 위해 약 128억 원의 예산을 투입한다고 하였으므로, 1개소당 약 2.8억 원의 예산을 투입할 예정이라는 내용은 옳다.

오답풀이 |

① 두 번째 문단에 따르면 서울교통공사는 미세먼지 업무를 전문적으로 다루는 부서를 신설했다고 하였다. 하지만 해당 전문 부서가 여러 부서에서 전문가를 차출했는지 여부는 주어진 글을 통해서는 알 수 없다.

② 주어진 글에서 관련된 내용을 찾을 수 없다.

③ 세 번째 문단에 따르면 서울교통공사 초미세먼지는 역사내에서는 30mg/m^3 이하로 유지할 계획이고, 전동 차에서는 35mg/m^3 이하로 유지하여 관련법보다 엄격하게 관리할 계획을 밝혔다고 하였다.

④ 세 번째 문단에 따르면 향후 4년간 4천 억 원의 예산을 투입하는 주체는 서울교통공사와 서울시이다. 따라서 서울교통공사가 매해 약 1천억 원의 예산을 투자한다는 내용은 옳지 않다.

TIP

세부 내용 파악 유형의 선택지에서 '숫자'가 나온다면 일단 주목하는 것을 권한다. 간단한 사칙연산을 활용해 확인이 가능한 것을 바탕으로 선택지화되는 경우가 종종 있다. 이 문제도 ④와 ⑤에서 수치를 활용하고 있다. 선택지 중 ③과 ④는 기존의 내용 중 일부를 삭제하는 기본 형태의 오답 유형이지만('범위의 왜곡'에도 해당한다), 헷갈림의 요소가 강한 편이므로, 전체적으로는 쉽지 않은 편에 속한다.

03

정답 | ③

정답풀이 |

㉠ 두 번째 문단에서 전기는 '한번 생산하면 바로 소비해야 한다'는 특징을 가지고 있다고 하였다.

㉡ 세 번째 문단에서 재생에너지는 분산형 에너지원으로, 전력 공급이 복잡해져 소비를 예측하기 어렵다고 하였다.

㉣ 다섯 번째 문단에 따르면 전력망이 분산되면 한눈에 전체 전력 수요를 파악하기 어려운데, 이러한 문제점을 해결하는 것이 가상발전소(VPP)라고 하였다.

오답풀이 |

㉢ 네 번째 문단에서 스마트 그리드는 IT통신망을 통해 공급자와 수요자가 쌍방향으로 전력 정보를 공급함으로써 보다 효율적으로 에너지를 사용할 수 있는 것이라고 하였다. 즉 '수요자 위주'의 전력망이라고 설명할 수 없다.

㉤ 마지막 문단에 따르면 소비자의 전력 소비패턴을 보다 정밀하게 분석하는 기술은 'ESS'가 아니라 '스마트 계량기'이다.

TIP

〈보기〉는 선택지와 그 기능이 동일하다고 볼 수 있다. 즉, 주어진 글에서 어떤 부분을 '강'하게 읽어야 할지의 기준을 마련해준다. 이 문제 역시 〈보기〉가 선택지의 역할을 대신하고 있다. 더불어 〈보기〉에서 모두 고르라는 문제는 선택지에서 단서를 얻을 수 있는데, 일단 ㉠과 ㉡의 옳고 그름만 판단하여도 여러 개의 선택지를 소거할 수 있다. 둘 다 옳으면 ③, ④만 남게 되고, 둘 중 하나만 옳으면 ①, ②, ⑤가 남게 된다. 두 번째 문단과 세 번째 문단을 통해 ㉠과 ㉡이 모두 옳다는 것을 알게 되었으므로, 이제는 ㉢의 옳고 그름만을 판단하면 된다. ㉣은 둘 다 해당하므로 굳이 확인할 필요가 없다.

04

정답 | ①

정답풀이 |

주어진 글은 조선시대의 재산상속법에 대한 것으로, 그 대원칙은 '혈족주의'임을 알 수 있다. 세 번째 문단의 '균분주의'에 따르면 첩자녀와 적자녀가 차별을 받을 뿐, 차별적 요소가 없는 자녀 사이에서는 균분주의가 지켜졌다고 하였으므로 성별에 상관없이 동일하게 재산을 물려받을 수 있음을 알 수 있다. 더불어 여섯 번째 문단에서도 상속 순위에서 1순위는 자녀의 공동 상속임을 알 수 있다. 이는 여자가 상속하는 경우에도 재가 여부를 불문한다고 하였으므로, 기본적으로 성별에 상관없이 상속 순위가 동일함을 알 수 있다. 다만 조선시대에 들어와서 제사를 승계하는 적장자를 우대할 필요가 있어, 재산상속을 할 때 반영한다고 하였으므로, 실제 상속분에서는 차이가 있었을 것을 보인다.

오답풀이 |

② 다섯 번째 문단에 따르면 상속분에 대해 부모의 유언에 따라 적자보다 서자가 더 많은 상속분을 받을 수 있다고 하였다. 하지만 이러한 자유는 어디까지나 조업의 법리 안에서만 허용되는 것이므로 조업을 승계할 수 있는 자격이 인정되는 자는 혈연관계에 있어야 한다는 혈족주의에 따라 재산을 국가에 귀속시킬 수는 없다.
③ 세 번째 문단에 따르면, '조선시대의 상속 결정의 근원은 혈족주의였기 때문에 첩자녀를 적자녀와 동 순위의 상속인으로 규정하나 상속분에 있어서는 심한 차별'을 했다고 하였다. 따라서 직계비속이더라도 서얼 즉 첩자녀는 차별은 당할지언정 상속 순위는 동일했음을 알 수 있다.
④ 마지막 문단에 따르면 피상속인에게 자녀가 없고 아내가 없을 때는 제3순위로 피상속인의 본족에게 상속된다고 하였다. 즉 피상속인에게 가장 가까운 본족인 형제자매가 상속인이 되고 그 형제자매가 사망한 때에는 그들의 직계비속이 대습한다고 하였다. 다시 말해 재산 상속의 1순위는 아버지의 형제자매가 아니라, 상속인의 형제자매가 된다.
⑤ 여섯 번째 문단에 따르면, '자녀가 없는 남편의 재산을 아내가 상속하는 것은 어디까지나 남편에게 사후 양자가 들어오는 것을 예정'하는 것이고, 사후 양자가 없다면 아내는 생존 중에 한하여 상속하고 사망 후 망부의 본족에게 재산을 반환해야 한다고 하였다. 반대로 아내가 먼저 사망할 경우 아내의 재산은 남편이 상속하지 못하고 죽은 아내의 본족에게 반환해야 한다고 하였다. 이를 정리하면 아내는 사망한 남편의 재산을 물려받을 수 있으나, 남편은 사망한 아내의 재산을 처가에 돌려줘야 한다. 다만 '모든 재산'이 아닌 '아내의 재산'을 돌려주는 것이다.

TIP

주어진 글과 같이 여러 개의 원리가 병렬되는 구조는 각 원리와 그 내용의 '연결고리를 왜곡'하여 선택지를 구성하는 것이 일반적이다. 특히 법조문과 같이 기준이 제시되는 글들은 그 기준점에 대해 비트는 경우가 많다. 이 문제의 경우도 '상속분'과 '상속 순위'라는 유사한 개념어를 착각할 수 있도록 내용을 배치해 놓고 있다. ①의 '동일하게 재산을 물려받을 권리'라는 말은 '상속분' 즉 재산량을 뜻하기보다는 '상속 순위'라고 봐야 한다. ③도 적자녀와 첩자녀가 차별받는 부분 '상속분'이지 '상속 순위'가 아님을 명확하게 구분했어야만 오답을 거를 수 있다.

05

정답 | ④

정답풀이 |

네 번째 문단에 따르면 순환성의 원리는 의사소통 상황에 맞게 참여자의 역할이 원활하게 교대되고 정보가 순환되는 것을 뜻한다. 따라서 역할 교환이 되지 않은 일방적 발화는 순환성의 원리에 어긋난 것이라고 볼 수 있다.

오답풀이 |

① 세 번째 문단에 따르면 청자가 화자의 발화를 정확히 받아들였다면 '관련성의 원리'가 아니라 '적절성의 원리'에 충족한 것이다.
② 첫 번째 문단에서 음성 언어 의사소통의 원리는 상대방의 말을 잘 이해하며, 서로 좋은 관계를 형성하고 지속해 나가기 위한 기본적인 규칙이라고 하였다. 이해보다 관계 형성의 기여도를 더 중시한다는 표현은 찾을 수 없다.
③ 두 번째 문단에 따르면 상대방에게 부담을 적게 주고, 존중해 주는 표현을 사용했다면 이는 '적절성의 원리'가 아니라 '공손성의 원리'에 충족한 것이다.
⑤ 마지막 문단에서 발화문의 의도와 의도가 의미가 일치하지 않는 경우, 참여자가 이를 이해하고 추론을 통해 대화의 함축을 찾는 것이 관련성의 원리라고 하였다.

TIP

이 문제는 각 개념들을 나열한 후, 순서대로 상술하는 구조를 띠고 있고, 선택지의 내용이 주요 개념들에 '충족' 혹은 '어긋난' 것으로 구분하고 있다. 따라서 각 문단별로 끊어 읽으며 대응하듯 접근하는 것이 효율적이다. 이처럼 여러 개념들이 혼재되어 나타날 경우, 출제자의 패턴 중 '(5) 연결고리의 왜곡'이 활용될 가능성이 높다. 주어진 문제 역시 개념과 내용을 잘못 연결하는 것으로 오답을 구성하고 있다.

06

정답 | ⑤

정답풀이 |

마지막 문단에서 '작업으로서의 일과 고역으로서의 일의 구별은 단순히 지적 노고와 육체적 노고의 차이에 의해서 결정되지 않는다'라고 하며, 작업과 고역은 인간의 존엄성을 높이는 것인지 타락시키는 것인지를 기준으로 구별할 수 있다고 하였다. 즉 지적 노동이라고 해서 모두 작업이 되는 것은 아니고, 육체노동이라고 해서 모두 고역이 되는 것은 아니다. 이를 설명하기 위해 지적 노동을 하는 학자의 일도 경우에 따라 고역이 될 수도 있다고 설명하고 있다.

오답풀이 |

① 두 번째 문단에서 금기와 같은 반자연적인 규범은 인간이 다른 동물과는 근본적으로 다르다는 것을 스스로에게 확인하는 것임을 알 수 있다.
② 두 번째 문단에서 '일'은 인간이 자신의 계획과 계산과 의지에 준해 주어진 자연을 변형하는 과정이지만, 동물이 자연을 변형하는 것은 계획적이거나 의지적인 것이 아니라는 것을 알 수 있다. 즉 인간은 동물과 다르게 자신의 의지에 따라 자연을 변형한다.
③ 첫 번째 문단에서 '작업'과 '고역'은 모두 인간의 노력, 땀과 인내를 수반하는 활동이며, 같은 관계를 갖고 있다고 하였다.
④ 마지막 문단에 따르면 '일'은 인간이 단순한 동물이 아님을 증명하는 것이라고 하였고, 이 '일'과 관련지어 '인간의 존엄성은 인간의 자율성에 있는 것'이라고 하였다. 이를 통해 인간이 동물과 다르게 존엄한 이유는 자유의지를 가지고 일을 하기 때문임을 알 수 있다.

TIP

이 문제는 마지막 문단의 '작업으로서의 일과 고역으로서의 일의 구별은 단순히 지적 노고와 육체적 노고의 차이에 의해서 결정되지 않는다'를 통해 풀 수 있다. 정답인 ⑤는 '대체형'에 해당하는 선택지로, '노고'를 '노동'으로 바꾸었을 뿐, 전체 내용의 구성법이 그대로 쓰였다고 볼 수 있다. 따라서 난도가 높은 문제는 아니지만, 정답의 근거가 마지막 문단에서야 나타나므로 최대한 빠른 시간 내에 선택지의 키워드를 확인하면서 풀어야 하는 문제이다.

07

정답 | ②

정답풀이 |

두 번째 문단에 따르면 금속접시 활용은 에디슨의 전구에서 발생한 문제를 해결하기 위해 프랜시스 업톤이 제안한 것이다. 그러나 이 제안은 에디슨 전구의 문제를 해결하지 못했으므로 실패를 하였다고 볼 수 있다. 하지만 플레밍은 이 실패에서 발견된 사실을 응용하여 진공관을 발명하였다. 즉 플레밍이 자신의 발명에 금속접시를 활용한 것은 맞지만, 자신의 실험에서 생긴 문제점을 해결하기 위해 활용한 것은 아니다.

오답풀이 |

① 두 번째 문단 마지막 문장에서 에디슨 효과는 고온의 물체에서 전자가 방출된다는 것을 의미함을 알 수 있으며, 플레밍은 여기서 전류가 교류에서 직류로 바뀌는 것을 확인하고 이를 진공관에 이용하였다. 즉 진공관은 에디슨 효과를 이용하여 만들어진 발명품인 것을 알 수 있다.
③ 세 번째 문단의 '에디슨 전구가 교류를 직류를 전환시킨 것이었다. 그리고 아무도 그 이유를 설명할 수 없었다'를 통해 알 수 있다.
④ 마지막 문단에서 '플레밍이 진공관과 갈바노미터를 전기회로에 접속시키자 매우 민감한 고주파 신호 전류가 교류에서 직류로 바뀌지는 모습(정류)을 보여 주었음'을 확인할 수 있다.
⑤ 마지막 문단에서 '플레밍의 진공관은 멀리서 보내오는 무선 주파수를 당시의 코히러나 자기수신기 방식보다 더 간단하고 정확히 수신할 수 있는 새로운 부품'이라고 하였다. 즉 진공관이 발명된 이후의 무선 통신용 송수신기가 이전의 송수신기보다 더 좋은 성능을 지니게 되었을 것임을 알 수 있다.

TIP

이 문제는 선택지에서 키워드를 파악하고자 할 때, '진공관, 에디슨, 플레밍, 플레밍의 진공관'이 반복됨을 알 수 있다. 해당 키워드와 관련된 정보를 문단별로 끊어 읽으며 확인했다면, 두 번째 문단의 '이것이 해결해야 할 문제였고, 에디슨의 과학 고문인 프랜시스 업톤은 금속접시를 전구 내부에 넣을 것을 제안했다. 이것이 문제를 해결하지는 못했지만~'을 통해 정답이 ②라는 것을 빠르게 확인할 수 있다.

②의 정답 패턴은 '⑸ 연결고리의 왜곡'으로, '플레밍'이라는 인물과 그가 한 일의 연결이 잘못된 경우에 속한다. 이처럼 여러 대상(인물 포함)이나 이론 등이 나올 경우에는 정보를 잘 연결시켜 정리하는 것이 중요하다.

08

정답 | ①

정답풀이 |

첫 번째 문단에 따르면 ㉠ 'PRT'가 경량 전철보다 공사비가 상대적으로 저렴하고, 용지 보상면에서도 기존 시스템과는 달리 적은 예산이 소요된다고 하였다. 이를 통해 경제적이라는 장점을 이끌어 낼 수는 있다. 하지만 이러한 경제적 장점이 '규모가 작기' 때문에 일어난 것은 아니다. 문맥상 '규모가 작고'와 '공사비가 상대적으로 저렴하다'가 대등하게 연결되어 있으므로 이를 인과관계로 해석해서는 안 된다.

오답풀이 |

② 네 번째 문단의 '역 간 거리가 200m인 지역 순환 노선으로 설정한다면 이용객의 편의를 크게 증진시킬 것으로 판단된다. PRT는 차로 이동하기에는 적절한 거리이지만 주차 여건이 좋지 않은 교통의 사각지대에 설치되는 것이 적정하다.'를 통해 알 수 있다.

③ 세 번째 문단의 '대규모 교통시설 간 효율적인 연계, 지선 교통체계와 간선 교통체계의 연결, 중심업무지구 내 일정 범위 안에서의 지역적 연계 및 위락 시설 간 연계 교통수단으로 활용이 가능할 것으로 전망된다.'를 통해 알 수 있다.

④, ⑤ 세 번째 문단의 'PRT는 시스템의 확장성이 용이하여 지하 건설 시 네트워크의 변경이 불가능한 경량 전철보다 향후 수요에 기민하게 대처할 수 있어 효율적인 교통시스템으로 매연과 소음, 진동이 없는 미래 지향적이고 친환경적인 교통수단이라고 할 수 있다.'를 통해 알 수 있다.

TIP

출제자의 패턴 중 '(5) 연결고리의 왜곡'을 잘 활용한 문제이다. 두 문장이 '-고', '-면서', '-지만' 등의 대등적 연결어미로 연결될 경우 각 문장이 문단에서 가지는 힘이 동일하다고 보아야 하며, 당연히 인과관계로 해석할 수 없다.

09

정답 | ⑤

정답풀이 |

마지막 문단에서 편도체가 손상된 토끼의 경우에는 공포 반응이 사라지거나 약화되는 현상이 나타난다고 언급하고 있으며 사람의 경우에도 마찬가지라고 하였다. 따라서 편도체에 문제가 생기면 동물뿐만 아니라 사람에게도 공포 반응이 사라지거나 약화되는 현상이 나타난다고 볼 수 있다.

오답풀이 |

① 네 번째 문단의 '공포는 학습되기도 한다'를 통해 알 수 있다.

② 두 번째 문단에서 사람은 공포 상황에서 호흡 속도가 빨라져 평소보다 많은 산소가 체내로 유입됨을 알 수 있다.

③ 첫 번째 문단에서 '생존 본능으로 즉각적인 신체 반응을 유도하는 편도체는 이성적인 사고 과정의 한 축을 담당하는 시각피질에 비해 처리 속도가 빠르다'는 것을 알 수 있다.

④ 세 번째 문단에서 매우 강한 강도의 공포 상황에 직면하게 되면 박출량이 무리하게 늘어나게 되므로, 몸을 안정시키기 위해 부교감신경이 활성화되어 맥박 수가 떨어지고, 이로 인해 뇌로 가는 혈류량이 부족해지거나 순간적으로 중단되어 실신을 하게 되는 경우도 있음을 알 수 있다.

TIP

이 문제의 선택지 ⑤는 출제자의 패턴 중 '비교급의 활용'에 속한다. '사람과 달리'라는 표현을 통해 동물과 사람의 반응을 대조하고 있으므로, 비교·대조되는 두 대상이 내용상 정말 대조되는 것인지 아닌지를 파악해야 한다. 그런데 마지막 문단에서 '사람의 경우도 마찬가지이다'라고 하였으므로, 두 대상이 대조되는 것이 아니라 '비교'되는 것임을 알 수 있다.

10

정답 | ⑤

정답풀이 |

첫 번째 문단의 '겨울철 최저기온이 0℃ 이하이면서 일교차가 9℃를 초과하는 일수와 결빙 교통사고의 빈도수는 상관관계가 높은 것으로 나타났다'를 통해 알 수 있다.

오답풀이 |

① 두 번째 문단에서 인천의 결빙 교통사고율이 3.1%로 전국 평균보다 높음을 알 수 있지만, 사망자 수에 대한 내용은 찾을 수 없다.

② 마지막 문단에서 겨울철 새벽에는 노면 결빙에 주의하여 안전운전해야 한다는 연구원의 의견이 제시되어 있지만, 운전을 피해야 한다는 내용은 찾을 수 없다.

③ 두 번째 문단에서 통과 교통량이 많고, 통행속도가 높은 지역인 충남, 충북, 강원 중 충남의 결빙 교통사고율이 3.9%로 가장 높다는 내용은 언급되어 있지만, 충남의 통과 교통량이 가장 많고 통행 속도도 가장 높은지는 알 수 없다.

④ 세 번째 문단에서 결빙 교통사고 100건당 사망자 수는 평균 3.0명이며, 1.9명은 전체 교통사고 기준임을 알 수 있다.

TIP

주어진 글에서 찾을 수 없는 정보는 '일치하지 않다'라고 판단해야 한다. 이 문제는 추론 유형이 아니므로, 주어진 정보를 바탕으로 더 깊게 생각할 필요가 없다. 예컨대 ①의 경우 인천의 결빙 교통사고율은 전국 평균보다 높지만, 사망자 수 또한 많다고 볼 근거는 찾을 수 없다. 이처럼 세부 내용 파악 유형인 일치/불일치 문제에서 확대 해석은 결코 정답이 될 수 없다.
그리고 선택지의 옳고 그름을 판단할 때는 내용상의 관계성도 파악해야 하지만, 그에 앞서 단어 하나씩을 세세하게 떼어 생각해야 한다. ①은 '사망자'가, ②는 '운전을 피해야', ③은 '통행속도'와 '가장'이라는 부분이 오답의 근거가 된다. 이와 같이 틀린 단어 혹은 구문을 찾아 표시하면서 확인한다면, 좀 더 정확하게 정답을 찾을 수 있다.

기출 유형 3 | 주어진 내용 추론 P. 60

01	02	03	04	05	06	07	08	09	10
⑤	③	③	③	④	②	③	⑤	⑤	③

01

정답 | ⑤

정답풀이 |

마지막 문단에 따르면 스트레스는 같은 내용이더라도 수용하는 자세에 따라 다른 결과를 가져올 수 있으며, 심리학자들은 스트레스를 피하려고 하면 오히려 더 많은 스트레스의 원천이 될 수 있다고 하였다. 그리고 세 번째 문단에 따르면 '낮은 수준의 스트레스에 반복적으로 노출됨으로써 더 큰 스트레스 상황에 대처할 수 있는 능력이 배양된다'고 하였으므로, 스트레스는 회피하기보다는 받아들이고 이를 통해 긍정적인 효과를 기대하는 것이 더 좋은 태도임을 추론할 수 있다.

오답풀이 |

① 두 번째 문단의 '스트레스가 해롭지 않은 것에서 나아가 오히려 건강에 도움을 주기도 한다는 긍정적 영향에 대한 연구 보고이다.'를 통해 '부정적 영향만' 준다는 추론은 적절하지 않다.

② 세 번째 문단에 따르면 낮은 수준의 스트레스 요인은 신경트로핀이라 불리는 뇌 화학물질의 생성을 자극하고, 뇌의 뉴런 사이의 연결을 강화한다고 하였다. 즉, 스트레스가 뉴런 '생성'을 유도하는 것이 아니라 뉴런 사이의 '연결'을 강화하는 것이다. 더불어 뉴런 생성이 기억력 향상에 도움이 될지 여부는 주어진 글의 내용만으로는 알 수 없다.

③ 네 번째 문단의 '스트레스를 긍정적으로 생각하고 받아들이는 이들에게는 심혈관 질환을 부를 수도 있는 혈관 수축 반응이 나타나지 않았다는 내용을 바탕으로 혈관 수축 반응이 심혈관 질환의 원인이 될 수 있음을 추론할 수 있다. 하지만 해당 내용만으로 스트레스의 반복적 노출이 심혈관 질환 발병률을 유의미하게 증가시킨다고 추론하는 것은 확대 추론에 해당한다. 해당 내용에서 이끌어 낼 수 있는 내용은 '스트레스가 혈관 수축 반응을 일으킨다'와 '혈관 수축 반응은 심혈관 질환의 원인이 될 수 있다' 정도이다. 즉 '스트레스가 심혈관 질환의 원인이 될 수도 있다' 정도만 추론이 가능하다. 비율 증가까지 추론하기는 어렵다.

④ 세 번째 문단에서 스트레스가 '두뇌의 힘을 증가시키는 데 도움을 준다'라고 하였다. 이를 통해 스트레스가 집중력 향상에 도움을 준다고 추론할 수 있겠으나, 아동 발달 전반적인 것에 영향을 준다고 보기는 어렵다.

TIP

주어진 내용의 추론 유형에서 주의해야 할 점 중 하나는 '확대 추론'을 해서는 안된다는 것이다. 이 문제의 ③과 ④ 모두 확대 추론을 바탕으로 이루어진 매력적인 오답에 해당한다. 만약 ③, ④가 옳은 추론이라고 판단했다면 선택지의 연결구조와 추론의 적정 수준에 대해 고민해 볼 필요가 있다.

02

정답 | ③

정답풀이 |

두 번째 문단에 따르면 AMI는 전력 사용 현황을 자동으로 분석해 주기 때문에 요금, 사용량 등을 실시간으로 알 수 있다고 하였다. 따라서 기존 전자제품과 새로운 전자제품을 사용했을 시 에너지의 사용량을 비교 분석해 볼 수 있다는 것이므로 선택지에서 언급한 바와 같이 전자제품의 에너지 효율성을 파악하기 위한 장치로 활용할 수 있다는 추론은 적절하다.

오답풀이 |

① 첫 번째 문단에 따르면 AMI를 핵심 인프라로 활용하는 스마트 그리드를 활용하면 '분산 전원의 활성화를 통해 에너지의 해외 의존도도 감소시킬 수 있'다고 하였다. 즉 기존의 에너지를 절약할 수 있음을 추론 가능하다. 하지만 이를 통해 에너지 수출을 확대할 수 있는 여부는 알 수 없다.

② 두 번째 문단은 AMI가 스마트 그리드 구성에 필요한 이유에 대해 상술하는 문단이다. 그중 세 번째로 제시한 것이 전기 사용 정보를 원격으로 검침할 수 있다는 것이다. 이를 통해 검침원들이 직접 계량기를 검침하는 시스템보다 시간과 비용을 많이 절약할 수 있다는 장점을 제시하고 있다. 이를 통해 AMI 보급이 전국으로 확산되면, 기존의 검침원 업무가 줄어들 것을 추론하는 것은 가능하지만, 채용 공고 자체가 아예 사라질지 여부는 확언할 수 있다.

④ 두 번째 문단에 따르면 전력 소비량에 따라 낮과 밤에 차등 요금제를 책정하는 방식은 '계시별 요금제'가 아니라 '피크 요금제'이다.

⑤ 세 번째 문단에서 한국전력공사가 AMI 보급 사업을 진행함에 있어 정부 스마트 그리드 로드맵 수립부터 참여했음을 알 수 있다. 하지만 '그린뉴딜 정책'의 수립에도 관여했는지 여부는 알 수 없다. 그린뉴딜 정책과 더불어 '가정용 스마트전력 플랫폼 사업'을 진행하고 있다는 것만을 알 수 있을 뿐이다.

TIP

주어진 글에서 알 수 없는 내용은 일치하는 정보, 추론 가능한 정보가 될 수 없다. 더불어 어떠한 근거를 바탕으로 추론할 때, '단정짓는 정보'는 확대 추론이 될 가능성이 높다. 만약 ②의 내용이 '채용 공고가 사라질 수도 있겠군' 혹은 '채용이 줄어들 수 있겠군' 정도의 내용이라면 적절한 추론이라고 볼 수 있다.

03

정답 | ③

정답풀이 |

첫 번째 문단에 따르면 본래 디아스포라는 그리스에서 '이주와 식민화'를 뜻하고, 유대인과 아프리카 흑인 노예, 팔레스타인인 등에는 외세에 대한 '강제 집단이주'의 뜻을 나타내는 용어로 쓰였다가 최근에는 자국민의 해외 진출이라는 적극적 의미나 외국에 살면서도 집단적인 정체성을 강하게 유지하는 사람들이 자신을 규정하는 말로 쓰인다고 하였다. 즉 '디아스포라'의 의미가 점차 개선되었기보다 이전과 최근의 의미로 구분됨을 알 수 있다.

오답풀이 |

① 세 번째 문단의 '유럽인들이 아시아와 아메리카에 진입해 들어간 것 역시 교역 디아스포라라는 개념으로 설명하는 것이 더 타당하다.'와 '근대 초의 해외 팽창을 설명하는 데에는 '제국의 팽창'보다는 '디아스포라의 확산'이 더 알맞은 개념틀이라고 할 수 있다.' 그리고 마지막 문단의 유럽인들의 식민지 건설은 무력에 의해서 이루어진 것이라고 보는 것이 아니라, 기존 교역망에 끼어 들어가 거점을 확보한 후 점차 지배력을 확대해 나간 이란인의 방식을 그대로 차용한 것에 불과하다는 내용을 바탕으로 추론이 가능하다.
② 세 번째 문단에서 디아스포라 현상의 주요 사례로 '에스파한 근처의 줄파를 중심지로 하여 서쪽으로는 암스테르담으로부터 동쪽으로는 중국에까지 이르는 믿을 수 없을 정도로 광대한 상업망을 구축한 아르메니아 상인 네트워크'를 들고 있다. 두 번째 문단의 '교역을 담당한 자들이 모여 곳곳에 마을을 이루게 되면서'와 연결하면 추론 가능한 내용이다.
④ 네 번째 문단의 '인도 북부를 장악한 무굴 제국에서는 페르시아어가 궁정과 지배층의 문화 언어가 되었고 페르시아 미술과 문학이 고급문화로서 자리 잡았다.'를 통해 추론 가능하다.
⑤ 두 번째 문단에 따르면 상이한 문화권의 교역이 힘든 까닭으로 다른 문화권의 사람들 즉 이방인을 '예측하기 어렵고 위험하며 신용하기 힘든 존재'로 여겼기 때문임을 알 수 있다. 그래서 그들의 교역이 이루어지게 된 것이 근대 초기에 이르러서이며, 그 중재자로 활동했던 이들이 '이주민'이었음을 알 수 있다. 다시말해 다른 문화권에서 넘어온 이주민들이 정착하여 신뢰를 얻은 후 중재자로서의 기능을 담당했을 가능성이 높다. 따라서 이방인에 대한 평가가 박했기 때문에 이들이 신뢰를 얻기 위한 과정 역시 어려웠을 것임을 추론 가능하다.

TIP

이 문제는 긴 지문인 동시에 여러 정보를 연결해야만 옳고 그름을 판단할 수 있어 난도가 쉬운 편이라고 보기는 어렵다. 하지만 선택지의 키워드화 후 문단의 끊어 읽기를 했다면 첫 문단을 읽는 것만으로 정답을 구할 수 있기도 하다. 효율적이 읽기의 긍정적인 면을 가장 잘 보여주는 문제라고 할 수 있다.

04

정답 | ③

정답풀이 |

마지막 문단에서 ASMR이 광고 마케팅 분야에서도 활용됨을 알 수 있지만, 그에 대한 평가와 관련된 내용을 찾을 수 없다.

오답풀이 |

① 두 번째 문단에서 ASMR 연구에 대한 과학자들의 평가가 열거되고 있는데, 그 마지막 문장인 'ASMR이 전문적인 의학용어도 아닐뿐더러 불면증 치료에 효과가 있는지는 매우 의문이라는 평이 주를 이룬다.'를 추론 가능하다.
② 세 번째 문단에 따르면 인간은 어떤 일에 몰두하거나 잠이 들면 뇌파가 저주파로 쏠린다고 하였고, 자연의 소리 ASMR을 들을 때도 같은 뇌파가 나타난다고 하였다. 따라서 중요한 시험과 같은 몰두했을 상황과 빗소리와 같은 자연의 소리를 들을 때의 뇌파가 유사할 수 있음을 추론 가능하다.
④ 네 번째 문단의 '사람이 내는 소리를 3D 사운드로 녹음할 경우 실제로 사람이 가까이에 있는 것처럼 청자가 느끼게 되며'를 통해 추론 가능하다.
⑤ 네 번째 문단의 'ASMR을 느끼게 해 주는 자극을 ASMR 트리거(trigger)라고 한다. 사람들마다 선호하는 자극이 다르므로 ASMR 트리거에도 개인차가 있지만'을 통해 추론 가능하다.

TIP

세부 내용 파악 유형과 주어진 내용 추론 유형에서 가장 흔히 사용되는 선택지의 구성법은 '대체형'이다. 특히 추론에서는 단순 단어에 그치지 않고 구문에서의 변형을 통해 난도를 조절하는 경우가 많아 그 변형의 옳고 그름을 판단하는 것이 문제 풀이의 핵심 요소가 된다. ⑤는 네 번째 문단의 '선호하는 자극이 다르다'를 '상이하다'로 단어를 대체한 경우이고, ①은 두 번째 문단의 전반적인 내용을 압축하여 '미온적이다'로 대체한 것이다. 더불어 추론 유형에서 주의해야 할 점이 '융합형' 즉 개념을 적용하는 경우인데, 확대 추론이 되지 않는지 여부에 집중해서 살펴보아야 한다.

05

정답 | ④

정답풀이 |

세 번째 문단의 'A씨는 자신의 양형이 과도하다며 상고하였지만, 법원은 상담 직원들이 입은 정신적 피해가 적지 않다며 이를 받아들이지 않았다'를 통해 알 수 있다.

오답풀이 |

① 두 번째 문단에 따르면, A씨는 2018년 3월 12일부터 같은 해 9월까지 전화 38회·문자 843회를 하며 욕설과 반말 등으로 직원들의 업무를 방해하는 등 비상식적인 행위를 계속 이어갔다고 하였다. 따라서 그의 비정상적인 행위는 6개월 간 지속된 것은 맞으나 초과했는지 여부는 알 수 없다.

② 세 번째 문단에 따르면 근로복지공단에서 업무상 질병에 따른 산업재해를 인정받은 직원은 B씨이다. 해당 직원이 A씨를 고소한 상담직원 3명 안에 들어가는지 여부를 알 수 없다. 만약 맥락상 고소의 주체라고 보더라도, 3명의 직원이 모두 산업재해를 인정받았는지 여부 또한 알 수 없으므로, 주어진 글을 통해 알 수 있는 내용으로 적절하지 않다.

③ 주어진 글을 통해 알 수 있는 내용이 아니다.

⑤ 네 번째 문단에 따르면 ○○교통공사가 감정노동 전담 부서를 새롭게 만든 것은 A씨 사건과 같은 일에 대해 노동자로서 고객을 응대하는 직원을 보호하고, 폭력 등을 사전에 방지하고자 하는 대책 마련 중 하나로 이뤄진 것이지 악성민원인 대처를 위해 만들어진 것이 아님을 알 수 있다.

TIP

세부 내용 파악과 주어진 내용 추론 유형에서는 선택지들을 구성하고 있는 요소들을 세세하게 나눠 파악하는 연습이 필요하다. 출제자들은 단어뿐만 아니라 조사나 접미사들을 활용하여 매력적인 오답을 구성하는 것을 선호한다. 즉 출제자의 패턴 중 '⑶ 범위의 왜곡'과 '⑹ 숫자/수치의 변경'이 자주 활용되곤 한다. 이 문제도 ①의 '초과'와 ②의 접미사 '-들'을 통해 수치를 효과적으로 활용한 문제다.

06

정답 | ②

정답풀이 |

세 번째 문단에 따르면 노랑부리저어새와 독수리의 개체 수 증가는 승촌보와 세종보에 국한된 내용이다. 다른 보도 이들의 서식지라고 단정 지을 수 없다. 따라서 승촌보와 세종보 지역이 아닌 곳에서도 노랑부리저어새와 독수리의 개체 수가 증가할 것이라는 추론은 적절하지 않다.

오답풀이 |

① 두 번째 문단에서 '수문을 크게 연 보를 중심으로 조류농도가 유의미하게 감소했다'고 하였으므로 세종보의 수문을 일부만 열었다면, 조류농도는 덜 감소했을 것으로 추론할 수 있다.

③ 마지막 문단에 따르면 '한강·낙동강에 위치한 11개 보는 취수장·양수장 때문에 개방이 제한적으로 진행되었다'고 하였고, 대규모 취수장이 있는 한강 이포보, 낙동강 상주보 등은 취수장 운영에 지장을 주지 않는 수위까지 보를 개방할 것이라고 하였다. 이를 통해 보의 수문 개방이 취수장 운영에 영향을 준다는 것을 추론할 수 있다.

④ 마지막 문단에 따르면 한강·낙동강에 위치한 11개 보는 취수장·양수장으로 인해 개방이 제한적인데, 정부는 용수공급대책을 보강하여 하반기부터 해당 보들의 개방을 확대할 계획을 마련했다고 하였다. 따라서 용수공급대책이 확대되면 한강·낙동강에 위치한 보의 수문이 더 많이 개방될 것이라는 추론은 적절하다.

TIP

이 문제의 선택지 ②는 매력적인 오답(정답)의 패턴 중 '확대 해석'에 속한다. 주어진 지문에서 선택지의 내용과 관련 지어 알 수 있는 정보는 '승촌보에서는 보 개방 후 노랑부리저어새(멸종위기Ⅱ급) 개체 수가 증가하고, 세종보 상류에서는 독수리(멸종위기Ⅱ급)가 처음 관찰되기도 하였다'뿐이다. 이를 통해 나머지 보의 수문을 개방할 경우 어떤 상황이 나타날지에 대한 추론은 할 수 없다. ②가 적절한 추론이 되기 위해서는 모든 보가 동일한 환경에 놓여 있어 보 개방 후의 상황도 같을 수 있다는 근거를 지문 내에서 확인할 수 있어야 한다.

07

정답 | ③

정답풀이 |

주어진 글에서는 가뭄 위협을 느끼고 있는 현 상황을 제시하며 세 번째 문단과 다섯 번째 문단을 통해 저수지의 저수율과 댐의 저수량의 변화를 언급하고 있다. 또한 마지막 문단에서 한반도에 대가뭄 주기가 접근하고 있으며 기후 변화로 인해 그 상황이 더욱 악화될 가능성이 크다고 예측하고 있다. 따라서 빨라지는 가뭄 주기에 따른 피해를 줄이기 위한 노력의 일환으로 저수율 관리가 철저해질 것이라는 추론은 적절하다.

오답풀이 |

① 주어진 글에서는 가뭄의 위협으로 인해 태풍이 몰고 오는 비에 기대를 걸고 있는 상황이 제시되고 있으나, 경제적 효과를 비교한 내용은 찾을 수 없다.

② 네 번째 문단에서 중국 윈난성의 가뭄을 예로 들면서 '수많은 사람이 식수난을 겪고 있으며 용수난으로 많은 공장이 잇따라 가동을 멈춘 상태'라고 하였으므로 가뭄이 심각해질 경우, 공장 가동이 멈출 수 있음을 추론할 수 있다. 하지만 '모든' 공장이 가동을 멈출 것이라고 추론하기는 어렵다.

④ 네 번째 문단의 '북한은 남한보다 먼저 가뭄이 시작됐다.'를 통해 한반도의 가뭄 시기가 북한부터 시작되어 남한으로 넘어간다고 확정짓기 어렵다. 하나의 사례를 바탕으로 일반화하는 것은 잘못된 오류 추론이다.

TIP

이 문제는 출제자의 패턴 중 '⑶ 범위의 왜곡', '⑺ 확대 해석'에 주의해야 하는 문제이다. ②의 '모든'은 범위의 왜곡을 의심해봐야 하는 표현이고, ④는 하나의 사례를 바탕으로 일반화하고 있으므로, 확대 추론에 해당하여 적절한 추론이 될 수 없다. 논리적 오류에 해당하는 내용은 적절한 추론이 될 수 없다.

08

정답 | ⑤

정답풀이 |

두 번째 문단에서 전문가의 놀이터에 속한 '구성원은 울타리 안에서 조직의 보호 아래 심리적 안정감을 느껴 가며 일을 통해 마음껏 실험과 실수를 하며 일에 대한 성과를 내는 방법을 만들어 낸다'고 하였으므로 실패를 두려워하지 않는다고 추론할 수 있으나, 이를 정해진 보상이 없어도 불안해하지 않는다고 해석하는 것은 적절하지 않다. '이 성장체험은 공정한 보상과 더불어 전문가의 놀이터의 발전소를 돌리는 연료'라고 하였으므로 체험과 보상은 전문가의 놀이터에 반드시 있어야 할 기본 요소라고 할 수 있다.

오답풀이 |

① 첫 번째 문단에서 '전문가의 놀이터에서는 오직 일을 통해서만 놀이경험을 체험한다'고 하였으므로 적절한 추론이다.
② 두 번째 문단과 다섯 번째 문단에 따르면 전문가의 놀이터에 소속된 구성원들은 울타리 안에서 회사의 구성원들은 심리적 안정감을 느끼고, 울타리가 안정적이지 않으면 개인들이 동굴을 만든다고 하였다. 따라서 성공적인 전문가의 놀이터는 개인의 동굴보다 더 큰 심리적 안정지대를 제공해 준다는 추론은 적절하다.
③ 마지막 문단에 따르면 리더의 역할은 '개인의 동굴보다 더 생산적인 심리적 안정지대를 만들어서 구성원들을 동굴 밖으로 뛰쳐나오게 하는 것'이라고 하였으므로 적절한 추론이다.
④ 세 번째 문단과 네 번째 문단에 따르면 구성원들이 사명에 대한 믿음을 가지고 자신의 일을 업으로 승화시킨다면 모든 구성원들이 즐거워할 수 있는 락군의 상태가 만들어진다고 하였으므로 적절한 추론이다.

TIP

이 문제의 선택지 ⑤는 출제자의 패턴 중 '(7) 확대 해석'에 의해 구성되었다. '실패를 두려워하지 않는다'가 '정해진 보상이 없어도 불안해하지 않는다'로 해석될 여지는 없다. 더욱이 두 번째 문단에서 '이 성장체험은 공정한 보상과 더불어 전문가의 놀이터의 발전소를 돌리는 연료이다. 보상이 밖에서 주어지는 연료라면 전문가로서의 성장체험은 스스로 자가발전을 일으키는 연료이다'라며 보상의 중요성을 언급하고 있으므로, 주어진 글의 내용에도 어긋난다.

09

정답 | ⑤

정답풀이 |

네 번째 문단의 '최근에는 폭력성 요소가 매우 심한 영상물이 '15세 이상 관람가' 등급을 받는 경우도 있어 등급 분류의 기준에 대해 논란이 많다'를 통해 추론 가능하다.

오답풀이 |

① 첫 문단의 '12세 이상 관람가' 및 '15세 이상 관람가' 영화의 경우 그 연령에 도달하지 않은 아이들도 보호자가 있다면 관람할 수 있기 때문이다.'에 따르면 보호자를 동반한 청소년이 윗 등급의 영화를 볼 수 있는 것은 '15세 이상 관람가'까지이다. '청소년관람불가등급'에는 해당하지 않는다.
② 두 번째 문단에서 제작비를 많이 들인 영화들이 많은 관객을 동원하기 위해 청소년 관람이 가능한 등급을 받을 것을 고려하여 영화를 제작한다고 하였다. 그 역은 성립하지 않는다고 봐야한다.
③ 첫 번째 문단에서 영상물 등급 분류 중 청소년 관람불가 다음 등급이 '제한상영가'라는 것은 알 수 있지만, 해당 등급의 기준이 어떠한지에 대한 내용은 주어진 글에서 찾을 수 없다.
④ 두 번째 문단의 역대 한국 영화 흥행 순위의 최상위권 영화들에 청소년 관람 영화가 많이 포진되어 있다는 것을 알 수 있다. 하지만 이를 바탕으로 청소년 관람 영화의 흥행 성적이 청소년 관람불가 영화보다 '늘' 뛰어난지 여부는 판단하기 어렵다.

TIP

주어진 글에서 알 수 없는 내용은 일치하지도, 추론으로 적절하지도 않음을 기억해야 한다. 더불어 ②와 같이 연결고리가 반대로 된 것 역시 적절하지 않음도 주의해야 한다. 제작비가 많은 든 영화는 많은 관객을 동원하기 위해 등급을 낮추기 위해 노력한다는 것이지 청소년 관람 영화가 제작비가 많이 드는 것은 아니다.

10

정답 | ③

정답풀이 |

마지막 문단에서 '면 같은 천연섬유는 운동량이 약할 때에는 적합하지만, 운동량이 클 때는 폴리에스테르나 나일론 같은 합성섬유가 더 좋다'고 하였다. 따라서 땀이 많이 나는 운동을 할 때 즉 운동량이 클 때는 면 재질의 운동복이 아닌 '나일론' 같은 합성섬유를 사용한 운동복을 입어야 하므로 옳지 않은 추론이다.

오답풀이 |

① 네 번째 문단에 따르면 필름 적층 천은 '방수-통기성'을 지닌 천으로, 적층에 사용되는 막에 '마이크로 세공막과 친수성 막'이 널리 사용되고 있다고 하였다. '고어-텍스'는 이러한 특성을 가진 필름 적층 천의 한 종류이므로, 해당 내용은 옳은 추론이다.

② 세 번째 문단에 따르면 수지 코팅천은 미세 동공막 모양을 가진 '소수성 수지'로 코팅한다고 되어 있다. 이 수지 코팅천은 '방수와 수분 투과성을 동시에 지니는 직물'에 해당한다. 따라서 해당 작물로 만들어진 등산복은 수분 투과성을 지녔으므로, '땀에 젖는 것을 방지'한다는 내용은 옳은 추론이다.

④ 마지막 문단에 따르면 '나일론을 기초 직물로 한 섬유는 폴리에스테르보다 수분에 더 빨리 젖으며, 극세사로 천을 짜면 공기투과성이 낮아 체온보호 성능이 우수하다. 이런 이유 때문에 등산복보다는 수영복, 사이클링복에 많이 쓰인다'라고 하였으므로, 해당 내용은 옳은 추론이다.

⑤ 첫 번째 문단에 따르면 '방수와 수분 투과성을 동시에 지니는 직물은 크게 세 가지 종류가 있다. 첫 번째가 고밀도 천, 두 번째가 수지 코팅된 천, 마지막이 필름 적층 천이다'라고 하였으므로, 해당 내용은 옳은 추론이다.

TIP

이 문제의 선택지 ③은 출제자의 패턴 중 '(5) 연결고리의 왜곡'에 속한다. '운동량이 약할 때(A) → 면 같은 천연섬유(a)', '운동량이 클 때(B) → 폴리에스테르나 나일론 같은 합성섬유(b)'라는 정보를 '운동량이 클 때(B) → 면 같은 천연섬유(a)'로 연결함으로써 잘못된 추론을 만들어 내고 있다. 이처럼 두 대상과 그 특성을 잘못 연결함으로써 오답을 형성하는 경우가 많으므로, 연결고리가 있는 문장들이 제시될 경우에는 각각의 정보를 잘 연결하여 정리하는 것이 중요하다.

기출 유형 4 | 글의 구조 파악

P. 82

01	02	03	04	05	06	07	08	09	10
④	①	④	①	②	③	②	③	③	④

01

정답 | ④

정답풀이 |

(가)는 영양후성유전학에서에서 식생활과 음식이 유전자에 영향을 끼친다는 내용을, (라)는 유전체와 건강정보를 기반으로 하는 영양유전체의 연구방향에 대한 내용을, (마)는 개인의 선택에 따른 라이프 스타일-환경-유전정보 간의 결합이 건강을 결정하는 주요 인자임을 소개하는 내용을 담고 있다. 이중 가장 일반적이며 포괄적인 내용을 담고 있는 것은 (마)이므로 첫 번째 문단으로 가장 적절하다. (라)는 (마)의 내용을 구체화한 영양유전체학에 대한 설명이고, 해당 내용을 구체화하여 예를 든 (가)가 뒤이어 와야 한다. 그리고 또 다른 원인인 성장기와 성인기의 식이습관에 대해 설명한 (나)가, 글쓴이의 주장이 드러난 (다)가 마지막에 위치하는 것이 맥락상 자연스럽다.

TIP

글의 배열 유형은 선택지에서 단서를 삼는 것이 가장 효율적인 접근법이 된다. 이 문제도 (가), (라), (마) 중에서 첫 문단을 고르는 것만으로도 대부분의 선택지를 소거할 수 있다. 일반적인 글의 전개 구조상 구체적인 내용보다는 포괄적인 내용이 첫 문단으로 더 적절하므로, (가)와 (라)에 비해 (마)가 첫 문단으로 적절하다. 그 후 선택지를 단서 삼으면 (다)와 (라)를 두 번째 문단의 후보로 확인할 수 있다. 내용상 (라)는 음식과 유전자의 상관관계에 대한 설명을 하고 있고, (다)는 그보다 더 구체적인 무엇을 먹을 것인가에 대한 내용을 제시하고 있다. 따라서 (라)가 두 번째 문단으로 더 적절함을 알 수 있다. 만약 흐름이 헷갈린다면, (다)의 '후성적'이라는 단어의 연결고리가 (가)가 등장함을 확인했다면 (다)가 (가) 뒤에 와야 함을 알 수 있다. 혹은 (나)와 (다) 중 마지막 문단으로 좀 더 적절한 것이 무엇인가에 대한 고민을 바탕으로 선택지를 소거하는 방식을 활용할 수도 있다.

02

정답 | ①

정답풀이 |

주어진 글의 첫 문단에서 최근 대중매체에서 대두되고 있는 '포스트휴머니즘'에 대해 거론하고, 그 배경에 깔린 인공지능과 실존적 위험이라는 개념을 소개하고 있다. 따라서 두 번째 문단으로 가장 적절한 것은 '포스트휴머니즘'의 어원에 대해 소개하고 있는 (나)가 와야 한다. 문맥상 (다)도 두 번째 문단으로 적절하다고 볼 수 있겠으나, (나)는 '일단'이라는 표현을 썼으며, 주요 개념의 어원을 제시하고 있으므로 (다)보다는 (나)가 두 번째 문단으로 좀 더 적절함을 알 수 있다. 남은 (가)는 포스트휴머니즘의 특성을, (라)는 이러한 특징을 가지고 있는 포스트휴머니즘이 21세기에 가장 적합함 휴머니즘임을 좀 더 강조하여 표현하고 있다. 따라서 네 번째 문단으로는 (가)를, 마지막 문단으로는 (라)가 적절함을 알 수 있다.

TIP

이 문제는 문단 배열 유형 중 첫 문단이 주어진 경우이기 때문에 일단은 첫 문단을 통해 전체적인 흐름을 파악한 후, 선택지에서 그 다음 순서에 대한 단서를 얻어야 한다. 주어진 첫 문단에서 핵심어가 '포스트휴머니즘'이라는 것을 파악했으므로, 선택지를 통해 파악한 (나)와 (다) 중 가장 긴밀하게 연결된 문단을 두 번째 문단으로 고를 수 있다. 흔히 핵심 제재의 뜻풀이나 어원과 관련된 내용은 초반에 위치하는 것이 적절하므로 (다)보다는 (나)를 앞서 배치하는 것이 자연스럽다.
한편 ①과 ② 모두 '(나)–(다)'의 흐름은 고정하고 있다. (가)와 (라)의 선후를 파악해야 하는데 두 문단 중 하나가 마지막에 위치해야 하므로 마지막 문단에 등장할 만한 내용이 어떤 문단에 등장하고 있는지를 파악하는 것도 풀이의 한 방법이 될 수 있다. 흔히 마지막 문단은 전체 내용에 대한 요약이나 정리, 전망, 의의 등과 같은 내용이 등장하므로, 내용상 (가)보다는 (라)가 마지막 문단에 좀 더 적합함을 알 수 있다.

03

정답 | ④

정답풀이 |

전체 글의 문맥상 어색한 내용을 고르는 문제는 전체 주제에 입각했을 때 동떨어진 내용이나 각 문단별 주제에 어긋나는 내용 혹은 앞뒤 문맥상 긴밀성이 떨어지는 것을 골라야 하는 문제이다. 첫 문단은 심부전의 정의에 대한 내용, 두 번째 문단은 심부전의 증상, 세 번째 문단은 심부전의 치료, 마지막 문단은 심부전 예방 및 관리법에 대한 내용을 핵심으로 삼고 있다. 그런데 ㉣은 예방 및 관리법이 아닌 '치료'에 해당하는 내용이므로 해당 문단의 주제와 어긋난다. 내용상 세 번째 문단으로 옮겨야 하는 내용이다.

TIP

주어진 글에서 어색한 내용이나, 삭제해야 하는 내용을 찾는 것은 '통일성에 어긋나는 것'을 찾는 것과 동일하다. 즉 주제에서 어긋나는 바를 찾으면 된다. 단순하게 접근한다면 앞뒤 문맥을 통해 긴밀성이 떨어지는 것, 이질적인 것을 고르면 되는 유형이다. 그래서 난도는 낮은 편에 속하는 문제 유형이다.

04

정답 | ①

정답풀이 |

주어진 글은 '기차'에 대한 인식을 다양한 문학 작품을 예로 들어 설명하고 있다. 이광수는 소설 「무정」에서 '기차'는 '근대적 주체가 새롭게 태어나는 공간, 그 새로운 주체의 이념과 실천이 수행되는 공간'으로, 최명익, 이태준, 채만식의 작품 속 '기차'는 일본 제국주의의 핵심적 도구로 인식되었음을 제시하고 있다. 그리고 외국 작품에서 '기차'는 '밀폐되고 한정된 공간이 주는 특유의 긴장감, 언제 터질지 모르는 위태로움은 범죄의 시발점으로 설정하기에도 적합하여' 추리소설의 공간으로 설정되고 있다고 하였다. 그만큼 '기차'가 작가들에게 주는 영향이 다양했으며, 그렇기에 다양한 작품 속에서 다양한 모습으로 그려졌음을 설명하고 있다. 따라서 주어진 글의 주된 설명 방식은 '예시'가 되며, '기차'에 대한 다양한 인식을 제시하기 위해 사용되었음을 알 수 있다.

오답풀이 |

② 전문가의 의견을 인용한 부분은 찾을 수 없으며, 주어진 글은 논설문이 아니므로 주된 논지를 뒷받침한다는 내용도 적절하지 않다.
③ 주요 대상인 '기차'에 대한 문제점을 제시하고 있지는 않다.
④ 첫 번째 문단과 네 번째 문단에서 묻고 답하는 형식을 사용하고 있지만, 주어진 글의 전반적인 서술 방식이 아니므로 정답이라고 할 수 없다.
⑤ 이광수의 소설과 최명익, 이태준, 채만식의 소설에서 등장하는 기차는 서로 상반된 내용을 가지고 있다고 볼 수는 있겠으나, 외국 소설 속의 기차에 대한 인식도 다루고 있으므로, ①에 비해 주된 설명 방식이라고 보기 어렵다.

TIP

글의 내용 전개 방식을 찾는 유형은 긍정 발문과 부정 발문을 구분하여 풀이에 임해야 한다. 이 문제와 같이 긍정 발문에서는 전체 글을 아우르는 하나의 전개 방식이 정답이 된다. 다시 말해 부분적으로 등장하는 전개 방식은 정답이 될 수 없다. 그래서 ④와 ⑤가 상대성에 의해 정답이 될 수 없는 것이다. 그에 반해 부정 발문에서는 주어진 글에서 활용한 모든 전개 방식을 꼼꼼하게 체크하는 식으로 접근해야 한다. 만약 이 문제가 부정 발문이라면 ①, ④, ⑤가 모두 맞는 설명이 되는 것이다.

05

정답 | ②

정답풀이 |

주어진 글은 2012년 브라질 리우 정상회담에서 우루과이 대통령 '호세 무히카(Jose Mujica)'의 연설문 중 일부이다. 그는 "우리 앞에 놓인 큰 위기는 환경의 위기가 아닙니다. 그 위기는 정치적인 위기입니다."라고 하면서, 근본적인 문제는 우리가 만든 사회 모델이며, 반성해야 할 것은 우리들의 생활방식이라고도 한다. 이를 뒷받침하기 위해 네 번째 문단에서 '전구'를 예로 들어 설명하고 있다. 결국 정치 문제를 해결하기 위해서는 시장을 통제해야만 한다고 보고 있다. 선택지 중 주어진 연설문에서 사용된 전개방식은 사례뿐이다.

오답풀이 |

① 서로 대비되는 견해를 절충하여 새로운 결론을 도출하는 '정반합'의 구조를 띠고 있지 않다.

③ 주요 화제에 대한 질문을 서두에 던지고 있는 것은 맞지만, 전문가가 답하는 구조는 아니다.

④ 현재의 상황에 대한 문제점을 제기하고 그에 대한 해결책을 제시한 것도 맞으나, 해결방안들을 평가하고 있는 것은 아니다. 자신의 주장에 해당하는 하나의 해결책만을 논하고 있다.

TIP

글의 내용 전개 방식을 찾는 유형은 긍정 발문과 부정 발문을 구분하여 풀이에 임해야 한다. 이 문제와 같이 긍정 발문에서는 전체 글을 아우르는 하나의 전개 방식이 정답이 되는 것이 일반적이다. 하지만 해당 문제는 조금 독특하게 선택지 중 적절한 내용이 하나뿐이므로 ②가 정답이 된다. 나머지는 주어진 연설문에서 활용한 전개방식이 아니거나 부분만 적절하다.

06

정답 | ③

정답풀이 |

주어진 글은 3차원 프린터의 개념, 작동 원리와 과정, 활용 분야에 대해 설명하고 있다. 주어진 글에서 어떤 사물이나 사실을 실제보다 훨씬 크거나 작게 나타내는 과장의 방법은 찾을 수 없다.

오답풀이 |

① 세 번째 문단에서 3차원 프린터에 들어가는 재료인 가루(파우더), 액체, 실의 형태에 따라 3차원 프린터가 작동하는 과정을 구체적으로 설명하고 있다.

② 첫 번째 문단에서 3차원 프린터의 개념을 정의하여 설명하고 있다.

④ 마지막 문단의 '예를 들어 의료 분야는 관절, 치아, 의수 등을 비롯한 인공 귀나 인공 장기를 만드는 데 이용하고 있다'에서 대상과 관련하여 구체적인 예를 확인할 수 있다.

⑤ 세 번째 문단에서 조각방식과 쾌속조형 방식을 견주어 그 차이점을 설명하고 있다.

TIP

이 문제는 글의 전개 방식 중 '과정, 정의, 예시, 대조' 등의 개념을 활용한 문제이다. 부정 발문이므로 선택지를 우선 확인한 후 해당 전개방식이 주어진 글에 있는지 숨은그림찾기하듯 찾아가며 풀이해야 하는 문제이다. 만약 전개방식 활용의 유무를 정확하게 판단하기 어려웠다면 이론부터 차근히 다시 연습할 필요가 있다.

07

정답 | ②

정답풀이 |

주어진 글의 논지에 따르면 이어지는 문단들에서는 태양풍으로 인해 달에서의 물의 주요한 구성 성분인 수산기의 생성 가능성에 관한 내용이 이어져야 한다. 그러나 (나)에서는 태양풍으로 인한 달의 물의 생성과 관련한 내용보다는 달 표면 토양에 붙은 물 분자의 이동에 대한 내용을 다루고 있으므로, 전체 흐름과 어울리지 않는 문단이다.

오답풀이 |

① (가)에서는 앞선 문단의 내용을 그대로 연결하여 달에서의 물이나 물의 성분이 어떻게 생겨나는지에 대한 두 가지 설을 제시하고 있으므로 흐름상 어색하지 않다.

③ (다)에서는 첫 번째 문단에서 설명한 연구 내용 중 일부를 상술한 내용이다. 태양풍으로 인해 달 표면에 수소가 생겨나게 되었다는 연구 결과로 인해 그간 달에서 수소의 양이 지역별로 차이가 보였던 이유도 구명했다는 것이다.

④ (라)에서는 수산기 형성의 근본적인 배경으로서 태양풍 노출을 언급하며, 달 이외의 태양계에서도 물과 물의 성분이 생성될 수 있다는 점을 인용을 통해 제시하고 있어, 첫 문단의 내용이 이어지고 있다.

TIP

이 문제는 글의 '통일성'과 관련된 문제이다. '통일성'은 한 편의 글이 하나의 주제로 이루어지며, 그 주제를 나타내기 위해 문단이나 문장이 서로 긴밀하게 연결되어 있어야 한다는 글의 구성 원리 중 하나이다. 따라서 주제를 먼저 파악한 후, 그에 어긋나는 부분을 찾으면 된다. 이 문제의 경우 첫 번째 문단을 기준으로 가장 상관없는 내용을 제시한 문단을 찾으면 된다.

08

정답 | ③

정답풀이 |

〈보기〉에서는 블록의 거래 기록을 조작하기 위해 필요한 컴퓨팅 파워의 크기를 언급하면서, 이로 인해 거래 기록의 조작이 불가능함을 설명하고 있다. 즉 비트코인 블록의 기록 위조가 불가능함을 말하고 있다. 이를 바탕으로 주어진 글을 살펴보면 (가)와 (나)에서는 블록이나 블록체인에 대한 언급이 없고, (라)에서는 비트코인의 의의를 제시하면서 글을 마무리하고 있으므로, 〈보기〉의 글이 들어가기에 가장 적절한 위치는 블록 및 블록체인의 개념에 대해 언급한 (다) 뒤이다.

TIP

〈보기〉의 위치 추론 유형은 〈보기〉를 바탕으로 앞뒤를 추론한 뒤 주어진 글을 독해하는 것이 효율적인 접근법이다. 이 문제의 〈보기〉의 첫 부분은 '비트코인 채굴자들의 해시값'이고, 끝부분은 '이러한 작업(위조)은 불가능에 가깝다'이다. 따라서 '위조'와 관련된 내용이 나타날 때까지는 〈보기〉가 들어갈 위치가 아니라고 봐야 한다. 한편 주어진 글의 (가)의 질문과 (나)의 내용은 긴밀하게 연결되어 있다. 따라서 〈보기〉가 들어갈 위치로는 적절하지 않다. (나)의 마지막 부분의 '거래 내역'이 (다)의 '거래 기록'으로 연결되므로 이 역시 적절하지 않다. 이처럼 앞뒤 문맥이 긴밀하게 연결된다면, 〈보기〉가 들어갈 위치로는 적절하지 않다. (다)에서 〈보기〉의 핵심어인 '해시값'을 확인할 수 있고, (라)의 첫 부분에서 〈보기〉의 위조와 대치되는 개념인 '보안'을 확인할 수 있으므로, 〈보기〉의 위치는 (다)의 뒤가 적절하다.

09

정답 | ③

정답풀이 |

주어진 글은 전통적인 가치를 뒤엎고 디즈니를 비꼰 영화 '슈렉'을 통해 성공을 거둔 드림웍스의 사례를 제시하고 있다. 따라서 애니메이션의 역사 그 자체로 여겨졌던 디즈니에 대해 소개하고 있는 (가)가 첫 번째 문단으로 적절하다. (다)의 경우 '이렇듯'이라는 부사어로 문단을 시작하며 디즈니에 대해 부연 설명하고 있으므로 (가) 뒤에 와야 한다. 그다음에는 드림웍스가 디즈니에 도전장을 내민 이유, 디즈니의 아성을 무너뜨리게 된 전략 등을 구체적으로 설명한 뒤 그 의의를 제시하고 있는 (마), (라), (나)가 순서대로 오는 것이 자연스럽다. 따라서 문단 흐름에 따라 배열하면 (가)-(다)-(마)-(라)-(나) 순이다.

TIP

선택지를 통해 첫 번째 문단이 (가)임을 알 수 있으므로, (가)를 우선 읽고 풀이에 임해야 한다. 흔히 첫 문단을 고정한다는 것은 이를 통해 전체적인 흐름을 파악할 수 있거나, 첫 문단을 고정해야만 풀이가 원활하게 이뤄지는 경우일 수도 있다. 따라서 문제 자체든 선택지든 첫 문단이 고정되었다면 우선 읽는 것이 효율적인 접근법이 된다.

선택지를 통해 두 번째 문단의 후보를 (나), (다), (마)로 좁힐 수 있는데, (나), (마)는 슈렉이라는 새로운 대상이 나타나고 있는 반면 (다)는 '이렇듯'을 통해 (가)의 내용을 그대로 이어받고 있으므로, 두 번째 문단은 (다)가 적절하다. 세 번째 문단의 후보는 (라)와 (마)인데, (라)는 디즈니 애니메이션에 등장한 캐릭터들의 공통점과 그로 인한 문제점을 해결하기 위해 '슈렉'이 등장했음을 설명하고 있고, (마)는 '슈렉'이라는 캐릭터를 통해 디즈니의 아성을 무너뜨리게 된 내용을 담고 있다. 그런데 (마)의 마지막 부분인 '제프리 카첸버그를 비롯한 드림웍스 경영진은 디즈니의 캐릭터들이 다들 예쁘고 잘생겼기 때문에 의도하지 않게 사람들, 특히 아이들에게 잘못된 생각을 심어 줄 수 있다고 보고 이를 고쳐 보자고 생각했다'와 (라)의 '실제로 그때까지 디즈니 애니메이션에 등장한 '공주' 캐릭터만 해도 백설공주, 인어공주 등 12명에 달했고, 이들은 모두 예쁘고 착하며 좋은 남편을 만났다는 공통점이 있다. 심지어 그 남편들도 모두 훤칠하고 잘생겼다'와 연결되므로, 세 번째 문단은 (마)가 적절하다.

10

정답 | ④

정답풀이 |

주어진 글은 국립환경과학원이라는 전문기관의 전망을 인용함으로써 글의 핵심 화제를 제시하고 있다. 따라서 두 번째 문단으로는 '반대'의 경우에 해당하는 '대기 순환이 순조롭지 않은 상태'를 설명함으로써 앞선 문단의 내용을 부연하여 재진술하는 (라)가 가장 자연스럽다. (라)의 마지막에서 유력한 이유로 '지구 온난화'를 들고 있으므로, '지구 온난화가 고농도 미세 먼지를 유발하는 과정'에 대해 설명하고 있는 (가), (나)가 연결되어야 한다. (다)는 '지구 온난화가 미세 먼지 문제를 키울 것이라는 연구 결과'이고, (마)는 '지구 온난화 해소를 위한 정책 변화의 필요성'을 제시하고 있다. 흐름상 '지구 온난화'가 원인이 된 내용을 정리한 (다)가 이어져 나오고, 앞으로의 해결책을 제시한 (마)가 마지막 문단으로 자연스럽다. 따라서 (라)-(가)-(나)-(다)-(마)의 순으로 배열되는 것이 적절하다.

TIP

우선 제시된 첫 번째 문단을 통해 핵심 화제가 '미세 먼지'라는 것을 확인할 수 있다. 그 후 선택지를 통해 두 번째 문단의 후보를 (가)~(라)로 줄일 수 있는데, (가)와 (다)는 '지구 온난화'로 시작되어 주어진 첫 번째 문단과 연결되기 어색하고, (나)의 '이 공기'를 미세먼지로 보더라도 '제트 기류'와 관련된 내용을 첫 번째 문단에서 찾을 수 없으므로 이 역시 두 번째 문단으로는 적절하지 않다. 따라서 두 번째 문단으로 적절한 것은 (라)가 된다. 더불어 ④와 ⑤ 모두 '(라)-(가)'의 흐름을 갖고 있으므로, 선택지를 통해 세 번째 문단의 후보를 (나)와 (마)로 좁힐 수 있다. (나)의 '이 공기'는 (가)의 '공기'와 연결되며, '제트 기류' 역시 반복됨을 알 수 있다. 반면 (마)는 '결국'이라는 접속어와 '해결 방안'이라는 내용을 통해 중간보다는 마지막 문단에 더 어울림을 알 수 있다. 따라서 세 번째 문단으로 적절한 것은 (나)이다.

기출 유형 5 | 생략된 내용 추론

P. 96

01	02	03	04	05	06	07	08	09	10
⑤	③	④	④	⑤	⑤	②	④	⑤	④

01

정답 | ⑤

정답풀이 |

주어진 글은 정당한 권위에 대한 복종과 부당한 권위에 대한 저항을 구별할 수 있어야 함을 주장하는 글이다. 첫 번째 문단에서는 사회에서 권위에 대해 복종하는 법만 가르치고 있는 문제 상황을 언급하며, 그에 대한 해결책을 강구하고 있다. 두 번째 문단에서는 이를 해결하기 위한 방법 두 가지를 언급하고 있으며, 세 번째 문단에서는 첫 번째 해결법인 기존 사회과학 연구에서 해답을 찾는 내용으로 밀그램의 실험을 통해 불복종이 동료의 행동에 영향을 받음을 언급하고 있다. 네 번째 문단에서는 두 번째 해결법인 새로운 방법의 모색에 대한 것으로 권위에 대한 불복종을 생산적 불복종이라는 개념을 통해 설명하고 있다. 마지막 문단에서는 그 해답에 대한 내용이다. 문맥상 ㉠에는 그 해답의 요점, 즉 필자의 주장이 들어가야 한다. ㉠의 앞 문장을 단서로 삼으면, 문제상황에 대한 해결책은 시각장애인 안내견과 같이 상황을 구분할 수 있는 '훈련이 필요하다'로 정리할 수 있다.

오답풀이 |

①, ② '불복종 훈련'만을 중요하다고 보고 있지 않다. 시각장애인 안내견에서 배우고자 한 것은 '복종해야 할 때와 저항해야 할 때를 가르치는 것'이라고 하였다.

③ 세 번째 문단의 '우리는 모두 서로에게 사회적 롤모델이며, 선행이든 악행이든 우리가 하는 행동은 보는 사람들에게 파급효과를 갖는다.'를 통해 이끌어 낼 수 있는 내용이다. 하지만 이는 전체적인 물음에 대한 해답이 아니며, ㉠의 앞뒤 문맥상 자연스럽지 않다.

④ 부당한 권위에 대한 저항이 꼭 '다수의 선택과 다른 선택'을 하는 것은 아니다.

TIP

빈칸 추론 유형은 빈칸을 위치를 확인한 후, 앞뒤 문맥을 통해 핵심 단서를 찾는 것이 효율적인 접근법이다. 이 문제의 경우 빈칸이 마지막 문단의 마지막 문장에 위치하므로 전체 주제가 들어갈 가능성을 염두에 두어야 한다. 이 문제 역시 주제와 밀접한 관계가 있는 표현이 빈칸에 들어가야 하는데, 마지막 문단을 바탕으로 추론할 수도 있지만 그 단서가 명확하지 않아 전체 글을 통해 핵심을 파악해야 하는 부분이 없지 않아 있다. 이 경우 우선은 첫 문단을 확인하는 것이 좋다. 왜냐하면 일반적인 글의 전개 구조상 첫 문단에서 전체 글의 흐름을 짐작할 수 있도록 안내해 주는 경우가 많기 때문이다. 주어진 글도 첫 문단의 마지막 문장인 '우리는 권위에 대한 복종과 독립적 선택 사이에서 적절하게 균형을 잡아야 한다. 그렇다면 참신한 해결책은 어디에서 찾아야 할까?'와 같이 문답법을 통해 전체적인 흐름을 소개하고 있다. 즉 '권위에 대한 복종과 독립적 선택 사이의 적절한 균형'이 핵심이 된다. 그리고 마지막 문단의 첫 부분은 그 해답에 대한 내용임을 밝히고 있고, ㉠의 앞 문장에서 '학생 교육을 통해 ~우리 인간에게도 분명 그와 같은 훈련을 할 수 있다'고 했다. 이를 종합하면, '권위에 대한 복종과 독립적 선택 사이의 적절한 균형을 위한 훈련이 필요하다.'로 정리할 수 있고, 가장 유사한 내용을 제시한 선택지는 ⑤이다.

02

정답 | ③

정답풀이 |

주어진 글에서 두 거래 방식의 거래 비용에 대한 내용은 찾을 수 없다.

오답풀이 |

① 허용량 거래제는 중앙집권적인 주체가 각 경제 주체에게 최대 배출 한도를 배정하는 것이고, 크레딧 거래제는 거래제에 참여한 국가나 기업이 그 주체가 된다는 점에서 차이점이 있다.

② 허용량 거래제는 최대 배출 한도가 배정된다는 점에서 강제적이라고 볼 수 있고, 크레딧 거래제는 참여한 국가나 기업에 한하여 적용되므로 자발적이라고 볼 수 있다.

④ 허용량 거래제에 의한 저감은 의무적이므로 국가나 기업이 처한 상황에 따라 실행 난이도가 달라지며, 크레딧 거래제는 자발적 실행에 의한 것으로 배출권 거래제보다 용이하게 이루어질 수 있다.

TIP

빈칸 추론 유형은 앞뒤 문맥을 통해 파악하는 것이 일반적이지만, 때에 따라서는 그 범위를 조절해야 할 때도 있다. 이 문제의 빈칸은 마지막 문단의 문장에 위치해 있다. 즉 앞뒤를 통해 추론하는 것이 불가능에 가깝다. 다만, 앞뒤를 통해 '두 방식의 차이점'에 대한 내용이 들어가야 함을 확인할 수 있을 뿐이다. 더욱이 부정 발문에 해당하므로, 해당하지 않는 하나를 골라야 하는 상황이다. 따라서 그 범위를 바로 앞선 문단으로만 국한해서는 안 되고, 전체적인 흐름을 파악해야 하는 경우에 해당한다. 아주 흔치 않은 전체 맥락 파악 유형, 즉 세부 내용 파악 유형에 가깝다. 다시 말해 '두 방식'이 무엇이고, '두 방식'의 차이점에 집중하여 꼼꼼하게 읽어내려가야 한다. 흔히 차이점이 아닌 것을 찾는다는 것은 공통점을 찾거나, 알 수 없는 혹은 적절하지 않은 내용을 찾으면 되는데 ③은 '알 수 없는 내용'에 해당한다.

03

정답 | ④

정답풀이 |

- ㉠: ㉠의 앞 문장은 신생아는 아기의 상태에 따라 그 기간이 달라진다는 내용이고, 뒤 문장은 신생아는 기간보다는 특징을 위주로 이야기하는 것이 올바른 접근법임을 설명하고 있다. 따라서 두 문장은 인과관계에 해당하므로 '그래서, 따라서, 그러므로' 등의 접속어가 모두 들어갈 수 있다. ①의 '때문에'는 '어떤 일의 원인이나 까닭'을 뜻하는 의존명사로, 문맥상 어색하지 않으므로 이 역시 적절한 접속어로 볼 수 있다.
- ㉡: ㉡의 앞 문장은 신생아도 성인처럼 정상체온을 유지한다는 내용이고, 뒤 문장은 그 체온유지에 비효율적인 제한점들이 많다는 내용이므로, 문맥상 인과보다는 역접의 접속어가 더 적절하다.
- ㉢: ㉢의 앞 문장은 신생아의 피부에서 나타나는 정상적인 증상들에 대한 내용이고, 뒤 문장은 치료가 필요한 황달에 대한 설명이다. 즉 정상적인 증상들과 치료해야 할 증상이 이어지는 경우이므로 역접의 접속어가 들어갈 수 있다. 하지만 선택지에 그와 관련된 내용이 없으므로, 차선을 살펴보면 예외 요소에 대한 거론할 때 사용하는 접속어도 가능함을 알 수 있다. '다만'은 '앞의 말을 받아 예외적인 사항이나 조건을 덧붙일 때 그 말머리에 쓰는 말'로도 가능함을 알 수 있다. 문맥상 ㉢에 들어갈 접속어로 가장 적절하다.

오답풀이 |

① ㉢은 문맥상 예를 들어 설명하는 부분이 아니므로, '예컨대'는 ㉢에 들어갈 접속어로 적절하지 않다.

② ㉠의 '이를테면'은 '이를터이면'의 준말로, 주로 예를 들 때 사용하는 부사이다. 따라서 인과관계에 해당하는 ㉠에 들어갈 접속어로는 적절하지 않다. ㉡의 '그래서'는 인과관계를 나타내는 접속어인데, 문맥상 역접의 접속어가 들어가야 하므로 적절하지 않다.

③ ㉡의 '그래서'는 인과관계를 나타내는 접속어인데, 문맥상 역접의 접속어가 들어가야 하므로 적절하지 않다.

TIP

빈칸 추론 유형 중 접속어 문제는 우선 앞뒤 문맥을 통해 관계성을 파악한 후, 접속어가 적절하게 사용되었는지 여부를 판단해야 한다. 이를 위해서는 대표적인 접속어들의 종류와 특성에 대한 이해가 전제되어야 하며, 표지어 등의 관계성도 문맥을 바탕으로 옳고 그름을 구분할 수 있어야 한다. 예를 들어, 대조 관계를 나타내는 역접의 접속어로는 '그러나, 하지만, 반면'이 대표적이지만, '~와 달리, 반대로, ~아니라' 등과 같은 차이성 표지어를 통해 단서가 나타나기도 한다.

04

정답 | ④

정답풀이 |

주어진 글의 첫 번째 문단은 구리의 전기 전도율을 설명하기 위해 금속은 마을, 전자는 사람에 빗대어 설명하고 있다. 금속에 전류가 잘 통한다는 것은 마을에 사람들이 자유롭게 돌아다니는 상황이고, 전기 전도도가 큰 물질은 전자 즉 사람이 제주 올레길과 같은 평탄한 길을 걷는 것과 같다고 하였다. 두 번째 문단에서는 금속의 다결정과 단결정의 차이를 설명하기 위해 벽돌이 무질서하게 어질러있는 형태를 다결정에, 하나하나 정성들여 쌓아 올린 형태를 단결정에 빗대어 설명하고 있다. 그리고 세 번째 문단에서 단결정과 다결정의 차이를 설명하기 위해 다시 마을에 비유하는데, 단결정 마을은 마을 사람들이 다니는 평지길이 끊어지지 않고 계속 연결되어 있는 마을이고, 다결정 마을은 여러 가지 장애 요소가 가득한 마을에 빗대고 있다. 이를 바탕으로 할 때, 빈칸에 들어갈 '단결정을 만든다는 것'은 평탄한 길을 만드는 것과 연결할 수 있으므로 정답은 ④이다.

오답풀이 |

① 단결정을 만든다는 것은 '전자'가 빨리 갈 수 있도록 도와주는 것이 아니라, '전자'가 가는 길을 평탄하게 만들어 '전자'를 도와주는 것이다.
② 주어진 글에서 빗댄 내용을 바탕으로 할 때, '험한 길'은 '단결정'이 아니라 '다결정'에 대한 설명이다. 따라서 단결정을 만든다는 것은 험한 길을 평탄한 길로 만든다는 것을 뜻한다. 따라서 '험한 길을 무난하게 건널 수' 있다는 상황 자체가 적절하지 않다. 더불어 문맥상 '전자'에게 직접적인 도움을 주는 일에 빗댈 수는 없다.
③ 단결정을 만든다는 것은 쉬운 길로 인도하는 것을 뜻하는 것이 아니라, 쉬운 길을 만들어 준다는 뜻으로 이해하는 것이 적절하다.

TIP

빈칸 추론 유형은 빈칸의 위치를 확인한 후, 앞뒤 문맥을 통해 핵심 단서를 찾는 것이 효율적인 접근법이다. 이 문제는 빈칸이 특정 문단의 중간쯤에 위치하므로 다른 부분에서 단서를 찾기보다는 빈칸 앞뒤 문장과 해당 문단에서 단서를 찾아야 한다. 더불어 빈칸의 형태가 '~과 같다'로 마무리되고 있으므로 비유적인 표현이 들어가야 함을 짐작할 수 있다. 빈칸의 앞 문장은 '다결정 마을'에 대한 설명이므로 빈칸의 '단결정'과는 거리가 멀다. 빈칸 뒤는 벽돌을 차곡차곡 쌓는 것과 같다고 했으므로, 정제된 형태를 띤다고 볼 수 있다. '단결정'이라는 핵심어와 연결되는 확실한 단서를 찾지 못했으므로 해당 문단에서 '단결정'과 관련된 내용을 찾아야 한다. 첫 번째 문장인 '마을의 비유로 되돌아가보면 마을 사람들이 다니는 평지길이 끊어지지 않고 계속 연결되어 있는 마을이 단결정 마을이다.'에서 단서를 얻을 수 있고, 이와 관련성이 높은 것이 정답이다.

05

정답 | ⑤

정답풀이 |

ⓜ은 앞선 '이렇듯'을 통해 앞선 문단의 내용을 요약하는 내용이 들어가야 함을 알 수 있다. 앞 문단은 역사의 의미가 시대에 따라 달라지는 경우에 대한 설명이고, 뒤 문장은 그러한 변화의 방향성에 대한 이해가 전제되어야만 역사를 올바르게 바라볼 수 있다는 내용이다. 따라서 ⓜ에는 '역사가 변한다'라는 내용이 들어가야 한다. 그런데 '변함없이 인정받는 역사만이 영원하다'는 문맥과 상충하는 내용이므로, ⓜ에 들어갈 내용으로는 적절하지 않다.

오답풀이 |

① ㉠의 앞에 역접의 접속사 '그러나'가 있으므로, 앞 문장과 반대되는 내용이 들어가야 한다. ㉠의 앞 내용은 역사란 인간 사회의 지난날에 일어난 사실 혹은 이를 적어둔 기록이라고 하였으므로, 뒤 문장에서는 꼭 그렇지만은 않다는 내용이 들어가야 한다. 더불어 뒤 문장에서 지난날에 일어난 사실 중에서 역사가 되는 경우와 그렇지 않은 경우를 예로 들어 설명하고 있으므로, '지난날 인간 사회에서 일어난 사실이 모두 역사가 되는 것은 아니다.'는 ㉠에 들어갈 내용으로 적절하다.
② ㉡의 앞에 인과의 접속사 '따라서'가 있으므로, 앞 내용에 대한 결과에 해당하는 내용이 들어가야 한다. 앞 내용은 사소하고 일상적, 반복적 일은 역사가 될 수 없고, 거대하고 유일한 일만이 역사가 될 것 같지만 반드시 그렇지는 않음을 예시로 들어 설명하고 있다. '역사란 지난날의 사실 중에서 누군가에 의해 뽑혀진 사실에 해당할 뿐이다.'는 그러한 내용과 일맥상통하므로 ㉡에 들어갈 내용으로 적절하다.
③ ㉢은 앞선 '참고가 될 만한 일과 될 만하지 않은 일을 가려내는 일'과 관련 깊으면서, 뒤의 예시에 부합하는 내용이 들어가야 한다. 문맥상 시대에 따라 기록되는 바가, 그 중요성이 다름과 관련이 깊으므로 '사람에 따라 다를 수 있으며 또 시대에 따라 다를 수 있다고 말할 수 있겠다.'는 ㉢에 들어갈 내용으로 적절하다.
④ ㉣은 앞선 '역사의 의미는 달라지는가?'와 관련있으면서도, 뒤의 시대에 따라 의미가 달라진 역사적 사실에 대한 것과도 연결되어야 한다. '시대의 변화에 따라 전혀 다른 뜻으로 해석되는 역사도 많다.'는 그 연결고리가 자연스러우므로 ㉣에 들어갈 내용으로 적절하다.

TIP

빈칸 추론 유형에서 가장 큰 단서가 되는 것은 접속어이다. ⓜ의 앞서 제시된 '이렇듯'은 앞 문단의 요약이자 핵심이 들어가야 함을 알 수 있다. 이것만으로도 충분한 풀이가 가능하다. 또한 이 문제는 부정 발문이므로 앞뒤 문맥을 거스르지 않고, 자연스럽게 연결된다면 일단은 옳다고 판단하면서 풀이에 임하는 것이 효율적인 접근법이 될 수 있다. 대부분 이러한 1:1 대응 문제는 난도가 높게 출제되지 않는 편이다.

06

정답 | ⑤

정답풀이 |

주어진 글은 주차장과 관련된 '공유의 비극'을 제시하며, 주차장을 공공에서 공급하는 공공재로 여겨지는 것에 대한 비판적 견해를 드러내고 있다. ⓜ은 문맥상 결론에 해당하는 부분으로 주차장을 조성하고 운영하는 데 필요한 비용의 주체가 누구인가에 대한 내용이 들어가야 한다. 이미 앞서 공영 주차장은 그 특성상 공공재로서 충돌이 일어날 수밖에 없다고 하였고, "주차장은 자동차 운전자들이 당연하게 제공받아야 하는 서비스가 아니다."라고 단정짓고 있으므로, 그 비용 부담의 주체로 공공인 '지자체'를 드는 것은 적절하지 않다. 전체적인 흐름을 고려한다면 운전자 개인으로 보는 것이 타당하다.

TIP

빈칸 추론 유형은 앞뒤 문맥을 통해 내용을 짐작하는 것이 일반적이지만, 빈칸의 위치에 따라서도 내용을 짐작할 수 있다. 이 문제는 마지막 문단에 빈칸이 집중되어 있어, 결론과 관련된 핵심어에 빈칸이 있을 것이라는 추측이 가능하다. 만약 앞뒤 문맥만으로 정확한 추론이 어렵다면, 전체적인 흐름을 통해 핵심을 빠르게 파악한 후 문제 풀이에 임했어야 하는 문제이다.

07

정답 | ②

정답풀이 |

주어진 글은 흑인 청년 프레디 그레이에 대한 경찰의 폭력 사태로 빚어진 볼티모어 폭동에 관해 설명하고 있다. 마지막 문단에서 볼티모어 폭동 사태가 미국 프로야구(MLB) 경기에 부정적 영향을 미쳤음을 암시하고 있으므로, 뒤에 이어질 내용은 볼티모어 폭동이 프로야구 경기에 어떤 영향이 미쳤는지에 대한 내용이 이어지는 것이 바람직하다. 특히 '도시의 가장 큰 행사인 프로야구'와 '폭동으로 인해 대규모 인파가 몰리는 것을 극히 꺼렸던 시 당국의 입장'이 주요 단서로 작용할 수 있다. 따라서 가장 적절한 것은 '볼티모어 폭동으로 인해 이루어진 MLB 역사상 최초의 무관중 경기'이다.

오답풀이 |

① 마지막 문단에서 볼티모어 폭동 사태가 미국 프로야구(MLB) 경기에 부정적 영향을 미쳤음을 암시하고 있으므로, 단순히 취소 없이 경기가 진행되었다는 내용은 연결이 자연스럽지 않다.

③ 세 번째 문단에 따르면 야구 경기가 진행되기 전에 폭동은 이미 소강상태에 접어들었음을 알 수 있다. 따라서 야구 경기의 관람을 위해 잠시 소강상태로 접어들었다는 것은 주어진 글과 일치하지 않는다. 따라서 이어질 내용으로도 적절하지 않다.

④ 프레디 그레이 사망 사건과 관련된 폭동의 시작과 결과가 앞서 정리가 되었고, 마지막 문단에서 중요한 야구 경기에 대한 시 당국의 걱정이 담겨져 있으므로, 폭동으로 인한 야구 경기의 변화에 대한 내용이 이어져야 한다.

⑤ 주어진 글의 뒷부분에는 볼티모어 폭동이 프로야구에 영향을 끼친 내용이 나오는 것이 적절하다. 프로야구가 폭동에 어떠한 영향을 끼쳤는지에 대한 내용은 적절하지 않다.

TIP

이어질 내용을 추론하는 문제는 어떤 부분에서 이어지는 내용인지부터 파악하는 것이 중요하다. 마지막 문장에서 이어지는 부분인지, 해당 문단에서 이어지는 부분인지 아니면 글 전체의 흐름에 따른 내용이 들어가야 하는지부터 파악해야 한다. 이를 통해 찾은 힌트를 바탕으로 정답을 찾을 수 있다. 이 문제의 경우 마지막 문단을 기준으로 하면, '볼티모어 폭동 사태로 인해 도시가 마비되었기 때문에 도시의 가장 큰 행사인 프로야구(MLB) 경기 또한 취소될 국면'이라는 점과 '당국의 입장에서 대규모 인원이 모이는 행사를 달가워하지 않는다'는 점을 확인할 수 있다. 즉 폭동이 프로야구 경기에 부정적 영향을 끼쳤으리라는 것을 추론할 수 있다. 이와 가장 관련 있는 내용을 담은 것은 ②이다.

08

정답 | ④

정답풀이 |

(A) 문맥상 재래식 전쟁의 예를 나열하고 있으므로 지상군을 통한 시리아 내전의 모습을 언급한 ⓒ이 들어가는 것이 가장 적절하다.

(B) 앞부분에서 첨단 무기 개발의 필요성을 주장하였고, 뒷부분에서는 이러한 첨단 무기의 장점을 나열하고 있으므로 첨단 무기가 다른 무기에 비해 비용이 적게 든다는 장점을 언급한 ㉠이 들어가는 것이 가장 적절하다.

(C) 앞부분에서 육·해·공 분야로의 무인무기 개발 확대를 언급하였고, 뒷부분에서 언급한 '드론 벌떼 공격'은 킬러 로봇의 개발 사례로 볼 수 있으므로 ⓛ이 들어가는 것이 가장 적절하다.

TIP

빈칸 추론 유형에서 빈칸이 여러 개가 제시될 경우, 〈보기〉가 주어지는 것이 일반적이므로, 〈보기〉를 통해 단서를 찾는 것이 우선시되어야 한다. 이 문제의 경우 ㉠은 '이들'에 해당하는 첨단 무기에 관련된 내용이 앞서 등장해야 한다는 것을 짐작할 수 있고, ㉡은 '킬러 로봇 개발'에서 단서를 찾을 수 있다. ㉠과 ㉡이 첨단 무기에 대한 설명인 것에 반해 ㉢은 일반적인 전쟁 상황에 대한 내용이므로, 내용상 앞서 등장할 가능성이 있음을 추론할 수 있다. 왜냐하면 흔히 첨단 문물에 대한 등장이나 장점 등을 논하기 위해서는 과거에 어떠했는지에 대한 설명을 하면서 문제점이나 단점을 열거하고, 그에 대한 해결책이나 대안으로 새로운 대상을 제시하는 것이 일반적이기 때문이다. 물론 이 문제는 앞뒤 문맥을 통해서도 풀이가 가능하다.

09

정답 | ⑤

정답풀이 |

빈칸에는 자동안전화장치에 대한 내용으로, 재량적 재정정책과 '달리'라고 하였으므로 문맥상 두 정책의 차이점에 대한 내용이 들어가야 한다. 앞서 '재량적 재정정책'은 '내부시차가 길'고, '외부시차가 짧다'는 것을 알 수 있으므로 자동안전화장치와의 차이점은 '내부시차'임을 알 수 있다. 즉 앞 문장인 '경계의 상황에 따라 자동적으로 조절될 수' 있다는 내용을 말미암아 '경제 상황의 변화에 신속하게 대응'할 수 있다는 내용을 이끌어 낼 수 있기도 하다. 따라서 정답은 ⑤이다.

오답풀이 |

① 재량적 재정정책처럼 내부시차가 길다는 의미이므로 빈칸에 들어갈 내용으로는 적절하지 않다.

② 앞서 자동안정화장치는 외부시차가 짧다고 하였으므로 빈칸에 들어갈 내용으로는 적절하지 않다.

③ 앞선 문장에서 자동안정화장치는 '경기의 상황에 따라 자동적으로 조절 될' 수 있다고 하였으므로 일치하지 않는 내용이다.

④ 두 번째 문단에 따르면, '내부시차는 정부가 경제에 발생한 문제를 인식하고 실제로 정책을 수립·집행하는 시점까지의 시간을, 외부시차는 시행된 정책이 경제에 영향을 끼쳐 그에 따른 효과가 나타나는 데까지 걸리는 시간을 의미한다.' 따라서 내부시차가 짧다는 것은 정책을 수립하고 집행하는 시점까지의 시점이 빠르다는 것을 의미한다고 볼 수 있다. 정책 수립 후 효과나 그 결과가 빠르게 나타나는 것은 외부시차에 대한 설명이므로 빈칸에 들어갈 내용으로는 적절하지 않다.

TIP

빈칸 추론 유형은 앞뒤 문맥에서 정답의 단서를 찾는 것이 일반적이다. 이 문제 역시 빈칸 앞에서 '따라서'라는 인과의 접속사를 사용하고 있으므로 앞선 내용들을 정리하는 내용이 들어가야 함을 알 수 있고, 뒤를 통해 '자동안정화장치'의 장점이 들어가야 함을 알 수 있다. 그리고 그 장점은 '재량적 재정정책'과 다른 점이면서, '외부시차'와 관련된 내용이 아니어야 한다는 점도 유념해야 한다. 빈칸의 앞뒤만으로는 '재량적 재정정책'의 특성을 정확히 파악하기 어려우므로, 지문의 범위를 '빈칸 문단'으로 넓혀야 한다. 최소한의 지문을 읽고 정답을 구해야 하므로, 빈칸 앞뒤를 통해 정답을 구할 수 없다면 문단을, 그도 아니라면 첫 문단 혹은 글 전체로 범위를 넓혀가야 한다. 다행히 세 번째 문단에서 '재량적 재정정책'은 '내부시차가 길고', '외부시차가 짧다'는 것을 알 수 있으므로, 빈칸에는 '내부시차가 짧다'와 관련된 내용이 들어가야 한다는 것을 알 수 있다. ④와의 구분을 위해서 내부시차와 외부시차에 대한 개념 역시 확인해야 한다면 독해의 범위를 좀 더 넓히면 된다. 물론 앞선 문장의 주요 단서와 선택지 내용의 긴밀성을 파악했다면 좀 더 빠른 풀이가 가능했을 것이다.

10

정답 | ④

정답풀이 |

첫 번째 빈칸 앞에서는 다양한 역할을 하는 로봇의 등장이 화제가 되었음을 언급하고 있으며, 빈칸 뒤에서는 앞에서 언급한 로봇 외에 더 다양하고 특별한 로봇이 등장했음을 말하고 있다. 따라서 앞서 이야기한 것에 머무르지 않고 그것보다 정도가 더 하여지거나 더 넓어짐을 나타내는 '더 나아가'나 '뿐만 아니라'가 들어가야 한다.

두 번째 빈칸에는 뒷부분에서 언급한 '사회가 노령화되어 가는 것이 또 다른 의미에서 위험 요소가 되는 것'의 원인을 빈칸 앞에서 언급하고 있으므로, '따라서', '그러므로', '그래서'와 같은 인과 접속어가 들어가야 한다. 따라서 빈칸에 들어갈 말이 순서대로 제시되어 있는 것은 ④이다.

오답풀이 |

①, ② 첫 번째 빈칸 뒷부분 내용 중 '심지어는 카페용 바리스타 로봇까지 등장하였다'를 통해 단순 나열이 아님을 알 수 있다. 따라서 대등 접속어인 '또한', '그리고'보다는 '더 나아가', '뿐만 아니라'가 더 적절하다.

TIP

접속어 추론 문제는 앞뒤 문맥이 가장 중요하지만, 선택지도 단서로 활용할 수 있다. 이 문제도 선택지를 보면, 첫 번째 빈칸의 후보로 대등 접속어인 '또한, 그리고'와 역접 접속어인 '그러나', 첨가 접속어인 '더 나아가, 뿐만 아니라'가 있고, 두 번째 빈칸의 후보는 환언 요약의 접속어 '즉, 다시 말해'와 인과의 접속어인 '따라서, 그러므로, 그래서'가 있다. 이 경우 후보의 종류가 적은 두 번째 빈칸부터 확인하는 것이 좋다. 문맥상 빈칸의 뒤의 내용이 앞선 내용을 다시금 환언하고 요약하는 것이 아니므로, ①, ⑤를 소거할 수 있다. 남은 ②~④는 모두 다른 유형이므로 첫 번째 빈칸까지 확인해야 한다. 첫 번째 빈칸은 문맥상 '심지어 로봇까지도'의 뉘앙스를 고려할 때 첨가의 접속어를 넣는 것이 자연스러우므로 정답은 ④이다. 나머지 선택지들을 살펴보면, 반박의 내용을 담고 있지 않으니 ③을 소거할 수 있고, 앞선 내용과 대등하게 연결되는 것도 아니므로 ② 역시 소거할 수 있다.

기출 유형 6 | 기타 유형

P. 112

01	02	03	04	05	06	07	08	09	10
⑤	⑤	③	④	②	③	⑤	⑤	②	①

01

정답 | ⑤

정답풀이 |

주어진 글은 '㉠ 공간'과 '㉡ 장소'를 구분하며 설명하는 글로, 이-푸 투안 박사의 견해를 소개하고 있다. 박사의 주장에 따르면 공간은 자유와 권력의 대상인 동시에 사회문화를 규정하는데, 이러한 공간이 장소가 되려면 '가치'가 부여되거나, '애착'이 생기고, '안전'이 더해져야 한다고 주장한다.

마지막 문단에 따르면 한 공간에 애착을 느끼기까지는 적잖은 시간이 소요된다고 하였다. 하지만 마지막 문장인 "일몰과 일출 시간, 일과 휴식의 시간처럼 자연적이거나 인공적인 리듬의 독특한 조화로 한 장소에 대한 감정은 그 사람의 뼈와 근육에 새겨진다면서도 한 남자가 한 여성을 만나 첫눈에 사랑에 빠진 것처럼 장소도 첫눈에 사랑에 빠질 수 있다는 점을 언급한다"를 통해 짧은 시간이더라도 ㉡이 될 수 있음을 추론할 수 있다.

오답풀이 |

① '신혼여행의 추억'이라는 가치가 담겨있으므로 하와이는 ㉡에 해당한다고 볼 수 있다.
② 집으로 가는 길에 들른 편의점은 생활 속 공간이므로 ㉠에 해당한다고 볼 수 있다.
③ 강대국인 영국이 인도를 식민지배함으로써 얻은 것은 '권력의 대상'인 공간이므로 ㉡이 아닌 ㉠에 해당한다고 볼 수 있다.
④ 네 번째 문단의 설명에 따르면 각국의 문화와 생활방식은 ㉠의 영향을 받는다고 볼 수 있다.

TIP

특정 내용 판단 및 분석 유형은 일반적으로 세부 내용 파악 혹은 주어진 내용 추론 유형과 그 풀이법이 유사하다. 다만 주요하게 읽어야 할 대상이 주어진 상태에서의 추론이기 때문에 비교적 쉽게 강약을 구분하며 독해할 수 있다. 이 문제는 ㉠인 공간과 ㉡인 장소를 구분하고 있으므로, 그 구분점을 바탕으로 독해하면 된다. 더불어 정답은 출제자의 패턴 중 '⑵ 긍정과 부정의 치환'에 의해 구성된 ⑤이다. 부정 표현은 늘 주요 체크 대상이다.

02

정답 | ⑤

정답풀이 |

주어진 글의 필자는 상속세율을 인하해야 한다고 주장하고 있다. 그 근거로 우리나라의 상속세 비율이 OECD 국가 중 높은 편이고, 고율의 상속세가 탈법을 조장하며 경제 발전을 저해한다고 들고 있다. 그리고 상속세 과세 건수가 전체 과세 중 차지하는 비율이 낮으므로 세율을 낮춘다고 하더라도 세수에 큰 지장을 안 줄 것으로 주장하고 있다. 따라서 해당 주장에 대해 비판하기 위해서는 상속세율을 낮추면 안된다는 견해가 드러나야 한다. 그와 관련된 내용은 ⑤뿐이다.

오답풀이 |

① 집값이 오름에 따라 오른 집값의 차액에 대한 세금 부담은 상속세와 상관없다. 이는 양도소득세에 관한 내용이다.

② 상속세는 전체 세율에서 차지하는 수준이 미미하다고 나와 있다. 따라서 상속세율을 낮추면 세수가 급격하게 감소한다는 주장은 주어진 글의 내용과 일치하지 않는다.

③ 해외에 비해 높은 상속세율을 조절하자는 필자의 근거에 대한 반박으로, 핵심 주장에 대한 반박으로 볼 수 없다.

④ 두 번째 문단에서 상속세율을 낮추기 위해 전제되어야 할 요소로 사회적 인식의 조절을 들고 있다. 즉 사회적 합의가 이루어지지 않으면 상속세율의 변경이 실현되기 어렵다는 내용은 두 번째 문단의 내용과 일치한다. 따라서 필자의 주장을 반박한 것이라고 보기 어렵다.

TIP

비판 유형에서 긍정 발문은 주어진 글의 주장에 대한 비판이어야 한다. 주어진 글은 첫 번째 문단에서 필자의 주장이 드러나고, 두 번째 문단에서는 필자의 주장에 대한 입법 조사처의 입장과 현재 상황에 대한 원인을 분석하고 있다. 따라서 첫 번째 문단에서 주장하고 있는 "상속세율을 낮춰야 한다."는 것에 대한 비판은 상속세율을 낮추지 말아야 한다든가 현행을 유지해야 한다는 내용이 나와야 한다. 주어진 글의 주장과 관련이 없거나 일치하지 않거나, 근거에 대한 반박 등은 정답이 될 수 없다.

03

정답 | ③

정답풀이 |

두 번째 문단에서 (A)와 관련된 성적 괴롭힘의 성립 기준을 살펴보면, 우리의 '모욕감', '혐오감'이 아니라 원치 않는 성적 행위로 인해 존엄성이 침해되거나, 위협적, 적대적, 비하적, 굴욕적, 모욕적 환경이 조성되는 경우, 그 성적 행위에 응하거나 거부하는 것에 의한 고용상의 이익 또는 불이익의 수반되는 경우를 성적 괴롭힘으로 정의하고 있다고 하였다. 따라서 (A)에서는 피해자가 모욕감이나 혐오감을 느꼈는지가 중요한 것이 아닌 ㉠, ㉢, ㉣이 성적 괴롭힘의 성립 기준이 된다는 것을 추론할 수 있다.

TIP

기출 유형 접근법에 따라 풀 수 있다.

- 문제에서 읽는 범위 체크: 밑줄을 통해 특정 내용을 제시하고 있으므로, 글 전체가 아닌 해당 부분에 집중해서 읽는 것이 효율적이다. 이 문제의 경우 밑줄 친 (A)가 두 번째 문단에 등장하므로 이를 중심으로 정리하되, 부족한 부분이 있다면 읽는 문단의 범위를 넓혀 가면서 정리한다.
- 〈보기〉부터 확인: 이 문제의 〈보기〉는 '㉠ 원치 않는 성적 행위, ㉡ 피해자의 모욕감, 혐오감, ㉢ 불쾌한 노동 환경 조성, ㉣ 고용상 불이익'으로 정리할 수 있다.
- 유사한 유형의 접근법 활용: 기준을 세운다는 점에서는 사례(예시)의 기출 유형 접근법인 '조건화'를 활용하는 것이 효율적이다. (A)와 관련된 내용을 '조건화'하면 다음과 같다.

> ⓐ '모욕감', '혐오감' × – ㉡ 소거
> ⓑ '원치 않는' 성적 행위(언어적, 신체적 등)로 인해 – ㉠
> ⓒ 위협적, 적대적, 비하적, 굴욕적, 모욕적 환경 조성 – ㉢
> ⓓ 그 성적 행위에 응하거나 거부하는 것에 의해 고용상의 이익 또는 불이익이 수반되는 경우 – ㉣

따라서 정답은 ③이다.

참고로 오답의 근거는 ㉡의 경우 지문의 '우리의 '모욕감', '혐오감' 대신'은 매력적인 오답(정답)의 패턴 중 '긍정과 부정의 치환'을 활용한 것이다. '대신'이라는 표현은 문맥상 부정어로 기능하고 있는데, 〈보기〉에서 긍정으로 치환하여 제시하고 있다.

04

정답 | ④

정답풀이 |

주어진 글은 좌뇌와 우뇌를 연결해 주는 뇌량의 존재와 기능, 손상에 대한 글이다. 마지막 부분의 내용에 따르면 뇌량은 좌뇌와 우뇌의 정보를 교환하는 다리 역할을 하는데, 손상될 경우 정보 교환이 이루어지지 않아, 분할뇌증후군이 유발된다고 하였다. 따라서 '뇌량 손상'이 일어날 경우, 좌뇌와 우뇌가 서로 정보 교환을 못하게 되므로 한 쪽이 한 행동이나 사고를 다른 쪽에서 인식하지 못하는 경우가 증상으로 나타날 것임을 추론할 수 있다. 따라서 오른손으로 단추를 채우는 것을 알지 못하고 왼손으로 단추를 푸는 것은 '분할뇌증후군'과 관련된 증상으로 볼 수 있다.

오답풀이 |

① 발음이 꼬이고 어눌한 현상은 발음 기관과 관련된 문제로, 좌뇌의 '언어적 사고'와 관련이 있을 수 있으나 ㉠으로 인한

증상으로 보기 어렵다.

② 수학과 음악과 같은 체계화 과목은 '정보에 대한 체계적 추리'를 담당하는 좌뇌와 관련이 깊을 뿐, ㉠으로 인한 증상으로 보기 어렵다.

③ 뇌량 손상은 정보 교환이 이뤄지지 않는다는 것이 핵심이다. 정보의 교환이 되지 않는다고 해서 창의적인 아이디어가 사라진다고 볼 수 없다.

⑤ 주어진 글은 '뇌'와 관련된 것으로, 발작 증상과 관련된 내용을 찾을 수 없다.

TIP

특정 내용 판단 및 분석 유형은 기호화된 경우가 많으므로 글 전체를 처음부터 읽기보다는 해당 부분에 집중해서 읽는 것이 효율적이다. ㉠의 증상이 나타나 좌뇌와 우뇌 사이에 원활한 정보 교환이 이루어지지 않으면 분할뇌증후군이 유발된다. 여기서 핵심은 '교환이 이루어지지 않는다'이지, 좌뇌 혹은 우뇌의 기능이 저하된다는 것이 아니기 때문에, 특정 뇌와 관련된 능력이 저하된다는 것은 ㉠의 증상으로 볼 수 없다. 주어진 글과 상관없거나, 틀린 내용이 나올 경우에도 당연히 정답이 될 수 없다.

05

정답 | ②

정답풀이 |

주어진 글에 따르면, 인간의 언어는 자연적인 원인들에서 형성되지만 사고를 표현하기 위해 감각적 기호들을 이용하여 만들어진 사회 제도라고 하였다. ㉠은 언어로 동물과 사람을 구별할 수 있다고 하였는데, 그 원인은 마지막 문단에서 나타난다. 마지막 문단의 "내가 보기에 이것이 바로 인간과 동물 사이의 특징적 차이인 것 같다."에서 '동물은 인간과 달리 기관을 활용한 의사소통을 하지 않는다'를 이끌어 낼 수 있다. 하지만 집단 생활을 하는 동물들의 경우는 상호 소통을 위한 자연 언어를 사용하므로, 모든 동물이 그렇지 못하는 것은 아니다. 하지만 집단 생활을 하는 동물들이 사용하는 자연 언어는 '후천적으로 습득되는 것이 아니'고, 타고난 것이다. 즉 선천적으로 습득한 언어만을 사용할 뿐이다. 그리고 그들은 그 언어들을 변화시키지도 발전시키지도 못한다고 하였다. 이점이 인간과 동물의 차이라고 볼 수 있다. 따라서 정답은 ②이다.

오답풀이 |

① 마지막 문단에 따르면, 대부분의 동물들은 감각 기관을 활용한 의사소통을 하지 못하지만, 집단 생활을 하는 동물들은 가능하다고 하였다. 따라서 해당 내용은 ㉠과 같이 표현한 이유로 볼 수 없다.

③ '정념'이란 '감정에 따라 일어나는, 억누르기 어려운 생각'을 뜻하는 단어로, 인간의 언어만이 가진 특징이라고 볼 수는 있겠으나 주어진 글에서 그와 관련된 내용을 찾을 수 없다. ㉠과 같이 표현한 이유로 볼 수 없다.

④ 마지막 문단에서 "개미와 벌의 언어는 몸짓의 범주 안에 있고, 오로지 눈으로 보이게 말을 한다고 여길" 수 있다고 하였으므로, 동물이 사용하는 언어는 몸짓 언어에 국한됨을 알 수 있다. 하지만 이는 동물 언어의 특성만을 알려줄 뿐, ㉠과 같이 표현한 이유로 볼 수 없다.

⑤ 주어진 글에서 관련된 내용을 찾을 수 없으므로, ㉠과 같이 표현한 이유로 볼 수 없다.

TIP

문맥상 의미 유형은 밑줄 친 부분을 바탕으로 읽는 범위부터 결정해야 한다. 이 문제의 경우 언어가 동물과 인간을 구별할 수 있는 것이라고 하였고 그 원인을 찾으라고 하였으므로 '동물의 언어'와 '인간의 언어'의 차이점에 대해 설명한 문단을 찾아야 한다. 해당 내용은 마지막 문단에 위치하여 있고, 정답의 근거 역시 같은 위치에서 찾을 수 있다. 첫 번째와 마지막 문단에서 문제화가 되는 경우 대부분 주제와 밀접한 관련성이 있을 가능성이 높다.

06

정답 | ③

정답풀이 |

주어진 글에 따르면, '역선택'의 특성을 정리하면 다음과 같다.

ⓐ 다른 일방보다 정보가 부족할 때(정보의 비대칭성으로 인해) 바람직하지 않은 상대방과 거래하는 상황

ⓑ 다른 일방보다 정보가 부족할 때(정보의 비대칭성으로 인해) 열등한 재화를 구매하는 상황

ⓒ (정보의 비대칭성으로 인해) 정보를 덜 가진 쪽이 불리한 의사결정을 하게 되는 상황

그런데 보험금이 높은 화재보험 가입자가 화재예방에 소홀하여 화재 발생 가능성이 높아지는 경우는 정보가 부족하여 잘못된 선택을 한 경우에 해당하지 않으므로 적절한 사례로 보기 어렵다.

오답풀이 |

① 미용실을 처음 방문할 경우, 해당 미용실에 대한 정보가 없으므로 가게에서 추천해 주는 미용사에게 시술을 받을 수밖에 없다. 이 경우 실력이 부족한 미용사에게 시술을 받게 될 수도 있으므로 원하지 않는 결과가 나올 수 있다. 따라서 ⓐ와 관련된 역선택의 사례로 볼 수 있다.

② 중고차 시장에서는 차 주인이 더 많은 정보를 가지고 중고차를 판매하므로 사고 차량임을 숨기는 경우가 빈번하다. 상대적으로 정보를 덜 가진 구매자가 거래가격에 비해 나쁜 자동차를 사게 되는 것이므로, ⓑ와 관련된 역선택의 사례로 볼 수 있다.

④ 의료나 법률서비스와 같이 정보의 비대칭성이 심한 분야에서 일반 대중은 잘못된 선택을 하는 경우가 많다. 따라서 ⓒ

와 관련된 역선택의 사례로 볼 수 있다.

⑤ 백화점 이용자들은 광고를 믿고 상품을 구매하지만, 해당 정보가 적절하지 않은 경우가 많다는 점에서 ⓑ와 관련된 역선택의 사례로 볼 수 있다.

TIP

사례 적용 유형은 사례를 이끌어 내야 할 대상부터 체크해야 한다. 이 문제는 문두에서 '역선택'의 사례라고 제시하고 있으므로, 주어진 글에서 '역선택'과 관련된 개념, 특성 등에 집중하여 독해해야 한다. 이를 통해 최대한 세세하게 조건을 정리하여 선택지에 대응시켜 확인해야 한다. 이 문제의 '역선택'은 'ⓐ 다른 일방보다 정보가 부족할 때(정보의 비대칭성으로 인해) 바람직하지 않은 상대방과 거래하는 상황 ⓑ 다른 일방보다 정보가 부족할 때(정보의 비대칭성으로 인해) 열등한 재화를 구매하는 상황 ⓒ (정보의 비대칭성으로 인해) 정보를 덜 가진 쪽이 불리한 의사결정을 하게 되는 상황'으로 정리할 수 있다. 이를 선택지에 적용하면, ③은 화재보험 가입자의 행동으로 잘못된 결과를 불러온 것으로 'ⓐ~ⓒ' 중 어디에도 해당하지 않으므로 적절한 사례로 볼 수 없다.

07

정답 | ⑤

정답풀이 |

밑줄 친 '갈 길이 멀다'는 '앞으로 해야 할 일들이 많이 남아 있다.'라는 의미의 관용 표현이다. 따라서 앞으로 해야 할 일과 관련된 내용을 찾아야 한다. 밑줄 친 뒷부분의 '농림축산검역본부 차원에서 ASF 정밀진단 교육을 지속적으로 실시하여 현장의 ASF정밀진단 능력을 높은 수준으로 유지될 수 있도록 지원하겠다'는 내용을 고려하였을 때 밑줄 친 부분이 궁극적으로 의미하는 바는 진단역량 강화를 위한 노력이 앞으로도 지속되어야 함을 알 수 있다.

오답풀이 |

①, ④ 밑줄 친 부분이 의미하는 것은 정밀진단 교육과 정도관리를 지속적으로 실시함으로써 얻을 수 있는 효과와 연관이 있어야 한다. 그런데 '진단기술' 자체의 표준화와 개발 등은 그와 연관성이 떨어지므로 밑줄 친 부분의 궁극적 의미라고 볼 수 없다.

②, ③ 첫 번째 문단에 따르면, 전남 도민들이 정밀진단기관이 도내에 없음으로 인해 어려움을 겪다가 이번 전라남도 동물위생시험소가 정밀기관으로 지정되면 앞으로의 초동 대처가 원활하게 이뤄질 것이라고 하였다. 하지만 밑줄 친 부분은 정밀진단 교육과 관련된 내용으로, 정밀진단기관의 확대나 초동대처 능력과 직접적인 관련이 없다.

TIP

문맥상 의미 유형은 밑줄 친 부분을 바탕으로 읽는 범위부터 결정해야 한다. 이 문제의 경우 위치상 마지막 문단에 위치하므로, 전체 주제와 관련성이 있을 가능성을 염두에 둔 후 우선은 앞뒤 문맥을 통해 단서를 찾는 식으로 접근해야 한다. 더불어 문맥상 의미 유형은 1차적 의미가 아닌 내재적 의미를 파악해야 하므로, 밑줄 친 내용의 핵심어나 비유한 부분이 어디인지 파악해야 한다. '갈 길이 멀다'는 관용구로, 앞으로도 해야 할 일들이 많다는 뜻이므로, '앞으로 해야 할 일'이 무엇인지를 찾아야 한다. 마지막 문장을 본다면 "질병의 확산 방지와 조기 근절"을 하기 위한 해결책에 해당하고, 앞 부분을 참고한다면, '교육'을 통한 결과에 해당하므로 이를 종합하면 '진단역량 강화'를 이끌어 낼 수 있다.

한편 선택지를 역으로 활용하여 소거하는 방식을 활용한다면, ①, ④는 '진단기술'에 대한 유사한 내용을 담고 있으므로 정답이 아님을 추론할 수 있다.

08

정답 | ⑤

정답풀이 |

주어진 글에서 언급한 '동조' 현상은 집단의 통일된 행동에 개인이 영향을 받는 현상인데, ⑤에서는 반대로 히틀러라는 개인이 선전 기술, 연설 능력, 카리스마를 통해 다수의 독일 국민들의 행동에 영향을 끼친 내용을 제시하고 있으므로, 동조 현상의 사례로는 적절하지 않다.

오답풀이 |

① 짜장면을 시킨 다수에 의해 개인이 마파두부밥을 포기하고 짜장면을 시켰으므로 동조 현상의 사례로 적절하다.

② 갑자기 한 방향으로 달리는 주변 사람들로, 즉 다수로 인해 '나'도 같은 방향으로 달리기 시작했으므로 동조 현상의 사례로 적절하다.

③ 자원봉사에 나선 여러 사람이 매스컴에 노출되어 이를 지켜본 다수가 자원봉사에 참여하였으므로 동조 현상의 사례로 적절하다.

④ 에코백을 들고 다니는 다수의 사람에게 영향을 받아 개인도 에코백을 주문하였으므로 동조 현상의 사례로 적절하다.

TIP

사례 적용 유형은 사례를 이끌어 내야 할 대상부터 체크해야 한다. 이 문제는 첫 문단의 실험이 '동조 현상'에 대한 내용임을 소개하고 있고, 두 번째 문단에서 그 특성에 대해 설명하고 있으므로 사례의 대상은 '동조 현상'이 된다. '동조 현상'과 관련된 내용들을 정리하면 다음과 같다. 'ⓐ 개념: 집단의 암묵적인 압력을 견디지 못하고 개인의 행동이 집단에 맞춰 변화하는 현상 ⓑ 경계 조건1: 단둘이면 일어나지 않음, 세 명 이상일 때 일어남. ⓒ 경계 조건2: 모두 공통된 행동을 할 때 발생률이 높음. 예외가 있을 경우 발생률이 줄어듦(만장일치가 선결됨).'

이를 선택지에 적용하면, ①은 개인이 '마파두부밥'을 먹고 싶지만, 다른 사람들 모두 '짜장면'을 골라 자신도 '짜장면'을 골랐다고 했으므로 ⓐ, ⓑ, ⓒ 모두 부합한다. ②는 개인이 하고자 하는 행동이 구체적으로 드러나지 않았으나, 집단에 맞춰 개인의 행동이 변화하였으므로 ⓐ에 부합하고, '다수'를 확인할 수 있으므로 ⓑ에 부합, 예외적인 행동을 보인 사람에 대한 언급이 없으므로 ⓒ 역시 부합한다고 볼 수 있다. ③은 자원봉사자의 모습으로 인해 많은 사람들이 그와 똑같은 행동을 했다는 것이므로 ⓐ에 부합하고, 문맥상 여러 명일 것으로 추측이 되므로 ⓑ 역시 부합한다고 볼 수 있다. 그리고 ⓒ와 관련된 내용은 찾을 수 없으나, 매스컴에 자원봉사가 아닌 사람들의 모습을 보여 줄 이유가 없으므로 ⓒ에 어긋난다고 보기 어렵다. ④는 길거리 사람들의 영향으로 난생처음 에코백을 주문했으므로 ⓐ에 부합하고, '너도나도'의 표현을 통해 ⓑ 역시 부합하며, ⓒ에 어긋나는 조건을 확인할 수 없다. ⑤는 '히틀러'라는 개인에게 '독일 국민들'이라는 다수가 움직인 것이므로, ⓐ, ⓑ, ⓒ 모두 부합하지 않으므로 적절한 사례로 보기 어렵다.

09

정답 | ②

정답풀이 |

㉡ 첫 번째 문단에서 필자는 중앙 집중형 전원시스템의 골격이었던 대형발전소에 의한 에너지 생산 독점에 대해 경계하고 있으므로, 에너지 저장장치 기술 보급에 주력하여 분산형 전원시스템을 확대하는 방안은 적절하다.

㉣ 세 번째 문단에서 필자는 경제적 불평등의 양극화 해소를 위해 태양광협동조합의 설립과 태양광협동조합 지원을 위한 사회적 협동조합 확대를 강조할 뿐 아니라 조합원으로서의 권리, 의무, 책임을 위한 지속적인 교육프로그램까지 각 지역사회에 구축할 것을 강조하고 있으므로 적절한 방안이다.

오답풀이 |

㉠ 주어진 글에서는 도시 및 농어촌 지역에서 마을마다 재생에너지 협동조합을 설립하고 각 협동조합에게 ESCO 자금 등을 지원하여 저금리로 신재생에너지, 특히 태양광 발전을 할 수 있게 해야 한다고 강조하고 있으므로 지원 예산 규모의 확대보다는 지원금을 적절하게 배분하는 것을 강조하고 있다. 따라서 단순 예산 증액은 적절한 방안이라고 보기 어렵다.

㉢ 태양광협동조합 설치 확대를 주도하는 것은 필자의 주장에 부합하지만 조합에 대한 철저한 정부의 관리는 관 주도의 기존 새마을 운동의 이름만 다른 버전이 될 것을 우려하는 필자의 의견에 부합하지 않으므로 적절한 방안으로 보기 어렵다.

TIP

특정 내용 판단 및 분석 유형은 일반적으로 세부 내용 파악 혹은 주어진 내용 추론 유형과 그 접근법이 유사하다. 다만 주요하게 읽어야 할 대상이 주어진 상태에서의 추론이기 때문에 비교적 쉽게 강약을 구분하며 독해할 수 있다. 이 문제에서는 필자의 주장을 이행하기 위한 방안으로 적절한 것을 찾으라고 하였으므로, 이에 집중해서 독해하면 된다. 더불어 〈보기〉가 제시된 문제이므로, 〈보기〉에서 핵심 키워드를 확인하여 그를 중심으로 세세하게 확인하면서 문제에 접근하면 된다. 각 문단별로 〈보기〉와의 연결고리를 확인하면 다음과 같다.

㉠ 첫 번째 문단

- 필자의 주장 및 대안: 정부가 재생에너지의 수치적 확산을 이끌어내기 위해 성급하게 움직이지 않기를 바랍니다. ~ 우려스러운 이유는 재생에너지 확산을 성급하게 추진할 경우 대규모 프로젝트의 설치용량 설정치(전체 설치용량 대비 37%)가 언제든 상향조정될 수 있기 때문입니다. 결국 이는 중앙 집중형 전원시스템의 골격이었던 대형발전소에 의한 에너지 생산 독점으로 귀결될 수 있으므로, 이를 경계하기 위해서는 에너지의 저장장치에 대한 기술을 보급하여야 합니다.

→ 따라서 첫 번째 문단의 내용과 ㉡의 방안이 긴밀하게 연결됨을 확인할 수 있다.

㉡ 두 번째 문단

- 필자의 주장 및 대안: 현행 50여 개 기업을 통해서만 제공되는 ESCO 자금(에너지이용합리화자금, 연리 1.5%로 10년 분할 상환)을 국민이면 누구나 이용할 수 있도록 사업 목적을 확대하고 국민 전체에게 개방·지원하는 방안을 생각해 볼 수 있습니다. ~ 정부가 국민 참여 확대 방안으로 제시한 마을 태양광협동조합 활성화 등을 통해 마을 단위의 협동조합원들에게 해당 자금을 합리적으로 지원하는 것이 타당할 것입니다. 도시 및 농어촌 지역에서 마을마다 재생에너지 협동조합을 설립하고 각 협동조합에게 ESCO 자금 등을 지원하여 저금리로 신재생에너지, 특히 태양광 발전을 할 수 있게 한다면 각 지역단위의 에너지 자립뿐만이 아니라 거대한 일자리 창출 효과와 공동체 회복 효과도 얻을 수 있습니다.

→ 〈보기〉의 ㉠과 두 번째 문단을 참고하면 필자는 ESCO 자금에 대해 사업 목적을 확대하여 조합원들에게 해당 자금이 합리적으로 지원되는 방안을 주장하고 있다. 따라서 '목적'을 확대한다는 것이 '규모'의 확대라고 볼 수 없으므로, '예산 규모 대폭 증액'은 적절한 방안으로 보기 어렵다.

㉢, ㉣ 세 번째 문단

- 필자의 주장 및 대안: 또한, 경제적 불평등의 양극화 해소를 위해서라도 반드시 태양광협동조합의 설립과 운영을 도와줄 수 있는 센터 및 태양광협동조합 지원을 위한 사회적

협동조합의 확대가 전제되어야 합니다. 그리고 조합원으로서의 권리뿐만 아니라 의무와 책임에 대한 지속적인 교육 프로그램이 각 지역사회에 구축되어야 합니다. 그렇지 않으면 관 주도의 기존 새마을 운동의 이름만 다른 버전이 될 수 있습니다. 협동조합의 핵심은 자발적 조합원에 의한 민주적 운영입니다. 이는 하루아침에 만들어질 수 없으므로 민·관의 협업을 통해 지속적으로 노력해야 할 것입니다. 이를 전제하지 않으면 협동조합은 설립과 동시에 출자금의 배당을 둘러싼 이전투구 현장으로 변할 것입니다.

→ 기존의 관 주도 형식을 비판하고 있으므로, 〈보기〉의 ⓒ에서 '정부의 관리'라는 방안은 적절하지 않다. 그리고 ⓓ은 해당 내용을 그대로 확인할 수 있으므로 적절한 방안임을 알 수 있다.

10

정답 | ①

정답풀이 |

㉠의 '수요가 비탄력적'이라는 말은 바로 뒤 문장을 통해 '가격이 오르거나 내리더라도 소비량이 크게 늘거나 줄지는 않는다'는 뜻임을 알 수 있다. 그래서 농산물의 공급은 자연환경의 영향을 받아 변동이 심한데, 수요는 비탄력적이라 꾸준하므로 농산물 가격이 급등락할 수 있는 것이다. 이와 유사한 사례를 찾으려면, 가격의 변동과 관계없이 소비량이 꾸준한 대상을 찾아야 한다. ①의 인슐린은 당뇨환자에게 필수적인 제품이므로, 가격의 변동과 관계없이 소비량이 꾸준할 것임을 알 수 있다.

오답풀이 |

② 콜라의 가격이 상승하여 사람들이 콜라와 비슷한 사이다를 구매하게 되어 콜라의 수요가 줄어드는 경우이므로 ㉠이 사례로 적절하지 않다.

③ 요트의 가격이 상승하여 그 구매에 대해 망설인다는 것은 수요가 탄력적임을 알 수 있다. 즉 가격에 따라 수요가 변한다는 뜻이므로 ㉠의 사례로 적절하지 않다.

④ 남편이 아내의 허락하에 매달 10만 원 한도의 금액을 게임에 쓸 수 있도록 허락을 받는 경우는 지금의 가격의 변동과 수요의 변동이 1대 1로 대응하는 상황이므로 비탄력적이라고 볼 수 없다.

⑤ 물건의 가격 변동에 따른 수요 변화 여부를 확인할 수 없으므로 ㉠의 사례로 볼 수 없다.

TIP

사례 적용 유형은 사례를 이끌어 내야 할 대상부터 체크해야 한다. 이 문제는 문두에서 ㉠의 사례로 지정했으므로, ㉠인 '수요가 비탄력적'이라는 문구의 개념, 특성 등에 집중하여 독해해야 한다. 그런데 ㉠은 농산물의 가격 급등락 원인에 대한 설명 중 하나로, 그에 대한 정보로는 '가격이 오르거나 내리더라도 소비량이 크게 늘거나 줄지는 않는다'라는 뜻뿐이다. 따라서 '가격에 따라 소비량의 변화가 없는 것'을 선택지 중에서 찾으면 되므로 정답은 ①이다. 주어진 정보가 개념뿐이라면 조건이 하나뿐이라는 것이므로 난도는 대단히 낮아진다.

기출 유형 7 | 실무 영역 지문의 활용 P.128

01	02	03	04	05	06	07	08	09	10
③	④	④	②	①	④	④	②	①	③

01

정답 | ③

정답풀이 |

'2-1)' 항목에서 기준중위소득이 50% 초과 100% 이하인 경우 매월 본인저축액 10만 원 이상인 경우 10만 원의 정부지원금이 정액 매칭된다고 하였다.

오답풀이 |

① '3. 신청방법'에 따르면, 복지로를 통한 온라인 신청은 해당 신청 절차에 따라 진행된다고 나와 있을 뿐, 관련 서류 제출이 온라인을 통해서만 이뤄진다는 내용은 알 수 없다.

② '3-2)'의 마지막 조건에 따르면 지원 대상과 목적이 다른 사업에 참여하고 있는 가구는 중복참여가 가능하다고 하였으므로, 지원대상에서 제외된다는 내용은 적절하지 않다.

④ '2-2)'를 바탕으로 할 때, 적립금 전액 지원의 조건을 살펴보면 '3년간 통장 유지 근로 활동 지속'을 확인할 수 있지만 한 회사에서 근속해야 하는지 여부를 확인할 수 없고, 조건이 충족되지 않았을 때 전액 회수되는지 여부도 알 수 없다. 따라서 해당 내용으로만으로 판단하기 어렵다.

TIP

개조식 문서의 이해와 판단을 요구하는 문제는 항목별 주요 내용부터 확인하는 것이 중요하다. 〈보기〉가 제시될 경우 〈보기〉부터 보아 항목별로 연결하듯이 독해하는 것도 한 방법이 될 수 있다.

02

정답 | ④

정답풀이 |

고객이 묻고 있는 것은 '돌보미의 연락처'인데, 연락처를 몰라도 채팅을 통해 연락이 가능하다고 답변하고 있으므로 질문에 대한 정확한 답변이 아니다. 제시된 자료에 따르면, '돌보미의 연락처'에 대한 정확한 사항은 알 수 없다고 해야 한다.

오답풀이 |

① [아이돌봄서비스 모바일앱 개선 내용]에 따르면, 돌봄페이를 이용하면 간편하게 실시간 결제가 가능하다고 나와 있다.

② [아이돌봄서비스 모바일앱 개선 내용]에 따르면, 계좌이체 시 현금영수증은 은행을 통해 처리가능하다고 나와 있다.

③ 세 번째 □의 마지막 항목에 따른 답변으로 적절하다.

TIP

질의응답 유형에서는 답변이 주어진 자료와 일치하는지, 질문의 의도에 맞게 답변했는지 여부도 함께 살펴보아야 한다. 다시 말해 '동문서답' 형이 없는지 확인해야 한다.

03

정답 | ④

정답풀이 |

주어진 보도자료는 문화체육관광부가 세계지식재산기구와 한국저작권위원회, 한국저작권보호원과 함께 한국의 저작권 제도와 관련 경험을 전 세계 28개국과 공유하는 '2021 한국 저작권 유관 기관 화상연수'의 개최에 대해 다루고 있다. 따라서 정답은 ④이다.

오답풀이 |

①, ②, ③ 부분적인 내용에 해당하여 제목으로는 적절하지 않다.

TIP

핵심을 찾는 문제에서 '기사문'이 제시될 경우 첫 문단만으로 정답을 이끌어낼 수 있다. 기사문의 첫 문단은 리드로, 전체 내용을 요약한 부분이기 때문이다. 이 문제 역시 첫 문단만으로 정답을 찾을 수 있다.

04

정답 | ②

정답풀이 |

두 번째 문단에 따르면, 연수 주제인 '중소 콘텐츠기업 지원을 위한 저작권 제도'는 국내 중소기업들이 아닌 참여국들의 수요를 고려해 선정되었다고 하였다.

오답풀이 |

① 네 번째 문단에 따르면, '문체부는 참여국의 기반시설 등을 고려하고 연수를 안정적으로 운영하기 위해 한국 측 발표를 사전에 제작한 후 실시간으로 공유했다'고 하였다.

③ 여섯 번째 문단의 '앞으로 문체부는 사우디아라비아 지식재산청과 저작권 집행 분야를 중심으로 공동 연수회를 개최하는 등 협력을 더욱 확대할 계획이다'를 통해 알 수 있다.

④ 세 번째 문단에 따르면, 이번 연수는 '참여국들의 지역별 시차에 따라 1일차(5. 25.)는 아시아·태평양 지역, 2일차(5. 26.)는 아프리카 및 아랍 지역, 3일차(5. 27.)는 남미·카리브해 지역 등으로 나누어' 진행한다고 하였다.

TIP

보도자료는 세부 내용 파악과 주어진 내용 추론 유형의 접근법을 활용하여 풀이할 수 있다. 이 문제의 ②는 '출제자의 패턴' 중 '(5) 연결고리의 왜곡'을 활용한 선택지로, 주체와 활동을 잘못 연결시켜 오답을 구성하고 있다.

05

정답 | ①

정답풀이 |

주어진 보도자료는 한국의 저작권 제도와 경험을 전 세계에 공유하는 화상 연수에 관한 내용이므로, '한국문화 프로그램'에 관한 내용은 문맥상 어울리지 않는 내용이므로, 삭제해야 한다.

오답풀이 |

② ㉡이 포함된 문단은 이번 화상연수의 세부 주제와 진행 방법 등에 관한 내용을 다루고 있으므로, 연수가 끝난 이후 관련 자료를 공유한다는 내용이 이어지는 것은 자연스럽다.

③ ㉢이 포함된 문단은 이번 화상연수의 주체자들의 소감이 제시되고 있으므로, 문체부 문화통상협력과장의 개회사에 이어 세계지식재산기구 저작권개발국장의 발언에 대한 관련 내용인 이어지는 것은 자연스럽다.

④ ㉣이 포함된 문단은 이번 화상연수에 참여한 각국의 반응과 대처에 대한 내용이므로 태국에 이어 남미 참가자의 평가 내용이 이어지는 것은 자연스럽다.

TIP

삭제해야 할 내용을 찾는 문제는 '통일성'에 어긋나는 바를 찾으라는 것과 같다. 즉 전체 주제에서 어긋나는 바를 찾으면 된다. 물론 앞뒤 문맥에서 자연스럽게 연결되지 않는 부분이 있는지도 확인해야 한다. 하지만 대부분은 주제에서 어긋나는 바가 정답이므로 주제를 명확히 한 뒤 관련 없는 내용을 찾는 것에 우선하되, 앞뒤 문맥 역시 살펴보는 식으로 접근하는 것을 권한다.

06

정답 | ④

정답풀이 |

세부 내용 중 '기준금액'에 따르면 제1형 당뇨병 환자 중 인슐린 투여자는 일 2,500원을 지원받을 수 있고, '지급기준'에 따르면 기준금액 초과로 구입한 경우 기준금액의 90%에 해당하는 금액을 지원받을 수 있다고 하였다. 따라서 1주일 재료 사용분 구입금액이 28,000원이라면 1일당 구입금액은 $28,000 \div 7 = 4,000$(원)이다. 구입금액이 2,500원을 초과한 경우이므로 $2,500 \times 0.9 = 2,250$(원)이 지급된다. 따라서 지원받는 총금액은 15,750원이 된다. 그런데 답변에서는 본인 부담금($4,000 - 2,250 = 1,750$)을 소개한 후, 그를 기준삼아 계산하여 지원금액으로 산정하고 있다. 주어진 안내문의 내용에 부합하지 않는 답변이므로 정답은 ④이다.

오답풀이 |

①, ③ 세부 내용 중 '대상'에 따르면 인슐린을 투여하는 모든 당뇨병 환자로 공단에 등록한 자가 기본이되, 인슐린을 투여하지 않아도 19세 미만이거나 임신 중인 당뇨병 환자에게는 공단에 별도 등록 신청 없이도 요양비가 지급된다고 설명되어 있으므로 적절하다.

② 질의자가 차상위 계층에 속하므로 '기준금액'과 '지급기준'을 모두 확인해야 한다. 차상위 만성질환자의 경우 기준금액과 구입금액 중 낮은 금액의 100%를 지급받는 것을 확인할 수 있다. 또한 제2형 당뇨병 환자는 나이에 따라 지급기준이 달라지는데, 만 19세 미만인 경우 1일당 2,500원, 만 19세 이상인 경우 1일당 900원이다. 따라서 구입 금액이 3,000원인 경우, 환자가 만 19세 미만이라면 더 낮은 금액인 2,500원이 지급되며, 만 19세 이상이라면 더 낮은 금액인 900원이 지급된다.

⑤ 세부 내용 중 '시행일자'에 따르면 당뇨병 소모성 재료 요양비 급여 확대의 시행일자는 2015년 11월 15일로, 처방전 발급일을 기준으로 한다고 설명되어 있으므로 적절하다.
다만 기존에 요양비를 지급받던 제1형 당뇨병 환자의 경우 구입일을 기준으로 하나, 제2형 당뇨병 환자에 대해서는 관련 규정을 찾아볼 수 없다.

TIP

업무와 관련된 응대 매뉴얼에 따라 고객과 적절히 소통하는지 파악하는 문제로, 세부 내용 파악 유형에 해당한다. 해당 문제와 같이 질의응답의 형태를 띤 경우, 문제에서 핵심 키워드를 체크한 후 그에 대한 답변을 주어진 자료를 통해 확인하면 된다. ①의 경우 '차상위 계층 만성질환자'가 핵심 키워드가 되며, '지급기준'의 '차상위 희귀난치성질환자 및 차상위 만성질환의 경우 기준금액과 구입금액 중 낮은 금액의 100% 지원'을 확인한 후, '지급금액'을 살펴보아야 한다. 이처럼 응대 매뉴얼 문제는 세세한 내용에서 정답과 오답을 가르는 경우가 있으므로 질문의 요소들을 꼼꼼하게 확인하고, 그와 관련된 모든 정보를 종합하듯이 접근해야 실수를 줄일 수 있다.

07

정답 | ④

정답풀이 |

'제○○조(출원공개의 효과)'의 제1항에 따르면 특허출원인은 출원공개가 있은 후 그 특허출원된 발명을 업으로서 실시한 자에게 특허출원된 발명임을 서면으로 경고할 수 있다고 하였지만 보상 지급을 위해 반드시 이뤄져야 할 사항은 아니라는 것을 알 수 있다.

오답풀이 |

① '제○○조(특허요건)'의 제2항에 따르면 특허출원 전에 대중에 알려지거나 간행물에 게재되지 않았으나 그 발명이 속하는 기술분야에서 통상의 지식을 가진 사람에 의해 쉽게 발명할 수 있다면 특허를 받을 수 없다고 규정하고 있다.

② '제○○조(선출원)'의 제1항에 따르면 동일한 발명에 대하여 다른 날에 둘 이상의 특허출원이 있는 경우에는 먼저 특허출원한 자만이 그 발명에 대하여 특허를 받을 수 있다고 하였다. 따라서 경쟁이 치열하다면 빨리 출원하는 것이 유리하다고 판단할 수 있다.

③ '제○○조(선출원)'의 제2항에 따르면 동일한 발명에 대하여 같은 날에 둘 이상의 특허출원이 있는 경우에는 특허출원인 간에 협의하여 정한 하나의 특허출원인만이 그 발명에 대하여 특허를 받을 수 있고, 협의가 성립하지 아니하거나 협의를 할 수 없는 경우에는 어느 특허출원인도 그 발명에 대하여 특허를 받을 수 없다고 하였다. 따라서 협의를 하지 못한 경우 특허를 받지 못할 수도 있다는 설명은 적절하다.

⑤ '제○○조(출원공개의 효과)' 제3항에 따르면 청구권은 그 특허출원된 발명에 대한 특허권이 설정등록된 후에만 행사할 수 있다고 규정되어 있다. 따라서 특허를 출원한 발명이 설정등록되지 않으면 청구권을 행사할 수 없다는 설명은 적절하다.

TIP

개조식 문서의 이해와 판단을 묻는 유형이다. 이 문제는 주어진 글을 바탕으로 한 이해 문제이므로 세부 내용 파악 유형의 접근법을 통해 풀이할 수 있다. 정답인 ④는 출제자의 패턴 중 '범위의 왜곡'에 의한 선택지로, '반드시'라는 부사의 쓰임이 적절하지 않아 정답이 된 경우이다.

08

정답 | ②

정답풀이 |

㉢ '제○○조(선출원)'의 제2항에 의하면 동일한 발명에 대하여 같은 날에 둘 이상의 특허출원이 있는 경우에는 특허출원인 간에 협의하여 정한 하나의 특허출원인만이 그 발명에 대하여 특허를 받을 수 있으며, 협의가 성립하지 아니하거나 협의를 할 수 없는 경우에는 어느 특허출원인도 그 발명에 대하여 특허를 받을 수 없다고 하였다. 따라서 특허를 받는 주체에 대하여 상호 협의를 통해 결정하자는 D전자의 요청은 올바른 판단이라고 할 수 있다.

오답풀이 |

㉠ '제○○조(특허요건)'의 제1항에 의하면 국외에서 외국인에 의해 발명되었더라도 공지(公知)되었거나 공연(公然)히 실시된 발명이 아니며, 간행물에 게재되었거나 전기통신회선을 통하여 공중(公衆)이 이용할 수 있는 발명이 아닌 경우에는 특허를 받을 수 있다고 하였으므로 올바르지 않은 판단이다.

㉡ '제○○조(특허요건)의 제3항에 의하면 특허출원한 발명이 다른 특허출원의 발명과 동일한 경우 특허를 받을 수 없다. 다만, 그 특허출원의 발명자 혹은 출원인이 다른 특허출원의 발명자 혹은 출원인과 같은 경우 특허를 받을 수 있다고 하였다. 그런데 B씨의 특허출원의 경우 친구와 공동발명한 것으로 같은 출원인이 아니므로 올바르지 않은 판단이다.

TIP

법조문을 활용한 문제로, 주어진 지문의 제재가 다를 뿐 일반 독해 유형과 맥을 같이한다. 따라서 주어진 내용 추론 유형의 접근법을 통해 풀이가 가능하다.

09

정답 | ①

정답풀이 |

제8조 제1항에 따라 공직자 등은 직무 관련 여부나 그 명목에 관계없이 특정 기준의 금품을 받아서는 아니 된다. 하지만 공직자 등의 배우자의 경우 제8조 제4항에 따라 '공직자 등의 직무와 관련하여'라는 제한을 두고 있으므로 배우자는 직무와 관련 없는 일부 금품은 수수가 가능함을 알 수 있다.

오답풀이 |

② 제8조 제3항에 의하면 제10조의 외부강의 등에 관한 사례금 또는 제시된 상황에 따른 금품 등은 수수가 가능하다고 되어 있다. 따라서 '어떠한 금품의 수수도 금지된다'는 설명은 옳지 않다.

③ 제8조 제3항 제6호에 의하면 직무 관련 공식 행사에서 주최자가 참석자에게 통상적인 범위에서 일률적으로 제공하는 교통, 숙박, 음식물 등은 수수가 가능하다고 하였다. 따라서 '직무 관련성이 있는 경우에는 어떠한 금품도 수수할 수 없다'는 설명은 옳지 않다.

④ 제10조 제5항에 의하면 제1항에 따른 금액을 초과하는 사례금을 받을 경우 소속기관장에게 신고 후 초과금액을 즉시 반환해야 한다고 하였다. 따라서 '초과분은 수수가 가능하다'는 설명은 옳지 않다.

TIP

법조문을 활용한 문제이다. 주어진 지문의 제재가 다를 뿐 일반 독해 유형과 맥을 같이하므로, 세부 내용 파악 유형의 풀이법을 통해 풀이가 가능하다. 다만 이 문제와 같이 개조식 문서가 제시될 경우 항목별 주요 내용을 우선 확인한 후 선택지를 파악하는 것이 좋다. 항목을 통해 아래 내용을 추측할 수 있어 문단별로 끊어 읽지 않아도 선택지와 연결시키기 용이한 측면이 있기 때문이다. 이 문제의 경우 ① 공직자의 배우자, ② 사내 금품 외 수수 금지, ③ 직무 관련성, ④ 외부강의 등의 키워드를 항목에 적용하면, ①, ②, ③은 제8조, ④는 제10조와 관련된 내용임을 파악할 수 있다. 따라서 제8조의 내용만으로도 정답이 ①이라는 것을 확인할 수 있으므로, 나머지 조항들은 읽지 않아도 되어 풀이 시간을 단축할 수 있다.

10

정답 | ③

정답풀이 |

제 10조(외부강의 등의 사례금 수수 제한) 내용에서 '대통령령으로 정하는 금액을 초과하는 사례금을 받아서는 아니 된다.'는 문장만 주어지고 그 금액 초과 기준에 대한 내용이 언급되어 있지 않다. 따라서 ③은 위배되는지 아는지 판단하기 어려운 사례이다.

오답풀이 |

① 제11조에 의하면 공공 기관의 업무 협조를 위해 파견 나온 민간업체 직원은 공무수행사인이 된다. 따라서 공무수행사인은 '공무 수행에 관하여는 제5조부터 제9조까지를 준용한다' 라는 규정에 따라 공직자 등과 동일한 제한 사항이 적용된다. 제8조 제2항에서는 '공직자 등은 직무와 관련하여 대가성 여부를 불문하고 제1항에서 정한 금액 이하의 금품 등을 받거나 요구 또는 약속해서는 아니 된다'라고 규정하고 있다. 따라서 대가성이 없는 50만 원이라도 공무수행사인이 수수한 것은 청탁금지법 위반에 해당하므로, 위배되는 사례에 해당한다.

② 제8조 제4항에 위배되는 사례이다.

④ 제8조 제5항에 위배되는 사례이다.

TIP

법조문을 활용한 문제이다. 이 문제는 주어진 글을 바탕으로 한 적용 문제이지만, 주어진 글과의 일치 여부를 통해 풀이할 수 있으므로 세부 내용 파악의 풀이법을 참고할 수 있다. 다만 주어진 자료가 낯선 법 조항으로 이루어져 있고, 여러 조항들을 종합해서 판단해야 할 사항들도 있으므로 난도가 낮은 편은 아니다.

PART 2 | PSAT 기출을 통한 NCS 출제유형 연습

기출 유형 1 | 핵심 내용 파악 P. 142

01	02	03	04	05	06	07	08	09	10
②	⑤	⑤	④	⑤	⑤	⑤	②	②	②

01

정답 | ②

정답풀이 |

주어진 글에서는 먹는 행위에 따라 다양한(인간과 동물, 식물, 서식지, 토양 등) 관계망의 모습이 바뀔 수 있기 때문에 먹는 행위가 윤리적 반성의 대상이 됨을 주장하고 있다. 따라서 핵심 내용으로 가장 적절한 것은 ②이다.

오답풀이 |

① 주어진 글에서는 '육식'을 지양해야 한다는 내용을 찾을 수 없다.

③ 두 번째 문단에 대한 내용일 뿐, 전체를 아우르는 핵심 논지로는 적절하지 않다.

④ 세 번째 문단에 등장한 내용으로, 핵심 주장을 하기 위한 전제일 뿐, 전체를 아우르는 핵심 논지로는 적절하지 않다.

⑤ 주어진 글에서 알 수 없는 내용이다. 두 대상에 대한 비교의 내용이 등장하지 않는다.

TIP

핵심 내용 파악 유형에서 논설문이 제시될 경우, 필자의 주장이 정답이다. 흔히 주장은 첫 문단 혹은 마지막 문단에 등장하고, 역접의 접속사 뒤는 핵심일 가능성이 높다. 이 문제 역시 마지막 문단에서 필자의 주장이 등장한다. 핵심 내용 파악 유형에서 오답으로 구성될 수 있는 내용으로 '부분적인 내용(소주제문), 예시, 일치하지 않는 내용(잘못된 정보), 상관없는 내용(확인할 수 없는 정보)' 등이 있는데, 이 문제 역시 그러한 요소들을 잘 활용하여 선택지를 형성하고 있다.

02

정답 | ⑤

정답풀이 |

주어진 글의 필자는 '지식에 대한 상대주의자'들의 견해를 제시한 후 이를 반박하는 예시를 통해 자신의 견해를 제시하고 있다. 핵심 주장은 세 번째 문단의 '한 사람이 특정 문화나 세계관의 기준을 채택한다고 해서 그 사람이 반드시 그 문화나 세계관의 특정 사상이나 이론을 고집하는 것은 아니다.'이므로 핵심 논지로 가장 적절한 것은 ⑤이다.

오답풀이 |

① 핵심 논지를 뒷받침하기 위한 사례에 해당할 뿐 필자의 핵심 논지라고 보기는 어렵다.

② 필자가 반박하고 있는 '지식에 대한 상대주의자'들의 견해에 부합하는 내용으로, 핵심 논지로 적절하지 않다.

③ 주어진 글의 필자는 과학자들의 이론 선택에서 '탁월성'을 기준으로 선택한다고 논하고 있지 않다.

④ 두 번째 문단의 예시와 관련된 내용으로, 핵심 논지와는 거리가 멀다.

TIP

핵심 내용 파악 유형에서 논설문이 제시될 경우, 필자의 주장이 정답이 된다. 흔히 주장은 첫 문단 혹은 마지막 문단에 등장하고, 역접의 접속사 뒤는 핵심일 가능성이 높다. 이 문제 역시 마지막 문단의 역접 접속사 '그러나' 뒤의 문장이 필자의 주장에 해당한다. 이를 바탕으로 풀이가 가능하므로 난도는 낮은 편이다. 핵심 내용 파악 유형에서 오답으로 구성될 수 있는 내용으로 '부분적인 내용(소주제문), 예시, 일치하지 않는 내용(잘못된 정보), 상관없는 내용(확인할 수 없는 정보)' 등이 있는데, 이 문제 역시 그러한 요소들을 잘 활용하여 선택지를 형성하고 있다.

03

정답 | ⑤

정답풀이 |

주어진 글의 필자는 독일 통일을 지칭하는 '흡수 통일'이라는 용어로 인해 동독이 서독에 흡수되었다는 인상은 오해의 여지가 있음을 제시하며, 독일의 통일 과정에서 동독 주민들의 주체적인 참여가 큰 역할을 했음을 설명하고 있다. 따라서 주어진 글의 핵심 논지는 ⑤이다.

오답풀이 |

① 두 번째 문단에 따르면 동독 자유총선거에서 급속한 통일을 주장하던 독일동맹이 승리했음을 알 수 있으나, 이는 독일의 통일 과정일 뿐 핵심 논지로는 적절하지 않다.

② 첫 번째 문단에서 필자가 반박하고 있는 '흡수 통일'이라는 용어에 대한 통념에 해당하는 내용이므로 핵심 논지로는 적절하지 않다.
③ 두 번째 문단의 독일 통일 과정에 따르면, 독일 통일은 합의된 절차를 통해 이뤄졌음을 알 수 있으나 이는 부분적인 내용일 뿐 핵심 논지로는 적절하지 않다.
④ 주어진 글을 통해서 알 수 없는 내용이다.

TIP

핵심 내용 파악 유형에서 논설문이 제시될 경우, 필자의 주장이 정답이 된다. 흔히 주장은 첫 문단 혹은 마지막 문단에 등장하고, 접속사는 큰 단서로 활용되는 경우가 많다. 이 문제 역시 마지막 문단의 인과 접속사 '이처럼' 뒤의 문장이 필자의 주장에 해당한다. 이를 바탕으로 풀이가 가능하므로 난도는 낮은 편이다. 핵심 내용 파악 유형에서 오답으로 구성될 수 있는 내용으로 '부분적인 내용(소주제문), 예시, 일치하지 않는 내용(잘못된 정보), 상관없는 내용(확인할 수 없는 정보)' 등이 있는데, 이 문제 역시 그러한 요소들을 잘 활용하여 선택지를 형성하고 있다. 참고로 일반적인 글의 전개 구조에 따르면 '통념–반박'의 구조에서는 '반박'에 해당하는 내용이 핵심이 된다.

04

정답 | ④

정답풀이 |

주어진 글의 첫 번째 문단에서는 발병의 책임을 개인적 요인이라고 여기는 통념을 반박하고, 발병이 개인적 요인뿐만 아니라 계층이나 직업 등의 사회적 요인과도 관련될 수 있음을 논하고 있다. 두 번째 문단에서는 질병의 대처에도 사회적 요인을 고려해야 함을 강조하고 있다. 따라서 이를 모두 포괄하고 있는 ④가 주된 논지로 가장 적절하다.

오답풀이 |

① 주어진 글과 무관한 내용이므로, 논지로 볼 수 없다.
② 발병의 책임에 대한 내용은 첫 번째 문단에 국한된 것으로, 전체 내용을 아우르는 논지로 보기 어렵다.
③ 두 번째 문단의 '어떤 사람들에게는 질병으로 인한 고통과 치료에 대한 부담이 가장 심각한 문제일 수 있다. 그러나 또 다른 사람들에게는 질병에 대한 사회적 편견과 낙인이 오히려 더 심각한 문제일 수 있다'에 부합하는 내용이나, 두 번째 문단 '요컨대' 이후에 서술된 내용이 핵심 논지에 해당하므로 주된 논지로 보기 어렵다.
⑤ 두 번째 문단의 첫 문장인 '질병에 대처할 때도 사회적 요인을 고려해야 한다'와 마지막 문장인 '요컨대 질병의 치료가~ 사회적 요인을 반드시 고려해야 한다는 점을 잘 보여준다'를 통해 질병의 치료에서 사회적 요인을 고려해야 함은 알 수 있으나, 개인적 차원보다 사회적 차원의 노력을 '더' 중요시해야 한다고 보기는 어렵다. 사회적 요인'도' 고려해야 한다고 파악하는 것이 적절하며, 해당 내용이 맞는다고 하더라도 부분적 내용이므로 논지로 보기는 어렵다.

TIP

핵심 내용 파악 유형의 가장 기본적인 형태의 문제다. 접근법 중 '4. 주요 단서는 접속어'와 '5. 첫 문단과 마지막 문단에 집중'을 통해 풀이할 수 있다. 첫 번째 문단은 마지막 부분의 인과 접속어 '따라서' 다음 문장이 핵심이며, 두 번째 문단 역시 마지막 부분의 강조 접속어 '요컨대' 다음 문장에 핵심이 담겨 있다. 더불어 두 번째 문단의 시작에서 '질병에 대처할 때도 사회적 요인을 고려해야 한다'라고 하여, 첫 번째 문단의 '발병 원인'과 더불어 '질병 대처'에서도 사회적 요인을 고려해야 함을 강조하고 있음을 알 수 있다.

05

정답 | ⑤

정답풀이 |

첫 번째 문단에서 좌파와 우파 두 진영의 대립에 대해 논하면서 '두 진영이 협력하여 공동의 목표를 이루려면 두 진영이 불일치하는 지점을 찾아 이 지점을 올바르고 정확하게 분석해야 한다'는 목표를 제시하고 있다. 마지막 문단에서도 '불리한 형편에 놓인 이들의 삶을 덜 나쁘게 하고 불평등을 누그러뜨려야 하는 국가의 목표를 이루는 데 두 진영이 협력하는 첫걸음이 무엇인지는 이제 거의 분명해졌다'를 통해 앞서 말한 내용을 강조하고 있다. 이를 잘 정리한 결론은 ⑤이다.

오답풀이 |

① 주어진 글에서는 좌파와 우파가 주장하는 바를 비교·분석했을 뿐, 각 진영의 문제점에 대해 논하고 있지 않다. 따라서 문제점 개선은 결론이 될 수 없다.
② 첫 번째 문단에서 두 진영의 대립이 오랫동안 이어져 왔다고는 했으나, 두 진영이 이러한 대립을 해결하려는 의지가 없다는 내용은 찾을 수 없다.
③ 네 번째 문단에 따르면 '좌우 진영은 사회정의의 몇 가지 기본 원칙에 합의했다'고 하였다. 즉 주어진 글의 내용에 어긋난 내용이므로 결론이 될 수 없다.
④ 마지막 문단에 따르면 '정의로운 국가라면 국가가 사회 구성원 모두 평등권을 되도록 폭넓게 누리도록 보장해야 한다는 정의의 원칙은 좌파와 우파 모두에게 널리 받아들여진 생각이다'라고 하였다. 즉 분배 문제 해결에 국가가 앞장서야 한다는 것에 두 진영이 모두 받아들이고 있다고 볼 수 있다. 따라서 이미 좌파와 우파가 동의한 내용이므로 결론에 이르기 위한 논거에 해당하여 주어진 글의 결론이 될 수 없다.

TIP

이 문제는 핵심 내용 파악 유형의 풀이법 중 '5. 첫 문단과 마지막 문단에 집중'을 통해 풀이할 수 있다. 더불어 오답은 '3. 오답 구성법'을 통해 모두 소거가 가능하다.

06

정답 | ⑤

정답풀이 |

첫 번째 문단에서는 대졸 취업자의 전공 불일치 비율을 근거로 기존의 교육 패러다임에 대해 비판하고 있다. 또한 이러한 문제점을 해결하기 위한 방안인 '중고등학교 때부터 직업에 맞추는 교육을 하는 것'에 대해서는 어리석다는 평가를 내리고 있다. 두 번째 문단에서는 이러한 상황에서 아이들에게 무엇을 가르쳐야 하는가를 묻고, 그에 대한 답변으로 변화하는 직업 환경에 성공적으로 대응하는 능력에 초점을 맞춰야 한다고 주장하고 있다. 마지막 문단에서는 이러한 관점을 토대로 한 교육이 이미 세계 여러 나라에서 시행되고 있음을 논거로 들며, 우리 교육 역시 개혁을 해야 한다는 주장을 강조하고 있다. 따라서 앞으로 우리 교육의 개혁 방향은 변화하는 직업 환경에 성공적으로 대응할 수 있는 능력에 맞춰야 한다는 내용이 들어간 ⑤가 정답이다.

오답풀이 |

① 첫 번째 문단의 '우리 대학 교육이 취업 환경의 급속한 변화를 따라가지 못하고 있음을 보여준다.~대응하기 어려워 보인다'를 통해 국가의 교육이 당대의 직업구조에 영향받는다고 보기는 어렵다.

② 두 번째 문단의 '2030년이면 현존하는 직종 가운데 80%가 사라질 것이고, 2011년에 초등학교에 입학한 어린이 중 65%는 아직 존재하지도 않는 직업에 종사하게 되리라는 예측이 있다'를 통해 알 수 있는 내용이다. 하지만 이는 부분적인 내용이므로 주어진 글의 중심 내용으로는 적절하지 않다.

③ 세 번째 문단의 '세계 여러 나라가 이런 관점에서 교육을 개혁하고 있다'를 통해 알 수 있는 내용이다. 하지만 이는 주된 논지의 논거에 해당할 뿐, 주어진 글의 중심 내용으로는 적절하지 않다.

④ 두 번째 문단에서 현존하는 직종이 사라질 것이라는 예측은 확인할 수 있지만, 주어진 글에서 미래의 유망 직업을 예측해야 한다는 내용은 찾을 수 없으므로 중심 내용이 될 수 없다.

TIP

핵심 내용 파악 유형 접근법 중 '1. 반복되는 단어(구)가 핵심어'와 '5. 첫 문단과 마지막 문단에 집중'을 통해 풀이할 수 있다. 이 문제에서는 첫 번째 문단과 두 번째 문단에 사용된 문답법에서 핵심 내용을 파악할 수 있다. 더불어 오답은 '부분적 내용(소주제문), 예시, 일치하지 않는 정보(잘못된 정보), 상관없는 내용(확인할 수 없는 내용)' 등을 통해 모두 소거가 가능하다.

07

정답 | ⑤

정답풀이 |

첫 번째 문단에서는 19세기 후반부터 '공화제적 원리'가 표명되고 있었음을 제시하고, '공화제적 원리'를 표명하는 예로 두 번째 문단에서 만민공동회를, 세 번째 문단에서는 만민공동회의 「헌의6조」를 들고 있다. 따라서 '공화제적 원리'가 19세기 후반부터 표명되고 있었다는 내용을 담고 있는 ⑤가 핵심 내용으로 가장 적절하다.

오답풀이 |

① 두 번째 문단에서 언급하고 있는 만민공동회에 대한 부분적인 설명일 뿐, 전체 내용을 포괄하고 있지 않으므로 핵심 내용으로 보기 어렵다.

② 세 번째 문단에서 언급한 예산공개의 원칙은 부분적인 내용일 뿐, 전체 내용을 포괄하고 있지 않으므로 핵심 내용으로 보기 어렵다.

③ 세 번째 문단에서 언급한 「헌의6조」에 대한 내용으로 부분적인 내용일 뿐, 전체 내용을 포괄하고 있지 않으므로 핵심 내용으로 보기 어렵다.

④ 만민공동회는 19세기 후반부터 한반도에 공화제적 원리가 표명되고 있었다는 사례 중 하나일 뿐이므로, 전체 내용을 포괄하는 핵심 내용으로 보기 어렵다.

TIP

핵심 내용 파악 유형 접근법 중 '1. 반복되는 단어(구)가 핵심어'를 통해 풀이할 수 있다. 이 문제의 핵심어는 반복되고 있는 어휘인 '공화제적 원리'이다. 따라서 해당 어휘가 들어가지 않은 선택지는 핵심 내용을 담고 있다고 보기 어렵다. '공화제적 원리'가 들어간 선택지는 ④와 ⑤뿐이고, 그중에서도 주어로 제시하여 핵심을 포괄한 것은 ⑤이다. 오답은 모두 부분적인 내용들로 이루어져 있다.

08

정답 | ②

정답풀이 |

주어진 글은 붕당에 대한 필자의 견해를 나타낸 것으로, 옛날과 지금을 비교하여 붕당에 관해 논하고 있다. 두 번째 문단에서는 옛날 붕당이 혁파가 불가능했던 이유를 군자당의 성세를 유지하기 위함이라고 하였고 세 번째 문단에서는 지금의 붕당을 그대로 둔다면 군자를 모을 수 없고 소인을 교화시킬 수 없다며,

붕당을 혁파하고 재능에 따라 인재를 등용하는 정책을 펴야 한다는 주장을 내세우고 있다. 따라서 핵심 주장을 잘 정리한 ②가 글의 논지로 가장 적절하다.

오답풀이 |

① 주어진 글의 필자가 '군자'를 중요시하고 있는 것은 맞으나, 지금의 붕당에 대해 비판적으로 바라보고 있으므로 군자들만으로 이루어진 붕당을 만들어야 한다는 것은 주요 논지로 보기 어렵다.

③ 주어진 글에서는 옛날의 붕당과 지금의 붕당의 차이점을 논하고 있을 뿐, 그 둘의 조화를 도모해야 한다는 내용은 찾을 수 없다.

④ 주어진 글에서는 강력한 왕권을 확립해야 한다는 내용은 찾을 수 없다. 왕권에 대한 내용은 두 번째 문단의 '임금이 군자당과 소인당을 가려내는 안목을 지니는 것이 관건'이라는 내용뿐이다.

⑤ 세 번째 문단의 '저편에 군자와 소인이 있으면 이편에도 군자와 소인이 있다. 따라서 붕당을 그대로 둔다면 군자를 모을 수 없고 소인을 교화시킬 수 없다'를 통해 추론할 수 있지만, 해당 내용은 부분적인 내용이므로 주요 논지로 보기 어렵다.

TIP

핵심 내용 파악 유형 접근법 중 '4. 주요 단서는 접속어'와 '5. 첫 문단과 마지막 문단에 집중'을 통해 풀이할 수 있다. 주어진 글의 핵심 화제는 첫 번째 문단에 등장하고, 핵심 논지는 마지막 문단에 등장한다. 더욱이 마지막 문단이 '그러나'라는 역접 접속어로 시작하므로, 앞선 내용을 반박하는 동시에 핵심 내용이 나타날 것임을 짐작할 수 있다. 나머지 선택지들은 '3. 오답 구성법'을 통해 모두 소거가 가능하다.

09

정답 | ②

정답풀이 |

첫 번째 문단에서 이론 P는 복지를 '각 시민이 갖고 있는 현재의 선호들만 만족시키는 것'이라고 소개하면서 근거 두 가지를 제시하고 있으며, 두 번째 문단에서는 이론 P의 두 가지 논거들을 각각 반박하며, 허점이 많은 이론이라고 평하고 있다. 즉 '현재 선호만을 만족시켜야 한다는 주장'을 반박하고 있는 글이다. 따라서 주어진 글의 결론으로 ②가 가장 적절하다.

오답풀이 |

① 두 번째 문단의 '선호하는 시점과 만족하는 시점은 대부분의 경우 시간차가 존재한다. ~ 현재 선호가 그것이 만족되는 시점까지 지속하리라는 보장이 없다'를 통해 사람들의 선호가 시간이 지남에 따라 변한다는 사실은 추론 가능하다. 하지만 이를 통해 현재 선호를 만족시킬 수 있는지 없는지에 대해서는 단정할 수 없다.

③ 이론 P의 첫 번째 논거는 현재의 선호가 과거 선호들보다 더 강렬하다는 것이었다. 이에 대해 필자는 '현재 선호와 과거 선호의 강렬함을 현재 시점에서 비교하는 것은 공정하지 않다'며 반박하고 있다. 논쟁의 핵심은 선호의 강렬함을 따지는 기준인 시기에 대한 것으로, 어느 선호가 더 강렬한 선호인지에 대한 결정의 문제가 아님을 알 수 있다.

④ 두 번째 문단에서 '시간에서 벗어나 둘을 비교한다면 현재의 선호보다 더 강렬했던 과거 선호가 있을 수 있다'고 하였다. 하지만 해당 내용이 과거 선호를 만족시키는 것이 중요하다는 것을 이끌어낼 수는 없다.

⑤ 주어진 글은 이론 P를 반박하고 있을 뿐, 복지가 무엇인지 정의하는 것이 불가능하다고 논한 것은 아니다.

TIP

주어진 글은 이론 P와 그에 대한 반박으로 구성되어 있다. 흔히 어떤 주장과 그에 대한 반박으로 구성된 글은 뒤에 오는 반박이 핵심이므로, 이 문제 역시 핵심은 두 번째 문단에 있다. 따라서 핵심 내용 파악 접근법 중 '5. 첫 문단과 마지막 문단에 집중'을 통해 풀이할 수 있다. 나머지 선택지들은 '3. 오답 구성법'을 통해 모두 소거가 가능하다.

10

정답 | ②

정답풀이 |

주어진 글은 첫 번째 문단에서 폴란의 주장인 동물의 가축화를 바라보는 특정 시각에 대해 설명한 후, 두 번째 문단에서 이에 대해 반박하는 구성을 지니고 있다. 흔히 '주장–반박'의 구성은 그 핵심이 '반박'에 있으므로, 두 번째 문단에서 그 핵심을 찾을 수 있다. 주어진 글의 두 번째 문단에서는 '동물의 가축화'의 장점, 즉 '어떤 생명체를 태어나도록 하는 것'이 과연 좋은 일인지에 대해 질문하며, 돼지를 먹기 위해서 먼저 돼지를 죽여야 하는 것은 정당화될 수 없다고 답하고 있다. 따라서 주어진 글의 핵심 논지는 ②이다.

오답풀이 |

① 두 번째 문단의 마지막에서 생명체를 태어나게 하고 먹기 위해 그 생명체를 죽이는 행위에 대해서 불편함을 느껴야 한다고 했지만, 이런 행위들은 '종 다양성을 보존하기 위한 목적'이 아니라 '종의 생존과 번성을 목적'으로 동물이 가축화됨으로써 생긴 일들이다. 주어진 글에서는 '종 다양성을 보존하기 위한 목적'과 관련된 내용을 찾을 수 없다.

③ 두 번째 문단에서 '어떤 돼지가 깨끗한 농장에서 태어나 쾌적하게 살다가 이른 죽음을 맞게 된다면, 그 돼지가 태어나도록 하는 것이 좋은 일인가?'라고 물으며, 먹기 위해서 태어나게 하는 행위에 대해 불편함을 드러내고 있다. 따라서 해

당 행위를 '좋은 일'이라고 평한 내용은 주어진 글과 상충되는 내용이므로, 핵심 논지로 볼 수 없다.

④ 첫 번째 문단에서 폴란은 동물의 가축화를 '종들 사이의 상호주의'의 일환이라고 설명하며, 그 결과로 소, 돼지, 닭 등이 번성한 것과 북미 지역에 개들이 5천만 마리나 살아남았다는 것을 근거로 들고 있다. 해당 근거의 내용이 틀린 정보인지 여부는 주어진 글을 통해서 확인할 수 없다.

⑤ 첫 번째 문단에 제시된 폴란의 주장으로, 주어진 글의 핵심 논지와 상반되는 견해이다.

TIP

핵심 내용 파악 유형 접근법 중 '4. 주요 단서는 접속어'와 '5. 첫 문단과 마지막 문단에 집중'을 통해 풀이할 수 있다. 두 번째 문단이 전환의 접속어인 '그런데'로 시작하므로, 핵심은 첫 번째 문단이 아닌 두 번째 문단에 있음을 알 수 있다. 특히 마지막 부분인 '폴란은 자신의 주장이 갖는 이런 함축에 불편함을 느껴야 한다. 이러한 불편함을 폴란은 해결하지 못할 것이다'를 통해 첫 번째 문단에 제시된 폴란의 주장을 반박한 내용이 핵심임을 파악하는 것은 어렵지 않다.

나머지 선택지들은 '3. 오답 구성법'을 통해 모두 소거가 가능하다.

기출 유형 2 | 세부 내용 파악

P. 151

01	02	03	04	05	06	07	08	09	10
⑤	④	③	①	②	③	③	④	④	③
11	12	13	14	15					
⑤	②	②	③	⑤					

01

정답 | ⑤

정답풀이 |

주어진 글은 구텐베르크의 금속활자와는 달리, 조선에서 금속활자가 민간에서 거의 수용되지 않았던 까닭을 설명한 글이다. 필자는 가장 본질적인 요인으로 표의문자와 표음문자라는 문자 유형의 차이를 들고 있다. 독일의 라틴 자모는 표음문자로 그 수가 수백 자를 넘지 않은 반면 조선시대에 금속활자로 만들어야 할 문자는 한자로 주조할 때마다 제작해야 할 글자가 10만 자를 넘기는 수가 많아서 민간에서 부담 없이 주조할 수 없는 규모였음을 설명하고 있다. 이를 잘 정리한 것이 ⑤이다.

오답풀이 |

① 두 번째 문단의 '민간에서 주조한 금속활자가 몇 종 있긴 했지만 극소수 양반가의 소유였을 뿐이었다.'를 통해 조선시대의 금속활자가 민간에서 주조된 경우도 있었음을 알 수 있다.

② 세 번째 문단에서 조선시대 금속활자는 한자 수만큼 많은 활자를 필요로 했음을 설명하며 민간에서 부담 없이 주조할 수 없었음을 설명하고 있으므로 그 생산 비용이 막대했음을 미루어 짐작할 수 있다. 그에 반해 구텐베르크의 금속활자의 생산 비용에 대한 내용은 주어진 글에서 찾을 수 없다. 다만, 알 수 있는 것은 구텐베르크의 금속활자가 목판 인쇄에 비해 인쇄물의 생산가격이 낮았다는 것뿐이다. 따라서 구켄베르크의 금속활자가 조선의 금속활자보다 생산 비용이 더 높았다고 볼 수 없으며 무엇보다 두 금속활자의 생산 단가에 대한 설명은 찾을 수 없으므로 단순 비교하기 어렵다.

③ 세 번째 문단에 따르면 조선의 금속활자는 한 번 주조할 때마다 10만 자를 넘길 정도로 그 수가 많았는데, 조선 전기에는 10만 자, 20만 자, 30만 자로 늘었지만 후기에는 15만 자를 주조했다고 했으므로 시간이 흐를수록 그 글자 수가 증가했다고 보기는 어렵다.

④ 첫 번째 문단에서 구텐베르크의 금속활자로 인해 '지식의 독점을 막고 독서 인구를 증가시키는 데 크게 기여했다'고 하였다. 하지만 두 번째 문단의 첫 문장인 '그러나 조선의 경우는 이와 달랐다'를 통해 조선의 금속활자는 그러한 기능을 수행하지 못했음을 알 수 있다.

TIP

출제자들은 모든 유형을 막론하고 주어진 글의 주제를 중요하게 생각한다. 이는 선지에서 드러나는 경우가 많은데 해당 문제 역시 이에 속한다. 핵심을 묻는 문제가 아님에도 주제에 해당하는 바를 정답인 선지로 만드는 것은 출제자의 의도를 엿볼 수 있는 부분이기도 하다. 즉 출제자들은 문제를 통해 글의 핵심 요지를 파악하는 것은 언제나 중요함을 역설한다. 따라서 의사소통능력의 독해 문제를 풀 때는 유형을 막론하고 주제를 찾는 연습을 하는 것이 바람직하겠다.

02

정답 | ④

정답풀이 |

두 번째 문단에 제시된 연구자 A의 새로운 설명을 살펴보면 인간은 물리적 시간인 '시계 시간'과 별개로 마음으로 그 경과를 지각하는 '마음 시간'을 가지고 있는데, 이 마음 시간은 뇌 속에서 일어나는 이미지 전환에 의해 지각된다. 그런데 '똑같은 물리적 시간에 나이든 사람이 처리하는 이미지 수는 젊은 사람보다 적게 된다'는 것이다. 즉 '인간의 마음은 자신이 인지한 이미지가 바뀌는 것을 단위로 삼아 시간의 경과를 인식한다'고 보고 있다. 정리하면 뇌에서 이미지 처리 속도가 느려지면, 다시말해 마음 속도가 느려지면 물리적 시간(시계)을 빠르게 느끼게 되는 것이다.

오답풀이 |

① '신체가 노화하면 뇌가 이미지를 습득하고 처리하는 속도가 느려져 마음 시간도 느려진다.'고 하였으므로 주어진 글과 일치하지 않는 내용이다.

②, ③ 물리적 시간을 '시계 시간'이라고 하였으므로 이 시간이 나이에 따라 흐르는 속도가 달라진다고 볼 수 없다. 변화하는 것은 '마음 시간'뿐이다.

⑤ '나이가 들어 신경망의 크기와 복잡성이 커지면 신호를 전달하는 경로가 더 길어질 뿐 아니라 신호전달 경로도 활력이 떨어져 신호의 흐름이 둔해지게 된다'고 하였다. 따라서 신경망의 크기와 복잡성이 클수록 처리할 수 있는 이미지의 수는 줄어들 것임을 알 수 있다. 주어진 글과 일치하지 않는 내용이다.

TIP

긍정 발문에서는 '일치하지 않는 것'과 '알 수 없는 것'을 소거하는 것이 핵심이다.

03

정답 | ③

정답풀이 |

마지막 문단에 따르면, '갈등영향분석'을 시행하기로 결정했다면 '갈등영향분석서'의 주관은 '정부'가 아닌 '기관장'이다. 또한 작성의 주체는 '기관장'이 아니라 '중립적이라고 인정하는 전문가'이다.

오답풀이 |

① 첫 번째 문단에 따르면 '갈등영향분석' 실시 여부는 '정부'가 하는 것이고, 두 번째 문단에 따르면 실시 여부 판단 기준 중 하나가 경제적 규모라고 하였으므로 주어진 글의 내용에 부합한다.

② 세 번째 문단에 따르면 '해당 사업을 수행하는 기관장은 대상 시설이 기피 시설인지 여부를 판단할 때, 단독으로 판단하지 말고 지역 주민 관점에서 검토할 수 있도록 민간 갈등관리전문가 등의 자문을 거쳐야 한다.'고 하였으므로 주어진 글의 내용에 부합한다.

④ 마지막 문단에서 '갈등영향분석서는 반드시 모든 이해당사자들의 회람 후에 해당 기관장에게 보고되고 갈등관리심의위원회에서 심의되어야 한다.'고 하였으므로 주어진 글의 내용에 부합한다.

⑤ 두 번째 문단에서 '갈등관리심의위원회 심의를 거쳐 갈등영향분석을 실시하지 않을 수 있다'고 하였으므로 갈등관리심의위원회는 갈등영향분석 실시 여부의 판단에 관여할 수 있음을 알 수 있다. 따라서 주어진 글의 내용에 부합한다.

TIP

선지에 거론된 '갈등영향분석'과 '갈등영향분석서'을 각각 잘 구별해야만 헷갈리지 않고 풀이가 가능하다. 특히 주관(주체·대상)이 누군인지가 포인트다. 출제자의 패턴 중 '(5) 연결고리의 왜곡'을 활용한 문제 유형이다.

04

정답 | ①

정답풀이 |

마지막 문단에 따르면 고려는 윤관 이외에도 오연총 등을 파견하여 동북 9성에 대한 방비를 강화했지만 전투가 거듭될수록 '병사들이 계속 희생되었고 물자 소비도 점점 많아'져, 예종 4년에 여진이 강화를 요청했을 때 이를 받아들였음을 알 수 있다.

오답풀이 |

② 마지막 문단에서 오연총이 동북 9성의 방비를 위해 파견되었음을 알 수 있지만, 그가 윤관이 여진군에 의해 고립된 사실을 알고 길주로부터 출정하여 그를 구출하였는지 여부는

알 수 없다.

③ 두 번째 문단에 따르면 윤관이 세운 동북 9성은 '영주, 웅주, 복주, 길주, 함주, 공험진, 의주, 통태진, 평융진'에 세워졌음을 알 수 있다. '가한촌'은 동북 9성에 해당하지 않으며, 주어진 글을 바탕으로 할 때 윤관이 위기를 맞은 장소로 보아야 한다.

④ 두 번째 문단에 따르면 척준경은 가한촌에서 위기에 처한 윤관과 별무반의 탈출을 위해 10여 명의 결사대를 이끌고 분전하였다고 하였다.

⑤ 첫 번째 문단에 따르면 '신기군, 신보군, 경궁군'은 별무반의 하위 부대로, 별무반이 창설된 것은 '예종'이 아닌 '숙종'때이다.

TIP

주어진 글에서 두 대상 이상이 주어질 경우, 비교와 대조가 주를 이루는 글인지 병렬식으로 전개되는 글인지 판단해야 한다. 이 문제의 경우 여러 인물이 등장하고 대조를 이루는 내용이 아니므로, 각 인물별로 각각의 사건들과 연결지어 정리할 수 있어야 한다. 이러한 글들은 출제자의 패턴 중 '⑷ 비교급의 활용'과 '⑸ 연결고리의 왜곡'을 활용할 가능성이 높다.

05

정답 | ②

정답풀이 |

두 번째 문단은 계획적 진부화가 수행되는 원인에 대해 분석한 내용이다. 그중 두 번째 원인에 따르면 신제품을 출시하게 되면 중고품 시장에서 거래되는 기존 제품의 경쟁력을 하락시켜 진부화함으로써 신제품의 경쟁력을 높일 수 있다고 하였다. 즉 계획적 진부화는 중고품의 경쟁력이 아닌 신제품의 경쟁력을 높인다고 볼 수 있다.

오답풀이 |

① 세 번째 문단에 따르면 기업의 계획적 진부화로 인해 소비자들이 기존 제품과 크게 다르지 않은 신제품을 구매하게 되므로 불필요한 지출과 실질적인 손실이 발생할 수 있다고 하였다.

③ 두 번째 문단에 따르면 계획적 진부화가 수행되는 세 번째 원인으로 급속히 변화하는 소비자의 취향을 맞춤으로써 만족도를 높일 수 있는 수단이기 때문이라고 설명하고 있다.

④ 두 번째 문단에 따르면 계획적 진부화가 수행되는 첫 번째 원인으로, 기존 제품의 가격을 인상하기 곤란할 때 신제품을 출시함으로써 가격 인상을 단행할 수 있기 때문이라고 설명하고 있다.

⑤ 두 번째 문단에 따르면 '전통적으로 제품의 사용 기간을 결정짓는 요인은 기능적 특성이나 노후화·손상 등 물리적 특성이 주를 이루었지만, 최근에는 심리적 특성에도 많은 영향을 받'기 때문에 계획적 진부화가 일어난다고 설명하고 있다. 그리고 세 번째 문단에서도 계획적 진부화가 소비자의 심리를 자극하여 기존 제품과 크게 다르지 않은 신제품을 구매하도록 유도하여 에너지나 자원의 낭비를 초래한다고 설명하고 있다.

TIP

이 문제는 '부정' 발문이므로 선택지를 키워드화한 후에 끊어읽기를 통해 풀이할 수 있다. 그리고 정답의 근거가 두 번째 문단에 등장하므로 비교적 빨리 풀이가 가능한 문제이다. 더욱이 선택지에서 주요 화제인 '계획적 진부화'를 고정해 놓고 있으므로, 이에 집중하여 독해하면 되기 때문에 난도는 쉬운 편에 속한다. 선택지를 분석하면, ②와 ⑤의 '높인다'와 '짧다'를 통해 출제자의 패턴 중 '⑹ 숫자/수치의 변경'을 활용했음을 확인할 수 있다.

06

정답 | ③

정답풀이 |

이질 감소에 대한 내용은 세 번째 문단과 네 번째 문단에서 확인할 수 있다. 세 번째 문단에서 '이질은 15세기 초반 급증하기 시작하여 17세기 이후에 크게 감소하였다. 이러한 변화의 원인은 생태환경의 측면에서 찾을 수 있다'라고 언급하고 있다. 즉 15~16세기에는 범람원을 논으로 바꾸어 농지로 사용하였는데, 이 과정에서 건조한 환경에 적합한 미생물 생태계가 습한 환경에 적합한 미생물 생태계로 바뀌면서 수인성 세균이 번성하여 장티푸스와 이질의 발병률을 높였던 것이다. 그런데 네 번째 문단의 '17세기 이후 농지 개간의 중심축이 범람원 개간에서 산간 지역 개발로 이동하였다. 이는 수인성 전염병 발생을 크게 줄이는 결과를 낳았다'와 '특히 논에 물을 가둬두는 기간이 줄어서 이질 등 수인성 질병 발생의 감소를 가져왔다'를 통해 17세기 이후 논의 미생물 생태계 변화로 이질이 감소하였음을 알 수 있다.

오답풀이 |

① 첫 번째 문단에 따르면 조선이 '『농사직설』을 편찬하여 적극적으로 벼농사를 보급한 시기'는 15세기이고, 15~16세기에 이질이 '사람들을 괴롭히는 가장 주요한 질병'이라고 하였으나 『농사직설』을 통한 벼농사 보급 이전의 조선에 수인성 병균에 의한 질병이 발견되지 않았는지는 확실하게 알 수 없다. 다만 세 번째 문단의 '이질은 15세기 초반 급증하기 시작하여'를 통해 이질이 급증한 시기만을 확실히 알 수 있을 뿐이다.

② 세 번째 문단에 따르면 시겔라균이 17세기 이후 감소한 것은 맞다. 하지만 '수인성 세균인 병원성 살모넬라균과 시겔라균은 이러한 습지의 생태계에서 번성하여'를 통해 시겔라균이 번성했던 곳은 '하천'이 아닌 '습지'라는 것을 알 수 있다.

④ 네 번째 문단을 통해 17세기 이후 농지 개간의 중심축이 범람원 개간에서 산간 지역 개발로 이동한 것은 알 수 있으나,

인구 밀집지역이 점차 하천 주변에서 산간 지역으로 바뀌었는지 여부는 알 수 없다.

⑤ 네 번째 문단의 '농법의 측면에서도 17세기 이후에는 남부지역의 벼농사에서 이모작과 이앙법이 확대되었고, ~ 논에 물을 가둬두는 기간이 줄어서 이질 등 수인성 질병 발생의 감소를 가져왔다'를 통해 농법의 변화가 이질과 장티푸스 발병률을 낮추었다는 것은 알 수 있다. 하지만 건조한 지역에도 농지를 개간할 수 있게 하였는지 여부는 알 수 없다.

TIP

이 문제는 선택지를 통해 '수인성 병균, 시겔라균, 이질, 장티푸스' 등의 병균 이름과 시기인 '15~16세기, 17세기 이후' 등을 확인할 수 있다. 해당 키워드와 관련된 정보를 문단별로 끊어 읽으며 확인하면, 세 번째 문단과 네 번째 문단의 내용을 토대로 정답을 고를 수 있다. 선택지를 분석하면, 출제자의 패턴 중 '(5) 연결고리의 왜곡' 그중에서도 인과관계를 바탕으로 구성되고 있다. 이는 연결고리의 왜곡 중에서는 난도가 높은 편에 속하므로, 구분이 어려웠다면 인과관계가 나타날 때마다 그 연결고리를 순서대로 잘 확인하는 연습을 하기를 권한다.

07

정답 | ③

정답풀이 |

두 번째 문단에 따르면 일본인이 조일통상장정 제41관에 적시된 지방의 해안선으로부터 3해리 이내 해역에서 어업 활동을 하고자 할 때는 어업준단을 발급받아야 하며 어업준단을 발급받고자 하는 자는 소정의 어업세를 내야 했다고 언급되어 있다. 또한 일본은 '조일통어장정' 체결 직후 조선해통어조합연합회를 만들어 자국민의 어업준단 발급 신청을 지원하게 하였으므로 주어진 글을 통해 알 수 있는 내용이다.

오답풀이 |

① 두 번째 문단에 따르면 어업 면허 신청을 대행하는 일을 한 조합은 '조선해통어조합'이 아니라 '조선해수산조합'이다.

② 두 번째 문단에 따르면 '조일통어장정에는 일본인이 조일통상장정 제41관에 적시된 지방의 해안선으로부터 3해리 이내 해역에서 어업 활동을 하고자 할 때는 조업하려는 지방의 관리로부터 어업준단을 발급받아야 한다는 내용이 있다'라고 하였다. 즉 '일본인'을 대상으로 한 내용만 알 수 있을 뿐, 조선인의 어업 활동 금지와 관련된 조항이 있었는지는 알 수 없다.

④ 두 번째 문단에 따르면 '조선해통어조합연합회'를 조직한 것은 1889년 조일통어장정 체결 후에 별도로 일어난 일이다. 따라서 '조일통상장정'에 '조선해통어조합연합회'를 조직하라는 내용이 있다는 것은 주어진 글을 통해 알 수 없다.

⑤ 두 번째 문단에 따르면 일본인은 한반도 연해에서 어업활동을 하려면 대한제국 어업 법령의 적용을 받았으며, 대한제국은 한반도 해역에서 어업을 영위하고자 하는 자는 어업 면허를 취득해야 한다는 내용의 어업법을 공포하였다고 하였다. 따라서 일본인은 '조선해통어조합연합회'가 아닌 대한제국으로부터 어업면허를 발급받아야 하였으며, 그 신청은 '조선어수산조합'이 대행하였음을 알 수 있다.

TIP

이 문제의 선택지 ③은 두 번째 문단의 내용 일부를 순서를 바꿔 구성하였다. 단순히 순서를 바꾸었을 뿐이지만, 낯선 명칭들이 많이 등장하여 어려움을 느낄 수 있는 문제이다. 낯선 명칭들이 다수 등장했을 때는 그 명칭이 지시하는 대상이 무엇인지 명확하게 구분해두는 것이 문제를 수월하게 풀 수 있는 방법 중 하나이다.

08

정답 | ④

정답풀이 |

두 번째 문단에 따르면 미란다 판결 전에는 수사 과정에서 '회유나 압력을 행사했더라도 제때에 음식을 주고 밤에 잠을 자게 하면서 받아낸 자백은 전체적인 상황이 강압적이지 않았다면 증거로 인정되었다. 그리고 이러한 신문 상황에서 피의자가 임의적으로 진술했다는 점이 인정되면 재판 증거로 사용되었다'라고 하였다. 이를 통해 미란다 판결 전에는 수사 과정에서 강압적인 요소가 있었더라도 피의자가 임의적으로 진술했다는 점이 인정되면 진술한 자백이 증거 능력으로 인정되었음을 알 수 있다.

오답풀이 |

① 첫 번째 문단에서 언급한 미란다의 원칙을 확립한 재판에서는 미란다가 무죄 판정을 받았는지는 알 수 없다. 다만, 경찰관이 미란다에게 묵비권과 변호사 선임권을 갖고 있다는 사실을 고지하였다는 것이 입증되지 않는 한, 신문 결과만으로 얻어진 진술이 미란다에게 불리하게 사용될 수 없다고 판결했을 뿐이다.

② 미란다 판결은 '피해자'가 아닌 '피의자'에 대한 내용이다. 더불어 세 번째 문단에 따르면 '미란다 판결은 자백의 증거 능력에 대해 종전의 임의성의 원칙을 버리고 절차의 적법성을 채택하여, 수사 절차를 피의자의 권리를 보호하는 방향으로 전환하는 데에 크게 기여했다'고 하였다. 즉 '절차적 적법성'을 우위에 두었다기보다는 '임의성의 원칙'을 파기한 것으로 보아야 한다.

③ 두 번째 문단에 따르면 미란다 판결 전에도 경찰관이 고문을 통해 받아낸 진술은 법적 효력이 없었음을 알 수 있다. 더불어 미란다의 판결은 수사 기관과 피의자가 대등한 지위에서 법적 다툼을 해야 한다는 원칙을 구현하는 첫출발로서 임의

성의 원칙이 아닌 절차의 적법성을 채택하게 된 것이 의의임을 알 수 있다.

⑤ 첫 번째 문단에 따르면 미란다 판결은 경찰관이 피의자에게 고지를 했느냐가 핵심 내용이다. 주어진 글에서 피의자가 변호사 선임권이나 묵비권을 알고 있었는지에 따라 자백의 효력이 있는지에 대한 내용은 찾을 수 없다.

TIP

이 문제의 선택지 ①, ⑤는 주어진 글을 통해 알 수 없는 내용(확인할 수 없는 정보)이고, ③은 일치하지 않는 내용(잘못된 정보)이다. 그리고 ②는 선택지 구성법 중 '대체형'과 출제자의 패턴 중 '(4) 비교급의 활용'에 의해 구성된 것이다. 독해 문제에서 주어진 글에서 '확인할 수 없는 정보, 일치하지 않는 정보'는 어떤 유형이든 상관없이 적절하지 않은 내용이 된다. 가장 기본적이고, 가장 많이 활용되는 선택지 구성법이므로, 이를 염두에 두고 풀이에 임해야 한다.

09

정답 | ④

정답풀이 |

두 번째 문단과 세 번째 문단에 따르면 같은 모어를 사용한다는 것은 '랑그'가 같다는 것을 뜻한다. 이와 달리 '스틸'은 '기호에 대한 개인적인 호오'이므로, 모어가 같더라도 스틸은 다를 수 있다.

오답풀이 |

① 두 번째 문단~마지막 문단에 제시된 '랑그, 스틸, 에크리튀르'에 대한 설명을 따르면 랑그는 '우리에게 선택권이 없다'고 하였고, 스틸 역시 '몸에 각인된 것이어서 주체가 자유롭게 선택할 수 없다'고 하였다. 하지만 이 두 가지 규제의 중간에 위치한 에크리튀르는 '사회방언'으로, 직업이나 생활양식을 선택할 때 따라오는 언어이므로 우리가 선택할 수 있다.

② 세 번째 문단에 따르면 '언어에 대한 개인적인 호오의 감각'은 '스틸'에 대한 설명이다.

③ 마지막 문단에 따르면 '같은 지역 출신' 즉 지역에 의한 방언인 '지역방언'은 '에크리튀르'가 아닌 '랑그'로 분류된다고 하였다.

⑤ 마지막 문단에 따르면 '랑그'는 외적인 규제에, '스틸'은 내적인 규제에 속하며, '에크리튀르'는 '랑그'와 '스틸'의 중간에 위치한다고 하였다. 따라서 '스틸'과 '에크리튀르'는 언어 규제상 성격이 다르다고 보아야 한다.

TIP

우선 선택지의 키워드를 파악하면, '랑그, 스틸, 에크리튀르'가 핵심임을 알 수 있다. 해당 키워드와 관련된 정보를 문단별로 끊어 읽으며 확인하면, 비교적 쉽게 풀 수 있는 문제이다. 두 번째 문단에 '랑그', 세 번째 문단에 '스틸', 네 번째 문단에 '에크리튀르'에 대한 설명이 나오므로, 재검토를 하기에도 수월한 지문이다.

이와 같이 출제자는 여러 대상이 나오는 지문에서 각 대상들 간의 공통점과 차이점을 묻는 구성이나 각 대상의 특성을 혼합하여 배치하는 구성을 많이 활용한다. 따라서 여러 대상이 등장할 경우 각 대상과 특성(정보)들을 잘 연결시켜 정리하는 것이 중요하다.

10

정답 | ③

정답풀이 |

첫 번째 문단에 따르면 신탁 원리하에서 수익자는 재산에 대한 운용 권리를 모두 수탁자인 제3자에게 맡기도록 되어 있었기 때문에 수익자의 지위는 불안정했음을 알 수 있다. 따라서 ③은 인과관계가 뒤바뀐 내용이므로 적절하지 않은 서술이다.

오답풀이 |

① 마지막 문단의 '신탁 원리의 영향으로 인해 연금 가입자의 자율적이고 적극적인 권리 행사가 철저하게 제한되어 왔다. 그 결과 연금 가입자는 자본 시장의 최고 원리인 유동성을 마음껏 누릴 수 없다'는 부분을 통해 알 수 있다.

② 첫 번째 문단에 따르면 신탁 제도에서 수탁자는 '친구나 지인 등 제3자'로 정한다고 했으므로, 혈연관계에 있지 않아도 수탁자로 지정될 수 있음을 알 수 있다.

④ 첫 번째 문단의 '12세기 영국에서는 미성년 유족(遺族)에게 토지에 대한 권리를 합법적으로 이전할 수 없었다. ~ 이런 상황에서 귀족들이 자신의 재산을 미성년 유족이 아닌, 친구나 지인 등 제3자에게 맡기기 시작하면서 신탁 제도가 형성되기 시작했다'는 부분을 통해 알 수 있다.

⑤ 두 번째 문단의 '신탁 원리는 수익자의 연금 운용 권리를 현저히 약화시키는 것을 기본으로 한다'와 마지막 문단의 '연금 가입자는 연기금 운용자인 수탁자의 재량에 종속되는 존재가 되고 말았다'라는 부분을 통해 알 수 있다.

TIP

정답인 ③은 출제자의 패턴 중 '(5) 연결고리의 왜곡'에 의해 구성된 것이다. 단순 연결고리의 왜곡이 아닌 인과관계를 활용한 경우 난도가 높아질 수 있으므로 주의깊게 살펴봐야 한다. 특히 인과관계는 문장 표현만으로도 확인이 가능한 경우가 많다. 파악에 어려움을 느낀다면 다음 내용을 참고하기 바란다.

1) ~ 때문에
2) 왜냐하면
3) 그래서, 따라서, 그러므로
4) ~으로(로) 인해
5) ~점을 감안하면
6) 이후에

7) 원인이, 결과가

11

정답 | ⑤

정답풀이 |

두 번째 문단에 따르면 브랜다이스는 '독점 규제를 통해 소비자의 이익이 아니라 독립적 소생산자의 경제를 보호'하고자 하였다. 즉 소비자의 이익을 보호하고자 한 것은 아니다.

오답풀이 |

① 첫 번째 문단에서 셔먼이 독점적 기업결합 집단인 트러스트을 비판하고 있으며, 이러한 '비판의 사상적 배경이 된 것은 시민 자치를 중시하는 공화주의 전통'이라고 하였다. 두 번째 문단에서 브랜다이스 주장 역시 '공화주의 전통이 반영되어 있었다'고 하였다. 따라서 두 사람의 견해가 공화주의 전통에 기반을 두고 있었음을 알 수 있다.

② 세 번째 문단에 의하면 아놀드는 브랜다이스가 주장한 '거대한 경제 권력의 영향으로부터 독립적 소생산자들을 보호함으로써 자치를 지켜내는 데 있다는 것'을 '대량 생산 시대에 맞지 않는 감상적인 생각'이라고 치부하고, 독점 규제의 목적이 권력 집중에 대한 싸움이 아니라 경제적 효율성의 향상에 맞춰져야 한다고 주장했다. 즉 아놀드는 브랜다이스의 견해에 비판적임을 알 수 있다.

③ 첫 번째 문단에서 셔먼은 반독점법 제정을 통해 '소비자의 이익 보호'를 이루려고 하였고, 세 번째 문단에 따르면 아놀드는 '독점 규제를 통해 생산과 분배의 효율성을 증가시키고 그 혜택을 소비자에게 돌려주는 것이 핵심 문제'라고 하였다. 따라서 두 사람은 모두 소비자의 이익을 보호한다는 점에서 반독점법을 지지했다고 볼 수 있다.

④ 세 번째 문단에 의하면 1930년대 후반에 아놀드가 반독점국의 책임자로 임명되면서 이전의 '시민 자치권을 근거로 하는 반독점 주장을 거부'하고, '소비자 가격을 낮춰 소비자 복지를 증진시키는 것'으로 목적을 전환했음을 알 수 있다.

TIP

이 문제와 같이 여러 대상(인물 포함)이나 이론 등이 제시될 경우에는 각 대상과 그 특성들을 잘 연결하여 정리하는 것이 중요하다. 출제자들은 각 대상이 지닌 특성을 다른 대상과 연결하여 오답을 구성하는 것, 즉 '(5) 연결고리의 왜곡'을 선호한다.
⑤는 출제자의 패턴 중 '(2) 긍정과 부정의 치환'에 의해 구성된 것으로, 'A 아니라 B' 형태를 활용한 경우이다. 두 번째 문단의 '소비자의 이익이 아니라 독립적 소생산자의 경제'에서 부정된 '소비자의 이익'을 '독립적 소생산자와 소비자의 이익을 보호하여'로 긍정 형태로 바꿔 구성하고 있다.

12

정답 | ②

정답풀이 |

두 번째 문단의 '기운만 홀로 작용하고 이치가 존재하지 않는다고 하는 것 역시 옳지 않다'와 세 번째 문단의 '기운이 홀로 그렇게 하고 이치는 없다고 하면 옳지 않다. 천하에 어찌 이치 밖에서 기운이 존재하겠는가?' 그리고 마지막 문단의 '이치와 기운은 하나이니, 어디에서 따로 있는 것을 볼 수 있겠는가?'를 통해 기운에는 반드시 기운을 타고 작용하는 이치가 있음을 알 수 있다.

오답풀이 |

① 세 번째 문단에서 필자는 맹자의 말인 '약한 것은 강한 것에 부림을 받는다. 이것은 천(天)이다'라는 말에 '덕의 크고 작음을 논하지 않고 오직 물리적인 대소와 강약만을 승부로 삼는 것이 어찌 천의 본연이겠는가?'라며 동의하지 않고 있다.

③ 두 번째 문단에서 '기운을 타고 있는 이치 밖에서 '본연의 이치'를 따로 구하는 것은 옳지 않다'라고 하였으므로, 해당 내용은 주어진 글에 부합하지 않는다.

④ 세 번째 문단에서 '아무개가 목숨을 보존할 수 있었던 것은 본연의 이치가 아니라고 하면 옳지만, 기운이 홀로 그렇게 하고 이치는 없다고 하면 옳지 않다'라고 하였다. 즉 악인이 편안히 늙어 죽는 것은 이치가 아닌 것이 맞지만, '기운이 그렇게 작용할 뿐'인 것은 아니다. 두 번째 문단에서 필자는 '기운을 타고 있는 이치'라고 하며, 기운만 홀로 존재하지 않는다고 하였다.

⑤ 두 번째 문단에서 '본연의 이치'와 '기운을 타고 있는 이치'를 모두 제시하고 있으며, '정상에 위반되는 것에 대해 여기에는 기운만 홀로 작용하고 이치가 존재하지 않는다고 하는 것 역시 옳지 않다'고 했으므로, '본연의 이치'와 마찬가지로 '기운을 타고 있는 이치' 역시 문맥상 참된 이치로 보고 있음을 알 수 있다. 따라서 둘 중 '본연의 이치'만이 참된 이치라고 한 것은 주어진 글에 부합하지 않는다.

TIP

주어진 글과 부합하는 것을 찾는 것은 옳은 단 하나를 찾는 것이기에, 핵심과 관련된 내용이 정답일 가능성을 배제할 수 없다. 이 문제 역시 정답인 ②가 핵심을 담고 있다. 주어진 글은 '이치'와 '기운'이 핵심어로, 각각의 대상이 독립적인지, 아니면 하나인지에 초점을 맞추고 있다. 단순한 구조이지만 옛글 형태이기 때문에 의미 해석에 주의해야 한다. 옛글의 경우 '어찌 기운만 홀로 작용한다고 할 수 있겠는가?', '천하에 어찌 이치 밖에서 기운이 존재하겠는가?', '이렇다면 이치와 기운은 하나이니, 어디에서 따로 있는 것을 볼 수 있겠는가?'와 같은 설의적 표현을 자주 활용한다. 묻는 형태로 나타내고 있지만, '기운만 홀로 작용할 수 없다', '이치 밖에서 기운이 존재하지 않는다', '이치와 기운은 하나이니, 어디에서 따로 있는 것을 볼 수 없다'

와 같이 의미를 강조하는 표현으로 해석해야 한다. 이와 같이 옛글 해석에 주의할 점을 염두에 둔다면 의미 해석에서의 실수를 줄일 수 있다.

13

정답 | ②

정답풀이 |

두 번째 문단에서 사그레도는 코페르니쿠스의 지동설을 옳은 견해로 인정하며, 세 가지 근거를 제시하고 있다. 그 세 가지 근거 중 '항성의 시차에 관한 기하학적 예측'에 대한 내용은 찾을 수 없다. 지동설의 근거로서 항성의 시차를 중요하게 다룬 사람은 살비아티이다.

오답풀이 |

①, ④ 마지막 문단의 '심플리치오가 아리스토텔레스의 이론을 옹호하면서 지동설에 대한 반박 근거로 공전에 의한 항성의 시차가 관측되지 않음을 지적'했다는 사실을 통해 알 수 있다.

③ 두 번째 문단에서 사그레도는 지동설을 옳은 견해로 인정하며, 그 첫 번째 근거로 '행성의 겉보기 운동과 역행 운동'을 들고 있다. 그리고 세 번째 문단에서 살비아티는 '지구의 공전을 입증하기 위한 첫 번째 단계로 지구의 공전을 전제로 한 코페르니쿠스의 이론이 행성의 겉보기 운동을 얼마나 간난하고 소화롭게 설명할 수 있는지를 보여준다'고 하였다. 따라서 두 사람 모두 행성의 겉보기 운동을 근거로 하여 코페르니쿠스의 지동설을 옹호한다고 볼 수 있다.

⑤ 세 번째 문단에서 살비아티는 '지구의 공전을 전제로 할 때, 공전 궤도의 두 맞은편 지점에서 관측자에게 보이는 항성의 위치가 달라지는 현상, 곧 항성의 시차를 기하학적으로 설명'하고 있는 부분을 통해 알 수 있다.

TIP

정답인 ②는 '알 수 없는 내용(확인할 수 없는 정보), 일치하지 않는 내용(잘못된 정보)'를 기반으로 하고 있어 난도가 어려운 편은 아니다. 하지만 지문의 제재가 낯선 경우 상대적으로 독해의 어려움을 느낄 수 있다. 세부 내용 파악 유형은, 주어진 지문의 '이해'를 바탕으로 하기보다는 '부합 여부'를 묻는 것이 목표이다. 따라서 낯선 제재가 등장했더라도 단순 비교를 목표로 하고 있다는 사실을 염두에 둔다면 심리적 중압감을 조금 내려놓을 수 있을 것이다. 더불어 특정 영역에서 독해의 어려움을 느낀다면, 해당 영역의 배경지식을 쌓기 위해 노력하는 것도 한 방법이 된다. 독해 문제에서 배경지식을 요하는 문제는 출제되지 않으나, 기본적인 상식에 대해서는 물을 수 있다. 이 문제의 경우 '지동설', '공전', '항성의 시차' 등은 이 같은 상식을 기반으로 출제되었다고 볼 수 있다.

14

정답 | ③

정답풀이 |

두 번째 문단에 따르면 유럽의 여러 제후들이 도시를 조성할 때 광장을 일차적으로 고려한 것은 광장이 제후들의 권력 의지를 실현하는 데 중요한 역할을 할 수 있었기 때문이라고 하였다. 더불어 주어진 글에서 유럽 제후들이 광장을 중요시한 까닭으로 '거주민의 의견을 반영하기 위해서'라는 내용은 찾을 수 없다.

오답풀이 |

① 마지막 문단에서 근대 이후 광장은 '인류의 모든 활동이 수렴되고 확산되는 공간이며 문화 마당이고 예술이 구현되는 장이며 더 많은 자유를 향한 열정이 집결하는 곳'이라고 하였다. 이를 통해 알 수 있다.

② 첫 번째 문단에서 고대 그리스의 아고라는 '물리적 장소만이 아니라 사람들이 모여서 하는 각종 활동과 모임도 의미한다' 고 하였으므로 이를 통해 알 수 있다.

④ 세 번째 문단에서 '광장'은 '프랑스 혁명 이후 근대 유럽에서는 저항하는 대중의 연대와 소통의 장이라는 의미도 갖게 되었다'고 하였으므로 이를 통해 알 수 있다.

⑤ 세 번째 문단에서 '유럽인들에게 광장은 일상생활의 통행과 회합, 교환의 장소이자 동시에 권력과 그 의지를 실현하는 장이고 프랑스 혁명 이후 근대 유럽에서는 저항하는 대중의 연대와 소통의 장이라는 의미도 갖게 된다. 우리나라의 역사적 경험에서도 광장은 그와 같은 공간이었다'고 하였다. 이를 통해 알 수 있다.

TIP

이 문제는 '부정' 발문이므로, 선택지를 키워드화한 후 끊어읽기를 통해 풀이할 수 있다. 정답인 ③은 '알 수 없는 내용(확인할 수 없는 정보), 일치하지 않는 내용(잘못된 정보)'를 기반으로 하고 있고, 나머지 선택지들은 모두 선택지의 구성법 중 '일치형'에 의하여 구성되어 있다. 따라서 난도는 쉬운 편에 속한다.

15

정답 | ⑤

정답풀이 |

마지막 문단의 '연방대법원의 이 사건 판결이 나자 많은 주들이 새로운 법률을 제정하거나, 기존의 법률을 개정해서 버지니아주법과 유사한 법률을 시행하게 되었다.'를 통해 버지니아주법이 합헌이 판단되기 이전 다른 주들은 불임시술을 강제하는 법들을 집행하고 있지 않았음을 알 수 있다.

오답풀이 |

① 첫 번째 문단에서 설명된 우생학에 따르면 '정신박약자'는 유

전적 결함을 가진 대상으로 보고 있다. 따라서 우생학에 의하면 정신박약자인 캐리 벅 역시 유전적 결함을 가진 사람으로 판단됨을 알 수 있다.

② 첫 번째 문단의 '이 법은 당시 과학계에서 받아들여지던 우생학의 연구결과들을 반영한 것'을 통해 알 수 있다.

③ 첫 번째 문단의 '당사자의 건강과 이익을 증진하는 것을 목적'을 통해 알 수 있다.

④ 네 번째 문단의 홈즈 대법관의 말인 '사회가 무능력자로 차고 넘치는 것을 막고자 이미 사회에 부담이 되는 사람들에게 그보다 작은 희생을 요구하는 것이 금지된다고 할 수는 없다.'를 통해 알 수 있다.

기출 유형 3 I 주어진 내용 추론 P. 166

01	02	03	04	05	06	07	08	09	10
①	⑤	①	②	④	②	①	③	④	③
11	12	13	14	15					
②	①	③	②	③					

01

정답 I ①

정답풀이 I

첫 번째 문단에 따르면 'X는 한국의 500원짜리 동전을 감별할 목적으로 설계·제작된 감별기'이고 500원 동전과 크기나 무게가 정확하게 같다면 C상태로 파란불이 켜지고, 크기나 무게가 다른 동전일 때는 E상태로 빨간불이 켜진다고 하였다. 그런데 만약 미국의 25센트 동전이 500원 동전과 크기와 무게가 정확히 같다고 가정한다면 X는 25센트를 넣었을 때도 C상태로 파란불이 켜질 것임을 알 수 있다. 따라서 미국에 설치된 X에 빨간불이 켜졌다면 500원도 25센트도 아님을 알 수 있으므로 이는 적절한 추론이다.

오답풀이 I

② X는 500원 동전과 25센트 동전에 C상태로 파란불이 켜질 것이므로 미국에 설치된 X에 500원 동전을 투입했고 파란불이 켜졌다면 내부상태 역시 C상태임을 알 수 있다.

③ X의 E상태는 500원 동전과 25센트 동전의 크기와 무게가 다른 경우에 모두 켜질 수 있으므로 두 동전을 차례로 투입하여 두 번 모두 E상태가 되었다고 해서 해당 두 동전의 크기와 무게가 같을 것이라고 추론하기 어렵다. 여기서 알 수 있는 것은 두 동전의 크기와 무게가 500원과 25센트 동전과는 다르다는 것뿐이다.

④, ⑤ 마지막 문단에서 'X의 사용 목적에 따라 X의 C와 E는 다른 것에 대한 상태가 될 수 있고 X에 표시되는 파란불과 빨간불은 처음 설계 당시 지녔던 것과 다른 의미를 지닐 수 있다'고 하였으므로 X는 투입된 동전이 무엇이냐가 아니라 사용 목적에 따라 파란불의 의미가 달라질 것이다. 다시 말해 '사용 목적'에 따라 의미가 달라짐을 알 수 있으므로 기준이 적절하지 않음을 알 수 있다.

TIP

결국 필자가 말하고자 하는 바는 '사용 목적'에 따라 인공물이 표상하는 의미가 달라질 수 있다는 것이다. 주어진 글의 핵심을 정확히 파악했다면 ④, ⑤를 소거할 수 있고 나머지는 내용일치적으로 풀이가 가능하다.

02

정답 | ⑤

정답풀이 |

마지막 문단에 따르면 어떤 요인으로 인해 렘수면 시간을 채우지 못하면 정상적인 뇌의 활동에 지장이 생기기 때문에 뇌는 렘수면 시간을 늘리려 하고 이에 따라 전체 수면 시간 역시 길어지게 된다고 하였다. 따라서 '알파파와 베타파'가 나오는 렘수면 상태가 길어지면 정상적인 뇌의 활동을 계속하기 위해 전체 수면 시간 역시 늘어남을 추론할 수 있다.

오답풀이 |

① 마지막 문단에서 '뇌의 온도가 올라가면 렘수면(역설적 수면) 중 데이터 처리 효율이 떨어지면서 더 긴 렘수면 시간을 요구하게' 된다고 하였고 비렘수면(서파 수면) 시간도 함께 '증가'하여 전체 수면 시간이 길어진다고 하였다.

② 주어진 글에서 렘수면(역설적 수면)과 비렘수면(서파 수면)에 따라 뇌의 온도가 변화한다는 내용은 찾을 수 없다.

③ 두 번째 문단에 따르면 '기억과 사고 과정을 돕는 수면'은 '세타파와 델타파'가 나오는 비렘수면인 '서파 수면'이 아니라, '알파파와 베타파'가 나오는 렘수면인 '역설적 수면'에서 일어나는 것이다.

④ 첫 번째 문단의 '수면과 신체의 피로 사이의 관련성은 그렇게 밀접하지 않다'를 통해 두 대상의 연관성을 추론하기 어렵다.

TIP

주어진 내용 추론 유형은 발문에 따라 접근법을 달리 하는 것이 유리하다. 이 문제와 같이 '긍정' 발문의 경우 매력적인 오답으로 주어진 글만으로는 알 수 없는 내용(확인할 수 없는 정보)을 제시하는 것이 일반적이다. 따라서 적절하지 않은 선택지가 있다면 소거하되, 알 수 없는 내용(확인할 수 없는 정보)으로 구성된 선택지라면 무시하고 넘어가는 것이 효율적인 풀이법이 된다. 해당 문제는 ②, ④ 모두 주어진 글의 내용만으로 추론하기 어려운, 즉 알 수 없는 내용으로 구성된 선지이다. ③은 패턴 중 '(5) 연결고리의 왜곡'을 활용하고 있다.

03

정답 | ①

정답풀이 |

투여한 약이 증상에 긍정적 효과를 지니기 위해서는 '치유 확률의 상승'과 '투여된 약 이외의 다른 요인 개입 없이'가 전제되어야 한다. 반대로 부정적 효과가 있다고 보기 위해서는 '치유 확률의 하락'과 '투여된 약 이외의 다른 요인 개입 없음'이 전제되어야 한다. 즉 긍정적 혹은 부정적 효과를 논하기 위해서는 두 요인을 모두 파악해야만 한다.

ㄱ. 두 요인 모두 파악하여 변화가 없다는 것을 확인하였으므로 '어떠한 효과도 없다'는 것을 추론할 수 있다.

오답풀이 |

ㄴ. 요인을 하나만 고려했으므로 충분하지 않다.

ㄷ. '긍정적 효과가 없다'는 것을 보이는 경우는 부정적 효과를 보이는 경우와 어떠한 효과도 없다는 경우로 나눌 수 있음에도 ㄷ.의 내용은 부정적 효과만 고려의 대상으로 보고 있다.

TIP

주어진 글에서는 긍정적 효과와 부정적 효과에 대한 내용만 다루고 있으나, 〈보기〉에서 '어떠한 효과도 보이지 않는 경우'를 논하고 있으므로 이를 염두에 두고 풀이에 임해야 한다. 즉 경우의 수가 2개가 아닌 3개임 추론할 수 있었다면 좀 더 쉬운 풀이가 되었을 것이다. 이처럼 〈보기〉 내의 선택지는 풀이 방향성이나 주요 단서를 제공해 주기도 한다.

04

정답 | ②

정답풀이 |

② 마지막 문단에 의하면 '큰눈'은 '잠수 시 수압에 의하여 폐가 압축되어 수압과 수경 내압이 같아질 때까지 폐의 공기가 기도와 비강을 거쳐 수경 내로 들어온다'고 하였다. 두 번째 문단에서 '초기 형태의 수경'은 잠수 깊이가 깊어질수록 수압이 커짐에도 수경 내부 공기의 부피는 변하지 않는다고 하였다. 따라서 수경 내압은 초기 형태의 수경보다 큰눈이 더 커짐을 알 수 있다.

오답풀이 |

① 세 번째 문단에 의하면 '부글래기'는 해녀가 사용한 수경임을 알 수 있고, 첫 번째 문단에서 수경을 쓰면 빛이 공기에서 각막으로 굴절되어 망막에 들어오므로 물체를 뚜렷하게 볼 수 있다고 하였으므로 적절한 추론이다.

③ 세 번째 문단에 의하면 모슬포 지역의 해녀들이 사용한 수경인 '부글래기'는 결막 출혈을 방지하였다고 하였으므로 적절한 추론이다.

④, ⑤ 마지막 문단에 의하면 '왕눈'은 오늘날의 수경으로 수압과 수경 내압이 같아진다고 하였다. 두 번째 문단에서 '잠수 시 수압에 의해 신체가 압박되어 신체의 부피가 줄어들면서 체내 압력이 커져 수압과 같아'진다고 하였으므로 적절한 추론이다.

TIP

주어진 지문은 초기 수경의 문제점이었던 '결막 출혈'의 원인을 해결한 현재 수경의 기능을 설명한 글이다. 흔히 기술 지문은 문제점과 그 해결책이 차례대로 서술되는 것이 일반적이며 그 과정에서 기존의 대상과 현재의 대상을 비교 및 대조하거나 정비례, 반비례 등과 같은 수치를 활용하여 현상을 설명한다. 해당 문제 역시 출제자의 패턴 '⑷ 비교급의 활용'과 '⑹ 숫자/수치의 변경' 등이 반영되어 있다.

05

정답 | ④

정답풀이 |

주어진 글의 내용을 정리하면 다음과 같다.

[1문단] 관영 공사 재료 수급

도감	직접 구함	-
공인	전인(호공)	선혜청에서 선불 납품 → 이익↑, 1768년 폐지
	도고상인(별무)	호조에서 납품 후불 이익↓, 벌목권 보장
민간 목재 상인	-	19세기부터 공급

[2문단] 건축 재료 운송: 수로

17세기	조세선(주력)+군선(보조)
18세기	군선+사선 비중 높아짐
	조세선: 원거리

[3문단]

• 건축 재료 하역과 창고까지 운송: 백성 부역 노동(17세기)
→ 1707년 마계 전담

• 건축 재료 구입 및 운송 책임자: 영역부장 → 1789년 패장 전담
+ 도청: 영역부장 소속, 재료 반입 및 공사장의 검수 등 행정 전반 담당
+ 지방 감염 소속 군사, 만호: 지방 공사 재료 구입

첫 번째 문단에 따르면, '건축 재료 값을 관청에서 선불로 지급하고 납품받는 방식'인 원공이 폐지된 해는 1768년으로 18세기이다. 두 번째 문단에서 18세기 원거리 운송은 조세선이 담당했다고 하였으므로 적절한 추론이다.

오답풀이 |

① 첫 번째 문단에 따르면, 선혜청에 목재를 납품하는 것은 물건 값을 선불로 지급받고 납품하는 방식인 원공에 따른 것으로, 시가보다 물건 값을 많이 받을 수 있다고 하였다. 도감은 직접 구하는 방식을 채택하고 있다고 하였으므로 시가보다 물건 값을 더 받았을지 덜 받았을지 알 수 없다. 따라서 두 대상을 비교한 내용은 추론할 수 없다.

② 첫 번째 문단에 따르면 19세기부터 관영 공사의 목재 공급은 민간 목재 상인인 목상이 담당했음을 알 수 있지만, 이로부터 영역부장이 폐지되었다고 추론하기는 어렵다. 세 번째 문단에서 알 수 있는 것은 1789년에 영역부장이 담당했던 역할을 패장이 설치되면서 대신했다는 것뿐이다.

③ 세 번째 문단에 따르면 만호는 지방 감영 소속으로 지방 관영 공사에 필요한 재료를 구입했던 직책이었음을 짐작할 수 있고, 마계는 1707년 이후에 건축 재료의 하역과 각 창고까지의 운송을 담당했던 부서임을 알 수 있다. 시기가 정확하게 나타나지 않아 만호가 구입한 목재를 마계가 창고까지 운송했는지 여부를 확실하게 판단하기 어렵고, 무엇보다 도청이 지방의 관영 공사의 진행까지도 그 책임하에 두고, 마계를 움직였을지 여부는 확인하기 어렵다.

⑤ 세 번째 문단에 따르면, 1789년에 패장이 설치되어 이를 대신하기 전까지 관영 공사에 필요한 건축 재료를 구하고 운송하는 책임은 영역부장에게 있었음을 알 수 있다. 하지만 영역부장이 목재를 전인에게 구매했다고 보기는 어렵다. 전인은 선혜청의 목재를 납품하는 일을 담당했던 상인이다.

TIP

주어진 내용 추론 유형은 발문에 따라 접근법을 달리 하는 것이 유리하다. 이 문제와 같이 '긍정' 발문의 경우 매력적인 오답으로 주어진 글만으로는 알 수 없는 내용(확인할 수 없는 정보)을 제시하는 것이 일반적이다. 따라서 적절하지 않은 선택지가 있다면 소거하되, 알 수 없는 내용(확인할 수 없는 정보)으로 구성된 선택지라면 무시하고 넘어가는 것이 효율적인 풀이법이 된다. 더불어 정보량이 많은 경우 특히 주어진 글과 같이 시기가 나뉘고, 여러 직책이 나올 경우 그를 정확하게 구분하여 독해하는 것이 실수를 줄이는 풀이법이 된다.
출제자의 패턴에 따라 선택지를 살펴보면, ①은 '⑷ 비교급의 활용', ⑤는 '⑸ 연결고리의 왜곡'을 활용하고 있으며, ②, ③은 주어진 글만으로는 추론할 수 없는 내용으로 구성되어 있음을 알 수 있다.

06

정답 | ②

정답풀이 |

주어진 글은 공공재가 가진 비경합적, 비배제적 특성을 설명한 글이다. 그중 국방 서비스는 공공재를 설명하기 위해 필자가 예로 든 것으로, 공공재의 특성을 잘 반영한 대상이다. 우선 각 특성에 대해 정리하면 '비경합적'은 '그것에 대한 누군가의 소비가 다른 사람의 소비 가능성을 줄어들게 하지 않는다'를 뜻하고, '비배제적'은 '그것이 공급되었을 때 누군가 그 대가를 지불하지 않았다고 해서 그 사람이 그 재화나 용역을 소비하지 못하도록 배제할 수 없다'는 것을 뜻한다. 따라서 비용 지불에 따른 소비에 대한 것은 '비경합적'이 아닌 '비배제적'과 관련된 내용이다. 더불어 모든 국민이 비용 지불을 하더라도 국방 서비스의 특성상 '비경합적'으로 소비될 수는 없다.

오답풀이 |

① 두 번째 문단에 따라 '배제적'을 추론한다면 대가를 지불하지

않는다면 재화나 용역을 소비할 수 없다는 것을 뜻한다. 다시말해 그 재화나 용역을 소비하지 못하도록 배제할 수 있다는 뜻이다. 따라서 유료 공연에서 돈을 지불하지 않은 사람의 공연장 입장 차단은 그러한 배제적 소비에 의한 것이라고 볼 수 있다.

③ 첫 번째 문단에 따라 '경합적'을 추론한다면 누군가 재화를 소비하면 다른 사람이 소비할 가능성이 그만큼 줄어든다는 것을 뜻한다. 다시 말해 재화나 용역이 한정적임을 의미하므로, 이용할 수 있는 수가 한정된 여객기 좌석은 경합적으로 소비될 수 있음을 알 수 있다.

④ 세 번째 문단에 따르면 비경합적이고 비배제적 방식으로 소비되는 국방 서비스의 생산과 배분을 시장에서 할 경우를 가정하여 결과적으로 국방 서비스는 과소 생산되는 문제가 발생하고, 그 피해는 모든 국민에게 돌아가게 될 것이라고 보고 있다. 따라서 무임승차를 쉽게 방지할 수 없는 재화나 용역은 과소 생산될 것이라고 추론할 수 있다.

⑤ 첫 번째 문단에서 '비경합적'의 사례로 라디오 방송 서비스를 들고 있다. 즉 누군가의 소비가 다른 사람의 소비 가능성을 줄어들게 하지 않는 재화에 해당한다.

TIP

두 대상이 나올 경우 출제자의 패턴 중 '(5) 연결고리의 왜곡'이 나올 가능성이 높기 때문에 이를 우선 구분하는 것이 관건이다. 해당 문제의 정답 역시 이에 벗어나지 않는다. 더불어 두 대상을 각각의 뜻과 대표 사례로 설명하는 글은 그와 유사한 사례를 적용하는 형태의 문제도 많이 출제되므로 정확한 구분 역시 중요하다.

07

정답 | ①

정답풀이 |

첫 번째 문단에 따르면 공기가 상승하여 공기의 온도가 이슬점 온도에 도달한 경우 공기의 수증기량이 포화상태에 이른다. 즉 이슬점 온도에 도달한 이후부터 공기가 계속하여 상승한다면, 공기 내 수증기량은 계속해서 줄어들 것임을 추론 가능하다.

오답풀이 |

② 첫 번째 문단에 따르면 이슬점 온도는 '공기의 수증기가 포화상태에 이르는 온도'이다. 즉 공기가 상승할 때에 온도가 다르다면, 이슬점 온도에 도달하는 고도 역시 다를 수밖에 없다. 또한 공기 내 수증기량이 포화상태에 이르는 온도가 이슬점 온도이므로, 이슬점 온도에 도달하는 고도는 공기 내 수증기량과 상관이 있다.

③ 첫 번째 문단에 따르면 '푄 현상은 바람이 높은 산을 넘을 때 고온 건조하게 변하는 것'이고, 세 번째 문단에 따르면 높새바람은 '강원도 영동지방에 부는 북동풍과 같은 동풍류의 바람에 의해 푄 현상이 일어나 영서지방에 고온 건조한 바람이 부는 것'이라고 하였다. 공기는 산을 넘는 과정에서 공기 속 수증기를 구름 혹은 비로 바꾸어 소모한 후, 산을 넘어서 하강할 때는 건조한 상태에 이른다고 하였으므로 수증기량은 이동하기 전보다 감소함을 추론할 수 있다.

④ 공기의 수증기가 포화상태일 경우에는 습윤 기온감률이 적용되고, 불포화상태일 경우에는 건조 기온감률이 적용된다고 하였다. 따라서 공기 내 수증기량이 증가하면, 이를 포화상태에 이르게 하는 습윤 기온감률이 적용되기 시작하는 고도는 낮아질 것으로 추론 가능하다.

⑤ 두 번째 문단의 공기 덩어리가 산을 넘는 과정에서 일어나는 온도 변화를 참고하면 동일 고도에서 공기의 온도는 공기가 하강할 때가 상승할 때보다 높음을 알 수 있다.

TIP

주어진 글은 '푄 현상'의 개념과 그 과정에 대한 내용을 담고 있다. '과정'이 나타나는 과학 지문은 연이은 인과와 수치의 증감 등이 나타나므로, 지문을 따라가면서 연결고리를 이어 정리하는 것이 중요하다. 이러한 지문의 특성상 선택지의 구성은 출제자의 패턴 중 '(5) 연결고리의 왜곡'에 의한 내용이 일반적이다. 출제자들은 인과관계가 아님에도 인과관계인 것처럼 선택지를 구성하거나, 여러 원인과 결과가 있을 경우 이를 바꾸어 선택지를 구성하는 것을 선호한다. 그리고 수치의 증감이 나타날 경우에는 이를 꼬아서 제시하는 것 역시 선호하므로, 이러한 맥락 속에서 선택지를 구성하고 있음을 염두에 두고 풀이에 임해야 한다. 만약 지문에 표시를 했음에도 이해하기 어려운 내용이 있다면, 지문 옆에 간단한 수식으로 정리하면서 선택지와 비교하는 것도 한 방법이다.

08

정답 | ③

정답풀이 |

ㄱ. 세 번째 문단에 따르면 6각형격자 방식은 '각각의 층을 인접입방격자 방식에 따라 배열한 뒤에 층을 쌓을 때는 단순입방격자 방식으로 쌓는 것'으로, 효율성이 60%라고 하였다. 즉 1층은 인접입방격자 방식에 따라 배열하고, 2층은 단순입방격자의 방식에 따라 쌓았을 경우를 말한다. 그에 반해 1층을 단순입방격자의 방식에 따라 배열하고, 2층도 단순입방격자의 방식에 따라 쌓는 단순입방격자의 효율성은 53%이다. 따라서 1층만을 비교했을 때, 인접입방격자 방식의 효율성이 단순입방격자의 방식보다 큼을 알 수 있다.

ㄴ. 세 번째 문단에서 단순입방격자 방식은 하나의 공이 네 개의 공과 접하도록 배치하고, 제2층의 공은 제1층과 동일하게 공의 중심이 같은 수직선 상에 놓이도록 배치한다고 하였다. 이렇게 공을 쌓아가면, 수직선 상에 놓이는 위층과 아

래층과의 공과도 접할 수 있으므로, 단순입방격자 방식에서 하나의 공이 접하는 공은 같은 층의 공 4개와 상·하 수직선의 공 2개를 더해 최대 6개가 된다.

오답풀이 |

ㄷ. 6각형격자 방식에서의 각각의 층은 인접입방격자 방식을 따르고 있다. 마지막 문단에 따르면 인접입방격자 방식이 가장 효율이 높은 방식임을 알 수 있다. 따라서 어느 층을 비교하더라도 단순입방격자 방식이 6각형격자 방식보다 효율성이 큰 경우는 없음을 알 수 있다.

TIP

주어진 글은 케플러의 다양한 배열 방식 중 3가지를 소개한 글이다. 각각의 배열 방식을 설명한 뒤, 효율성에 대한 수치를 제시하고 있으므로 이와 관련된 문제가 나올 것임을 추측할 수 있다. 〈보기〉를 먼저 파악했다면, 배열 방식 간의 효율성 비교가 첫 번째이고, 단순입방격자 방식의 이해가 두 번째 포인트임을 알 수 있었을 것이다. 이처럼 여러 대상(인물 포함)이나 이론 등이 나올 경우에는 정보를 잘 연결시켜 정리하는 것이 중요하다.

09

정답 | ④

정답풀이 |

ㄴ. FD 방식은 '두 입자가 구별되지 않고, 하나의 양자 상태에 하나의 입자만 있을 수 있다'는 것이므로, 양자 상태에 따른 경우의 수를 정리하면 다음과 같다.

만약 양자 상태가 두 가지라면 경우의 수는 1가지가 된다.

[a|a]

양자 상태가 세 가지라면 경우의 수는 3가지가 된다.

[a|a|], [a| |a], [|a|a]

양자 상태가 네 가지라면 경우의 수는 6가지가 된다.

[a|a| |], [a| |a|], [a| | |a],

[|a|a|], [|a| |a], [| |a|a]

따라서 FD 방식에서 양자 상태의 가짓수가 많아지면, 두 입자가 서로 다른 양자 상태에 각각 있는 경우의 수는 커진다.

ㄷ. BE 방식은 '두 입자가 구별되지 않고, 하나의 양자 상태에 여러 개의 입자가 있을 수 있는 것'이고, MB 방식은 '두 입자가 구별 가능하고, 하나의 양자 상태에 여러 개의 입자가 있을 수 있는 것'이다. 만약 두 개의 입자에 대해, 양자 상태가 두 가지라고 가정하고 BE 방식과 MB 방식을 적용한다면 다음과 같이 정리할 수 있다.

1) BE 방식

[aa|], [|aa], [a|a]

2) MB 방식

[ab|], [|ab], [a|b], [b|a]

이처럼 MB 방식은 두 입자가 구별되고, 각각의 위치를 바꿀 수도 있어 BE 방식에서보다 언제나 많은 경우의 수를 가지게 된다.

오답풀이 |

ㄱ. 두 개의 입자에 대해, 양자 상태가 두 가지이면 상자가 [1|2]라는 것이다. 이때 BE 방식은 '두 입자가 구별되지 않고, 하나의 양자 상태에 여러 개의 입자가 있을 수 있다고 가정하는 것'이므로, 이를 그림으로 나타내면 다음과 같다.

[aa|], [|aa], [a|a]

따라서 경우의 수는 2가 아닌 3이 된다.

TIP

주어진 내용의 추론 유형 중 이론의 적용에 해당하는 문제다. 이론에 대한 이해를 바탕으로 적용까지 해야 하기 때문에 풀이에 어려움을 느낄 수 있다. 그렇기에 처음부터 특성에 대한 정확한 구분이 선행되어야 하고, 이해하기 어렵거나, 문제를 푸는 데 필요하다면 예시문까지 꼼꼼하게 챙겨서 다른 예시까지 생각해보고, 그림이 필요하다면 그리면서까지 적용할 수 있어야 한다.

10

정답 | ③

정답풀이 |

세 번째 문단에 따르면 '전자상거래협정'은 '부속서 4 복수국간 무역협정 방식'에 의한 것으로 해당 방식은 협정상 혜택을 비당사국에 허용하지 않음으로써 해당 무역협정의 혜택을 누리고자 하는 회원국들의 협정 참여를 촉진하여 결과적으로 자유무역을 확산하는 기능이 있음을 알 수 있다. 해당 내용만으로는 '법적 지위'에 어떠한 영향을 미칠지는 알 수 없다.

오답풀이 |

① 네 번째 문단에 따르면 '임계질량 복수국간 무역협정 방식'은 '채택된 협정의 혜택은 최혜국대우원칙에 따라 협정 당사국뿐 아니라 모든 WTO 회원국에 적용되는 반면, 협정의 의무는 협정 당사국에만 부여된다'고 하였다. 따라서 협정의 의무는 당사국만 지는 구조이므로 혜택을 받는 국가가 의무를 부담하는 국가보다 적을 수 없다.

② 첫 번째 문단에 따르면 '회원국이 의사결정 회의에 불참하더라도 그 불참은 반대가 아닌 찬성으로 간주된다'고 하였다.

④ 첫 번째 문단과 두 번째 문단에 따르면 총의 제도는 '의사결정 회의에 참석한 회원국 중 어느 회원국도 공식적으로 반대하지 않는 한' 결정되는 것이다. 그런데 이러한 방식은 WTO 회원국의 수가 확대되고 이해관계가 첨예화되면서 현실적으로 이뤄지기 어렵게 되었다. 이로 인해 'WTO 체제 내에서 모든 회원국이 참여하는 새로운 무역협정이 체결되는 것이 어려웠고 결과적으로 무역자유화 촉진 및 확산이 저해'라는 문제점이 발생하게 된 것이다. 이를 보완하기 위한 방안이

'부속서 4 복수국간 무역협정 방식'과 '임계질량 복수국간 무역협정 방식'이다. 따라서 만약 총의 제도가 유지된다면 해당 문제점을 해결하기 어려우므로 '부속서 4 복수국간 무역협정 방식'의 도입 목적을 충분히 달성하기 어려움을 알 수 있다.

⑤ 마지막 문단에 따르면 1997년 발효된 정보기술협정은 '임계질량 복수국간 무역협정 방식'의 대표적인 사례이다. '해당 협정이 발효되기 위해서는 협정 당사국들의 협정 적용대상 품목의 무역량이 해당 품목의 전세계 무역량의 90% 이상을 차지하여야 한다'고 하였으므로 해당 협정의 당사국들의 전세계 무역량이 90% 이상일 것을 추정할 수 있다.

TIP

부정 발문에서 정답이 될 수 있는 것은 '틀린' 내용만 있는 것이 아니다. '알 수 없음'에 해당하는 선택지 역시 정답이 될 수 있으므로 유의해야 한다.

11

정답 | ②

정답풀이 |

두 번째 문단에서 '아이를 엄격한 방식보다는 너그러운 방식으로 키우는 것이 더 좋다'는 문장은 절대적인 가치판단을 표현한다고 하였다. 따라서 해당 문장을 상대적인 가치판단이라고 추론한 것은 적절하지 않다.

오답풀이 |

①, ③ 두 번째 문단에 따르면, '아이를 엄격한 방식보다는 너그러운 방식으로 키우는 것이 더 좋다.'는 절대적 가치판단에 해당한다. 절대적 가치판단은 행위의 도덕적 평가기준 또는 행위의 규범을 표현할 뿐, 과학적 테스트를 통한 입증의 대상이 될 수 없다고 하였다.

④, ⑤ 두 번째 문단에 따르면, '정서적으로 안정된 창조적 개인으로 키우려면, 아이를 엄격한 방식보다는 너그러운 방식으로 키우는 것이 더 좋다.'는 상대적 가치판단에 해당한다. 상대적 가치판단은 경험적 진술에 해당하며, 관찰을 통해 객관적인 과학적 테스트가 가능하다고 하였다.

TIP

주어진 글의 핵심은 상대적인 가치판단과 절대적인 가치판단 대조이므로, 이 두 가지 판단에 대한 차이점을 바탕으로 정리하는 것이 효율적인 접근법이 된다.

선택지 ①~③의 '아이를 엄격한 방식보다는 너그러운 방식으로 키우는 것이 더 좋다는 것'은 1) 절대적인 가치판단에 의한 진술이고, 2) 관찰에 의해 테스트할 수 없으며, 도덕적 평가기준이나 행위의 규범을 표현한다. 또한 3) 과학적 테스트를 통한 입증의 대상이 될 수 없다.

선택지 ④~⑤의 '정서적으로 안정된 창조적 개인으로 키우려면, 아이를 엄격한 방식보다는 너그러운 방식으로 키우는 것이 더 좋다는 것'은 1) 상대적인 가치판단에 의한 진술로, 2) 경험적 진술이며, 3) 관찰을 통해 객관적인 과학적 테스트가 가능하다. 이처럼 차이점이 확실하게 보이는 지문의 선택지는 출제자의 패턴 중 '(5) 연결고리의 왜곡'에 의해 구성될 가능성이 높으므로 이에 유의하여 접근해야 한다.

12

정답 | ①

정답풀이 |

세 번째 문단에 따르면 '공법'은 '1결당 세액을 동일한 액수로 고정하되, 전국의 농지를 비옥도에 따라 6개의 등급으로 나누고 등급에 따라 결의 면적을 달리하는 것'으로, 예를 들어 6등전과 1등전의 절대 면적을 기준으로 비교할 때, 6등전 1결의 절대 면적이 1이라면 1등전 1결은 0.4이다. 당시 세종은 도 관찰사로 하여금 관할 도 안에 있는 모든 농지의 작황을 매년 조사한 후 그에 따라 결당 세액을 군현별로 조정하는 정책을 시행하도록 하였다. 즉 같은 군현 안에 있는 농지는 결당 세액이 모두 같고, 생산력이 높은 토지에 많은 조세를 부과하기 위해 결당 절대 면적을 적게 한 것으로 파악할 수 있다. 따라서 '1등전만 있는 마을 주민들이 내는 조세의 총액이 2등전만 있는 마을의 조세 납부 총액보다 많음'을 알 수 있다.

오답풀이 |

② 세 번째 문단의 '세종은 도 관찰사로 하여금 관할 도 안에 있는 모든 농지의 작황을 매년 조사한 후 그에 따라 결당 세액을 군현별로 조정하는 정책을 시행하였다'를 통해 공법 시행 후 같은 등급에 속한 농지들은 1결의 크기가 같아지는 것은 옳으나, 지역에 상관없이 매년 같은 액수의 조세를 냈다고 보기는 어렵다.

③ 세 번째 문단에 따르면 '공법'은 '1결당 세액을 동일한 액수로 고정하되, 전국의 농지를 비옥도에 따라 6개의 등급으로 나누고 등급에 따라 결의 면적을 달리하였고 6등전과 1등전의 절대 면적을 기준으로 비교할 때, 6등전 1결의 절대 면적이 1이라면 1등전 1결은 0.4로 책정함'을 알 수 있다. 즉 1등전의 절대 면적은 1결당 0.4이고, 2등전의 1결당 절대 면적은 1등전보다 큰 것이다. 따라서 절대 면적이 동일한 경우, 1등전만 있는 마을이 2등전만 있는 마을보다 결의 수가 많다는 것을 알 수 있다.

④ 두 번째 문단에 따르면 '과전법의 적용을 받아 국가 대신 조세를 받는 사람이 지정된 땅의 경우에는 권리 수급자가 직접 답험을 했다'고 하였다. 하지만 '공법' 시행 후에는 도 관찰사로 하여금 관할 도 안에 있는 모든 농지의 작황을 매년 조사한 후 그에 따라 결당 세액을 군현별로 조정하는 정책을 시행하였다. 따라서 개인이 공법 시행 후에도 매년 그 땅의 작

황을 조사해 중앙 관청에 보고했다고 볼 수 없다.

⑤ 세 번째 문단의 '이 초안에는 이전에 했던 방식대로 결당 세액을 고정하는 대신, 중앙 관청이 모든 토지의 작황을 일괄적으로 답험하겠다는 내용이 담겼다. ~ 전라도 농민들은 생산성이 높은 농지가 많았기 때문에 찬성한 것이고, 함경도 농민들은 생산성이 낮은 농지가 많았기 때문에 반대한 것이다'를 통해 함경도 주민들의 토지 생산성이 낮다는 것은 알 수 있지만, 조세 총액이 전라도 주민들에 비해 더 많아지는지 여부는 알 수 없다. 결당 세액이 고정되어 있기 때문에, 함경도 주민들의 조세 총액이 전라도 주민들보다 많다는 것을 확인하려면 결의 수를 비교하는 내용이 있어야 하지만, 주어진 글에서는 그와 관련된 내용을 찾을 수 없다.

TIP

이 문제는 세 번째 문단의 '공법'이라는 제도의 '농지의 생산성과 연도별 작황을 감안해 세액과 결을 조정한 제도'의 목적에 부합하여, '결당 세액을 고정하는 조건'에서 '6등전과 1등전의 절대 면적을 기준으로 비교할 때, 6등전 1결의 절대 면적이 1이라면 1등전 1결은 0.4였다'의 의미를 정확하게 파악해야만 풀 수 있는 문제이다. 농지의 생산성과 연도별 작황을 감안하여 세액을 고려한다는 것은 생산성이 높은 토지에 높은 과세를, 낮은 토지에는 상대적으로 낮은 과세를 하겠다는 뜻이다. 따라서 '1등전 1결의 절대 면적이 0.4'는 1결당 절대 면적을 조금만 인정하여, 결당 세액을 많이 받겠다는 의미로 해석해야 한다.

선택지 ①, ③, ⑤는 출제자의 패턴 중 '⑷ 비교급의 활용'에 의한 것으로, 위의 내용을 바르게 이해했는가를 묻고 있다. 나머지 선택지인 ②는 선택지 구성법 중 '대체형'으로 '매년 같은 액수'라는 부분을 변경했고, ④는 선후 문장의 관계성을 비틀어 구성한 것으로 출제자의 패턴 중 '⑸ 연결고리의 왜곡'을 활용하고 있다.

13

정답 | ③

정답풀이 |

두 번째 문단에 따르면 린더는 '임금이 늘어난 만큼 일 이외의 활동에 들어가는 시간의 비용도 함께 늘어난다'고 보았다. 즉 시간을 쓴다는 것은 임금을 벌 수 있는 시간을 쓰는 것이므로, 임금이 상승했다면 시간의 비용 역시 늘어난다는 것이다. 따라서 임금이 삭감되고, 노동의 시간과 조건이 이전과 동일한 경우에는 수면에 들어가는 시간의 비용이 줄어들 것임을 추론 가능하다.

오답풀이 |

① 첫 번째 문단에 따르면 베커는 '수면이나 식사활동은 영화 관람에 비해 단위 시간당 시간의 비용이 작다'고 보았다. 하지만 얼마나 작은지에 대해서는 설명하지 않았으므로, 2시간의 수면과 1시간의 영화 관람의 시간의 비용을 비교할 수 없다.

② 첫 번째 문단에 따르면 베커는 "주말이나 저녁에는 회사들이 문을 닫기 때문에 활용할 수 있는 시간의 길이가 길어지고 이에 따라 특정 행동의 시간의 비용이 줄어든다"고 지적하였다. 이를 통해 주말의 시간의 비용이 줄어든다는 것은 알 수 있으나, 그 감소 폭에서 수면이 영화 관람보다 더 큰지에 대해서는 알 수 없다. 만약 감소 폭이 동일하다면, 수면이 영화 관람에 비해 단위 시간당 시간의 비용이 작으므로, 감소 폭 역시 작다고 할 수 있다.

④ 주어진 글에서는 이와 관련된 내용을 찾을 수 없다.

⑤ 두 번째 문단의 처음 부분을 통해 두 사람 모두 시간의 비용이 가변적이라고 생각하였음을 알 수 있고, 세 번째 문단의 '베커와 린더는 주어진 시간을 고정된 양으로 전제했다'를 통해 두 사람이 기대수명이라는 것이 시간의 비용이나 가치에 영향을 준다고 생각했음을 추론할 수 있다. 따라서 두 사람이 기대수명이 시간의 비용에 영향을 미치는지 여부에 대해 다른 생각을 가졌다고 추론하기는 어렵다.

TIP

정답인 ③은 출제자의 패턴 중 '⑹ 숫자/수치의 변경'에 의한 것으로, 린더의 주장인 '임금이 늘어난 만큼 일 이외의 활동에 들어가는 시간의 비용도 함께 늘어난다'에서 임금과 직장 밖 활동에 들어가는 시간의 비용이 비례 관계임을 파악할 수 있는지 여부를 묻고 있다. 출제자들은 두 대상 간의 관계성이 나타나는 경우, 그 관계성을 비트는 것을 선호한다. 비례 관계를 반비례 관계로 변경하거나 혹은 그 반대를 통해 오답을 만들어낸다. 따라서 두 대상 간의 관계성이 제시된 지문은 그 관계성부터 파악하는 것이 좋다.

14

정답 | ②

정답풀이 |

ㄴ. 특이도가 100%라는 것은 'HIV에 감염되지 않았을 때 음성 반응이 나올 확률'이 100%라는 것으로, 그 검사법에서 거짓 양성 비율, 즉 '실제로 병에 걸리지 않은 사람들 중 양성 반응을 보인 사람들의 비율'은 0%임을 알 수 있다.

오답풀이 |

ㄱ. 세 번째 문단에 따르면 '민감도'는 'HIV에 감염되었을 때 양성 반응이 나올 확률'이고, '특이도'는 'HIV에 감염되지 않았을 때 음성 반응이 나올 확률'이다. 따라서 어떤 검사법의 민감도가 높다는 것은 'HIV에 감염되었을 때 양성 반응이 나올 확률'이 높다는 것을 뜻할 뿐, 그 검사법의 특이도 역시 높다는 것을 증명할 수 없다. 주어진 글에서는 두 가지 확률이 비례 관계를 지녔다고 볼 만한 근거를 찾을 수 없기 때문이다.

ㄷ. 민감도가 100%라는 것은 'HIV에 감염되었을 때 양성 반응이 나올 확률'이 100%라는 것이다. 하지만 이러한 검사법을 이용해 어떤 사람을 검사한 결과 양성 반응이 나왔다면, 그 사람이 HIV에 감염되었을 확률을 100%라고 확언할 수는

없다. 양성 판정만의 정확도가 100%라는 뜻이므로 양성인 사람은 모두 양성 반응이 나오지만, 음성인 사람도 양성 반응이 나올 수 있기 때문이다.

TIP

이 문제에서 우리가 정리해야 할 내용이 2가지 있다. 첫째는 ㄱ과 같이 두 대상이 반대의 뜻을 가졌다고 해서 비례 또는 반비례 관계가 자연스럽게 형성되는 것이 아니라는 것이다. 둘째는 ㄷ과 같이 'A → B'의 관계가 성립한다고 해서 그 역인 'B → A'가 성립되는 것은 아니라는 것이다.

15

정답 | ③

정답풀이 |

첫 번째 문단에 따르면 '조선시대의 궁궐은 남쪽에서 북쪽에 걸쳐 외전(外殿), 내전(內殿), 후원(後苑)의 순서로 구성되었다'고 하였다. 즉 궁궐의 남쪽에서 가장 멀리 떨어진 곳은 내전 중 하나인 중궁전이 아닌 '후원'임을 알 수 있다.

오답풀이 |

① 세 번째 문단에 따르면 후원은 '금원'이라고도 불렸으며, 후원 안에는 '내농포(內農圃)라는 소규모 논을 두고 왕이 직접 농사를 체험하는 곳'이 있다고 하였다. 따라서 '내농포'는 '후원' 즉 금원에 배치되었다는 추론은 적절하다.

② 두 번째 문단에 따르면 내전은 '왕과 왕비의 공식 활동과 일상적인 생활이 이루어지는 공간'으로, '그 가운데서도 왕이 일상적으로 기거하는 연거지소(燕居之所)는 왕이 가장 많은 시간을 보내는 곳이다. 주요 인물들을 만나 정치 현안에 대해 의견을 나누는 곳으로 실질적인 궁궐의 핵심'이라고 하였다. 따라서 내전에서 국왕의 일상생활과 정치가 병행되었다는 추론은 적절하다.

④ 첫 번째 문단에서 '공간배치상 가장 앞쪽에 배치된 외전은 왕이 의례, 외교, 연회 등 정치 행사를 공식적으로 치르는 공간'이라고 했으므로, 외국 사신을 응대하는 국가의 공식 의식은 외전에서 거행되었다는 추론은 적절하다.

⑤ 두 번째 문단의 '동궁은 차기 왕위 계승자인 세자의 활동 공간으로 내전의 동편에 위치한다. 세자도 동궁이라 불리기도 하였는데, 그 이유는 다음 왕위를 이을 사람이기에 '떠오르는 해'라는 상징적 의미를 가졌기 때문이다'를 통해 동궁은 세자가 활동하는 공간의 이름이기도 하고 세자를 가리키는 별칭이기도 하였다는 추론은 적절하다.

TIP

이 문제는 추론 유형에 속하지만, 세부 내용 파악 유형에 따라 풀 수 있다. 대부분의 선택지들이 선택지 구성법 중 '일치형'과 '대체형'으로 구성되어 있어 체감 난도는 낮은 편이다.

기출 유형 4 | 글의 구조 파악 P. 181

01	02	03	04	05	06	07	08	09	10
④	④	⑤	③	③	③	①	②	②	④

01

정답 | ④

정답풀이 |

㉣의 앞뒤 문맥상 도의적 책임은 개인적 양심에 의한 것으로, '법적 책임에 해당하지는 않'는다고 하였다. 따라서 '나쁜 일에 직접 가담했다거나'는 적절한 내용이라고 보기 어렵다. ④와 같이 '나쁜 일에는 직접 가담하지는 않았더라도'로 수정하는 것이 적절하다.

오답풀이 |

① 첫 번째 문단에 따르면 야스퍼스는 감당해야 할 책임을 네 가지로 구분했으므로 '가담한 정도에 따라 달라야 한다'는 문맥상 흐름이 자연스러우므로 ㉠은 수정할 필요가 없다.

② 두 번째 문단에 따르면 ㉡의 앞에서 법적 책임을 논하면서 국제법과 자연법에 입각한다고 하였다. 그리고 ㉡의 뒤에서 '모든 독재자들은 법을 만들어서 합법적으로 통치한다'고 하였으므로 그 앞에는 '나치 독일이 제정한 실정법을 지켰는지 아닌지는 문제가 아니'라는 서술이 문맥상 자연스럽다. 즉 독재자들이 만든 법에 의거한 것은 적절하지 않다는 것이다. 따라서 ㉡은 수정할 필요가 없다.

③ 세 번째 문단의 ㉢ 뒤에서 '반대자이건 기권자이건 간에 합법적 절차를 통해 ~ 그 정권이 져야 하는 정치적 책임으로부터 자유로울 수 없다'고 하였으므로 앞서서 반대표를 던졌다고 해서 모면할 수 있는 성질이 아니라는 서술은 문맥상 자연스러우므로 ㉢은 수정할 필요가 없다.

⑤ 마지막 문단은 형이상학적 책임에 대한 것으로 '마음 속으로 동조'했다면 네 번째 문단의 '도의적 책임'과 관련된 내용이어야 한다. 따라서 '마음 속으로 동조한 적도 없으며'는 문맥상 흐름이 자연스러우므로 ㉤은 수정할 필요가 없다.

TIP

글의 수정 유형 중에서 문맥에 따른 수정 문제는 글의 흐름을 그대로 따라가면서 선택지를 대입하듯 확인하는 것이 정석 풀이법이다. 결국은 앞뒤 문맥에 따라 흐름이 자연스러운지 여부를 확인하는 것이기 때문에 난도는 낮은 편에 속한다. 이 문제는 수정해야 할 하나를 찾는 것이므로, ㉠ ~ ㉤ 중 하나를 뺀 나머지 부분은 주어진 내용 그대로가 적절한 내용임을 알 수 있다. 따라서 흐름에 따라 독해하다가 앞뒤 문맥에 의거해 이질적이거나 상충적인 내용만 찾으면 된다. 굳이 각 선택지를 모두 비교해 볼 필요도 없다.

02

정답 | ④

정답풀이 |

㉣의 이어진 내용을 살펴보면 '증거관계 제2성질에 의해서 O는 H2가 거짓이라는 것에 대한 긍정적 증거가 된다.'고 하였다. 앞서 O가 가설 H1의 긍정적 증거라고 가정하고 있으므로 증거관계 제2성질에 따르려면 'H1은 H2가 거짓이라는 것을 함축'한다고 해야 한다. 그래야만 O는 H2가 거짓이라는 것에 대한 증거가 될 수 있다. 따라서 ㉣을 선택지 ④와 같이 수정하는 것은 옳다.

오답풀이 |

① 첫 번째 가설과 두 번째 가설에서 'X는 1,000℃ 미만에서 붉은빛'을 내지 않으면 동시에 거짓이 될 수 있으므로 해당 내용은 적절하며, 문맥상 흐름이 자연스러우므로 ㉠은 수정할 필요가 없다.
② 앞선 내용의 정리 내용이므로 문맥상 흐름이 자연스럽다. 따라서 ㉡은 수정할 필요가 없다.
③ 'X는 1,000℃ 미만에서 붉은빛을 낸다'라는 가설에서 ㉢은 그 반박에 해당하므로, 뒤이은 '부정적인 증거인 것은 분명하다'와 흐름이 자연스럽다. 따라서 ㉢은 수정할 필요가 없다.
⑤ 앞서 '증거관계 제2성질에 의해서 O는 H2가 거짓이라는 것에 대한 긍정적 증거가 된다.'와 반대되는 내용이 나와야만 결론에 도달할 수 있으므로, 문맥상 ㉤은 수정할 필요가 없다.

TIP

글의 수정 유형 중에서 문맥에 따른 수정 문제는 글의 흐름을 그대로 따라가면서 선택지를 대입하듯 확인하는 것이 정석 풀이법이다. 결국은 앞뒤 문맥에 따라 흐름이 자연스러운지 여부를 확인하는 것이기 때문에 난도는 낮은 편에 속한다. 이 문제는 수정해야 할 하나를 찾는 것이므로, ㉠～㉤ 중 하나를 뺀 나머지 부분은 주어진 내용 그대로가 적절한 내용임을 알 수 있다. 따라서 흐름에 따라 독해하다가 앞뒤 문맥에 의거해 이질적이거나 상충적인 내용만 찾으면 된다. 굳이 각 선택지를 모두 비교해 볼 필요도 없다. 하지만 이 문제는 제재가 논리이기 때문에 접근하기 어려운 문제에 해당한다.

03

정답 | ⑤

정답풀이 |

병의 두 번째 발언 중 '시 홈페이지에서 신청 게시판을 찾아가는 방법을 안내할 필요는 있지만, 요즘 같은 모바일 시대에 이것만으로는 부족합니다. A 시 공식 어플리케이션에서 바로 신청서를 작성하고 제출할 수 있도록 하면 좋겠습니다'에 의하면, 신청 방법으로 A 시 홈페이지 신청 게시판을 유지하되, 어플리케이션 신청 방법을 추가로 제시했음을 알 수 있다. 따라서 신청 방법으로 어플리케이션을 통한 신청 방법만 제시하는 것은 적절한 수정이라고 보기 어렵다. 기존 신청 방법에 더하여 어플리케이션 신청 방법을 추가로 제시하는 것이 적절하다.

오답풀이 |

① 을의 두 번째 발언 중 'A 시의 유명 공공 건축물을 활용해서 A 시를 홍보하고 관심을 끌 수 있는 주제의 강의가 있으면 좋겠습니다'를 참고한 수정 내용으로 적절하다.
② 을의 첫 번째 발언 중 '온라인 강의는 편안한 시간에 접속하여 수강하게 하고, 수강 가능한 기간을 명시해야 합니다'를 참고한 수정 내용으로 적절하다.
③ 을의 첫 번째 발언 중 '코로나19 상황을 고려해 대면 교육보다 온라인 교육이 좋겠습니다. 그리고 방역 활동에 모범을 보이는 차원에서 온라인 강의로 진행한다는 점을 강조하는 것이 좋겠습니다'를 참고한 수정 내용으로 적절하다.
④ 을의 첫 번째 발언 중 '온라인으로 진행하면 교육 대상을 A 시 시민만이 아닌 모든 희망자로 확대하는 장점이 있습니다'를 참고한 수정 내용으로 적절하다.

TIP

글의 수정 유형 중에서 주어진 내용에 따른 수정 문제는 주어진 내용과의 일치 여부를 반드시 확인해야 한다. 이 문제에서도 기존 신청 방법은 부족하니, 추가로 'A 시 공식 어플리케이션'을 활용하자는 의견을 기존 방법의 '삭제'로 제시하고 있으므로 적절하지 않은 수정임을 알 수 있다.

04

정답 | ③

정답풀이 |

㉢의 앞에서 '그 결과는 예상과 같았다'고 하였고, 첫 번째 문단 '와편모충이 만든 빛은 요각류를 잡아먹는 어류를 유인할 수 있다'를 참고하였을 때, 빛을 내는 와편모충이 있는 쪽에서 요각류가 더 많이 잡아 먹혀야 한다. 따라서 선택지 ③과 같이 수정하는 것이 적절하다.

오답풀이 |

① ㉠의 앞에서는 발광하는 와편모충이 자신을 잡아먹는 요각류의 포식자인 어류를 유인할 수 있음을 설명하고 있다. 즉 발광하는 와편모충은 요각류의 포식자를 유인함으로써 요각류에게 잡아먹힐 가능성을 줄인다는 것을 알 수 있다. 더불어 ㉠의 뒤에서는 요각류가 포식자인 어류에게 잡아먹힐 위험성이 높아진다고 하였으므로, '발광하는 와편모충을 잡아먹는 요각류가 그렇지 않은 와편모충을 잡아먹는 요각류보다' 훨씬 큰 위험성을 지니고 있음을 알 수 있다. 따라서 주어진 ㉠은 수정할 필요가 없다.
② 두 번째 문단의 실험 조건은 첫 번째 문단의 내용을 바탕으로 했으므로, 발광하는 와편모충과 발광하지 않는 와편모충

중에서 요각류가 살아남는 비율을 확인해야 한다. 와편모충의 수를 세면, 나머지 조건에 해당하는 가시고기에 의한 요각류가 잡아먹히는 상황에 대한 결과를 알 수 없으므로 실험의 목적과 동떨어지게 된다. 따라서 주어진 ⓒ은 수정할 필요가 없다.

④ 요각류의 입장에서는 먹이를 먹는 것보다 자신의 목숨을 보존하는 것이 더 유리하다. 따라서 빛을 내는 와편모충을 계속 먹는 것보다 빛을 내지 않는 와편모충을 먹는 것이 더 유리하며, 빛을 내는 와편모충은 피하는 것이 더 낫다. 따라서 주어진 ⓔ은 수정할 필요가 없다.

⑤ 글의 전체 문맥상 원생생물이 내는 빛은 포식자인 육식동물들에게 원생생물을 잡아먹는 동물, 즉 포식자의 먹이가 주변에 있음을 나타내는 신호가 된다. 원생생물은 포식자의 먹이가 아니다. 따라서 주어진 ⓜ은 수정할 필요가 없다.

TIP

글의 수정 유형 중 문맥에 따른 수정 문제는 글의 흐름을 그대로 따라가면서 선택지를 대입하여 확인하는 것이 정석 풀이법이다. 이 문제는 수정해야 할 하나를 찾는 것이므로, ㉠~ⓜ 중 하나를 뺀 나머지 부분은 주어진 내용 그대로가 적절한 내용임을 알 수 있다. 따라서 흐름에 따라 독해하다가 앞뒤 문맥에 의거해 이질적이거나 상충적인 내용만 찾으면 된다. 굳이 각 선택지를 모두 비교해 볼 필요도 없다.

05

정답 | ③

정답풀이 |

ⓒ의 뒤 내용을 살펴보면 근대 프롤레타리아트는 '자신의 처지가 주술적 힘, 신이나 우주의 섭리 같은 것에 종속되어 있다는 견해에 부정적이었다'고 하였다. 그런데 ⓒ은 이와 상반되는 내용이므로, 선택지 ③과 같이 수정하는 것이 적절하다.

오답풀이 |

① ㉠의 뒤 내용을 참고하면, '기독교 등 고대 종교의 포교활동은 이들보다는 소시민층 ~ 겨냥하였다'를 통해 앞서 나온 계층이 포교의 대상이 아니었음을 알 수 있다. 따라서 '포교의 대상이 된 적이 없었다'고 한 주어진 ㉠은 수정할 필요가 없다.

② ⓛ의 뒤 내용을 참고하면, 이들은 '공인되지 않은 종파적 종교성에 기우는 경우가 매우 흔했다'고 하였다. 따라서 '독특한 소시민적 종교 경향을 지니고 있었다'는 주어진 ⓛ은 수정할 필요가 없다.

④ ⓔ의 뒤 내용을 참고하면, 프롤레타리아트들에게는 비종교적인 이념들이 우세했음을 알 수 있다. 따라서 '특정 종교 이념을 창출하는 것이 쉽지 않았다'는 주어진 ⓔ은 수정할 필요가 없다.

⑤ ⓜ의 뒤 내용을 참고하면, 소시민계층을 포섭한 종교에 대한 내용이므로 이들이 '종교적 포교의 대상이 되기 쉬웠다'는 주어진 ⓜ은 수정할 필요가 없다.

06

정답 | ③

정답풀이 |

(가)~(라)의 중심 내용을 정리하면 다음과 같다.

- (가) 회전문의 구조
- (나) 문의 구조에 대한 일반적인 의미
- (다) 회전문의 야만성과 미개성
- (라) 회전문 이용의 불편함

(나)에서 문의 구조에 대한 일반적인 의미를 소개하면서 그 예로 회전문을 들고 있으므로 첫 번째 문단에 오는 것이 적절하다. 그리고 (나)의 마지막 문장인 '그것이 어떤 식으로 열리고 닫히는지 알고는 놀랄 것이다'와 연결되는 것은 (가)의 회전문 구조이다. (다)는 회전문에 대한 평가가 나오므로 가장 마지막 문단으로 적절하며, (라)는 '또한'을 통해 회전문이 가진 특성을 연이어 나오는 것이므로 (가)에 뒤이을 내용으로 적절하다. 따라서 '(나)–(가)–(라)–(다)' 순으로 배열되는 것이 가장 적절하다.

TIP

글의 문단 배열 유형에서 가장 큰 단서는 선택지이다. 이 문제에서도 선택지를 통해 첫 번째 문단의 후보를 (가), (나), (다)로 좁힐 수 있다. 이때 주어로 등장하는 것은 '문'과 '회전문'인데, 글의 전개는 상위어에서 하위어로 가는 것이 일반적이므로, '문'이 첫 문단에 오는 것이 자연스럽다. 따라서 첫 번째 문단은 (나)가 된다. 두 번째 문단의 후보는 (가)와 (다)인데, (가)는 회전문의 구조에 대한 내용이고, (다)는 회전문에 대한 평가가 서술되어 있다. 첫 문단인 (나)의 마지막 부분인 '그 대표적인 예가 회전문이다. 가만히 회전문의 구조와 그 기능을 머릿속에 그려보라. 그것이 어떤 식으로 열리고 닫히는지 알고는 놀랄 것이다'에서 '그것'이 뜻하는 것은 '회전문'이므로, 두 번째 문단으로 적절한 것은 (가)이다. (다)는 평가에 대한 내용이므로 마지막 문단으로 적절하다.

07

정답 | ①

정답풀이 |

ⓐ~ⓕ의 핵심 내용을 정리하면 다음과 같다.

ⓐ 어떤 이의 '신비한 경험'이 살아갈 힘이라면, 다수가 다른 방식을 주장할 근거는 없다.
ⓑ 합리적 신념은 신비주의자가 제시하는 신념과 유사한 증거에 기초해 있다.
ⓒ 감각이 신념에 강력한 증거가 되는 것과 같이 신비적 경험도 신념에 강력한 증거가 된다.
ⓓ 합리적 신념의 증거와 유사한 증거에 해당하는 경험(신비한 경험)은 그 경험을 한 사람에게 살아갈 힘을 제공해 준다.
ⓔ 신비적 경험은 그 경험을 한 사람에게 살아갈 힘이 되어 준다.
ⓕ 신비주의자들의 삶의 방식을 수정해야 한다고 주장할 수 없다.

논증은 '전제+결론'이 있어야 한다. 삼단논법에 따라 결론이 참이 되려면 ⓐ의 전건이 참이 되어야 한다. ⓐ의 전건이 참이라는 것은 ⓒ에서 알 수 있다. 따라서 'ⓐ+ⓔ→ⓕ'를 이끌어 낼 수 있다. 이를 통해 ②, ③을 소거할 수 있다.
다음으로 ⓔ를 이끌어 내기 위해서는 ⓓ의 전건이 참이 되어야 한다. ⓑ가 ⓓ의 전건이므로 'ⓑ+ⓓ→ⓔ'를 이끌어 낼 수 있다. 따라서 정답은 ①이다.

TIP

구조도 문제는 주어진 기호들(문장)이 어떠한 관계를 맺고 있는지 먼저 파악해야 한다. 따라서 주장과 근거, 근거들 간의 관계성에 초점을 맞추는 것이 기본적인 풀이법이다. 하지만 선택지를 단서 삼으면 좀 더 효율적인 접근을 할 수 있다. 이 문제의 선택지를 참고하면, 결론으로 제시된 것이 ⓐ와 ⓕ이다. 문맥상 ⓕ는 '주장' 즉 '결론'이므로, 이를 통해 ②, ③을 소거할 수 있다. ⓒ를 근거 삼는 것이 ⓑ와 ⓓ인지, ⓓ 단독인지 구분을 통해서도 소거가 가능하다. ⓓ는 확실하므로, ⓑ와 ⓓ의 연결고리를 확인하면 되는데, 둘 모두 '증거'에 대한 내용을 담고 있으므로 긴밀성을 확인할 수 있다. 이처럼 구조도 문제는 지문을 파악하기 앞서 선택지를 통해 우선적으로 파악해야 할 부분을 확인하는 것이 효율적인 접근법이다.

08

정답 | ②

정답풀이 |

주요 화제인 '티오바실러스'라는 세균을 처음 소개하는 문단은 (가)이다. (라)에서는 (가)의 내용을 상술하고 있고, (나)에서는 (라)의 마지막 문장에 대한 답변을 하고 있다. (다)에서는 (나)에서 소개한 '황화철'에 대한 구체적인 내용이 서술되어 있다. 따라서 순서대로 나열한 것은 '(가)-(라)-(나)-(다)'이다.

TIP

글의 문단 배열 유형에서 가장 큰 단서는 선택지이다. 이 문제에서도 선택지를 통해 첫 번째 문단의 후보를 (가), (라)로 좁힐 수 있다. (가)에서는 하나의 사례를 통해 강이 붉게 물드는 원인이 '티오바실러스'라는 세균에 인해 생긴 침전물이라 설명하면서, 그 생성의 주요한 원인으로 '철2가이온(Fe^{2+})과 철3가이온(Fe^{3+})의 용해도'를 언급하고 있다. (라)에서는 '철2가이온(Fe^{2+})과 철3가이온(Fe^{3+})의 용해도'와 관련된 내용을 상술하고 있다. 따라서 첫 번째 문단으로 적절한 것은 (가)임을 알 수 있다. 더불어 두 문단이 긴밀하게 연결되므로 '(가)-(라)'의 연결도 확인할 수 있다. 이 부분만으로도 정답을 구할 수 있지만, 만약 내용상 어려움을 겪는다면, (라)의 마지막 문장인 '이것들은 어떻게 만들어지는 것일까?'에 대한 답변이 (나)에 등장하는 것만 확인할 수 있더라도 풀이에 도움을 얻을 수 있다.

09

정답 | ②

정답풀이 |

ㄷ. '현황 분석'은 현재의 문제점에 대한 내용을 담고 있는 부분으로 연말정산 자동계산프로그램 사용 방법과 관련한 이용자 불만 증가와 상담 수요 폭증에 대한 내용이 들어가야 한다. ㄷ의 '상담 건수가 크게 증가'했다는 내용은 '현황 분석' 중 두 번째와 긴밀하게 이어지므로 해당 부분에 들어갈 내용으로 적절하다.

오답풀이 |

ㄱ. 불만 감소하는 전망에 대한 내용이므로 'Ⅲ. 결론: 예상되는 효과 전망'에 들어갈 내용이다.
ㄴ. 주어진 〈개요〉와 관련성이 떨어지는 내용이므로, '현황 분석'에 들어갈 내용으로 적절하지 않다.

TIP

글의 수정 유형에서 개요에 따른 수정 문제는 매칭이 대단히 중요한데, 일반적인 독해 문항과 마찬가지로 핵심어의 연결 부분에 초점을 맞추어야 한다. 이 문제는 문두에서 〈현황 분석〉에 들어갈 내용만을 고르라고 했으므로, 그에 입각하여 찾으면 된다. 즉 연말정산 자동계산 프로그램 사용 방법과 관련하여 '이용자 불만 증가, 상담 수요 폭증'에 해당하는 내용만 고르면 된다.

10

정답 | ④

정답풀이 |

〈개요〉의 '본론'은 몇 가지 사항으로 정리할 수 있다. '1) 미래의

'생존 윤리원칙'을 예상함. 2) '생존 윤리원칙'이 함축하는 도덕적 난관을 제시함. 3) 도덕적 난관을 장기이식 사례를 통해 보여줌'이다. 주어진 〈본론〉에서는 1)과 2)에 대한 내용을 담고 있으므로, '지워진 곳'에는 3)에 해당하는 내용이 들어가면 되므로 정답은 ④이다.

오답풀이 |

① 주어진 〈본론〉에 따르면, 생존율 증가에 도움되는 행위는 '선하다'라고 평가된다. 따라서 다른 사람에게 장기를 제공할 목적으로 인간 배아를 배양하는 행위는 '선하다'고 평가되고, 생존 윤리원칙에 따른 행위라고 볼 수 있다. 주어진 〈본론〉에 어긋나는 내용이므로 '지워진 곳'에 들어갈 내용으로도 적절하지 않다.

② '지워진 곳'에는 〈개요〉의 '본론'에 따라 '도덕적 난관을 장기이식 사례를 통해 보여줌'과 관련된 내용이 들어가야 한다. 그런데 해당 내용은 이미 제시된 내용의 반복일 뿐, 〈개요〉에 따른 내용이라고 보기 어렵다.

③ 주어진 〈개요〉의 내용과 관련성이 없으므로, '지워진 곳'에 들어갈 내용으로도 적절하지 않다. 더불어 〈개요〉에 따르면 '생존가치가 최고의 가치가 아니라고 주장'해야 하는데 해당 내용은 그 반대이므로 이어질 내용으로도 적절하지 않다.

⑤ '지워진 곳'에는 〈개요〉의 '본론'에 따라 '도덕적 난관을 장기이식 사례를 통해 보여줌'과 관련된 내용만이 들어가야 한다. 그런데 '우리의 도덕적 직관에 따르면 악하다.'는 필자의 견해이자, '생존 윤리원칙' 즉 생존 가치가 최고 가치가 아니라는 내용에 해당하므로 〈개요〉에 따르자면 '결론'에 들어가야 하는 내용이다.

기출 유형 5 | 생략된 내용 추론

P. 190

01	02	03	04	05	06	07	08	09	10
②	④	④	②	①	③	④	①	⑤	②
11	12	13	14	15					
①	③	①	③	③					

01

정답 | ②

정답풀이 |

주어진 글은 '자율적 군사로봇을 사용하면 누구에게도 그 결과에 대한 책임을 물을 수 없'는 이유를 설명하고 결과적으로 '자율적 군사로봇의 사용은 비윤리적이다'라는 결론을 도출하고 있다. 나타난 전제를 바탕으로 결론을 이끌어내기 위해 반드시 있어야 하는 전제를 〈보기〉에서 찾으면 된다. 즉 두 부분을 잇는 연결고리를 찾으면 되므로 정답은 ②가 된다.

- 자율적 군사로봇 → 누구에게도 그 결과에 대한 책임을 물을 수 없다. 〈전제〉
- 누구에게도 그 결과에 대해 책임을 물을 수 없으면 → 비윤리적이다.〈②〉
- 자율적 군사로봇 → 비윤리적이다. 〈결론〉

오답풀이 |

- ㄱ: 해당 전제가 추가되어도 결론이 도출되지 않을 뿐만 아니라 주어진 글에서 '자율적 군사로봇'에게 책임을 물을 수 없는 이유는 '인간의 통제하에 있는 존재'이기 때문이 아니라 '대상에 대한 처벌이 가능하려면 그 대상은 고통을 느낄 수 있어야' 하는데 로봇은 그렇지 못하기 때문이라고 하였다. 즉 주어진 글의 내용과도 일치하지 않는다.
- ㄷ: 행위자가 '예측하거나 통제할 수 없는 결과'에 대해 책임을 물을 수 없는 주체는 '제작자'와 '지휘관' 둘뿐이다. 책임을 질 수 있는 후보군 중 '자율적 군사로봇'은 이에 해당하지 않으므로 결론을 도출하기는 부족하다. 더불어 책임을 묻는 것 자체가 비윤리적이라는 의미와 부합하지도 않는다.

TIP

전제를 찾는 유형은 결론과 전제 사이의 징검다리를 찾는 것이라고 생각하면 비교적 쉽게 해결되는 경우가 많다. 이 문제 역시 공통된 요소를 빼고 나면, '누구에게도 그 결과에 대한 책임을 물을 수 없다'와 '비윤리적'을 이끌어 낼 수 있고 이를 연결하면 정답이 된다.

02

정답 | ④

정답풀이 |

주어진 글은 영화 속 음향을 발생한 원천에 따라 세 가지로 구분하여 설명하는 글이다. 이를 정리하면 다음과 같다.

인(in) 음향	사운드가 발생한 원천을 화면을 통해 확인할 수 있는 음향
화면 밖 음향	사운드의 원천이 화면에 보이지 않지만 화면의 공간에 속하는 경우
오프(off) 음향	사운드의 원천이 화면에는 보이지 않으며 화면의 시공간에 속하지 않는 경우

- (가), (나): 앞선 '다시 말해'를 통해 앞선 내용이 반복될 것임을 알 수 있다. 두 번째 문단에서는 '화면 밖 음향'과 '오프(off) 음향'에 대해 설명하고 있으므로, (가)와 (나)에는 그에 대한 내용이 각각 들어가야 한다. (가)의 뒤이은 문장이 '보이지 않는 사운드의 원천이 화면 속의 현실 공간 안에 동시에 존재한다고 추정할' 수 있다고 하였으므로 '화면 밖 음향'이 들어가는 것이 적절하고, (나)의 뒤이은 문장에서 '배경음악이나 내레이션 같이 화면에 보이지 않는 장면과는 다른 시공간의 원천'에서 나온 것이라고 했으므로 '오프(off) 음향'이 들어가는 것이 적절하다.
- (다), (라): 세 번째 문단은 앞선 세 종류의 음향을 화면 속의 어린아이가 연주하는 어설픈 피아노 소리에서 어른이 된 주인공이 듣고 있는 유명한 피아니스트의 연주곡으로 전환되는 장면을 예로 설명하고 있다. 전자는 사운드가 발생한 원천을 화면에서 확인할 수 있는 음향이므로 '인(in) 음향'에 대한 설명이고, 후자는 사운드의 원천이 화면에서 보이지 않고 같은 시공간에도 속하지 않으므로 '오프(off) 음향'에 대한 설명임을 알 수 있다. 따라서 '인 음향'과 '오프 음향'이 차례대로 들어가는 것이 적절하다.

TIP

하나의 대상을 여러 개로 구분하여 설명하는 글은 각각의 특성을 잘 연결하여 정리하는 것이 효율적인 접근법이 된다.

03

정답 | ④

정답풀이 |

- (가)는 '요컨대'라는 요약 접속어의 뒤에 위치하므로 A가 사용한 행복 개념의 요약이 들어가야 한다. 앞선 문장에서 A는 행복이 주관적 심리 상태만으로는 충분하지 않고, 그를 뒷받침하는 객관적 조건이 반드시 갖추어져 있어야 한다고 보았다. 즉 후자의 조건이 충족하지 않는다면 행복하다고 볼 수 없다는 내용이 들어가야 한다. 전자는 충족하고 후자는 충족하지 못한 문장은 'ㄴ'뿐이다.
- (나)의 앞선 문장에서 '그러나'라는 역접 접속사를 사용했으므로 앞선 내용을 반박해야 한다. 'A는 행복이 주관적 심리 상태만으로는 충분하지 않다고 하더라도, 주관적 심리 상태가 행복의 필수 조건임은 부정할 수 없다고 보았다.'고 하였으므로 전자 역시 충족해야만 행복하다고 본다는 것이므로 이를 잘 반영한 것은 'ㄷ'뿐이다.

04

정답 | ②

정답풀이 |

주어진 글의 논지를 정리하면 다음과 같다.

전제 1) 셀카 → 저작권
전제 2) ~셀카 → ~저작권
전제 3) 셀카 → 직접 촬영 ∧ 의도 ∧ 실현 능력
전제 4) 나루토 → ~자아
전제 5)
결론) 나루토의 사진 → ~저작권

전제1)과 전제2)를 바탕으로 '나루토의 사진은 저작권이 없다'라는 결론을 이끌어내기 위해서는 '셀카'로 인정받지 못해야 한다. 이를 위해서는 전제4)의 '~자아'와 전제5)를 통해 전제3)의 후건이 부정되어야 한다. 주어진 글에서는 '직접 촬영'과 '실현 능력'은 있다고 했으므로 '의도'와 '~자아'가 연결됨을 알 수 있다. 이를 선택지에 반영하면 정답은 ②이다.

TIP

전제를 찾는 유형은 결론과 전제 사이의 징검다리를 찾는 것이라고 생각하면 비교적 쉽게 해결되는 경우가 많다. 이 문제 역시도 공통된 요소들을 빼고 나면, '의도'와 '자아가 없음'이므로 이 둘의 징검다리에 해당하는 내용이 정답이 됨을 알 수 있다.

05

정답 | ①

정답풀이 |

- ㉠: '시간 자체에 대한 선호 여부와 상관없이 가치를 할인하거나 할증할 수도 있다'의 예시에 해당하며, 역접의 접속사인 '그러나'로 시작했으므로 앞선 문단에서 이와 관련된 정보를 확인할 수 있다. 이('누군가가 미래보다 현재를 선호한다면 그는 현재선호 성향을 가진 사람이고, 이들은 현재가치를 계산할 때 미래가치를 할인한다. 반대로 현재보다 미래를 선호한다면 미래선호 성향이라고 하고, 이 경우 현재가치를 계산할

때 미래가치를 할증한다')를 참고하면 현재보다 미래를 선호하는 성향은 현재가치를 계산할 때 미래가치를 할증해야 한다. 하지만 예기치 못한 사고가 일어난다면 그 반대를 선택해야 하므로 '할인'을 선택할 수밖에 없음을 알 수 있다. 따라서 '할증' 아니라 '할인'이 ㉠에 들어가는 것이 적절하다.

- ㉡: 요약의 접속사인 '요컨대' 뒤에 위치하므로 앞선 내용을 정리해야 한다. 현재선호를 하는 사람만 '할인'을 하는 것이 아니라 미래선호를 가진 사람도 때에 따라 '할인'을 선택할 수도 있음을 알 수 있으므로 현재선호와 '할인'이 반드시 연결되는 관계가 아님을 알 수 있다. 따라서 '충분조건'이 아니라 '필요조건'이 ㉡에 들어가는 것이 적절하다.
- ㉢, ㉣: 물가 상승을 예상했다면 현재가치를 계산할 때 미래가치를 더 많이 할인해야 한다. 따라서 할인의 수준이 동일할 때 물가의 상승을 예상한 할인은 현재선호의 영향이 상대적으로 적은 것이고, 물가의 하락을 예상한 할인은 현재선호이기 때문에 택한 것이다. 따라서 ㉢에는 '내릴'이 ㉣에는 '오를'이 들어가는 것이 적절하다.

TIP

[참고] 충분조건과 필요조건
충분조건은 전제가 충족될 때 반드시 예외없이 결론이 성립하는 것을 뜻하며, 필요조건은 조건이 참이라면 결론은 참일 수도 거짓일 수도 있지만, 이 조건이 충족하지 못했을 때 그 결론은 반드시 거짓이 되는 것을 뜻한다.

06

정답 | ③

정답풀이 |

- (가): 앞뒤 문맥을 확인하면, A는 두 가지 전제를 바탕으로 우리에게는 생물 다양성을 보존할 의무와 필요성이 있다는 결론을 내리고 있다. 첫 번째 전제는 우리가 원하는 이익을 얻는 최선의 수단이라는 것이고, 두 번째 수단이 (가)에 해당한다. 따라서 (가)에는 첫 번째 전제와 결론을 잇는 내용이 들어가야 하므로, '어떤 것이 우리가 원하는 이익을 얻는 최선의 수단이라면 우리에게는 그것을 실행할 의무와 필요성이 있다'가 들어가는 것이 적절하다.
- (나): 앞뒤 문맥을 확인하면, (나)에는 '모든 종은 보존되어야 한다'는 결론에 대한 근거가 들어가야 한다. 그 근거에 대한 내용은 앞서 등장한 '그 생명체들이 속한 종 또한 그 쓸모에 따라서만 가치가 있는 것이 아니다'와 '내재적 가치를 지니는 것은 모두 보존되어야 한다'를 종합한 내용이어야 한다. 이를 정리한 내용이 들어가야 하므로 (나)에는 '모든 종은 그 자체가 본래부터 고유의 가치를 지니기' 때문이라는 내용이 들어가는 것이 적절하다.

TIP

이 문제는 복수형의 빈칸 추론이지만, 〈보기〉가 주어진 경우가 아니기 때문에 단수형와 같이 풀이하면 된다. 특히 선택지와 같이 각각의 빈칸에 들어갈 내용이 크게 2가지로 나뉠 경우 그 차이점을 바탕으로 분석하는 것이 선행되어야 한다. 즉 핵심어를 파악해야 한다.
(가)의 경우 ~실행할 의무와 필요성이 '있는 것'인지, 아니면 '없는 것'인지를 구분해야 하고, (나)에서는 생명체의 내재적 가치가 '종의 다양성'으로부터 비롯되기 때문인지 아니면 '모든 종'이 그 자체가 본래부터 고유의 가치를 지닌 때문인지를 구분해야 한다. (가)는 문맥을 통해 쉽게 구분이 가능하지만, (나)는 결론인 '내재적 가치'와 '모두 보존' 중 어느 부분이 더 중요한지 판단해야 한다. 기본적으로 문장에서 중요한 것은 주어가 아니라 서술어이다. 즉 '모두 보존'이 더 중요한 핵심이며, 그에 따라 정답은 ③이 된다.

07

정답 | ④

정답풀이 |

㉠ '따라서'라는 접속어를 통해 앞선 내용을 정리하는 '요약 및 결론'의 내용이 들어가야 함을 알 수 있다. 첫 번째 문단에서 말하는 '단순 평등 사회'는 개인의 자유를 억압하는 국가의 개입과 통제가 있어야만 가능한 일인데, '문제는 누구도 개인의 자유를 억압하는 사회를 원치 않는다'는 사실이다. 선택지에서 제시된 ㄱ, ㄴ 중 ㄱ의 '개인의 자유를 억압하지 않는다면'은 첫 번째 문단의 내용과 어긋나므로, ㉠에 들어갈 내용으로는 적절하지 않다. 따라서 자동적으로 ㄴ이 들어가는 것이 적절하다.

㉡ ㉠과 마찬가지로 '따라서'라는 접속어를 통해 앞선 내용을 정리하는 '요약 및 결론'의 내용이 들어가야 함을 알 수 있다. 두 번째 문단은 어떤 의미의 평등 사회를 지향해야 할 것인지 물은 후 그에 대한 답변으로 구성되어 있다. 우선 '경제적 불평등은 부정할 수 없는 현실'이지만, 우리 사회는 경제적 재화 이외에도 다양한 사회적 가치를 유용하다고 인정하고 있음을 언급하며, '경제적 재화와 같은 하나의 사회적 가치가 불평등하게 분배되는 것이 정당한 이유 없이 다른 사회적 가치의 분배 문제까지 불평등을 유발할 수 있음'을 문제 삼고 있다. 이를 종합해 보면 평등한 사회를 달성하기 위해서는 이러한 불평등의 연쇄를 바로잡아야 한다는 내용이 들어가야 하므로, ㉡에는 ㄹ이 들어가는 것이 가장 적절하다.

TIP

이 문제와 같이 복수형이면서 동시에 선택형이라면, 우선 선택지를 통해 ㉠에는 'ㄱ'과 'ㄴ' 중 하나가, ㉡에는 'ㄷ', 'ㄹ', 'ㅁ' 중 하나가 들어간다는 것부터 확인하는 것이 더 효율적인 접근법이 된다. 그리고 ㉠과 ㉡ 모두 '따라서'라는 인과 접속어와 함께 쓰이고 있다. 즉 각 문단의 주제가 ㉠과 ㉡에 들어가야 한다는 것을 알 수 있다.

08

정답 | ①

정답풀이 |

첫 번째 문단에 따르면 갑상선 자극호르몬인 TSH가 갑상선을 자극하면, 호르몬 T4와 T3가 합성, 분비되고 이 분비된 호르몬이 혈액을 통해 다시 뇌하수체에 도달하여 음성 되먹임 작용을 통해 TSH의 분비를 조절함으로써 갑상선호르몬의 양이 일정하게 유지된다고 하였다. 두 번째 문단에서 갑상선 질환의 가장 기본적인 검사는 혈중 TSH와 T4의 측정이라고 하였다. 갑상선에서 분비되는 갑상선호르면의 93%가 T4이기 때문에, 혈중에서는 이 둘의 측정만으로 진단이 가능한 것이다. 그런데 T4의 일부가 T3의 작용을 방해하여 제 역할을 하지 못하게 하는 rT3으로 변환되는데, 체내에 rT3이 많아지면 T3의 작용이 저하되기 때문에 TSH 수치가 정상이면서도 갑상선기능저하증에 해당하는 증상이 나타날 수 있다고도 하였다. 다시말해 TSH이 정상이더라도 rT3로 변환되는 T4의 양이 많아지면, 혈중 T3의 양이 줄어들어 갑상선기능저하증에 걸릴 수 있기 때문이다. 따라서 ㉠에 들어갈 가장 적절한 내용은 ①이다.

오답풀이 |

② 세 번째 문단에 따르면 T4와 T3의 상대적 비중이 갑상선기능저하증을 유발하는 요소가 아니다. 또한 rT3은 T3의 생성을 억제하는 것이 아니라 작용을 억제하는 호르몬이다. 주어진 글의 내용에 부합하지 않으므로 ㉠에 들어갈 내용으로도 적절하지 않다.

③ 주어진 글에서는 'TSH 수치가 정상이면서도 갑상선기능저하증에 해당하는 증상이 나타날 수 있다'는 내용만을 확인할 수 있으므로 ㉠에 들어가기에 적절하지 않다.

④ 첫 번째 문단에 따르면 '음성 되먹임' 원리는 분비된 갑상선 호르몬이 혈액을 통해 다시 뇌하수체에 도달하였을 때 TSH의 분비를 조절하여 체내 갑상선호르몬의 양이 일정하게 유지되도록 하는 역할을 담당한다. 따라서 '갑상선의 호르몬 분비량 수준을 알려주는 TSH 수치의 측정만으로는 갑상선기능저하증을 놓치지 않고 찾아내기 어렵다'의 이유 또는 원인과는 관련성이 없다. 무엇보다 문맥상 '~알 수 있기'라는 내용은 적절하지 않다.

⑤ 마지막 문단에 따르면 '유해한 화학 물질의 유입이나 과도한 스트레스'로 인해 갑상선호르몬 생산이 줄어드는 경우에도 갑상선기능저하증이 발생하기도 한다고 하였다. 호르몬의 생산이 줄어든다는 것은 TSH의 측정만으로 갑상선기능저하증을 판단할 수 있으므로 ㉠에 들어가기에는 적절하지 않다. ㉠에는 TSH 측정만으로는 갑상선기능저하증을 찾아내기 어려운 경우와 관련된 원인이 들어가야 한다.

TIP

이 문제는 ㉠의 위치가 두 번째 문단에 있고, '~ 때문이다'를 통해 앞선 내용의 이유 또는 원인이 들어가야 함을 알 수 있으므로, 두 번째 문단에서 정답의 근거를 찾을 수 있다.

09

정답 | ⑤

정답풀이 |

빈칸에는 첫 번째 문단의 마지막 문장인 '세셸리아초파리가 땀 냄새가 연상되는 프로피온산 냄새를 맡을 수 있다는 사실을 발견'한 것이 왜 중요한지에 대한 이유가 들어가야 한다. 우선 뒤 내용부터 확인하면, '세셸리아초파리의 Ir75a 유전자도 후각수용체 단백질을 만든다는 것인데, 왜 세셸리아초파리는 아세트산 냄새를 못 맡을까?'를 통해 두 번째 문단은 세셸리아초파리가 아세트산 냄새를 맡지 못하는 이유에 대한 내용이 서술됨을 추측할 수 있다. 그렇다면, '세셸리아초파리의 Ir75a 유전자도 후각수용체 단백질을 만든다'가 앞 내용과 연관되어 있음을 알 수 있다. 즉 세셸리아초파리의 Ir75a 유전자도 후각수용체 단백질을 만들 수 있는데, 이전까지는 그렇지 않다고 보았다는 것이다. 이를 첫 번째 문단의 마지막 문장과 연결하면, 해당 내용이 중요한 발견인 이유가, 기존(세셸리아초파리는 아세트산 냄새를 맡지 못하므로, 세셸리아초파리의 Ir75a 유전자는 후각수용체 단백질을 만들지 못하는 '위유전자'라고 여겨졌다)과는 다른 새로운 결론을 이끌어낼 수 있었기 때문임을 알 수 있다. 따라서 기존 주장을 반박할 수 있는 이유로 적절한 것을 고르면 정답은 ⑤이다.

오답풀이 |

① 첫 번째 문단에서 알 수 있는 사실은 세셸리아초파리가 노니의 열매만 먹고 살아서 아세트산 냄새를 못 맡아도 문제가 없다는 것뿐이다. 따라서 노니의 열매에서 프로피온산 냄새가 나지 않는 것은 세셸리아초파리가 프로피온산 냄새를 맡을 수 있다는 발견과 무관한 내용이다.

② 두 번째 문단에 따르면 노랑초파리와 세셸리아초파리의 Ir75a 유전자는 모두 프로피온산에 반응한다고 하였다. 따라서 '상관이 없기 때문'이라는 판단은 적절하지 않은 내용이므로 빈칸에 들어가기에 적절하지 않다.

③ 두 번째 문단에서 노랑초파리의 Ir75a 유전자가 만드는 후각수용체가 아세트산과 프로피온산에 반응한다고 했으므로, 노랑초파리에서 프로피온산 냄새를 담당하는 후각수용체 유전자가 위유전자가 아님을 알 수 있다. 더불어 해당 내용은 세셸리아초파리가 프로피온산 냄새를 맡을 수 있다는 사실이 중요한 이유와는 무관한 내용이다.

④ 두 번째 문단에서 세셸리아초파리와 노랑초파리의 Ir75a 유

전자가 만드는 후각수용체 단백질의 아미노산 서열을 비교한 결과, 냄새 분자가 달라붙는 걸로 추정되는 부위에서 세 군데가 달랐다고 하였다. 따라서 글의 내용과 상반된 내용이므로 빈칸에 들어가기에 적절하지 않다.

TIP

빈칸 추론 문제는 앞뒤 문맥을 통해 정답을 이끌어낼 수 있다. 우선 앞 내용을 살펴보면, '그런데 스위스 로잔대 연구진은 세셸리아초파리가 땀 냄새가 연상되는 프로피온산 냄새를 맡을 수 있다는 사실을 발견했다'라고 하였고, 빈칸은 '이 발견이 중요한 이유는'으로 연결하고 있다. 따라서 빈칸에는 첫 번째 문단의 마지막 문장이 중요한 이유가 들어가야 한다.
그리고 뒤 내용인 '그렇다면 세셸리아초파리의 Ir75a 유전자도 후각수용체 단백질을 만든다는 것인데, 왜 세셸리아초파리는 아세트산 냄새를 못 맡을까?'를 통해 '세셸리아초파리의 Ir75a 유전자도 후각수용체 단백질을 만든다'라는 결론이 나왔음을 알 수 있다. 따라서 첫 번째 문단의, 빈칸 앞 내용에서 언급한 발견은 해당 결론을 이르게 하는 발견이었기 때문에 중요했던 것임을 알 수 있다.

10

정답 | ②

정답풀이 |

주어진 글을 정리하면 다음과 같다.

A국의 교육 제도 개선 방안 조건
1-1) 공정한 기회 균등 1-2) 교육의 수월성
2) 가장 많은 국민이 선호하는 방안
3) 정부의 기존 재정만으로 실행될 수 있는 방안
4) 가계의 교육 부담을 줄일 수 있는 방안

제안된 방안 중 조건 부합도를 정리하면 다음과 같다.

방안	1-1)	1-2)	2)	3)	4)
대학교 평준화 도입			×	×	○
고등학교 자체 평가 확대			×	○	○
대입 정시 확대와 수시 축소			×	○	×
고교 평준화 강화	○		○	○	○

이를 통해 '㉠ 정부는 고교 평준화 강화 방안을 추진해야 한다'를 이끌어내기 위해서는 1-2)의 조건만 부합하면 되므로, 정답은 ②이다.

오답풀이 |

① 고교 평준화 강화가 '가장 많은 국민이 선호하는 방안'인 것은 맞으나, 이는 이미 주어진 글을 통해 확인할 수 있는 내용이므로 추가해야 할 전제로 볼 수 없다.
③ 고교 평준화 강화가 '가계의 교육 부담을 줄일 수 있는 방안'인 것은 맞으나, 이는 이미 주어진 글을 통해 확인할 수 있는 내용이므로 추가해야 할 전제로 볼 수 없다.
④ 고교 평준화 강화가 '정부의 기존 교육 재정만으로도 실행될 수 있는 방안'인 것은 맞으나, 이는 이미 주어진 글을 통해 확인할 수 있는 내용이므로 추가해야 할 전제로 볼 수 없다.
⑤ ㉠은 정부가 고교 평준화 강화 방안을 추진해야 한다는 내용이므로, 이를 부정하는 내용을 추가해야 할 전제로 보기는 어렵다.

TIP

주어진 글을 바탕으로 조건에 맞춰보고, 빠진 조건을 찾는 문제이다. 첫 번째 문단에서 조건을, 두 번째 문단에서 조건의 부합도를 확인했다면 수월하게 풀 수 있다.

11

정답 | ①

정답풀이 |

주어진 글을 정리하면 다음과 같다.

- 헌팅턴 무도병: 선조체 손상 → 근육이 과도하게 움직임
- 파킨슨병: 흑색질 손상 → 근육이 경직되어 움직이지 않음

이를 바탕으로 선조체는 근육의 움직임을 억제하는 역할을 하고, 흑색질은 근육의 움직임을 유발하는 역할을 담당함을 알 수 있다. 그리고 파킨슨병의 증세를 완화하려면 흑색질의 기능을 향상시키거나, 선조체의 기능을 억제하는 약을 써야 하고, 반대로 헌팅턴 무도병의 증세를 완화하려면 선조체의 기능을 향상시키거나, 흑색질의 기능을 억제하는 약을 써야 한다. 따라서

㉠: 선조체는 근육의 움직임을 '억제'하고 통제하는 역할을 한다고 추론할 수 있다.
㉡: 흑색질은 근육의 움직임을 '유발'한다고 추론할 수 있다.
㉢: 파킨슨병은 근육이 뜻대로 움직이지 않는 병이므로, 근육의 움직임을 유발하는 '흑색질'의 기능을 향상시키는 약을 써야 함을 추론할 수 있다.
㉣: 헌팅턴 무도병은 근육이 제멋대로 움직이는 병이므로, 근육의 움직임을 억제하는 '선조체'의 기능을 향상시키거나, 근육의 움직임을 유발하는 '흑색질'의 기능을 약화시켜야 한다. 따라서 억제되는 것은 '흑색질'임을 알 수 있다.

TIP

대조되는 개념 간의 인과관계와 상관관계를 파악해야만 풀 수 있는 문제이다. 각 대상의 특성을 잘 연결하여 정리하면 비교적 수월하게 풀 수 있을 것이다.

12

정답 | ③

정답풀이 |

문맥을 통해 빈칸의 뒤 문장인 '기생 식물이 양분을 빨아먹기 위해서는 건강한 나무가 있어야 하는 것'이 빈칸의 문장과 유사한 뜻을 지녔음을 알 수 있다. 더불어 앞 문장인 '다른 사람들의 협조 성향을 이용하여 도움을 받으면서도 다른 사람에게 도움을 주지 않는 사람이 존재하기 위해서는 일정한 틈새가 만들어져 있어야 한다'를 통해 많은 사람들이 건강한 나무와 같은 역할을 해야 다른 사람에게 도움을 받으면서도 도움을 주지 않는 사람이 존재할 수 있다는 내용을 추론할 수 있다. 따라서 빈칸에는 '많은 사람들이 진정으로 협조하기'가 들어가는 것이 가장 적절하다.

TIP

빈칸 추론 유형에서 핵심 힌트는 빈칸의 앞뒤 문맥에서 확인할 수 있다. 이 문제의 경우 뒤 문장인 '이는 기생 식물이 양분을 빨아먹기 위해서는 건강한 나무가 있어야 하는 것과 같다.'가 핵심 힌트이다. '이는'을 통해 빈칸의 내용과 밀접한 관련이 있음을 확인할 수 있기 때문이다. 이처럼 빈칸 추론 유형에서는 '핵심어, 접속어, 지시어, 보조사, 어미가 주요 힌트'가 됨을 잊지 말아야 한다.

13

정답 | ①

정답풀이 |

주어진 글은 번식에 불리한 동성애 유전자가 낮은 빈도로나마 꾸준히 존재하는 것에 대한 진화심리학자 '캄페리오-치아니의 가설'에 대한 내용이다. 캄페리오-치아니는 '동성애 유전자가 X염색체에 위치하고, 동성애 유전자가 남성에게 있으면 자식을 낳아 유전자를 남기는 번식이 감소하지만, 동성애 유전자가 여성에게 있으면 여타 조건이 동일한 상황에서 자식을 많이 낳아 유전자를 많이 남기기 때문에 동성애 유전자가 계속 유지된다고 주장'하였다. 따라서 '캄페리오-치아니의 가설'이 맞다면, 동성애 남성은 어머니로부터 X염색체를 물려받는 것이므로 ㉠과 ㉡에는 '고모'가 아닌 '이모'가 들어가야 한다. 그리고 동성애 유전자를 가진 여성이 '자식을 많이 낳아 유전자를 많이 남기기 때문에 동성애 유전자가 계속 유지'된다고 하였으므로, (동성애 남성에게 동성애 유전자를 준) '이모'가 이성애 남성의 '이모'보다 더 '많은' 자식을 낳아야 함을 추론할 수 있다. 따라서 정답은 ①이다.

TIP

빈칸인 ㉠~㉢ 모두 '캄페리오-치아니의 가설이 맞다면'을 전제로 하고 있다. 따라서 빈칸을 추론하기 위해서는 '캄페리오-치아니의 가설'과 관련된 내용을 정리해야 한다. 문단이 하나로만 구성되었기 때문에 전체 내용을 말미암아 힌트가 될 만한 모든 요소를 정리하는 것이 바람직하다.

14

정답 | ③

정답풀이 |

ㄷ. 세 번째 문단은 '여성-여성적인 사고-그림문자 이해', '남성-남성적 사고-표음문자 이해'로 정리할 수 있다. 따라서 밑줄 친 결론인 '표음문자 체계의 보편화가 여성의 사회적 권력을 약화하는 결과를 낳게 된다'를 이끌어내기 위해서는 문자를 이해하는 능력과 사회적 권력이 밀접하게 연결되어 있다는 전제가 추가되어야 한다.

오답풀이 |

ㄱ. 그림문자로 구성된 글의 이해는 여성적인 사고 과정을 거치므로 밑줄 친 결론과 상충되는 내용이다. 따라서 밑줄 친 결론을 이끌어내기 위해 추가해야 할 전제로 보기 어렵다.

ㄴ. 표음문자 체계가 기능적으로 분화된 복잡한 의사소통을 가능하게 하였다는 것은 주어진 글의 밑줄 친 결론과 무관한 내용이므로 추가해야 할 전제로 보기 어렵다.

TIP

전제는 논증에서 그것으로부터 출발하여 결론을 내릴 수 있는 명제로, 전제가 거짓이면 결론 역시 거짓이 된다. 즉 발문의 '추가해야 할 전제'라는 것은 주어진 글의 결론이 참이 되게 하는 조건에 해당한다고 볼 수 있다. 따라서 '결론'에 부합하지 않는 내용은 전제 역시 될 수 없다. 여기서 주의해야 할 점은 '결론' 자체도 전제가 될 수는 없다는 점이다.

이 문제는 지문에서 밑줄 친 결론을 도출하기 위해 추가해야 할 전제를 〈보기〉에서 찾는 것이므로, 주어진 글을 분석해야 한다. 주어진 글은 첫 번째 문단과 두 번째 문단의 내용을 근거 삼아 세 번째 문단에서 결론을 내리는 구조이므로, 결론을 내리기 위해 필요한 전제들을 각각의 문단에서 찾는 식으로 접근하면 된다. 'ㄱ'은 지문과 모순되고, 'ㄴ'은 지문과 무관한 내용을 담고 있으므로 정답이 될 수 없다. 'ㄷ'은 주어진 내용에서 결론으로 이어주는 징검다리 역할을 하고 있으므로 추가해야 할 전제로 적절하다.

15

정답 | ③

정답풀이 |

두 번째 문단에서 '오른손으로는 수직 안테나와의 거리에 따라 음고(音高)를 조절하고 왼손으로는 수평 안테나와의 거리에 따라 음량을 조절한다'고 언급한 뒤, 세 번째 문단에서 그 전자만을 상술하고 있으므로, 이어질 내용으로 가장 적절한 것은 후자에 대한 내용인 '수평 안테나와 왼손 사이의 거리에 따라 음량이 조절되는 원리'이다.

오답풀이 |

① 첫 번째 문단에 따르면 '테레민이라는 악기는 손을 대지 않고 연주하는 악기'이므로, 주어진 글의 내용에 부합하지 않는다. 따라서 이어질 내용으로도 적절하지 않다.
② 두 번째 문단에 따르면 음고를 조절하는 것은 왼손이 아닌 오른손이다. 해당 내용은 주어진 글과 부합하지 않으므로, 이어질 내용으로도 적절하지 않다.
④ 세 번째 문단의 내용으로 이미 언급되었으므로, 이어질 내용으로는 적절하지 않다.
⑤ 두 번째 문단에 따르면 음량을 조절하는 것은 오른손이 아닌 왼손이다. 해당 내용은 주어진 글과 부합하지 않으므로, 이어질 내용으로도 적절하지 않다.

TIP

이어질 내용을 찾는 문제는 크게 2가지 유형으로 나눌 수 있다. 첫째, 글의 말미를 기준으로 이어지는 내용을 찾는 유형이다. 여기서 주의할 점은 반전은 없는지, 예를 든 내용에서 이어지는 것은 아닌지 확인하는 것이다. 둘째, 글 전체의 맥락을 기준으로 이어지는 내용을 찾는 유형이다. 이 경우는 결론을 묻는 경우도 있고, 첫 번째 문단에서 글의 방향성을 제시한 후 그에 따라 전개된 내용을 찾는 경우도 있다. 기본적인 풀이법은 문단 배열 유형과 같이 앞 내용에서 주요 단서를 발견하고 그와 밀접한 내용을 찾는 식이다.

이 문제의 마지막 문단은 '테레민에서 다른 음고의 음이 발생하는 원리'에 대한 내용이다. 그런데 어떠한 내용이 이어지기에는 해당 문단의 내용이 완결성을 지니고 있다. 이를 통해 단순하게 말미의 내용과 관련된 내용을 찾는 것이 아님을 알 수 있다. 따라서 전체 맥락을 확인해야 하는데, 첫 번째 문단은 테레민이라는 악기를 연주하는 법에 대한 것이고, 두 번째 문단은 테레민 연주에서 오른손과 왼손이 하는 일이 각각 음고 조절과 음량 조절에 관련되어 있음을 설명하고 있다. 마지막 문단은 두 번째 문단에서 언급한 '오른손으로 수직 안테나와의 거리에 따라 음고를 조절하는 법'을 상술하고 있다. 그러므로 주어진 글에 이어질 내용으로 적절한 것은 '남은 왼손으로 수평 안테나와의 거리에 따라 음량을 조절하는 법'에 대한 것이다.

기출 유형 6 | 기타 유형

P. 202

01	02	03	04	05	06	07	08	09	10
①	⑤	①	⑤	②	④	②	①	④	④

01

정답 | ①

정답풀이 |

'외부 참여 가능성'이 높은 모형은 C이다. 네 번째 문단에 따르면 'C는 관료제의 영향력이 작고 통제가 약한 분야에서 주로 작동한다'고 하였으므로 가장 적절한 판단이다.

오답풀이 |

② '상호 의존성'이 보통인 모형은 B이고, 세 번째 문단에 따르면 'B는 특정 정책과 관련해 이해관계를 같이하는 참여자들로 구성된다'고 하였다. 따라서 '다른 이익집단의 참여를 철저하게 배제한다'는 판단은 적절하지 않다. 해당 설명에 따른 모형은 A이다.
③ '합의 효율성'이 높은 모형은 A이다. 세 번째 문단에 따르면 B가 'A의 방식보다 더 효과적으로 정책 목표를 달성할 수 있다'라고 하였으므로, 가장 적절한 판단으로 보기 어렵다.
④ A와 B 모형 모두 이익집단이 정책 결정 참여자에 해당하지만, 이들의 정책 결정 영향력이 어떠한지는 알 수 없다. 따라서 적절한 판단으로 보기 어렵다.
⑤ 모형 분류표를 참고하면 C 모형이 지속성이 낮다는 것을 알 수 있으며, 네 번째 문단을 통해서도 '참여자가 많아 합의가 어렵다'는 것도 확인할 수 있다. 따라서 C 모형에서는 참여자가 많아질수록 네트워크의 지속성이 높아진다는 판단은 적절하지 않다.

TIP

이 문제는 자료를 바탕으로 견해를 분석해야 하지만 엄밀하게는 세부 내용 파악 유형에 해당한다고 볼 수 있다. 주어진 자료에 대한 A~C의 견해가 제시되고 있으므로 공통점과 차이점을 바탕으로 정리하고, 선택지에 대입하면 풀이할 수 있다.

02

정답 | ⑤

정답풀이 |

두 번째 문단의 '입수 초기에는 장갑을 낄 때나 안 낄 때나 손의 열손실이 증가하는데 장갑을 낄 때보다 안 낄 때 더 빠르게 증가한다. 그런데 입수 초기가 지나면 손의 열손실은 시간에 따라 점차 감소하는데 장갑을 낄 때보다 안 낄 때 더 빠르게 감소한다. 그래서 입수 후 약 20분이 지나면 손의 열손실이 장갑을 낄 때보다 안 낄 때 더 작아지는 기현상이 생긴다'를 통해 장갑을 낄 때에도 손의 열손실은 시간이 지남에 따라 증가한 후 감소하며, 다만 장갑을 낄 때보다 안 낄 때 손의 열손실이 더 빠르게 증가하고 더 빠르게 감소할 뿐임을 알 수 있다.

오답풀이 |

① 첫 번째 문단의 '손의 온도가 떨어지면 움직임이 둔해지고 정확도가 떨어지므로 물속에서의 작업 수행 능력이 감소된다'를 통해 손의 온도가 해녀의 작업 수행 능력에 영향을 준다는 것을 알 수 있다.

② 세 번째 문단에 따르면 장갑을 안 낄 때 손과 팔의 열절연도가 빠르게 증가하여 시간이 지나면 손과 팔의 열손실이 장갑을 낄 때보다 안 낄 때 더 작아진다고 하였으므로, 장갑의 착용 여부가 손과 팔의 열손실에 영향을 준다는 것을 알 수 있다.

③ 두 번째 문단의 '입수 초기에는 장갑을 낄 때나 안 낄 때나 손의 열손실이 증가하는데 장갑을 낄 때보다 안 낄 때 더 빠르게 증가한다'를 통해 알 수 있다.

④ 세 번째 문단의 '입수 후 손의 열절연도는 장갑을 낄 때보다 안 낄 때 더 빠르게 증가하여'를 통해 알 수 있다.

TIP

㉠에 대한 진술 중 적절하지 않은 것을 찾는 문제이므로, 우선 ㉠의 앞뒤 문맥부터 파악해야 한다. ㉠의 앞뒤 내용인 '장갑 착용은 작업 능률을 향상시킬 것으로 생각되는데 수온이 낮은 겨울철에도 해녀들이 잠수 장갑을 끼지 않는 데는 어떤 이유가 있을 것이다. 그 이유를 알아보기 위하여 ㉠겨울철 해녀의 작업 시 장갑 착용이 손의 열손실에 어떤 영향을 미치는지 연구하였다'는 글의 진행 방향을 알려주고 있다. 더불어 ㉠의 내용이 글 전체를 관통하고 있어, 부분이 아닌 전체 문맥을 고려해야 함을 알 수 있다. 즉 '세부 내용 파악' 유형에 해당하므로, 선택지를 키워드화한 후, 끊어 읽기를 통해 소거하는 식으로 접근해야 한다. 선택지 ③, ④, ⑤는 출제자의 패턴 중 '⑷ 비교급의 활용'에 의한 것으로, 비교되는 두 대상인 '장갑을 낄 때'와 '장갑을 안 낄 때'의 열손실에 대한 내용에 초점을 맞추어 풀이할 수 있다.

03

정답 | ①

정답풀이 |

ㄱ. '기차가 고장나지 않음'이라는 사건이 부재한 것과 '영지의 지각'이라는 사건이 발생하는 것 사이에는 의존 관계가 성립한다. 따라서 영지가 지각한 원인을 '기차의 고장'으로도 보아도 이러한 판단은 상식적 판단과 일치한다. 그런데 '새벽 3시에 일어나 직장에 걸어감'이라는 사건이 부재하는 것과 '영지의 지각'이라는 사건이 발생하는 것 사이에도 의존 관계는 성립하지만, 이와 같은 부재를 인과의 원인으로 볼 경우, 이와 상관없는 수많은 사건의 부재 역시도 원인으로 받아들여야 하는 문제가 발생한다. 이는 ㉠에서 말한 문제와 동일하므로, ㉠에 해당하는 사례로 적절하다.

오답풀이 |

ㄴ. 영수가 야구공을 던져서 유리창을 깬 사례이므로, 어떤 사건이 부재하여 일어난 결과가 아니므로 '부재 인과'에 해당하지 않는다. 따라서 ㉠의 사례로는 적절하지 않다.

ㄷ. '햇빛 차단'이 '화분의 식물이 시들어 죽음'의 원인이라고 하였다. 그런데 햇빛이 있다고 하더라도 지속적으로 쪼이면 이 역시 식물이 시들어버릴 수 있다고 하였다. 즉 사건의 부재가 다른 사건의 원인이라고 보는 '부재 인과'에 해당하는 사례라고 보기는 어렵다. 따라서 ㉠의 사례로는 적절하지 않다.

TIP

사례 적용 유형은 사례를 이끌어 내야 할 대상부터 체크해야 한다. 이 문제는 ㉠인 '문제'의 사례를 찾는 것이므로, 이에 대한 정보부터 정리해야 한다. 즉 조건화를 해야 한다. ㉠과 관련된 내용을 조건화하면 다음과 같다.

1) 부재인과: 사건의 부재가 다른 사건의 원인이라는 주장
2) 사건의 부재가 원인이 되어 사건이 발생한 것 사이에 의존 관계가 성립 → 상식적 판단과 일치
3) 문제: 부재 인과를 인과로 받아들이면, 원인이 아닌 수많은 부재마저도 원인으로 받아들여야 함. → 인과 관계를 의존 관계로 파악해서는 안 됨.

조건을 명확히 할수록, 사례를 판단하기에 용이하다. 위의 조건에 모두 부합하는 것은 'ㄱ'뿐이다.

04

정답 | ⑤

정답풀이 |

주어진 글의 견해를 정리하면 다음과 같다.

- 진리 중립성 논제
  1) 올바른 문법 형식을 갖추어 의미를 해석할 수 있는 자료 → 정보
  2) 내용이 어떤 상태의 표상이든, 참이든, 거짓이든 상관 ×
- 진리성 논제
  1) 올바른 문법 형식을 갖춘, 의미 있는 자료 → 정보
  2) 참인 자료만 정보

㉠인 '진리성 논제'의 관점에서는 정보란 '올바른 문법 형식을 갖춘, 의미 있고 참인 자료'를 뜻한다. 세 번째 문단의 "진리성 논제를 비판하는 사람들은 틀린 '정보'도 정보로 인정되어야 한다고 말한다. 자료의 내용이 그것을 이해하는 주체의 인지 행위

에서 분명한 역할을 수행한다는 이유에서다"를 참고할 때, ㉠의 비판으로 적절한 것은 '참'이 아닌 '거짓'인 정보도 정보의 기능을 할 수 있다는 내용이 들어가야 한다. 따라서 정답은 ⑤이다.

오답풀이 |

① '정보'라는 표현이 '참, 거짓' 상관없이 일상적으로 사용되는 사례는 ㉠이 아닌 '진리 중립성 논제'에 의한 것이다. 따라서 이를 부정한 것은 ㉠의 비판으로 보기 어렵다.
② '진리 중립성 논제'와 '진리성 논제' 모두 정보는 '올바른 문법 형식을 갖춘' 것을 요구하고 있다. 따라서 올바른 문법 형식을 갖추지 못한 자료는 정보라는 지위에 도달할 수 없다는 것은 두 논제 모두를 옹호하는 내용이다.
③ 두 번째 문단에 따르면 진리성 논제에서 정보란 '올바른 문법 형식을 갖춘, 의미 있고 참인 자료'이다. 따라서 '사실과 다른 내용의 자료를 숙지하고 있는 사람은 정보를 안다고 볼 수 없다'는 내용은 ㉠을 비판하는 것이 아니라 옹호하는 내용이다.
④ 내용이 거짓인 자료를 토대로 행동했을 때 결과가 어떠하다는 것은 정보의 자격에 대한 논쟁과 무관하다.

TIP

지문에서 두 대상 이상이 주어질 경우, 그 차이점을 중심으로 서술되는 것이 일반적이다. 예를 들어 A와 B가 제시되고, 그 둘의 공통점과 차이점이 서술될 경우 A에 대한 비판은 B가 될 가능성이 높아진다. 두 대상은 대조점을 가지고 있기 때문이다.
주어진 문제 역시 '진리 중립성 논제'와 '진리성 논제'가 대조되고 있으므로, ㉠인 '진리성 논제'에 대한 비판으로 적절한 것은 '진리 중립성 논제'의 견해를 고르면 된다.

05

정답 | ②

정답풀이 |

주어진 글의 내용 중 '세균'의 종류를 정리하면 다음과 같다.

<table>
<tr><td>절대 호기성 세균</td><td colspan="3">산소 호흡, 산소 내성○, 산소 농도↑생존 가능</td><td rowspan="2">산소 농도↓, 산소 × → 생존×</td></tr>
<tr><td>미세 호기성 세균</td><td colspan="3">산소 호흡, 산소 내성○, 산소 농도↑생존 가능: 절대 호기성>미세 호기성</td></tr>
<tr><td>통성 세균</td><td colspan="4">산소 내성○, 산소○ → 산소 호흡, 산소× → 발효 과정
에너지 발생: 산소 호흡>발효 과정</td></tr>
<tr><td rowspan="2">혐기성 세균</td><td rowspan="2">산소 호흡×, 발효 과정</td><td>내기 혐기성 세균</td><td colspan="2">산소 호흡×,
산소 내성○
산소 → 생장에 무관</td></tr>
<tr><td>절대 혐기성 세균</td><td colspan="2">산소 호흡×,
산소 내성×
산소 → 사멸</td></tr>
</table>

이를 바탕으로 하면, '㉠(절대 호기성 세균), ㉡(절대 혐기성 세균), ㉢(통성 세균), ㉣(미세 호기성 세균), ㉤(내기 혐기성 세균)'임을 알 수 있다. 따라서 ㉡에서 자란 세균, 즉 절대 혐기성 세균은 '발효 과정으로 에너지를 만들어 낸다'는 설명은 적절하다.

오답풀이 |

① ㉠은 '통성 세균'이 아닌 '절대 호기성 세균'이 자란 시험관이다.
③ ㉢에서 자란 세균은 '통성 세균'이므로, 산소에 대한 내성이 있다.
④ ㉣에서 자란 세균은 '미세 호기성 세균'이므로, 산소 호흡을 할 수 있다.
⑤ ㉣은 '미세 호기성 세균'이고, ㉤은 '내기 혐기성 세균'이다. 따라서 ㉣은 '혐기성 세균'이 자란 시험관이 아니다.

TIP

㉠~㉤에 대한 설명으로 적절한 것을 묻고 있으므로, 각각의 특성 및 차이점을 기준으로 정리해야 한다. 주어진 글의 마지막 문단에서 언급한 '시험관 배양액의 산소 농도는 시험관 아래쪽으로 갈수록 감소하며, 시험관의 맨 아래쪽에는 산소가 거의 없다'를 통해 시험관 비교의 핵심이 '산소'임을 알 수 있다. 따라서 그림과 주어진 글의 세균에 대한 내용을 매칭하면 '㉠(절대 호기성 세균), ㉡(절대 혐기성 세균), ㉢(통성 세균), ㉣(미세 호기성 세균), ㉤(내기 혐기성 세균)'임을 알 수 있고, 이를 통해 선택지를 분석하면 된다.
이처럼, 여러 기호가 제시되는 경우 각 기호가 뜻하는 바를 정리하는 동시에 차이점에 초점을 두고 풀이에 임해야 한다. 대부분 두 대상 이상이 제시되는 경우 그 차이점을 제대로 인지하고 있는지를 묻는 경우가 많다. 더불어 〈그림〉이 있는 문제는 정보량이 많거나, 〈그림〉이 없을 경우 이해가 어려운 지문일 가능성이 높다. 그래서 〈그림〉과 관련된 정보가 나올 경우에는 해당 그림에 간단한 표시를 하면서 읽는 것이 이해도를 높일 뿐만 아니라, 선택지 판단에도 도움이 된다.

06

정답 | ④

정답풀이 |

세 번째 문단의 "도덕적으로 잘못된 것을 용인하는 것은 그 자체가 도덕적으로 잘못이라고 보는 것이 마땅하다. 결국 우리는 관용적일수록 도덕적으로 잘못을 저지르게 될 가능성이 높아지게 되는데 이는 역설적이다."를 통해 ㉠의 사례로 가장 적절한 것은 ④임을 알 수 있다.

TIP

사례 적용 유형은 사례를 이끌어 내야 할 대상부터 체크해야 한다. 이 문제는 ㉠인 '역설'의 사례를 찾는 것이므로, 이에 대한 정보부터 정리해야 한다. 즉 조건화를 해야 한다. 우선 ㉠의 앞뒤 문맥을 바탕으로 살펴보면, '역설'은 종교에 대한 관용에 대한 내용이면서 동시에 용인하는 믿음이나 관습의 내용에 일정한 한계가 있어야 함을 확인할 수 있다. 즉 종교에 대한 관용임에도 그 믿음이나 관습의 내용으로 인해 역설이 발생하는 경우를 찾아야 한다. 해당 내용만으로도 풀이가 가능하지만, 전체 내용을 조건화하면 다음과 같다.

1-1) 관용의 본질적 요소 첫 번째: 관용의 대상이 되는 믿음이나 관습을 거짓이거나 잘못된 것으로 여김.

1-2) '무관심'과 '승인'은 관용이 아님

2) 관용의 본질적 요소 두 번째: 관용의 대상을 용인하거나 최소한 불간섭해야 함.

3) 역설 사례1: 자국 문화를 제외한 다른 문화를 모두 미개하다고 보지만, 폄하하려는 욕구를 자제할수록 더 관용적이라고 평가하는 것

4) 역설 사례2: 잘못이라고 믿는 수많은 믿음을 모두 용인하는 경우, 용인하려는 믿음이 많을수록 더 관용적이라고 보는 것

5) 도덕적으로 잘못된 것으로 판단하는 믿음까지 용인하는 것은 그 자체가 잘못이므로, 이러한 관용은 역설적임

이를 선택지에 대입하면, ①은 1-2)에 해당하므로 관용이라고 볼 수 없고, ②는 용인하지 않고 배척하는 것이므로 관용적이라고 볼 수 없으며, ③은 반대의 사례에 대한 내용이므로 적절하지 않으며, ⑤는 5)에 해당하지 않으므로 적절하지 않게 되는 것이다.

07

정답 | ②

정답풀이 |

ㄴ. 첫 번째 문단에 따르면 '기관 간 약정'은 '국가를 제외한 정부기관이 동일 또는 유사 업무를 수행하는 외국의 정부기관과 체결하는 합의'로, '서명은 해당 기관의 장이 하는 것이 원칙'이며, '기관 간 약정을 조속히 체결할 필요성이 있으나 양국 관계부처 간의 방문 계획이 없어서 체결이 지연되고 이로 인해 양국 관계부처 간 불편이 야기될 가능성이 있는 등의 경우에는, 우편으로 서명문서를 교환'이 가능하다고 하였다. A국의 산업통상자원부와 B국 자원 개발부가 체결한 협정은 국가를 제외한 정부기관이 유사 업무를 수행하는 외국의 정부기관과 체결한 약정이며, 해당 기관의 장이 서명을 하였고, 양국 관계부처 간의 방문 계획이 없어서 우편으로 서명문서를 교환한 것이므로 ㉠의 사례로 적절하다.

오답풀이 |

ㄱ. 두 번째 문단에 따르면 '해당 기관의 장이 사정상 직접 서명할 수 없어서 그의 위임을 받은 고위직 인사가 서명을 대신할 때, 정부기관장 명의의 전권위임장을 만들어 제출하는 경우가 있는데, 이는 적절하지 않다'고 하였으므로, ㉠의 사례로는 적절하지 않다.

ㄷ. 두 번째 문단에 따르면 '기관 간 약정에 서명을 할 때 양국 정상이 임석하는 경우가 있는데, 이는 기관 간 약정이 양국 간의 조약으로 오해될 소지가 있으므로 부적절하다'고 하였으므로, ㉠의 사례로는 적절하지 않다.

TIP

사례 적용 유형은 사례를 이끌어 내야 할 대상부터 체크해야 한다. 이 문제는 ㉠인 '기관 간의 약정'의 사례를 찾는 것이므로, 이에 대한 정보부터 정리해야 한다. 즉 조건화를 해야 한다. ㉠과 관련된 내용을 조건화하면 다음과 같다.

1) 국가를 제외한 정부기관이 외국의 정부기관과 체결하는 합의 – 법적 구속력 ×

2) 서명의 원칙은 해당 기관의 장, 우편 혹은 외교통상부 재외공관을 통해 서명문서 교환 ○
   – 예외: 위임받은 해당 기관의 고위직 인사가 서명할 수 있음. 단, 전권위임장 제출 ×

3) 약정 시 양국 정상 임석 ×

조건을 명확히 할수록, 사례를 판단하기에 용이하다. 위의 조건에 모두 부합하는 것은 'ㄴ'뿐이다.

08

정답 | ①

정답풀이 |

주어진 글의 논지는 스마트폰으로 보강된 인지 능력도 스마트폰을 사용하는 인간의 인지 능력으로 평가해야 한다는 것이다. 그런데 '보강된 인지 능력', 즉 '메모를 참고하여 기억력 시험 문제에 답하는' 상황에서 '답을 기억한다고 인정하지 않는다'는 것은 핵심 논지와 상반되는 내용이므로, 논지를 비판하는 진술로 적절하다.

오답풀이 |

② 종이와 연필의 사용으로 보강된 인지 능력을 자신의 인지 능력으로 인정해야 한다는 진술은 스마트폰으로 보강된 인지 능력도 스마트폰을 사용하는 인간의 인지 능력이라고 평가해야 한다는 주어진 글의 논지를 옹호한다.

③ 스마트폰의 원격 접속 기능으로 정보를 알아낼 수 있다는 사례는 주어진 글의 논지와 무관하다. 따라서 논지를 비판하는 진술로 적절하지 않다.

④ 스마트폰의 기능이 두뇌 속에서 작동하느냐 안 하느냐는 주어진 글의 논지와 무관하다. 따라서 논지를 비판하는 진술로 적절하지 않다.

⑤ 스마트폰의 기능을 통해 인지 능력을 보강하는 사례이므로, 주어진 글의 논지를 비판한다고 보기 어렵다.

TIP

비판 유형에서 긍정 발문은 주어진 글의 주장에 대한 비판이어야 한다. 주어진 글은 마지막 문장인 '이처럼' 뒷 문장이 핵심이다. 따라서 이에 대한 반박을 담은 ①이 정답이 된다.

09

정답 | ④

정답풀이 |

㉠을 선택한 자는 '자신이 인간이었다는 기억 자체를 포기하는 인간'이다. 그래서 인간이 고유의 본질을 갖고 있다고 믿지 않는다. 따라서 자신의 정체성을 분열되었음을 직시한다고 보기 어렵다. 오히려 이는 '인간이라는 본질을 계속 기억하는 일'을 조건으로 내세운 두 번째 문단의 인간형에 대한 설명에 가깝다.

오답풀이 |

① 세 번째 문단의 '망각의 전략'에 대한 설명에 따르면 '그는 그에게 발생한 변화를 받아들인다'고 하였다. 따라서 '물화된 세계를 비판 없이 받아들인다'는 ㉠에 해당한다.

② 세 번째 문단의 '망각의 전략'에 대한 설명에 따르면 '인간이 고유의 본질을 갖고 있다고 믿는 것 자체가 현실적인 변화를 포기하는 것'이라고 하였다. 즉 ㉠을 선택한 인간은 인간이 가진 고유의 본질을 버리고, 변화를 꾀한다고 보아야 한다.

③ 네 번째 문단의 '망각의 전략'에 대한 설명에 따르면 '소외된 현실이 가져다주는 비참함으로부터 눈을 돌리게 된다'고 하였다. 즉 ㉠을 선택한 인간은 왜곡된 현실을 자기합리화하여 수용한다고 볼 수 있다.

⑤ 세 번째 문단의 '망각의 전략'에 대한 설명에 따르면 '그는 그에게 발생한 변화를 받아들이고 그것을 새로운 현실로 인정하며 그 현실에 맞는 새로운 언어를 얻기 위해 망각의 정치학을 개발한다'고 하였다. 따라서 '소외된 상황에 적응할 수 있는 언어를 찾는다'는 ㉠에 해당한다.

TIP

특정 내용 판단 및 분석 유형은 일반적으로 세부 내용 파악 혹은 주어진 내용 추론 유형과 그 접근법이 유사하다. 다만 주요하게 읽어야 할 대상이 주어진 상태에서의 추론이기 때문에 비교적 쉽게 강약을 구분하며 독해할 수 있다. 이 문제도 ㉠인 '망각의 전략'에 집중해서 풀이할 수 있다.

흔히 지문에서 두 대상 이상이 주어질 경우, 그 차이점을 중심으로 서술되는 것이 일반적이다. 예를 들어 A와 B가 제시되고, 그 둘의 공통점과 차이점이 서술될 경우 A에 대한 비판은 B가 될 가능성이 높아진다. 두 대상은 대조점을 가지고 있기 때문이다. 이 문제 역시 '망각의 전략'과 '인간이라는 본질을 계속 기억하는 방식을 통해 구원을 기다리는 유형'으로 나누어 서술되고 있다. 따라서 ㉠에 해당하지 않는 것은 나머지 하나의 유형에 대한 정보이거나 혹은 주어진 글에서 알 수 없거나, 틀린 정보일 가능성이 높다. 따라서 ㉠이 아닌 '인간이라는 본질을 계속 기억하는 방식을 통해 구원을 기다리는 유형'에 해당하는 ④가 정답이다. 물론 ㉠에 해당하지 않는 것을 고르는 문제이므로, ㉠에 대한 이해가 선행되어야 한다.

10

정답 | ④

정답풀이 |

주어진 글의 논증을 정리하면 다음과 같다.

- 전제1: 멸종된 것을 포함하여 5억 년 전 이후 지구상에 출현한 생물종은 1억 종이다.
- 전제2: 5억 년을 100년 단위로 자르면 500만 개의 단위로 나눌 수 있다. 이것은 새로운 생물종이 평균적으로 100년 단위마다 약 20종이 출현한다는 것을 의미한다.
- 전제3: 하지만 지난 100년간 생물학자들은 지구상에서 새롭게 출현한 종을 찾아내지 못했다.
- 결론: 이는 한 종에서 분화를 통해 다른 종이 발생한다는 진화론이 거짓이라는 것을 함축한다.

그런데 ④는 논증 과정과 무관한 내용을 담고 있으므로, 비판으로는 적절하지 않다.

오답풀이 |

① 전제2와 전제3으로부터 결론에 이르는 과정에 대한 비판 내용이다. 해당 내용은 평균일 뿐이므로 이를 바탕으로 진화론이 거짓이라는 결론을 내리기는 어렵다는 것이다.

② 전제1에 대한 비판이다.

③, ⑤ 전제3을 통해 결론을 이끌어내는 것이 부당하다고 보고 있으므로, 비판으로 적절하다.

TIP

비판 유형에서 부정 발문은 주어진 글의 주장을 옹호하거나 잘못된 내용을 제시하거나, 관련 없는 내용을 제시하는 경우가 정답일 가능성이 높다는 것을 전제로 선택지를 파악하면 된다. 달리 말하자면 주어진 글의 주장뿐만 아니라 논거나 논증 과정에 대한 비판은 모두 옳다고 판단해야 한다. ④는 주어진 내용과 관련 없는 내용이므로, 비판으로 적절하지 않다.

기출 유형 7 | 실무 영역 지문의 활용 P. 212

01	02	03	04	05	06	07	08	09	10
②	②	⑤	④	③	③	①	⑤	④	④

01

정답 | ②

정답풀이 |

주어진 대화는 '개인형 이동장치 사고 급증의 원인'에 대한 것으로 각각의 주장을 살펴보면 다음과 같다.

- 을: 원동기 면허
- 병: 경음기 부착
- 정: 인프라 부족

ㄴ. '병'은 경음기 부착 여부가 사고 발생 확률의 유의미한 영향을 미친다고 하였으므로, 경음기 부착과 미부착을 나눠 평균 사고 발생 건수를 분석한 결과는 자신의 의견을 검증하기 위한 자료로 적절하다.

오답풀이 |

ㄱ. '을'은 원동기 면허가 없는 사람들이 개인형 이동장치를 운행함으로써 그들의 안전 의식 부족을 사고의 원인으로 파악하고 있다. 따라서 이를 검증하기 위해 필요한 자료는 면허 취득 여부에 따른 사고 발생 건수를 알아봐야 한다. 하지만 ㄱ은 미성년자와 성인의 원동기 면허 취득 비율을 제시하고 있으므로 해당 주장을 뒷받침하는 자료로는 적절하지 않다.

ㄷ. '정'은 인프라가 부족하다는 점을 사고의 원인으로 파악하고 있다. 따라서 이를 검증하기 위해 필요한 자료는 인프라가 갖추진 곳과 그렇지 않은 곳의 사고 발생 건수를 비교하는 자료가 필요하다. 그런데 ㄷ은 단순히 개인형 이동장치가 등록 대수를 비교했을 뿐이므로 해당 주장을 검증하기 위한 자료로는 적절하지 않다.

TIP

각 주장이 각 선지와 1:1로 매칭되므로 확인하기가 용이하다. 주장에 대한 문제는 늘 핵심에 대한 파악이 우선 이뤄져야 하는데, 근거에 매몰될 경우 오답을 할 경우가 많다. ㄱ의 경우 핵심은 원동기 면허인데, '19세 미만 미성년자도'라는 근거에 초점을 맞출 경우 헷갈릴 가능성이 높은 것이다. 이에 유의한다면 해당 문제 유형의 매력적인 오답에 속지 않을 수 있다.

02

정답 | ②

정답풀이 |

대화의 빈칸에 들어갈 내용은 민원인의 B보조금 신청 자격과 관련된 내용 중 '추가'에 해당하는 내용이다. 따라서 기존의 자격 요건인 '민원인의 농업인 및 농지 등록 여부'는 확인할 필요가 없다. 따라서 '제한 사항'만 확인하면 된다.

'을'은 '제한 사항'으로 '전년도에 A보조금을 부정한 방법으로 수령'한 경우를 들고 있다. 다만 부정한 방법으로 수령했다고 한정되더라도 수령인이 일정 기간 동안 이의를 제기할 수 있고, '이의 제기 심의 기간에는 수령인의 부정한 방법으로 수령하지 않은 것'으로 본다고 하였다. 따라서 '민원인의 부정 수령 판정 여부'와 '민원인의 이의 제기 여부'는 반드시 확인되어야 한다. 더불어 A보조금 부정 수령 판정 이의 제기 신청 결과 1건이 인용, 9건이 기각, 1건이 심의 절차가 진행 중이라고 하였으므로, '갑'은 민원인이 '기각'에 해당하는지 여부만 추가로 확인하면 된다. 왜냐하면 이의 제기가 인용되었거나 심사 절차가 진행 중인 상황에서는 부정한 방법으로 수령한 것으로 보지 않으므로, 민원인은 B보조금 신청 자격에 해당한다고 볼 수 있기 때문이다.

TIP

7급에서 자주 등장하는 대화형 문제이다. 크게 보아 빈칸 추론 유형에 해당하므로 앞뒤에서 주요 단서를 찾고, 그와 관련된 내용을 대화 속에서 이끌어 내면 된다. 단, 대부분 민원인이 요청한 사항에 대한 답변이므로 '예외'에 해당하는 사항을 꼼꼼하게 살펴볼 필요가 있다. 이처럼 자료해석형은 '다만, 예외, *, 수치' 등과 관련된 내용은 필수 출제 요소가 된다.

03

정답 | ⑤

정답풀이 |

문맥상 빈칸에는 '갑'의 질문인 「학생인권조례」와 학칙이 어긋날 때 법적 판단을 어떻게 해야 하는지에 대한 답변이 들어가야 한다. 그리고 '을'의 답변에 대해 '갑'이 교육법 교육법 제8조제1항과 제10조제2항을 들어 '법령'과 '조례'가 구분되는 것으로 보아야 하는 게 아니냐는 반대 의견을 보이고 있다. 즉 빈칸에는 '법령'과 '조례'가 구분되지 않으며, 「학생인권조례」에 어긋나는 내용은 법적으로 옳지 않다는 내용이 들어가야 한다. 따라서 교육법에 근거하여 만들어진 「학생인권조례」의 내용에 반하는 학칙은 교육법에 저촉된다는 내용이 들어가는 것이 가장 자연스럽다.

오답풀이 |

① '갑'의 질문에 대한 답변으로 적절하지 않으므로 빈칸에 들어갈 내용으로도 적절하지 않다. 해당 내용은 '을'의 마지막 답변을 보충할 만한 내용에 더 적합하다.

② '을'의 세 번째 답변에서 교육법 제8조제1항에서의 법령에는 조례가 포함된다고 해석하고 있으며'라고 하였으므로, 법령에 조례가 포함된다고 해석할 여지가 있으므로 내용상 적절

하지 않다. 따라서 빈칸에 들어갈 내용으로도 적절하지 않다.

③ '을'의 세 번째 답변에 따르면 교육법 제10조제2항의 조례는 법령의 위임을 받아 제정되는 위임 입법이라고 하였다. 하지만 주어진 대화 속에서 교육법 제10조제2항의 내용이 제시된 것이 아니기 때문에 조례가 입법 목적이나 취지와 관계없이 법령에 포함되는지 여부는 알 수 없으며, '갑'의 질문에 대한 답변으로도 적절하지 않다.

④ '을'의 마지막 답변에 따르면 「학생인권조례」는 교육법 제18조의4에서 학생의 인권을 보장하도록 규정한 것을 따라 같은 취지로 제정된 조례라고 하였다. 따라서 「학생인권조례」가 교육법에 어긋나는 규정이 있다고 볼 수 없다.

TIP

7급에서 자주 등장하는 대화형 문제이다. 크게 보아 빈칸 추론 유형에 해당하므로 앞뒤 문맥에서 주요 단서를 찾고, 그와 관련된 내용을 대화 속에서 이끌어 내면 된다. 이 문제는 '갑'의 두 번째 질문에 대한 답변이므로, 「학생인권조례」와 학칙이 어긋날 경우의 법적 판단에 대한 내용이 들어가야 한다. 더불어 빈칸 뒤의 '갑'의 답변으로 볼 때, '법령과 조례'가 구분되지 않는다는 내용 역시 포함되어야 한다. 이를 바탕으로 정답을 ⑤로 찾을 수 있다.

04

정답 | ④

정답풀이 |

ㄴ. 쟁점 2는 제○○조제1항-1과 제2항에 대한 사항으로 '갑'처럼 B를 △△국 국민으로 생각한다면 제1항-1에 따라 비주거자로 보아야 하고, '을'처럼 B를 외국인이라고 본다면 제2항에 따라 미국에서 3개월 이상 체재한 것이 아니므로 거주자로 보아야 한다. 따라서 해당 설명은 옳다.

ㄷ. 쟁점 3은 제○○조제1항-1과 제1항-3에 대한 사항으로 D는 외국인과 혼인하여 5개월째 체재하고 있으므로 제○○조 제1항 제3호에는 적용되지 않는다. 따라서 제○○조 제1항 제1호에 따라, 길거리 음악 연주가 영업활동에 해당한다면 D는 비주거자가 되지만, 영업활동에 해당하지 않는다면 D는 비거주자가 아니다. 따라서 〈보기〉에 따라 D의 '길거리 음악 연주'를 영업 활동이 아닌 것이라고 확정된다면, D는 비거주자가 아니므로 갑의 주장은 그르고 을의 주장은 옳다.

오답풀이 |

ㄱ. 쟁점1은 제○○조제1항-2와 관련된 사항으로 〈보기〉에 따라 '3개월 이내의 기간'을 귀국할 때마다 체재한 기간의 합으로 확정된다면 매년 여름방학과 겨울방학에 일시 귀국하여 2개월씩 체재한 A씨는 2년 동안 8개월을 국내에 거주한 것이 되므로, 외국 거주 기간은 약 1년 5개월이 된다. 이에 따르면 '2년 이상 외국에 체재한 사람'이라는 조건에 부합하지 않으므로 'A는 △△국 거주자'로 보아야 하므로 갑의 주장은 그르고 을의 주장은 옳다.

TIP

논쟁과 관련된 법령이 제시되고, 각 논쟁과 〈보기〉의 해석이 1:1로 매칭되므로, '글의 수정' 유형에 따라 풀이할 수 있다. 즉 논쟁의 핵심에 대해 집중하여 연결고리를 놓치지 않는다면 비교적 수월하게 풀이할 수 있다.

05

정답 | ③

정답풀이 |

ㄱ. A에 유사 사례 유무를 따지는 기준이 들어가면, B에는 입법 예고 완료 여부를 따지는 기준이 들어가야 한다. 이를 바탕으로 표를 채우면 다음과 같다.

조례안 / 기준	(가)	(나)	(다)
유사 사례 유무	㉠ 있음	㉡ 있음	㉢ 없음
입법 예고 완료 여부	㉣ 미완료	㉤ 완료	㉥ 미완료

따라서 ㉣과 ㉥은 '미완료'로 같으므로 적절한 판단이다.

ㄴ. B에 따라 을에 대한 갑의 보고 여부가 결정된다면, B는 유사 사례 유무를 따지는 기준이 들어가야 한다는 것이고, A에는 입법 예고 완료 여부를 따지는 기준이 들어가야 한다. 이를 바탕으로 표를 채우면 다음과 같다.

조례안 / 기준	(가)	(나)	(다)
입법 예고 완료 여부	㉠ 미완료	㉡ 완료	㉢ 미완료
유사 사례 유무	㉣ 있음	㉤ 있음	㉥ 없음

따라서 ㉠과 ㉢은 모두 '미완료'로 같으므로 적절한 판단이다.

오답풀이 |

ㄷ. ㉣과 ㉤이 같다는 것은 B에 유사 사례 유무를 따지는 기준이 들어가야 한다는 것이다. A에 입법 예고 완료 여부를 따지는 기준이 들어간다면, ㉠은 '미완료'이고, ㉡은 '완료'이므로 같지 않다. 따라서 적절한 판단으로 볼 수 없다.

TIP

어떠한 기준을 제시하고, 〈표〉에 대한 판단을 묻는 유형이다. 흔히 법령이나 규정 등을 제시한 후 그를 적용하라는 것이 일반적이고, 어떠한 공무 처리 과정을 제시한 후 그를 적용하는 경우도 출제된다. 난도가 높기보다는 헷갈림을 유발하는 경우가 많으므로 기준을 명확히 구분하여 적용하는 연습이 필요하다.

06

정답 | ③

정답풀이 |

'㉠ 필요한 자료'에는 회의에서 논의된 내용을 확인하기 위한 자료를 뜻한다. 회의에서 논의된 내용을 정리하면 다음과 같다.

갑: [주제 제시] '일반 스포츠강좌 지원사업'에 비해 '장애인 스포츠강좌 지원사업' 집행 실적이 저조한 까닭은?

을: 장애인 수에 비해 장애인 대상 가맹 시설 수가 비장애인의 경우보다 적다.

병: 바우처 지원액이 너무 적다. → 자기 부담금이 커서 이용하기 어렵다.

정: 주요 연령대가 사업에서 제외되었다. → 장애인은 고령자 인구 비율이 높으므로 대상 연령의 상한을 기존 만 49세에서 만 64세로 높여야 한다.

이와 관련된 자료를 〈보기〉에서 찾으면 ㄱ은 '을'의 견해와 적합하고, ㄴ은 '병'의 견해에 부합한다.

오답풀이 |

ㄷ. 같은 연령대의 장애인과 비장애인 그룹의 고령자 중 스포츠강좌 수강을 희망하는 인구 비율을 비교한 자료는 회의에서 논의된 내용과 무관하다. '정'의 견해를 뒷받침하기 위해서는 만 50세에서 만 64세까지의 장애인 인구 비율이 비장애인 인구 비율보다 높은지 확인할 수 있는 자료를 제시하는 것이 적절하다.

TIP

특정 사안에 대한 회의 내용이나 민원인의 요구에 대한 답변을 하기 위한 대화(회의) 내용을 제시한 후 그에 대한 자료나 답변을 구하는 유형이다. 이 문제와 같이 특정 사안에 대한 해결책을 〈보기〉와 비교하는 문제는 제시된 의견과 〈보기〉의 내용을 매칭하듯 살펴보는 것이 중요하다. 특히 '추가'되거나 '삭제'되지 않았는지, 상관없거나 왜곡되진 않았는지 확인해야 한다. 이 문제의 'ㄷ'은 '장애인의 연령대를 비교'하는 것인데 '비장애인'과 비교하는 내용이 추가된 것이므로 적절하지 않은 내용이 되는 것이다.

07

정답 | ①

정답풀이 |

ㄱ. 갑의 첫 번째 발언에 따르면 '조(粗)출생률은 인구 1천 명당 출생아 수를 의미한다'고 하였고, 세 번째 발언에서 '조출생률과 달리 합계 출산율은 성비 및 연령 구조에 따른 출산 수준의 차이를 표준화할 수 있는 장점이 있다'고 하였다. 즉 조출생률은 전체 인구 대비 여성의 비율은 고려되지 않음을 알 수 있다.

오답풀이 |

ㄴ. 갑의 세 번째 발언인 '조출생률과 달리 합계 출산율은 성비 및 연령 구조에 따른 출산 수준의 차이를 표준화할 수 있는 장점이 있습니다. 예를 들어, 이스라엘의 합계 출산율은 3.0인 반면 남아프리카공화국은 2.5가량입니다. 하지만 조출생률은 거의 비슷하지요'를 통해 두 나라가 인구수와 조출생률에 차이가 없더라도 각 나라의 합계 출산율은 다를 수 있음을 알 수 있다.

ㄷ. 갑의 두 번째 발언에 의하면 합계 출산율은 여성 한 명이 평생 동안 낳을 것으로 예상되는 출생아 수를 의미하며, 여성 1명이 출산 가능한 시기를 15세부터 49세까지로 가정한 후 그 사이의 각 연령대 출산율을 모두 합해서 얻는다고 하였다. 따라서 합계 출산율은 '일생 동안 출산한 출생아 수'가 아닌 평생 동안 '낳을 것으로 예상되는 출생아 수'를 바탕으로 산출됨을 알 수 있다.

TIP

〈보기〉가 제시되는 문제는 〈보기〉의 내용을 우선 고려하여 주어진 글의 어떤 부분에 집중해서 읽어야 할지 판단하는 것이 중요하다. 이 문제 역시도 〈보기〉에서 '조출생률'과 '합계출산율'에 대한 판단을 묻고 있는 것을 파악할 수 있다. 따라서 주어진 대화에서 각각의 개념에 대한 명확한 판단을 기준으로 풀이할 수 있다. 특히 두 개념을 비교하는 부분에 집중해야만 헷갈리는 내용을 구분하기 용이하다.

08

정답 | ⑤

정답풀이 |

을의 첫 번째 발언에 따르면 '「부정청탁 및 금품 등 수수의 금지에 관한 법률」(이하 '청탁금지법')에서는, 공직자가 부정 청탁을 받았을 때는 명확히 거절 의사를 표현해야 하고, 그랬는데도 상대방이 이후에 다시 동일한 부정 청탁을 해 온다면 소속 기관의 장에게 신고해야 한다고 규정'하고 있다. 따라서 갑은 C의 부정청탁을 거절한 상태이므로 해당 내용을 신고할 의무는 없지만, 만약 C가 같은 청탁을 다시 한번 해 온다면 그때는 소속 기관의 장에게 신고해야 한다. 따라서 해당 내용은 빈칸에 들어갈 답변으로 적절하다.

오답풀이 |

① X회사로부터 받은 접대는 연초에 있었던 지역 축제 때이고, 그때 1인당 받은 금품은 1만 2천 원으로, 청탁금지법의 '동일인으로부터 명목에 상관없이 1회 100만 원 혹은 매 회계연도 300만 원을 초과하는 금품이나 접대를 받을 수 없다'는 규정에 부합하지 않는다. 더욱이 해당 사례는 '대가성 있는 접대도 아니고 직무 관련성도 없는 것으로 확정되었다'고 하였다. 더불어 C가 찾아와 X회사에 대한 부정 청탁을 한 시기

는 어제로, 연초와 시기상 근접성이 있다고 보기 어렵다.

② Y회사의 임원인 B가 부정 청탁을 하며 건넨 100만 원은 금품에 해당하고, 접대를 한 것은 아니므로 향응에 포함된다는 답변은 적절하지 않다.

③ 을의 세 번째 발언에 따르면 동일인은 받는 사람을 기준으로 하는 것으로, 여러 사람이 동일한 부정 청탁을 하며 금품을 제공했을 경우를 이른다고 하였다. 그런데 X회사 사장인 A는 부정 청탁 없이 식사비를 제공한 것으로 접대의 일종으로 판단할 수 있고, C는 X회사에 대한 부정 청탁을 한 것이므로 동일한 부정 청탁을 하며 금품을 제공한 경우라고 보기 어렵다. 더욱이 X회사 사장인 A가 제공한 식사비는 '대가성 있는 접대도 아니고 직무 관련성도 없는 것으로 확정되었다'고 하였다. 따라서 두 사람을 동일인으로 판단한 답변은 적절하지 않다.

④ 을의 두 번째 발언에 따르면 '공직자는 동일인으로부터 명목에 상관없이 1회 100만 원 혹은 매 회계연도에 300만 원을 초과하는 금품이나 접대를 받을 수 없고, 직무 관련성이 있는 경우에는 100만 원 이하라도 대가성 여부와 관계없이 처벌을 받는다'고 하였다. 따라서 직무 관련성이 없더라도 B가 건넨 100만 원은 허용 한도를 벗어나지 않았지만, C가 건넨 200만 원은 허용 한도를 벗어난 것으로 볼 수 있다. 따라서 두 사람이 제시한 금액이 청탁금지법의 허용 한도를 벗어나지 않았다는 답변은 적절하지 않다.

TIP

주어진 「부정청탁 및 금품 등 수수의 금지에 관한 법률」(이하 '청탁금지법')에 따라 갑의 마지막 발언에 해당하는 상황을 판단해야 하는 유형이다. 우선은 주어진 법률의 내용과 어떻게 관련이 있는지 파악해야 하고, 예외 사항에 해당되는 것은 아닌지도 놓치지 말아야 한다. 주어진 법률의 내용을 정리하면 다음과 같다.

1. 부정 청탁을 받았을 때는 명확히 거절 의사를 표현해야 하고, 그랬는데도 상대방이 이후에 다시 동일한 부정 청탁을 해 온다면 소속 기관의 장에게 신고해야 한다.
2. 공직자는 동일인으로부터 명목에 상관없이 1회 100만 원 혹은 매 회계연도에 300만 원을 초과하는 금품이나 접대를 받을 수 없다.
3. 직무 관련성이 있는 경우에는 100만 원 이하라도 대가성 여부와 관계없이 처벌을 받는다.
4. 한 공직자에게 여러 사람이 동일한 부정 청탁을 하며 금품을 제공하려 하였을 때에도 이들의 출처가 같다고 볼 수 있다면 '동일인'으로 해석된다.
5. 여러 행위가 계속성 또는 시간적·공간적 근접성이 있다고 판단되면, 합쳐서 1회로 간주될 수 있다.

이를 A~C에 적용하면, A는 '2'로 인해 부정청탁이 아니고, B는 '2'로 인해 부정청탁에 해당하지만, '1'에 의해 신고할 필요는 없다. C는 '2'로 인해 부정청탁에 해당한다. X회사와 관련된 A와 C는 동일한 부정 청탁을 한 것이 아니므로 '4'로 인해 '동일인'이 아니며, 연초와 어제로 시기상 떨어져 있으므로 '5'로 인해 '1회'로 보기도 어렵다. 이런 식으로 접근하면 무리없이 풀이가 가능하다.

09

정답 | ④

정답풀이 |

㉠은 갑의 민원에 의한 개정으로, B카페의 전기차 충전 시설 설치 지원금 요청과 관련이 있다. B카페가 지원금을 받을 수 없는 이유는 제9조 제1항 '주차단위구획 100개 이상을 갖춘'의 조건에 부합하지 않기 때문이다. 따라서 제1항의 내용을 B카페의 조건에 맞춰 주차단위구획 50개로 수정하거나 제4항으로 지원금 관련 내용을 추가해야 한다. ④는 후자를 적용한 개정안으로 적절하다.

오답풀이 |

① 제9조 제1항에서 규정하고 있는 충전시설 설치대상은 '주차단위구획 100개 이상을 갖춘' 시설이다. 따라서 제3호에 "다중이용시설"을 신설하더라도 주차단위구획이 50개인 B카페는 설치대상이 되지 못하고, 지원금 역시 받을 수 없다.

② 제9조 제1항에서 규정하고 있는 충전시설 설치대상은 '주차단위구획 100개 이상을 갖춘' 시설이다. 따라서 제3호에 "교통약자를 위한 시설"을 신설하더라도 주차단위구획이 50개인 B카페는 설치대상이 되지 못하고, 지원금 역시 받을 수 없다.

③ 제9조 제2항의 지원금은 제1항을 충족하는 시설에 한하여 지급된다. 따라서 제4항으로 교통약자를 위한 시설을 우선 지원한다는 내용이 신설되더라도, 제1항의 조건에 부합하지 못하는 B카페는 설치대상이 되지 못하고, 지원금 역시 받을 수 없다.

⑤ 제9조 제1항에 따라 B카페는 전기자동차 충전시설의 의무 설치대상이 아니므로, 조기 설치를 희망할 수 없다. 따라서 지원금 역시 지원받을 수 없다.

TIP

민원 해결 유형은 민원이 발생하게 된 원인을 파악하는 것부터 시작해야 한다. 이 문제처럼 현재 조례로서는 해결되지 않는 바가 개정을 통해 해결되었다면, 현재 조례에서 문제되는 부분부터 찾아야 하는 것이다. 주어진 상황을 살펴보면 B 카페가 전기차 충전시설 지원금을 받지 못하는 이유는 제9조 제1항에 해당되지 않는 것이 크다. 그런데 선택지에서 제1항에 대한 규정이 B카페에 맞춰 수정되지 않았으므로, 없는 내용을 추가하여 적용 대상이 되게 하는 경우를 찾아야 한다.

10

정답 | ④

정답풀이 |

주어진 조례와 운영규정을 살펴보면, 조례는 '출산 예정일 또는 출산일'을 기준으로 하고 있으나 운영규정은 '출산일'만을 기준으로 삼고 있음을 알 수 있다. 즉 민원인 갑과 같이 출산 예정일을 기준으로 한다면 6개월 기준을 만족하지만 출산일을 기준으로 한다면 기준을 충족하지 못할 경우 서비스 대상에서 배제되는 문제가 발생한다. 해당 문제를 해결하기 위해서는 운영규정의 '출산일'을 '출산 예정일 또는 출산일'로 수정하는 것이 바람직하다. 조례를 수정하면 불일치는 해결되지만 민원인 갑의 상황이 현행 유지이므로 적절하지 않다.

TIP

주어진 상황에 따라 법조문을 일부 개정하는 내용이다. 대부분 민원 상황에 따라 개정하는 것이므로 핵심 내용이 누락되지 않는지에 초점을 맞춰 풀이할 수 있다.

PSAT형 NCS 기출변형 모의고사 [1회] P. 225

01	02	03	04	05	06	07	08	09	10
⑤	④	③	③	③	④	④	④	⑤	③
11	12	13	14	15	16	17	18	19	20
②	⑤	④	②	①	③	①	⑤	⑤	⑤

01

정답 | ⑤

정답풀이 |

첫 번째 문단은 새말이 정착되는 것이 일반적으로 어려움에도 광복 후 일본어에서 유래된 외래어의 경우 새말의 정착이 비교적 쉽게 이루어진 측면이 있음을 설명하며, 그 원인을 '특별한 동기'가 제공되었기 때문이라고 설명하고 있다. 즉 '광복'이라는 시기에 맞물려 이루어진 새말 정착에 대한 내용이므로 ㉠의 특별한 동기는 '민족 정서의 동기화'로 보는 것이 가장 적절하다.

오답풀이 |

① 첫 번째 문단에서 '실제적 필요성'과 관련된 내용을 찾을 수 없으므로 ㉠이 뜻하는 바로 보기는 어렵다.

② 새말로 바뀐 일본계 외래어인 벤또, 돈부리, 야키니쿠가 친일파에 의한 단어임을 알 수 없다. 더불어 첫 번째 문단에서 '친일파'와 관련된 내용 역시 찾을 수 없을 뿐만 아니라 같은 일본어계 외래어 중 계속 사용되고 있는 단어가 있으므로 '친일파 저항의식'을 ㉠이 뜻하는 바로 보기는 어렵다.

③ 첫 번째 문단에서 '학교 교육'과 관련된 내용을 찾을 수 없다. 그리고 만약 학교 교육에 의한 새말 적용이 쉽게 이루어지는 것이라면 새말의 적용이 일반적으로 어렵다는 내용과 연결짓기 어려운 측면이 있고, 학교 교육이 광복 후의 '특별한 동기'라고 보기에도 무리가 있다. 두 번째 문단에서 일본어계 외래어인 '센누끼'는 '마개뽑이'라는 새말이 권장되었지만 광복 후에도 호응을 얻지 못했다는 것과 관련지어서도 일방적 요구에 의한 새말 적용이 어렵다는 것을 추론해 낼 수 있다.

④ 흔히 '역사적 접근'이라 함은 시간의 흐름에 따른 변화와 관련지을 수 있고, 특정 역사적 사건과 관련지을 수도 있다. 하지만 광복 후 일본어계 외래어가 우리말로 대체된 상황과 연결짓기에는 그 범위가 지나치게 크다고 볼 수 있다. 다시 말해 '언어의 역사적 접근'으로 새말이 정착되었다면, 어떠한 접근에서인지가 더 명확하게 드러나야만 특별한 동기라고 할 수 있는 것이다.

※ 지나치게 넓거나 좁은 범위를 나타내는 것은 가장 적절하다고 보기 어렵다.

02

정답 | ④

정답풀이 |

두 번째 문단의 '독일인들은 히틀러의 첫 번째 희생자이자 마지막 희생자였다는 의식에 사로잡혀 있었다'를 통해 독일인이 자신들이 피해자라고 생각하는 대상은 '나치즘'이 아니라 '히틀러'였음을 알 수 있다. 두 번째 문단의 초반에서 '독일인 다수가 "나치즘은 좋은 생각이었지만 잘못 적용됐을 뿐"이라고 생각했다'를 통해 독일인이 나치즘에 대해 부정적으로 생각하지 않았음을 알 수 있다.

오답풀이 |

① 세 번째 문단과 네 번째 문단에 따르면 폴란드 주교단에서 서독 주교회에 보낸 용서 메시지는 추후 서독 총리 빌리 브란트의 용기를 이끌어냈다고 볼 수 있다.

② 첫 번째 문단 첫 문장인 '한국인들은 일본에 비해 독일을 과거사 청산에 앞장선 모범적인 국가라고 여긴다'를 통해 알 수 있다.

③ 세 번째 문단의 '이러한 메시지는 당시 폴란드인의 의견을 대표한 것은 아니었다. ~ 과반수의 학생들이 폴란드가 독일에 용서를 구한 행동이 잘못된 것이라고 의견을 표하기도 했다'를 통해 폴란드 전체의 의견을 대표하는 것은 아니였으며, 의견이 나뉘었음을 알 수 있다.

⑤ 두 번째 문단의 '독일 출신의 유대인 철학사상사 한나 아렌트(1906~1975)는 전후 독일인의 집단심성에 자리한 자기연민에 가득 찬 희생자 의식을 신랄하게 비판했다'를 통해 알 수 있다.

03

정답 | ③

정답풀이 |

주어진 글은 '기술은 과학의 응용'이라는 통념을 반박하며, 과학과 마찬가지로 기술의 핵심도 지식임을 강조하고 있다. 그렇기 때문에 기술과 과학의 상호작용은 지식이 사물에 응용되는 것이 아닌, '지식과 지식 사이의 상호침투'라고 볼 수 있다. 이러한 견해를 〈사례〉에 적용하면 다음과 같이 정리할 수 있다.

• ㄱ: 과학지식 없이 기술의 발전을 통해 이룩해 낸 성과에 대한 사례
• ㄴ: 기술에 미치는 과학 지식의 영향이 미미함을 나타내는 사례
• ㄷ: 과학지식이 발전하기 위해 기술의 영향을 받았음을 나타내는 사례

따라서 'ㄱ과 ㄷ은 기술이 과학 응용으로 발전한 것이 아니라는 사례로 삼고, ㄴ은 과학이 기술에 끼치는 영향이 제한적이라는 사례로 삼을 수 있다'는 견해는 적절하다.

오답풀이 |

① ㄱ은 기술과 과학이 독립적으로 발전해 왔다는 사례로 삼을 수 있겠으나, ㄴ과 ㄷ은 과학의 지식과 기술의 상호작용에 대한 내용이므로, 그와 관련된 사례로 삼을 수 없다.
② ㄱ은 기술 발전만으로 이룩한 성과에 대한 내용이므로 기술이 과학을 선도했다는 것을 뒷받침하는 사례로 삼기에 부족하다. ㄴ의 경우 과학의 지식이 기술에 영향을 미치기는 했기 때문에 기술 발전이 과학을 선도했다는 것을 뒷받침하는 사례로 적절하지 않다. 그리고 ㄷ은 과학이 기술에 끼친 영향이 아닌 기술이 과학에 끼친 영향에 대한 사례이다.
④ ㄱ은 과학의 영향을 받지 않은 기술에 대한 사례이고, ㄷ은 기술에 의한 과학 발전에 대한 사례이므로 그 둘의 구분이 명확하다. ㄴ의 경우 '과학이 기술 발전에 큰 도움이 되지 못했다'와 관련된 사례로는 적절하다.
⑤ ㄱ은 기술 발전을 통해 성과를 이룩한 것이므로, '기술이 과학에 못지않게 중요한 지식이라는 것'의 사례로 삼을 수 있다. ㄷ은 망원경이라는 기술이 태양계 분석이라는 과학 지식에 영향을 끼친 것이므로 '기술이 과학지식을 선도했다는 것의 사례'로 적절하다. 하지만 ㄴ은 과학지식이 기술에 큰 영향력을 행사하지 못했다는 것만을 알려줄 뿐이므로 기술 발전에 과학이 큰 영향력을 끼쳤다고 보기는 어렵다.

04

정답 | ③

정답풀이 |

민원인 '갑'은 다른 지자체와 민원24를 근거로 들어 △△시의 '소음·진동 배출시설 변경신고'에 대한 수수료를 무료로 해 줄 것을 주장하고 있다. 이에 △△시도 다른 시와의 형평성을 고려하여 조례를 개정한다고 하였으므로, 해당 건의 수수료는 무료로 개정될 것임을 알 수 있다. 이에 대한 내용으로 적절한 것은 ③이다.

오답풀이 |

①, ② 민원인 '갑'이 제기한 민원은 '소음·진동 배출시설에 관한 사항'의 전체 수수료를 대상으로 하고 있지 않다. '변경'에 대한 내용이므로 가장 적절한 내용이라고 보기 어렵다.
④, ⑤ 민원인 '갑'이 제기한 민원은 △△시가 정한 수수료 징수 조례에 대한 것이지, '소음·진동관리법 시행규칙'에 대한 것이 아니다. 따라서 △△시의 민원 처리로 인해 상위 규칙이 개정된다는 것은 적절하지 않다.

05

정답 | ③

정답풀이 |

ⓒ의 앞뒤는 백일해 백신에 대한 의혹으로 인해 백일해 접종률이 떨어졌다는 내용으로, 두 문장이 긴밀하게 이어짐을 확인할 수 있다. ⓒ은 백일해 백신에 대한 의혹이 생긴 시점에 대한 내용이기는 하나, 앞뒤 문장 사이에 들어갈 정도로 긴밀성을 가지고 있지 않다. 더불어 전체 논지 전개상 꼭 필요한 내용에 해당한다고 보기도 어렵다.

오답풀이 |

① ㉠은 앞 문장인 에드워드 제너가 천연두를 예방하는 종두법을 만들었다는 내용에 대하여 관련 사례를 제시한 것이므로 적절하며, 두 번째 문단의 '소의 고름을 몸에 넣는 것에 대한 거부감이 컸고'와 연결되므로, 논지 전개상 불필요하다고 보기 어렵다.
② ㉡은 앞 문장인 영국의 백신 강제 접종 법안에 대한 반응으로 앞 문장과 긴밀하게 연결되며, 첫 번째 문단에서 제시한 '백신 불신의 역사는 종두법이 개발된 때로 거슬러 올라갈 만큼 오래됐다'는 주요 논지에도 어긋나지 않으므로, 논지 전개상 불필요하다고 보기 어렵다.
④ ㉣은 'MMR(홍역·유행성이하선염·풍진) 백신이 아동에게 자폐증과 장 질환을 일으킬 수 있다는 내용'이 담긴 랜싯의 논문 발표로 인해 유럽과 미국 등에서 MMR 백신 접종률이 크게 떨어진 상황에 대한 결과이므로, 앞 내용과 긴밀하게 연결된다. 더불어 백신 불신에 의한 결과에 해당하는 내용이므로, 논지 전개상 불필요하다고 보기 어렵다.
⑤ ㉤은 앞 문장과 긴밀하게 연결되며, 백신 불신에 의한 결과에 해당하는 내용이므로, 논지 전개상 불필요하다고 보기 어렵다.

06

정답 | ④

정답풀이 |

주어진 글과 〈보기〉는 '빈 공간의 존재'와 '공간의 본성'에 대한 학자들의 견해로, 이를 정리하면 다음과 같다.

- '빈 공간의 존재' 가능: 데모크리토스, 뉴턴
- '빈 공간의 존재' 불가능: 데카르트, 라이프니츠, 멜리소스
- '공간의 본성'은 정신과 독립된 객관적 실재이다: 데카르트, 뉴턴
- '공간의 본성'은 정신적 창안물이다: 라이프니츠, 멜리소스

주어진 글에서는 '공간의 본성'에 대한 데모크리토스의 견해를 알 수 없다. 따라서 〈보기〉에 대한 이해로 적절하지 않은 것은 ④이다.

오답풀이 |

①, ② 〈보기〉의 '멜리소스'는 우주상에는 '물질'만 존재한다고 보고, 공간은 물질이 존재하지 않는 영역일 뿐이라고 했으므로, '빈 공간의 존재'를 불가능하다고 보는 입장을 취하고 있다. 따라서 '빈 공간의 존재'에 관한 '멜리소스'의 견해가 옳다면, '데카르트'와 '라이프니츠'의 견해는 옳고, '데모크리토스'와 '뉴턴'의 견해는 옳지 않게 된다.

③, ⑤ 〈보기〉의 '멜리소스'는 '공간'에 대해 '추상적 존재'로 보면서, '실체하지 않는 대상'이라고 주장했다. 따라서 '공간의 본성'에 대해 '거대한 관념적 상황을 표현'한 것이라고 본 '라이프니츠'와 견해를 같이한다고 볼 수 있다. 하지만 '데카르트'와 '뉴턴'은 '공간을 정신과 독립된 객관적 실재'로 보고 있다. 따라서 '공간의 본성'에 관한 '멜리소스'의 견해가 옳다면, '라이프니츠'의 견해는 옳고, '데카르트'와 '뉴턴'의 견해는 옳지 않게 된다.

07

정답 | ④

정답풀이 |

〈보기〉는 역접의 접속사 '그러나'로 시작되므로 앞선 내용에 대한 반박이 나타남을 알 수 있다. 즉 〈보기〉의 위치를 찾기 위해서는 〈보기〉에서 반박하는 대상을 찾으면 되는 것이다. 〈보기〉의 첫 번째 문장은 학문을 재미와 즐거움으로 하는 경우는 매우 드문 것으로 이것은 이상적인 경우에 해당함을 말하고 있다. 따라서 앞선 내용은 학문을 재미와 즐거움으로 하는 경우와 관련된 내용이 나와야 한다. 두 번째 문장에서는 그래서 학문은 역경과 난관을 이겨내야 할 때가 많다는 내용이 담겨 있으므로 그와 관련된 내용이 뒤이어 나옴을 알 수 있다. 따라서 가장 자연스러운 위치는 ㉣이 된다.

오답풀이 |

①, ② 〈보기〉의 내용과 연관성이 떨어지므로 〈보기〉가 들어갈 적절한 위치로 보기 어렵다.

③ 앞선 내용과는 연결되지만 뒤이은 '학문은 오히려 이런 경지에 이르렀을 때 순수해 진다고 할까?'은 긴밀하게 연결되지 않으므로 가장 적절한 위치로 보기 어렵다.

⑤ ㉤의 앞뒤가 긴밀하게 연결되므로 〈보기〉가 들어갈 적절한 위치로 보기 어렵다.

08

정답 | ④

정답풀이 |

주어진 글은 한국지역정보개발원이 '가명정보 결합전문기관'으로 지정되었음을 소개하는 기사문(보도자료)이다. 따라서 첫 번째 문단으로는 '리드'에 해당하는 (나)가 가장 적절하다. 여기서 '리드'란 기사문의 첫 번째 문단에서 기사 내용의 핵심을 한두 문장으로 압축해 제시하는 것이다. 일반적으로 육하원칙에 따라 서술된다. 두 번째 문단으로는 핵심 화제인 '가명정보'에 대해 설명하고 있는 (가)가 적절하다. (다)는 마지막 부분의 '~될 것으로 기대된다'는 대목을 통해 추후 전망을 다루고 있으므로, 두 번째 문단보다는 마지막 문단으로 더 적합함을 알 수 있다. 그리고 (마)의 '5개 영역을 충족해야 한다'와 (바)의 '5개 영역을 모두 충족시킬 수 있었다'가 긴밀하게 연결되어 있어, 두 문단이 바로 이어짐을 알 수 있다. 따라서 '(나)-(가)-(라)-(마)-(바)-(다)'의 순으로 연결되는 것이 자연스러우므로 ④가 정답이다.

09

정답 | ⑤

정답풀이 |

두 번째 문단에서 '탈피호르몬은 초기 유충기에 형성된 유충의 전흉선에서 분비된다. 탈피 시기가 되면, 먹이 섭취 활동과 관련된 자극이 유충의 뇌에 전달된다. 이 자극은 이미 뇌의 신경분비세포에서 합성되어 있던 전흉선자극호르몬의 분비를 촉진하여 이 호르몬이 순환계로 방출될 수 있게끔 만든다. 분비된 전흉선자극호르몬은 순환계를 통해 전흉선으로 이동하여, 전흉선에서 허물벗기를 촉진하는 탈피호르몬이 분비되도록 한다. 그리고 탈피호르몬이 분비되면 탈피의 첫 단계인 허물벗기가 시작된다. 성체가 된 이후에 탈피하지 않는 곤충들의 경우, 성체로의 마지막 탈피가 끝난 다음에 탈피호르몬은 없어진다.'고 언급하고 있으므로 나비는 성체가 된 이후 탈피하지 않는 곤충에 해당하므로, 성체가 된 이후에는 전흉선에서 더 이상 탈피호르몬이 분비되지 않음을 알 수 있다.

오답풀이 |

① 두 번째 문단에 따르면 '탈피호르몬은 초기 유충기에 형성된 유충의 전흉선에서 분비'되고, 세 번째 문단에 따르면 '유충호르몬은 유충 속에 있는 알라타체라는 기관에서 분비된다'고 하였다.

② 두 번째 문단에 따르면 '전흉선자극호르몬의 분비를 촉진'하면, 탈피호르몬이 분비된다. 그런데 이 탈피 과정이 '유충의 특성이 사라지는' 탈피인지는 유충호르몬의 방출량에 따라 결정되는 것이므로, '전흉선자극호르몬의 분비를 촉진'하는 것만으로 '유충의 특성이 사라진다'라고 추론할 수 없다.

③ 세 번째 문단에 따르면 유충호르몬은 유충의 특성이 남아 있게 하는 역할을 담당하는데, '유충호르몬의 방출량은 유충호

르몬의 분비를 억제하는 알로스테틴과 분비를 촉진하는 알로트로핀에 의해 조절된다'고 하였다. 즉 유충호르몬의 분비를 촉진하는 알로트로핀이 양이 늘어나면 유충의 특성이 남아있고, 없어지면 유충의 특성이 남아있지 않게 됨을 추론할 수 있다. 하지만 곤충의 각 성장 단계마다 알로트로핀의 양이 어떻게 조절되는지 여부는 주어진 글을 통해 알 수 없다.

④ 주어진 글에서 유충호르몬이 페르몬 생성에 관여하는지에 대한 여부는 알 수 없다.

10

정답 | ③

정답풀이 |

아이의 엄마가 "죽일 것이다"라고 답한다면, 범인은 아이를 놓아 주게 된다. 왜냐하면 범인이 아이를 죽일 생각이라면 아이의 엄마가 범인의 생각을 알아맞힌 것이 되어 아이를 놓아 주어야 하기 때문이다. 만약 범인이 아이를 놓아줄 생각이라면 엄마의 답이 틀린 경우이므로 아이를 죽여야 하는 상황에 처한다. 이 역시 엄마의 답이 맞게 되므로 결국 범인은 아이를 놓아주게 된다.

오답풀이 |

① ㄱ에서 김 씨가 말한 문장이 참이라고 가정한다면, 한국인은 모두 거짓말쟁이가 되고, 한국인 김 씨도 거짓말쟁이이므로, 결국 한국인은 모두 거짓말쟁이가 아니게 된다.

② ㄱ에서 김 씨가 말한 문장이 거짓이라고 가정한다면, 한국인은 모두 거짓말쟁이가 아니게 되고, 한국인 김 씨도 거짓말쟁이가 아니므로 결국 한국인은 모두 거짓말쟁이가 된다.

※ ㄱ의 두 가정은 서로 모순이 생기므로 패러독스에 해당한다.

④ 아이의 엄마가 "놓아 줄 것이다"라고 답한다면, 범인은 아이를 죽이거나 놓아 주거나 모든 경우의 수를 활용할 수 있게 된다. 즉 모순의 문제가 발생하지 않는다. 만약 아이를 죽이게 된다면, 엄마의 말이 틀렸으므로 문제가 없고, 놓아 주게 된다면 엄마의 말이 맞으므로 문제가 없다.

⑤ ㄷ의 신도들이 신이 들 수 없는 바위를 만들 수 있다고 답한다면, 신은 전지전능한 것이 아니게 되므로, 신의 존재는 부정된다. 만약 만들 수 없다고 하여도 신의 전지전능함은 부정된다. 즉 어떤 경우라도 신의 전지전능함이 부정되므로 패러독스에 해당한다.

11

정답 | ②

정답풀이 |

주어진 글은 '에밀레종(한국의 범종)이 갖는 음향공학 차원의 가치'에 초점을 맞춘 글이므로, 음향공학적인 측면에서 본 에밀레종(한국의 범종)의 특성에 대한 내용이 주를 이루어야 한다. 그런데 종을 만드는 재료에 대한 내용은 이러한 큰 틀에서 벗어나므로 글의 뒷부분에 이어질 내용으로는 적절하지 않다.

오답풀이 |

① '당좌위치'를 정확히 가격하여 울림을 최적화했다는 내용은 '에밀레종(한국의 범종)이 갖는 음향공학 차원의 가치'와 연관성이 깊으므로, 주어진 글에 이어질 내용으로 적절하다.

③ 조각과 문양을 비대칭으로 만들어 '두 개 이상의 음파가 조화를 이루며, 반복한다'는 점은 '에밀레종(한국의 범종)이 갖는 음향공학 차원의 가치'와 연관성이 깊으므로, 주어진 글에 이어질 내용으로 적절하다.

④ 음통이 음관 역할을 하며, '소리의 잡음을 잡는 기능'을 한다는 점은 '에밀레종(한국의 범종)이 갖는 음향공학 차원의 가치'와 연관성이 깊으므로, 주어진 글의 이어질 내용으로 적절하다.

⑤ 주어진 글의 두 번째 문단을 참고하면, 서양 종, 중국 종과 다른 에밀레종(한국의 범종)의 특성에 대해 설명하고 있다. 따라서 서양 종과 중국 종의 소리적 특성을 설명한 것은 에밀레종의 소리적 특성과 비교된다는 점에서 '에밀레종(한국의 범종)이 갖는 음향공학 차원의 가치'와 연관성이 깊으므로, 주어진 글의 이어질 내용으로 적절하다.

12

정답 | ⑤

정답풀이 |

'을'의 마지막 답변을 살펴보면, '연명의료 전문 상담사 배치가 어려운 보건소의 직원들을 대상으로 연명의료 관련 기본 필수교육을 실시하고, 그 교육을 이수한 직원이 민원인에게 연명의료에 대해 간단히 설명하게 할 방침입니다. 민원인들이 보건소 직원으로부터 설명을 들은 후 그 자리에서 전화로 연명의료 전문 상담사로부터 구체적인 내용을 상담 받을 수 있도록 하겠습니다.' 라고 말하고 있으므로 연명의료 관련 기본 필수교육을 이수한 보건소 직원이 민원인에게 연명의료에 대해 간단히 설명하는 경우는 연명의료 전문 상담사 배치가 어려운 보건소에서 실시되는 경우이다. 따라서 전문 상담사가 배치된 경우는 이러한 절차가 필요치 않는다.

오답풀이 |

① '을'의 '어떤 사람은 연명의료 전문 상담사로부터 상담을 받지 않아도 사전연명의료의향서를 낼 수 있게 해 달라고 요청했습니다'에 대해 '갑'이 '연명의료를 거부하는 것은 중대한 사안이니 신중히 사전연명의료의향서를 작성하게 해야 합니다. 지금까지 한 것처럼 연명의료 전문 상담사의 상담을 받게 하는 조치를 유지해 주시기 바랍니다'와 같이 대답했으므로, 해당 민원은 반려될 예정임을 알 수 있다.

② '갑'의 첫 번째 말 중 '사전연명의료의향서를 제출하여 연명의료 거부 의사를 표명한 사람에 대해서 병원이 연명의료를 실행하지 않는다는 제도가 2018년 2월부터 도입되었습니

다'를 통해 알 수 있다.

③ '을'의 첫 번째 대답에 따르면 '자신이 사는 곳에 사전연명의료의향서를 접수하는 곳이 없어 불편하다는 민원'과 '연명의료 전문 상담사의 수가 적어 접수 현장에서 너무 오래 기다렸다'는 민원에 대한 대응으로 2020년 1월 1일부터 전화로 상담할 수 있는 시스템을 도입하였고, 2020년 4월 1일부터는 전국 모든 보건소에서 사전연명의료의향서를 받도록 조치하였다고 하였다. 즉 2020년 1월 이전에는 사전연명의료의향서가 전국 보건소에서 접수하지 않았으며, 연명의료 전문 상담사가 있는 곳에 갔더라도 오래 기다렸음을 알 수 있다.

④ '갑'의 첫 번째 말 중에서 '이 제도 도입 후에 실제로 사전연명의료의향서를 내는 사람이 날로 늘어나고, 민원을 제기하는 사람도 많아지는 것 같습니다'를 통해 알 수 있다.

13

정답 | ④

정답풀이 |

ㄱ. A는 진화가 진보라는 생각을 비판하며, 생명체의 역사에서 우발적 요인이 얼마나 중요한지를 역설하였다. 그런데 학자 '갑'은 '이타적 협동은 진화의 필연적 산물에 해당한다'고 보며 이타적 유전자가 집단의 생존 가능성을 높였다는 입장을 나타내는데, 이는 진화를 진보로 보고 있다고 할 수 있으므로, A가 비판하는 내용으로 적절하다.

ㄴ. A는 진화의 점진적 변화를 강조하는 전통적 다윈주의에 반기를 들고 진화가 비약적으로 일어날 수 있다는 주장을 펼쳤다. 즉 진화는 점진적으로 이루어지는 것이 아니라 일시에 이루어질 수 있다는 입장이다. 그런데 학자 '을'은 점진적인 유전이 단속적인 표현형의 변화에 '영향'을 줄 수도 있다고 주장하고 있으므로, A가 비판하는 내용으로 적절하다.

ㄹ. A는 진화가 진보라는 생각을 비판하며, 복잡성이 증가하는 방향으로만 진화가 일어나는 것은 아니라고 주장하였다. 그런데 학자 '정'은 생명의 진화가 '복잡성이 증가하는 방향'으로 진행되어 왔다고 주장하고 있으므로, A가 비판하는 내용으로 적절하다.

오답풀이 |

ㄷ. A는 생명체의 역사에서 우발적 요인들이 얼마나 중요한지를 역설하였다. 학자 '병'도 진화는 '우연의 산물'로 보고 있으므로, A의 의견과 일맥상통하고 있다. 따라서 A가 비판하는 내용으로는 적절하지 않다.

14

정답 | ②

정답풀이 |

㉠: 두 번째 문단을 참고하면 필자는 '홍어의 유래를 잘못 거론한 내용'에 대해 천박한 과학주의나 일종의 식민주의 같은 것을 본다고 하였다. 즉 필자가 부정적으로 여기는 대상으로 볼 수 있다.

㉡, ㉢: 섣부르고 천박한 근대주의자들의 주장이나 설명방식에는 이해가 되지 않는 농어촌 삶의 본질에 대한 내용이므로 필자가 긍정적으로 여기는 대상이라고 볼 수 있다.

㉣: 근대주의자들이 천박한 시선 아래서 농어촌의 삶의 깊은 속내가 '단일한 평면'이 되어 버린 것이므로,필자가 추구하는 대상을 부정적 대상으로 전락한 상황에 대한 내용이다.

㉤: 식민주의 권력자들이 통제를 하기 위해 기존 삶의 의미를 '수치스러운 것'으로 만든다고 하였으므로 필자가 추구하는 대상을 부정적 대상으로 전락한 상황에 대한 내용이다.

㉥: 포스트모던 이론가들이 행한 것이 식민주의 권력자들과 다르지 않다고 했으므로, 부정적 대상임을 알 수 있다.

㉦: 뒤이은 설명을 보면 '그것은 우리 삶이 다른 삶의 식민지가 되지 않았다는 증거이다.'라고 하였으므로 필자가 긍정하는 삶의 본질을 뜻함을 알 수 있다.

따라서 정리하면 ㉠, ㉣, ㉤, ㉥는 식민주의 권력자들이나 근대주의자들, 도시적 삶을 중심으로 삼는 이들에 대한 것으로 필자가 부정적으로 보는 대상들이다. 그에 반해 ㉡, ㉢, ㉦ 은 농어촌의 삶에서 얻을 수 있는 지혜, 삶의 본질을 뜻하는 것으로 필자가 긍정적으로 보는 대상들이다.

15

정답 | ①

정답풀이 |

주어진 글의 문맥상 빈칸에는 '뉴턴'이 말한 이론인 동시에 '선형 회귀라는 통계 기법의 기본 발상'과 관련된 내용이 들어가야 한다. 해당 문단의 예시를 살펴보면 어떠한 가정 상황에서 나올 수 있는 가능성을 논할 때 사용되는 방법임을 알 수 있다. 하지만 이 내용만으로는 정확히 정답을 찾기 어려우므로 그 다음 문단을 참고하면, "선형 회귀는 어림짐작을 수행해 그래프상의 모든 점들을 잇는 선에서 가장 가까운 직선을 찾아준다."를 찾을 수 있다. 이를 통해 여러 변수를 잇는 점들이 결국은 직선에 가깝다는 ①을 이끌어 낼 수 있다.

오답풀이 |

②, ④ 유클리드의 기하학과 관련된 내용이다. 주어진 글의 내용과 연관성이 떨어진다.

③, ⑤ 뉴턴의 운동 법칙과 관련된 내용이다. 주어진 글의 내용과 연관성이 떨어진다.

16

정답 | ③

정답풀이 |

주어진 글의 필자는 유전자 조작이 가진 위험성을 경고하고 있지만, 유전자 조작과 유전자 복제를 도덕적 잣대를 기준으로 견주어 논하고 있지 않다. 따라서 ③은 주어진 글과 관련성이 가장 적다고 볼 수 있다.

오답풀이 |

① 두 번째 문단의 '위대한 정복자가 될 약간의 포악한 성격은 타고날지는 모르겠으나 세상이 바뀐 만큼 그가 제2의 칭기즈칸이 될 확률은 거의 영에 가깝다.'를 통해 알 수 있다.

② 주어진 글에 나타난 유전자 복제와 조작에 대한 논란은 유전자에 의해 많은 것이 결정될 것이라 보는 견해가 전제되어 있음을 추론할 수 있다.

④ 세 번째 문단의 '유전자는 나와 완벽하게 같을지라도 그 유전자들이 발현하는 환경이 나와 다르기 때문에 전혀 다른 인간으로 성장하게 될 것 가능성이 높다.'를 통해 알 수 있다.

⑤ 마지막 문단을 통해 알 수 있는 내용이다.

17

정답 | ①

정답풀이 |

두 번째 문단의 '향도계는 장례를 치르기 위해 결성된 계였다. 비용이 많이 소요되는 장례에 대비하기 위해 계를 구성하여 평소 얼마간 금전을 갹출하고, 구성원 중에 상을 당한 자가 있으면 갹출한 금전에 얼마를 더하여 비용을 마련해 주는 방식이었다'를 통해 추론 가능하다.

오답풀이 |

② 세 번째 문단의 '모든 왈짜가 검계의 구성원이었던 것은 아니다'와 '왈짜는 검계와 달리 조직화된 집단은 아니었다'를 통해 '왈짜가 검계의 일원이었다'가 적절하지 않음을 추론할 수 있다.

③ 첫 번째 문단에 따르면 포도대장 장붕익이 몸에 칼자국이 있는 자들, 즉 검계 일당을 잡아들였다는 것은 알 수 있으나, 이를 통해 검계를 소탕했다고 보는 것은 과도한 추론이다.

④ 마지막 문단에 따르면 김홍연이 무과를 포기한 것은 지방 출신이라는 점이 출세하는 데 장애가 될 것을 염려했기 때문이라고 하였으나, 이를 통해 그가 서얼 출신이었는지 여부는 알 수 없다.

⑤ 두 번째 문단에 따르면 '도가는 점차 죄를 지어 법망을 피하려는 자들을 숨겨 주는 소굴이 되었다. 이 도가 내부의 비밀조직이 검계였다'고 하였다. 즉 도가의 내부 비밀조직인 검계의 일부 구성원이 범죄자였다는 것은 알 수 있으나, 도가 전체가 범죄자로 이루어진 비밀 단체로 보는 것은 적절하지 않은 추론이다.

18

정답 | ⑤

정답풀이 |

주어진 〈서론〉의 마지막 문단에서 전체 글의 흐름을 파악할 수 있다. 문두에서 세 절로 나뉜다고 하였으므로 그에 맞춰 정리하면 첫 번째 절은 '공익신고자 보호제도의 현황'이, 두 번째 절은 '공익신고자의 보호와 관련하여 제시되고 있는 제도의 한계 정리'를, 세 번째 절은 그러한 한계에 대한 '개선과제'가 나타나야 함을 알 수 있다. ⑤는 공익신고 관련 법률 지원이 미흡하다는 내용이므로 공익신고자의 보호와 관련된 제도의 한계에 해당한다고 볼 수 있으므로 두 번째 절에 들어갈 내용에 해당한다.

오답풀이 |

① 공익신고 대상에 대한 내용이므로 첫 번째 절인 '공익신고자 보호제도의 현황'에 해당하는 내용이다.

② 공익침해행위의 유형에 대해 현행 규정 방식의 재검토에 대한 내용이므로 세 번째 절인 '개선과제'에 해당하는 내용이다.

③ 공익신고자의 보호에 대해 현행 제도보다 개선된 조치가 필요한다는 내용이므로 세 번째 절인 '개선과제'에 해당하는 내용이다.

④ 공익신고자 보호에 대한 내용이므로 첫 번째 절인 '공익신고자 보호제도의 현황'에 해당하는 내용이다.

19

정답 | ⑤

정답풀이 |

주어진 글은 탈레반의 재집권으로 인한 아프간 여성들의 '공포'에 대한 내용이다. 첫 번째 문단에서는 탈레반의 수도 함락 소식과 더불어 변화된 여성들의 모습을 언급하고 있다. 두 번째 문단에서는 과거 탈레반이 시행한 여성 정책들을 바탕으로, 아프간의 여성들이 탈레반을 두려워하고 있다고 설명하고 있다. 세 번째~네 번째 문단에서는 탈레반이 아프간의 전쟁 종료와 사면령에 대한 기자회견에서 '여성 인권'의 변화를 공언했지만, 그에 대한 부정적 견해가 많음을 제시하고 있다. 따라서 모든 내용을 포괄하고 있는 것은 ⑤이다.

오답풀이 |

① 세 번째 문단의 자비훌라 무자히드 탈레반 대변인의 말인 '이슬람법의 틀 안에서 여성의 권리를 존중할 것'을 통해 탈레반이 '여성 존중 약속'을 했음을 알 수 있다. 하지만 이는 부분적인 내용일 뿐이므로 제목으로는 적절하지 않다.

② 과거 탈레반이 행했던 여성 정책들을 통해 그들이 여성 인권을 탄압했다고 볼 수 있지만, 주어진 글에서 그 이유를 찾을

수는 없다.

③ 마지막 문단에서 탈레반의 재집권에 대한 세계의 시선이 일부 서술되어 있지만 글의 전체 맥락을 고려할 때 이는 탈레반 재집권으로 인한 아프간 여성들의 공포를 뒷받침하는 내용으로 볼 수 있다. 따라서 글의 핵심 내용을 포괄하고 있지 못하므로 제목으로 적절하지 않다.

④ 세 번째 문단에서 탈레반이 변화를 선포했다는 내용을 확인할 수 있지만 네 번째 문단에서 그 진위여부에 대한 논란을 서술하고 있어 탈레반이 변화하였다고 보는 것은 어렵다. 또한 글의 핵심 내용이 탈레반의 변화에 대한 진위여부가 아닌 탈레반 재집권으로 인한 여성들의 공포에 초점이 맞춰져 있다. 따라서 글의 핵심 내용을 포괄하고 있지 못하므로 제목으로 적절하지 않다.

20

정답 | ⑤

정답풀이 |

두 번째 문단에 따르면 '어업에 관한 협정'에는 한반도 연해에서 어업 활동을 하려는 일본인은 대한제국 어업 법령의 적용을 받도록 한다는 조항이 있다. 하지만 '한반도 해역에서 어업을 영위하고자 하는 자는 먼저 어업 면허를 취득해야 한다는 내용의 어업법'은 협정 이듬해 발표된 대한제국의 법령으로, '어업에 관한 협정'에 담긴 내용이 아니다.

오답풀이 |

① 첫 번째 문단에 따르면, 일본이 자국의 각 부, 현에 조선해통어조합을 만들어 조선의 어장에 대한 정보를 제공했고 이러한 지원으로 조선 연해에 조업하려는 일본인이 늘었는데 특히 제주도에 그 수가 많았다는 것을 알 수 있다.

② 두 번째 문단에 따르면, 일본인이 어업준단을 발급받을 때 그 유효기간이 발급일로부터 1년이라고 하였다. 따라서 1년마다 어업준단을 갱신해야 한다는 내용은 적절하다.

③ 1889년에 한일 사이에 조일통어장정이 체결되었는데, 해당 내용에 따르면 '일본인이 조일통상장정 제41관에 적시된 지방의 해안선으로부터 3해리 이내 해역에서 어업 활동을 하고자 할 때는 조업하려는 지방의 관리로부터 어업준단을 발급받아야 한다는 내용이 있다.' 그리고 이를 발급받은 자는 어업세를 먼저 내야 한다고 하였다.

④ 첫 번째 문단에 따르면, '조일통상장정'에는 제41관에는 "일본인이 조선의 전라도, 경상도, 강원도, 함경도 연해에서 어업 활동을 할 수 있도록 허용한다."라는 내용이 있고, 그 외의 지역에서는 일본인의 어업 활동이 금지되어 있었음을 알 수 있다.

PSAT형 NCS 기출변형 모의고사 [2회] P. 247

01	02	03	04	05	06	07	08	09	10
③	③	②	④	④	④	④	④	①	①
11	12	13	14	15	16	17	18	19	20
④	④	③	⑤	②	⑤	③	③	④	②

01

정답 | ③

정답풀이 |

두 번째 문단에 따르면 술탄 메흐메드 2세는 성소피아 대성당을 파괴하는 대신 이슬람 사원으로 개조하라는 명령을 내리고, 그 성당을 철저하게 자신의 보호하에 두었다고 하였다. 즉 기존의 기독교 제단과 관련된 대상들을 '활용'한 것이지 '파괴'했다고 볼 수 없으므로 기존의 내용을 수정할 필요가 없다.

오답풀이 |

① ㉠에 이르는 수도원 서기는 기독교 교회의 서기라고 볼 수 있으므로, 이슬람교를 신봉하는 오스만 제국에 의해 비잔틴 제국이 함락되었다는 사실은 '영광스러운 사건'이 아니라 '참혹한 사건'이라고 볼 것이다. 따라서 적절한 수정이다.

② ㉡의 뒤이어 나오는 천사들이 황제를 대리석상으로 만들어 산으로 옮겨 놓았다는 전설은 기독교를 믿은 비잔틴 제국 사람들에 의해 전해진 것이라고 볼 수 있으므로, 자주색 신발을 신은 시신을 황제라고 보고 그의 죽임을 알린 병사들은 '비잔틴'이 아닌 '오스만 병사'들로 보아야 하므로 적절한 수정이다.

④ 세 번째 문단에 따르면 술탄 메흐메드 2세는 자신이 로마 제국의 진정한 '계승자'임을 선언하고 싶어했다고 하였다. 즉 그는 '단절'보다는 '연속성'을 추구했다고 볼 수 있으므로 적절한 수정이다.

⑤ 세 번째 문단에 따르면 술탄 메흐메드 2세는 '유럽과 아시아를 포함한 지중해 전역을 지배했던 제국의 정통 상속자임을 선언'했다고 했으므로 '아시아'보다는 '유럽'으로 보는 것이 타당하다.

02

정답 | ③

정답풀이 |

(다)에서 문제 삼고 있는 인재 등용의 현실은 '명망가와 과거 출신들로만 제한을 두는 것'이다. 따라서 소제목 역시 '명문가 자제와 과거출신만을 등용하는 어리석음' 정도로 수정하는 것이 적절하다.

오답풀이 |

① (가)는 인재 등용에 제약을 두지 말아야 함을 강조하며, 인재 등용의 올바른 방법을 열거법을 통해 설명하고 있으므로, 주제문으로 적절하다.

② (나)는 중국인의 인재 등용에 대한 걱정을 제시하며, 그만큼 인재 등용이 어렵다는 것을 강조하고 있으므로, 주제문으로 적절하다.

④ (라)는 서얼 출신을 차별하여 벼슬에 등용하지 않은 우리나라의 현실에 대해 비판적인 견해를 나타내고 있으므로, 주제문으로 적절하다.

⑤ (마)는 우리나라 위정자들의 잘못된 인재 등용에 대한 비판과 올바른 자세의 필요성을 언급하고 있으므로, 글의 전체 내용을 고려하였을 때 주제문으로 적절하다.

03

정답 | ②

정답풀이 |

주어진 글은 '올바른 정치를 하기 위해 통치자가 해야 할 책무는 무엇일까?'에 대한 질문에 '인간 사회의 판단 기준을 제시할 수 있는 사람은 바로 철학자이고, 철학자야말로 진리와 의견의 차이점을 분명히 파악할 수 있으며 절대적 진리를 궁구할 수 있기 때문에 철학자가 통치해야 인간 사회의 갈등을 완전히 해소하고 사람들의 삶을 올바르게 이끌 수 있다'라고 답변하고 있다. 이에 대한 적절한 비판으로는 통치자가 철학자가 아니더라도 (절대적 진리를 추구하지 않더라도) 인간 사회의 갈등을 완전히 해소할 수 있다는 내용이 들어가야 한다. 따라서 정답은 ②이다.

오답풀이 |

① 전문가를 '절대적 진리를 궁구하는 사람'이라고 보기는 어려우므로, 주어진 글에서 말하고자 하는 바와 관련성이 떨어진다. 더불어 만약 '전문가'를 칭하는 것이 '철학자'라고 보아도 주어진 글을 옹호하는 내용이므로, 주어진 글의 핵심 주장에 대한 비판으로는 적절하지 않다.

③ 통치자인 '철학자'가 갖추어야 할 소양에 대한 내용이므로, 주어진 글의 핵심 주장에 대한 비판으로 적절하지 않다.

④ 주어진 글은 '올바른 정치를 하기 위해 통치자가 해야 할 책무는 무엇일까?'에 대한 질문에 '철학자가 통치해야 인간 사회의 갈등을 완전히 해소하고 사람들의 삶을 올바르게 이끌 수 있다'고 답변하고 있다. 하지만 ④는 '나라 전체의 잠재력을 최고치'로 이끌 수 있는 방안에 대한 내용으로 주어진 글의 핵심과는 동떨어져 있다. 따라서 주어진 글의 핵심 주장에 대한 비판으로 적절하지 않다.

⑤ 주어진 글의 핵심 주장은 통치자의 책무에 대한 내용이므로, 그에 대한 비판적 의견으로는 적절하지 않다. 더불어 통치자가 가져야 할 소양으로 '절대적 진리 추구'라는 단서를 붙이긴 하였으나 '상대적 진리'와 비교하여 제시한 것이 아니므로 이에 대한 비판으로 두 진리를 비교하는 내용은 적절하지 않다.

04

정답 | ④

정답풀이 |

마지막 문단은 착빙을 해결하기 위한 방법을 제거법(제빙)과 방지법(방빙)으로 나누어 설명하고 있다. 이중 알코올이 포함된 액체를 분사하는 방법은 제거법에 해당하는 것으로 '예방'할 수 있는 방법이라고 볼 수 없다.

오답풀이 |

① 네 번째 문단에 따르면 항공기 내부에서 발생하는 기관 착빙은 '구름이나 강수 속을 비행할 경우뿐만 아니라, 구름이 없는 공간을 비행하고 있을 때도 발생할 수 있다'고 하였으므로 다양한 기상상황에서 발생하겠다고 한 것은 올바른 이해이다.

② 세 번째 문단에 따르면 우빙은 '맑은 착빙'으로 수빙인 '거친 착빙'에 비해 '항공기의 표면에 굳게 붙어 있으므로 매우 위험하다'고 하였으므로 올바른 이해이다.

③ 세 번째 문단에 따르면 서리 착빙(frost icing)은 '활주로에 주기 중인 항공기에 잘 발생하며, 맑은 날 복사냉각에 의해 공기 온도가 0℃ 이하로 냉각될 때 생긴다'고 하였다. 그리고 이때 발생한 착빙은 '이륙하면 공기흐름이 흐트러져 이륙 속도에 도달할 수 없게 될 수도 있다'고 하였으므로 올바른 이해이다.

⑤ 첫 번째 문단의 아이언맨의 사례와 마지막 문단의 방빙을 바탕으로 할 때, 일정 고도 이상으로 올라갈 경우 저온으로 착빙이 일어날 수 있고 이를 방빙할 수 없다면 추락할 위험성을 추론할 수 있다.

05

정답 | ④

정답풀이 |

주어진 글에서 주요 대상인 '비토권'의 변화 과정에 대한 내용은 찾을 수 없다.

오답풀이 |

① 첫 번째 문단에서 '비토권'에 대한 개념을 밝혀, 독자의 이해를 돕고 있다.

② 세 번째 문단의 '비토권은 일종의 자기방어의 수단으로 활용되기도 한다. 그 대표적인 예를 미국 대통령에게서 찾을 수 있다'를 통해 확인할 수 있다.

③ 마지막 문단의 '대통령이 지닌 '비토권'의 권한은 대단히 막강하다. 하지만 그렇다고 해서 '비토권'을 군주 국가에서의 '로열·비토'와 동일하게 볼 수는 없다'를 통해 확인할 수 있다.

⑤ 다섯 번째 문단의 '비토권은 크게 두 가지가 있다. 하나는 '포켓·비토(Poc-ket Veto)'로, '보유 거부'라고도 한다. ~ 다른 하나로는 '메시지드·비토(Messaged Veto)'로 '환부 거부'라고도 한다'를 통해 확인할 수 있다.

06

정답 | ④

정답풀이 |

세 번째 문단에 따르면 환경세 부과로 인한 상품가격 상승에 대한 경제적 부담은 연금생활자나 실업자와 같은 근로자가 아닌 사람들에도 분산되는 반면, 근로소득세 경감의 효과는 근로자에게 집중되므로 비근로자들은 근로자들에 비해 경제적 부담이 더 커질 수 있음을 추론할 수 있다.

오답풀이 |

① 세 번째 문단에 따르면 근로자의 실질소득을 높이고, 노동공급을 증대시키는 것은 환경세 세수만큼 근로소득세를 경감했을 경우에 일어나는 현상이다. 따라서 환경세 자체가 이러한 효과를 이끌어낸다고 보기 어렵다.

② 두 번째 문단에 따르면 환경세 세수만큼 근로소득세를 경감하는 경우 환경보존과 경제성장이 조화를 이룰 수 있다고 보았다. 즉 환경세 자체만으로 이러한 효과가 있다고 보기 어렵다

③ 네 번째 문단에 따르면 환경세 세수만큼 근로소득세를 경감하게 되면 기업의 노동수요가 줄어드는 것이 아니라 늘어날 수 있다고 하였다.

⑤ 세 번째 문단에 따르면 환경세 세수만큼 근로소득세를 경감하게 되면 근로자의 실질소득이 증대되는데, 그 증대효과는 환경세 부과로 인한 상품가격 상승효과보다 크다는 것을 알 수 있다. 하지만 주어진 글에서 근로자의 실질소득 증대가 환경오염 억제효과보다 크다는 것과 관련된 내용은 찾을 수 없다.

07

정답 | ④

정답풀이 |

주어진 글은 유럽에서 마이센 백자를 생산하게 된 계기와 결과에 대해 설명하는 글이다. 좀 더 명확하게는 '중국 백자 제작'이라는 문제에 대해 '고령토와 가마'라는 해결책을 찾는 과정에 대한 글이기도 하다. 문제를 제시하고 해결책을 구하는 과정을 담은 글들은 시간의 흐름에 따라 전개되는 것이 일반적이므로 유럽에서 중국 백자를 만들게 된 계기이자 원인을 담은 [라]가 첫 문단으로 가장 적절하다. 종래에는 마이센 백자를 생산하게 되는 글이므로 백자 제조의 실패에 대한 내용을 담은 [가]가 우선 제시하는 것이 자연스럽다. [나]의 연금술사 뵈트거의 피신이 [마]에서 그대로 연결되어 두 문단이 긴밀하게 연결됨을 알 수 있고, [가]에서 거론한 실패의 원인인 '고령토의 성분과 가마의 온도'를 각각 [마]와 [다]에서 해결하고 있으므로 [라]-[가]-[나]-[마]-[다]로 배열되어야 한다.

08

정답 | ④

정답풀이 |

5문단의 '고혈당이 지속되면 인슐린을 분비하는 췌장의 베타세포는 지치게 되고 장애가 생기게 된다. ~ 더 나아가 인슐린 주사를 맞아야만 하는 중증 당뇨병이 되는 것이다'를 통해 췌장의 베타세포가 제 기능을 수행하기 어렵게 되면 장애 즉 당뇨병이 됨을 알 수 있다.

오답풀이 |

① 세 번째 문단에 따르면 '근육에서는 혈당을 에너지원으로 활용하고, 남는 것은 글리코겐으로 저장하고 간에서도 혈당을 글리코겐으로 변화시켜 저장'한 후에도 남은 양이 인슐린에 의해 지방세포로 보내지게 되고 중성지방으로 변하여 체지방이 되므로 글리코겐은 체지방 축적과 관련이 없다.

② 혈당을 글리코켄으로 변화시켜 저장하는 주체는 '인슐린'이 아닌 '근육과 간'이다

③ 세 번째 문단에 따르면 체내 고혈당 상태가 오래 유지되면 당뇨병이 되고, 그 상태가 몇 년 유지되면 혈관이 딱딱하게 굳어져 탄력을 잃고 약해져 제 기능을 상실하게 되는데 이때 발병하는 것이 '동맥경화'라고 하였다. 즉 동맥경화로 인해 고혈당 상태가 유지되어 중증 당뇨병이 되는 것이 아니라, 고혈당 상태가 유지되어 중증 당뇨병이 되고 그 후 동맥경화가 일어나는 것이다.

⑤ 세 번째 문단의 '인슐린이 대량으로 분비되면 소비되지 않는 혈당은 체지방이 되어 비만이 될 확률이 높아지는 것이다'를 통해 인슐린의 대량 분비가 비만의 한 원인이 된다는 것은 알 수 있으나, 현대인의 모든 비만 원인으로 확대해서 볼 수는 없다.

09

정답 | ①

정답풀이 |

주어진 글의 주장은 '사형제도를 폐지해야 한다'이다. 논증 과정을 살펴보면, 첫 번째 문단에서 사형제도가 가진 반인륜적인 측면을 소개하면서 우리나라에 아직까지도 사형이라는 제도가 유지되고 있음에 문제 제기를 하고 있다. 두 번째 문단에서는 사형제도의 존폐에 대한 찬성과 반대 의견을 소개한 후, 현재는

'국민들의 법의식과 법감정은 사형제도의 폐지를 지지하는 쪽으로 서서히 변화하고 있'으므로 '사형제도를 폐지해야 한다'고 주장하고 있다. 따라서 전제로 '법제도는 국민들의 법감정과 법의식에 의거해야 한다'가 있으면 기존 전제와 주장을 연결지어 논증을 완성할 수 있다.

TIP

전제 문제는 주어진 전제와 결론 사이를 연결하여 동일한 내용인 매개념을 지우고 남은 내용을 연결한다고 생각하면 비교적 쉽게 풀이되는 경우가 많다.

10

정답 | ①

정답풀이 |

〈보기〉는 (가)의 앞 내용과 같은 논리를 가진 문장이다. 그리고 (가)의 뒤 내용에서 〈보기〉에 대한 내용을 다시금 반복하고 있으므로, 〈보기〉의 위치로 적절한 것은 (가)이다.

오답풀이 |

② (나)는 내용상 〈보기〉와 긴밀성을 지니고 있지만, (가) 역시 같은 긴밀성을 지니므로 좀 더 가까운 내용이 무엇인지 판별해 보아야 한다. (나)의 뒤 문장의 시작은 '그렇다면'으로, 앞선 내용을 조건삼아 전환을 시도하고 있다고 볼 수 있다. 즉 앞선 내용이 종결을 짓고 그를 바탕으로 다른 내용을 시작했음도 짐작할 수 있다. 따라서 (가)에서 〈보기〉와 관련된 내용이 끝이 맺고 (나)에서 한번 더 전환이 있었다고 보아야 한다. 더불어 〈보기〉의 '서로 다른 범주'라는 표현은 주어진 글의 첫 문장, (가)의 뒤 문장에서 반복적으로 사용되고 있다. 즉 핵심어가 연결되었다는 것은 흐름상 긴밀하게 연결된다는 뜻이므로 〈보기〉의 가장 적절한 위치가 (가)임을 미루어 짐작할 수 있다.

③ (다)의 뒤 내용이 앞 내용에 대한 예외적인 경우에 대한 예시가 나타나므로, 앞뒤가 긴밀하게 연결된다. 따라서 〈보기〉가 들어갈 위치로는 적절하지 않다.

④ (라) 뒤의 '이러한 사실'에 해당하는 바가 (라)의 앞서 나타나므로, 앞뒤가 긴밀하게 연결된다. 따라서 〈보기〉가 들어갈 위치로는 적절하지 않다.

⑤ (마)의 앞 내용은 문학과 철학이 독립적이더라도 그 둘의 관계가 밀접하다는 내용이다. 그런데 〈보기〉는 그에 대한 예시가 아니므로, 〈보기〉가 들어갈 위치로는 적절하지 않다.

11

정답 | ④

정답풀이 |

주어진 글은 A효과와 B효과에 따른 최초 진입기업과 후발 진입기업의 특성을 비교 설명하는 글이다. 첫 번째 문단은 A효과와 B효과에 대한 정의를 제시하고 있고, 두 번째 문단에서는 규모의 경제 효과 측면에서는 최초 진입기업이 유리하고, 연구개발 투자 측면에서는 후발 진입기업이 유리함을 설명하며, 각각의 성공의 필수 요건을 제시하고 있다. 그리고 세 번째 문단에서는 최초 진입기업이 누릴 수 있는 강점에 대한 설명이 주를 이루고 있다. 따라서 주어진 글 다음으로 이어질 내용으로 가장 적절한 것은 후발 진입기업이 가진 강점에 대한 설명임을 알 수 있다. 참고로 A효과는 '선점우위 효과'이고, B효과는 '무임승차 효과'이다.

오답풀이 |

① 앞선 문단이 최초 진입기업이 누릴 강점에 대한 것으로 'A효과의 단점'이 연이어 나오는 것은 어색하다. 더욱이 A효과와 B효과의 장점과 단점은 두 번째 문단에 일부 소개하여 있으므로 이를 뒤에 다시 상술한다는 것은 흐름상 적절하지 않다.

②, ③, ⑤ 주어진 글이 전개되면서 나올 만한 내용들이다. 실제 사례를 바탕으로 보충하고, 절충안을 제시한 후 이를 잘 활용할 수 있는 마케팅 전략에 대한 내용들까지 모두 가능하다. 만약 해당 문제가 이어질 내용으로 적절하지 않은 하나를 고르는 문제라면 이들은 모두 맞는 설명이 될 수 있다. 하지만 주어진 글에서 이어질 내용으로 가장 적절한 것을 찾는 것이므로 정답이 될 수는 없다.

TIP

주어진 글은 여러 측면에서 본 최초 진입기업과 후발 진입기업이 가진 강점을 병렬식으로 제시하는 구성법을 따르고 있다. 두 번째 문단에서 '최초 진입기업의 유리한 점 – 후발 진입기업의 유리한 점 – 최초 진입기업 성공의 필수 요건 – 후발 진입기업 성공의 필수 요건' 순으로 전개되고 있고, 세 번째 문단은 '최초 진입기업이 누릴 수 있는 강점'으로만 구성되어 있으므로, 네 번째 문단에서는 '후발 진입기업이 누릴 수 있는 강점'이 나타나게 됨을 파악할 수 있다.

12

정답 | ④

정답풀이 |

ㄱ. 첫 번째 문단에서는 '면역력'에 대한 개념이, 두 번째 문단에서는 'NK세포'에 대한 개념이 서술되어 있다. 주어진 글의 핵심 제재는 'NK세포'이므로 해당 용어의 개념을 언급하며,

핵심 제재를 소개하는 방법을 사용하고 있음을 알 수 있다.

ㄴ. 두 번째 문단의 '다른 면역세포가 항원이 있어야만 비정상세포를 인식하는 것과 달리 NK세포는 비정상세포를 스스로 인지하고 직접적으로 사멸할 수 있는 유일한 면역세포이다'에서 다른 면역세포와 NK세포를 대조함으로써, NK세포가 가진 특성을 부각하고 있음을 알 수 있다.

ㄹ. 두 번째 문단에서 NK세포를 '최전방 공격수'로 비유하여, 대상에 대한 이해를 돕고 있음을 알 수 있다.

오답풀이 |

ㄷ. 주어진 글의 핵심 제재는 'NK세포'인데, 주어진 글에서 NK세포의 변화 양상을 시간의 흐름에 따라 서술한 내용은 찾을 수 없다.

ㅁ. 주어진 글에서 핵심 제재인 'NK세포'가 실제 상황에 적용된 사례를 제시하고 있지 않다.

13

정답 | ③

정답풀이 |

㉠의 '벗어나다'는 문맥상 불면증으로 고생하고 있는 어려운 처지에서 헤어났다는 의미이므로 '어려운 일이나 처지에서 헤어나다'의 의미로 사용되었다고 볼 수 있다. 따라서 이와 같은 의미로 사용된 것은 ③이다.

오답풀이 |

① '공간적 범위나 경계 밖으로 빠져나오다'의 의미로 사용되었다.
② '이야기의 흐름이 빗나가다'의 의미로 사용되었다.
④ '맡은 일에서 놓여나다'의 의미로 사용되었다.
⑤ '신분 따위를 면하다'의 의미로 사용되었다.

14

정답 | ⑤

정답풀이 |

첫 번째 문단에 따르면 이동단말기가 이동함에 따라 기존 기지국에서 이탈하여 새로운 기지국으로 넘어갈 때 통화가 끊기지 않도록 통화 신호를 새로운 기지국으로 넘겨주는 것을 핸드오버라고 한다고 하였다. 따라서 이동단말기를 통해 통화를 하고 있다면 연결된 기지국과 이동하면서 새롭게 연결된 기지국 등의 정보를 바탕으로 단말기 사용자의 위치를 추적할 수 있음을 추론할 수 있다.

오답풀이 |

① 두 번째 문단에 따르면 CDMA와 FDMA, TDMA는 핸드오버의 종류로, 이동단말기와 기지국 간 통화 채널 형성 순서에 따른 구분일 뿐 어떤 형태가 더 발전된 형태인지에 대한 정보는 주어진 글을 통해 찾을 수 없다.

② 첫 번째 문단의 마지막 문장을 참고하면 핸드오버가 실패하는 경우는 이동전화교환국과 기지국 간 연결에 문제가 발생했을 때이다. 기존 기지국과 새로운 기지국의 주파수 차이가 나면 이동단말기는 기존 기지국과의 통화 채널을 미리 단절한 뒤 새로운 기지국에 맞는 주파수를 할당 받은 후 통화 채널을 형성하면 된다.

③ 이동단말기의 통화가 갑자기 끊어지는 경우는 핸드오버가 실패했을 경우로 생각할 수 있다. 하지만 핸드오버가 실패할 경우가 아니더라도 이동단말기의 통화가 갑자기 끊어지는 경우 역시 있으므로, 이를 단적으로 새로운 기지국의 통화 채널이 형성되지 않았기 때문이라고 추론하기 어렵다.

④ 첫 번째 문단에 따르면 이동단말기와 기지국이 멀어지면 그 둘 사이의 신호는 점점 약해지는데, 핸드오버가 명령되는 경우는 이 신호의 세기가 특정값 이하로 떨어지게 될 때이다. 그리고 새로운 기지국에서의 통화 채널은 핸드오버가 명령된 후 형성된다.

15

정답 | ②

정답풀이 |

갑의 견해 핵심은 '처벌은 사회 전체의 이득을 생각해서, 다른 사회 구성원들을 교육하고 범죄자를 교화하는 기능을 수행해야 한다'이다. 이에 을은 처벌 제도에 사회 이익을 고려해서는 안되며, 처벌 여부와 그 방식은 범죄자의 악행에 의해서만 정당화되어야 한다고 보고 있다. 병은 범죄자의 교화 기능에 대해 의문을 제시하고 있다. 따라서 을과 병의 견해는 갑의 견해를 반박하는 구조임을 알 수 있다.

오답풀이 |

① 갑은 처벌을 통해 범죄자를 교화해야 한다고 보지만 그 효과를 높이 평가하고 있는지 여부까지는 알 수 없다. 그리고 병은 처벌을 통한 범죄자의 교화 효과에 대해 의문의 여지를 가지고 있을 뿐, 효과가 없다고 단언하고 있지는 않다. 단기 징역형의 경우 충분한 교화 효과가 있는 것처럼 보인다고 하였다.

③ 을은 범죄자의 처벌에 사회의 이익을 고려해서는 안 된다고 하였을 뿐, 이해관계의 충돌로 인한 범죄의 심각성보다 예방에 주안점을 두어야 한다고 여기고 있지는 않다.

④ 을의 견해는 맞으나, 갑의 경우 '범죄자의 처벌 여부와 처벌 방식의 정당성은 범죄 행위뿐만 아니라 현대 사회의 문제점도 함께 고려하여 확립되어야 한다'고 보았다. 즉 범죄 행위 역시 고려해야 한다고 보고 있으므로, 사회 전체의 이익만을 기준으로 처벌이 이루어져야 한다고 보고 있는 것은 아니다.

⑤ 병은 갑의 견해 중 처벌은 '범죄자를 교화하는 기능을 수행해야 한다'는 내용에 대해 의문을 제기하고 있으므로, 갑의 의견에 반박하고 있음을 알 수 있다. 하지만 이를 바탕으로 을의 견해에 동조하고 있는지 여부는 알 수 없다. 다시 말해

을과 병의 견해가 동일 선상에 있다고 보기 어렵다.

16

정답 | ⑤

정답풀이 |

네 번째 문단에서 '박쥐의 주 먹이는 곤충이다. 그런데 어떤 곤충은 박쥐가 내는 초음파 소리를 들을 수 있기 때문에 박쥐의 접근을 눈치챌 수 있다. 예를 들어 나방의 경우 초음파의 강약에 따라 박쥐와의 거리를 파악할 수 있고, 왼쪽과 오른쪽 귀에 들리는 초음파의 강약에 따라 박쥐가 다가오는 좌우 수평 방향을 알 수 있다. 또한 초음파의 강약 변화가 반복적으로 나타나는지 아닌지에 따라 상하 수직 방향도 알 수 있다.'를 통해 나방은 초음파의 강약에 따라 박쥐와의 거리부터 다가오는 좌우 수평은 물론 상하 수직 방향을 알 수 있다고 하였다.

세 번째 문단에서 '그런데 박쥐들은 어떻게 빠른 속도로 움직이면서 먹이의 움직임을 정밀하게 찾아낼 수 있는 것일까? 박쥐들은 도플러 효과를 이용할 수 있기 때문이다. 도플러 효과는 파동을 발생시키는 파원과 그것을 관측하는 관측자의 이동에 따라 파동의 형태가 변하는 현상이다. 즉 멀어지면 파동의 주파수가 길고 낮게 관측되며, 다가오면 짧고 높게 관측된다.' 라고 하였으므로 박쥐가 먹이의 움직임을 정밀하게 찾아내는 것은 도플러 효과 때문인데, 도플러 효과는 파동의 형태의 변화를 통해 대상을 인식하는 것이다. 따라서 나방이 몸짓을 변형시켜 파동의 형태에 변화를 준다면 박쥐의 감각을 교란시킬 수 있음을 추론 가능하다.

오답풀이 |

① 세 번째 문단에 따르면 초음파 진단기는 반향정위 능력이 아닌 도플러 효과를 활용한 것이다. 박쥐의 반향정위 능력은 스스로 발사한 초음파가 물체에 닿아 되돌아오는 메아리를 통해 물체를 감지하는 능력이고, 도플러 효과는 파동을 발생하는 파원과 그것을 관측하는 관측자의 이동에 따라 파동의 형태가 변하는 현상이다.

② 주어진 글에서 알 수 있는 내용이 아니다. 참고로 높은 소리는 파장이 짧고, 낮은 소리는 파장이 길다.

③ 두 번째 문단에 따르면 박쥐들은 성대를 통해 초음파를 만들어 입이나 코로 내보낸다. 하지만 자신만의 신호를 구별해 낼 수 있는 까닭은 '반향정위' 능력 때문이다. 즉 두 관계가 인과관계가 아니므로 적절한 이해로 보기 어렵다.

④ 두 번째 문단에서 박쥐의 달팽이관이 감긴 횟수가 인간보다 더 많다고 하였고 이를 통해 인간이 들을 수 없는 매우 넓은 범위의 초음파까지 들을 수 있다고 하였다. 하지만 이를 통해 인간도 달팽이관의 감긴 횟수가 많아지면 초음파를 들을 수 있을지 여부를 판단하기 어렵다. 달팽이관이 감긴 횟수에 비례하여 들을 수 있는 범위가 넓어진다는 단정적 내용이 없으며, 무엇보다 단순하게 많아지는 것으로 초음파까지 들을 수 있다고 말하기도 어렵다.

17

정답 | ③

정답풀이 |

두 번째 문단에 따르면 '한 음소의 차이만으로 의미가 달라지는 경우는 '최소대립쌍'이라고 한다'고 하였다. 그런데 '굴'과 '김'은 첫소리를 제외한 중간 소리와 끝소리가 모두 다르므로 '최소대립쌍'이라고 할 수 없다.

오답풀이 |

① 세 번째 문단에 따르면 '변이음'은 '한 음소에 속하지만 환경에 따라 조금씩 달리 실현되는 소리'이다. 그리고 그 예인 '물'과 '바람'의 소리가 위치에 따라 [l]과 [r]로 소리남을 알 수 있다. 따라서 '길'과 '소리'의 'ㄹ' 역시 한 음소이지만 위치, 즉 환경에 따라 소리가 다르게 실현되므로, 변이음이라고 할 수 있다.

② 두 번째 문단에 따르면 '서로 다른 두 소리가 특정 언어를 쓰는 언중들에게 서로 다른 소리로 인식되고, 의미까지 변별하는 기능을 가졌다면, 그 두 음은 대립관계에 있다고' 보고 있다. '길'의 'ㅣ'와 '굴'의 'ㅜ'는 서로 다른 소리로 인식되고, 이 두 소리로 인해 두 글자의 의미까지 변별되므로, 두 음은 대립관계에 있다고 볼 수 있다.

④ 세 번째 문단에 따르면 '변이음'은 '한 음소에 속하지만 환경에 따라 조금씩 달리 실현되는 소리'이다. '깃'의 'ㅅ'은 끝소리이고, '소리'의 'ㅅ'은 첫소리이다. 두 소리의 환경이 다르므로 변이음이라고 볼 수 있다. 네 번째 문단에 따르면 '한 음소의 변이음들은 최소대립쌍이 존재하지 않는다'고 하였으므로 '깃'과 '소리'의 'ㅅ'은 최소대립쌍에 해당하지 않는다.

⑤ '길', '김', '깃'은 끝소리인 'ㄹ', 'ㅁ', 'ㅅ'으로 인해 다른 소리로 인식되므로, 의미를 분화한다고 할 수 있다.

18

정답 | ③

정답풀이 |

빈칸 추론 문제는 빈칸의 앞뒤에서 힌트를 얻어야 한다. 빈칸의 앞부분을 참고하면, 제약회사들의 자선을 기대할 수 없는 상황에서 제3세계 환자를 치료하는 신약 공급 대안이 들어가야 한다. 그리고 뒷부분을 참고하면, 그 대안은 실현되기 어려우며, 그 이유가 우리가 자신의 주머니에 손을 넣어 거기에 필요한 돈을 꺼내는 순간 분명해진다고 서술되어 있다. 즉 이 글의 독자인 '우리 영국인'의 주머니 사정과 관련 있음을 알 수 있다. 앞뒤 내용을 정리하면, '우리 영국인, 즉 선진국의 국민들이 제3세계 환자들에게 신약을 공급하기 위해 직접 구매해서 전달하는 것이 대안이지만, 이는 실현하기 어렵다' 정도가 될 것이다. 따라서 정답은 ③이다.

19

정답 | ④

정답풀이 |

ㄴ. 두 번째 문단에 따르면 구들에 앉아 오랫동안 활동하는 습관이 상반신의 작업량을 증가시켰고 그 덕에 상반신의 움직임이 상대적으로 정교하게 되었다고 하였다. 이를 통해 섬세한 작업이 가능하게 되어 수놓기와 같은 수공업이 발달했음을 이끌어낼 수 있다. 그리고 야외 작업도 앉아서 하는 습관으로 인해 큰 농기구를 이용하여 서서 작업하는 서양과는 다른 방식을 가지고 있다고 하였으므로 농기구 역시 앉아서 사용할 수 있도록 작고 짧은 형태였음을 알 수 있다.

ㄷ. 첫 번째 문단에 따르면 우리 민족은 아이들에게 따뜻함을 느낄 수 있는 환경을 만들어 주기 위해 여러 가지를 고안하여 발전시켰다고 하였다. 따라서 침구를 통해 구들 생활에 따른 바닥의 따뜻함을 유지하기 위한 방안 역시 이에 해당함을 알 수 있다.

오답풀이 |

ㄱ. 복식이 활동성이 강화된 형태를 띠었다는 것과 관련된 내용을 주어진 글에서 찾을 수 없으며, 농사를 비롯한 야외의 많은 작업도 앉아서 하는 습관을 갖게 되었다는 내용과 상반신의 움직임이 정교하게 되었다는 내용을 고려하였을 때 바지보다는 상의와 관련된 내용이 나오는 것이 적절하다.

20

정답 | ②

정답풀이 |

ⓒ의 '~라는 말이다'는 ⓑ에 대하여 부연하는 표현이다. ⓓ는 ⓒ의 내용에 부연하는 것이므로, ⓓ 역시 ⓑ를 부연한다고 볼 수 있다.

오답풀이 |

① ⓑ가 반박하고 있는 것은 첫 문장인 '사람들은 흔히 개인이 소유한 것에 대한 독점적인 권리를 인정하는 것이 당연하다고 생각한다'이므로 ⓐ를 반박하는 것은 아니다.

③ 주어진 글의 전체 주제문은 ⓗ이다. ⓔ는 주제의 일부와 관련된 내용이므로 전체 주제문으로 보기 어렵다.

④ ⓔ와 ⓕ 모두 '따라서' 후에 연결되는 문장으로, ⓕ가 ⓔ를 반박하고 있다고 보기 어렵다.

⑤ 전체 주제문이 ⓗ이므로, ⓖ는 ⓗ의 근거가 된다.

PSAT형 NCS 기출변형 모의고사 [3회]

P. 269

01	02	03	04	05	06	07	08	09	10
①	④	①	④	①	③	⑤	⑤	④	③
11	12	13	14	15	16	17	18	19	20
②	①	①	②	④	①	④	③	②	②

01

정답 | ①

정답풀이 |

천체의 온갖 형상, 곧 천문을 관측하기 위하여 설치한 시설을 천문대라고 한다.(⑤정의) 천문대의 일종인 경주 첨성대는(③분류)신라 선덕 여왕(재위 632~647년) 때 건립된 것으로 추정되는 문화재로, 현재 국보로 지정되어 있다. 화강석 기단 위에 잘다듬은 돌을 원통형으로 27단을 쌓고 그 위에 정(井)자 형태의 상층부를 올려 놓았다. 전체 높이는 약 9.4미터가 된다. [위는 모가 나 있고 아래는 넓고 둥글어, 그 속에서 위로 올라가도록 되어 있다. 윗부분이 우물 귀틀같이 생긴 것으로 보아[묘사] <중략> 이 건축물이 기교적이라기보다 소박한 맛을 주는 까닭은 삼국 통일 이전에 만들어진 다른 건축물의 경우와 마찬가지이다.(비교) 통일 신라 이진의 건축물인 여러 식딥이 소박한 조형미를 보여 주는데 비하여(④대조) 통일 신라 시대의 석가탑, 다보탑은(②예시) 아기자기한 기교로써 세련된 조형미를 보여준다.

첨성대는 오늘날 신라의 수도인 경주에만 남아있지만, 실제로 삼국 모두 첨성대를 운영했다고 한다.(예시) 고구려의 첨성대가 평야에 남아 있었다는 기록은~ 조선시대에는 관상감(천문을 관측하는 관청)과 왕실에서 운영했던 관천대가 창경궁과 종로구 계동 현대 사옥 앞에 남아 있다. 내부에서 사다리를 타고 정상부에 오르는 첨성대와 달리 계단을 사용하여 오르는 구조를 지니고 있다. → 주어진 글에서 '분석'의 서술 방식은 사용되지 않았다.

02

정답 | ④

정답풀이 |

㉠은 '왜냐하면' 뒤에 제시되고 있으므로, 앞부분인 '수온이 갑자기 낮아지는 수온약층에서는 음속도 급격히 느려지다가 심층의 특정 수심에서 최소 음속에 이른다. 그후 음속은 점차 다시 빨라진다'의 이유가 들어가야 한다.

[1문단] 음속(音速)은 소리가 퍼져나가는 속도를 이른다. 흔히 매질에 따라 속도도 달라지는데, 육지의 매질은 공기이

므로, 우리가 내는 소리의 파장도 공기에 의해 전달된다. 하지만 바닷속의 매질은 물이다. 물속에서의 음속은 초속 약 1,500m로, 공기에 비해 거의 4~5배가량 빠르다. 물속의 음속은 수온과 수압이 높을수록 빨라진다. 그런데 바닷속의 수압은 수심이 깊어질수록 높아지지만 수온은 수심이 깊어질수록 이에 따라 높아지지 않는다. 그래서 바닷속의 음속은 수온과 수압 중에서 상대적으로 더 많은 영향을 끼치는 요소에 의하여 결정된다.
→ 수온이 낮아질수록 음속도 느려지다가, 수온이 낮은 심층의 특정 수심에서 다시 빨라졌다는 것은 '수온'이 아닌 '수압'의 영향을 받았음을 알 수 있다.

오답풀이 |

① 세 번째 문단의 내용으로, ㉠의 앞뒤 내용과 직접적인 관련이 없다. 따라서 ㉠에 들어갈 내용으로 적절하지 않다.
② ㉠의 앞뒤 내용과 관련성이 없으며, 주어진 글에서 알 수 없는 내용이다.
③ 첫 번째 문단의 '바닷속의 수압은 수심이 깊어질수록 높아지지만 수온은 수심이 깊어질수록 이에 따라 높아지지 않는다'를 통해 적절하지 않은 내용임을 알 수 있다. 따라서 ㉠에 들어갈 내용으로 적절하지 않다.
⑤ 온도가 감소하여 상대적으로 압력이 높아지는 비율이 커진다면, 수온이 떨어질수록 압력의 영향도 커진다는 것을 의미하는데, 이에 따른다면 수심이 깊고 수온이 낮은 심층의 특정 수심에서 최소 음속을 보이는 이유를 설명하지 못한다. 따라서 ㉠에 들어갈 내용으로 적절하지 않다.

03

정답 | ①

정답풀이 |

[2문단] 샐러리캡은 다시 '하드캡(Hard cap)'과 '소프트캡(Soft cap)'으로 나눌 수 있다. 하드캡은 리그에서 정한 연봉 상한선을 어떤 이유로도 초과할 수 없는 시스템으로, 이를 위반할 시 벌금, 드래프트 지명권 박탈 등 페널티를 받게 된다. 소프트캡은 하드캡과 달리 예외 규정을 둬 일정 부분에서 상한선 초과를 허용한다. 대신 초과분에 사치세를 부과하는 등의 방식으로 규정을 어긴 구단에 페널티를 부과한다. 상한선뿐 아니라 하한선도 기준을 정하는 '샐러리 플로어(Salary floor)'도 있다. 한 구단이 의무적으로 책정해야 하는 연봉을 모두 소진하여 선수를 영입해야 하는 제도이다.
→ '샐러리 플로어'는 의무적으로 정한 연봉을 모두 소진하여 선수를 영입해야 한다는 제도로, 선수 영입에 투자하지 않는 구단에게 연봉의 하한선을 정해 둔 것이라고 볼 수 있다.

오답풀이 |

② 세 번째 문단의 '메이저리그(MLB)는 샐러리캡이 없지만 이와 유사하게 사치세 기준선을 마련하고 있다'를 통해 메이저리그는 샐러리캡이 존재하지 않음을 알 수 있다.
③ 주어진 글에서 이와 관련된 내용을 찾을 수 없다. 물론 축구에 샐러리캡이 도입된다면, 기존과 다르게 선수 영입의 자유로움은 사라질 것이다. 이를 선수 영입보다 전술에 의해 승패가 결정된다고 추론하는 것은 확대 추론에 해당한다.
④ 네 번째 문단의 '선수들과 이미 막대한 돈을 투자한 구단들의 반대에 부딪힐 수 있고'를 통해 샐러리캡 도입에 대한 선수들의 의견과 구단주들의 의견이 동일할 가능성을 확인할 수 있다. 하지만 이를 근거로 '항상 동일하다'를 이끌어 낼 수는 없다.
⑤ 세 번째 문단을 통해 NBA의 샐러리캡 비율은 리그 총수입의 48%인데 반해, NFL는 65.5%로 정하고 있음을 알 수 있다. 따라서 NBA와 NFL의 리그 총수입이 같다면, NBA의 팀의 혜택은 NFL의 팀에 비해 상대적으로 낮아진다.

04

정답 | ④

정답풀이 |

[3문단] …(중략)… 주식과 부식으로 분리된 우리의 일상식 풍속은 조선시대에 이르러 반상이라는 고유한 식문화를 형성하기에 이른다. 이와 같이 중요한 음식이기에 조선시대 문헌에서는 맛있는 밥 짓기 요령을 많이 기록하고 있다. 이처럼 밥은 우리나라 먹을거리의 중심에 놓여 있고, 한국 역사를 설명하는 데 없어서는 안 될 요소이며, 한국인의 전통 신앙과 의식을 지배하는 문화의 핵심 키워드이다. 그러므로 (   ) → 빈칸이 접속어 '그러므로' 뒤에 제시되었으므로, 앞선 내용의 결론이 들어가야 함을 알 수 있다. 그런데 바로 앞 문장 역시 접속어 '이처럼'을 통해 앞선 내용을 요약하고 있으므로, 빈칸에 들어갈 내용은 바로 앞 문장을 다시금 반복해 주는 기능을 담당함을 알 수 있다. 따라서 앞 문장의 '우리나라 먹을거리의 중심(㉠)', '한국 역사를 설명(㉡)', '한국인의 전통 신앙과 의식을 지배하는 문화의 핵심 키워드(㉢)'라는 요소를 모두 포괄해야 한다. '생명의 원천'은 ㉠을, '삶과 동의어'는 ㉡과 ㉢을 포괄한다고 볼 수 있으므로 정답은 ④이다.

오답풀이 |

① 빈칸의 앞선 내용 중 '한국인의 전통 신앙과 의식을 지배하는 문화의 핵심 키워드'의 '전통 신앙과 의식'에만 해당하는 내용으로, 앞선 내용을 모두 정리했다고 보기 어렵다.
② 주어진 글을 통해 밥이 한국인에게 주식이며, 지금까지 내려져 오는 식문화라는 것을 알 수 있으므로, '변함없는 생활양식'이라는 판단은 옳다. 하지만 빈칸 앞뒤의 문맥에서는 해

당 내용을 강조하고 있지 않으므로, 빈칸에 들어갈 내용으로 적절하지 않다.

③ 빈칸의 앞선 내용 중 '우리나라 먹을거리의 중심', '한국 역사를 설명'과 관련된 내용으로 볼 수는 있겠으나, '한국인의 전통 신앙과 의식을 지배하는 문화의 핵심 키워드'라는 표현까지 포괄하는 내용이라고 보기 어렵다. 따라서 빈칸에 들어갈 내용으로 적절하지 않다.

⑤ 글의 맥락상 밥은 한국인에게 음식 이상의 의미를 지니고 있다고 볼 수 있지만, 이를 역사적 의미로만 한정하고 있다. 따라서 빈칸에 들어갈 내용으로 적절하지 않다.

05

정답 | ①

정답풀이 |

[1문단] 조선시대 전 기간의 경제적 변화를 파악하기 가장 좋은 방법은 인구 추세를 살펴보는 것이다. → '경제적 변화'를 파악하기 가장 좋은 방법이 인구 추세를 알아보는 것이라고 했으므로, '㉠조선시대의 인구'는 조선의 경제적 변화를 파악해 볼 수 있는 대상으로 볼 수 있다.
인위적인 산아제한이 없었던 시대적 상황을 고려할 때, 전근대 사회의 인구는 경제적 변화를 초래하고 생활 수준을 결정하는 근본 원인일 뿐만 아니라 결과이기도 하다. 하지만 안타깝게도 우리나라의 전근대 인구에 관한 정보는 그리 많지 않다. 비교적 자료가 많이 남아 있는 ㉠조선시대의 인구조차도 아직 정설이 확립되어 있지 못하다.

오답풀이 |

② 주어진 글에서 이와 관련된 내용을 찾을 수 없으므로, ㉠에 대한 이해로 보기 어렵다.

③ 두 번째 문단에 따르면 17세기 조선의 인구가 급속히 증가되었다는 것은 알 수 있다. 하지만 해당 증가의 원인으로 전쟁 후유증이 해소되었기 때문이었는지 여부는 알 수 없다. 더욱이 세 번째 문단에 따르면 '호구 총수만으로 조선시대의 인구를 정확하게 파악했다고 보기 어렵다'라고 했으므로, '17세기 급속한 증가'라는 정보 역시 완벽하게 맞는다고 보기 어렵다.

④ 네 번째 문단의 연구 자료에 따르면 호구 총수가 실상을 제대로 반영하기 어려웠을 것이라고 판단하였고, 당시 양반가의 족보를 바탕으로 추계한 결과를 근거로 제시했음을 알 수 있다. 하지만 마지막 문단에서 '호구 총수의 기록이 맞는 것인지 아직 어느 쪽이 답인지는 분명하지 않다.'고 하였으므로, 어떤 자료가 더 정확한 자료인지에 대한 판단을 내리기 어렵다.

⑤ 세 번째 문단에 따르면 호구 총수에 따른 인구수는 1861년 674만 명이었고, 추정 실제 인구수는 19세기에 1,800만 명 정도라고 한다. 이러한 차이는 조세를 회피하기 위한 목적으로 누락된 인구가 많기 때문이라고 하였다. 이를 단순 계산한다면 누락된 인구 수는 대략 1,100만 명이라고 할 수 있다. 하지만 1861년의 기록을 바탕으로 19세기 전체를 미루어 짐작할 수 없으므로 가장 옳은 이해라고 보기 어렵다.

06

정답 | ③

정답풀이 |

[2문단] 우선 '소년'과 '청년'부터 살펴보자. 이 둘은 '少年'과 '靑年'으로 적는다. 글자 그대로의 뜻을 고려하면 '어린 나이', '젊은 나이'로 해석할 수 있다. 이런 맥락에서 본다면 '소년'과 '청년'은 '유년(幼年), 장년(壯年), 중년(中年), 노년(老年)' 등과 짝을 이루는 단어들이다. 그런데 지금은 ㉠'연령대'라기보다는 '사람'의 의미로 더 많이 사용된다. 시간이 흐르면서 의미에 변화가 생긴 것이다. 반면 '유년(幼年), 장년(壯年), 중년(中年), 노년(老年)'은 그러한 변화를 보이지 않는다. 1920년에 간행된 『조선어사전』에 따르면 일본어로 '소년'은 "나이 어린 사람"이라고 풀이되어 있고, '청년'은 젊은 나이를 뜻하는 '청춘(靑春)'과 같은 말로 풀이되어 있다. 그리고 1938년에 간행된 『조선어사전』에는 '소년'이 "나이가 어린 남자. 나이가 젊은 사람"으로 풀이되어 있고, '청년'은 "나이가 젊은 사람"이라고 되어 있다. 이를 참고한다면, ㉡사람을 뜻하게 된 것은 '소년'이 '청년'보다 빠르다고 할 수 있다.
[3문단] 그렇다면 '청소년'은 어떠할까? 청소년은 '靑少年'으로 적는다. 이는 '청년'과 '소년'을 합친 말로, 1938년에 간행된 『조선어사전』에는 등재되어 있지 않다. 해방 이후 이 사전이 수정 증보가 되면서 실리게 되는데, '청년과 소년'이라는 뜻으로 풀이되어 있다. 그 무렵 생겨난 말인 듯싶다. 지금도 '청년과 소년을 아울러 이르는 말'로 풀이되고 있지만, 대체로 '소년'과 '청년'의 중간쯤 해당하는 연령대의 사람들을 가리키는 말로 많이 사용한다. 중학교와 고등학교에 재학 중인 학생들을 이 연령대라고 인식하는 것이다. 그러니 ㉢청소년은 '소년'이나 '청년'과 달리 의미가 새롭게 만들어진 것으로 보아야 한다. → 세 번째 문단에 의하면 '청소년'은 '청년'과 '소년'이 합쳐진 말로, 본래의 뜻은 '청년과 소년'이었다. 그리고 지금도 '청년'과 '소년'의 뜻을 지니고 있는 동시에 '소년'과 '청년'의 중간쯤 해당하는 연령대의 사람들을 가리키는 말로 사용되고 있다. 이는 두 번째 문단에서 언급되었던 '소년'과 '청년'이 기존의 '연령대'라는 의미에서 '사람'의 의미로 바뀐 것과 유사하다. 따라서 ㉢은 "청소년' 역시 '소년'과 '청년'**처럼** 의미가 달라졌다고 보아야 한다'라고 수정하는 것이 적절하다.

오답풀이 |

① ㉠의 뒤에 등장하는 예시들을 참고하면, '소년'과 '청년'이 '연

령대'와 더불어 '사람'의 뜻으로도 사용되고 있음을 알 수 있다. 따라서 '연령대'의 의미가 아예 사라졌다고 보기 어려우므로, ㉠은 수정할 필요가 없다.

② ㉡의 앞선 예시들을 참고하면, '사람'의 뜻으로 사전에 등재된 것은 '소년'이 더 빠르므로, ㉡은 수정할 필요가 없다.

④ ㉣의 뒤 문장인 '~지칭하는 대상에는 여자도 포함된다'를 통해 그 연령대에 속한 사람 중 여자만을 지칭할 때도 쓴다고 보기 어렵다. 문맥상 남녀를 포괄하는 의미로도 쓰인다고 보아야 하므로, ㉣은 수정할 필요가 없다.

⑤ ㉤의 뒤 문장인 '이를 달리 말하면 ~ 따로 만들지 않은 것이라고 할 수 있다'를 통해 필요에 의해 새로운 말을 만든다는 것은 알 수 있으나, '기존 단어를 삭제하는 것'과 관련된 내용은 찾을 수 없다. 앞서 나온 내용에서도 확인할 수 없으므로, ㉤은 수정할 필요가 없다.

07

정답 | ⑤

정답풀이 |

[1문단] 인간이 부락집단을 형성하고 인간의 삶 전체가 반영된 이야기가 시작되었을 때부터 설화가 존재하였다. 설화에는 직설적인 표현도 있지만, 풍부한 상징성을 가진 것이 많다. 이 이야기들에는 민중이 믿고 숭상했던 신들에 관한 신성한 이야기인 신화, 현장과 증거물을 중심으로 엮은 역사적인 이야기인 전설, 민중의 욕망과 가치관을 보여주는 허구적 이야기인 민담이 있다. 설화 속에는 원(願)도 있고 한(恨)도 있으며, 아름답고 슬픈 사연도 있다. 설화는 한 시대의 인간들의 삶과 문화이며 바로 그 시대에 살았던 인간의식 그 자체이기에 설화 수집은 중요한 일이다.

→ 설화는 한 시대의 인간들의 삶과 문화이며 바로 그 시대를 살았던 인간의식 그 자체라고 하였다. 민담은 설화 중 하나이므로, 그 속에도 이러한 내용들이 담겨져 있다고 볼 수 있다.

오답풀이 |

① 첫 번째 문단에 따르면 설화는 '민중이 믿고 숭상했던 신들에 관한 신성한 이야기인 신화, 현장과 증거물을 중심으로 엮은 역사적인 이야기인 전설, 민중의 욕망과 가치관을 보여주는 허구적 이야기인 민담이 있다.'고 하였다. 즉 현장과 증거물이 있다면 전설일 뿐, 이를 바탕으로 설화를 분류할 수 있는 것은 아니다.

② 첫 번째 문단과 두 번째 문단에 따르면 공갈못설화는 상주라는 현장과 공갈못이라는 증거물이 있으므로 전설에 해당한다고 볼 수 있으며, 농민들의 원과 한이 담긴 이야기인지 여부는 주어진 글을 통해서 알 수 없다.

③ 두 번째 문단에 따르면 공갈못설화가 기록에 남지 않았던 것은 당시 신라의 지배층이나 관의 입장에서 공갈못 생성에 관한 것이 기록할 가치가 있는 정치적 사건은 아니라고 인식했기 때문이다. 즉 이에 대한 주체는 신라의 지배층이나 관으로, 신라 민중이 아니다.

④ 마지막 문단에 따르면 공갈못설화는 공갈못 생성의 증거가 될 수 있는 역사성을 가진 귀중한 자료라고 하였다. 하지만 조선시대에 기록된 것은 '공갈못설화'가 아닌 '공갈못에 대한 기록'이다.

08

정답 | ⑤

정답풀이 |

[2문단] 지금까지 미술이 아름다운 인체나 인물, 종교, 역사 등과 같은 흥미로운 내용을 주제로 삼았다면, 사실주의(㉠)와 낭만주의의 주제 의식은 달랐다. 사실주의는 낭만주의에서 시작된 현실에 대한 관심을 이어갔다. 그렇지만 종전의 귀족이나 지식인들을 대상으로 한 추상적인 미의식을 추구했던 것은 아니었다. 그들은 '아름다운 것'이라는 보다 구체적인 현실에 눈을 돌렸고, 당시 서민들의 현실적 삶에서 작품의 주제를 찾으려 하였다. 이에 반해 인상주의(㉡)는 빛에 따른 색의 변화라는 새로운 시각적 현실 묘사에 관심을 두었고, 파리를 중심으로 한 중산층의 삶을 표현하는 데 주력하였다.

[3문단] 또한 조형 방법에 있어서도 고전주의자들처럼 미의 원리나 규범에 의존하지도 않고, 낭만주의자들처럼 감성적 표현에 의한 미화를 목표로 삼지 않았다. 이들은 이들 앞에 놓인 현실을 자신들만의 독자적인 방법으로 나타내려 했다. 사실주의(㉠)가 눈앞에 보이는 있는 그대로의 현실세계를 담아내려 노력했다면, 인상주의(㉡)는 빛에 따라 달라지는 색의 변화라는 시각적 · 감각적 현실세계를 담아내고자 하였다. → ㉠ (사실주의)은 당시 서민들의 현실적 삶에서 작품의 주제를 찾으려 하였고, 눈앞에 보이는 있는 그대로의 현실세계를 담아내려 노력하였다. 따라서 하층민의 사실적 삶을 담아냈다는 분석은 옳다. 하지만 ㉡ (인상주의)은 빛에 따른 색의 변화라는 새로운 시각적 현실 묘사에 관심을 두었다. 즉 자연이 지닌 고유한 색이 아닌 빛에 의해 달라지는 색을 표현했다고 볼 수 있으므로, ㉡에 대한 분석은 옳지 않다.

오답풀이 |

① 두 번째 문단과 세 번째 문단에 따르면 ㉠과 ㉡은 이전과 다른 주제 의식과 가졌으며, 조형 방법도 이전과는 다른 독자적인 방법을 모색했음을 알 수 있다. 따라서 ㉠과 ㉡이 그림에 대한 새로운 인식을 나타냈다는 점에서 공통점을 지닌다는 분석은 옳다.

② 첫 번째 문단에 따르면 19세기 산업혁명으로 인해 사람들의 생활환경이 바뀌게 되었고, 이러한 변화에 발맞춰 등장하게

된 것이 ㉠과 ㉡이라고 하였다. 따라서 ㉠과 ㉡이 산업혁명으로 변화된 환경에 의해 등장하게 된 미술 양식이라는 분석은 옳다.

③ 마지막 문단의 '이렇게 색채와 형태를 평면적으로 구성하는 방식은 추상미술에 영향을 끼치게 된다'를 통해 ㉡이 추상미술의 등장에 영향을 끼쳤다는 것을 알 수 있다. 더불어 ㉠이 추상미술의 등장에 영향을 끼쳤다는 내용은 찾을 수 없으므로, 해당 분석은 옳다.

④ 두 번째 문단의 "그들은 '아름다운 것'이라는 보다 구체적인 현실에 눈을 돌렸고, 당시 서민들의 현실적 삶에서 작품의 주제를 찾으려 하였다"와 '인상주의는 빛에 따른 색의 변화라는 새로운 시각적 현실 묘사에 관심을 두었고'를 통해 ㉠이 현실 속 '아름다운 것'에 집중했음을 알 수 있고, ㉡은 시각적, 즉 감각적 현실 묘사에 관심을 두었음을 알 수 있다. 따라서 해당 분석은 옳다.

09

정답 | ④

정답풀이 |

> [4문단] 그렇다면 상관관계는 원인과 결과의 관계를 나타내는 것일까? 상관관계는 어떤 것들끼리의 관계가 밀접하다는 것을 나타낼 뿐이며, 어느 것이 원인이고 어느 것이 결과인지에 대해서는 아무런 증거를 제공하지 않는다. 문제는 상관관계를 제대로 이해하지 못하는 사람들이 종종 ㉠상관관계가 인과관계를 나타낸다고 추측하는 데 있다. 철학자인 밀(John S. Mill)은 인과관계가 성립할 수 있는 조건으로 다음의 세 가지를 제시하였다. 첫째, 원인은 결과보다 시간적으로 앞서야 하고 둘째, 원인과 결과는 관련이 있어야 하며 셋째, 결과는 원인이 되는 변수만으로 설명이 되어야 하고 다른 변수에 의한 설명은 제거되어야 한다는 것이다. 그러나 많은 경우에 사람들은 이 중에서 한 가지 조건만 만족되어도 인과관계를 가정함으로써 문제가 생긴다. → 밀이 말한 인과관계가 성립할 수 있는 조건 3가지를 모두 충족하지 않았음에도 이를 인과관계로 파악한 경우, ㉠의 사례에 해당된다고 볼 수 있다.

ㄴ. A 교수가 범죄 문제에 대해 연구과제를 수행했다. 주요 도시의 인구 1,000명당 경찰관 숫자와 강력범죄 발생빈도를 비교했는데, 앞의 데이터와 뒤의 데이터 사이에 밀접한 관계가 있음을 발견했다. 즉 경찰관 숫자가 많은 도시일수록 강력범죄 발생빈도가 높았다. 학자는 이 결과를 토대로 경찰관을 줄여야 한다고 주장했다. → A 교수는 경찰관 숫자를 강력범죄 발생빈도와 연관 지어 인과관계로 분석하고 있다. 하지만 이는 밀이 주장한 인과관계의 조건 중 첫째와 셋째에 부합하지 않는 주장이다. 강력범죄가 많은 도시이기에 경찰관을 많이 뽑은 것일 수도 있기 때문이다. 즉 상관관계를 인과관계로 판단한 경우이므로 ㉠의 사례에 해당한다.

ㄷ. B 회사의 마케팅부서장이 직원에게 광고를 하면 매출이 얼마나 오를지 검토하라고 지시했다. 직원은 과거 회사 데이터를 살펴본 결과, 2019년까지는 광고를 하지 않다가 2020년에 광고를 했는데 그해 매출이 40% 늘었음을 확인했다. 그래서 직원은 상사에게 "광고 덕분에 2020년 매출이 전해보다 40% 늘었습니다"라고 보고했다. → B 회사의 마케팅부 직원은 광고로 인해 매출이 늘었다고 보고 있다. 즉 두 사실을 인과관계로 판단한 후, 상사에게 보고하고 있는 것이다. 그러나 광고 이외의 다른 요인 때문에 매출이 증가했을 가능성도 있다. 또는 2019년에 비해 2020년의 경기가 유난히 좋아서 판매량이 늘었을 수도 있다. 따라서 주어진 글에서 밀이 주장한 인과관계의 조건을 모두 부합한다고 볼 수 없으므로 ㉠의 사례에 해당한다.

오답풀이 |

ㄱ. 두 보고서가 같다는 것과 교수가 두 보고서를 작성한 두 학생이 서로의 보고서를 베꼈다고 주장하는 것은 상관관계가 있다고 보기 어렵다. 이는 제3의 공통 원인의 영향을 받아 일치한 사건일 수도 있는데, 일치하여 발생한 두 사건 중 어느 한쪽이 다른 한쪽의 원인이 된다고 판단함으로써 오는 오류이다. 두 사람은 대필 사이트를 이용했을 수도 있고, 제3의 학생에게 보고서를 부탁했을 가능성도 있다. 이러한 오류를 '공통 원인 무시'라고 하며, 상관관계조차 확인할 수 없으므로 ㉠의 사례에 해당하지 않는다.

10

정답 | ③

정답풀이 |

> 최근 부동산과 관련된 투기가 심각하여 사회 문제로 대두되고 있다. 의식주는 가장 기초적인 삶의 요소로, 그중 하나인 집에 대한 사람들의 우려는 당연한 것처럼 보인다. 이에 대해 정부 일각에서는 투기를 통한 재산 증식에 대한 처벌을 강화해야 할 필요성이 있다는 의견이 나오고 있다. 이에 대해 부당이익 환수를 위한 법 개정을 추진 중에 있다고 한다. 그러나 개인의 재산권에 대한 정부의 개입은 최소한에 그쳐야 한다. 다시 말해 개인의 재산권에 대한 정부의 간섭은 위헌의 소지가 없을 만큼만 이루어져야 한다.(전제1) 국가가 부당이익에 대해 환수하는 법안을 추진하는 것은 개인의 사유 재산에 대한 침범 행위로 볼 수 있다.(전제2) 따라서 정부가 준비하고 있는 법안은 제정되어서는 안 된다.(결론) → (전제1)과 (전제2)를 바탕으로 (결론)을 이끌어내고 있는 구조이다. 결론이 좀 더 설득력을 가지기 위해서는 정부가 하고 있는 법안이 '위헌 소지가 크기 때문에 안 된다'는 내용이 들어가야 한다. 따라서 '부동산 투기로 인한

사유 재산 증식은 위헌의 소지를 가지지 않는다'는 내용이 보충되면, 설득력을 높일 수 있다.

오답풀이 |

① (전제1)에 해당하는 내용으로, 보충해야 할 전제로 적절하지 않다.

② (전제2)에 해당하는 내용으로, 보충해야 할 전제로 적절하지 않다.

④ (결론)과 관련된 내용으로, 필자가 주장하는 방향과 일치한다. 다만, 필자가 정부의 '부당이익 환수를 위한 법 개정'을 반박하는 이유는 '투기를 해결할 수 없는 방안'이어서가 아니다. 따라서 보충해야 할 전제로 적절하지 않다.

⑤ 주어진 글과 동떨어진 내용이므로, 보충해야 할 전제로 적절하지 않다.

11

정답 | ②

정답풀이 |

[1문단] 우리 삶의 1/3은 잠으로 보내는 시간이다. 잠은 누적된 심신을 회복하기 위한 것으로, 생명 유지에 필수적인 행동이다. 수면은 정신적인 문제뿐만 아니라 신체적 이상의 징후로도 발생하기 때문에 어떤 측면에서는 가장 예민한 징후라고 볼 수 있다. 그래서 수면의 변화를 확인하는 것은 대단히 중요하다. 수면은 크게 두 가지 상태로 나뉜다. 이제는 꽤 알려진 렘수면과 비렘수면이 그것이다. 우리는 수면을 취하는 동안 적어도 5~6차례는 잠이 들었다가 깨는 과정을 반복하게 된다. 비렘수면은 생리적 기능이 저하된 상태이고, 렘수면은 각성 시와 유사한 뇌 및 신체 활성을 보이는 상태이다. 일반적으로 렘수면과 비렘수면의 비율은 1:3 정도로, 비렘수면 이후 렘수면이 진행된다. 비렘수면은 4단계로 진행되고, 수면의 양상은 수면 단계에 따라 달리 측정되는 뇌파로 확인할 수 있다. → 두 번째 문단부터 네 번째 문단까지는 첫 번째 문단의 마지막 문장인 '비렘수면은 4단계로 진행되고, 수면의 양상은 수면 단계에 따라 달리 측정되는 뇌파로 확인할 수 있다'를 상술한 내용이다. 이를 통해 비렘수면에 대한 내용은 마무리되었다고 볼 수 있다. 그런데 첫 번째 문단에서는 수면의 두 가지 상태인 '렘수면'과 '비렘수면'을 제시하고 있으므로, 주어진 글에서 이어질 내용이 있다면, 상술되지 않은 '렘수면'에 대한 내용이 나타나야 한다.(글의 초반에 소개한 제재에 대해 모두 거론하지 않은 채 마무리되는 글은 '완결성'에 어긋나므로, 모든 내용을 담은 후 글을 종결해야 한다.)

오답풀이 |

① 주어진 글의 마지막 부분에 '서파수면'에 대한 내용이 언급되어 있어, 이를 이어받는 내용이 나타나더라도 어색하지는 않다. 하지만 글을 완결짓기 위해서는 첫 번째 문단에서 제시한 후 상술하지 않은 '렘수면'에 대한 내용이 나오는 것이 더 적절하다.

③ 첫 번째 문단에서 '비렘수면은 4단계로 진행되고, 수면의 양상은 수면 단계에 따라 달리 측정되는 뇌파로 확인할 수 있다'고 하였지만, 렘수면에 대한 설명은 찾을 수 없다. 따라서 렘수면에도 4단계 뇌파 분석이 있는지 알 수 없으므로 이어질 내용으로 보기 어렵다.

④ 주어진 글에서 '꿈을 꾸는 원리'와 관련된 내용을 찾을 수 없으므로 이어질 내용으로도 보기 어렵다.

⑤ 첫 번째 문단에서 렘수면과 비렘수면을 비교하여 설명하고 있으므로, 해당 내용을 반복하는 것은 글을 완성하기 위한 내용이라고 보기 어렵다.

12

정답 | ①

정답풀이 |

[2문단] 항생제는 기본적으로 특별한 종류의 세균에만 선택적으로 독성을 지닌다. 감염이 발생한 경우 사용하는 항생제의 종류와 양은 의사의 처방에 따라 결정되어야 한다. 그런데 이러한 항생제를 오남용하게 되면 심각한 부작용이 나타날 수 있다. 특히 세균이 특정 항생제에 저항력을 가지고 생존하는 능력, 즉 내성이 생길 수 있다는 위험이 있다. 항생제의 내성은 매년 변화하고 있으며, 나라마다 사용하는 항생제가 다르기 때문에 항생제 내성 및 감수성 역시 모두 다르다. 항생제는 사람에게만 허용된 것도 있고, 동물에게만 허용된 것도 있다. 하지만 대부분 같이 사용하고 서로 영향을 주기도 하므로 사람뿐만 아니라 동물의 항생제 내성 관리도 필요하다. 그래서 각국에서는 특정 항생제를 이용한 치료를 계속 시행했음에도 지속적으로 문제가 되는 세균성 질병이 있을 경우, 이를 진단 기관에 보내어 항생제 감수성 검사를 시행할 것을 추천한다. 한국의과학연구원 미생물분석센터는 최소저해농도법(MIC), 디스크확산법(Paper disc), E-TEST법 등의 방법으로 분석을 수행하고 있다.
[3문단] 현재 국내에서 시행되는 대부분의 항생제 감수성 검사는 배지에 항생제 디스크를 올려놓고 세균을 배양하여 세균의 성장 범위를 측정하는 디스크 확산법을 이용하고 있다. 세균이 성장하는 범위, 즉 항생제가 세균의 성장을 억제시키는 범위에 따라 '감수성 있음, 중간, 내성이 있음'의 3가지 카테고리로 나눠 분류된다. 2017년 시행한 항생제 검사 결과에 따르면 연쇄상구균에 대해서 아목시실린이 가장 감수성이 있는 항생제로 확인되며, 테트라사이클린, 네오마이신 등은 내성이 거의 100%에 육박하는 것으로 나타났다.

→ 두 번째 문단을 통해 항생제 오남용을 할 경우, 세균이 특정 항생제에 대한 저항력을 가지는 내성이 생길 수 있는 문제가 있다는 것을 알 수 있다. 더불어 항생제 감수성 검사를 시행한다는 것은 특정 항생제의 효과에 문제가 있을 때라는 것도 알 수 있다. 그리고 세 번째 문단에서 항생제 감수성 검사 결과를 '감수성 있음, 중간, 내성이 있음'으로 분류된다는 것으로 보아, '감수성 있음'은 항균제의 작용에 문제가 없다는 것을 나타낸다는 것으로 추론할 수 있다.

오답풀이 |

② 주어진 글에서 관련된 내용을 찾을 수 없다.

③ 네 번째 문단에 따르면 반려동물에게만 내성균이 확인된 것은 카바페넴내성 장내세균(CRE)뿐이다. 반코마이신내성 장알균(VRE)은 동물에서도 내성이 확인되지만, 반려동물에게 내성균이 있는지 여부는 알 수 없다.

④ 세 번째 문단에 따르면 연쇄상구균에 대해서 아목시실린이 가장 감수성이 있는 항생제임을 알 수 있다. 그리고 마지막 문단을 통해 '연쇄상구균'이 호흡기 세균이라는 것도 확인할 수 있다. 하지만 같은 호흡기 세균인 '흉막폐렴균'에도 아목시실린이 감수성 있는 항생제인지 여부는 알 수 없다.

⑤ 두 번째 문단의 '항생제의 내성은 매년 변화하고 있으며, 나라마다 사용하는 항생제가 다르기 때문에 항생제 내성 및 감수성 역시 모두 다르다'를 통해 의사가 항생제를 처방할 때 고려해야 할 감수성 결과 자료는 '국제' 자료가 아닌 '국내' 자료임을 추론할 수 있다.

13

정답 | ①

정답풀이 |

[1문단] 능력주의(meritocracy)는 개인의 능력에 따라 사회적 지위를 분배하는 보상과 인정 시스템을 이른다. 제한된 사회적 지위를 놓고 경쟁할 때 신분이나 재산, 운이 아닌 개인의 노력과 재능에 우선권을 준다는 것은 일견 정의로워 보인다. 효율성과 공정성 면에서 능력 있는 사람을 선호하는 건 지극히 당연한 일이기도 하다. 실력이 뛰어난 의사가 치료도 잘할 것이고, 실력 있는 선수의 계약이 연장되는 것도 공정해 보인다. 문제는 능력을 판단하는 기준이나 능력을 펼칠 기회가 공평하게 돌아가지 않는다는 점이다. 그런데 이러한 구조 속에서 성공을 쟁취한 이들이 오로지 자신의 능력만으로 승리했다고 여기며, 사회적 보상을 독차지하고 있다. → 주어진 글은 능력주의가 공정하다고 여기는 것에 대한 비판으로, '능력을 판단하는 기준이나 능력을 펼칠 기회가 공평하게 돌아가지 않는다'는 점을 문제삼고 있다. 따라서 이에 대한 비판으로 가장 적절한 것은 문제를 해결했음에도 공정하지 않을 수 있음을 서술한 ①이다.

오답풀이 |

② 주어진 글에서 '국가가 경쟁력을 가지기 위해서는 개개인의 능력을 개발해야만 한다'와 관련된 내용을 찾을 수 없으므로, 가장 적절한 비판으로 볼 수 없다.

③ 주어진 글의 주장에 대한 근거로 제시된 일부 사례만을 비판한 내용이므로 가장 적절한 비판으로 볼 수 없다.

④ 능력주의를 옹호하는 내용이므로 주어진 글에 대한 비판으로 볼 수 있으나, 핵심 논제와는 거리가 있으므로 가장 적절한 비판으로 보기 어렵다. 주어진 글에서 말하고자 하는 바는 능력주의가 '개인의 능력을 발휘할 수 없다'가 아니라, 능력주의로 인한 불평등 심화에 대한 비판이 주를 이루고 있기 때문이다.

⑤ 주어진 글의 주장과 맥을 같이하는 내용이므로, 비판으로 볼 수 없다.

14

정답 | ②

정답풀이 |

[1문단] 베토벤 관현악을 위한 작품 중 교향곡에 이어 중요한 위치를 선점하고 있는 것이 서곡이다. ㉠베토벤의 연주회용 서곡은 1804년부터 1822년에 이르는 기간에 작곡되어 초연하였고, 그 당시 인기가 대단했다고 한다. 베토벤이 작곡한 서곡은 총 11곡으로, 그중에서도 「에그몬트」, 「코리올란」, 「레오노레 제3번」, 「휘델리오」는 ㉡희대의 명곡으로서, → '희대(稀代)'는 '세상에 드묾'을 뜻하고, '명곡'은 '이름난 악곡. 또는 뛰어나게 잘된 악곡'을 뜻하는 단어이다. 두 단어의 의미가 달라 뜻이 중복되는 잉여적 표현이 아니므로, 두 단어 중 하나를 삭제해야 한다는 수정은 적절하지 않다. ※ 잉여적 표현: 무의미한 단어를 남용하거나, 중복된 단어를 사용하는 경우를 이르는 것으로, 문법상으로 적절하지 않다. 예 역전 앞, 낙엽이 떨어지다, 자리에 착석하다 등 그 제목이 되는 희곡이나 오페라의 내용과 정신을 정확하게 나타내고 있을 ㉢뿐만아니라 음악적으로도 매우 훌륭하다.

오답풀이 |

① 통일성은 글의 내용이 하나의 주제로 긴밀하게 연결되는 것을 뜻한다. 따라서 통일성에 어긋난다는 것은 주제에서 동떨어진 내용이 있다는 것인데, ㉠은 앞뒤 문맥과 관련성이 적으므로 삭제해야 한다는 수정 사항은 적절하다.

③ 조사를 제외한 각 단어는 띄어 써야 하는데, '㉢ 뿐만∨아니라'에서 의존 명사 '뿐'은 '만'이라는 조사와 만나 하나의 어절을 이루고, 형용사인 '아니다'는 별개의 단어이므로 띄어 써야 한다. 따라서 '뿐만'과 '아니라'를 띄어 써야 한다는 수정 사항은 적절하다.

※ '뿐만 아니라'의 띄어쓰기

1) '뿐'이 조사로 쓰일 때(명사, 부사, 조사 뒤): 앞말에 붙여 써야 한다.

예 그는 공부뿐만 아니라 운동도 잘한다.

2) '뿐'이 의존 명사로 쓰일 때(동사, 형용사의 활용형 뒤): 앞말과 띄어 써야 한다.

예 그는 공부를 잘할 뿐만 아니라 운동도 잘한다.

④ 주어인 '이 작품은'과 서술어인 '완성되었기 때문이다'의 호응이 어색하므로, 서술어를 '완성되었다'로 수정해야 한다는 내용은 적절하다.

⑤ '잊혀지지'는 피동 접사 '-히-'와 통사적 피동 표현인 '-어지다'를 함께 쓴 표현으로, 이중피동에 해당한다. 우리 문법에서 이중피동 표현은 지양해야 하므로, '잊히지' 또는 '잊어지지'로 수정해야 한다.

TIP

• 사동과 피동

1. 사동: 주체가 제3의 대상에게 동작이나 행동을 하게 하는 동사의 성질이다. 사동문의 종류는 다음과 같다.

파생적 사동문	① 자동사 어근+접사(-이-, -히-, -리-, -기-, -우-, -구-, -추-) 예 아이가 깨다 → 엄마가 아이를 깨우다. (주동문의 주어 → 사동문의 목적어) ② 타동사 어근+접사 예 아이가 책을 읽었다. → 선생님이 아이에게 책을 읽혔다.(주동문의 주어 → 사동문의 부사어) ③ 형용사 어근+접사 예 담장이 높다. → 담장을 높이다.(주동문의 주어 → 사동문의 목적어) ④ 일부 용언은 사동 접미사 두 개를 겹쳐 쓰는 것이 허용된다. 사전에 '-이우-' 형태로 등재되어 있다. 즉 국어 문법에서 이중 사동은 일부 가능하다. 예 서다 → 서이우다 → 세우다, 자다 → 자이우다 → 재우다, 뜨다 → 뜨이우다 → 띄우다
통사적 사동문	어근+-게(보조적 연결 어미)+하다(보조 동사) 예 아이가 하늘을 보다. → 어머니는 아이가 하늘을 보게 하였다.
어휘적 사동문	시키다, 만들다 예 어머니가 아이에게 심부름을 시킨다.

국어 문법에서 사동 표현이 잘못 쓰이는 경우는 지나친 사동 표현일 때이다. 예를 들어 '-시키다'를 남용하는 경우를 이르는데, 이때 '-시키다'를 '-하다'로 바꾸어 대입했을 때 말이 되는 경우 지나친 사동 표현으로 파악할 수 있다.

예 내가 친구 한 명 소개시켜 줄게.(×) → 내가 친구 한 명 소개해 줄게.(○)

2. 피동: 주체가 다른 힘에 의하여 움직임을 나타내는 동사이다. 피동문의 종류는 다음과 같다.

파생적 피동문	① 타동사 어근+접사(-이-, -히-, -리-, -기-) → 접사 피동문 예 • 경찰이 도둑을 잡았다. → 도둑이 경찰에게 잡히었다.(능동문의 주어 → 피동문의 부사어, 능동문 목적어 → 피동문의 주어) ※ 보이다, 놓이다, 잡히다, 들리다[聞], 안기다 등 ② '-하다' 형 동사 어근+'-하다' 대신에 접사 '-되다' 예 생각하다 → 생각되다.
통사적 피동문	① 모든 용언의 어간+'-아/-어'(보조적 연결 어미)+'지다'(보조 동사) → '-아/-어지다' 피동문 예 문을 막다. → 문이 막아지다. ② '-되다/-게 되다' 피동문 예 아이가 밥을 먹다. → 아이가 밥을 먹게 되다.
어휘적 피동문	용언 '되다, 입다, 맞다, 당하다'에 의한 피동문 예 철수는 사고를 당했다.

국어 문법에서 피동 표현이 잘못 쓰이는 경우는 이중피동 표현일 때이다. 예를 들어 '각인되어지다'는 피동을 만드는 '-되다'와 '-어지다'를 함께 썼기 때문에 적절하지 않은 표현이 된다. 따라서 피동 접사 뒤에 '-아/-어지다'를 중복해서 넣으면 안 되고, 피동형 '-되다' 뒤에 '-아/-어지다'를 중복해서 넣어서도 안 된다.

예 • 문제가 잘 풀려지지(풀+리+어 지지) 않아요.(×)
→ 풀리지/풀어지지(○)
• 열려져(열+리+어지어) 있는 창문을 닫았어요.(×)
→ 열려, 열어져(○)
• 그 문제가 이해되어진다(이해+-되-+-어진다). (×)
→ 이해된다(○)

15

정답 | ④

정답풀이 |

[4문단] 진실로 조정에 있는 대소의 관원들이 한마음 한뜻으로 단결하여, 연나라 사람과 월나라 사람이 배를 함께 타고, 부부가 한집에서 살림하는 것처럼 한다면, 탕평이 이룩될 것이다. 그러나 한쪽은 총애하고 한쪽은 소홀히 하여 한쪽은 즐겁고 한쪽은 괴로움을 주어, 부귀와 빈천의 간격을 고르게 하지 못하고, 한갓 빈말로 타이르고 실상이 없는 꾸지람을 하는 데 힘을 허비하면서, 자기 몸에 절실한 이해를 버리고 남의 권유를 따르라고만 한다면, 탕평이 어려울 것이다. → 강조한 부분의 '~한다면'을 통해 상황을 가정했음을 알 수 있고, 이를 통해 초래할 수 있는 '탕평이 어려울 것'이라는 문제점 역시 확인할 수 있다. 그러므로 「홍범」에서 "임금이 극(極)을 세운다"라고 했으니, 극은 대들보[棟]이다. 한 가옥에는 오직 대들보가 한가운데 있고 그 나머지 기둥과 서까래와 문지도리와 문설주 등은 모두 대들보를 의지하여 쓰임이 되지 않는 것이 없다. 만약 대들보가 조

금만 치우친다면 동쪽이든 서쪽이든 간에 반드시 기울어 빗물이 새게 될 것이니, 여러 재목도 그 때문에 기울어져서 대들보마저 따라서 허물어질 것이다.

오답풀이 |

① 첫 번째 문단과 네 번째 문단에서 『서경』의 「홍범(洪範)」 편의 일부를 인용하고 있다. 하지만 이는 필자의 주장을 뒷받침하기 위한 도구일 뿐, 해당 문헌을 쓴 학자의 견해를 분석하고 있는 것은 아니다.

② 네 번째 문단의 "「홍범」에서 "임금이 극(極)을 세운다"라고 했으니, 극은 대들보[棟]이다. 한 가옥에는 오직 대들보가 한가운데 있고 ~ 여러 재목도 그 때문에 기울어져서 대들보마저 따라서 허물어질 것이다'에서 유추의 방식이 사용되고 있으나, '문제의 변수를 판별하고 있다'고 보기는 어렵다. 해당 유추의 방식은 탕평책이 필요한 이유 내지 문제가 일어날 수 있는 원인을 강조하기 위한 도구로 활용되었다고 볼 수 있다.

③ 주어진 글의 핵심 제재는 '탕평'인데, 이를 세분화하여 구체적으로 전개하고 있지는 않다.

⑤ 다섯 번째 문단에서 '그 등용하고 물리침에 극(極)이 바로 서지 못하면 왕도(王道)는 이루어지지 않는 것이다'를 통해 탕평이 이루어지지 않을 경우 발생할 수 있는 문제점이 제시되고 있으나, 이를 위한 해결책으로는 '탕평'만이 언급될 뿐이다. 따라서 '다양한 해결책을 모색하고 있다'는 것은 적절하지 않다.

16

정답 | ①

정답풀이 |

㉠ 타당한 논증이란 타당한 형식의 논증을 말한다. 타당한 형식의 논증이란 반례가 있을 수 없는 형식의 논증을 일컫는다. '반례'란 그 논증이 부당함을 보여주는 반박 사례의 준말로서, 전제들이 모두 참이면서 결론은 거짓인 논증의 사례를 말한다.

"모든 A는 B이다. 모든 C는 B이다. 따라서 모든 A는 C이다."

원래 논증의 전제와 결론은 모두 참이므로, 우리는 이 논증이 타당한지 여부를 미심쩍어 할 수 있다. 이때 우리는 다음과 같은 반례를 하나 찾아내어 원래의 논증이 부당함을 보일 수 있다.

→ 모든 사람은 죽는다. 소크라테스는 죽었다. 따라서 소크라테스는 사람이다.
(A는 B이다. C는 B이다. 따라서 C는 A이다.)

①의 반례를 찾으면,

'모든 개는 포유류이다. 사람도 포유류이다. 따라서 사람은 개다.'를 이끌어 낼 수 있다. 따라서 ①은 ㉠이 아닌 ㉡의 사례에 해당함을 알 수 있다.

오답풀이 |

② 'A는 B이다. 모든 B는 C이다. 따라서 A는 C이다'의 형식으로, 반례가 없는 타당한 논증에 해당하므로 ㉠의 사례로 적절하다. (삼단논법)

③ 'A는 B이다. C는 A가 아니다. 따라서 C는 B가 아니다'의 형식이다. 이 형식은 '4의 배수는 짝수이다. 6은 4의 배수가 아니다. 따라서 6은 짝수가 아니다'와 같은 반례를 만들 수 있으므로 ㉡의 예로 적절하다. (전건부정의 오류)

④ 'A는 B이다. C는 B이다. 따라서 C는 A이다'의 형식이다. 이 형식은 '4의 배수는 짝수이다. 10은 짝수이다. 따라서 10은 4의 배수이다'와 같은 반례를 만들 수 있으므로, ㉡의 예로 적절하다. (후건 긍정의 오류)

⑤ 'A는 B 또는 C이다. A는 B이다. 따라서 A는 C가 아니다'의 형식이다. 이 형식은 '아이유는 가수 또는 배우이다. 아이유는 가수이다. 따라서 아이유는 배우가 아니다'와 같은 반례를 만들 수 있으므로, ㉡의 예로 적절하다. (선언지 긍정의 오류)

17

정답 | ④

정답풀이 |

[2문단] '쇠드리네' 또는 '금드리네'의 직역어인 금입택은 금이나 은 또는 도금으로 서까래나 문틀 주위를 장식한 호화주택이다. 지붕은 주로 막새기와를 덮었으며, 지붕의 합각부분에는 물고기나 화조 모양의 장식을 했다. 김유신 가분이라든가 집사부 시중을 역임한 김양종의 가문, 경명왕의 왕비를 배출한 장사택 가문 등 진골 중에서도 왕권에 비견되는 막대한 권력과 재력을 누리던 소수의 유력한 집안만이 이러한 가옥을 가질 수 있었다. → '금입택'은 '진골 중에서도 왕권에 비견되는 막대한 권력과 재력을 누리던 소수의 유력한 집안만이 이러한 가옥을 가질 수 있었다'라고 하였다. 따라서 단순히 '막대한 부'를 쌓는다고 해서 금입택의 주인이 될 수 있는 것은 아니다.

오답풀이 |

① 첫 번째 문단의 '신라의 전성시대란 일반적으로 상대, 중대, 하대 중 삼국 통일 이후 100여 년간의 중대를 가리키는 것이 보통이나, ~ 중대의 최전성기에 이미 금입택이 존재하고 있었음을 알 수 있다'를 통해 추론 가능하다.

② 첫 번째 문단의 '경덕왕 13년에 황룡사종을 만든 장인이 금입택 가운데 하나인 이상택(里上宅)의 하인이었으므로'를 통해 추론 가능하다.

③ 마지막 문단에 따르면 '지(池)', '천(泉)', '정(井)', '수(水)' 등 물과 관계있는 문자가 보이는 금입택은 물을 이용한 연못이나 우물 등의 시설을 갖추고 있다고 하였고, '명(椧)' 자는 수리시설을 갖추었기 때문에 붙은 이름이라고 하였다. 따라서 특정 한자를 바탕으로 건물 시설의 일부를 유추할 수 있다는

것을 추론할 수 있다.

⑤ 세 번째 문단의 '경주에서는 알천이 자주 범람하였으므로 대저택을 만들기에 평지는 부적절했다'를 통해 추론 가능하다.

18

정답 | ③

정답풀이 |

[2문단] 약국에서 판매되는 종합감기약 대부분에 함유된 '덱스트로메토르판'은 신종 마약 '러미라'로 알려진 진해거담제와 동일 성분으로, 아편 계열 알칼로이드이다. 기침을 진정시키는 용도로 30년 이상 종합감기약 등에 사용되고 있는 성분이다. (나) 하지만 1회 일정량 이상 복용을 하면 환각효과가 나타나고 LSD(강력한 환각 마약)와 유사해 마약 대체재로 악용되고 있다. (다) → (다)의 앞 문장인 '1회 일정량 이상 복용을 하면'이 〈보기〉의 '특히 청소년들도 이 성분이 함유된 의약품을 대량으로 구입해 남용하는 사례'와 이어지고 있으므로, 문맥상 〈보기〉의 내용이 들어갈 위치로 가장 적절하다.

오답풀이 |

① (가)의 앞 문장에서는 〈보기〉의 '이 성분'에 해당하는 내용을 찾을 수 없다. 즉 두 문장의 긴밀성이 떨어지므로, 〈보기〉가 들어갈 위치로는 적절하지 않다.

② (나) 뒤의 역접 접속사 '하지만'과 〈보기〉의 내용이 이어지지 않으므로, 〈보기〉가 들어갈 위치로는 적절하지 않다.

④ (라)의 앞뒤 내용이 긴밀하게 연결되어 있으므로, 다른 문장이 위치할 수 없다.

⑤ (마)의 앞에서 마약 성분이 일반의약품으로 유통되고 있다는 사실을 언급한 뒤, (마)의 뒤에서 실제로도 손쉽게 구입할 수 있음을 통해 문제점을 제시하고 있으므로 (마)의 앞뒤 문맥이 자연스럽게 이어진다. 따라서 〈보기〉가 들어갈 위치로는 적절하지 않다.

19

정답 | ②

정답풀이 |

[2문단] 조선왕조가 해금정책을 시행하게 된 가장 큰 이유는 고려말부터 골칫거리였던 왜구의 침입 때문이었다. 왜구는 해안가나 섬, 일부 내륙지방에 게릴라처럼 출몰하여 백성들을 약탈하였는데. 그때마다 정규군을 파견하기가 대단히 어려웠고 또 비율적이었다. 군이 현장에 도착했을 때는 왜구는 이미 사라진 뒤이고, 백성들의 피해는 날이 갈수록 늘어만 갔다. 이에 대한 대책으로 선택된 것이 바로 해금정책이다. 백성들이 먼 바다로 나가는 것을 금하고, 섬에서의 생활을 금지시켜 노략질할 대상 자체를 없앤다는 전략이었다.
[5문단]이러한 해금정책이 폐지된 것은 1882년 고종때에 이르러서이다. 1883년부터 울릉도지역에 대한 본격적인 이주 정책이 시행되었다. 공도화정책이 이주정책으로 바뀐 것은, 개항 이후 울릉도에 대거 침입하기 시작한 일본인들의 침탈행위를 막기 위함이었다.
→ 울릉도의 해금정책과 이주정책의 원인이 모두 왜구에 있음을 알 수 있다.

오답풀이 |

① 첫 번째 문단의 '태종 때는 바다에 나가 무역하는 것을 규제했지만 세종 때는 아예 바다에 나가는 것을 금지한 것이다'를 통해 태종 때에 비해 세종 때의 해금정책이 강화되었다는 것은 알 수 있으나, 두 시기만을 단편적으로 비교하고 있을 뿐, 후기로 갈수록 강화되었는지 여부는 알 수 없다.

③ 네 번째 문단의 '중앙정부는 계속적인 순찰을 통해 토산물의 파악 등 섬을 관리하면서 동시에'를 참고하면, 섬에 대한 중앙정부의 순찰 및 관리가 지속되었음을 알 수 있다. 즉 섬에 대한 영유권을 잃었다고 판단하기 어렵다.

④ 세 번째 문단의 '조선도 고려 말부터 기승을 부렸던 왜구 등을 물리치고 강력한 중앙집권체제를 갖추기 위해 고려 말의 '공도정책(空島政策)'을 계승하고 명의 해금정책을 받아들였다는 것이다'를 통해 조선왕조가 명의 해금정책을 받아들인 것은 왜구의 침입을 물리치고, 강력한 중앙집권체제를 갖추기 위함임을 알 수 있다. 즉 해금정책을 받아들인 원인이 '중앙집권화를 완성'하는 것에만 있는 것은 아니었다. 그리고 두 번째 문단에서 '조선왕조가 해금정책을 시행하게 된 가장 큰 이유는 고려 말부터 골칫거리였던 왜구의 침입 때문'이라고 했으므로, 중앙집권화를 완성하기 위해 해금정책을 받아들였다는 내용을 가장 적절한 이해로 보기 어렵다.

⑤ 주어진 글에서 이와 관련된 내용을 찾을 수 없으므로, 적절한 이해로 보기 어렵다.

20

정답 | ②

정답풀이 |

주어진 글의 정보를 정리하면 다음과 같다.

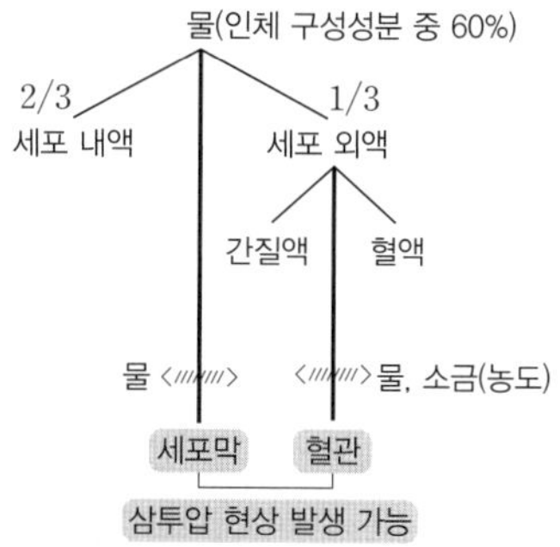

[2문단] 체내에서 세포막이나 혈관을 사이에 두고 일어나는 삼투질의 확산과 삼투현상으로 각 공간의 삼투질 농도는 평형을 이루고 있다. 이때 세포내액, 세포간질액, 혈액의 삼투질 농도는 300mosm/L이고, 0.9% 소금 용액의 삼투질 농도와 동일하다고 하자. 만약 세포간질액에 소금이 추가되어 삼투질 농도가 350mosm/L로 증가된다면, 세포간질액에 있는 소금은 세포 안으로는 확산되지 못하지만 혈액으로 확산되고, 세포 안과 혈관 안의 물이 삼투질 농도가 높은 세포간질액으로 이동하는 삼투현상이 일어난다. 이런 과정을 통해 세포내액, 세포간질액, 혈액은 300mosm/L과 350mosm/L 사이의 삼투질 농도에서 다시 평형을 이루게 된다.

→ 인체 내 물의 삼투질 농도는 300mosm/L이고, 0.9% 소금 용액의 삼투질 농도와 동일하다는 전제로, 소금 농도가 추가되었을 경우 혈관을 통해 이동되고, 세포막을 통해 물이 이동하면서 종래에 다시 평형을 이룬다고 하였다.

[3문단] 이와 관련하여 하나의 실험을 해 봤다고 하자. 체액 삼투질 농도가 300mosm/L로 동일한 A와 B가 있다. A에게는 0.9%의 소금 용액 1L를, B에게는 순수한 물 1L를 마시게 했다. 이렇게 섭취된 분량이 모두 흡수되었다고 한다면, 흡수되기 전과 비교할 때 A는 (㉠), B는 (㉡).

→ 2문단와 동일한 조건에서 A는 0.9%의 소금 용액을 1L 마셨다. 이는 체내 삼투질 농도와 동일하다. 따라서 농도 조절은 되지 않고, 세포외액 내에서 이동이 가능할 뿐임을 알 수 있다. 반면 B는 물을 1L마셨으므로 혈관과 세포막을 통해 물이 이동한다. 더불어 물이 들어감으로써 체내 삼투질 농도가 낮아져 평형을 이룰 것임을 알 수 있다.

따라서 A는 농도 변함이 없으니, 세포외액의 증가량이 1L가 되고, 내액의 증가량은 없다. B는 물 1L가 내액에 2/3L, 외액에 1/3L가 배분되므로 증가량은 내액이 더 많다.

오답풀이 |

①, ③ A의 세포내액의 증가량은 없고, 세포외액에만 1L가 추가된다. 따라서 세포외액 증가량이 세포내액 증가량보다 많은 것은 맞지만, B는 세포외액 증가량이 세포내액보다 적다.

④, ⑤ A는 세포내액의 삼투질 농도와 동일한 농도의 소금 용액을 마셨으므로 삼투질 농도가 변함없는 것이 맞지만, B는 물을 통해 삼투질 농도가 낮아진다.

MEMO

MEMO

eduwill

정답과 해설

최신판

에듀윌 공기업 PSAT형 NCS 기출예상문제집

의사소통능력

고객의 꿈, 직원의 꿈, 지역사회의 꿈을 실현한다

에듀윌 도서몰
book.eduwill.net

• 부가학습자료 및 정오표: 에듀윌 도서몰 > 도서자료실
• 교재 문의: 에듀윌 도서몰 > 문의하기 > 교재(내용, 출간) / 주문 및 배송